国家物流枢纽创新发展报告（2021）

国家发展和改革委员会经济贸易司
中 国 物 流 与 采 购 联 合 会 编

中国财富出版社有限公司

图书在版编目（CIP）数据

国家物流枢纽创新发展报告. 2021 / 国家发展和改革委员会经济贸易司，中国物流与采购联合会编. —北京：中国财富出版社有限公司，2021. 10

ISBN 978-7-5047-7547-4

Ⅰ. ①国… Ⅱ. ①国… ②中… Ⅲ. ①物流—交通运输中心—经济发展—研究报告—中国—2021 Ⅳ. ①F252

中国版本图书馆 CIP 数据核字（2021）第 199964 号

策划编辑	郑欣怡	**责任编辑**	白　昕　王新月	**版权编辑**	李　洋
责任印制	梁　凡	**责任校对**	卓闪闪　孙丽丽	**责任发行**	敬　东

出版发行	中国财富出版社有限公司		
社　　址	北京市丰台区南四环西路 188 号 5 区 20 楼	**邮政编码**	100070
电　　话	010-52227588 转 2098（发行部）		010-52227588 转 321（总编室）
	010-52227566（24 小时读者服务）		010-52227588 转 305（质检部）
网　　址	http://www.cfpress.com.cn	**排　　版**	宝蕾元
经　　销	新华书店	**印　　刷**	宝蕾元仁浩（天津）印刷有限公司
书　　号	ISBN 978-7-5047-7547-4/F·3399		
开　　本	787mm×1092mm　1/16	**版　　次**	2021 年 12 月第 1 版
印　　张	39.75	**印　　次**	2021 年 12 月第 1 次印刷
字　　数	824 千字	**定　　价**	160.00 元

《国家物流枢纽创新发展报告（2021）》

编辑委员会

《国家物流枢纽创新发展报告（2021）》

编辑人员

主　编： 贺登才　肖光伟

副主编： 张晓东（执行）　杨浩哲　姜超峰　黄　萍　宫之光

成　员： 杨宏燕　陈　凯　郎茂祥　王　沛　宫士博　于雪姣
李玥熠　邓　彬　王志婷　胡议友　谢　龙　付文静
兰允星　周培宇　赵　方　贾若浩　孟凌萱　唐炜琳
于乃康　姚铭昀　常　禹　戴　岳　孔婷婷　韩首侃
房宇轩　吴一非　齐　昕

承办部门：中国物流与采购联合会物流园区专业委员会
电话：010－83775713/83775686
传真：010－83775688
邮箱：nlha20201112@vip.163.com
网址：http://www.nlha.com.cn/

统一认识上下联动　扎实推动国家物流枢纽建设

（代序言）

今天我们在成都召开2019年国家物流枢纽建设工作现场推进会，主要任务是贯彻落实党中央、国务院决策部署，进一步推动《国家物流枢纽布局和建设规划》（以下简称《规划》）落地实施，研究部署下一阶段国家物流枢纽建设工作。2019年国家物流枢纽建设工作从申报环节开始，就得到了相关省区市、物流枢纽承载城市和物流业界的高度关注。经过认真评审和反复论证，9月10日，国家发展改革委、交通运输部联合印发了《关于做好2019年国家物流枢纽建设工作的通知》，确定了2019年23个国家物流枢纽建设名单。昨天下午，我们赴成都陆港型国家物流枢纽进行了实地考察和分组讨论交流，大家就做好国家物流枢纽建设工作提出很多很好的意见建议。刚才，四川省、成都市、南京市、青白江区和青岛港的同志围绕推动国家物流枢纽建设工作进行了经验交流，讲得都很好。下面，我结合有关工作考虑讲三方面意见。

一、提高认识，深刻领会国家物流枢纽建设工作的重要意义

近年来，我国物流业总体保持稳中有进的良好发展态势，2018年，全社会物流总额283万亿元，同比增长6.4%。物流业总收入超过10万亿元，比2017年增长14.5%。社会物流总费用与GDP的比率降至14.8%，2019年上半年进一步降至14.6%。全国物流相关法人单位近40万家，规模以上物流园区超过1600家，基本形成了覆盖国内、联通国际的物流基础设施和服务网络。世界银行发布的物流绩效指数显示，中国物流绩效水平在全球160多个经济体中排名第26位，在同等收入水平国家中名列前茅。但同时，与发达国家相比，我国物流业发展不平衡不充分问题还比较突出，物流业大而不强，行业规模与发展质量效益不匹配；物流“成本高、效率低”，对实体经济发展的支撑引领作用发挥不够。特别是物流基础设施空间布局不合理，存在低水平重复建设、存量设施功能单一、运作相对独立等问题，制约物流服务效率和质量提升。为加强物流基础设施网络建设、推动解决上述问题，经国务院同意，国家发展改革委、交通运输部联合印发了《国家物流枢纽布局和建设规划》，旨在系统整合分散的存量物流基础设施资源、补齐物流基础设施短板、打造形成“通道+枢纽+网络”的物流运作体系，为完善国家经济空间布局和建设现代经济体系提供有力支撑。

国家发展改革委高度重视国家物流枢纽建设工作，将国家物流枢纽建设作为深入推动物流降本增效和高质量发展的重要突破口。国家物流枢纽建设与我委近年来推动的物流降本增效、物流高质量发展等工作相互贯通、紧密关联，必须坚持“高站位、宽视野、大格局”，从经济社会发展全局出发，“全国一盘棋”地认识和推动这项工作。

一是构建国家骨干物流基础设施网络的重要举措。党的十九大作出“加强物流等基础设施网络建设”的重要决策部署。国家物流枢纽作为物流体系的核心基础设施，在全国物流网络中发挥关键节点、重要平台和骨干枢纽的作用。国家物流枢纽建设就是要推动构建国家层面的骨干物流基础设施网络，提高跨地区物流活动的规模化、组织化、体系化运作水平，促进要素流动和资源优化配置，更好发挥物流对国民经济发展的支撑保障和先导引领作用。

二是深入推进物流降本增效的必然选择。近年来，国家先后出台了一系列物流降本增效政策措施，取得积极成效。但从物流降本增效工作全局来看，针对性政策措施的作用更多地集中在“点”上，效果存在“天花板”，随着相关工作不断深入，政策发挥效果空间越来越小。建设国家物流枢纽能够有力推动物流运行体系完善，促进物流资源集聚和市场供需规模化对接，提高物流活动效率，推动从“成本控制”向“效率提升”转变，在更深层次、更大范围上深入推进物流降本增效。

三是推动物流高质量发展的迫切需要。我国已进入高质量发展阶段，抓好国家物流枢纽建设，就抓住了推动物流高质量发展的“牛鼻子”。通过国家物流枢纽建设，整合存量物流基础设施资源，引导和促进物流资源集聚形成规模经济效应，推动解决物流基础设施低水平重复建设造成的设施分离、资源分散和市场分割问题；加快传统的“点对点”物流组织方式向系统化、网络化、平台化组织方式转型，促进物流集约发展，扩大优质物流服务供给，提高物流发展质量和效益。

四是推动形成全面开放新格局的有力支撑。面对错综复杂的国内外经贸形势，迫切需要加强主动应对，积极扩大高水平对外开放。国家物流枢纽建设就是要加快建设内畅外联、便捷高效的物流基础设施网络，对外支撑“陆海内外联动、东西双向互济”的开放格局，加强与全球重要物流枢纽、制造业基地、贸易中心等的密切合作，深化国际经贸往来；对内引导和带动产业集聚发展，加快产业转型升级，培育枢纽经济形成新动能，同时加快补齐中西部地区物流基础设施短板，带动国内产业梯度转移和区域均衡发展，促进形成强大国内市场，增强经济发展后劲，妥善应对国际经贸形势变化。

二、统筹兼顾，准确把握国家物流枢纽建设的总体要求

《规划》从指导思想、基本原则、发展目标、功能定位、主要任务和政策保障等方面，对到2035年之前国家物流枢纽建设进行了全面系统阐述和部署。借此机会，我再

补充强调几点要求，概括起来就是要做到“三个坚持”、把握“四个维度”。

（一）做到“三个坚持”。

一是坚持创新引领。国家物流枢纽建设本身就是适应我国经济和物流业发展形势、对传统物流运作体系进行资源整合与体系重构的创新性举措。国外有类似先例，国内没有现成经验可循，在实际推进过程中必然面临很多开创性工作，这就需要结合我国国情和物流业实际情况积极做到大胆试、大胆闯，在物流技术装备研发应用、枢纽管理体制机制建设、物流新业态新模式发展等方面创新突破，为国家物流枢纽建设注入新的活力。

二是坚持开放共享。国家物流枢纽是国家骨干物流基础设施网络的关键节点和重要支撑，具有公共服务属性，不是面向特定产业集聚区或企业集团等的配套设施，要始终保持国家物流枢纽的开放性、公共性。按照《规划》等文件要求，要重点做好国家物流枢纽综合信息平台、资源交易平台、业务集成平台等的建设运营，提高国家物流枢纽的资源共享、优化配置和公共服务能力。

三是坚持互联成网。单个国家物流枢纽并不是真正意义上的枢纽，只有构建起国家物流枢纽网络，才能有效发挥国家物流枢纽辐射广、成本低、效率高以及规模化运作优势，推动形成网络化规模经济效应，提高国家物流枢纽跨地区、跨领域的资源整合和物流综合服务能力，带动物流和区域经济高质量发展。

（二）把握“四个维度”。

一是“点”上，促进资源集聚，形成规模效应。依托国家物流枢纽建设，系统整合相对分散的存量物流基础设施，加强设施间的有机衔接、高效协同，减少同质竞争，提高整体运行效率和集约化发展水平。引导各类物流设施、物流企业等集聚，推动形成规模经济效应，促进物流业务流程再造，提高物流服务质量。

二是“线”上，强化枢纽互联，形成干线通道。加强国家物流枢纽之间、国家物流枢纽与其他层级物流枢纽之间的标准协同、设施互联、流程对接和信息互通，推动国家物流枢纽之间形成规模化、组织化、常态化的物流活动，打造形成跨区域的物流通道；完善区域内的集疏运体系，提高干线物流效率、促进干支高效衔接，为降低社会物流成本水平奠定坚实基础。

三是“网”上，推动枢纽成网，优化运作体系。支持和引导具备条件的物流枢纽做大做强，有针对性地加强物流基础设施薄弱地区的国家物流枢纽建设，完善国家物流枢纽空间布局，构建科学合理、功能完备、开放共享、智慧高效、绿色安全的国家物流枢纽网络，促进物流组织方式变革和物流高质量发展。

四是“面”上，发展枢纽经济，培育新动能。依托国家物流枢纽的资源集聚和区域辐射作用，对接主要的国际物流和贸易大通道，带动区域内制造、商贸等产业集聚，并与物流融合创新发展。探索符合我国国情的枢纽经济发展新范式，推动形成一批枢纽经济增长极，加快区域产业转型升级，培育经济发展新动能，为转变发展方式、优化经济结构、转换增长动力提供有力支撑。

三、上下联动，协同推进国家物流枢纽建设

国家物流枢纽建设是一项系统工程，国家和省级部门、承载城市人民政府、枢纽建设运营企业要各司其职、加强协调、相互配合，推动形成工作合力和政策协同，为国家物流枢纽建设营造良好环境。

（一）国家层面：加强顶层设计，开展监测评估。

我委将会同相关部门进一步加强工作统筹和政策协调，结合国家有关重大战略实施和国内外经济形势，分阶段、分年度推进国家物流枢纽建设。

一是完善政策资金支持体系。《规划》已从“放管服”改革、规划用地、投融资等方面明确了国家物流枢纽建设的相关支持政策。一方面，我们将会同相关部门建立国家物流枢纽培育和发展工作协调机制，推动相关政策落地；另一方面，我们也将细化相关政策。初步考虑通过优先纳入地方政府专项债券项目清单、推荐给政策性金融机构、提供中央预算内资金等方式给予支持。今后，我们相关的支持政策和资金也会集中向国家物流枢纽倾斜，进一步突出重点、打造亮点，全力推动国家物流枢纽建设。

二是开展枢纽监测评估。为动态掌握国家物流枢纽建设运营状况，《关于做好2019年国家物流枢纽建设工作的通知》明确要求省级发展改革部门和23个枢纽建设运营企业定期报送国家物流枢纽建设运营情况。目前，我委正在会同相关单位，研究建立国家物流枢纽运营统计体系和常态化的建设运营监测机制，加强枢纽日常物流活动和建设运行状况的监测分析，及时发现并推动解决国家物流枢纽建设运营过程中面临的突出问题，并为今后开展定期评估和动态调整提供依据，具体包括监测指标、报送频次等。同时，我们将推动建立国家物流枢纽联盟，开展日常监测。希望各地、各枢纽积极主动参与，齐心协力共同做好相关工作。

三是确定后续枢纽建设思路。2019年可以说是国家物流枢纽建设的元年，2020年的申报工作预计于年底前也将正式启动，相关申报要求与2019年基本保持一致，在同等条件下优先向未入选2019年建设名单的省区市（含计划单列市）倾斜。这两批国家物流枢纽既是国家物流枢纽网络的基础支撑，也是以后年度国家物流枢纽建设的标杆示范，可以说我们寄予了厚望。接下来，我们还将会同相关部门梳理总结2019年和2020年国家物流枢纽建设推进情况，对照《规划》等文件要求，研究制定2021—2025年国家物流枢纽建设实施方案，指导后续工作有序开展。

（二）省级部门：加强协调统筹，把好三大关口。

省级（含计划单列市）部门是承上启下、统筹协调国家物流枢纽建设工作的重要环节。要积极会同本地区有关部门系统加强工作谋划，在三个重要方面把好关，稳步推动国家物流枢纽建设。

一是把好已有建设方案落实和新枢纽申报关。对已入选年度建设名单的国家物流枢纽要加强日常指导，督促相关承载城市按照建设方案加快工作落实；梳理汇总本地区国家物流枢纽建设中出现的新情况、新问题，重大情况问题及时上报。对尚未入选年度建设名单的国家物流枢纽，要指导相关承载城市对标已入选的国家物流枢纽加快培育，并有计划、有步骤地组织建设条件成熟的承载城市申报。评审中我们发现个别承载城市对《规划》等文件学习不深不透，报送的建设方案存在“硬伤”，比如，有的只主要服务于某个产业园区，公共性、开放性不足；再如，有的新建项目占比过高，不符合以整合存量设施资源为主的基本原则；还如，有的建设思路不清，没有统一的建设运营主体等。下一步，各省级发展改革部门要在初审环节进一步从严把关，确保建设方案质量。

二是把好建设项目储备关。要对照《规划》等文件要求，研究建立国家物流枢纽建设项目储备库，系统梳理国家物流枢纽范围内的设施建设项目并及时储备入库。重点储备多式联运转运站、大型公共仓储设施等支撑枢纽运行的基础性、公共性、准公益性项目。在相关枢纽入选年度建设名单后，及时按照相关财政资金投放或政策性金融机构的要求组织项目申报，为提高相关支持政策的精准性和时效性奠定坚实基础。

三是把好区域物流枢纽建设关。结合国家物流枢纽建设系统谋划本地区的区域性物流枢纽布局建设，并与国家物流枢纽有机衔接、相互补充、错位发展，以点带面拓展国家物流枢纽网络的覆盖深度，优化完善本地区物流运作体系，提高干支配一体化运作效率，为推动区域经济发展提供有力支撑，也为国家物流枢纽动态调整准备梯队。据我们了解，部分省区市已进行了谋划部署，我委也将会同相关部门加强跟踪研究，适时总结推广相关省区市的成功经验。

（三）承载城市人民政府：加强落地保障，发展枢纽经济。

承载城市人民政府是国家物流枢纽建设的推进主体。在《国家物流枢纽网络建设实施方案（2019—2020 年）》中之所以明确要求承载城市人民政府编制和报送国家物流枢纽建设方案，就是要充分发挥地方政府的关键引导和统筹推动作用。

一是保障枢纽落地实施。入选年度建设名单不是最终目的，已入选的承载城市如果仅满足于此，觉得“大功告成”“万事大吉”，重申报、轻建设，重“牌子”、轻投入，那就是本末倒置。相关承载城市要加快建立健全国家物流枢纽建设运营推进工作机制，明确各相关政府部门职责和任务；同时，在枢纽短板设施建设、货运车辆通行、枢纽建设用地等方面加大支持，特别是要在规划层面确保枢纽用地规模、土地性质和空间位置长期稳定。

二是优化城市物流布局。按照《规划》等文件要求，尽快编制或调整修编本地区物流业发展规划，统筹推动国家物流枢纽建设与城市功能提升和地区经济发展。要依托国家物流枢纽完善区域分拨配送体系，探索建立逆向物流、应急物流等专业物流体系，保障居民消费和城市运转，改善社会民生。

三是发展枢纽经济。培育枢纽经济是国家物流枢纽建设工作的重要任务，要依托国家物流枢纽建设整合仓储、冷链、快递等分散的存量物流资源，推动物流集聚发展；优化区域产业空间布局，促进物流与制造、商贸、金融等产业集聚融合、创新发展，培育区域经济发展新动能。按照《规划》，今后我们还将推动承载城市培育一批枢纽经济区，带动区域经济发展。

（四）枢纽建设运营企业：深化互利合作，加快枢纽成网。

枢纽建设运营企业是国家物流枢纽建设的实施主体、是国家物流枢纽建设这台“戏”的“主角”，要充分发挥企业的灵活性优势，开拓思路、大胆创新，扎实推进国家物流枢纽建设。

一是补齐软硬件设施短板。在地方各级政府部门的指导下，围绕促进国家物流枢纽互联成网和自身发展定位，进一步完善相关配套基础设施建设，优先补齐铁路专用线、多式联运转运、国际物流等功能性短板设施。同时，结合市场需求变化和自身业务规模扩张需要，研究制订物流设施改造升级计划，有序改建或新建物流服务及相关配套设备，不断提高物流服务能力和效率。

二是开展业务互联合作。以企业联盟、资本合作等方式组建的枢纽建设运营主体，要着力加强成员企业间的务实合作，实现优势互补，强化利益协调，形成“1 + 1 > 2”的联动效应。相关枢纽建设运营主体要积极参与国家物流枢纽联盟，强化与其他国家物流枢纽间的业务对接、信息互联和标准协同。要研究建立枢纽间“钟摆式”内陆集装箱联运体系，打造常态化的物流通道；积极发展公铁、海铁联运，推广甩挂运输、卡车航班等先进运输组织模式，推动建立枢纽间多式联运体系，打造多式联运服务品牌；推广应用标准托盘、集装箱、周转箱等标准化装载器，探索建立枢纽间循环共用体系。需要说明的是，枢纽间的业务合作将作为重要指标纳入枢纽考核评估体系。

三是争创建设运营标杆企业。按照《规划》要求，2020 年年底前我委将会同相关部门遴选 10 家左右国家物流枢纽建设运营标杆企业，总结形成可推广、可复制的枢纽建设运营经验。目前初步考虑重点遴选两类企业：一是主导单个国家物流枢纽建设运营，并在资源整合模式、利益协同机制等方面取得积极成效。二是参与多个国家物流枢纽建设运营，并依托国家物流枢纽网络形成高效运作的跨区域物流服务网络。下一步，我们将会同相关部门进一步明确具体的遴选细则和操作办法，尽快启动这项工作。

（五）近期几项重点工作。

2019—2020 年是国家物流枢纽的起步建设阶段，将重点依托已投入运营、发展潜力较大、区域带动作用较强、在行业内具有一定影响力的物流设施，推动构建国家物流枢纽网络基本框架和重要支撑。下一步，相关省区市、承载城市和枢纽建设运营企业要再接再厉，扎实推进国家物流枢纽建设工作，把先发优势转化为实实在在的发展优势。近期重点要在以下五方面工作上下功夫。

一是修改完善建设方案。入选 2019 年国家物流枢纽建设名单的 23 个国家物流枢纽大部分建设方案相对完善，但个别建设方案也存在一些问题，比如枢纽各功能片区的协同联动机制还不够紧密；推动物流与相关产业融合发展、培育枢纽经济的举措还不够清晰；对现代供应链、国际物流、冷链物流等发展的谋划还不够深入等。请相关省级发展改革部门会同有关部门指导承载城市对此前报送的国家物流枢纽建设方案进行修改，重点完善国家物流枢纽功能与定位、国家物流枢纽建设、国家物流枢纽运行等内容，并补充完善枢纽相关建设项目。国家物流枢纽的空间布局、运营主体等内容原则上不得修改。下一步，我委将会同有关方面以修改后的建设方案为依据，加强对国家物流枢纽建设运营的评估考核。

二是组建国家物流枢纽联盟。按照《规划》要求，我委拟会同有关方面支持和推动枢纽建设运营企业成立国家物流枢纽联盟，推动国家物流枢纽互联成网；今后我委还将通过国家物流枢纽联盟加强对枢纽建设运营情况的监测和评估。相关建设运营企业对此要高度重视，积极参与。希望大家充分发表意见，群策群力，共同推动这项工作。

三是加快发展冷链物流。7 月 30 日中央政治局会议明确提出实施城乡冷链物流补短板工程，决策层级之高、工作要求之细十分罕见，充分体现了党中央对冷链物流的高度重视。《规划》已对依托国家物流枢纽促进冷链物流集聚发展提出明确要求，下一步要充分利用国家物流枢纽对接干线运力，临近商贸集散中心或城市消费市场的优势，加快推进以国家物流枢纽为核心的冷链物流分拨配送体系建设，提高冷链物流服务质量和效率，为支持农业生产、促进消费升级、改善社会民生提供有力支撑。

四是积极发展智慧物流。为因国家物流枢纽建设集聚的物流设施和市场供需资源，为大规模应用现代化技术装备、推动物流设施智能化升级改造提供了基础条件；同时，物流活动的集中规模化发展也要求国家物流枢纽必须充分利用现代化信息技术和物流设施设备，推进物流业务流程再造，提高物流运作效率，保障国家物流枢纽稳定运行。相关建设运营企业要高度重视，对照《规划》等文件要求，重点在仓储、运输、配送等环节推动设施设备升级和业务模式创新，同时积极发展综合物流信息平台，提高各类物流信息整合共享水平。

五是加强前瞻性、基础性问题研究。由于不同类型、不同地区的国家物流枢纽具有鲜明的个性特征，不宜规划得过于死板、过于细致，因此在《规划》中为了预留足够的创新发展空间，只明确了国家物流枢纽建设的原则性、方向性要求，操作层面的具体要求相对较少。同时，国家物流枢纽作为一项创新举措，在实际推进过程中会遇到很多需要进一步深入研究推动的新工作、新任务，比如，在信息资源日益成为企业核心资产和市场竞争力有机组成部分的情况下，如何实现枢纽内部以及枢纽间的信息互联共享；再如，如何在业务合作基础上，进一步在管理体制机制上强化跨地区、跨枢纽的深层次合作等。希望各方面大胆试、大胆闯，积极研究探索，为今后的国家物流枢纽建设积累经验。

2019 年国家物流枢纽建设名单的发布标志着国家物流枢纽进入实质性建设阶段。我们要进一步增强历史使命感和责任感，以习近平新时代中国特色社会主义思想为指引，按照党中央、国务院决策部署，以一抓到底、久久为功的韧劲，敢为人先、善作善成的闯劲，敢于担当、拼搏进取的干劲，扎实推动国家物流枢纽建设工作，为推动物流和实体经济高质量发展、建设现代化经济体系、实现中华民族伟大复兴的“中国梦”作出积极贡献！

（根据国家发展改革委经济贸易司副司长张江波 2019 年 10 月 25 日在国家物流枢纽建设工作现场推进会上的讲话录音整理）

目　录

政策规划篇

联盟工作篇

建设运营篇

政策规划篇

国家发展改革委　交通运输部关于印发《国家物流枢纽布局和建设规划》的通知

发改经贸〔2018〕1886号

各省、自治区、直辖市人民政府，国务院各部委、各直属机构：

为贯彻落实中共中央、国务院关于加强物流等基础设施网络建设的决策部署，科学推进国家物流枢纽布局和建设，发展改革委、交通运输部会同相关部门研究制定了《国家物流枢纽布局和建设规划》，经国务院同意，现印发你们，请认真贯彻执行。

国家发展改革委

交通运输部

2018年12月21日

国家物流枢纽布局和建设规划

物流枢纽是集中实现货物集散、存储、分拨、转运等多种功能的物流设施群和物流活动组织中心。国家物流枢纽是物流体系的核心基础设施，是辐射区域更广、集聚效应更强、服务功能更优、运行效率更高的综合性物流枢纽，在全国物流网络中发挥关键节点、重要平台和骨干枢纽的作用。为贯彻落实中共中央、国务院关于加强物流等基础设施网络建设的决策部署，科学推进国家物流枢纽布局和建设，经国务院同意，制定本规划。

一、规划背景

党的十八大以来，我国物流业实现较快发展，在国民经济中的基础性、战略性、先导性作用显著增强。物流专业设施和交通基础设施网络不断完善，特别是一些地区自发建设形成一批物流枢纽，在促进物流资源集聚、提高物流运行效率、支撑区域产业转型升级等方面发挥了重要作用，为建设国家物流枢纽网络奠定良好基础。

基础设施条件不断完善。截至 2017 年年底，我国铁路、公路营运总里程分别达到 12. 7 万公里和 477. 3 万公里，万吨级以上港口泊位 2366 个，民用运输机场 226 个，铁路专用线总里程约 1. 8 万公里。全国营业性通用仓库面积超过 10 亿平方米，冷库库容约 1. 2 亿立方米，运营、在建和规划的各类物流园区超过 1600 个。

运行组织效率持续提高。互联网、物联网、大数据、云计算等现代信息技术与物流业发展深度融合，无人机、无人仓、物流机器人、新能源汽车等智能化、绿色化设施设备在物流领域加快推广应用，物流枢纽运行效率显著提高，有力引导和支撑物流业规模化集约化发展，为加快物流转型升级和创新发展注入新的活力。

综合服务能力大幅提升。货物集散转运、仓储配送、装卸搬运、加工集拼等基础服务能力不断增强，与制造、商贸等产业融合发展趋势日益明显，物流要素加速向枢纽聚集，以平台整合、供应链融合为特征的新业态新模式加快发展，交易撮合、金融结算等增值服务功能不断拓展，物流枢纽的价值创造能力进一步增强。

经济支撑带动作用明显。国际陆港、中欧班列枢纽节点等快速发展，跨境电商、同城配送等物流新需求持续增长，物流枢纽的资源聚集效应和产业辐射效应不断显现，对经济增长的带动作用日益增强，有效支撑我国世界第二大经济体和第一大货物贸易国的地位。

但也要看到，与发达国家相比，我国物流枢纽发展还存在一定差距。一是系统规划不足，现有物流枢纽设施大多分散规划、自发建设，骨干组织作用发挥不足，物流枢纽间协同效应不明显，没有形成顺畅便捷的全国性网络。二是空间布局不完善，物流枢纽分布不均衡，西部地区明显滞后，部分地区还存在空白；一些物流枢纽与铁路、港口等交通基础设施以及产业集聚区距离较远，集疏运成本较高。三是资源整合不充分，部分物流枢纽存在同质化竞争、低水平重复建设问题，内部缺乏有效分工，集聚和配置资源要素的作用没有充分发挥。四是发展方式较为粗放，一些已建成物流枢纽经营方式落后、功能单一，无法开展多式联运；有的枢纽盲目扩大占地面积，物流基础设施投入不足，服务质量有待提高。

当前，我国经济已由高速增长阶段转向高质量发展阶段。加快国家物流枢纽网络布局和建设，有利于整合存量物流基础设施资源，更好发挥物流枢纽的规模经济效应，推动物流组织方式变革，提高物流整体运行效率和现代化水平；有利于补齐物流基础设施短板，扩大优质物流服务供给，打造低成本、高效率的全国性物流服务网络，提升实体经济活力和竞争力；有利于更好发挥干线物流通道效能，加快推进要素集聚、资源整合和城乡空间格局与产业布局重塑，促进区域协调发展，培育新的经济增长极；有利于深化国内国际物流体系联动协同，促进生产制造、国际贸易和国际物流深度融合，提高国际供应链整体竞争力，培育国际竞争新优势，加快推动我国产业向全球价值链中高端迈进。

二、总体要求

（一）指导思想

以习近平新时代中国特色社会主义思想为指导，全面贯彻党的十九大和十九届二中、三中全会精神，牢固树立和贯彻落实新发展理念，按照高质量发展的要求，统筹推进“五位一体”总体布局和协调推进“四个全面”战略布局，坚持以供给侧结构性改革为主线，认真落实中共中央、国务院决策部署，推动物流组织模式和行业管理体制机制创新，加快现代信息技术和先进设施设备应用，构建科学合理、功能完备、开放共享、智慧高效、绿色安全的国家物流枢纽网络，打造“通道＋枢纽＋网络”的物流运行体系，实现物流资源优化配置和物流活动系统化组织，进一步提升物流服务质量，降低全社会物流和交易成本，为优化国家经济空间布局和构建现代化经济体系提供有力支撑。

（二）基本原则

市场主导、规划引领。遵循市场经济规律和现代物流发展规律，使市场在资源配置中起决定性作用和更好发挥政府作用，通过规划引领和指导，推动物流资源向有市场需求的枢纽进一步集聚，支持和引导具备条件的物流枢纽做大做强，在物流运行体系中发挥骨干作用。

集约整合、融合创新。坚持以存量设施整合提升为主、以增量设施补短板为辅，重点提高现有物流枢纽资源集约利用水平。依托国家物流枢纽加强物流与交通、制造、商贸等产业联动融合，培育行业发展新动能，探索枢纽经济新范式。

统筹兼顾、系统成网。统筹城市经济发展基础和增长潜力，兼顾东中西部地区协调发展，围绕产业发展、区域协调、公共服务、内联外通等需要，科学选址、合理布局、加强联动，加快构建国家物流枢纽网络。

协调衔接、开放共享。加强物流与交通基础设施衔接，提高不同运输方式间货物换装效率，推动信息互联互通、设施协调匹配、设备共享共用，增强国家物流枢纽多式联运功能，提高运行效率和一体化组织水平。

智慧高效、绿色发展。顺应现代物流业发展新趋势，加强现代信息技术和智能化、绿色化装备应用，推进货物运输结构调整，提高资源配置效率，降低能耗和排放水平，打造绿色智慧型国家物流枢纽。

（三）发展目标

到 2020 年，通过优化整合、功能提升，布局建设 30 个左右辐射带动能力较强、现代化运作水平较高、互联衔接紧密的国家物流枢纽，促进区域内和跨区域物流活动组织化、规模化运行，培育形成一批资源整合能力强、运营模式先进的枢纽运营企业，初步建立符合我国国情的枢纽建设运行模式，形成国家物流枢纽网络基本框架。

到 2025 年，布局建设 150 个左右国家物流枢纽，枢纽间的分工协作和对接机制更加完善，社会物流运行效率大幅提高，基本形成以国家物流枢纽为核心的现代化物流运行体系，同时随着国家产业结构和空间布局的进一步优化，以及物流降本增效综合措施的持续发力，推动全社会物流总费用与 GDP 的比率下降至 12% 左右。

——高效物流运行网络基本形成。以“干线运输 + 区域分拨”为主要特征的现代化多式联运网络基本建立，全国铁路货运周转量比重提升到 30% 左右，500 公里以上长距离公路运量大幅减少，铁路集装箱运输比重和集装箱铁水联运比重大幅提高，航空货运周转量比重明显提升。

——物流枢纽组织效率大幅提升。多式联运、甩挂运输等先进运输组织方式广泛应用，各种运输方式衔接更加紧密，联运换装转运效率显著提高，集疏运体系更加完善，国家物流枢纽单元化、集装化运输比重超过 40%。

——物流综合服务能力显著增强。完善互联互通的枢纽信息网络，国家物流枢纽一体化运作、网络化经营、专业化服务能力进一步提高，与供应链、产业链、价值链深度融合，对实体经济的支撑和促进作用明显增强，枢纽经济效应充分显现。

到2035年，基本形成与现代化经济体系相适应的国家物流枢纽网络，实现与综合交通运输体系顺畅衔接、协同发展，物流规模化、组织化、网络化、智能化水平全面提升，铁路、水运等干线通道能力充分释放，运输结构更加合理。全社会物流总费用与GDP的比率继续显著下降，物流运行效率和效益达到国际先进水平。依托国家物流枢纽，形成一批具有国际影响的枢纽经济增长极，将国家物流枢纽打造成为产业转型升级、区域经济协调发展和国民经济竞争力提升的重要推动力量。

三、合理布局国家物流枢纽，优化基础设施供给结构

（一）国家物流枢纽的类型和功能定位

国家物流枢纽分为陆港型、港口型、空港型、生产服务型、商贸服务型、陆上边境口岸型6种类型。

陆港型。依托铁路、公路等陆路交通运输大通道和场站（物流基地）等，衔接内陆地区干支线运输，主要为保障区域生产生活、优化产业布局、提升区域经济竞争力，提供畅通国内、联通国际的物流组织和区域分拨服务。

港口型。依托沿海、内河港口，对接国内国际航线和港口集疏运网络，实现水陆联运、水水中转有机衔接，主要为港口腹地及其辐射区域提供货物集散、国际中转、转口贸易、保税监管等物流服务和其他增值服务。

空港型。依托航空枢纽机场，主要为空港及其辐射区域提供快捷高效的国内国际航空直运、中转、集散等物流服务和铁空、公空等联运服务。

生产服务型。依托大型厂矿、制造业基地、产业集聚区、农业主产区等，主要为工业、农业生产提供原材料供应、中间产品和产成品储运、分销等一体化的现代供应链服务。

商贸服务型。依托商贸集聚区、大型专业市场、大城市消费市场等，主要为国际国内和区域性商贸活动、城市大规模消费需求提供商品仓储、干支联运、分拨配送等物流服务，以及金融、结算、供应链管理等增值服务。

陆上边境口岸型。依托沿边陆路口岸，对接国内国际物流通道，主要为国际贸易活动提供一体化通关、便捷化过境运输、保税等综合性物流服务，为口岸区域产业、跨境电商等发展提供有力支撑。

（二）国家物流枢纽布局和规划建设要求

国家物流枢纽基本布局。加强宏观层面的系统布局，依据区域经济总量、产业空间布局、基础设施联通度和人口分布等，统筹考虑国家重大战略实施、区域经济发展、

产业结构优化升级等需要，结合“十纵十横”交通运输通道和国内物流大通道基本格局，选择127个具备一定基础条件的城市作为国家物流枢纽承载城市，规划建设212个国家物流枢纽，包括41个陆港型、30个港口型、23个空港型、47个生产服务型、55个商贸服务型和16个陆上边境口岸型国家物流枢纽。

专栏1　国家物流枢纽布局承载城市

1. 陆港型国家物流枢纽承载城市。包括石家庄、保定、太原、大同、临汾、呼和浩特、乌兰察布、沈阳、长春、哈尔滨、佳木斯、南京、徐州、杭州、合肥、南昌、鹰潭、济南、潍坊、郑州、安阳、武汉、长沙、衡阳、南宁、柳州、重庆、成都、遂宁、贵阳、遵义、昆明、拉萨、西安、延安、兰州、酒泉、格尔木、乌鲁木齐、哈密、库尔勒。

2. 港口型国家物流枢纽承载城市。包括天津、唐山、秦皇岛、沧州、大连、营口、上海、南京、苏州、南通、连云港、宁波—舟山、芜湖、安庆、福州、厦门、九江、青岛、日照、烟台、武汉、宜昌、岳阳、广州、深圳、湛江、钦州—北海—防城港、洋浦、重庆、泸州。

3. 空港型国家物流枢纽承载城市。包括北京、天津、哈尔滨、上海、南京、杭州、宁波、厦门、青岛、郑州、长沙、武汉—鄂州、广州、深圳、三亚、重庆、成都、贵阳、昆明、拉萨、西安、银川、乌鲁木齐。

4. 生产服务型国家物流枢纽承载城市。包括天津、石家庄、唐山、邯郸、太原、鄂尔多斯、包头、沈阳、大连、长春、哈尔滨、大庆、上海、南京、无锡、苏州、杭州、宁波、嘉兴、金华、合肥、蚌埠、福州、三明、南昌、青岛、郑州、洛阳、武汉、十堰、襄阳、长沙、郴州、广州、深圳、珠海、佛山、东莞、南宁、柳州、重庆、成都、攀枝花、贵阳、西安、宝鸡、石河子。

5. 商贸服务型国家物流枢纽承载城市。包括天津、石家庄、保定、太原、呼和浩特、赤峰、沈阳、大连、长春、吉林、哈尔滨、牡丹江、上海、南京、南通、杭州、温州、金华（义乌）、合肥、阜阳、福州、平潭、厦门、泉州、南昌、赣州、济南、青岛、临沂、郑州、洛阳、商丘、南阳、信阳、武汉、长沙、怀化、广州、深圳、汕头、南宁、桂林、海口、重庆、成都、达州、贵阳、昆明、大理、西安、兰州、西宁、银川、乌鲁木齐、喀什。

6. 陆上边境口岸型国家物流枢纽承载城市。包括呼伦贝尔（满洲里）、锡林郭勒（二连浩特）、丹东、延边（珲春）、黑河、牡丹江（绥芬河—东宁）、防城港（东兴）、崇左（凭祥）、德宏（瑞丽）、红河（河口）、西双版纳（磨憨）、日喀则（吉隆）、伊犁（霍尔果斯）、博尔塔拉（阿拉山口）、克孜勒苏（吐尔尕特）、喀什（红其拉甫）。

国家物流枢纽规划建设要求。一是区位条件良好。毗邻港口、机场、铁路场站等重要交通基础设施和产业聚集区，与城市中心的距离位于经济合理的物流半径内，并与城市群分工相匹配。二是空间布局集约。以连片集中布局为主，集中设置物流设施，集约利用土地资源。同一国家物流枢纽分散布局的互补功能设施原则上不超过2个。三是存量设施优先。以完善提升已建成物流设施的枢纽功能为主，必要情况下可结合区域经济发展需要适当整合、迁移或新建枢纽设施。四是开放性公共性强。具备提供公共物流服务、引导分散资源有序聚集、推动区域物流集约发展等功能，并在满足区域生产生活物流需求中发挥骨干作用。五是服务功能完善。具备干线运输、区域分拨等功能，以及多式联运转运设施设备和系统集成、互联兼容的公共信息平台等，可根据需要提供通关、保税等国际物流相关服务。六是统筹运营管理。由一家企业或多家企业联合主导国家物流枢纽建设、运营和管理，统筹调配物流服务资源，整合对接物流业务，实行统一的安全作业规范。七是区域协同联动。鼓励同一承载城市内不同类型的国家物流枢纽加强协同或合并建设，增强综合服务功能；支持京津冀、长三角、珠三角等地区的承载城市在城市群内部开展国家物流枢纽合作共建，实现优势互补。

国家物流枢纽培育发展要求。各承载城市要遵循市场规律，尊重市场选择，以市场自发形成的物流枢纽设施和运行体系为基础，对照上述要求，选择基础条件成熟、市场需求旺盛、发展潜力较大的物流枢纽进行重点培育，并可根据市场和产业布局变化情况以及交通基础设施发展情况等进行必要的调整。同时，通过规划引导和政策支持，加强公共服务产品供给，补齐设施短板，规范市场秩序，促进公平竞争。要加强国家物流枢纽与其他物流枢纽的分工协作和有效衔接，两者不排斥、不替代，通过国家物流枢纽的发展带动其他物流枢纽做大做强，打造以国家物流枢纽为骨干，以其他物流枢纽为补充，多层次、立体化、广覆盖的物流枢纽设施体系。

四、整合优化物流枢纽资源，提高物流组织效率

（一）培育协同高效的运营主体

鼓励和支持具备条件的企业通过战略联盟、资本合作、设施联通、功能联合、平台对接、资源共享等市场化方式打造优势互补、业务协同、利益一致的合作共同体，推进国家物流枢纽设施建设和统筹运营管理，有序推动干线运输、区域分拨、多式联运、仓储服务、跨境物流、城市配送等物流服务资源集聚，引导物流服务企业集群发展，提升物流一体化组织效率。

（二）推动物流设施集约整合

整合优化存量物流设施。优先利用现有物流园区特别是国家示范物流园区，

以及货运场站、铁路物流基地等设施规划建设国家物流枢纽。鼓励通过统筹规划迁建等方式整合铁路专用线、专业化仓储、多式联运转运、区域分拨配送等物流设施及通关、保税等配套设施，推动物流枢纽资源空间集中；对迁建难度较大的分散区块设施，支持通过协同运作和功能匹配实现统一的枢纽功能。支持国家物流枢纽集中承接第三方物流、电子商务、邮政、快递等物流服务的区域分拨和仓储功能，减少物流设施无效低效供给，促进土地等资源集约利用，提升设施综合利用效率。

统筹补齐物流枢纽设施短板。加强物流枢纽设施薄弱地区特别是中西部地区物流软硬件设施建设，支持物流枢纽设施短板突出地区结合产业发展和城市功能定位等，按照适度超前原则高起点规划新建物流枢纽设施，推动国家物流枢纽网络空间结构进一步完善，带动区域经济发展。

（三）增强国家物流枢纽平台支撑能力

加强综合信息服务平台建设。鼓励和支持国家物流枢纽依托现有资源建设综合信息服务平台，打破物流信息壁垒，推动枢纽内企业、供应链上下游企业信息共享，实现车辆、货物位置及状态等信息实时查询；加强交通、公安、海关、市场监管、气象、邮政等部门公共数据开放共享，为便利企业生产经营和完善物流信用环境提供支撑；加强物流服务安全监管和物流活动的跟踪监测，推动相关企业落实实名登记和信息留存等安全管理制度，实现货物来源可追溯、责任可倒查。依托国家交通运输物流公共信息平台等建立国家物流枢纽间综合信息互联互通机制，促进物流订单、储运业务、货物追踪、支付结算等信息集成共享、高效流动，提高物流供需匹配效率，加强干线运输、支线运输、城市配送的一体化衔接。完善数据交换、数据传输等标准，进一步提升不同枢纽信息系统的兼容性和开放性。

推动物流资源交易平台建设。依托具备条件的国家物流枢纽综合信息服务平台，建设物流资源要素交易平台，开展挂车等运输工具、集装箱、托盘等标准化器具及叉车、正面吊等装卸搬运设备的租赁交易，在制度设计和交易服务等方面加强探索创新，允许交易平台开展水运、航空货运、陆运等运力资源和仓储资源交易，提高各类物流资源的市场化配置效率和循环共用水平。

专栏2　国家物流枢纽资源整合工程
1. 国家物流枢纽建设运营主体培育工程。借鉴国外成熟经验，遵循市场化原则，创新物流枢纽经营管理模式，探索建立国家物流枢纽建设运营参与企业的利益协同机制，培育协同高效的运营主体，提高枢纽组织效率。

目标及完成时限：2020 年年底前，争取培育 10 家左右国家物流枢纽建设运营标杆企业，形成可推广、可复制的枢纽建设运营经验。

2. 国家物流枢纽联盟工程。发挥行业协会等作用，支持和推动枢纽建设运营企业成立国家物流枢纽联盟。发挥骨干企业网络化经营优势，推动国家物流枢纽之间加强业务对接，积极推进要素流动、信息互联、标准协同等合作机制建设，加快推动形成国家物流枢纽网络。

目标及完成时限：2020 年年底前，依托已投入运行的国家物流枢纽，成立国家物流枢纽联盟，在信息互联互通、标准规范对接等方面取得突破。2025 年年底前，基本形成稳定完善的国家物流枢纽合作机制，力争将已建成的国家物流枢纽纳入联盟，形成顺畅衔接、高效运作的国家物流枢纽网络。

五、构建国家物流枢纽网络体系，提升物流运行质量

（一）建设国家物流枢纽干线网络体系

构建国内物流干线通道网络。鼓励国家物流枢纽间协同开展规模化物流业务，建设高质量的干线物流通道网络。重点加快发展枢纽间的铁路干线运输，优化运输组织，构建便捷高效的铁路货运网络。鼓励陆港型、生产服务型枢纽推行大宗货物铁路中长期协议运输，面向腹地企业提供铁路货运班列、点到点货运列车、大宗货物直达列车等多样化铁路运输服务；支持陆港型、港口型、商贸服务型枢纽间开行“钟摆式”铁路货运专线、快运班列，促进货物列车客车化开行，提高铁路运输的稳定性和准时性，优先鼓励依托全国性和区域性铁路物流中心培育发展陆港型枢纽；加密港口型枢纽间的沿海沿江班轮航线网络，提升长江中上游港口码头基础配套水平和货物集散能力；拓展空港型枢纽货运航线网络，扩大全货机服务覆盖范围。完善进出枢纽的配套道路设施建设，提高联运疏解效率。

提升国际物流网络化服务水平。提高国家物流枢纽通关和保税监管能力，支持枢纽结合自身货物流向拓展海运、空运、铁路国际运输线路，密切与全球重要物流枢纽、能源与原材料产地、制造业基地、贸易中心等的合作，为构建“全球采购、全球生产、全球销售”的国际物流服务网络提供支撑。促进国家物流枢纽与中欧班列融合发展，指导枢纽运营主体集中对接中欧班列干线运力资源，加强分散货源组织，提高枢纽国际货运规模化组织水平。充分发挥中欧班列国际铁路合作机制作用，强化国家物流枢纽与国外物流节点的战略合作和业务联系，加强中欧班列回程货源组织，进一步提高运行质量。发挥陆上边境口岸型枢纽的辐射作用，加强与“一带一路”沿线国家口岸相关设施的功能衔接、信息互联，加强单证规则、检验检疫、认证认可、通关报关、安全与应急等方面的国际合作，畅通陆路双向贸易大通道。

（二）依托国家物流枢纽加快多式联运发展

加强干支衔接和组织协同。充分发挥国家物流枢纽的资源集聚和区域辐射作用，依托枢纽网络开发常态化、稳定化、品牌化的一站式多式联运服务产品。推动港口型枢纽统筹对接船期、港口装卸作业、堆存仓储安排和干线铁路运输计划。鼓励空港型枢纽开展陆空联运、铁空联运、空空中转，发展“卡车航班”，构建高价值商品的快捷物流服务网络。支持具备条件的国家物流枢纽建立“公共挂车池”，发展甩挂运输，试点开展滚装运输；支持建设多式联运场站和吊装、滚装、平移等快速换装转运设施，加快发展国内国际集装箱公铁联运和海铁联运。

创新标准形成和应用衔接机制。支持和引导国家物流枢纽采用已发布的快递、仓储、冷链、口岸查验等推荐性国家标准和行业标准，严格执行有关规划建设和安全作业标准。研究国家物流枢纽间多式联运转运、装卸场站等物流设施标准，完善货物装载要求、危险品界定等作业规范，加强物流票证单据、服务标准协调对接。充分发挥物流骨干企业作用，通过高频次、规模化、市场化的物流活动，推动多式联运服务、设施设备等标准进一步衔接，重点在水铁、公铁联运以及物流信息共享等领域，探索形成适应枢纽间多式联运发展的市场标准，为制定国家和行业有关标准提供依据。

推广多式联运“一单制”。研究在国家物流枢纽间推行集装箱多式联运电子化统一单证，加强单证信息交换共享，实现“一单制”物流全程可监测、可追溯。加强不同运输方式在货物交接、合同运单、信息共享、责任划分、保险理赔等方面的制度与规范衔接。鼓励企业围绕“一单制”物流创新业务模式，拓展统一单证的金融、贸易、信用等功能，扩大单证应用范围，强化与国际多式联运规则对接，推动“一单制”物流加快发展。

（三）打造高效专业的物流服务网络

现代供应链。促进国家物流枢纽与区域内相关产业协同联动和深度融合发展，打造以国家物流枢纽为核心的现代供应链。鼓励和引导制造、商贸、物流、金融等企业，依托国家物流枢纽实现上下游各环节资源优化整合和高效组织协同，发展供应链库存管理、生产线物流等新模式，满足敏捷制造、准时生产等精益化生产需要；探索发展以个性化定制、柔性化生产、资源高度共享为特征的虚拟生产、云制造等现代供应链模式，提升全物流链条价值创造能力，实现综合竞争力跃升。

邮政快递物流。推动邮政和快递物流设施与新建国家物流枢纽同步规划、同步建设，完善提升已有物流枢纽的邮件快件分拨处理功能。推动快递专业类物流园区改扩建，积极承接国家物流枢纽功能。提升邮件快件分拨处理智能化、信息化、绿色化水平。鼓励发展航空快递、高铁快递、冷链快递、电商快递、跨境寄递，推动快递物流与供应链、产业链融合发展。支持建设国际邮件互换局（交换站）和国际快件监管中心。

电子商务物流。鼓励和支持国家物流枢纽增强电子商务物流服务功能，发挥干线与区域分拨网络作用，为电商提供覆盖更广、效率更高的专业物流服务，促进农村电子商务物流体系建设，推动农产品“上行”和工业品“下行”双向高效流通，提高电子商务物流服务的时效性、准确性。鼓励国家物流枢纽综合信息服务平台与电子商务物流信息平台对接，推动国家物流枢纽网络与电子商务网络信息互联互通，实现“双网”融合。增强国家物流枢纽在跨境电商通关、保税、结算等方面的功能，提高枢纽支撑电子商务物流一体化服务的能力。

冷链物流。引导冷链物流设施向国家物流枢纽集聚，促进冷链物流规模化发展。鼓励国家物流枢纽高起点建设冷链物流设施，重点发展流通型冷库、立体库等，提高冷链设施供给质量。鼓励企业依托国家物流枢纽建设面向城市消费的低温加工处理中心，开展冷链共同配送、“生鲜电商+冷链宅配”等新模式；大力发展铁路冷藏运输、冷藏集装箱多式联运。依托国家物流枢纽综合信息服务平台，加强全程温度记录和信息追溯，促进消费升级，保障食品质量安全。

大宗商品物流。鼓励粮食、棉花等大宗商品物流嵌入国家物流枢纽服务系统，通过供应链信息协同、集中存储、精细化生产组织等方式，加快资源产地、工业聚集区、贸易口岸的物流组织变革，推动大宗商品物流从以生产企业安排为主的传统模式向以枢纽为载体的集约模式转型，促进枢纽与相关生产企业仓储资源合理配置，进一步降低库存和存货资金占用。发展铁路散粮运输、棉花集装箱运输和能源、矿产品重载运输，推动运输结构调整。

驮背运输。依托国家物流枢纽在具备条件的地区选择适合线路发展驮背运输，充分发挥驮背运输安全可靠、节能环保、运输灵活等优势。加强国家物流枢纽网络的驮背运输组织体系建设，完善与既有铁路、公路运输体系的高效衔接，进一步推动公铁联运发展，促进货物运输“公转铁”。

航空物流。促进国家物流枢纽与机场等航空货运基础设施协同融合发展，加强设施联通和流程对接。依托国家物流枢纽创新航空货运产品体系和业务模式，为集成电路等高端制造业以及生鲜冷链等高附加值产业发展提供高效便捷的物流服务支撑，优化提升航空物流产业链，增强服务实体经济能力。

应急物流。发挥国家物流枢纽网络功能和干线转运能力优势，构建应对突发情况能力强、保障效率和可靠性高的应急物流服务网络。优化存量应急物资储备设施布局，完善枢纽综合信息平台应急功能，提升统一调度、信息共享和运行协调能力。研究制订枢纽应急物流预案，建立制度化的响应机制和协同机制，确保应急物流运行迅速、精准、顺畅。

（四）促进国家物流枢纽网络军民融合发展

按照军民融合发展战略和国防建设有关要求，明确有关枢纽设施服务军事物流的建设内容和标准，支持军队后勤保障社会化。根据军事物流活动保密性、时效性、优先性等要求，拓宽军队使用地方运力、仓储设施、交通网络等物流资源的工作渠道，打通军地物流信息系统数据安全交换通道，建设物流信息资源军地共享平台，建立枢纽服务军事物流需求的运行机制，利用国家物流枢纽的干线调配能力和快速分拨网络服务军事物流需要。

专栏3　国家物流枢纽服务能力提升工程

1. 内陆集装箱体系建设工程。结合我国国情和物流业发展实际，研究推广尺寸和类型适宜的内陆集装箱，完善相关技术标准体系。加强载运工具、转运设施等与内陆集装箱标准间的衔接，在国家物流枢纽网络内积极开展内陆集装箱多式联运，形成可复制的模式后逐步推广。

目标及完成时限：2020 年年底前，在部分国家物流枢纽间试点建立“钟摆式”内陆集装箱联运体系。

2. 枢纽多式联运建设工程。加快国家物流枢纽集疏运铁路、公路和多式联运转运设施建设，建立规模化、专业化的集疏运分拨配送体系。研究制定满足多式联运要求的快速中转作业流程和服务规范。依托统一单证探索开展“一单制”物流。

目标及完成时限：2020 年年底前，在已投入运行的国家物流枢纽间初步建立多式联运体系，标准化联运设施设备得到推广应用，多式联运相关的服务规范和运行规则建设取得积极进展。

2025 年年底前，多式联运体系基本建成，先进的标准化联运设施设备得到大规模应用，多式联运相关的服务规范和运行规则基本形成，“一单制”物流加快发展。

3. 枢纽铁路专用线工程。支持国家物流枢纽新建或改扩建铁路专用线，简化铁路专用线建设审批程序，建立专用线共建共用机制，提高国家物流枢纽内铁路专用线密度，加强装卸场站等联运换装配套设施建设。重点推进港口型枢纽建设连接码头堆场、铁路干线的专用线，鼓励有需要、有条件的铁路专用线向码头前沿延伸。鼓励具备条件的空港型枢纽加强铁路专用线建设。

目标及完成时限：结合国家物流枢纽建设持续推进。除空港型、部分陆上边境口岸型外，已投入运行的国家物流枢纽均具备铁路专用线，实现与铁路运输干线以及港口等交通基础设施有效连接。

4. 枢纽国际物流功能提升工程。支持基础条件好的国家物流枢纽扩大国际物流业务，建设全球转运中心、分拨中心，拓展全球交易中心、结算中心功能，积极推进中国标准“走出去”并与国际标准对接，提高在世界物流和贸易网络中的影响力。

目标及完成时限：2020 年年底前，建设 5 ~ 10 个具有较强国际竞争力的国家物流枢纽，健全通达全球主要经济体的国际物流服务网络，辐射带动更多枢纽提升国际物流功能。

5. 标准化装载器具推广应用工程。重点加强集装箱、集装袋、周转箱等载运工具和托盘（1200mm × 1000mm）、包装基础模数（600mm × 400mm）在国家物流枢纽推广应用，促进不同物流环节、不同枢纽间的设施设备标准衔接，提高标准化装载器具循环共用水平。

目标及完成时限：到 2020 年，已投入运行的国家物流枢纽中标准托盘、集装箱、集装袋、周转箱等标准化装载器具得到广泛应用，基本建立标准化装载器具循环共用体系。

六、推动国家物流枢纽全面创新，培育物流发展新动能

（一）加强新技术、新装备创新应用

促进现代信息技术与国家物流枢纽运营管理深度融合，提高在线调度、全流程监测和货物追溯能力。鼓励有条件的国家物流枢纽建设全自动化码头、“无人场站”、智能化仓储等现代物流设施。推广电子化单证，加强自动化控制、决策支持等管理技术以及场内无人驾驶智能卡车、自动导引车、智能穿梭车、智能机器人、无人机等装备在国家物流枢纽内的应用，提升运输、仓储、装卸搬运、分拣、配送等作业效率和管理水平。鼓励发展智能化的多式联运场站、短驳及转运设施，提高铁路和其他运输方式换装效率。加强物流包装物在枢纽间的循环共用和回收利用，推广使用可循环、可折叠、可降解的新型物流设备和材料，鼓励使用新能源汽车等绿色载运工具和装卸机械，配套建设集中式充电站或充电桩，支持节能环保型仓储设施建设，降低能耗和排放水平。

（二）发展物流新业态新模式

高效响应物流市场新需求。适应产业转型、内需扩大、消费升级带来的物流需求变化，加强国家物流枢纽与腹地生产、流通、贸易等大型企业的无缝对接，提高市场感知能力和响应力。发展集中仓储、共同配送、仓配一体等消费物流新模式，构建以国家物流枢纽为重要支撑的快速送达生活物流圈，满足城乡居民小批量、多批次、个性化、高品质生活物流需求。引导国家物流枢纽系统对接国际物流网络和全球供应链体系，支持中欧班列、跨境电商发展。鼓励大型物流企业依托国家物流枢纽开展工程

设备、大宗原材料的国际工程物流服务。

鼓励物流枢纽服务创新。建立国家物流枢纽共享业务模式，通过设施共建、产权共有、利益协同等方式，引导企业根据物流需求变化合理配置仓储、运力等资源。加强基础性、公共性、联运型物流设施建设，强化物流枢纽社会化服务功能，提高设施设备共享共用水平。发展枢纽平台业务模式，将枢纽内分散的物流业务资源向枢纽平台整合，以平台为窗口加强业务资源协作，统一对接上游产业物流需求和下游物流服务供给。拓展枢纽供应链业务模式，发挥国家物流枢纽在区域物流活动中的核心作用，创新枢纽的产业服务功能，依托国家物流枢纽深化产业上下游、区域经济活动的专业化分工合作，推动枢纽向供应链组织中心转变。

（三）打造特色鲜明的枢纽经济

引导地方统筹城市空间布局和产业发展，充分发挥国家物流枢纽辐射广、成本低、效率高的优势，带动区域农业、制造、商贸等产业集聚发展，打造形成各种要素大聚集、大流通、大交易的枢纽经济，不断提升枢纽的综合竞争优势和规模经济效应。依托陆港型枢纽，加快推进与周边地区要素禀赋相适应的产业规模化发展。依托港口型枢纽，优先推进临港工业、国际贸易、大宗商品交易等产业联动发展。依托空港型枢纽，积极推进高端国际贸易、制造、快递等产业提质升级。依托生产服务型枢纽，着力推进传统制造业供应链组织优化升级，培育现代制造业体系。依托商贸服务型枢纽，重点推进传统商贸向平台化、网络化转型，带动关联产业集群发展壮大。依托陆上边境口岸型枢纽，推进跨境电商、进出口加工等产业聚集发展，打造口岸产业集群。

专栏4　国家物流枢纽创新驱动工程

1. 枢纽经济培育工程。发挥国家物流枢纽要素聚集和辐射带动优势，推进东部地区加快要素有机融合与创新发展，提高经济发展效益和产业竞争力，培育一批支撑产业升级和高质量发展的枢纽经济增长极；推进中西部地区加快经济要素聚集，促进产业规模化发展，培育一批带动区域经济增长的枢纽经济区。

目标及完成时限：2025 年年底前，依托国家物流枢纽及相关产业要素资源，推动 20 个左右承载城市发展各具特色的枢纽经济，探索形成不同区域、不同类型国家物流枢纽支撑和带动经济发展的成熟经验。

2. 枢纽业务模式创新培育工程。支持和引导国家物流枢纽开展物流线上线下融合、共同配送、云仓储、众包物流等共享业务。在平台开展物流对接业务的基础上，进一步拓展交易担保、融资租赁、质押监管、信息咨询、金融保险、信用评价等增值服务，搭建物流业务综合平台。结合枢纽供应链组织中心建设，提高枢纽协同制造、精益物流、产品追溯等服务水平，有序发展供应链金融，鼓励开展市场预测、价格分析、风险预警等信息服务。

目标及完成时限：2025 年年底前，建设 30 个左右体现共享型、平台型、供应链组织型特色的国家物流枢纽。

3. 智能快递公共枢纽建设工程。依托国家物流枢纽，建设一批信息化、标准化、智能化、绿色化特征显著，设施配套、运行高效、开放共享的国际和国内快递公共枢纽，推进快递与上下游行业信息联通、货物畅通、资金融通，促进快递运转效率进一步提升。

目标及完成时限：2025 年年底前，基于国家物流枢纽的快递高效服务网络基本建立，联结并辐射国际重要节点城市，实现物品安全便捷寄递。

七、加强政策支持保障，营造良好发展环境

（一）建立完善枢纽建设协调推进和动态调整机制

充分发挥全国现代物流工作部际联席会议作用，建立国家物流枢纽培育和发展工作协调机制，统筹推进全国物流枢纽布局和规划建设工作。在符合国土空间规划的基础上加强与综合交通运输规划等的衔接。研究制定国家物流枢纽网络建设实施方案，有序推动国家物流枢纽建设。建立国家物流枢纽定期评估和动态调整机制，在规划实施过程中，对由市场自发建设形成且对完善国家和区域物流网络具有重要意义的枢纽和所在城市及时调整纳入规划范围，享受相关政策；对枢纽长期达不到建设要求或无法有效推进枢纽实施的承载城市要及时调出。有关地方要加强部门间的协调，扎实推进相关工作，形成工作合力和政策协同。

（二）优化枢纽培育和发展环境

持续深化物流领域“放管服”改革，打破阻碍货畅其流的制度藩篱，支持国家物流枢纽的运营企业通过技术创新、模式创新、管理创新等方式提升运营水平，为入驻企业提供优质服务。规范枢纽内物流服务企业的经营行为，严格执行明码标价有关规定，坚决消除乱收费、乱设卡等推高物流费用的“痼疾”。适当下浮枢纽间铁路干线运输收费，适当提高中西部地区铁路运输收费下浮比例。研究内陆地区国家物流枢纽实施陆港启运港退税的可行性。鼓励地方政府在国家物流枢纽统筹设立办事服务机构，支持交通、公安、市场监管、税务、邮政等部门进驻枢纽并开展联合办公。在全国信用信息共享平台和国家企业信用信息公示系统中，完善枢纽物流服务企业信用信息，增强企业信用信息记录和查询服务功能，落实企业失信联合惩戒制度，为国家物流枢纽发展提供良好信用环境。

（三）完善规划和用地支持政策

对国家物流枢纽范围内的物流仓储、铁路站场、铁路专用线和集疏运铁路、公路等新增建设用地项目，经国务院及有关部门审批、核准、备案的，允许使用预留国家计划；地方相关部门审批、核准、备案的，由各省（区、市）计划重点保障。鼓励通过“先租后让”“租让结合”等多种方式供应土地。对因建设国家物流枢纽需调整有关规划的，要积极予以支持。利用国家物流枢纽中的铁路划拨用地用于物流相关设施建设，从事长期租赁等物流经营活动的，可在五年内实行继续按原用途和土地权利类型使用土地的过渡期政策，期满及涉及转让需办理相关用地手续的，可按新用途、新权利类型和市场价格以协议方式办理。加强国家物流枢纽空间布局与城市功能提升的衔接，确保枢纽用地规模、土地性质和空间位置长期稳定。研究制定合理的枢纽容积率下限，提高土地资源利用效率。

（四）加大投资和金融支持力度

中央和地方财政资金利用现有渠道积极支持枢纽相关设施建设。研究设立国家物流枢纽中央预算内投资专项，重点支持国家物流枢纽铁路专用线、多式联运转运设施、公共信息平台、军民合用物流设施以及内部道路等公益性较强的基础设施建设，适当提高中西部地区枢纽资金支持比例。中央财政投资支持的国家物流枢纽项目须签订承诺书，如改变项目土地的物流用途等，须连本带息退还中央财政资金。引导商业金融机构在风险可控、商业可持续条件下，积极支持国家物流枢纽设施建设。支持符合条件的国家物流枢纽运营主体通过发行公司债券、非金融企业债务融资工具、企业债券和上市等多种方式拓宽融资渠道。按照市场化运作原则，支持大型物流企业或金融机构等设立物流产业发展投资基金，鼓励包括民企、外企在内的各类社会资本共同参与国家物流枢纽规划建设和运营。

（五）加强规划组织实施

各地区、各部门要按照职责分工，完善细化相关配套政策措施，认真落实规划各项工作任务。各省级发展改革部门要会同交通运输等部门，根据本规划和相关工作方案要求，指导承载城市结合城市总体规划和本地区实际编制具体方案，并对照有关要求和重点任务，积极推进枢纽规划建设。已编制物流业发展规划的城市，应结合国家物流枢纽布局，对原有规划进行调整修编；尚未编制物流业发展规划的城市，按照本规划要求结合实际尽快统筹编制相关规划。国家物流枢纽运营主体要完善统计制度，加强数据收集和分析，定期报送相关运营情况。国家发展改革委、交通运输部要会同有关部门加强统筹协调和工作指导，及时协调解决规划实施中存在的问题，重大问题及时向国务院报告。

国家发展改革委经济贸易司负责人就 2019 年国家物流枢纽建设工作答记者问

近日，国家发展改革委、交通运输部联合印发《关于做好 2019 年国家物流枢纽建设工作的通知》，确定 2019 年国家物流枢纽建设名单。国家发展改革委经济贸易司负责人就此接受了记者采访。

问：请您介绍一下国家物流枢纽建设工作的主要背景。

答：中共中央、国务院高度重视物流业发展工作。党的十九大明确将物流基础设施与铁路、公路、水运、航空、电网等重大基础设施并列；国务院常务会议多次研究部署物流降本增效和创新发展工作，国家物流枢纽建设正是贯彻落实中共中央、国务院决策的重要举措。一是加强物流基础设施网络建设的直接体现。党的十九大提出加强物流等基础设施网络建设，国家物流枢纽建设就是要推动构建国家层面的骨干物流基础设施网络，有效发挥物流在衔接供需、活跃市场、优化资源配置等方面的重要作用，提高物流规模化、组织化、体系化运作水平，促进区域均衡发展和统一国内市场建设，为实体经济转型升级和高质量发展奠定坚实基础。二是深入推进物流降本增效的必然选择。近年来，国务院及相关部门针对物流降本增效出台实施一系列政策措施，取得明显成效。2019 年上半年我国社会物流总费用与 GDP 的比率降至 14.6%，为改善实体经济发展环境、提升国民经济运行效率作出了积极贡献。从政策实施情况看，随着物流降本增效工作不断深入，有必要通过国家物流枢纽建设优化和改善物流运作体系，在更大范围、更深层次上系统推进物流降本增效。三是优化社会物流运行体系的客观需要。我国各类物流基础设施看似已形成多点分布、覆盖全国的经营网络，但大部分设施运作相对独立，信息不互联、业务不衔接、功能不匹配、干线网络不健全、干支衔接不顺畅；一定区域内的物流基础设施存在重复建设、低效率运行等问题。国家物流枢纽建设将系统整合分散的存量物流基础设施资源，加强物流设施间的协同衔接、互联互通，提高干线物流效率、促进干支高效衔接，打造“通道 + 枢纽 + 网络”的物流运作体系，为物流高质量发展提供有力支撑。

问：2019 年国家物流枢纽建设名单是如何产生的？入选 2019 年建设名单的国家物流枢纽有什么特点？

答：本次共有 51 个国家物流枢纽承载城市的 56 个物流枢纽参与申报，涉及 31 个省区市（含计划单列市），充分反映出各地对国家物流枢纽建设工作的高度重视。为确保评审结果公平公正、经得起历史的检验，我们主要开展了三方面工作。一是会同相关部门反复磋商，研究制订评审工作方案，明确评审的总体原则、工作程序、评审内容、评分规则等。二是邀请业内知名专家组成专家组，经过分组讨论、专家合议等环节，对相关承载城市报送的建设方案进行评分排序。三是赴部分省（区、市）对相关物流枢纽设施情况进行实地考察。基于专家评审结果和实地察看了解到的情况，我们会同相关部门按程序研究形成了 2019 年国家物流枢纽的建设名单。部分区域性中心城市和大家印象中的热门城市未能入选，有的是承载城市出于区域发展和自身现有条件的考虑未参与申报，有的是建设方案还不够成熟。总体来看，入选建设名单的国家物流枢纽区域、类型分布总体均衡，其中东部地区 10 个、中部地区 5 个、西部地区 7 个、东北地区 1 个，涵盖陆港型、空港型、港口型、生产服务型、商贸服务型、陆上边境口岸型 6 种类型，能够为“一带一路”建设、京津冀协同发展、长江经济带发展、粤港澳大湾区建设、长三角区域一体化发展、西部陆海新通道等重大战略实施和促进形成强大国内市场提供有力支撑。

问：国家发展改革委此前计划 2019 年布局 15 个左右国家物流枢纽，为什么最终公布的是 23 个？

答：《国家物流枢纽布局和建设规划》和《国家物流枢纽网络建设实施方案（2019—2020 年）》中提出到 2020 年布局建设 30 个左右国家物流枢纽。从此次实际申报和评审情况看，不少城市存量物流枢纽设施已具备一定规模，产业发展基础较好，枢纽建设方案较为成熟。为加快构建国家物流枢纽网络的总体框架，我们适当增加了 2019 年的国家物流枢纽建设数量。同时，为避免国家物流枢纽的布局过于集中，2019 年参与申报的每个省区市最多只布局 1 个国家物流枢纽（计划单列市单独计算）。基于上述考虑，我们会同相关部门最终研究形成包括 23 个国家物流枢纽的建设名单。需要说明的是，《国家物流枢纽布局和建设规划》确定的 127 个承载城市和 212 个国家物流枢纽是统筹相关国家战略实施、区域经济发展情况，从全国层面做出的统一布局，并结合实际分阶段、分年度推进实施，是否入选 2019 年建设名单不影响相关承载城市推进此项工作。

问：2019 年建设名单发布后，国家发展改革委将如何推动相关国家物流枢纽建设？

答：国家物流枢纽建设是一项系统工程，可以说，2019 年国家物流枢纽建设名单的发布只是规划落地的第一步，我们将会同相关部门多措并举，加快推动国家物流枢纽建设方案落地实施。一是会同相关部门组织有关省（区、市）召开国家物流枢纽建设工作现场推进会，进一步统一思想、凝聚共识，推动承载城市间的交流互鉴，共同推进国家物流枢纽建设。二是按照《国家物流枢纽布局和建设规划》要求，依托行业协会等推动枢纽建设运营企业组建国家物流枢纽联盟，建立要素流动、业务对接、标准协调、信息互联等长效合作机制，加快国家物流枢纽之间互联成网。三是会同相关部门建立定期评估和动态调整机制，对由市场自发建设形成、对完善国家物流枢纽网络具有重要意义的枢纽和所在城市，将及时调整纳入规划范围；对长期达不到建设要求或无法有效推进枢纽建设方案实施的承载城市，将及时予以调出，确保国家物流枢纽建设质量。四是通过相应政策渠道支持国家物流枢纽建设。国家物流枢纽建设投资额大、回收期长，具有一定的公益性，特别是还涉及铁路专用线、多式联运转运等一些公共性、基础性设施建设。对此，我们将会同相关部门研究通过各种途径支持国家物流枢纽相关补短板项目建设。

问：2019 年可以说是国家物流枢纽建设元年，接下来国家发展改革委将如何进一步推动《国家物流枢纽布局和建设规划》实施？

答：按照《国家物流枢纽布局和建设规划》，国家物流枢纽建设将分阶段实施，每个阶段的工作重点和主要任务各有不同。其中，2019—2020 年是起步建设阶段，重点依托已投入运营、发展潜力较大、区域带动作用较强、在行业内具有一定影响力的物流业发展集聚区，初步建立符合我国国情的枢纽建设运行模式，推动形成国家物流枢纽网络基本框架和重要支撑。2021—2025 年是加速建设阶段，将系统总结前两年的建设经验，布局建设 150 个左右国家物流枢纽，建立以国家物流枢纽为核心的现代化物流运行体系。2026—2035 年是综合提升阶段，将重点补齐枢纽网络节点空白，基本形成与现代化经济体系相适应的国家物流枢纽网络，并依托国家物流枢纽发展一批具有国际影响的枢纽经济增长极，促进实体经济转型升级和高质量发展。下一步，为加强 2019 年和 2020 年国家物流枢纽建设工作的统筹衔接，我们将及时启动 2020 年国家物流枢纽的布局建设工作，并在同等条件下优先向未入选 2019 年建设名单的省区市（含计划单列市）倾斜。同时，我们将提前着手研究制订 2021—2025 年国家物流枢纽建设实施方案，明确下一阶段国家物流枢纽建设的重点、方向和内容，有序推动国家物流枢纽建设工作。

（来源：国家发展改革委网站 2019 年 9 月 18 日）

国家发展改革委　交通运输部联合发布 2019 年国家物流枢纽建设名单

近日，国家发展改革委、交通运输部联合印发《关于做好 2019 年国家物流枢纽建设工作的通知》（发改经贸〔2019〕1475 号），共有 23 个物流枢纽入选 2019 年国家物流枢纽建设名单（附后），其中东部地区 10 个［天津、上海、南京、金华（义乌）、临沂、广州、宁波—舟山、厦门、青岛、深圳］、中部地区 5 个（太原、赣州、郑州、宜昌、长沙）、西部地区 7 个（乌兰察布—二连浩特、南宁、重庆、成都、西安、兰州、乌鲁木齐）、东北地区 1 个（营口），涵盖陆港型、空港型、港口型、生产服务型、商贸服务型、陆上边境口岸型 6 种类型，区域、类型分布相对均衡，有利于支撑“一带一路”建设、京津冀协同发展、长江经济带发展、粤港澳大湾区建设、长三角区域一体化发展、西部陆海新通道等重大战略实施和促进形成强大国内市场。

下一步，国家发展改革委将会同有关部门通过召开现场会、推动建立国家物流枢纽联盟等方式，加强国家物流枢纽间的业务对接、标准协调和信息互联，加快构建联通内外、交织成网、高效便捷的“通道 + 枢纽 + 网络”物流运作体系，推动形成国家物流枢纽网络框架和基础支撑，促进区域均衡协调发展和全国统一市场建设，为经济高质量发展奠定坚实基础。同时，抓紧统筹做好 2020 年国家物流枢纽建设工作。

2019 年国家物流枢纽建设名单（23 个）

（排名不分先后）

所在地	国家物流枢纽名称
天津市	天津港口型国家物流枢纽
山西省	太原陆港型（生产服务型）国家物流枢纽
内蒙古自治区	乌兰察布—二连浩特陆港型（陆上边境口岸型）国家物流枢纽
辽宁省	营口港口型国家物流枢纽
上海市	上海商贸服务型国家物流枢纽
江苏省	南京港口型（生产服务型）国家物流枢纽
浙江省	金华（义乌）商贸服务型国家物流枢纽

续 表

所在地	国家物流枢纽名称
江西省	赣州商贸服务型国家物流枢纽
山东省	临沂商贸服务型国家物流枢纽
河南省	郑州空港型国家物流枢纽
湖北省	宜昌港口型国家物流枢纽
湖南省	长沙陆港型国家物流枢纽
广东省	广州港口型国家物流枢纽
广西壮族自治区	南宁陆港型国家物流枢纽
重庆市	重庆港口型国家物流枢纽
四川省	成都陆港型国家物流枢纽
陕西省	西安陆港型国家物流枢纽
甘肃省	兰州陆港型国家物流枢纽
新疆维吾尔自治区	乌鲁木齐陆港型国家物流枢纽
宁波市、舟山市	宁波—舟山港口型国家物流枢纽
厦门市	厦门港口型国家物流枢纽
青岛市	青岛生产服务型（港口型）国家物流枢纽
深圳市	深圳商贸服务型国家物流枢纽

（来源：国家发展改革委网站）

国家发展改革委　交通运输部联合发布 2020 年国家物流枢纽建设名单

近日，国家发展改革委、交通运输部联合印发《关于做好 2020 年国家物流枢纽建设工作的通知》（发改经贸〔2020〕1607 号，简称《通知》），共有 22 个物流枢纽入选 2020 年国家物流枢纽建设名单（附后）。相关国家物流枢纽设施区位优势突出，空间布局、建设运行等基础条件较好，国家物流枢纽建设方案及推进国家物流枢纽落地的总体思路相对成熟；区域分布相对均衡，其中，东部地区 7 个、中部地区 4 个、西部地区 9 个、东北地区 2 个，覆盖了《国家物流枢纽布局和建设规划》确定的 6 种国家物流枢纽类型。2019—2020 年，国家发展改革委、交通运输部共布局建设了 45 个国家物流枢纽，覆盖全国 27 个省（自治区、直辖市），为加快构建“通道 + 枢纽 + 网络”的现代物流运作体系，促进形成以国内大循环为主体、国内国际双循环相互促进的新发展格局提供了有力支撑。

《通知》强调，相关国家物流枢纽要围绕推动形成新发展格局，支撑“一带一路”建设和京津冀协同发展、长江经济带发展、粤港澳大湾区建设、长三角区域一体化发展、西部陆海新通道等重大战略实施，对内系统整合区域内分散的物流资源，提高区域内、跨区域物流活动规模化组织能力和效率，支撑带动上下游产业集聚发展，推动形成国内统一大市场；对外衔接主要国际物流通道和干线运力，加强与全球重要物流枢纽、能源与原材料产地、制造业基地、贸易中心等的密切联系，为推动构建现代流通体系，保持产业链供应链稳定，促进经济高质量发展提供战略支撑。重点抓好落实强化枢纽功能、完善服务网络、加强互联互通、发展枢纽经济四方面任务。《通知》要求，相关省级发展改革、交通运输部门要推动强化部门间的工作合力和政策协同，加强工作指导，加快推进国家物流枢纽建设各项工作，为国家物流枢纽建设运营创造良好环境；枢纽建设运营企业要扎实做好国家物流枢纽建设方案落实工作，积极参与国家物流枢纽联盟建设，建立市场化、常态化的互利合作机制，促进国家物流枢纽互联成网。国家发展改革委、交通运输部将通过国家物流枢纽联盟等加强对国家物流枢纽运行的动态监测，并进行评估考核。

2020 年国家物流枢纽建设名单（22 个）
（排名不分先后）

所在地	国家物流枢纽名称
北京市	北京空港型国家物流枢纽
河北省	唐山港口型（生产服务型）国家物流枢纽
内蒙古自治区	满洲里陆上边境口岸型国家物流枢纽
吉林省	长春生产服务型国家物流枢纽
江苏省	苏州港口型国家物流枢纽
安徽省	芜湖港口型国家物流枢纽
山东省	济南商贸服务型国家物流枢纽
河南省	洛阳生产服务型国家物流枢纽
湖北省	武汉港口型国家物流枢纽
湖南省	岳阳港口型国家物流枢纽
广东省	佛山生产服务型国家物流枢纽
广西壮族自治区	钦州—北海—防城港港口型国家物流枢纽
重庆市	重庆陆港型国家物流枢纽
四川省	遂宁陆港型国家物流枢纽
贵州省	贵阳陆港型国家物流枢纽
云南省	昆明商贸服务型国家物流枢纽
陕西省	延安陆港型国家物流枢纽
青海省	格尔木陆港型国家物流枢纽
新疆维吾尔自治区	阿拉山口陆上边境口岸型国家物流枢纽
大连市	大连港口型国家物流枢纽
青岛市	青岛商贸服务型国家物流枢纽
深圳市	深圳空港型国家物流枢纽

（来源：国家发展改革委网站）

联盟工作篇

高水平打造互利合作平台 高质量推进国家物流枢纽建设

张江波

在国家发展改革委等相关部门积极推动下，在各国家物流枢纽和中国物流与采购联合会（以下简称“中物联”）辛勤努力下，经过一年多紧锣密鼓精心筹备，国家物流枢纽联盟今天正式成立。在此，我谨代表国家发展改革委经济贸易司表示热烈祝贺！对青岛市有关部门对本次大会的鼎力支持，对各国家物流枢纽、中物联，特别是贺会长为联盟成立所做的大量细致、周到的工作表示衷心感谢！下面，结合国家物流枢纽建设工作，我讲三方面意见。

一、成立联盟是国家物流枢纽网络建设的客观需要

为贯彻落实中共中央、国务院关于加强物流基础设施网络建设的决策部署，2018年，经国务院同意，我委牵头印发《国家物流枢纽布局和建设规划》（简称《规划》）。国家物流枢纽建设旨在系统整合存量物流资源，推动构建“通道＋枢纽＋网络”的现代物流运行体系，为物流高质量发展奠定坚实基础，为实体经济转型升级和新旧动能转换提供有力支撑。单个国家物流枢纽并不是真正意义上的枢纽，必须构建起枢纽网络，才能有效发挥枢纽辐射广、成本低、效率高以及规模化的运作优势，提高跨地区、跨领域资源整合和物流综合服务能力，带动物流和区域经济高质量发展，真正体现枢纽应有的地位和作用。为此，必须坚持“两条腿走路”，一方面加强宏观层面规划引导和政策支持，推动解决枢纽建设面临的突出共性问题，为枢纽互联成网创造良好条件；另一方面充分发挥市场机制在资源配置中的决定性作用，推动枢纽建设运营主体形成稳定的互利合作关系，实现共同发展，为枢纽互联成网提供有力支撑，两者缺一不可。成立国家物流枢纽联盟是通过市场化手段推动枢纽互联成网、合作共赢的重要举措。

2020年9月初，中央财经委员会第8次会议对统筹推进现代流通体系建设，支撑构建新发展格局作出系统部署，其中特别强调要加快形成内外联通、安全高效的物流网络。枢纽建设的主要目的就是打造顺畅衔接、高效运作的枢纽网络，提高跨区域物流活动规模化、网络化、集约化水平，营造低成本、高效率的物流环境，为制造、商贸等产业集聚，发展枢纽经济和通道经济奠定坚实基础。这不仅与现代流通体系建设

高度关联，更是推进现代流通体系建设的重要基础支撑。我们必须从构建新发展格局的高度重新定位和理解枢纽建设，充分认识成立联盟的重要意义，将这项工作抓好抓实、抓出成效。

二、国家物流枢纽联盟的主要任务

今天的大会审议通过了国家物流枢纽联盟章程，选举产生了第一届理事会，明确了联盟 2021 年的重点工作计划，内容丰富，针对性、操作性强，相信将为枢纽建设工作提供有力支持。会议还发布了《国家物流枢纽联盟青岛宣言》，联盟各项工作开始步入正轨。今后我委将继续按照《规划》等文件要求，会同相关部门分年度、分批次推进枢纽建设，为联盟发展奠定更加坚实的基础。借此机会，我重点结合枢纽建设，对联盟下一步发展提三方面要求。

一是搭建促进物流枢纽互利合作的高层次平台。目前我委已会同相关部门联合发布 2 批共 45 个物流枢纽。这 45 个物流枢纽功能类型、区位条件各具特点，发展优势互不相同，加之我国幅员辽阔，自然资源分布和物流、制造、商贸等产业资源分布具有较强的非均衡性特征，可以加强枢纽间互利合作潜力。对此，国家物流枢纽联盟要积极通过组织学习研讨、交流考察、项目推介等活动，为枢纽建设运营主体深化业务层面的务实合作创造机会，积极探索加强国际同业间学习交流，为联盟成员开拓国际市场提供有力支持。

二是完善强化物流枢纽交流沟通的高效率机制。国家物流枢纽联盟要充分发挥桥梁纽带作用。一方面畅通枢纽建设运营主体与相关政府部门沟通渠道，及时梳理反映枢纽建设中面临的突出共性问题，为优化枢纽政策环境提供有力支持；加强对枢纽发展特别是业务运行情况的动态监测，为枢纽评估考核提供可靠依据。另一方面强化枢纽建设运营主体在业务层面的沟通协调，推动解决联盟运行、枢纽互联成网中的问题和障碍；积极发挥联盟网站和综合信息服务平台的信息门户作用，加强相关规划政策宣传，推广枢纽建设典型经验，为枢纽建设营造良好氛围。

三是打造支持物流枢纽建设发展的高水平智库。枢纽建设是对我国传统物流运作体系进行资源整合与体系重构的创新性举措，国外有类似先例，国内无现成经验可循，在实际推进过程中必然面临很多开创性工作。对此，国家物流枢纽联盟要发挥专业优势，充分利用各类研究力量，深入总结发达国家成功经验，并结合实际工作加强对枢纽建设相关标准、模式、机制，以及枢纽经济、通道经济等新发展模式的理论和案例研究。在此基础上，探索形成符合我国国情和经济社会发展实际情况，适应物流业发展特点的枢纽建设理论体系，为政府部门决策提供理论依据，为枢纽建设运营主体、推进枢纽建设提供科学指引。

三、对国家物流枢纽联盟的几点期望

国家物流枢纽联盟发展离不开政府部门、行业协会的通力合作，更离不开枢纽建设运营主体的积极参与。借此机会，我再对切实做好联盟工作提三方面期望。

一是联盟要发挥好综合统筹和协调保障作用。联盟理事会要深入贯彻落实中共中央、国务院有关决策部署，扎实推进枢纽网络建设，确保联盟各项工作符合枢纽建设相关规划政策要求；要严格按照章程认真做好联盟运行工作，保证联盟的中立性和公开透明，落实“共商、共建、共享”原则，促进联盟成员“互联、互通、互惠”，维护好联盟成员的利益。中物联要充分发挥第三方优势，充分利用行业协会贴近市场、贴近企业的优势，积极通过市场化手段促进枢纽建设运营主体深化合作，为枢纽建设奠定坚实基础。

二是地方政府部门要积极支持联盟发展。枢纽建设对优化区域物流运作体系、带动区域经济发展具有重要的引领和支撑作用。相关省级政府部门要“舍其华而重其实”，坚决杜绝“重申报、轻建设”的错误认识，积极支持联盟相关工作，指导枢纽承载城市和枢纽建设运营主体扎实推动枢纽落地实施、互联成网。

三是建设运营企业要借助联盟做大做强。为加快推动枢纽互联成网，我委利用相关政策渠道对枢纽范围的功能性短板设施建设给予了支持，但如果枢纽建设运营主体仅满足于此，那就是舍本求末，枢纽建设带来广阔的市场空间和发展机遇才是这项工作最大的政策红利。对此，枢纽建设运营主体要有正确认识，积极参与联盟各项工作，融入枢纽网络，用好用足枢纽建设的政策红利，不断发展壮大。

国家物流枢纽联盟成立标志着枢纽建设工作进入走实走深的新阶段。回顾这一年多来的筹备工作，这一成果来之不易，但展望未来，国家物流枢纽联盟面临的各项任务依然艰巨。我们期待着国家物流枢纽联盟在枢纽建设中发挥好应有作用，为推动形成“通道 + 枢纽 + 网络”的现代物流运行体系注入新的活力，为推进现代流通体系建设、构建新发展格局作出积极贡献。

（根据国家发展改革委经济贸易司副司长张江波 2020 年 11 月 12 日在国家物流枢纽联盟成立大会暨第一次理事会上的讲话录音整理）

扎实推进国家物流枢纽联盟走实走深
加快推动国家物流枢纽互联成网

张江波

2020 年 11 月 12 日，我们在这里共同见证了国家物流枢纽联盟正式成立。115 天后，联盟一届二次理事（扩大）会隆重召开，充分体现了联盟理事长、副理事长单位和联盟秘书处只争朝夕、真抓实干的责任担当，也体现了相关政府部门、联盟各成员单位对国家物流枢纽建设工作的高度重视。国家物流枢纽建设工作启动以来，得到物流业界乃至社会各方面广泛关注。在大家共同努力下，2019—2020 年两批共 45 个枢纽已经落地实施。目前，我们正在研究制订“十四五”时期枢纽网络建设实施方案，计划近期启动 2021 年枢纽申报工作。下面，结合“十四五”时期枢纽建设工作的有关考虑，我讲三方面意见。

一、把握“三个重点”，推动国家物流枢纽互联成网

《国家物流枢纽布局和建设规划》（以下简称《规划》）对国家物流枢纽类型、布局、功能和建设提出了明确要求，“十四五”时期是枢纽网络加速建设阶段，重点要狠抓工作落实，推动枢纽落地。我们将在现有工作基础上，按照“两会”刚刚审议通过的《中华人民共和国国民经济和社会发展第十四个五年规划和 2035 年远景目标纲要》（以下简称《纲要》）以及《规划》部署，分年度推进枢纽建设工作，确保到 2025 年如期完成布局建设 150 家左右枢纽的总体目标，基本形成以枢纽为基础支撑的“通道 + 枢纽 + 网络”现代物流运行体系。按照《规划》，“十四五”时期枢纽建设目标是要基本建立以“干线运输 + 区域分拨”为主要特征的现代化多式联运网络，枢纽组织效率大幅提升，综合服务能力显著增强，这要求我们把促进枢纽互联成网放在更加突出的位置，带动物流和区域经济高质量发展，真正体现枢纽应有的地位和作用。重点要从三个层面发力。

一是加快完善枢纽间干线物流通道网络。充分利用枢纽自身交通区位、周边产业基础等优势条件，加强不同类型、不同地区枢纽互利合作，推动形成规模化、组织化、常态化的物流活动，提高跨地区、跨领域的资源整合和物流综合服务能力。积极培育干线运输组织平台企业，提供稳定性强、高品质、多元化的铁路运输、航空运输、水

路运输等干线运输，强化枢纽间干线运输对接。创新运输组织模式，推动多枢纽串接开行航运班轮、铁路班列等，提高物流通道网络运行效率。

二是不断强化枢纽区域物流网络核心组织作用。依托枢纽整合区域内的物流设施资源，引导应急储备、物流配送、流通加工等功能设施集中、集约布局，支持各类物流中心、配送设施、专业市场等与枢纽功能对接、联动发展。结合实际加密枢纽配套公路支线运输网络，增强内河水运支线网络服务能力，完善区域物流网络和集疏运体系，不断强化枢纽在区域物流网络中的核心地位和物流活动的组织中心作用，提高区域物流组织化、体系化发展水平。

三是深入推进干线通道网络与区域集散网络有效对接。整合公铁水运力，充分发挥铁路运输、水路运输在中长距离运输中的主渠道作用，引导和推动公路运输按照合理配送半径调整运输距离，推动建立枢纽间多式联运体系，实现干线运输和支线集散相互支撑、相互促进，合理有序推进“公转铁”“公转水”。鼓励企业依托枢纽布局区域分拨中心、物流配送中心，提升区域集散和辐射能力，推动完善以枢纽为核心的“轴辐式”物流服务体系，为培育发展枢纽经济、通道经济奠定坚实基础。

二、当好“三个角色”，推动国家物流枢纽协同协调

很多联盟成员已在互联成网方面作出有益尝试，对实践中开展的各类战略合作，我们乐见其成，也会积极研究通过中央预算内投资、地方政府专项债券、物流基础设施领域不动产投资信托基金（REITs）等政策手段予以支持。下一步，联盟各有关方面要积极探索完善枢纽间的市场化分工协作和对接机制，按照“共商、共建、共享”原则，扎实推进枢纽业务协同、政策协调、运行协作，为推动形成以枢纽为基础支撑的“通道+枢纽+网络”现代物流运行体系，构建新发展格局提供有力支撑。

一是联盟理事长、副理事长单位要当好枢纽建设的“引领者”。联盟理事长、副理事长单位要带头探索枢纽互联成网新模式、新路径，主动听取联盟理事单位意见建议，大胆闯、大胆试、主动做，团结带领联盟理事单位加强互利合作、实现共同发展，在推动枢纽互联成网方面作出表率。青岛港口型国家物流枢纽已与西安等陆港型国家物流枢纽建立战略合作，开通陆海联运班列，合作开拓第三方国际市场，并取得积极成效。

二是联盟理事单位要当好网络构建的“推动者”。各联盟理事单位要积极融入枢纽网络，强化枢纽间业务流程对接，加强互联互通设施改造升级，加快补齐功能性短板设施，推动建立枢纽间多式联运体系，打造常态化物流通道；推广应用标准化、单元化等装载器具，探索建立枢纽间循环共用体系，推动设施协调匹配、设备共享共用、信息互联互通，提高枢纽网络运行效率，并及时按照联盟章程等有关要求报送相关运行监测信息。

三是特邀理事单位要当好有利环境的“营造者”。特邀理事单位要积极协调相关部

门建立健全枢纽建设运营推进工作机制，明确各相关政府部门职责和任务，加大政策协调和支持力度。结合枢纽建设工作，统筹优化本地区物流运行体系，促进物流与商贸、制造等产业融合，发展枢纽经济、通道经济，培育区域经济发展新动能。相关地区的省级发展改革委要会同相关部门加强工作指导，共同为枢纽建设创造良好环境。

三、加强“三化建设”，推动国家物流枢纽联盟走实走深

联盟秘书处报告了联盟成立 115 天以来的主要工作，以及落实联盟第一次理事会有关工作安排的考虑和建议。理事会表决通过了关于增补特邀理事，设立信息采集单位、业务联网单位等相关决议，对相关工作做出部署。下一步，联盟要按照“三高”要求，即“高层次平台、高效率机制、高水平智库”，围绕推动枢纽互联成网，加快推进“三化”建设。

一是推动联盟运行常态化。加快完善联盟理事会日常议事和工作规则，确保理事会休会期间联盟各项日常工作正常开展。要建立健全联盟理事单位工作动态信息采集机制，及时汇总报送，具备条件时可以定期报送信息简报，也可以探索编印联盟刊物，交流经验和做法，推广新业态、新模式、新技术，分析堵点、难点、卡点问题，提出政策建议和意见，便于相关政府部门及时掌握枢纽建设进展、取得成绩、面临问题，来更好推动相关工作。要建立健全枢纽动态监测和评价考核机制，为相关政府部门研究制定政策提供依据。要建立健全媒体宣传等方面的常态化工作机制，积极发声，扩大联盟影响力。联盟专家委员会要发挥专业优势，加强有关枢纽发展的基础性、前沿性课题以及国内外典型案例研究，积极做好枢纽建设相关政策规划分析解读工作，为相关部门、企业做好枢纽建设工作提供智力支持。

二是促进成员交流日常化。2021 年 3 月 1 日，国家物流枢纽联盟网站正式上线运行，为联盟成员交流合作、加强宣传提供了平台。下一步，要不断丰富网站内容，拓展业务和服务功能，真正把网站做实做活做好，成为各联盟成员联系的桥梁、交流的园地、展示的窗口、工作的平台，真正做到企业离不开、政府很需要、社会有影响。联盟秘书处要积极谋划学习研讨、交流考察、业务洽谈等线下活动，为联盟成员加强交流沟通、深化业务合作、促进互联互通创造机会。在条件成熟时，要积极加强国际同业学习交流，为联盟成员开拓国际市场提供有力支持。

三是加快联盟服务多元化。要结合联盟成员实际需要，发挥联盟资源优势，配合联盟理事会重大活动组织讲座培训、项目推介、业务对接等活动，丰富会议内容，拓展联盟综合服务能力。在条件成熟的情况下，也可以单独组织专门的会议、会展等活动，为促进联盟成员之间、联盟成员与其他单位之间交流合作，搭好平台、做好服务、当好参谋。此外，“十四五”期间，我们将按照《规划》要求，结合实际需要动态调整枢纽承载城市范围，重点优化沿海地区枢纽布局，补齐内陆地区枢纽短板，推动枢

纽网络区域均衡发展。对此，联盟要结合枢纽运行监测和评价考核、联盟信息采集单位等工作提出调整建议，我们将会同相关部门认真研究，适时启动动态调整工作。

《纲要》将枢纽建设作为构建新发展格局的重要举措，对枢纽数量提出具体要求。很多省市也将枢纽建设写入地方“十四五”规划，表明枢纽建设工作已在国家、省市层面得到高度重视，对枢纽建设工作提出了更高的要求，联盟肩负着更大的责任和使命。我相信，在霍高原理事长、贺登才常务副理事长以及各位副理事长单位带领下，通过各成员单位共同努力，联盟将有力推动枢纽建设工作取得更加丰硕的成果。希望各有关方面在联盟框架下心往一处想，劲往一处使，共同推动枢纽互联成网，把联盟打造成一块金字招牌，成为各联盟成员施展才华、发展事业的“大舞台”，交流互鉴、取长补短的“大学校”，相互支持、友爱和谐的大家庭，为打造“通道 + 枢纽 + 网络”的现代物流运行体系，建设现代经济体系，构建新发展格局作出应有贡献！

（根据国家发展改革委经济贸易司副司长张江波 2021 年 3 月 25 日在国家物流枢纽联盟一届二次理事会上的讲话录音整理）

求真务实　凝心聚力
扎实推动国家物流枢纽建设取得新成效

张江波

很高兴与大家相聚在美丽的三峡之滨，共同谋划“十四五”时期国家物流枢纽建设发展大计。在此，我谨代表国家发展改革委经济贸易司对本次会议召开表示祝贺！对国家物流枢纽联盟理事会各位成员，特别是霍高原理事长、贺登才常务副理事长、殷俊副理事长担当务实的工作作风，以及相关地方政府部门，特别是各级发展改革委对枢纽建设工作的辛勤付出表示敬意！对湖北省发展改革委、宜昌市人民政府以及宜昌市交通旅游产业发展集团对本次会议的大力支持表示感谢！下面，我重点结合枢纽建设工作讲三方面意见。

一、国家物流枢纽建设工作取得阶段性进展，值得充分肯定

2019 年枢纽建设工作正式启动以来，在相关政府部门、地方人民政府、枢纽建设运营主体以及中国物流与采购联合会共同努力下，45 个枢纽顺利落地实施，覆盖全国 27 个省（自治区、直辖市），初步形成“通道 + 枢纽 + 网络”的现代物流运行体系骨干架构，为促进物流规模化、组织化、网络化发展，充分发挥物流对国民经济发展的基础性、战略性、先导性作用奠定了坚实基础，这集中表现在五个方面。一是基础设施提档升级。45 个枢纽平均仓储面积超过 200 万平方米，14 个枢纽建有自动化立体仓库，24 个枢纽建有冷藏冷冻库，34 个枢纽铁路货运场站或装卸线已投入使用。借助新一代信息技术，枢纽基础设施数字化智能化改造加速推进，作业效率显著提升。例如，青岛生产服务型（港口型）国家物流枢纽建立智能空轨集疏运系统，破解平面运输交叉、拥堵瓶颈，打通集装箱从铁路港站到堆场的“中间一公里”。二是集聚效应日益增强。枢纽在国家骨干物流网络中的核心节点作用进一步凸显。初步统计，2020 年，29 个枢纽开行铁路货运班列，平均开行数量超过 2000 列，同比增长近 35%；港口型国家物流枢纽水水中转量超过 3800 万吨，同比增长 8%；枢纽平均货物吞吐量近 4800 万吨，同比增长 6%，中西部枢纽增速明显超过全国平均水平，对区域经济社会发展的基础性、战略性、先导性作用不断增强。三是运营模式创新发展。枢纽建设运营主体创新业务模式、运作方式，深入推进物流与相关产业融合发展。例如，唐山港口型（生

产服务型）国家物流枢纽推进港口煤炭、矿石等大宗商品集疏运由“公路到发+码头接驳转运”模式向“铁路翻车卸货系统+皮带走廊+散装船装卸设施”的封闭运输方式转变，有效提升港口集疏运效率并控制粉尘污染。四是互联成网稳步推进。联盟为枢纽通过市场手段加强互联成网、协同发展搭建平台。相关枢纽借助联盟积极探索市场化分工协作和对接机制，推动业务协同、政策协调、运行协作并取得积极成效。例如，重庆陆港型国家物流枢纽、兰州陆港型国家物流枢纽、钦州—北海—防城港港口型国家物流枢纽联手共建陆海新通道跨区域综合运营平台，打造覆盖西部7省23市49站的服务网络。2020年西部陆海新通道开行班列超过4600列，同比实现翻番增长。五是降本增效成效突出。相关枢纽从供应链层面强化运输组织协同，运行效率大幅提升，成本水平显著降低。例如，宜昌港口型国家物流枢纽开展三峡坝区滚装船甩挂运输，运输效率提高150%，物流成本降低超过40%。乌鲁木齐陆港型国家物流枢纽整合中欧班列发运资源，实现铁路口岸、多式联运中心、集结编组中心等一体化作业，发运时间缩短至6～12小时。

为推动枢纽建设，2020年以来，我委安排中央预算内资金支持枢纽范围内的公共性、基础性设施补短板项目建设。同时，按照《国家物流枢纽布局和建设规划》（简称《规划》）有关工作安排，我委会同中物联经过认真评审，从25家申报企业中遴选出首批9家枢纽建设运营标杆企业。相关企业在枢纽建设方面开展了大量卓有成效的工作，特别是在枢纽建设运营模式、推动枢纽互联成网、促进枢纽与区域经济融合发展等方面，积累形成了具有推广价值的先进经验和成功模式。对此，我委将会同有关方面以适当方式宣传推广，示范带动枢纽建设工作水平提升。此外，我委会同中物联编写了《国家物流枢纽创新发展报告（2021）》，系统梳理各枢纽建设运营的主要工作和创新亮点，总结推广经验，促进枢纽间交流互鉴、取长补短。下一步，我们将结合实际工作，持续加大政策支持引导力度，积极为枢纽建设创造更好条件。

二、扎实推动“十四五”国家物流枢纽建设，把好高质量关

《纲要》对推动120个左右国家物流枢纽建设作出明确部署，该项工作已纳入《纲要》确定的102项重大工程，充分体现出中共中央、国务院对枢纽建设工作寄予厚望。为贯彻落实中共中央、国务院决策部署，2021年6月，我委印发了《国家物流枢纽网络建设实施方案（2021—2025年）》（简称《实施方案》），对高质量推进“十四五”时期枢纽建设工作作出安排，总体思路概括起来就是三方面12个字，即“做优存量、做好增量、动态调整”。

一是“做优存量”。现已纳入年度建设名单的枢纽要对照《规划》《实施方案》要求，整合优化存量物流设施，统筹补齐枢纽设施短板，强化多式联运组织、干支仓配集成、专业物流服务等能力和枢纽运作组织整合，发展枢纽业务运作一体化平台，提

高枢纽建设质量。同时，促进枢纽互联成网，完善枢纽间干线物流通道网络，加强干线运输对接，强化枢纽在区域物流网络中的核心组织作用，推进干线通道网络与区域物流网络有效对接，推动完善以枢纽为支撑的“轴辐式”物流服务体系。立足发掘城市特色产业发展比较优势，加强工业园区、产业集群与枢纽布局衔接、联动发展，打造具有区域集聚辐射能力的产业集群，培育发展枢纽经济；加强物流大通道沿线枢纽建设力度，优化通道沿线产业布局与分工合作体系，打造经济和产业发展走廊。

二是“做好增量”。要结合承载城市枢纽培育和申报情况，按照“成熟一个、落地一个”的基本原则，分年度扎实推进已确定的枢纽布局建设工作。同时，推动城市群结合实际加强枢纽共建、共享、共用和一体化衔接，优化区域经济分工合作，协同打造国家物流战略支点。在研究编制《规划》时，我们充分考虑了相关城市的存量物流设施条件、地理区位优势、经济社会发展情况等多方面因素，最终确定了127个承载城市，并结合城市产业特色明确了具体枢纽类型。相关省级发展改革委和承载城市要主动担当、积极作为、科学谋划，认真对照《规划》要求，结合地方发展实际，选择最具备建设条件的物流枢纽设施加强指导培育，真正拿出有水平、高质量、可操作、起作用的建设方案，推动枢纽早日落地实施。

三是“动态调整”。按照《规划》《实施方案》有关工作安排，“十四五”期间我们将适时调整优化承载城市布局，对已具备枢纽建设条件，且对完善国家、区域物流网络具有重要意义的物流枢纽设施和所在城市纳入规划。同时，从枢纽落地实施情况看，绝大多数已纳入年度建设名单的枢纽能够按照相关文件和工作要求推进建设，但也有个别枢纽存在“重申报、轻建设”的问题。对此，我们将适时开展评估，将已纳入《规划》但枢纽长期达不到建设要求或无法有效推进枢纽实施的承载城市及时调出。对已入选年度建设名单的枢纽，如果在推动枢纽业务协同、政策协调、运行协作等方面无所作为、不愿担当的，也要予以提醒、警示，严重的将调整退出国家物流枢纽行列。初步考虑，2022年将着手启动有关前期工作，力争“十四五”中期完成调整。此外，近期我们也了解到部分枢纽在推进落实过程中，由于客观原因面临调整四至范围等问题，对此，我们将会同有关方面认真研究，尽快拿出具体方案，明确具体要求和工作程序，适时予以调整。

三、压茬推进国家物流枢纽联盟各项工作，不断开创新局面

联盟成立以来，在霍高原理事长、贺登才常务副理事长以及各位副理事长带领下，各成员单位积极配合、通力合作，联盟各项工作如火如荼、有声有色。今天召开的理事会表决通过了理事会成员增补变更名单、首批信息采集单位名单等决议，审议通过了有关联盟理事长、副理事长延期轮换等议案以及联盟秘书处所作的工作报告。特别

是宣读了《国家物流枢纽联盟宜昌共识》，这是继《国家物流枢纽联盟青岛宣言》后，联盟工作取得的又一个重大成果，相信在大家共同努力下，联盟各项工作未来必将再上新台阶、开创新局面。这里，我也对联盟下一步工作提三点期望。

一是持续推进枢纽互联互通。2020 年 11 月，我在青岛召开的联盟成立大会上强调：单个枢纽并不是真正意义上的枢纽，必须构建起枢纽网络，才能有效发挥枢纽辐射广、成本低、效率高以及规模化运作优势，真正体现枢纽应有的地位和作用。成立联盟正是通过市场化手段推动枢纽互联成网、合作共赢的重要举措。这不仅是成立联盟的初心，更是各位从事枢纽建设工作的同事共同的奋斗目标。联盟各成员单位，特别是秘书处已为此开展了大量务实、细致的工作，并取得积极成效。下一步，要始终把促进枢纽互联互通、互利合作摆在联盟各项工作的首位，千方百计为成员单位交流合作搭建平台、创造机会，使联盟真正成为各成员单位施展才华、发展事业的“大舞台”，交流互鉴、取长补短的“大学校”，相互支持、友爱和谐的“大家庭”。

二是切实做好枢纽运行监测工作。枢纽监测工作既是实时掌握枢纽和物流业运行情况，及时发现并协调解决制约枢纽和物流业发展突出问题的重要基础，也是研究制定政策措施，持续优化枢纽发展环境的重要手段。在 2021 年枢纽申报评审中，我们将枢纽建设运营主体是否具备定期报送监测数据的能力作为重要评审因素。对此，联盟各成员单位要高度重视。联盟秘书处要结合实际需要持续优化完善监测指标设计、数据报送、成果运用等工作机制，统筹处理好数据采集与保护联盟成员商业秘密的关系，做到实用性和便捷性相统一、制度化和规范化相结合。同时，扎实做好联盟信息采集单位运行监测工作，为今后年度枢纽评审、调整优化承载城市布局等提供基础依据。

三是不断提高综合服务能力。联盟成立近一年以来，监测评价、平台建设、信息宣传、交流培训等工作已取得积极进展。今后，要进一步发挥联盟资源优势，组织开展讲座培训、项目推介、业务对接等活动，进一步丰富联盟活动内容，拓展服务成员单位形式。同时，在平等自愿前提下，积极吸纳正在申报或新入选年度建设名单的枢纽建设运营主体加入联盟，为联盟发展奠定坚实基础。此外，经过近两年的实践，已经落地实施的 45 家枢纽探索形成了丰富经验和成功模式，为开展枢纽建设理论和实践研究提供了大量鲜活案例。对此，要充分发挥联盟专家委员会作用，积极利用各类研究力量，及时梳理典型案例，深入开展理论研究，为今后枢纽建设工作提供科学指引，为相关政府部门完善政策环境提供理论依据。

《纲要》擘画了未来五年我国经济社会高质量发展的宏伟蓝图。枢纽建设工作纳入《纲要》确定的 102 项重点工程，既是对过去几年来各有关方面特别是在座各位工作成效的充分肯定，也对未来工作提出了更高期望。展望未来，仍然任重道远。我们要以习近平新时代中国特色社会主义思想为指导，贯彻好、落实好中共中央、国务院关于枢纽建设的决策部署，和衷共济、迎难而上，抓铁有痕、踏石留印，扎实推动枢纽建设取得新成效，加快完善“通道＋枢纽＋网络”的现代物流运行体系，为建设现代物流体系和现代经济体系，支撑构建新发展格局奠定更加坚实的基础。

（根据国家发展改革委经济贸易司副司长张江波2021年10月21日在国家物流枢纽联盟一届三次理事会上的讲话录音整理）

国家物流枢纽联盟秘书处一届三次理事会工作报告

国家物流枢纽联盟秘书长　黄　萍

（2021 年 10 月 21 日国家物流枢纽联盟一届三次理事会审议通过）

各位理事、特邀理事，各位专家、各位代表：

根据会议的安排，我代表国家物流枢纽联盟秘书处向大会报告工作，请予审议。

一、上次理事会以来主要工作回顾

2021 年 3 月 25 日，我们在青岛召开了国家物流枢纽联盟一届二次理事（扩大）会。七个月以来，秘书处在理事会领导下，在国家发展改革委大力支持下，各项主要工作逐步走深走实。现汇报如下。

（一）《发展报告》编辑完成

为总结推广枢纽建设运营经验与做法，充分展示国家物流枢纽创新精神和时代风貌，国家发展改革委经济贸易司会同中国物流与采购联合会联合编辑出版了《国家物流枢纽创新发展报告（2021）》（以下简称《报告》）。国家发展改革委经济贸易司和中国物流与采购联合会领导提出编辑工作实施方案；联盟秘书处精心组织协调，全面统筹编辑力量；45 家联盟成员单位领导重视，安排专人认真总结撰写，按时提供了材料；联盟专家委员会姜超峰、张晓东等资深专家深度参与编辑审稿，提出具体修改意见。经过大家共同努力，反复修改完善，《报告》得以如期完成。

（二）监测评价工作开始起步

一是通过数据分析、回访调查、案例梳理、专家研讨等方式，形成了《国家物流枢纽 2020 年度评价报告》并提交政府部门，部分内容以连载形式在国家物流枢纽联盟网站发布。二是开展了 2021 年枢纽月度监测工作。我们在国家物流枢纽联盟网站设置了监测数据填报入口，协助联盟成员逐步理顺监测数据采集、填报的渠道和工作机制。截至目前，45 家枢纽单位中多数单位开始填报监测数据，但整体来看，提交数据的覆盖面依然偏小，填报质量有待提高。

（三）平台建设初见成效

2021 年以来，联盟秘书处与技术支持单位多次组织召开各种形式的线上线下会议，调研枢纽单位的业务需求，组织专家论证，从而形成相对成熟的平台建设架构与推进方案。乌鲁木齐陆港型国家物流枢纽率先测试上线，郑州空港型、武汉港口型等国家物流枢纽也已作为首批试点单位开始进行数据接口对接。目前，平台前期筹备工作基本就绪。本次会议将为大家介绍平台的总体方案、演示平台的上线功能。今天晚上召开的秘书处工作座谈会将对平台的具体功能、对接方式以及后续平台建设要求做深入交流，提请各枢纽单位联络员积极参加。特别希望各单位领导高度重视，委派既懂信息化流程又熟悉业务工作的负责同志参与其中。

（四）网站运维进入常态化

国家物流枢纽联盟网站是联盟成员联系的桥梁、交流的园地、展示的窗口和工作的平台。2021 年 3 月网站正式上线以来，秘书处在各理事单位积极参与下，持续做好网站运营维护，共在网站发布新闻信息等稿件 700 余篇，及时通报国家物流枢纽规划建设和运营管理情况，以及行业政策、规划、标准、信息等。其中，枢纽运营主体单位提供稿件 360 余篇，充分展示了枢纽形象，交流运营管理创新做法和经验；联盟网站首页已链接 22 个联盟成员单位官网。

（五）交流培训迈开步伐

2021 年以来，秘书处结合联盟发展需要和成员单位需求，多次组织枢纽业务协同恳谈会、对接会，并组织参观考察青岛、洛阳等国家物流枢纽，为联盟成员单位搭建增进交流、加强合作的平台，部分单位达成初步合作意向。

根据理事单位迫切需要，秘书处组织了首期国家物流枢纽网络建设培训班。为期一天的培训取得较好效果，内容涉及新阶段物流业发展趋势与“十四五”规划解读、国家物流枢纽经济培育方式解析、国家物流枢纽运营模式实操案例探析、国家物流枢纽网络建设实施路径分析等方面。来自国家物流枢纽、枢纽申报单位、示范物流园区及各地物流主管部门、物流企业等单位学员参加了本次培训。

（六）标杆企业评选工作如期完成

按照《国家物流枢纽布局和建设规划》（发改经贸〔2018〕1886 号）（以下简称《规划》），关于培育国家物流枢纽建设运营标杆企业（以下简称标杆企业）的要求，根据一届一次理事会上审议通过的《国家物流枢纽建设运营标杆企业评选办法（试行）》，秘书处组织了标杆企业申报和评选工作。45 家国家物流枢纽中有 21 家枢纽企业和参与枢纽建设的4家网络运营企业提交了申报材料。经组织专家评审，秘书处草拟了标杆企业推荐名单。经国家发展改革委确认并网上公示，共确定9家单位为2021年国家物流枢纽建设运营标杆企业，稍后将正式发布标杆企业名单。

以上就是自理事会成立以来秘书处所做的主要工作。同时，我们也清醒地认识到，目前的工作状况与国家发展改革委的要求和成员单位的期待相比还有较大差距。特别是月度监测数据的跟进、核查、分析不够及时，枢纽工作动态信息采集机制有待加强，业务协同、联网运行、标准衔接等工作还需进一步走深走实，秘书处服务能力和水平需要进一步提升等。所有这些都是我们工作的“短板”，需要在今后工作中抓紧补上。

二、下一步工作思路

2021年7月，为落实《纲要》《规划》等文件部署，国家发展改革委印发《国家物流枢纽网络建设实施方案（2021—2025年）》（以下简称《实施方案》），明确提出发挥联盟作用，围绕推动国家物流枢纽互联成网，打造国家物流枢纽互利合作的高层次平台、交流沟通的高效率机制、建设发展的高水平智库。

在上次理事会上，张江波副司长要求我们，通过推动联盟运行常态化、促进成员交流日常化、加快联盟服务多元化，推动枢纽联盟走深走实。他希望各成员单位在联盟框架下心往一处想、劲往一处使，把国家枢纽联盟打造成施展才华、发展事业的“舞台”，交流互鉴、取长补短的“学校”，相互支持、友爱和谐的“家庭”。

面对新的任务和要求，下一步我们将重点做好以下几个方面的工作，请大家审议。

一是结合实际，有序扩大联盟规模。根据政府部门评审认定情况，及时吸收新一批国家物流枢纽建设运营主体（企业）单位加入联盟理事会。结合枢纽运行以及相关工作开展需要，增补联盟特邀理事，本次会议审议通过了《国家物流枢纽联盟一届三次理事会增补特邀理事候选人名单》。一方面邀请各枢纽所在地区物流工作主管部门指导、支持、参与联盟工作；另一方面解决部分理事单位两个片区运营，而理事名额限制的问题。本次会议还审议通过了《国家物流枢纽联盟一届三次理事会首批信息采集单位名单》，吸收部分运营相对成熟但尚未纳入国家物流枢纽年度建设名单的枢纽申报单位，提前参与监测评价工作。

二是聚焦重点，推进枢纽联网运行。以国家物流枢纽联盟综合信息服务平台为抓手，以信息化建设相对成熟的枢纽试点项目为突破口，探索树立标准衔接、业务联动、资源共享、网络协同样板，为形成系统性、常态化合作机制积累经验。下一步的工作重点是指导各枢纽单位参照平台对接标准尽快接入平台；协助尚未建立信息平台的枢纽建设运营单位尽快把自身平台建立起来。

三是定期监测，做好评价分析考核。强化月度、季度和年度监测评价工作，形成定期监测情况简报，为相关政府部门及联盟成员单位决策参考。2022年重点做好枢纽定期综合性评价考核，按期通报各参与单位数据填报及相关信息提交情况，将积极参与监测评价的情况作为评选标杆企业的入围依据；对出现建设运营工作推进不力、综合评估不合格的成员单位，及时提出调整建议。做好对联盟信息采集单位的监测和评价工作，作为优先纳入国家物流枢纽建设名单的参考依据。持续培育国家物流枢纽建设运营标杆企业，总结形成可推广、可复制的枢纽建设运营经验，示范带动枢纽建设质量和运营水平的提升。

四是搭建平台，提供多元化服务。结合联盟发展需要和成员单位迫切要求，及时做好联盟成员单位间日常交流互访的对接工作；在联盟信息平台开设专栏，为成员单位服务信息上架提供方便；配合联盟理事会等重大活动，组织讲座培训、项目推介、业务对接等活动，不断拓展联盟综合服务能力，为促进联盟成员之间、联盟成员与其他单位之间交流合作搭好平台、做好服务。

五是务实创新，健全联盟运行机制。进一步完善联盟理事会日常议事和工作规则。做好国家物流枢纽联盟网站运营维护工作，不断丰富内容，真正成为企业离不开、政府很需要、社会有影响的物流行业网站。建立健全联盟成员单位工作动态信息采集机制，编印《国家物流枢纽联盟快讯》内刊。做好 2021 年联盟秘书处工作总结及 2022 年工作计划的拟订。

六是凝聚力量，做好调查研究工作。发挥联盟专家委员会专业优势，借助参与标准起草单位的实践经验，共同推进《国家物流枢纽分类与统计指标》行业标准系统研制与编写工作。加强有关国家物流枢纽发展基础性、前沿性课题以及国内外典型案例研究。深入开展调查研究，做好“上情下达”和“下情上达”联络协调服务工作。通报和解读国家现代物流发展规划及相关政策，引导成员单位贯彻执行；跟踪地方政府出台的优惠政策，辅导成员单位对接落实和交流分享；收集物流业发展遇到的政策瓶颈问题，经梳理后向政府主管部门反映并提出政策建议。同时，根据成员单位需要，随时组织提供多种形式的规划、政策、标准、业务咨询及联络服务。

各位理事：做好以上各项工作离不开秘书处自身建设，我们将进一步增强服务意识，不断提高服务能力和水平。真诚欢迎各成员单位对秘书处工作进行监督，提出意见建议。同时，也希望大家积极参与枢纽联盟工作，切实履行相应责任，保证重点工作任务落实到位。让我们团结一致，开拓创新，为打造“通道 + 枢纽 + 网络”的现代物流运行体系，建设“物流强国”，推动构建新发展格局作出新的贡献。

国家物流枢纽联盟青岛宣言

（2020 年 11 月 12 日 · 青岛）

为贯彻落实党的十九届五中全会精神，适应新发展格局的需要，根据国家发展改革委、交通运输部有关文件安排，国家物流枢纽联盟于 2020 年 11 月 12 日在青岛正式成立。

国家物流枢纽是全国物流体系的核心基础设施，是提供网络化、集约化、高质量物流服务的骨干载体。国家物流枢纽联盟是在政府有关部门指导下，由国家物流枢纽建设运营主体企业（单位）自愿加入，中国物流与采购联合会牵头组建的行业协作与合作平台。联盟以“共商、共建、共享”为宗旨，以“互联、互通、互惠”为原则，以构建“科学合理、功能完备、开放共享、智慧高效、绿色安全”的国家物流枢纽网络体系为目标，通过常态化协作、合作机制，推动物流枢纽互联成网，培育壮大具有国际竞争力的现代物流企业，成为构建以国内大循环为主体、国内国际双循环相互促进的新发展格局的服务载体。“十四五”期间及今后一个时期，我们将致力于以下几方面的工作。

第一，做新发展格局的践行者。国内大循环、国内国际双循环新发展格局，是以习近平同志为核心的中共中央立足中华民族伟大复兴战略全局和世界百年未有之大变局，着眼我国经济中长期发展作出的重大战略部署。我们要站在新发展格局的高度，统筹谋划物流枢纽中长期发展方略，在发展思路、重点任务、规划布局、建设运营、创新驱动、质量效率等方面，全面适应新格局的发展要求，支撑和促进新格局加快形成。

第二，做新物流网络的大平台。按照功能完善、配套的基本要求，加快国家物流枢纽设施网络建设。要围绕国家重大发展战略，加快整合存量设施、尽快补齐增量设施短板，提升物流要素聚集能力，提高国家物流枢纽资源集约利用水平。积极推动互联网、移动互联、大数据、云计算、物联网、人工智能等技术在枢纽网络中的应用，促进数智化改造提升。加强仓储运输、区域分拨、城乡配送、流通加工、通关保税、综合信息为一体的网络平台建设，增强枢纽综合服务功能。

第三，做产业深度融合的加油站。积极适应和捕捉新发展格局下物流市场新需求，加强国家物流枢纽与生产制造业企业、原材料企业和零部件企业之间的深度融合，提升商贸流通业物流服务水平，构建城乡统筹、供需互促、双向流通的现代物流服务体系，积极推动供应链金融发展，加快设施设备更新。加强相关产业与物流业各环节深度融合，协同共享，促进物流业提质、降本、增效，支持实体经济高质量发展。

第四，做物流业转型升级的实验区。优化运输组织方式，发展多式联运，实现“公铁水”有机衔接，“干支配”精准对接。创新应用现代供应链管理，开展一票业务“一单制”一站式服务。运用现代信息技术，加快质量、效率和动能转换，推动业态、模式、技术创新。发挥国家物流枢纽聚集辐射功能，完善区域物流基础设施，拓展国家物流枢纽网络覆盖范围，带动各层级物流节点互联互通、协同运作。

第五，做知名物流品牌的孵化地。发挥物流枢纽聚集物流企业的优势，促进物流服务领域进一步细分，为不同类型头部企业进驻物流枢纽发展、增强综合服务能力和市场影响力提供舞台。拓展物流枢纽服务功能，提升物流服务组织化水平，加强考核评价，为标杆企业成长营造环境。培育和引进具有国际竞争力的现代物流企业，扶持和鼓励国内、国际有影响的物流服务品牌建设。

第六，做枢纽经济发展的支撑点。密切与区域经济发展的关系，调整枢纽业务发展重点、服务方式和辐射方向。推动区域产业优化布局、转型升级、协调发展和竞争力提升。充分发挥国家物流枢纽集聚辐射作用，带动区域相关产业集群高效发展，形成各种要素大聚集、大流通、大交易的枢纽经济发展格局，打造参与国内大循环、国内国际双循环具有国际影响的枢纽经济增长极。

第七，做应急物流、绿色物流的“排头兵”。强化物流枢纽的应急物流功能，建立平急结合的快速高效响应机制，提升枢纽物流要素统一调度和信息共享水平，保障应急物流的运行效能。制订实施绿色低碳可持续物流行动计划，推广绿色运输、绿色配送、绿色仓储、绿色包装，鼓励发展逆向回收物流。

第八，做高水平对外开放的桥头堡。加强国际物流硬件软件建设，提高通关和保税监管能力。完善海外物流网点布局，加强与“一带一路”沿线国家口岸相关设施的信息互联、功能互补和业务衔接。支持中欧班列常态化运行，发展航空货运枢纽和全货运航班，开拓国际贸易陆海新通道，打造连接全球的国际物流骨干网络。与全球重要物流枢纽、能源与原材料产地、制造业基地、贸易中心等保持密切合作，维护全球产业链、供应链安全稳定。

第九，做高质量发展的助推器。发挥枢纽联盟骨干企业示范带动作用和枢纽网络的协同联动效应，建立国家物流枢纽之间信息互通、要素流动、融合创新、业务协同、服务创新、标准衔接、动态监测和政策协调等常态化合作机制，打造国家物流枢纽品牌。促进国家物流枢纽一体化运作、网络化经营、专业化服务、智能化发展，为新发展格局下的高质量发展发挥引领和示范作用。

党的十九届五中全会描绘了建设社会主义现代化国家的宏伟蓝图。我们将在习近平新时代中国特色社会主义思想指引下，在政府有关部门指导下，更加广泛地团结物流业界同人，为国家物流枢纽网络化发展和上下游企业提升竞争力做好支撑服务，无愧于国家赋予的历史使命。让我们携起手来，共同为新发展格局下的高质量发展，实现中华民族伟大复兴的中国梦而努力奋斗。

国家物流枢纽联盟组成单位

2020 年 11 月 12 日于青岛

国家物流枢纽联盟宜昌共识

（2021 年 10 月 21 日 · 湖北宜昌）

2021 年 10 月 21 日，国家物流枢纽联盟的 45 家成员单位齐聚宜昌，在国家发展改革委指导下，共商国家物流枢纽发展大计。我们重温了习近平总书记在党的十九大报告中关于“加强物流等基础设施网络建设”的重要论述；学习了《中华人民共和国国民经济和社会发展第十四个五年规划和 2035 年远景目标纲要》。我们认为，建设国家物流枢纽、构建物流基础设施网络已经上升为国家战略，是把握新阶段、贯彻新理念、支撑构建新发展格局的重要任务。作为先期进入国家物流枢纽序列的单位，我们深感使命光荣，责任重大，为推进国家物流枢纽持续健康高质量发展，我们 45 家成员单位达成以下共识。

第一，必须坚持贯彻新发展理念。创新、协调、绿色、开放、共享的新发展理念是“十四五”时期经济社会发展必须遵循的基本原则。我们要准确、全面贯彻新发展理念，统筹谋划“十四五”时期国家物流枢纽发展方略。在发展思路、重点任务、规划布局、建设运营、创新驱动、质量效率、协同共享、互联成网等方面做新发展理念的践行者，引领国家物流枢纽实现更高质量、更有效率、更加公平、更可持续、更为安全的发展。

第二，必须服从于国家发展战略。《纲要》提出了一系列国家重大发展战略，服从于国家发展战略，是国家物流枢纽的天然使命。我们要紧密围绕创新驱动、制造强国、交通强国、数字中国、乡村振兴、美丽中国、扩大内需、区域协调发展等国家重大发展战略，加快整合存量设施、尽快补齐增量设施短板，提升物流要素聚集能力，促进生产力优化布局。充分发挥国家物流枢纽集聚辐射作用，带动区域相关产业集群高效发展，打造参与国内大循环、国内国外双循环，具有国内吸附力、国际影响力的枢纽经济增长极。加强与“一带一路”沿线国家口岸物流设施的信息互联、功能互补和业务衔接，维护全球产业链、供应链稳定运行。

第三，必须服务于提升民生福祉。国家物流枢纽高质量发展的根本目的，是满足人民群众对美好生活的向往与追求，必须坚持以人民为中心的发展思想。要从大多数人民群众的根本需要出发提升现代物流服务水平，发展过程要重视客户体验，发展成果要由人民群众检验。我们要尊重卡车司机、快递员、仓库管理员、装卸搬运工及物流行业各类从业人员的劳动，维护他们的合法权益，激发全行业做好“人民物流”的积极性、主动性和创造性，国家物流枢纽要成为人民群众根本利益的创造者和守护者。

第四，必须深度融合产业物流需求。积极捕捉和适应新发展格局下物流市场新需求，加强国家物流枢纽与生产制造业企业、原材料企业和零部件企业之间的深度融合，提升商贸流通业物流服务水平，构建城乡统筹、供需互促、双向流通的现代物流服务体系。加强相关产业与物流业各环节深度融合，国家物流枢纽要成为各类产业协同共享、融合发展的大平台。

第五，必须维护物流服务生态圈。发挥物流枢纽聚集各类企业的优势，促进物流服务领域细分，为不同类型头部企业进驻物流枢纽发展、增强综合服务能力和市场影响力提供舞台。拓展物流枢纽服务功能，提升物流服务组织化水平。加强考核评价，为标杆企业成长营造环境。培育和引进具有国际竞争力的现代物流企业，扶持和鼓励国内、国际有影响的物流服务品牌建设。努力营造国家物流枢纽各利益相关方互相依存、共生共荣的生态环境，形成各种要素大聚集、大流通、大交易、大融合的枢纽经济示范区。

第六，必须坚持创新驱动数智化转型。实施“上云用数赋智”行动，利用云计算、大数据、物联网、移动互联和人工智能等技术重新构建业务流程、商业模式，提升用户体验，推动传统物流业务向“数字物流”转型。通过物联网、大数据等集成智能技术对物流信息自动感知和数据采集，优化资源配置和业务流程，促进智能化升级。要引导传统物流企业开展供应链服务，推动供应链各主体、各环节设施设备衔接、数据交互顺畅、资源协同共享，促进资源要素跨产业、跨区域流动，做创新驱动、资源要素优化配置的推进器。

第七，必须坚持绿色低碳发展。“碳达峰”“碳中和”是我国政府向全世界做出的庄严承诺。发展绿色低碳物流，要全面提升物流设施、技术、模式绿色化发展水平；要推动绿色运输、绿色仓储、绿色配送和绿色包装等环节协同运行；要做好逆向物流、回收物流，实现物流全链条绿色化发展，争做绿色低碳物流发展的“排头兵”。

第八，必须坚持网络化协同共享。发挥枢纽联盟骨干企业示范带动作用和枢纽网络的协同联动效应，拓展国家物流枢纽网络覆盖范围，带动各层级物流节点互联互通、协同运作。依托枢纽联盟建立和完善国家物流枢纽之间信息互通、要素流动、深度融合、业务协同、服务创新、标准衔接、动态监测和政策协调等常态化合作机制。按照“共商、共建、共享”原则，联盟成员要积极参与枢纽联盟各项工作，促进国家物流枢纽一体化运作、网络化经营、专业化服务、智能化提升，推动构建“通道+枢纽+网络”的国家物流枢纽网络运行体系。

我们认为，国家物流枢纽联盟成立一年来，在《国家物流枢纽联盟青岛宣言》的基础上取得重大进展。下一步联盟将走深走实，任重道远。我们将在习近平新时代中国特色社会主义思想指引下，在国家发展改革委等有关部门及各地政府指导下，更加广泛地团结业界同人，携手共建国家物流枢纽大家庭，齐心维护国家物流枢纽大品牌，为推动国家物流枢纽高质量发展，建设现代物流体系作出新的贡献，为建设“物流强国”，实现中华民族伟大复兴的中国梦而努力奋斗。

国家物流枢纽联盟组成单位

2021 年 10 月 21 日于宜昌

建设运营篇

2020 年国家物流枢纽运行情况综述

2019 年、2020 年，国家发展改革委、交通运输部确定了两批共 45 个国家物流枢纽。两年多来，在各地物流工作牵头部门、承载城市的人民政府重视和支持下，各枢纽建设运营单位牢记使命，加快基础设施“补短板”建设，不断创新运营模式和技术，积极探索联盟合作、组网运行，为推进物流业提质、降本、增效，支撑国家重大战略和区域经济发展，提升民生福祉作出了重要贡献，在国家物流网络体系中的关键节点、重要平台和骨干枢纽作用进一步显现。

本报告为总结国家物流枢纽发展概况与成效，推广各枢纽运营主体的主要做法和经验而编写。综合篇根据各枢纽运营主体提供的案例材料加工、提炼，从总体运行、基础设施、模式创新、技术进步、产业融合、网络协同、政策环境、发展方向与未来展望几个方面对国家物流枢纽的发展情况进行了归纳总结。

一、总体运行情况

一是集聚效应明显增强。国家物流枢纽（以下简称“枢纽”）通过高起点规划、高标准建设、高水平运营，对区域仓储设施、交通网络、运力等物流资源整合利用，产生了较强的设施优势和集聚效应，越来越多的企业入驻枢纽。2020 年枢纽平均入驻企业数量达 1384 家（含在枢纽内注册的各类企业），同比增长 19.4%，枢纽在物流网络中核心节点作用进一步凸显。

二是运输结构持续优化。2020 年在“公转铁”方面，29 个枢纽开行了铁路货运班列，平均开行班列数量超过 2000 列，同比增长 34.6%。在“公转水”方面，港口型国家物流枢纽水水中转量达到了 3875 万吨，同比增长 8.2%；铁路装卸车辆数达到 46.7 万辆，同比增长 12.6%。

三是经营规模逆势上扬。2020 年，在货物吞吐量方面，75% 的枢纽实现了正增长，平均货物吞吐量达到 4799 万吨，同比增长 6.1%；在物流业务收入方面，80% 的枢纽实现了正增长，平均物流业务收入为 67.7 亿元，同比增长 13.4%；在货物进出口总额方面，85% 的枢纽实现了正增长，特别是在中欧班列的带动下，中西部枢纽保持了快速增长，平均增速达到 15.2%。

四是物流效率有所提升。枢纽按照“通道 + 枢纽 + 网络”的发展理念，加快基础设施“补短板”工作，整合枢纽内外资源，加快现代信息技术和先进设施设备应用，深入物流链与供应链各环节，推进组织模式创新，不断提升物流效率。2020 年国家物流枢纽平均物流强度（每平方公里货物吞吐量）达到 957.4 万吨，同比增长 0.4%。

五是推动区域经济融合发展。随着枢纽规模集聚效应逐渐增强，对地方的其他产业支撑、带动和引领作用日益突出，已成为地方经济转型升级的重要推动力。陆上边境口岸型国家物流枢纽积极利用国内外市场，吸引出口加工企业入驻，推进当地经济由“通道经济”向“口岸经济”转变。中西部陆港型国家物流枢纽打通国际物流通道，一方面帮助当地生产制造企业降低原材料采购成本，另一方面推进农产品、工业品进军国际市场。商贸服务型等国家物流枢纽大力发展跨境电子商务，满足人民日益增长的美好生活需求。

六是服务社会民生作用凸显。在经济下行压力加大的情况下，枢纽积极发挥稳定器作用，在维护经济社会和谐中发挥了重要作用。2020 年，枢纽平均纳税额为 5.4 亿元，同比增长 0.1%；枢纽平均提供直接就业岗位 4568 个，同比增长 15.3%，已成为地方财政收入的重要来源和稳定就业的重要渠道。

七是配合国家战略作出贡献。枢纽围绕京津冀协同发展、长江经济带、粤港澳大湾区、西部陆海新通道等国家重大发展战略以及“一带一路”倡议，开辟了多条海陆空物流通道。2020 年有 26 个枢纽开行了中欧班列，开行数量逆势增长 48.9%。不仅推动了“一带一路”沿线国家深化合作，也为稳定全球产业链供应链、服务内外经济双循环、促进世界经济发展注入“中国动力”。

八是支撑产业链、供应链稳定运行。特别是在新冠肺炎疫情期间，枢纽冲锋在前，率先复工复产，积极参与应急物资组织、运力保障、仓储配送等工作，保障区域医疗和生活物资供应，满足上下游生产、商贸企业物流需求和居民消费需要。在全球疫情扩散蔓延、国际供应链面临断链风险的紧急关头，枢纽通过开行中欧班列、包机货运等多种方式，在维护国际供应链安全等方面发挥了重要作用。

二、基础设施建设情况

各枢纽认真落实枢纽规划编制方案，围绕硬件设施和软件系统，在关键领域和薄弱环节加大“补短板”工作力度，为提升物流服务供给质量和增强枢纽发展后劲提供了有力支撑。

一是在硬件设施方面，各枢纽按照“以存量设施整合提升为主、以增量设施补短板为辅”的基本原则，一方面利用物流基础设施中央和地方预算内投资补助，另一方面吸引社会资金，筹措自有资金，加快联运转运、冷链物流、口岸保税等重点项目设施建设。据统计，2020 年，枢纽平均实际占地面积同比增长 5.8%；其中物流运营面积占比为 75.4%，高于国家标准 50% 的水平。目前，45 个枢纽中，14 个建有自动化立体库房，24 个建有冷藏冷冻库房；34 个枢纽铁路场站或装卸线已投入使用，5 个枢纽铁路项目正在建设或已纳入规划。同时，部分枢纽对存量设施开展“二次规划”，通过改造升级来适应市场新形势、满足新需求。深圳商贸服务型国家物流枢纽与中国铁路广州局集团合作，创新土地产权机制，在铁路上盖建设多层立体物流设施，实现“铁路 + 物流仓储”结合，缓解深圳市物流用地严重短缺的局面，打造土地集约利用新试点。洛阳生产服务型国家物流枢纽盘活闲置资源，对一拖铁路编组站和周边专用线进行改造，与编组站周边的国有企业设施共建，打造“生产基地 + 多式联运物流中心”模式，开展入厂物流及中亚班列、铁海公多式联运等业务，助力国有老工业企业由制造业向制造服务业转型升级。

二是在软件系统方面，枢纽充分利用互联网、物联网、5G、大数据中心、人工智能等先进信息技术和“新基建”发展机遇，通过完善信息平台服务功能、推进信息互联互通、开展无纸化作业等多种方式，推动枢纽进行信息化、数字化、智慧化转型，提高物流作业效率。部分枢纽搭建了支撑枢纽业务发展的信息平台，实现物流业务线上化、可视化、集成化，并开展业务办理无纸化的探索，推动全流程电子化操作。如乌鲁木齐陆港型国家物流枢纽建设的智慧铁路港口信息化平台，打通了中国、欧亚经济联盟和欧盟之间的铁路、关务信息，融合物流集结、班列发运、智能场站、多式联运、跨境贸易服务、运营服务信息，实现多式联运业务一体化以及贸易、物流、通关等信息的互联互通与数据共享，为货主、贸易商、服务商、货代企业、报关企业、物流仓储企业，以及铁路、银行和海关等业务运转及监管流转的部门和企业提供一站式服务。

三、模式创新情况

枢纽建设是适应我国经济和物流业发展形势，对传统物流运作体系进行资源整合与体系重构的创新性举措，没有现成经验可循。各枢纽在物流业态模式方面不断创新突破，为枢纽建设注入新的活力。

（一）积极发展多式联运

枢纽通过海铁联运、水水中转等方式，促进运输结构调整，推进“公转铁”“公转水”发展，推动建立枢纽间多式联运体系，打造多式联运服务品牌。宁波—舟山港口型国家物流枢纽创新开行双层集装箱海铁联运班列，铁路运输能力提高 38%，并通过与中国铁路上海局集团有限公司紧密合作，共建海铁联运信息共享平台，实现铁路在途信息、港口信息、船公司信息、海关信息四方联动，物流信息可全程实施查询。截至 2020 年年底海铁联运业务覆盖 56 个地级市，建设内陆无水港 29 家，开通常态化运行班列 19 条，全年海铁联运业务量突破 100 万标准箱；广州港口型国家物流枢纽利用珠江内河水系发达的优势，重点建设以水水中转为核心的集疏运体系，枢纽水水中转比例高达70%。其中以广州市南沙港区为中心，覆盖珠三角地区主要内河码头打造的集装箱公共驳船平台“广州港穿梭巴士”，目前已开通支线71条，2020年运量达到190万标准箱。昆明商贸服务型国家物流枢纽灵活应用甩挂干线衔接、“托盘+挂网”集装化运输、一票到底等多种方式提高多式联运效率，打造面向东南亚、长江经济带、广西北部湾的集装箱公铁海多式联运体系，多式联运业务规模逐年攀升，年均增长率超20%。

（二）创新运输组织模式

枢纽积极探索甩挂运输、卡车航班等运输组织模式，结合各地实际，创新了多种运输组织产品。宜昌港口型国家物流枢纽创新开展以秭归港、白洋港为核心的长江三峡枢纽“大分流、小转运”的翻坝运输物流组织模式，实现24小时内坝上秭归港与坝下白洋港高效运转。同时，建立甩挂运输分拨中心，宜昌—渝东区域采用“三峡坝区滚装船甩挂运输”模式，比传统滚装运输效率提高了150%，物流成本降低42.9%。唐山港口型（生产服务型）国家物流枢纽推进港口的煤炭、矿石等大宗商品集疏运由“公路到发，码头泊位接驳转运”模式向“铁路翻车卸货系统+皮带走廊+散装船装卸设施”的封闭运输模式转变，有效提升港口集疏运效率、降低粉尘污染。青岛商贸服务型国家物流枢纽开通“胶黄小运转”循环班列，零运费、公交化运行，在全国率先实现“前港后站、一体运作”，有效疏解了青岛港区堆存与集疏运交通压力，平均节约运输时间2小时，节省运费107.5元/TEU，减少柴油燃耗约1.6万升/车。

（三）大力发展国际物流

一方面，枢纽创新通关保税等国际物流服务模式，提升国际物流服务能力。如重庆陆港型国家物流枢纽不断探索国际陆上贸易规则，参照海运模式中“货代单”代替“船东单”的方式，将重庆铁路口岸物流开发有限责任公司作为货到整车口岸的控货单位，赋予铁路货代单唯一提货权。2020年开具铁路信用证共计20单，总货值4500万美元。满洲里陆上边境口岸型国家物流枢纽作为我国《国际公路运输公约》首批试点口岸之一，率先实现了TIR模式进、出境双向贯通，推动跨境运输沿途海关不查验、不开箱，有效简化货物通关程序。厦门港口型国家物流枢纽组织“台湾—厦门—欧洲”散货拼箱业务，为台湾地区中小客户搭乘中欧（厦门）班列提供便利，采用过境通关模式，可节约通关时间2天左右。长沙陆港型、南京港口型（生产服务型）国家物流枢纽等通过加强跨境电商平台建设，推广跨境电商9710、9810等新模式，提供出口垫税退税等服务和加强招商引资力度，推进跨境电商进出口业务快速增长。

另一方面，不断加强与全球重要物流枢纽、贸易中心等的密切联系，进行海外基地布局。如兰州陆港型国家物流枢纽在尼泊尔、俄罗斯、巴基斯坦、哈萨克斯坦等国家设立海外仓，为国内外贸企业及跨境电商企业提供通关物流、入库分拣、营销推广等公共服务。郑州空港型国家物流枢纽积极响应国家号召，联合国内外大型物流集成商、跨国平台、航空公司等形成合力抱团发展，推动海外货站项目落地。目前已与布达佩斯费里海吉国际机场、匈牙利中欧商贸物流合作园区签署三方战略合作协议。通过各自的区位、航线、货源等资源优势，共商共建“空中丝绸之路”中匈航空货运枢纽项目。

四、技术进步情况

各枢纽借助物联网、云计算、5G、人工智能等新一代信息技术，加速推进设施设备数字转型、智能升级，在智慧物流基础设施建设等方面持续发力，有效控制基础设施建设运营能耗水平，科技创新支撑能力显著提升。

青岛生产服务型（港口型）国家物流枢纽全方位深度融合工业物联网、云计算、大数据、人工智能、自动控制和新能源等技术，打造了拥有完全自主知识产权、全球领先的全自动化集装箱码头，实现由 5G 网络支持的完全远程操控，比传统码头提升作业效率 30%，操作人员节省 70%；探索建立智能空轨集疏运系统，彻底破解平面运输交叉、拥堵等交通运输瓶颈，打通集装箱运输港、船、站、场间的“中间一公里”。天津港口型国家物流枢纽在传统集装箱码头的基础上，通过智能技术改造实现集装箱码头自动化，率先攻克港机自动化系统集成、无人驾驶电动集卡规模化应用等核心技术，可实现 25 台无人驾驶电动集卡成组整船作业，使港口整体作业效率提升 20%，单箱综合能耗降低 20%；研发智能散货装箱系统，助推实现“一箱到底”的全程绿色运输模式。太原陆港型（生产服务型）国家物流枢纽的铁路场站是全国铁路物流园首个采用“智能作业调度指挥 + 门吊远程控制 + 集装箱 AGV 水平搬运”模式的自动化无人集装箱作业场站，集装箱整体作业效率提高 50%，减少作业人员 20 人。重庆港口型国家物流枢纽集装箱管理系统实现 EDI 方式与海关进行数据交换功能，完成集装箱堆场 4 台场桥远程智能操控系统改造；初步建成果园港件散货功能区管控一体化系统，建成投用集装箱智能理货系统，实现码头前沿“无人理货”，识别率在 96% 以上。

五、产业融合情况

枢纽充分发挥辐射广、成本低、效率高的优势，加强资源整合和流程优化，不断延伸产业链、优化供应链、提升价值链，从成本中心向价值中心转变，为区域经济转型升级提供有效支撑。

生产服务型国家物流枢纽着力推进传统制造业供应链组织优化升级，培育现代制造业体系。佛山生产服务型国家物流枢纽推动佛山陶瓷、家居、卫浴等泛家居行业品牌商、流通商、服务商整合内外部资源，打通从产品设计、采购、生产，到销售、运输、安装、售后等全流程各个环节，构建泛家居行业厂家直销、一站式设计的新型供应链解决方案。

商贸服务型国家物流枢纽重点推进传统商贸平台化、网络化转型，带动关联产业集群发展壮大。赣州商贸服务型国家物流枢纽打造国际木材电子交易平台和网上商城，平台实现年交易额300亿元。建立国际木材交易集散中心，吸引入驻一线木材贸易商和相关服务机构100多家。通过国际集采等方式提高议价能力，不仅帮助当地家具企业降低了采购成本，还畅通了当地家具出口物流通道，带动了当地家具产业繁荣和转型升级，2020年南康家具产业集群产值突破2000亿元。金华（义乌）商贸服务型国家物流枢纽推进“义新欧+”模式，提升服务浙江省全省货源能力，为客户提供“保姆式”班列定制服务，相继开通“义新欧”吉利号、eWTP菜鸟号、温州号、诸暨号等班列，实现“义新欧”中浙江省货源超过70%。其中“义新欧”吉利号班列，实现沿线不同城市工厂的“点对点”运输，保障了产品运输的安全性、时效性，2020年共计开行101列。

陆港型、港口型国家物流枢纽依托枢纽的通道优势，加快推动周边地区相关产业的集聚式发展。成都陆港型国家物流枢纽依托中欧班列运邮试点，吸引跨境电商企业通过中欧班列开展跨境电商业务。2020年枢纽跨境电商交易规模达238万单，同比增长280%。依托中欧班列与全省13个地市州共建“亚蓉欧物流（产业）基地”，搭建“通道+物流+产业”供应链资源配置体系，形成“进出口贸易在港区、生产基地在市州”的产业联动模式。运用这种模式助力四川电子信息、装备制造、先进材料、整车及零配件、农副产品远销欧亚，累计服务国内外企业超过1万家。2020年，中欧班列带动进出口贸易额达148.5亿美元，同比增长41.4%。营口港口型国家物流枢纽围绕粮食和冶金两大产业，创建“物流+供应链采购+物流融资”运贸一体化服务产品，2020年完成粮食采购量30万吨，矿粉、焦炭、钢材等大宗散货采购量100万吨，全年实现供应链经营收入15亿元。

陆上边境口岸型国家物流枢纽，依托进出口加工，打造口岸产业集群。乌兰察布—二连浩特陆港型（陆上边境口岸型）国家物流枢纽发挥物流枢纽联动优势。可以实现蒙古、俄罗斯进口资源不落地直接从二连浩特口岸到乌兰察布腹地，乌兰察布大力发展落地加工，促进加工产业在乌兰察布落地集聚，落地加工比例提升168%，实现通道经济向落地经济转变。

空港型国家物流枢纽大力推进高端国际制造、贸易产业提质升级。北京空港型国家物流枢纽致力于发展航空制造供应链服务，吸引集聚大量航空制造企业，打造航材共享平台。通过集中采购议价、集中库存管理，成为全球重要的航材保障支援中心。入驻企业中航材借助海关支持，实现以枢纽为核心的全国货物进出口与分拨，货物在全国 8 个共享服务点快速流通。

六、网络协同情况

结合资源优势与区域货物流向，枢纽不断拓展运输线路，开展业务对接。在构建“干支配”顺畅衔接的物流通道网络，建设要素流动、信息互联、标准协同等合作机制方面开展了许多有益探索。

（一）着力打造“干支配”衔接的物流网络

在构建干线通道网络方面，枢纽对接拓展中欧班列干线资源，加强分散货源组织。西安、重庆、成都、乌鲁木齐陆港型国家物流枢纽入选首批中欧班列集结中心示范工程，中欧班列年开行量均超过 1000 列。其中西安陆港型国家物流枢纽开行的中欧班列“长安号”，已常态化开行 15 条线路，辐射 45 个国家和地区，货源来自 29 个省、自治区、直辖市，2020 年开行 3720 列，占全国中欧班列开行量的 1/3。南宁陆港型国家物流枢纽开行的中越班列，打通了中西部地区向南经广西对接东盟的陆路运输通道，是贯通了越南等东盟国家过境中国前往欧洲等第三国的铁路黄金通道，货物品类覆盖氧化锌、化肥、电子产品、水果等 20 多个品类，2020 年开行 166 列，同比增长 49. 5%。武汉港口型国家物流枢纽充分发挥长江枢纽港作用，集聚中西部地区货源，通过江海直达、铁水联运、水水中转、公路转驳等方式，构建通江达海的国际航运物流体系，通达东南亚、东北亚 78 个国家和地区，成为我国中西部的“出海口”。北京、郑州、深圳等空港型国家物流枢纽积极拓展国内外货运航线，优化航线网络布局，扩大全货机服务覆盖范围，2020 年全货机通航点分别达到 134 个、63 个、51 个。

在干支衔接组织协同方面，遂宁陆港型国家物流枢纽立足遂宁、潼南 100 亿级肉制品、柠檬、白酒、中药材等食品饮料及农产品产业基础，完善市、县、乡、村四级物流配送体系。建成城配公共平台，整合遂宁市 2000 余家城配企业配送网点，开设了 823 个合作配送网点，实现了城区半日达、全市一日达，农村共同配送率超过 90%，畅通了农产品上行、工业品下行渠道。临沂商贸服务型国家物流枢纽运营主体企业与十六家优秀专线企业，共同打造智慧商贸物流与供应链聚能平台——山东顺和物联科技有限公司，以“品牌统一、系统统一、标准统一、服务统一、结算统一”为经营宗旨，打造同城网、城际网、国内干线网“三网”融合的物流网络体系，提供“点收全国、点发全国”的干支仓配分拨一体化服务，打造一票发全国、全程可视化的专线快运网络。

（二）深化枢纽间业务合作

天津、营口、广州、宁波—舟山、青岛、唐山、大连、钦州—北海—防城港等港口型国家物流枢纽加速与内陆地区枢纽合作建设内陆港、组合港，增加腹地范围。同时通过创新运输组织模式、通关模式等提高作业效率，实现互利共赢。部分枢纽从点对点业务对接向网络化合作深入。如宜昌港口型国家物流枢纽与营口港口型国家物流枢纽合作，按照宜昌、营口市政府签订的现代物流产业战略合作协议，重点推进营口港和宜昌白洋—茅坪翻坝组合港江海联运、水铁联运及北粮南运西进、粮肥互换、南肥北运等业务。苏州港口型国家物流枢纽深化与上海港的合作，通过大力发展集装箱运输，创新“联动接卸”监管新模式，复制推广上海自贸区在保税监管和贸易便利化等方面成功经验，吸引上海航运金融、保险、物流、法律等高端航运服务机构在太仓设立分支机构等多种方式，推进沪太同港化。2020 年“沪太（太仓）通”物流模式走货量同比增长 143.7%。天津港口型国家物流枢纽与太原陆港型（生产服务型）国家物流枢纽合作，常态化组织开行点对点海铁联运班列，并在太原设立多式联运服务中心和船公司的内陆堆箱场，为客户提供从订舱提箱、公路短驳、重箱集货、出口报关、铁路运输、港口运抵、海上运输直至目的港的一站式服务和一单到底的保障。钦州—北海—防城港港口型国家物流枢纽、重庆陆港型国家物流枢纽、兰州陆港型国家物流枢纽等西部 6 省市 8 股东联手共建陆海新通道跨区域综合运营平台——陆海新通道运营有限公司，打造覆盖西部 7 省 23 市 49 站的服务网络，2020 年西部陆海新通道开行班列 4607 列，同比实现翻番增长。

（三）探索建立枢纽合作机制

在国家发展改革委支持与指导下，由中国物流与采购联合会牵头的国家物流枢纽联盟于 2020 年 11 月成立，为枢纽联网运行提供了制度保障。联盟成立以来，多措并举推进枢纽交流合作、业务协同。一是建立了枢纽联盟队伍，已纳入年度建设名单的 45 家枢纽，及各枢纽所在地物流主管部门或承载城市相关负责人员已经积极加入联盟，参与常态化交流。联盟还在陆续吸收运营相对成熟的枢纽申报单位、参与多个枢纽运营的网络化企业作为信息采集单位、业务联网单位，以扩大枢纽联盟业务联系与信息来源，实现更大范围业务协同和互联成网。二是组织召开了多次枢纽业务协同恳谈会、对接会，搭建增进交流、加强合作的平台，部分单位达成初步合作意向。三是上线了国家物流枢纽联盟网站，此网站是展示枢纽建设运营情况，及时通报行业政策、规划、标准等信息的窗口，目前已经与各枢纽网站实现了链接，枢纽信息初步实现了互联互通。四是研究推进综合信息服务平台建设，与枢纽联盟技术支持单位深入调研枢纽需求，推进平台开发与试点运营，促进枢纽信息互联、运行监测、业务协同、要素流动、标准衔接、互联成网。

此外，国家物流枢纽联盟制定了《国家物流枢纽联盟监测评价办法（试行）》《国家物流枢纽建设运营标杆企业评选办法（试行）》《国家物流枢纽联盟联络员工作规则》等系列文件，推进枢纽相关标准的研制，为枢纽定期监测评估、及时收集反映政策诉求、推动协同共享互利合作等建立起稳定的渠道。

七、政策环境情况

近年来，中共中央、国务院以及各有关部门十分重视物流基础设施建设，出台了一系列规划政策。党的十九大报告作出加强物流等基础设施网络建设的重要决策部署。2018 年 11 月 21 日国务院常务会议指出，要多措并举发展“通道 + 枢纽 + 网络”的现代物流体系，以区位和产业条件较好、辐射能力较强的城市为载体，布局建设一批重点物流枢纽，构建物流枢纽干线网络体系。2018 年 12 月，经国务院批准，国家发展改革委和交通运输部联合印发《国家物流枢纽布局和建设规划》（以下简称《规划》），首次在国家层面出台关于“国家物流枢纽”的专项规划。《中华人民共和国国民经济和社会发展第十四个五年规划和 2035 年远景目标纲要》（以下简称《纲要》）确定了“建设现代物流体系”的目标任务，将“推进 120 个左右国家物流枢纽建设”列为“十四五”期间的重点建设工程，并提出了“完善国家物流枢纽”的明确要求，国家物流枢纽发展上升到国家战略层面。

《规划》从“放管服”改革、规划用地、投融资等方面明确了国家物流枢纽建设的相关支持政策，国家发展改革委也统筹利用中央预算内投资、地方政府专项债券等政策渠道，先后对已经认定的国家物流枢纽重点项目提供了资金支持。山西、吉林、江苏、安徽、福建、江西、河南、湖南、广西、重庆、四川、陕西、甘肃等地在政府工作报告中将国家物流枢纽发展作为 2021 年的重点工作，31 个省、自治区、直辖市在“十四五”规划中将培育建设国家物流枢纽、提升物流枢纽等级等作为重点工程或重点任务。内蒙古、江西等地针对国家物流枢纽单独制定物流枢纽布局规划或建设规划，南宁、重庆、宜昌等专门出台了枢纽建设的支持政策和行动计划，多地成立了以市政府领导牵头的枢纽建设工作组，建立日常工作协调机制，并在财政政策、税费及价格政策、土地政策、金融政策、机制体制创新、市场主体培育、集疏运体系建设等多方面给予了国家物流枢纽大力支持。枢纽所在经济开发区、自由贸易区等也纷纷出台优惠政策、创新贸易规则，为枢纽提供了良好的发展环境。

国家发展改革委印发《国家发展改革委印发〈国家物流枢纽网络建设实施方案（2021—2025 年）〉》，对国家物流枢纽做优存量、做好增量、保证质量、加强监测、形成合力做出全面部署，要求强化组织协调、加强政策支持、发挥联盟作用。国家物流枢纽建设迎来重大政策利好，国家物流枢纽建设面临新的形势和任务。

八、发展方向与未来展望

2021 年是“十四五”规划开局之年，也是全面建设社会主义现代化国家新征程的起步之年。《纲要》将国家物流枢纽作为重点工程，也进一步明确了国家物流枢纽在现代物流体系建设中的核心作用。立足新发展阶段，国家物流枢纽将贯彻新发展理念，聚焦打造以国家物流枢纽为核心的“通道 + 枢纽 + 网络”的现代物流运行体系，为现代物流高质量发展、加快构建新发展格局提供有力支撑。

（一）国家物流枢纽网络初步形成

按照《规划》要求，到 2025 年将布局建设 120 个左右国家物流枢纽。枢纽布局统筹考虑国家重大战略实施、区域经济发展、产业结构优化升级等需要，重点补齐内陆地区物流枢纽设施短板，优化沿海地区枢纽布局，国家物流枢纽网络空间结构将进一步优化。同时，随着各地枢纽软硬件设施“补短板”工作建设逐步完成，服务功能日趋完善，枢纽间干线业务进一步拓展，枢纽对物流要素集聚能力和整合水平也会更强，支撑、带动实体经济和区域经济发展的枢纽物流网络有望初步形成。

（二）多式联运服务能力有效增强

《纲要》明确提出，要完善集疏运系统，发展货物多式联运，推广全程一站式“一单制”服务。国家物流枢纽在布局建设时都要求具备多式联运条件，未来国家物流枢纽将充分发挥枢纽资源集聚优势，补齐短板、打通堵点，加快以枢纽为依托的多式联运发展。一是补齐基础设施短板，推动铁路专用线、联运转运等设施建设是国家物流枢纽的首要任务，未来随着联运设施的完善，公、铁、水、空运输方式衔接整合能力将有效增强；二是探索不同运输方式间信息互通，加强港口、铁路、海关等作业计划和运输信息的相互对接，推广多式联运“无纸化”“一单制”的应用，提升多式联运质量和效率；三是完善枢纽多式联运衔接标准，推广应用已经公布实施的国家和行业标准，研究国家物流枢纽间多式联运转运、装卸场站、信息互通等方面的标准。

（三）“干支配”网络不断完善

枢纽“干支配”业务水平对提升物流的规模化、组织化效率，推动枢纽高质量发展、降低物流社会成本有重要意义。未来，国家物流枢纽将在打造干支衔接、组织协同的网络上持续发力。一是国内外物流干线布局将进一步加快，新发展格局的构建以及“一带一路”倡议、西部陆海新通道国家战略的实施，为物流发展带来新的契机，国家物流枢纽将与国内外大型物流节点、制造基地、商贸中心等衔接，不断拓展干线网络的布局，尤其是铁路、水路、航空方面新线路的开发；二是加强枢纽间互联互通，开发高品质、多元化的“枢纽到枢纽”干线运输产品，结合枢纽区域特点和货源品类，创新运输组织模式；三是枢纽与区域集散网络将进一步加强对接，不同层级物流节点互相补充，国家物流枢纽网络的覆盖深度与广度不断拓展，“干支配”一体化运作效率不断提升。

（四）产业融合效能进一步提高

一方面，为有效支撑实体经济发展、扩大内需的战略支点、提高对外开放水平，枢纽都在不断提升专业物流服务能力。与居民生活和消费相关的冷链物流、电商快递、城市配送等方面的服务水平将快速提高，与生产制造企业的合作也会延伸到产业链上下游更多环节，国际物流服务的业务领域、模式创新会不断丰富。另一方面，枢纽具备辐射广、成本低、效率高的优势，围绕产业链、供应链，越来越多的制造、商贸、物流、金融等企业会在枢纽集聚，实现资源优化整合和高效组织协同，营造良好的发展环境，优化枢纽所在地区产业空间布局，为区域经济发展提供新的动能。

（五）数智升级绿色转型加快

为加快数字化发展，建设数字中国，各行业都在“上云用数赋智”推动产业转型。国家物流枢纽也将适应发展新趋势，提高数字化、智能化水平，云计算、物联网、大数据、人工智能等现代信息技术与枢纽发展深度融合，基于 5G 的应用场景将更加广泛，全自动化码头、无人场站、智能仓储等设施以及无人机、无人仓、物流机器人等装备在枢纽内的应用将更加普遍；“碳中和、碳达峰”的目标对物流枢纽绿色发展、降低能耗和排放水平提出更高要求，运输结构将进一步优化，集装化运输比例将进一步提高，物流包装循环共用、回收利用等模式将进一步推广，新能源汽车、充电桩以及节能环保型仓储设施的建设会得到更多关注。

（六）稳定的枢纽合作机制更加完善

枢纽布局和建设运营工作的快速推进，迫切需要建立高效稳定的枢纽协作机制作为基础和保障。一是监测评价工作将常态化开展，枢纽联盟将进一步研制完善日常运行监测和定期评估考核实施方案，对已纳入年度建设名单的国家物流枢纽开展监测及评估。枢纽也会在运行中逐步健全统计制度，形成定期报送数据的工作机制。二是业务协作将更加紧密，随着枢纽建设工作的不断推进，合作的深度和广度都会加强，枢纽联盟将及时对典型的经验模式进行总结推广。同时，加快推动综合信息服务平台建设、标准规范研制等工作，枢纽间要素流动、信息互联、标准协同的合作机制将逐步形成。三是沟通交流更加顺畅，枢纽联盟将做活做好联盟网站，积极组织学习研讨、交流考察、业务洽谈等多样化活动，及时收集反映政策诉求，建立日常高效的沟通交流机制。

第一章

陆港型国家物流枢纽

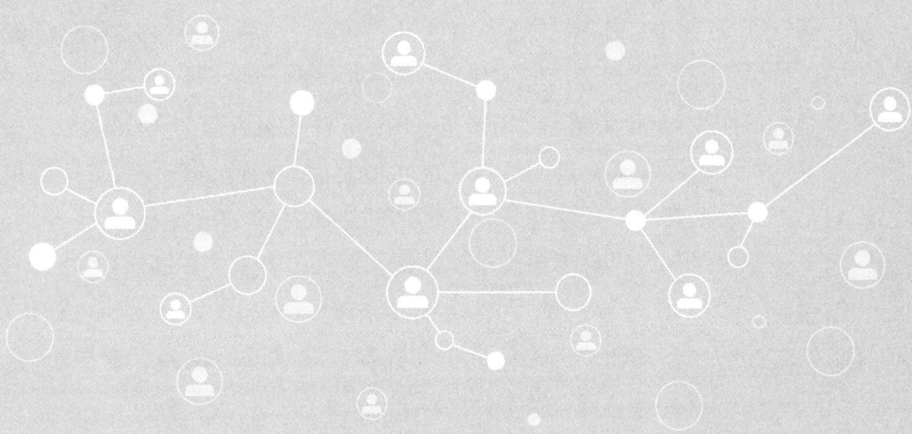

太原陆港型（生产服务型）国家物流枢纽

路地合作发展多式联运　产业融合服务枢纽经济

太原陆港型（生产服务型）国家物流枢纽（以下简称“枢纽”）位于山西省核心的太原都市区，地处太原、晋中两市交界处，位于山西转型综改示范区核心区域，依托铁路资源和综合服务优势，聚焦品牌、体量、效益三大目标，释放和扩大国家物流枢纽示范带动效应。充分发挥全省现代产业和服务业集聚区优势，加快物流资源和物流要素集聚，加大快速货物班列、铁水联运班列、中欧（中亚）班列、物流总包等业务拓展力度，加强畅通枢纽通道能力，构建多式联运物流网络，打造山西省内龙头、国内一流的物流枢纽新标杆，推动物流业降本增效、服务区域经济健康持续发展。

一、枢纽概况

（一）基本情况

太原市是山西省省会城市，是山西重要的交通枢纽，是陆港型、生产服务型、商贸服务型“三合一”国家物流枢纽承载城市。枢纽以中鼎物流园为承载主体进行建设与运营，主要承担太原、晋中等区域内的物流任务，对于区域社会经济发展等方面具有极为重要的战略意义。国家物流枢纽承载城市的获批有利于促进太原经济圈、山西省中部盆地城市群及整个山西省的经济社会发展，有利于推动太原市在全国物流网络格局中跻身骨干枢纽地位，有利于服务山西转型发展，助推区域经济社会持续健康发展。

枢纽规划占地面积4800余亩①，2016年11月7日开园运营，入选国家第二批多式联运示范工程，获评全国示范物流园区、优秀物流园区、山西省现代服务业集聚区等。中鼎物流园是原中国铁路总公司物流网点规划的全国性物流基地，是山西省物流业中长期规划的重大储备项目，建有7条铁路到发线、5条货物线，仓储面积42.54万平方米、集装箱作业区面积10万平方米，拥有铁路口岸作业区和国内领先的自动化集装箱场站，是集铁路货运、公路物流、多式联运、仓储配送、综合保税、配套服务、小镇

① 1亩≈666.67平方米。

特色等于一体的综合型物流园区。

（二）交通区位

枢纽位于山西转型综改示范区核心区域，具备建设国家物流枢纽得天独厚的位置优势条件。山西转型综改示范区整合了阳曲产业园、唐槐产业园、汇通产业园、学府产业园、潇河产业园以及科技创新城、武宿综合保税区、新能源汽车园区共计八大园区，太钢集团、太重集团、益海嘉里等多家企业集中布局，形成了山西最密集的产业集聚区。

枢纽地处山西中部盆地城市群核心太原市，枢纽区域内综合交通运输设施完善，同蒲线、石太线、太中银线等铁路干线交会，直通榆次枢纽编组站；大运、太长、青银等高速公路呈网状辐射，可通过迎宾西街、马练营路与枢纽直接联通；航空运输方面以太原武宿国际机场为主，距离枢纽 7 公里，可运往国内大部分城市和世界主要地区。

（三）空间布局

枢纽按照发展定位，在空间布局上宽领域、深层次的优化整合铁路、公路、口岸、港口、保税、城配等各方面功能，优化巩固形成铁路口岸区、集装箱区、公铁联运区、公路仓库区、商品汽车区和配套生活区 6 大功能区，如图 1 所示。

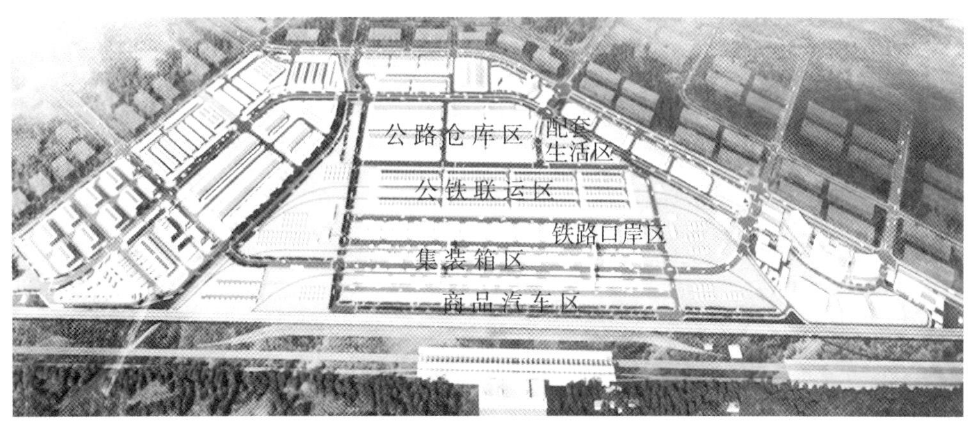

图 1　太原陆港型（生产服务型）国家物流枢纽空间布局

铁路口岸区，占地面积 2.7 万平方米，包括海关监管区、检验检疫区和现场作业楼，开展进出口货物监管、通关等服务；集装箱区，拥有 2 条铁路线、10 万平方米的作业区，配备 3 台门式起重机以及若干装载机具，开展集装箱联运服务；公铁联运区，按照“三台夹两线”贯通式布局，拥有 8 座仓库、4 座雨棚，仓储面积 12 万平方米，开展公铁中转集散服务；公路仓库区，拥有 6 座仓储面积共计 10.2 万平方米的标准通用仓库；商品汽车区，拥有 1 条铁路线，2 台自动装卸平台，16 万平方米的仓储区，开展商品车装卸仓储服务；配套生活区，提供吃、住、行、购等一体化配套服务，是典型的小镇特色园区。通过功能合理、资源集约的空间布局，枢纽成为规模较大、设施完善、功能齐全的综合性物流枢纽，形成了集多式联运、仓储配送、公路物流、综合保税、特货运输、小镇特色等于一体的现代物流产业体系，功能布局实景如图 2 所示。

图 2　太原陆港型（生产服务型）国家物流枢纽功能布局实景

（四）建设运营主体

枢纽以山西中鼎物流集团有限公司作为运营主体，山西中鼎物流集团有限公司由大秦铁路股份有限公司、山西煤炭运销集团晋中有限公司、晋中市公用基础设施投资控股（集团）有限公司于 2013 年 1 月 23 日合资组建，注册资金 209250 万元。主要以中鼎物流园为核心，经营铁路运输、公路运输、仓储、装卸、物业等核心业务，酒店住宿、汽车服务、会展交易、广告租赁、资产挖潜开发及其他配套服务，以及集装箱多式联运班列、快速货物班列、中欧班列、物贸一体化、工业品物流等物流特色产品。2019 年被国家发展改革委评为全国物流运行监测点，荣获 2019 年物流统计工作先进单位，负责山西省物流业景气指数发布，获得山西省五一劳动奖状，是山西省人民政府调研联系点。

二、主要做法与特色经验

枢纽紧紧围绕国家物流枢纽布局和建设总体部署和规划，积极融入山西省构建立体式大物流格局，加快建设现代物流产业体系，致力打造辐射区域更广、集聚效应更强、服务功能更优、运行效率更高的综合性物流枢纽，持续放大国家物流枢纽在全国物流网络中的汇总关键节点、重要平台、骨干枢纽作用。

（一）大力发展以铁路为主导的多式联运

枢纽大力发展以铁路为主导的多式联运，不断促进公铁海等不同运输方式无缝衔接、高效转运，重点围绕服务生产制造企业，推动多式联运创新发展和物流要素加速集聚，促进区域内和跨区域物流活动组织化、规模化、网络化运行，推动运输结构调整，促进物流业持续降本增效。

1. 创新模式机制，发展铁水联运

枢纽创新建立铁路站场、集装箱堆场、海关监管场“三场合一”以及铁路、港口、船公司、货代“四方联动”的机制，与天津港合作建立了枢纽（中鼎）多式联运中心。①与船公司合作，建立内陆堆箱场。目前，已经与马士基、地中海、中远海、达菲等知名船公司签订了 CCA 协议，将枢纽作为船公司的内陆箱场，山西进口的海运箱可在枢纽还箱，客户在枢纽办理海运箱提箱业务，重箱进入枢纽即视为集港，铁路开行即视为开船，规避延误船期风险。②与天津港合作，畅通外贸物流通道。通过与天津港直属的外轮代理公司合作，结合船公司实际航线，在枢纽定期开行至天津港班列（每列至少 25 车），运行时间一般在 30～40 小时，基本与公路运输相同，但规避了公路运输在极端天气情况下的不确定性。③设立枢纽多式联运服务中心，提供一站式服务。在枢纽客户服务大厅设立了多式联运服务中心，开辟了天津港海铁联运一站式受理中心。客户在服务中心实现从订舱提箱、公路短驳、重箱集货、出口报关、铁路运输、港口运抵、海上运输直至目的港的一站式服务，收费上实现了国内运输、港杂费、海运费的“一票到底”的服务。

2. 依托铁路资源，开展公铁联运

升级国内领先的自动化集装箱场站，利用省级技术改造专项资金，建成全国铁路物流园区先进的自动化集装箱作业场站。结合枢纽作业实际，创新关键技术，形成了具有国内一流技术水平和铁路特点的自动化作业系统，成为全铁路自动化无人集装箱作业场，与传统铁路货场集装箱作业方式相比，集装箱整体作业效率可提高 50%，减少作业人员 20 人，有效降低人工成本，避免人工操作带来的安全风险，实现作业效率和作业安全双提升。采用自动化集装箱作业场站，承接“公转铁”的煤炭、焦炭集装箱运输（使用 35 吨敞顶箱），装卸搬运作业全部采用电动龙门吊和 AGV，代替传统的正面吊和集卡车，减少吨能源消耗，节能减排效果明显，实现真正的“绿色场站”“智慧场站”。

依托枢纽的铁路货物办理优势，敞开货物受理，积极营销铁路集装箱货源，常态化组织开行枢纽直达上海、广州、天津、株洲等地的国内班列线路，累计发送货物 3.6 万 TEU，共计 58.62 万吨，货源包括乳饮料、化肥、锰铁、高岭土、粮食、铝锭、日用百货等多个品类。成件货物区采用“三台夹两线”设计，即三个高站台夹两条铁路作业线，极大地方便公铁转运，并据此开展铁路货运批量、整车、三晋快运（现停运）等业务，累计发送货物 98.73 万吨。依托商品汽车特货作业线以及 16.34 万平方米商品汽车存放区，吸引山西大秦物流有限公司汽车物流分公司、山西三彦物流有限公司 2 家入驻，累计到达商品汽车 33 万台，年收入约 900 万元。

3. 延伸物流网络，开展“公转铁”物流总包业务

枢纽积极响应国家“打赢蓝天保卫战”的部署要求，以京津冀港口“公转铁”为突破口，与京唐港、曹妃甸港、秦皇岛港三港合作，将港口延伸至山西省内陆腹地，提供山西省内太重、太钢等外贸企业货物出口，以及东方希望、兴安化工、国电投山西铝业、兴华钢铁、势竹山水石料等生产制造企业原材料、产生品集疏港、进出口业务；利用 35 吨敞顶箱发展契机，发挥对港口和对铁路发运站的合作沟通优势，为客户提供弹性价格政策，提供全流程疏港物流总包解决方案，搭建了一条生产企业与港口合作的“桥梁”。打造了铝矾土、铁矿石疏港的 6 个“公转铁”精品项目，形成了京唐港、曹妃甸港、秦皇岛港和曹妃甸西站、京唐港站、聂庄站、秦皇岛东站的“3 港 4 站”发运格局，形成覆盖晋北、晋中、吕梁地区的集装箱业务网络，确立了区域内敞顶箱集疏港业务行业“领头羊”的地位，2020 年全年疏港集装箱完成 6.96 万 TEU、222.8 万吨，为“打赢蓝天保卫战”作出了应有贡献。

（二）推动中欧（中亚）班列持续开行，成为山西省融入国家“一带一路”倡议的重要支撑

枢纽依托中鼎物流园，由国家物流枢纽运营主体单位山西中鼎物流集团有限公司发起，联合华远国际陆港集团有限公司、唐山港集团股份有限公司，成立山西晋欧物流有限公司，负责山西省中欧班列的运营。2017 年 2 月 15 日，满载太重装备的山西省首趟中欧班列，从枢纽经满洲里开往俄罗斯列索希比尔斯克，原本海运需要 30 天中欧班列仅需 15 天，节省物流费用 25 万元，填补了山西省中欧班列的空白，标志着山西省融入国家“一带一路”建设程度迈上新台阶。经过不断发展，先后打通了山西省经满洲里、二连浩特、阿拉山口、霍尔果斯 4 个边境口岸的东、中、西 3 条国际物流通道，开辟了直达莫斯科、明斯克、马拉舍维奇、阿拉木图、塔什干、阿富汗的 8 条稳定国际线路，形成了辐射“一带一路”沿线 10 个国家 25 个城市的外贸新格局，为山西省外贸发展提供了高效快捷的物流通道。截至 2020 年年底，已累计开行中欧（中亚）班列 373 列，运输货物 35.76 万吨，货值约 53.35 亿元，2021 年计划开行 300 列。

经过三年的不懈努力，山西省中欧班列逐步从定制化向常态化迈进，山西省中欧班列挤进了全国中欧班列名录。枢纽先后吸引了中铁快运、山西荔日旺、山西东森蓝泰、捷时特物流、德裕物流、重庆森佑、天津拓帷等一批全国性的企业入驻，服务于太钢集团、太重集团、华翔铸造、华德铸造等一批山西省及周边地区的生产制造企业，运输货物品类从单一的生产制造产品向日用品延伸，助力“山西制造走出国门”。在去程班列中，枢纽发运不锈钢板、轮对、设备配件、日用百货、汽车配件等货物，侯马北站发运铸件等货物，朔州站发运瓷器、工程机械、日用百货等货物，平旺站发运设备配件、日用百货、汽车配件等货物；在回程班列中，货运全部到达枢纽，货物品类包括木材、棉纱、电解铜等。

（三）发挥物流枢纽集聚效应，打造物贸一体化的枢纽经济

枢纽充分认识物流业在国民经济中基础性、战略性、先导性作用，充分发挥产业区位优势，推动物流业与制造业深度融合。通过物流的规模化组织和集约化运作，打造物贸一体化的枢纽经济，为促进区域物流资源集聚、服务山西省实体经济健康发展发挥了重要作用。

围绕装备制造、冶金建材、新能源、煤化工、节能环保等重点产业，枢纽重点发展制造业物流，嵌入制造业供应链，满足流程对接服务定制等个性化需求，提高适应制造企业所需的仓配运一体化、供应链决策等服务能力，引导制造企业与物流企业在信息共享、标准对接、业务联动上深化合作，引导产业在枢纽周边形成集聚，开创物流业、制造业共赢发展的新局面。在省内传统支柱产业实现“六型”转变的进程中，枢纽致力做好原材料、产成品、废弃物等物料的运输、仓储、流通加工等供应链服务保障，优化重塑业务流程，积极培育枢纽经济下的新模式、新业态，发展生产服务型物流枢纽。

枢纽先后为大型机械、钢铁、轮对、车轮、车轴、光伏设备、调味品等多种货物提供定制化物流服务，参与山西省综改示范区转型发展重大项目招商、落地及物流全过程，为项目原材料、产成品集疏运、进出口提供一站式解决方案，与太重集团、太钢集团、晋能光伏、吉利汽车、蒙牛、伊利等60余家企业深度合作，先后累计实施69个铁路运输项目，发运量超70万吨，为企业直接降低物流成本费用3000万元。吸引各类生产制造业企业入驻，多式联运港有6座仓库面积共计10.3万平方米，出租率达到100%；铁路港有8座仓库面积共计8.2万平方米，铁路港使用率达到75.8%，商品汽车存放区面积共计16.34万平方米，出租率达到100%。依托中欧（中亚）回程班列，引进进口优质木材入驻枢纽，建立中材交易市场，吸引多家木材交易、加工企业在枢纽进行交易，累计交易额超6000万元。2020年，枢纽货物吞吐量超900万吨，入园企业营业额累计超56亿元，贡献利税上亿元，带动周边就业6000余人，中鼎物流园也获

批成为 2020 年山西省 19 家现代服务业集聚区之一。

（四）引入路地合资合作体制机制，适应社会化、市场化创新发展

作为枢纽的运营主体，山西中鼎物流集团有限公司的股东均为央企或国企，实力雄厚、信誉可靠，为现代物流业发展争取政策支持、促进生产制造业融合发展等方面提供了强大的信用背书。中鼎物流园项目从建设开始就得到了山西省委、省政府的大力支持与帮助，并成立了由一名山西省委常委任组长、18 个厅局负责人及太原市市长、晋中市市长任组员的“中鼎物流园建设服务协调领导小组”，定期召开推进会，研究解决建设运营过程中存在的问题，使征地拆迁、周边道路等一系列重大问题得到有效解决。近年来，山西省相继出台的《关于推动交通物流发展的实施意见》《关于现代物流发展的实施意见》《关于进一步推进物流降本增效促进实体经济发展的通知》等一系列文件中，都将中鼎物流园作为山西省发展现代物流的龙头企业和示范代表，尤其是近几年的《山西省政府工作报告》中多次提到要提升中鼎物流园功能，这些都为枢纽的发展提供了良好的政策环境。

（五）扩大品牌影响力，打造全省全路全国知名的现代物流枢纽

不断提升综合服务能力，山西中鼎物流集团有限公司获得国家无船承运人资质，货物装卸、仓储、配送等全过程物流服务项目获得了中国船级社颁发的 ISO 质量管理体系认证证书，中鼎物流园铁路口岸获得海关监管场所登记证书，中鼎集装箱维修中心具备国际箱和海运箱清洗、修理能力，公用型保税仓库获得太原海关登记证书。受山西省工业和信息化厅委托，山西省工业和信息化厅交通物流处与山西中鼎物流集团有限公司共同负责了山西省物流业景气指数的收集、分析与发布，在山西省工业和信息化厅官网工信数据模块下分别设立“山西省物流统计直报系统”“山西省物流业景气指数调查系统”，先后组织山西省物流企业、零售企业完成两轮物流统计培训，每月督促、指导填报系统，对系统数据进行分类分析后，在山西省工业和信息化厅官网工信数据模块下发布。加入全国物流园区互联互通工程，枢纽承载主体被国家发展改革委确定为全国物流运行监测点，被山西省政府研究室确定为“调查研究联系点”，与政府机构、物流企业、行业协会形成了良好的合作联动机制。推进产学研用一体化，打造创新型枢纽，枢纽承载主体基于智能场站的三项发明和设计获得国家专利，荣获全国铁道企业家协会管理创新奖二等奖，与北京交通大学经济管理学院签署战略合作框架协议、共建实习实践基地，山西中鼎物流集团有限公司编写的《集装箱多式联运服务规范》被评为山西省地方标准，知识产权意识进一步提升，为智力成果转化为生产力、进而产生经济效益和社会效益奠定了基础。全方位扩大品牌影响力和知名度，中鼎物流园连续 3 年获得“全国优秀物流园区”称

号，其运营主体山西中鼎物流集团有限公司获得“中国物流十佳成长型企业”称号，连续4年被评为“全国物流统计先进单位”，品牌影响力和知名度持续扩大，枢纽的核心竞争力和软实力持续增强。

三、枢纽建设发展成效

枢纽不断扩大国家物流枢纽“金字招牌”的品牌效应，深入贯彻落实山西省委、省政府决策要求，在打造现代物流示范区上勇于探索、先行先试，积累了丰富的宝贵经验，聚集各类物流要素，形成了服务全省、畅通国内、联通国际的综合性物流枢纽，已成为山西省物流业的龙头企业。

（一）枢纽设施功能不断完善，逐步形成多要素融合的物流业态

枢纽在空间布局上宽领域、深层次优化整合铁路、公路、口岸、港口、保税等各方面功能，形成集多式联运、仓储配送、公路物流、综合保税、特货运输、小镇特色等为一体的现代物流产业体系，为太原陆港型和生产服务型国家物流枢纽的建设提供了先行先试的宝贵经验。2019年9月20日，枢纽物流公用型保税仓库获得太原海关行政许可；2020年6月16日，枢纽运营主体中鼎公司获中国船级社颁发工厂认可证书，具备集装箱维修资质。

（二）综合服务能力持续提升，构建“枢纽+通道+网络”现代物流运行体系

枢纽先后引入马士基、中远海运、利胜地中海等船公司建立还箱场、签订CCA协议，天津港、唐山港、日照港建立内陆港，升级打造自动化集装箱场站，建立“公铁海”多式联运中心，实现铁路站场、集装箱堆场、海关监管场“三场合一”，铁路、港口、船公司、货代“四方联动”，打通了山西省直达欧洲的国际物流大通道。常态化组织直达上海、广州、天津、株洲等地的国内班列线路，构建了衔接高效、贯通内外的多式联运物流大通道。

（三）业务领域不断扩展，有效促进两业融合协同发展

枢纽吸引京东、顺丰、百世、德邦、永辉超市等知名企业进驻，服务太钢集团、太重集团、晋西车轴、吉利汽车、华翔铸造等省内生产制造企业；枢纽布局唐山港、京唐港、曹妃甸港三大港口作为多式联运网络中转节点，为太重集团、太钢集团提供外贸货物出口业务，为东方希望、兴安化工、国电投山西铝业等原材料提供进口集疏港业务，为山西省内陆腹地生产制造企业提供了一条港口直达的疏港新通道。

四、枢纽发展方向与未来展望

（一）做大枢纽，增强多式联运核心驱动力

按照国家物流枢纽规划和建设的要求，枢纽将融入山西省“铁公机”“岸港网”一体化发展，利用好铁路资源优势，以山西省转型综改示范区八大产业园区为重点，宽领域、深层次优化整合铁路、公路、口岸、港口、保税等各方面功能，打造生产服务型枢纽、工业品供应链、农产品流通加工、进出口贸易、多式联运、产学研、军民融合“七大服务示范”。持续改进枢纽场站设备设施，加大集装化运载工具开发力度，不断优化与各种交通运输方式的设施衔接，提高枢纽运营管理水平，切实发挥枢纽作用，完善枢纽功能，扩大枢纽辐射范围。

（二）做强通道，增强多式联运核心辐射力。

重点拓展以干线为主、“干支配”结合，以铁路为主、铁水公结合的物流通道。积极协调港口与铁路规划建设对接，促进京唐港、曹妃甸港等疏港铁路专用线扩能建设，更快形成港站布局合理、能力满足、衔接有效的集疏运体系。依托与唐山港、山西汽运合资组建的晋欧物流平台，打造“晋欧+”物流产品，开拓更多国际通道，为太钢集团、太重集团等出口企业提供跨境物流服务，实现中欧班列开行数量与质量的逐年增长。

（三）做优网络，增强多式联运核心组织力。

以信息互联为支撑，在“枢纽+通道”物流实体网络的布局基础上，整合中鼎物流云平台与园区信息服务平台，着力打造线上线下高度融合、物流运转方便快捷的枢纽物流网络货运平台，全面提升多式联运和供应链的组织效能。以枢纽服务为试点，优化仓库管理、装卸配送、车辆入园监控、集装箱货位管理、物业服务、办公租赁、支付开票等服务功能。以物流业务为关键，完善以运输为主的物流运营平台，具备“零进批出”集散、多式联运“一单制”承运、物流总包、货物在途可视化、客户反馈及理赔、资金汇总分批结算等功能。

（撰稿人：吴建文，李建平，王伟龙，张化民）

乌兰察布—二连浩特陆港型（陆上边境口岸型）国家物流枢纽

物流连通俄蒙欧　枢纽助力“双循环”

乌兰察布、二连浩特地理毗邻、交往密切，两市发挥各自区位、交通优势联动发展，共同成为中蒙俄经济走廊上的重要节点，正在形成我国沿边沿江沿海协同开放、服务国家区域发展战略的核心区。乌兰察布—二连浩特陆港型（陆上边境口岸型）国家物流枢纽（以下简称“枢纽”）集口岸、海关监管、物流仓储、中欧班列、保税业务等多功能于一体，依托毗邻蒙俄的地缘优势，重点发展二连浩特公路口岸、铁路口岸的口岸通道功能和乌兰察布保税加工的腹地支持功能。枢纽充分发挥口岸、陆港的叠加优势，通过多式联运、多业联动、多方协同发展，形成以公路口岸、铁路口岸、公铁联运、保税加工、商贸物流为核心的五大产业布局，打造内蒙古自治区对外开放的新高地。

一、枢纽概况

枢纽是乌兰察布、二连浩特两个不同类型国家物流枢纽的承载城市在枢纽功能、后方通道、资源禀赋和产业发展上的互相补充，同时是源于制造业、商贸业等产业现代化发展对物流基础设施、服务组织和网络运作的要求。

（一）建设背景

乌兰察布是中欧班列铁路枢纽节点城市、陆港型国家物流枢纽承载城市；二连浩特是面向蒙古国的国际陆路口岸型、陆上边境口岸型国家物流枢纽承载城市。两地发挥各自优势、密切联动。两地物流基础设施类型齐全、功能完善，共有各类物流园区18个，为建设国家物流枢纽奠定了良好的存量基础。

（二）区位交通

乌兰察布和二连浩特位于中蒙俄经济走廊前沿。境外与蒙古国口岸城市扎门乌德毗邻，距蒙古国首都乌兰巴托714公里；境内距内蒙古首府呼和浩特仅140公里。背靠呼包鄂经济圈，面向京津冀地区，是连接华北、东北、西北三大经济区的交通枢纽，也是我国通往蒙古国、俄罗斯的重要通道，区位条件非常优越。

枢纽位于中欧铁路中通道，日本、韩国、东南亚与蒙古国、俄罗斯之间的两条铁海联运国际大通道必经此地；集二、集张等6条铁路，京藏、京新、二广等7条高等级公路汇集于此，辐射全国；乌兰察布、二连浩特2个机场通达中蒙俄主要城市。

（三）空间布局

枢纽是由乌兰察布枢纽（七苏木国际物流枢纽产业园、北方陆港国际物流中心）、二连浩特枢纽（浩通物流园、汇通环宇物流园）“两枢纽、四片区”共同构成。

“两枢纽”分工上，乌兰察布枢纽聚焦集散和加工，二连浩特枢纽专注口岸服务，形成口岸与内陆枢纽联动产业发展，共同做大落地加工和跨境贸易，打造边境口岸地区经济增长极。

“四片区”一体统筹、协同分工、深度联动，精准化、专业化、分类化设置各自基本功能和延伸功能。

七苏木国际物流枢纽产业园占地面积18.67平方公里，设计货运能力600万吨，重点承担铁路干线运输与加工业供应链集成功能。产业园分两期建设，其中一期投资8.3亿元，已建成运营，二期在建，布局铁路枢纽区、保税物流区（含保税物流中心、海关监管区、国际商品展示中心）、农资加工交易分拨中心、中俄木材交易分拨中心、中蒙俄大宗物资分选基地、预留发展区六大功能区。铁路接轨集二铁路上的七苏木站，是中欧班列中通道乌兰察布集结站。

北方陆港国际物流中心占地面积约1.29平方公里，设计货运能力300万吨，着力承担公路分拨与跨境商贸物流集成功能。物流中心分两期建设，其中一期占地约0.54平方公里，已建成运营，二期在建，布局公路物流区、保税物流区、国际商品交易分拨区、内蒙古农畜产品交易分拨区、精品陶瓷交易分拨区、国际汽车配件交易分拨区、国际家具建材交易分拨区、国际果蔬交易分拨区、中蒙皮毛交易分拨区九大功能区。

浩通物流园占地面积1.5平方公里，设计货运能力600万吨，聚焦于铁路口岸与保税物流服务。物流园分两期建设，一期于2011年建成运营，园区内建有宽准轨套轨两条（有效长度各1050米），700万吨煤炭及矿石储运周转散堆场，以及办公楼、轨道衡等作业设施。二期工程主要扩建铁路货场，新建扎门乌德至货场10公里的中蒙联络线。布局口岸办公区、集装箱区、保税区、吨袋交付区、吨袋国际联运区、铁矿石区、煤炭区和综合服务区八大功能区，与二连浩特铁路口岸通过宽准轨走行线相连，距离不足15公里。

汇通环宇物流园占地面积1.09平方公里，设计货运能力1700万吨，着眼于公路口岸与保税物流服务。物流园分三期建设，一期为海关出口监管场所，2012 年建成并投入使用；二期为检验检疫查验场所，2015 年建成；三期为海关出口监管仓库，2016 年建成，布局进口海关查验区、进口检疫检验区、进口专用仓储区、出口海关查验区、出口检疫检验区、出口专用仓储区、国际商务区、综合服务区、辅助服务区九大功能区。

（四）运营主体

乌兰察布对外经济贸易合作投资发展有限公司（后称乌兰察布市外经贸公司）是枢纽的运营主体，通过战略合作、设立子公司、控股参股、业务合作等形式，与各业务关联企业形成紧密联盟，共同开展枢纽建设、片区运营、中欧班列运营和其他物流供应链服务活动。由中铁乌兰察布建设公司（20% 参股公司）负责枢纽建设；乌兰察布对外经济贸易合作投资发展有限公司（全资子公司）负责运营七苏木国际物流枢纽产业园；北方陆港（北京）有限公司（战略合作企业）负责运营北方陆港物流中心；浩通国际货运代理有限公司（战略合作企业）负责运营浩通物流园；汇通公司（战略合作企业）负责运营汇通环宇物流园进口物流业务；环宇公司（战略合作企业）负责运营汇通环宇物流园出口物流业务；内蒙古亚欧国际物流有限责任公司（60% 控股公司）负责中欧班列运营业务。此外，与国内外枢纽协同企业、各片区入驻企业、中欧班列代理企业、客户企业等展开密切合作。

二、主要做法与特色经验

枢纽以政府主导开发、中欧班列龙头为引擎，带动宽准轨转向架换装等多类方式，协助物流业态与产业联动发展。通过构建服务国内、辐射蒙古国、俄罗斯的快速、高效、低成本的国际物流网络，形成区域枢纽经济的物流核心圈，进而吸引各类要素在枢纽周边聚集，形成枢纽经济的要素聚集圈层，最终形成与蒙古国、俄罗斯具有紧密关系的关联产业发展圈层。

（一）政府主导，高位推进枢纽发展

一是政府领导高度重视。自枢纽获批之后，两市领导积极推进枢纽建设，要求乌兰察布、二连浩特两市政府在建设推进、物流要素保障和部门协调方面发挥积极推动作用。具体承担实施的建设单位按照“国家一盘棋”的枢纽布局思路，在原有基础设施上补齐一体化枢纽联动功能短板。两市建设单位不定期进行沟通，并制订协调制度，以电话会议或视频会议的方式联络，协调解决物流枢纽建设发展中存在的问题，所搭建的高效开发建设模式如图 1 所示。两市市委、市政府主要领导十分关注国家物流枢纽的发展，亲自带队招商，先后促成与中国外运、中远海、招商局物流、中轻集团、坤通供应链、嘉泽木业有限公司、东新粮油、际洲木业、贺氏粮油等达成合作，取得

丰硕成果。

二是高质量发展规划引领。两市市委、市政府提出依托交通枢纽优势，大力发展枢纽经济的思路，对“十三五”时期工作情况进行了深入总结和分析，对“十四五”规划作出了总的指导和目标。要求把物流产业作为两市“十四五”经济发展的突破口，利用交通区位优势聚集物流资源，做大做强现代物流产业，通过物流集聚实现产业集聚，大力发展枢纽经济。通过发展大物流、畅通大通道、构建大产业、促进大发展，从而实现产业转型升级和经济跨越发展。为此，乌兰察布在2019年8月14日，举办了“第四届中国创业创新博览会智慧溯源与物流高峰论坛”；2019年9月6日，主办了“第三届中蒙博览会”；2019年年底，枢纽运营单位邀请了弗劳恩霍夫物流研究院对枢纽建设进行了总体布局规划。通过上述具体做法，促进了枢纽的高质量发展。

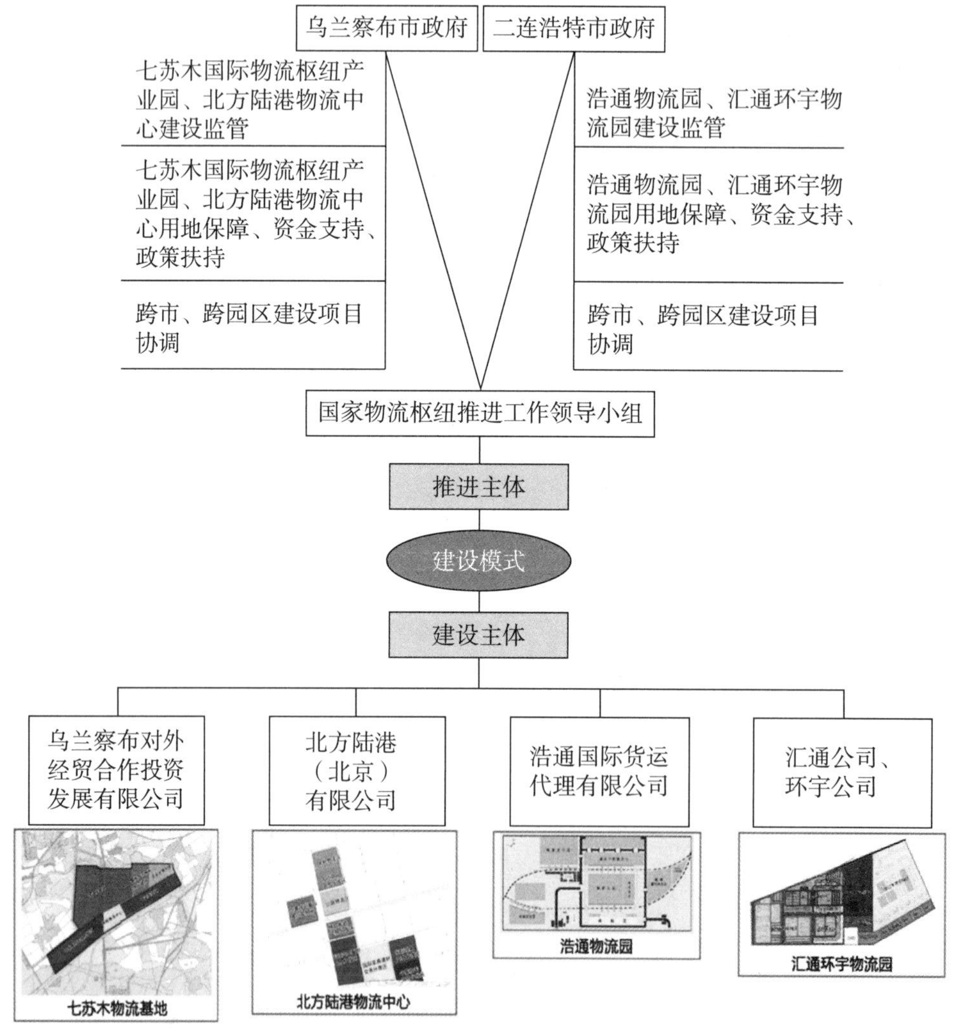

图1　乌兰察布—二连浩特国家物流枢纽开发建设模式

（二）多业联动，物流要素融合发展

乌兰察布、二连浩特两市通过多业联动，在空间上兼顾两市城市功能和产业布局，适应和拉开区域一体化发展的格局；在物流功能上围绕特色资源交叉整合，形成差异化和互补性发展；在物流运作上有机对接，融合物流要素，牵引构建物流系统。

1. 口岸“三互”大通关，提升枢纽物流效率

一是加快推进口岸基础设施建设。二连浩特的铁路口岸方面，先后建成了铁路换轮库、H986货运列车查验系统和铁路口岸电子平台，开通二连浩特至扎门乌德铁路宽轨联络二线，使铁路口岸年过货能力达到1200万吨、换装能力达到2000万吨；公路口岸方面，建成公路口岸货运新通道，公路口岸实现客货分流、通关与查验分开，年过货能力达到1700万吨、过客能力500万人次。

二是着力加强口岸管理，优化通关环境，积极推进“大通关”进程。近年来，铁路口岸实行大宗货物24小时通关，公路口岸实行每周7天、每天10小时通关。大力推进信息互换、监管互认、执法互助“三互”大通关试点工作，在全区率先实施关检“一机一屏一台”和“场地共用、设备共享、联合查验、分别处置”的查验模式，使人员、车辆通关时间平均缩减40%以上。扎实推进中蒙海关监管试点工作，采用统一格式的载货清单，实行联合查验、联合监管，互认查验结果，促进中蒙口岸通关双向提速。继续扩大无纸化通关范围，完善“一次申报、一次查验、一次放行”关检合作模式，开辟果蔬粮油通关“绿色通道”，对大宗货物实行“凭保放行”。强化跨地区通关合作，海关、检验检疫区域一体化改革启动实施。

2. 开行国际货运班列，助力内陆对外贸易

内蒙古自治区具有丰富的矿产资源、煤炭资源、农业资源、畜牧资源，同时是国家重要的有色金属冶炼基地，具备完善的各类配套交易中心。除本地货源外，还能吸引京津冀地区、长三角地区、珠三角地区的粮食、化肥、汽车、机械配件、日用百货、电子产品等来此集拼集运。乌兰察布、二连浩特的区位，使班列开行具备了货源基础。

随着2016年第一列国际货运班列的开行，构建起中蒙俄经济走廊上的黄金干线：从乌兰察布始发经二连浩特口岸出境，途经蒙古国、俄罗斯、白俄罗斯延伸至德国杜伊斯堡，辐射范围扩至整个欧洲。自2016年开行以来，乌兰察布始发的中欧班列共计发运389列，共计15965箱，货值8.32亿美元，占内蒙古自治区国际班列开行总量的44%；其中，去程299列，共计12927箱，货值7.96亿美元，占开行总量的77%。乌兰察布通过铁路和公路实现出口货物集结、编组，二连浩特作为出口通道，支持了我国国产品牌汽车（如长城、奇瑞、哈弗等）和国产钢材出口白俄罗斯，中白工业园援建项目，满足了内蒙古自治区、京津冀地区乃至珠三角地区的外贸产品和大宗物资运往国外的需求。回程班列开行90列，共计3038箱，货值0.36亿美元，同比增长

204%，占开行总量的23%，通过与中外运、中远海等大型公司合作建设境外物流园，进行货源集结发运，并与乌兰察布本地产业融合，将回程货物品类拓展到葵花籽、葵花籽仁、板材、原木、乳清粉、脱脂奶粉、沥青、淀粉、亚麻籽、纸浆、铬矿、钾肥12个品类，并带动24家企业落地。

3. 境内外铁路扩能，完善集疏运体系

境内加强铁路场站和通道功能建设。枢纽在七苏木片区建设铁路物流中心，提高乌兰察布—二连浩特联动枢纽的集疏运通道通行速度和效率。基础设施方面，新建3条铁路物流专用线，年货物到发能力500万吨；货物站台6座，其中高站台1座；临铁仓库5座，单座面积5000平方米，配备正面吊、叉车等场站作业装备。服务功能方面，提供集铁路综合运输、仓储、装卸、配送、中转分拨、流通加工、公铁联运、信息处理等功能为一体的一站式全程物流服务。枢纽借助区位优势，畅通了国际、国内八大物流通道：北向（俄蒙欧）通道、西向（中西亚）通道、东向（海铁联运）通道、东北（满洲里）通道、东南（长三角）通道、南向（珠三角）通道、西南（北部湾）通道、周边（城配）通道。货物在铁路物流中心集散、中转、分拨，有效疏解了二连浩特口岸场地紧张、交通堵塞的状况，为客户降低了物流成本。同时，加快推动建设集二干线铁路扩能改造、二连铁路站场改造项目，全面畅通内联腹地、外接蒙俄及欧洲的经贸大通道，为提高中欧班列运能和扩大境外矿产资源回运提供保障，积极争取增开集宁至二连浩特快速客运列车，缩短两地通达时间。

境外推动中蒙俄国际铁路联通。中蒙俄三方共同加大呼吁力度，推动将中蒙俄跨境铁路双幅电气化改造、中蒙俄跨境高速铁路中线工程、中蒙跨境高速公路、中蒙俄输油输气管道等互联互通重大项目列入《建设中蒙俄经济走廊规划纲要》《内蒙古自治区参与建设“丝绸之路经济带”实施方案》和《内蒙古自治区与俄罗斯、蒙古国基础设施互联互通实施方案（2015—2019年）》，争取靠前实施，为二连浩特、乌兰察布参与“一带一路”倡议及中蒙俄经济走廊、京津冀协同发展、呼包银榆经济区、乌大张经济合作区等建设创造更加有利的条件。

4. 设立保税物流中心，丰富枢纽功能

2019年10月14日，国家四部委正式同意设立乌兰察布七苏木保税物流中心（B型）；2019年12月30日，乌兰察布七苏木保税物流中心（B型）由四部委联合验收成功；2020年5月12日正式封关运营。乌兰察布七苏木保税物流中心（B型）自封关运营以来，进出口品类有自行车、机械设备、木材、乳清粉、脱脂奶粉等。

乌兰察布七苏木保税物流中心（B型）的设立，弥补了枢纽没有保税功能的空白，为有保税需求的企业提供保税仓储、保税流通等基础功能服务，实现了乌兰察布枢纽和二连浩特枢纽的有效联动。就近解决乌兰察布从事出口加工的生产制造企业和外贸企业的出口退税、保税等问题，降低物流成本。同时，丰富了企业物流业态和形式，促进本地企业的国际化和现代化，提升竞争力。有利于区域企业有效整合物流资源，促进供应链形成，加快产业结构优化。

5. 创新物流模式，促进枢纽发展

一是推进二连浩特口岸换轮项目。我国铁路标准轨距是1435毫米，俄罗斯、蒙古国等国外铁路宽轨轨距是1520毫米。由于铁路轨距的不同，从国外进口货物到达二连浩特口岸必须从宽轨车上换装到国内准轨车上才能继续运输到内陆腹地，导致了运输时效和运输成本的增加。通过实施二连浩特口岸换轮项目，实现蒙古国、俄罗斯铁路到乌兰察布的直通运输，有利于疏解二连浩特口岸拥堵，提高口岸通行速度和物流效率。同时，发挥物流枢纽联动优势，可以实现蒙古国、俄罗斯进口资源不落地，直接从二连浩特口岸到乌兰察布腹地，促进加工产业在乌兰察布落地积聚，将通道经济变为落地经济。该项目拟从转向架换装技术、车辆、货源、转向架换装作业4个方面进行推进，并于2020年6月5日在二连浩特换轮库进行了转向架及车钩换装的静态试验并取得了圆满成功，下一步进行动态的空气动力学试验，彻底完成换轮运输的技术论证工作。

二是组织开行中蒙焦煤循环班列。蒙古国焦煤具有低灰、低硫和强黏结等优点，广泛用于铸造、化工、电石和铁合金的冶炼，起到还原剂、发热剂和料柱骨架的作用。蒙古国焦煤开采成本低、产量大，地域优势也尤为凸显。依托枢纽基础设施优势，与蒙古国际集装箱有限公司共同组织开行“乌兰察布号”中蒙焦煤班列。“乌兰察布号”中蒙焦煤班列是由10列1000台35吨国际标准敞顶集装箱组成的“点对点”固定循环班列，实施“宽进宽出”的新国际货运组织模式，开展大宗商品集装箱专业物流。自2020年9月19日首列中蒙焦煤班列经二连口岸抵达乌兰察布进行洗选加工，目前共计开行44列共计4400箱，落地货值7700万元。

6. 推进信息化建设，拓展智慧物流服务

为助力实体物流产业的发展，乌兰察布按照枢纽的规划布局和运营模式，开发建设七苏木国际物流枢纽产业园物流信息平台，该项目目前已投入使用。该平台运用信息化手段和现代物流技术进行服务拓展，提供集铁路综合运输、仓储、装卸、配送、流通加工、中转分拨、公铁联运、信息处理等功能为一体的一站式全程物流服务。为了满足大宗物资整车运输及多品种、小批量、多批次、高附加值百货“门到门”快捷物流需要，七苏木国际物流枢纽产业园提供商品车运输、冷链物流、长大笨特种货物运输等特色物流服务。作为中欧班列始发点，七苏木国际物流枢纽产业园大力拓展国际集装箱业务，提供进出口集装箱货物仓储、加工、保税、贴标签、包装、分类及分拨配送等综合物流服务，促进国际贸易、跨境电子商务、国际金融等业务发展。同时运用信息技术，从客户下单、订单处理、货物接取、装车、运输、卸车、配送等各个环节着手，配套开发了货运管理系统、调度指挥系统、物流配送系统等，满足客户对货物追踪、物流信息查询、问题投诉等物流信息服务需求。在此基础上，研发物流基地综合管理系统，打造集用户管理、信息发布、交易撮合、资金结算、信用担保等服务于一体的物流交易平台，逐步拓展金融物流、交易展示等增值物流服务。

（三）科学招商，培育枢纽发展动能

按照“招大、引强、选优”的原则，枢纽始终坚持“四有”（有诚意、有实力、有理念、有效益）招商标准选择一些高附加值、高税收、高社会效益的战略投资项目。

首先是突出产业招商。大力引进口岸经济产业链、总部基地、专业市场等项目，把招商引资与产业结构优化升级结合起来，瞄准粮油加工业、木材加工业、肉类加工业等产业。按照“项目—供应链—产业链—产业集群”的模式，突出抓好龙头企业的配套引进工作，着力构筑现代物流产业体系。枢纽坚持以外向型加工制造企业为招商目标，2020 年成功引进内蒙古龙头粮油加工企业——内蒙古兴和县贺氏粮油商贸有限公司，并与其签订入园协议。

其次是改善营商环境。继续加大“放管服”力度，搞好服务工作，为企业发展打造更加优良的营商环境。各相关部门从规划速度、技术改造、查验通关、交通管理、财政金融等方面给予支持，帮助企业排忧解难，搞好协调服务。同时，利用“互联网+”建立企业之间跨地区、跨专业的业务协作关系，实现由传统的分散经营向统一流程、一体化运作的网络经营转变。在提升投资服务质量上下功夫，以亲商、富商、安商来留住客户、吸引更多客户。着力优化投资环境，提供一站式服务，开展重点项目攻坚活动，促进重点项目保持稳步发展的良好态势。目前，枢纽已入驻企业达 37 家。其中，仓储物流企业 15 家、商贸物流企业 10 家、加工制造企业 7 家、其他物流企业 5 家。

三、枢纽建设发展成效

为跟进和响应国家新发展格局，枢纽依托优越的区位交通优势，通过进口俄罗斯、蒙古国和欧洲其他国家的大宗物资，在乌兰察布市实现落地加工、分拨转运，构建与“以国内大循环为主体、国际国内双循环相互促进”的新发展格局相匹配的“通道+枢纽+网络+市场”新发展模式，在开拓国际通道、满足强大国内市场需求方面取得了良好的发展成效。

班列开行规模持续扩大。七苏木国际物流枢纽产业园 2020 年全年开行中欧班列 125 列，其中去程 83 列、回程 42 列，总货值 22549 万美元。现已开通 8 条路线，去程货物有木材、粮油、沥青、汽车整车、五金机械、乳清粉、脱脂奶粉等，回程货物有油葵籽、亚麻籽、木材、乳清粉、脱脂奶粉、沥青、淀粉等。浩通物流园 2020 年开行铁路货运班列 1307 列，其中中欧班列 1277 列。

枢纽服务能力不断提升。2020 年七苏木国际物流枢纽产业园完成货物吞吐量 10250TEU、货运量 20 万吨，浩通物流园完成货物吞吐量 294 万吨，汇通环宇物流园完成货物吞吐量 168 万吨。乌兰察布七苏木保税物流中心（B 型）总货值约 2.01 亿元，货重约 1.5 万吨，在内蒙古自治区同类型监管区域中排名第一。2020 年 11 月中国物流与采购联合会将七苏木国际物流枢纽产业园评选为 2020 年度优秀物流园区，运营公司乌兰察布对外经济贸易投资合作发展有限公司也被评选为理事单位。

带动区域经济发展作用显现。内蒙古自治区内联八省，靠近京津冀、东北等能源消费需求较大的地区和超大规模市场，同时外接俄蒙，靠近国外能源供应市场，是我国北向开放的重要窗口，是互促发展新格局中的纽带区域，为枢纽全方位服务新发展格局提供了机遇与挑战。枢纽依托的二连浩特口岸是中欧班列的中通道口岸，经此出入境的中欧班列线路增至43 条，国内始发地辐射郑州、成都、厦门等40 多个城市，境外目的地由汉堡、鹿特丹扩展到华沙、莫斯科等 10 个国家共 60 个城市。2020 年口岸坚持一手抓疫情防控、一手抓口岸通关，不断提升通关服务水平，全年验放班列 2384 列，为历史最高水平。口岸贸易进出口总额达 238.8 亿元，口岸过货量达 1897 万吨，同比增长 3.5%，实现全区口岸唯一正增长。枢纽立足本地产业需求，加大回程货源组织，回程货物品类由单一木材品类拓展至 12 个品类，新增亚麻籽、油葵籽、乳清粉等，回程比例由开行的 5% 扩大到 36%。大力发展落地加工，落地加工量增长 168%，实现“通道经济向落地经济”转变，口岸经济与腹地加工业、现代物流业深度融合。例如，内蒙古嘉泽木业有限公司通过乌兰察布中欧班列从俄罗斯、白俄罗斯进口樟子松、白松、杨木、桦木，落地乌兰察布察右前旗北方家居产业园，加工成实木家具、木门、刨花板、生态板等产品后销往国内、国际市场，木材年加工量 30 万立方米；内蒙古兴和县贺氏粮油商贸有限公司通过乌兰察布中欧班列从俄罗斯进口亚麻籽、油葵籽，落地乌兰察布兴和县，加工成亚麻籽油、葵花油等产品省内外销售，年加工量 10 万吨。

四、发展方向与未来展望

枢纽将持续依托“一带一路”倡议，以中欧班列龙头优势为引擎，强化区位优势，整合优势资源。未来加强二连浩特口岸服务保障，推动乌兰察布枢纽聚焦贸易、仓储和加工，逐步拓展保税加工、配送和信息服务，促进口岸与内陆枢纽联动产业发展，共同做大落地加工和跨境贸易。

（一）在既有功能设施基础上，持续打造七苏木国际陆港

七苏木国际物流枢纽产业园作为枢纽的主要片区之一，今后的主要任务是在既有功能设施基础上，持续打造七苏木国际陆港。

一是打造中欧班列集结中心。目前已完成铁路物流中心、乌兰察布七苏木保税物流中心（B 型）、呼铁永晖铁路站场、铁路运输类海关监管作业场所的投资工作，未来将依托存量资源打造中欧班列集结中心。二是建设标准化厂房，吸引产业集聚。在承接二连浩特产业转移和发展本地粮油产业的同时，七苏木片区将以建设标准化厂房作为重要抓手，吸引加工产业落地。三是建设冷链物流配送中心。针对俄蒙进口冻肉及本地肉类、奶制品、加工食品等品类，开展集中采购、冷链仓储、加工包装、冷链配送等服务。

（二）瞄准四大品类，申报增加三大进境指定监管场地

通过对二连浩特口岸重点进口货物的深入分析，瞄准粮食、油料作物、牛羊肉、木材四类从俄罗斯、蒙古国进口的货物，作为适合在枢纽落地的重点品类。下一步枢纽的主要发展方向是瞄准四大品类，申报三大进境指定监管场地。

1. 进境原木指定监管场地功能

一是中欧班列开通了 5 条境外木材线路。枢纽已开设了俄罗斯境外木材采购砍伐发运站点 5 个，分别是俄罗斯伊尔库茨克、克拉斯诺亚尔斯克、新西伯利亚、叶卡捷琳堡，白俄罗斯明斯克。二是乌兰察布前旗木材产业园已初具规模。目前具有 500 万立方米的年加工能力，占地面积 7500 亩，入驻企业 16 家，产值超过 300 亿元。

2. 进境粮食指定监管场地功能

一是依托本地农业基础优势，开展本地粮食与进口粮食配比加工，在提高农副产品的品质的同时带动本地农业的加工。二是依托多通道优势，经阿拉山口口岸、满洲里口岸通过中欧班列、中亚班列进口粮食。三是依托服务国内市场优势，乌兰察布特色奶食品、杂粮、绿色冷凉蔬菜，可供应华北市场。

3. 进境肉类指定监管场地功能

一是乌兰察布肉食品加工产业优势明显。乌兰察布共有牛羊肉加工企业 55 家，目前年屠宰羊 70 万只，羊肉生产量 19250 吨，年屠宰牛 2 万头，牛肉生产量 10000 吨。以集宁老马清真为例，主营牛羊肉屠宰、生熟肉食品加工销售、罐头食品（畜禽水产罐头）、风干牛肉、酱卤肉制品等业务，现年加工屠宰能力为羊 40 万只、牛 2 万头。二是肉类进口需求旺盛。国内肉类消费产需缺口扩大，而国内畜牧集约化养殖程度较国外偏低、养殖成本偏高，因此，未来国内进口肉类市场需求将持续扩大。

（三）进一步加强两枢纽协调，创造陆港口岸联动发展实效

一是加快申报综合保税区。二连浩特口岸具有得天独厚的口岸功能优势，对落地加工产业具有物流成本和通关品类、效率方面的吸引力，但是乌兰察布枢纽没有配套的综合保税区承接加工。因此需要申报乌兰察布综合保税区，通过保税、降税、

退税、免税、免配额及许可证等方式补齐短板；用生产加工和采购成本的优势吸引加工产业落地加工，实现产业集聚，形成“口岸交易、腹地加工”的发展格局。

二是落实两市常态化对接机制。为进一步加强两市联动发展实效，加强部门间的协调配合，将建立市长联席会议制度，促进两市常态化对接。市长联席会议在两市政府的领导下，研究解决两枢纽联动工作中的重大问题，统筹协调相关部门的职责分工。

（撰稿人：赵奇志，王生元，李成兵，霍薇，苏波）

长沙陆港型国家物流枢纽

探索枢纽经济发展模式　赋能中部崛起率先突破

长沙陆港型国家物流枢纽（以下简称“枢纽”）位于长沙金霞经济开发区（以下简称“金霞经开区”），依托长沙多条国家级综合运输通道交会的优势，整合国家一级铁路物流基地、国家内河重要港口、国家B型保税物流中心等核心资源，衔接内陆地区干支线运输，高度集成多元物流要素于一体。建设好长沙陆港型国家物流枢纽，对于打造“一带一路”湖南支点、探索中部地区枢纽经济建设模式、促进长株潭一体化协同发展具有重要支撑意义。

一、枢纽概况

（一）区位交通与功能布局

枢纽总占地面积12.97平方公里，其中核心区占地11.88平方公里（以金霞经开区金霞组团为主），是金霞经开区内物流设施和物流企业高度集聚的区域，集聚了湖南省唯一的国家一级铁路物流基地、全国28个内河主要港口之一的长沙港、中部首批国家B型保税物流中心等国家级交通物流核心资源，拥有4条铁路专用线，包含2个高速公路互通出入口，周边5公里范围内有3条高速公路；功能互补区占地1.09平方公里（传化智慧公路港片区），拥有传化智联股份有限公司（以下简称“传化”）在中部地区建设的最大旗舰型公路港，是提质湖南物流产业、引领中部物流发展的枢纽性项目。图1为长沙陆港型国家物流枢纽核心区内铁路、港口、保税资源示意。

枢纽核心区和功能互补区与大安大道、青竹湖大道、绕城高速等多条道路直接贯通，其中核心区重点提供铁路、港口等干线运输服务，功能互补区主要发挥公路运输灵活及短驳优势，承担干线货物从物流园区到客户之间的公路运输，全面解决物流“最后一公里”问题，从而全面实现铁路、水路、公路联动，功能一体化。

按照国家物流枢纽布局条件，结合既有发展基础，枢纽从功能上可划分为国际多式联运功能区、国内多式联运分拨区、铁水公联运作业区、国际物流综合服务区、智慧公路港分拨配送区、供应链物流服务区、生产物流集成服务区、国家战略物资储备与应急物流区、管理服务与公共仓储区、生活配套服务区十大功能区。

图1　长沙陆港型国家物流枢纽核心区内铁路、港口、保税资源示意

（二）辐射范围

枢纽的主要服务腹地及辐射范围包括三个层次。

1. 核心层为长沙市

依托长沙国际铁路港、水路港、公路港、保税物流中心等多式联运及国际物流基础，枢纽为长沙国家级、省级产业园区等制造业基地提供仓储、转运、分拣、加工、库存管理、生产线物流、工业配送、多式联运等服务，无缝对接智能制造、工程机械、汽车等优势产业，并为长沙市商贸集聚区、大型市场提供 VMI（Vendor Managed Inventory，供应商管理库存）、JIT（Just in Time，准时制生产）等供应链管理服务。

2. 支撑层为长株潭都市圈及“3+5”城市群

枢纽通过便利的对外交通联系，以长株潭都市圈为核心，辐射“3+5”城市群。枢纽作为长株潭都市圈交通一体化先行的载体，整合了长株潭区域重要的内河港、铁路港等资源，为装备制造业、汽车产业、高新技术业等提供多式联运换装、区域分拨配送等配套物流服务，延伸重点产业链，推动“3+5”城市群协同发展。

3. 辐射层为湖南省、我国其他中部地区乃至国外

枢纽所在的金霞经开区是湖南省唯一一座以现代物流为主导产业的产业园区，拥有港口、铁路和口岸资源。依托重点设施、便捷的交通条件及先进的配送组织模式，可以实现覆盖湖南省、江西省、贵州省乃至全国的货物中转、分拨、集散功能；依托国家粮食储备库、中石化湖南油品分销中心等，实现湖南省及周边地区重要战略物资的仓储、配送、分销功能；依托传化智联股份有限公司、深国际物流发展有限公司（以下简称“深国际”）、嘉里物流（长沙）有限公司（以下简称“嘉里”）等企业的公路物流网络，为湖南省乃至我国中部地区提供零担专线、城市城乡配送等服务。枢纽具备中欧班列（长沙）的始发条件，有利于长沙带动周边地区更好融入“一带一路”建设，辐射我国中、东、南部地区，连接中亚、中东、欧洲。

（三）功能定位

枢纽面向工程机械、新材料、消费电子、汽车等产业，满足商贸发展、生产生活需求，立足铁水公联运核心功能，重点发展铁路干线运输、水运干线运输、多式联运转运、区域分拨与配送、仓储堆存与流通加工、国际物流、公共信息平台等基础服务功能，多元化拓展冷链物流、供应链金融、跨境电商、应急物流、物流金融等延伸功能，提供畅通国内、联通国际的干支运输、现代化仓储、快速转运分拨、供应链管理等物流服务。

枢纽将着力打造“两基地、两中心”，即面向全球的国际物流转换基地、全国铁水公多式联运示范基地、湘赣黔区域物流分拨及配送组织中心、物流供应链创新与应用示范中心。为湖南省建设交通强国试点、长沙市全面建成国家交通物流中心、打造国家智能制造中心提供有力的基础支撑。

（四）建设运营模式

枢纽采取政府统一规划、平台一体打造、企业自主开发的开发建设模式，由长沙市负责枢纽的统一规划和工作推进，金霞经开区负责落实上级决策并做好管理服务。同时，切实发挥市场在资源配置中的基础性作用，在上级政府管理部门的指导下，成立金霞物流枢纽运营企业联盟，企业联盟由湖南金霞发展集团有限公司（以下简称“金霞发展集团”）作为秘书长单位，枢纽内长沙国际铁路港、内河港、保税物流中心、公路港等10家运营主体作为成员单位，共同参与枢纽的运营和管理工作。图2是长沙陆港型国家物流枢纽建设、运营与组织管理架构。

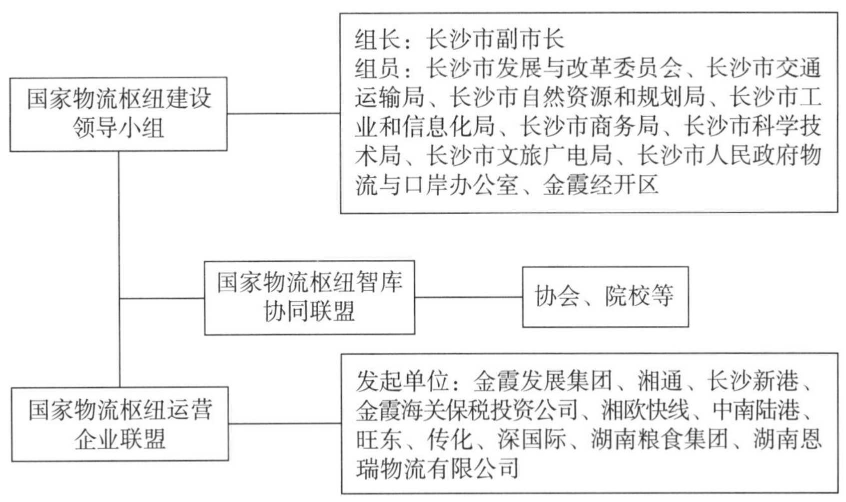

图 2 长沙陆港型国家物流枢纽建设、运营与组织管理架构

二、主要做法与特色经验

（一）全面加强物流枢纽建设支持力度

1. 强化组织领导

长沙市将物流产业链纳入全市 23 条产业链之一，并将产业链办公室设在金霞经开区，为物流枢纽建设注入强劲动力。开福区成立长沙市首个区县物流与口岸服务中心，并将中心办公地点设在金霞经开区，为物流枢纽建设配备贴身“保姆”。

2. 加大政策扶持

开福区、金霞经开区为推动物流等现代服务业发展，出台了一系列政策文件：《开福区“十四五”跨境电商专项发展规划纲要（送审稿）》《开福区“十四五”跨境电商发展五年行动方案（2021—2025 年）（送审稿）》。特别是新冠肺炎疫情期间，金霞经开区出台了《关于应对新冠肺炎疫情惠企纾困的十条措施》，创建“应报尽报、即报即审”涉企政策兑现新模式，2020 年共兑现 4219. 6 万元，惠及企业 354 家。

3. 优化营商环境

金霞经开区按照“一切以企业为中心，一切以企业家为中心”的理念，突出政务服务、投资吸引力和企业全生命周期三个维度，进一步优化园区政务环境、市场环境、法治环境和人文环境，全力打造一个理念最新、办事最快、成本最低、市场最活、服务最优的国际国内一流营商环境，为物流枢纽的快速发展提供了环境保障。

4. 创新金融服务

金霞经开区设立的中小微企业信贷风险补偿基金，2020 年共为园区企业授信 5460

万元；金霞保税物流中心设立的出口退税资金池，2020 年共为跨境电商企业提供出口退税垫税服务 35 批次，累计垫税 5261 万元；金霞发展集团全资子公司金霞国贸积极开展供应链金融和代理进出口业务，2020 年累计签署合同规模达 12 亿元，实际开展业务规模 8.38 亿元，为物流产业及开放型经济发展作出了突出贡献。

（二）全力推进补短板项目建设

按照存量设施整合提升为主、增量设施补短板为辅的原则，枢纽建设项目遵循国家物流枢纽重点提升方向，将进一步提升枢纽的服务功能，计划用 3～5 年时间提升整合国际多式联运功能区、国内多式联运分拨区、铁水公联运作业区、国际物流综合服务区、智慧公路港分拨配送区等存量设施的服务能力和辐射范围，并形成新增物流设施的国际物流集聚效应。

金霞经开区通过组织开展产业项目建设大会战、项目单位大竞赛、干部员工大比武等活动，突破建设瓶颈、化解实施障碍、强化项目保障，不断掀起园区项目建设高潮。截至 2020 年年底，物流枢纽 8 个补短板项目累计完成投资 41.33 亿元，投资完成率达 60%（计划总投资 68.9 亿元），其中长沙港霞凝港区金霞作业区码头、长沙国际铁路港二期工程、核心区与功能互补区连接通道项目（天井路、梅杉道、马湾路）3 个项目均已完工；长沙港霞凝港区三期工程、中外运金霞跨境电商集装箱拼箱基地项目、长沙深国际现代综合物流港项目、旺东铁路专用线物流园项目等正在有序开展，整体进展顺利。

（三）奋力打造开放型经济新高地

1. 中欧班列（长沙）跻身全国“第一方阵”

中欧班列（长沙）于 2014 年 10 月首发，2015 年 9 月起实现常态化、品牌化运营。中欧班列（长沙）服务的产业包括工程机械、轨道交通、电子信息、食品加工等，其中 69% 的出口货物来源于泛长三角地区、26% 的出口货物来源于泛珠三角地区；84% 的进口货物由长沙分拨至湖南省，7% 的进口货物分拨至泛珠三角地区，为实现“湘品出湘、优品入湘”架起了贯通欧亚的桥梁。中欧班列（长沙）的开行将湖南省至欧洲物流时间从传统水运的 40～50 天压缩到 18 天以内，成本为空运的五分之一，大幅提升了国际物流时效。特别是新冠肺炎疫情暴发以来，在航班大面积停飞、水运受阻、口岸不畅等情况下，中欧班列（长沙）率先在全国保持“天班”开行，班列开行数量逆势大幅增长，2020 年发运国际班列 530 列，稳居全国第一方阵，同比增长 29%，运输货物货值 20.6 亿美元，同比增长 98.6%，有效保障了长沙乃至全省外贸通道和国际供应链的畅通。此外，中欧班列（长沙）深入长沙各大产业园区，帮助蓝思科技（长沙）有限公司、中联重科股份有限公司（以下简称“中联重科”）、三一重工股份有限公司（以下简称“三一重工”）、山河智能装备股份有限公司、湖南红太阳光电科技有限公司、澳优乳业（中国）有限公司、长沙威盛电子科技有限公司等114家大型制造业企业制订中欧班列运输方案，为企业降低物流成本、缩短物流时间，2020年共开行三一重工、中联重科、吉利汽车、中兴通讯股份有限公司等25列制造业专列，其中为中联重科量身定做的运输方案，实现物流时间缩短近三分之二。截至2020年年底，中欧班列（长沙）的境外到达地区由西欧、中东欧、中亚逐渐扩展至南欧、北欧，物流网络遍布12个国家27个城市，境内集疏范围覆盖全国三分之二区域，构建了联通欧洲和中亚地区的国际多式联运物流网络枢纽。得益于中欧班列（长沙）的优秀表现和杰出贡献，中央电视台2020年先后6次推出中欧班列（长沙）宣传报道，6月13日在《新闻联播》头条播出。

2. “跨境电商第三城”启动建设

枢纽所在的金霞经开区作为长沙市内设施齐全、功能完备、通关便利、政策优惠的跨境电商生态集聚区，具备跨境电商监管中心、跨境电商生态产业园、跨境电商产业发展基金、跨境电商仓储服务基地等成熟的跨境产业配套设施，在湖南省率先实现跨境电商B2B模式（9710/9810）业务申报通关，实现跨境电商出口业务全模式试通。依托良好的产业基础，开福区、金霞经开区瞄准跨境电商产业带、跨境电商示范城市和中部地区跨境电商产业发展新高地，致力于助推长沙市打造成继“珠三角—深圳”“长三角—杭州”之外的中国内陆领先的“中西部—长沙”跨境电商第三城，计划至2025年，力争聚集20家规模超过一亿美元的跨境电商企业，培育2～3家跨境电商上市企业。

2020年，开福区、金霞经开区启动了“跨境电商第三城”建设，共引进跨境电商上市企业天泽信息产业股份有限公司（以下简称“天泽信息”）等9家行业龙头落户，业务范围涵盖物流、信息平台、跨境总部经济、金融等方面，其中天泽信息主营跨境电商出口业务，主要以B2C模式面向国外消费者，并依托亚马逊、eBay、Wish、速卖通等第三方电商平台，将中国制造的电子产品、户外用品、家居生活用品、玩具、车载用品等高性价比产品销往全球200多个国家和地区。制定跨境电商专项发展产业扶植奖励办法，在企业业绩奖励和综合物流成本补贴、企业贡献奖励、规模企业奖励、办公场地免租政策、跨境物流专线奖励、金融支持政策、跨境电商孵化及培训奖励、跨境电商产业园建设扶植政策、招商中介奖励、配套服务政策、推广跨境电商第三城品牌、一事一议政策十二个方面给予企业支持，促进跨境电商行业持续健康发展。得益于良好的产业基础以及优惠的扶持政策，金霞经开区2020年实现跨境电商进出口总额6亿美元，同比增长46.34%。

（四）大力拓展枢纽“干支配”业务

枢纽以整合国家一级铁路物流基地、国家内河主要港口、保税物流中心等物流资源为路径，依托面向国内外的物流服务网络开展常态化、稳定化、品牌化的一站式“干支配”服务。充分发挥运营企业联盟中各企业的业务优势，包括长沙新港、长沙国际铁路港的干线运输优势，以及传化、深国际、嘉里等企业积累的车辆、货源、线路优势，形成与干线业务相匹配的区域辐射分拨、配送业务，最终运送至目的地，形成干支衔接、枢纽协同的高效物流运作体系，实现国际通道、国内干线、区域分拨配送三个层级“干支配”业务的协同。

枢纽依托中欧班列（长沙）、长江水运通道，加强陆运、水运物流服务，进一步打通长沙与“一带一路”沿线国家和地区的国际运输大通道，服务国家“一带一路”倡议。依托“五定”班列、“五定”班轮及综合运输通道，对接粤港澳大湾区，加强与东部沿海港口、西部内陆港等枢纽间的联动协同，进一步打通长沙与我国东西部及主要需求地的国内运输大通道，服务“长江经济带”“中部崛起”“长江中游城市群”等国家战略。

在铁路干线运输组织方面，主要依托京广铁路、石长铁路等铁路干线，利用长沙铁路货运北站［中欧班列（长沙）始发站］、捞刀河编组站办理货物到发及编组业务。国内干线运输的货物种类主要有商品车、钢材、化肥、碎石、河沙、水泥、石材、粮食等，国际干线运输的货物种类主要有电子产品、陶瓷、服饰、机械配件、化工、纺织品、食品、钢材、木材等。水运干线运输组织主要依托长沙港霞凝港区新港作业区（简称“长沙新港”），通过集疏港铁路和公路实现货物组织和分拨，进出货物包括布局湘江沿线和经长江出海的集装箱、钢材、粮食、矿产等，目前长沙新港外贸出口始发集装箱运量占湖南省总量的60%以上，承担长沙市及湘中地区60%规模以上企业的货物装卸工作。

枢纽作为长株潭都市圈共建的国家物流枢纽之一，通过国际国内大通道带来物流、商流、现金流等资源的高度聚集，依托智慧公路港片区，利用公路运输灵活、机动的特点，构建城际配送网络。目前枢纽开通的零担专线覆盖了湖南省外40%的主要城市、实现了直达湖南省内43个主要县市，预计未来将扩展至省内99个县市。截至目前，可实现以下四种配送组织方式：一是利用长沙国际铁路港的铁路专用线，组织“门到门”配送服务；二是利用公路运输方式作为水运、铁路运输方式之外的运输补充，即集疏运配送服务，从而实现“门到门”配送服务；三是对需要配送的货物进行分拣归类，对有条件的货物采取共同集货、共同发货，组织共同配送服务；四是对电商快递、生活快消品组织城市、城乡配送服务。

（五）积极拓展枢纽供应链集成业务

2017年，长沙市获批商务部首批17个供应链体系建设试点城市之一，具备供应链体系建设和示范应用的基础条件。枢纽供应链集成业务以服务长沙建设“国家智能制造中心”为目标，与区域生产制造、商贸服务产业协同联动，通过运营企业联盟内企业之间的业务合作，着力打造以枢纽为核心，以网络化共享、智能化协作为支撑的现代供应链管理体系，构建服务区域辐射全国乃至国际的跨境供应链服务网络。

1. 工业原材料与产成品供应链业务

枢纽已经开展了服务区域生产制造产业的供应链服务。枢纽通过与湖南省主要生产制造企业合作，深入参与工厂原材料的采购、原材料库存管理、生产数据统计、产成品包销、预售、物流运输服务等环节，快速响应客户需求。智慧公路港分拨配送区为生产制造企业提供库存管理、生产线物流等供应链服务，降低客户库存资金积压、缩短生产周期、降低生产经营和交易成本，促进从传统的物流贸易走向制造业供应链服务贸易新模式。湖南省钢铁企业有湖南华菱钢铁集团和原冷水江钢铁总厂，其中湖南华菱钢铁集团下辖有湘潭钢铁集团、涟源钢铁集团、湖南衡阳钢管集团，三大钢厂均布局在湘江流域。面向钢材，枢纽运营企业联盟中的长沙新港、长沙国际铁路港、湖南恩瑞物流有限公司等企业已经开展了衡钢铁水联运出口业务。其中，长沙新港的业务模式已由“单一装卸搬运”发展为“装卸 + 多式联运 + 钢材贸易 + 钢材市场”多元化的经营模式，通过与涟源钢铁集团和萍乡萍钢钢铁有限公司深度合作，成为两家钢厂原材料和产成品进出湖南省依托的核心枢纽。建筑类钢材通过长沙新港运进后，利用智慧公路港分拨配送区内的长沙传化公路港线上平台，分拨配送至长沙、怀化、凯里等地。湖南省商品车整车产业主要布局在湘江沿线，分布在长株潭城市圈和永州地区，枢纽依托国际多式联运功能区开展商品车整车运输业务（图 3 为长沙新港汽车滚装码头成功试运行）。此外，枢纽围绕长江中下游大量的木材需求，利用中欧班列（长沙）回程线路，开展了木材供应链服务。

图 3　长沙新港汽车滚装码头成功试运行

2. 农产品供应链业务

面向粮食、豆油等农产品，枢纽依托长沙国际铁路港、长沙新港、金霞作业区，利用湖南粮食集团的国家粮食储备库和铁路专用线，吸引江浙一带的农产品运送至枢纽进行区域分拨，并根据客户需求，向湘赣地区提供农产品供应链服务（面向粮油的供应链服务流程如图4所示）。国际铁路港内的智能立体冷库将依托铁路专用线和铁路冷藏保温车，为周边农产品、冷链产品提供集货分散服务。

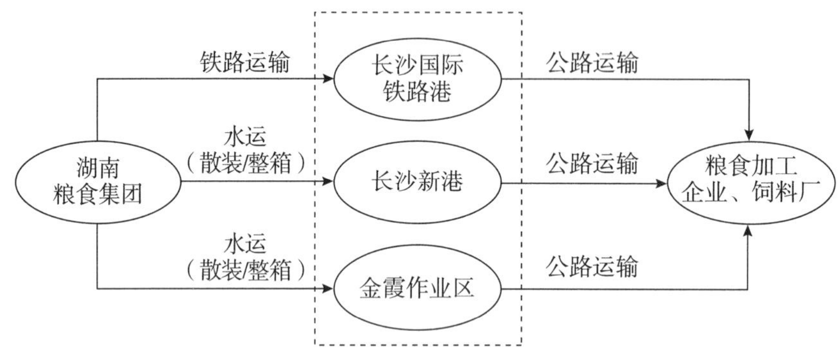

图4　面向粮油的供应链服务流程

3. 供应链金融业务

枢纽围绕制造企业的供应链金融服务需求，首先通过支付平台打造供应链全程贯通的支付“跑道”，然后围绕资金链需求提供仓单质押、商业保理、融资租赁等金融支撑服务。支付平台实现涵盖货主、物流企业、货运司机、商户（港内、港外）等多主体，实现全覆盖、全场景、全流程的支付闭环，并将支付服务延伸至B2B、B2C、C2C场景，从而提升用户的支付体验，实现聚合支付、金融风险预测、物流数据贷、动产质押、保理服务。枢纽紧扣物流、信息流、商流、资金流四流齐发展的思路，以服务制造业为核心、“互联网+金融支付”体系为支撑点，利用便捷的在线供应链金融服务、高效的平台授信流程、安全的资金流转保障，提升供应链上下游关联客户的黏性，促进新客户的增加。

三、枢纽建设发展成效

枢纽自获批国家物流枢纽建设试点以来，在长沙市、开福区、金霞经开区等政府部门的大力支持下，在中国物流与采购联合会、国家物流枢纽联盟秘书处等行业管理单位的精心指导下，各项工作进展顺利，主要经济指标均实现稳步增长。枢纽2020年实现货物吞吐量3227.5万吨，同比增长18.84%；实现物流业务总收入279.58亿元，同比增长10.99%；实现进出口总额24.6亿美元，同比增长20.5%。

（一）区域经济发展不断提速

随着枢纽建设不断推进，枢纽对区域经济发展的带动作用不断增强，枢纽所在的金霞经开区经济发展不断提速。一是项目质效显著提升。项目规模由“满天星斗”（即中小项目）向“几轮明月”（即大项目）转变。2018 年，金霞经开区税收过亿元的企业仅 3 家，0.5 亿 ~1 亿元的 6 家。2020 年，税收过亿元的企业新增 3 家总数达到 6 家，0.5 亿 ~1 亿元的企业新增 3 家总数达到 9 家。二是开放优势显著提升。2016—2019 年，金霞经开区对外贸易进出口额累计实现 40.49 亿美元，年均增长率为 64.23%，截至 2020 年年末累计实现 65.09 亿美元，中欧班列（长沙）在“十三五”期间累计开行 839 列，累计引进企业 180 家，枢纽实现了从单一的物流服务产业逐步向产贸一体化转型。中部（湖南）进出口商品展示交易中心被列入湖南省人民政府对接“一带一路”倡议行动方案开放型公共平台项目，获批湖南省首家跨境电商生态产业园；长沙金霞保税物流中心获批长沙跨境综试区的重点园区，明确要将枢纽打造跨境电商第三城，成为中西部跨境电商产业集聚区。

（二）辐射带动效应明显增强

中欧班列（长沙）运输效率不断提升、运输成本逐步降低，吸引了广东省、上海市、江苏省、福建省、江西省、广西壮族自治区等地区的货物向长沙市集结。长沙新港充分利用水铁联运、水水中转的优势，形成四通八达的物流网络，由目的港、始发港发展成为中转港，货源腹地由长株潭地区拓展到湖南省内及周边地区，有效发挥联通我国东部、西部地区的物流枢纽作用。随着枢纽辐射带动能力不断提升，推动大量外贸、货代、供应链企业在长沙市集聚，推动枢纽逐步实现货物集散和产业集聚，对枢纽辐射范围内的货物贸易业和制造业发展提供了强力支撑。

（三）物流与供应链创新能力不断增强

枢纽内的传化智慧公路港通过“物流 + 互联网 + 金融”的模式打造中国智能公路物流网络运营系统，已经建立了“平台 + 物流服务 + 金融 + 供应链”综合服务体系，为产业链上的不同主体提供普惠、开放、标准统一的共享服务，致力于打造“四大中心”，即区域物流集散中心、区域物流供应链服务中心、区域智能物流数据中心和区域智能物流供应链金融中心。深国际现代综合物流港以集运分拨中心、现代仓储中心为核心，辅以电商交易中心、信息及金融管理中心、配套服务中心等，为客户提供集运分拨、物流交易、金融服务、智能仓储等高端物流服务，构建以长沙为服务核心，同时辐射长株潭城市群的智能服务物流产业基地。

四、发展方向与未来展望

（一）全力打造国家陆港型物流枢纽

依托金霞保税物流中心、长沙货运北站、长沙新港，着力打造“两基地两中心”，建成以创新驱动为核心、现代服务业为主体、高端制造为基础、优秀人才为支撑的，具有国内国际影响力和世界水平的国家陆港型物流枢纽。加快铁路临时对外开放口岸申报工作，拓展进出口业务。加快长沙公路港规划建设，建成海关指定监管区。加快推进国际现代综合物流港二期、高岭智慧物流园、中南国际陆港集装箱拼箱中心一期等重大项目建设。对接港澳台地区及东盟市场，常态化运营湘粤港直通车，提高湘粤港澳服务贸易要素便捷流动。

（二）全力打造中欧班列集结中心

积极争取图定班列，加强与中亚、欧洲及“一带一路”沿线各国的大型生产制造企业的对接，推动中欧班列双向均衡运行，着力提升中欧班列（长沙）物流通道的效率和效益，力争将长沙打造为全国中欧班列集结中心，优化中欧班列（长沙）现有的10条线路，每年开辟新线路2条以上，形成“通道+园区+产业”的发展格局，实现物流服务覆盖范围逐年上升。依托中国加入RCEP（《区域全面经济伙伴关系协定》）的契机，推动开设对接东盟国家的国际物流专线通道，促进区域企业实现更高质量“走出去”和更高水平“引进来”。

（三）全力打造跨境电商第三城

加快跨境电商生态圈建设，积极申报湖南自贸区创新联动区，瞄准跨境B2B（9710/9810）、9610出口、1210进出口三种业态，利用中欧班列（长沙）等搭建的国际物流通道，发展跨境电商、网上交易等外贸新模式。支持、鼓励跨境电商企业在重点国家、重点市场建设海外仓，加大出口外贸服务平台建设力度，全面提升跨境电商通关基础要素。引进知名企业入驻自贸区，加快构建跨境电商“一中心、两网络、四平台”生态体系，打造独具一格的跨境电商“开福模式”，推动枢纽成为中部地区跨境电商产业发展高地。

（四）全力推进物流信息化建设

加强物联网、云计算等信息技术应用，加快长沙陆港型枢纽综合物流信息服务平台建设，实现枢纽联盟成员之间和与其他物流枢纽信息的互联互通，整合海关、保税等相关服务功能，全面构建“通道+枢纽+网络”的物流运作体系。提高口岸物流服务效能，通过“单一窗口”、港口电子数据交换（EDI）中心等信息平台向进出口企业、口岸作业场站推送查验通知，增强通关时效的可预期性。推广应用“提前申报”和“两步申报”模式，全面推行通关全流程电子化。

（撰稿人：李国军，康镇麟，侯凌新，范晓军，刘伟平，王振华）

南宁陆港型国家物流枢纽

破解西南边陲物流瓶颈　打通中国至东盟物流通道

南宁面向东盟开放的外向型经济特色鲜明，应推动南宁陆港型国家物流枢纽（以下简称“枢纽”）建设，联动周边节点城市，优化调整以国家物流枢纽为核心的物流枢纽网络布局和服务功能，加强物流资源优化配置和物流服务系统化组织，提升南宁物流服务质量，降低全社会物流和交易成本。强化南宁都市圈在西南边陲的国家战略支点作用，对于支撑南宁及整个广西区域经济社会发展、带动西部地区扩大开发开放、支持中国—东盟间贸易往来具有重要意义。

一、枢纽概况

（一）区位交通

枢纽区位条件优越。向南经西部陆海新通道连接东盟，向北对接中欧班列通达中亚、西亚直至欧洲。

枢纽由南宁国际铁路港和南宁农产品物流中心构成。南宁国际铁路港位于南宁市江南区西绕城高速公路东侧，紧邻沙井铁路站，规划占地面积约 542 万平方米，距城市快速环道 2. 5 公里，距南宁南编组站 3 公里。

南宁农产品物流中心位于南宁市兴宁区与青秀区交界，三塘镇总体规划和屯里片区控规衔接处，规划占地面积200 万平方米，西距绕城高速公路约 1 公里、南宁火车东站约 3 公里。

（二）功能定位

枢纽定位为连接中国—东盟的国际物流枢纽、陆海新通道上的前沿物流枢纽、广西产业供应链服务平台和区域多式联运中心，旨在辐射东盟、引领西部地区开发开放、服务区域经济发展和产业布局重构。

南宁国际铁路港是广西铁路货运枢纽的核心节点、中国国家铁路集团规划建设的一级铁路物流基地之一。其以国际多式联运、国际公路物流、钢材和商品汽车供应链等干线物流组织功能为主，总体功能布局为商务核心区、公路港、铁路港、农产品物流区、城市配送区、钢材物流区、冷链物流区、汽车物流区、口岸物流区、生活服务区“一核两港七区”十个功能板块，具体布局如图 1 所示。

图 1 南宁国际铁路港片区功能布局示意

南宁农产品物流中心是广西原产地和东盟进口农产品重要集散地，周边农产品贸易、加工等相关产业已初步聚集，区域分拨与城市配送物流组织便捷。业务以广西及东盟农产品商贸物流、冷链物流交易服务和区域分拨为主，总体功能布局为总部基地、交易区、物流区、配套区、中国东盟农产品博览中心、多式联运海关监管中心、广西农产品质检中心、物流分拨中心、物流仓储配送中心“一基地三区域五中心”。南宁农产品物流中心片区功能布局示意如图 2 所示。

（三）枢纽建设

枢纽总体采取政府支持、企业主导的建设模式，政府加大协调力度，在推进铁路系统与地方企业共建和共同运营物流枢纽方面进行了积极探索。枢纽分别由中国铁路南宁局集团下属的广西宁铁国际物流有限公司和南宁农工商集团下属的南宁农产品交易中心有限责任公司组建运营。广西壮族自治区人民政府和南宁市人民政府在用地保障、财税等方面给予大力支持。南宁国际铁路港总投资 100 亿元，分四期建设。一期工程投资 27 亿元，已建成投入使用，建设内容包括集装箱作业线、长大笨重货物作业线、汽车作业线等。正在推进二期工程口岸物流区、农产品物流区、公路港、海关监管作业场所等项目建设。截至 2021 年 5 月，南宁国际铁路港累计投资约 40 亿元，已完成投资约占 40%。

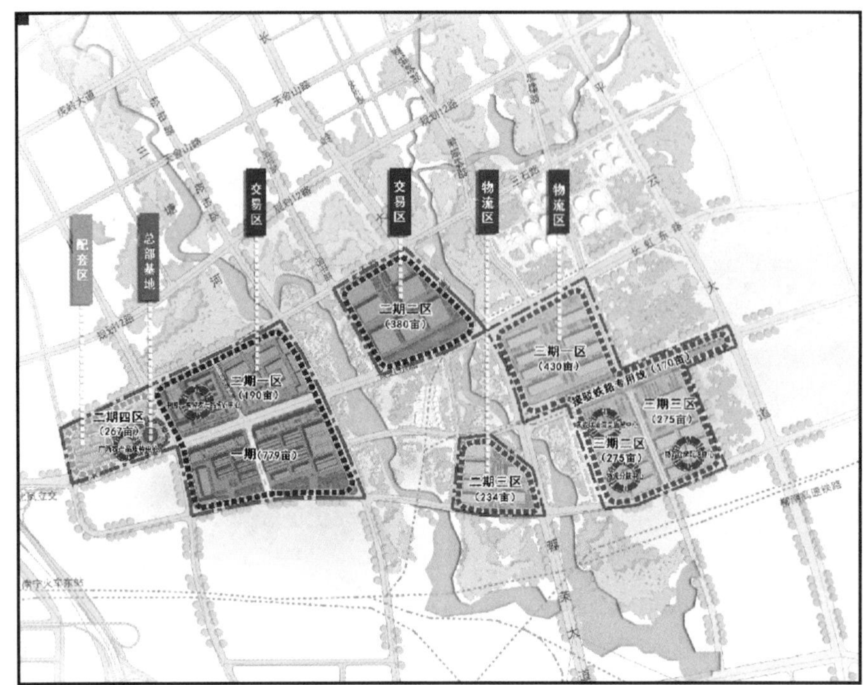

图 2　南宁农产品物流中心片区功能布局示意

南宁农产品物流中心总投资 106 亿元，分三期建设。一期投资 31 亿元，已建成投入使用，建设内容包括农产品商贸流通区、中国东盟农产品博览中心等。正在推进二期农产品冷链仓储物流加工区、粮油商贸流通区、农产品流通加工区等项目建设。截至 2021 年 5 月，南宁农产品物流中心累计投资约 32.2 亿元，已完成投资约占 30%。

二、主要做法和特色经验

（一）强化政企合作，加快项目落地建设

枢纽总体采取政府支持、企业主导的模式建设，政府加大协调力度，在推进铁路系统与地方企业共建和共同运营方面进行了积极探索。

1. 政府支持

广西壮族自治区人民政府和南宁市人民政府在财政政策、税费及价格政策、土地政策、金融政策、机制体制创新、市场主体培育等多方面给予了国家物流枢纽建设大力支持，提供了宽松的市场环境和多方面的政策保障。广西壮族自治区发展改革委等部门印发了《南宁国际铁路港开发建设支持政策》，2019—2023 年共安排 5 亿元支持项目建设，对项目范围内新设立的享受西部地区为鼓励产业企业提供所得税优惠的企业，

免征属于地方分享部分的企业所得税 5 年。南宁市政府成立了南宁国家物流枢纽建设指挥部，统筹推进国家物流枢纽建设各项工作；将“加快建设国家物流枢纽”的内容列进《南宁市国民经济和社会发展第十四个五年规划和 2035 年远景目标纲要》，将南宁国际铁路港、南宁农产品物流中心列入广西壮族自治区和南宁市统筹推进重大项目、领导联系重大项目，将南宁国际铁路港配套道路（枢纽集疏运公路）列入南宁市城市建设项目投资计划并加快推进；成立了南宁国际铁路港规划建设运营指挥部，通过开展常态化现场协调服务、定期召开项目协调会等方式，统筹推进南宁国际铁路港的建设。各级各部门加强配合，强力推进国家物流枢纽项目征地、园区及配套设施建设、政策落地、产业布局规划等工作；加快制定《南宁国际铁路港控制性详细规划》，该规划目前已经南宁市规划委员会审议通过。

2. 合力共为

为深化枢纽内部两个片区的合作，在南宁市人民政府的牵头推动下，广西宁铁国际物流有限公司与南宁农产品交易中心有限责任公司签订了战略合作框架协议，成立了企业联盟，分工负责各自板块的建设内容，并通过在信息共享、设施联通、承接对外业务等方面开展合作，构建连接区域、服务全国、辐射东盟的“干支配”业务网络，搭建国际农产品流通供应链服务平台，实现枢纽功能互补、协同联动发展，形成陆港经济国际国内双向辐射。

（二）开行跨境班列，加深东盟经贸往来

为加快“一带一路”和“两廊一圈”① 建设，推进中国与东盟各国经贸紧密联系和基础设施互联互通，深化各领域务实合作，2016 年中国和越南两国签订了《集装箱境外管理和使用协议》和《集装箱国际联运运输合同》。随着铁路国际联运无纸化通关工作的深入开展和数据共享的不断推进，枢纽以公铁联运为基础，能够满足货物快速集散、高效进出的需求，成为西部地区货物出海出边②的优质集结点。

2017 年 11 月 28 日，首趟跨境集装箱直通运输班列（以下简称“中越班列”）从枢纽发出，直通越南河内。越南等东盟国家的特色水果、电子产品、服装鞋帽、金属矿类等货物通过中越班列在枢纽集结后，发往国内各地，或经重庆通过中欧班列发往欧洲；国内及欧洲的日用百货、电子零配件、生产机械设备、光伏产品等货物在枢纽

---

① “两廊一圈”：指“昆明—老街—河内—海防—广宁”和“南宁—谅山—河内—海防—广宁”经济走廊以及环北部湾经济圈。

② 出海出边：经过多年努力，以南宁为中心、以沿海港口为龙头，由铁路、公路、水路组成的广西交通基础设施建设取得较大成效，其中“出海”指通过北部湾港口出海的运输通道，“出边”指通往东盟各国的运输通道。

集结后经过凭祥发往越南等东盟国家。

中越班列开辟了由中国中西部地区向南，经广西对接东盟的陆路运输新通道，同时贯通了越南及其他东盟国家过境中国前往第三国的铁路黄金通道。南宁国际铁路港海关监管作业场所已封关运营，经南宁运输出口越南的货物无须在凭祥报关，极大地节约班列在边境口岸的通行时间，缓解凭祥口岸跨境运输压力，提升跨境物流通道货物运输能力。在中越班列开行的基础上，枢纽积极探索发展通往更多“一带一路”沿线国家的通道模式。

为了拓展中越班列的辐射范围，2021 年 5 月 13 日，枢纽开行了“中越老”农资产品跨境多式联运班列。货物在枢纽集结发车，经铁路运往越南再转公路运抵老挝，总行程约 1300 公里，运行时间 4 天，相较于海运全程运输时间节省了 10 天以上，运能也提高了 50%，开辟了途经东盟两国的“铁路—公路”长距离运输新路线，助力中国与东盟双边贸易发展和国内国际双循环的新发展格局建设。中越班列自 2017 年开行以来，运量逐年攀升，共计开行了氧化锌、化肥、电子产品、水果等 20 多个品类的中越班列，目前已实现每周常态化开行。2020 年受新冠肺炎疫情影响，海运等通道受阻，中越班列开行数量逆势上扬，全年开行 166 列，较 2019 年增长 49. 5%。2021 年 1—5 月累计开行 126 列，同比增长 72. 6%。

2021 年 3 月 13 日，枢纽组织开行了开往哈萨克斯坦的“南宁—西安—努尔苏丹”中欧班列，总行程约 5031 公里，运行时间约 13 天，搭载着 11 台塔式起重机从南宁运往努尔苏丹。这是广西发出的首趟重型机械中欧班列，班列的开行直接连通了桂、陕两省省会城市，对带动中西部产业链上下游合作、辐射并带动周边地区产业发展具有重要意义。

上述班列的开行开辟了中国与东盟国家间国际贸易陆路运输更加通畅的物流新通道，也是枢纽积极参与西部陆海新通道建设、打通内外联动运输大动脉、有效实现“一带一路”有机衔接、以开放开发助推广西经济高质量发展的缩影。

（三）注重通关便利化，提升运输质量效率

中国与越南的铁路运能存在一定差距，越南段的载运车数量和牵引力低于中国段，具有一定的限制性。由于两国口岸海关关务办理及铁路准备时间的影响，通关所需的时间与铁路班列开行、联运交接时间衔接不顺畅，致使中越班列的时效一直在 4 天左右，而公路运输最快当天晚上就可以送达客户仓库，运输时效不具优势。因此，只有公路口岸拥堵的情况下客户才会考虑铁路运输。

为切实提升中越班列运行质量，发挥中越班列在运输价格、运输组织、运输服务上的优势，南宁市政府相关部门牵头建立班列组织协调机制，定期组织海关、边检、铁路等班列发运相关单位，对班列运行情况、存在问题、优化措施进行协商，为进出口企业

提供优质的班列物流方案。运输上实行一站直达，口岸无须换装换车，进出境货物在凭祥口岸随到随验，数字化口岸和无纸化通关为中越班列缩短了通关时间。

同时，枢纽加快推进南宁国际铁路港设立海关监管作业场所，提供进出口货物在枢纽报关查验、异地放行的服务。

海关监管作业场所于2020年7月开工建设，2021年5月30日建成封关运营，总占地面积11.2万平方米（海关围网面积7.5万平方米），总投资约2.4亿元，建设“六进六出”通道卡口，设置30个查验平台、占地面积3060平方米的门式钢架查验库、4个进出口集装箱存放区及检疫处理器材库、占地面积5000平方米的出口监管仓，以及配套海关、物流及货代等的办公场所，设计通过能力为60万TEU/年，查验能力为6.5万TEU/年。海关监管作业场所启用后，企业可利用货物在南宁国际铁路港集拼和列车编组的时间段，同时完成报关、查验、转关等海关监管手续，做到海关一次申报、一次查验、一次放行，在海关通关时效层面实现“零等待”，打造“南宁查验，凭祥口岸直接放行”的监管模式，流程如图3所示。南宁国际铁路港海关监管作业场所（见图4）的投入使用，实现了货物快速集散、高效进出，大幅节省中越班列的整体运行时间，形成中国南宁与越南同登、北宁间稳定的铁路货运通道。进一步提升通关便利化水平、提升中越班列的吸引力和竞争力、分流公路运输压力，对促进南向运输跨境货物在南宁集散、推动中西部省份往返越南货运班列在南宁集结具有重要意义。

（四）狠抓软硬件建设，提高冷链物流水平

硬件方面，为提供冷链物流服务能力，南宁农产品物流中心加快补齐冷链物流基础设施建设短板，建成4层高温冷库1个。高温冷库投资约1.1亿元，库容约1.7万吨，面积2.4万平方米，采用智能化氟利昂制冷系统，比传统氨制冷系统操作更安全、节能高效、自动化程度高等。高温冷库于2018年年底建成，2019年投入运营。目前高温冷库主要冷藏储存的农产品有国内的水果、板栗、鲜辣椒、土豆、干辣椒，以及来自东盟国家的椰子、榴梿、柚子、山竹、莲雾、干果等50余种农产品。2019年冷库的货物吞吐量约6万吨，2020年货物吞吐量约8万吨，同比增长33.33%，冷库运营成效显著。

软件方面，南宁农产品物流中心根据实际运营情况，结合南宁乃至中国—东盟的农产品冷链市场需求，投资建成冷链物流公共信息服务平台。该平台能够为托运人、承运人、采购商等客户提供货源、车源、库源信息发布，货品交易及综合物流服务，有力推动冷链物流业务向标准化、专业化、智能化、现代化方向发展，实现产销有效对接、信息共享、协同发展、运行监测、数据溯源和数据采集。平台正在加快与淘宝生鲜、京东生鲜、兴盛优选、橙心优选、美团优选、多多买菜、社区购团等线上电商

机构，以及批发市场、农贸市场、学校食堂、机关食堂、餐饮企业、零售连锁企业等线下实体企业互联成网，实现农产品线上线下市场有机融合发展。

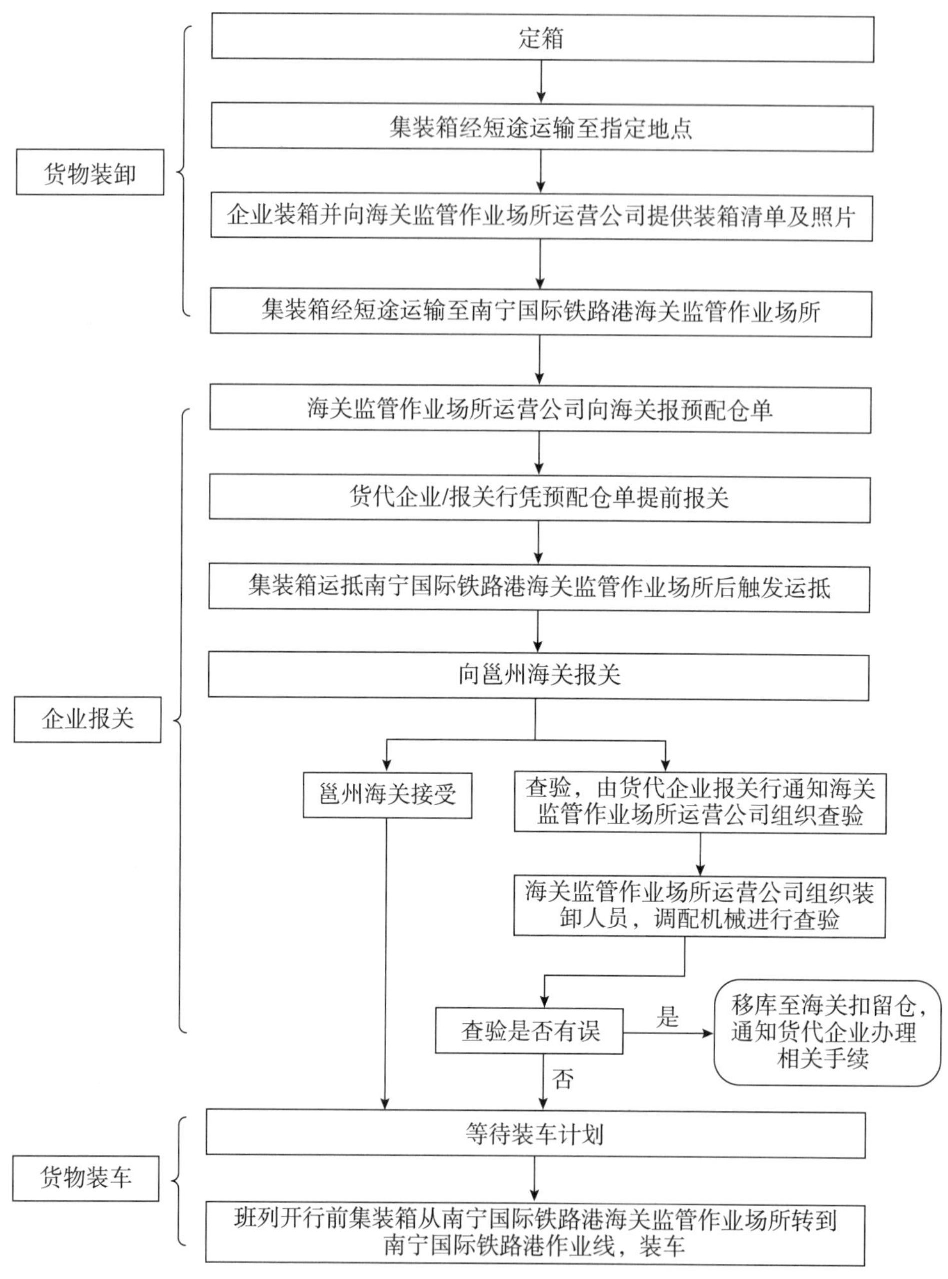

图 3　海关监管作业场所铁路联运出口货物运输流程

下一步，南宁农产品物流中心将进一步加强冷链物流基础设施建设，项目二期一区规划建设 2 个库容 3 万吨的大型低温冷库，配套农产品冷链仓储流通加工区建成后将发挥集散功能，服务本地蔬菜水果储存转运，满足进口东盟水果以及北方果蔬南下的仓储，实现政府对农产品的收贮调控，稳定市场供应。同时力争将冷链服务从本地延伸至东盟各国，对外输出国内优势水果品牌，深度融入西部陆海新通道建设，加深与东盟各国的贸易往来。

图4 南宁国际铁路港海关监管作业场所

三、枢纽建设发展成效

（一）基础设施建设

南宁国际铁路港一期工程已基本完成，完成投资27亿元，其中，铁路港集装箱作业线1条、长大笨重货物作业线1条，于2018年5月投入使用；公路港成件物流区1线2站台、站台仓库7座，农产品物流区1线1站台、堆场1处，于2019年9月投入使用；汽车作业线1条，于2020年6月投入使用。二期工程海关监管作业场所于2020年7月开工建设，农产品物流区仓储设施于2020年10月底开工，电商物流区和钢材物流区的场平施工项目于2020年12月底开工，正在加快建设。

南宁农产品物流中心一期工程占地面积52万平方米，建筑面积63万平方米，总投资31亿元，2018年建成并投入试运营。已建成农产品综合交易区、会展综合区、畜禽交易区、冷链物流区、农业电商区、商业配套服务区、配送区和中央厨房，经营业态包括水果、蔬菜、粮油、干杂及活禽。一期工程总体出租面积54万平方米，出租率达85%，引入了中国—东盟水产批发市场、大洋云仓供应链等大型项目开展水产品、食品、百货批发采购等供应链业务，正在推进与华润五丰有限公司合作建设智慧型肉类交易市场项目。二期一区农产品冷链仓储物流加工区占地面积约 12 万平方米，建筑面积 27 万平方米，总投资 13 亿元，已完成项目备案、用地预审、征地拆迁及场地平整、土地招拍挂等相关前期手续，2021 年开工建设。二期二区干杂调料品粮油米面商贸流通区占地面积约 25 万平方米，总投资 25 亿元，已发布征地公告。

（二）服务能力及运营水平

1. 物流服务能力

枢纽可通过铁路网与南宁港衔接，通过公路与周边省市、南宁临空经济示范区衔接，开行的海铁联运班列可连通西部六省市。南宁国际铁路港从 2018 年至 2021 年 5 月累计发、到货物 640.6 万吨，其中发货 73.5 万吨，到货 567.1 万吨，2019 年铁路货物发运量为 56.5 万吨，2020 年铁路货物发运量为 148.9 万吨，主要发送货物品类为食品、木材、金矿等；主要到达货物品类为钢铁、化肥、粮食、化工品等。累计开行中越集装箱班列 364 列，其中 2020 年开行 166 列。2019 年集装箱吞吐量为 1.58 万 TEU，2020 年集装箱吞吐量为 1.84 万 TEU。南宁农产品物流中心 2020 年实现货物吞吐量 30 万吨。

2. 应急物资中转分拨能力

枢纽自新冠肺炎疫情暴发以来，强化应急重点物资运输，按照“有需必装、快装快运”的原则，积极与相关部门进行对接，掌握各类应急物资运输需求。在 2020 年疫情防控的关键时期，开行 7 列驰援湖北的物资专列以及运往湖北十堰的果蔬直达冷链专列，参与装运果蔬物资约 23 吨、其他物资 206 吨，全力保障湖北民生物资运输，有力支援湖北抗击疫情。

3. “菜篮子”供应调节能力

枢纽通过具有社会公益性的南宁农产品物流中心的农产品流通追溯系统项目及冷链物流公共信息服务平台，为入驻的农产品龙头企业、边境口岸水果经营批发商及供应链上下游企业提供线上线下交易服务，实现展示交易、保障供给等基础功能，为特色农产品基地、贫困村以及生态养殖基地的供应商搭建供销桥梁，将农副产品分别供应给兴盛优选、橙心优选、美团优选等 30 多家电商机构，以及海吉星、金桥、宾阳立新、上林县游记海鲜冻品批发等 20 多家农产品批发市场，服务广西壮族自治区卫生健康委、广西教育学院、广西交通职业技术学院、南宁市第一人民医院、粥大师、喜鸭餐饮等 50 多家企事业单位，很好地发挥了“菜篮子”的作用。

作为“南菜北运”的重要枢纽之一，南宁农产品物流中心通过公路运输，向成渝、长三角、京津冀、新疆、西藏等地区运送大量农产品，主要为本地及周边地区产的沃柑、香蕉、土豆、洋葱、辣椒、八角、板栗、无花果等果蔬、香料和坚果，以及东南亚的榴梿、山竹等水果，总发货量超过 2 万吨。

四、枢纽发展方向与未来展望

（一）集聚各类要素，凸显枢纽经济作用

“十四五”期间，枢纽将全面建成运营，完善区域内的集疏运体系，加快补齐软硬件设施短板，提高干线物流效率，提升多式联运、冷链物流、报关查验等物流服务能力，初步实现物流基础设施的集约化、规模化发展。同时推动与物流关联性强的产业在枢纽周边布局并融合发展，加快货源集聚、班列集结和物流企业进驻，促进枢纽经济发展。

（二）面向东盟开放，提升枢纽辐射效应

依托南宁与东盟各国资源日渐加深的经贸往来，通过常态化开行西部陆海新通道班列、南宁—东盟国际公路班车，打造国际国内双循环物流大通道，进一步提高陆路口岸物流效率，不断提高南宁面向东盟的国际物流枢纽地位和辐射带动作用。

（三）加强合作共享，推动枢纽联动发展

加强与南宁生产服务型、商贸服务型国家物流枢纽的分工协作，构建陆海联运、空铁联运等有机结合的联运服务模式，深化物流领域跨区域合作。深化与北海、钦州、防城港等沿海城市港口型国家物流枢纽和崇左（凭祥）、防城港（东兴）等陆上边境口岸型枢纽的协同联动发展。打造南宁港联动铁路线接入北部湾港的江铁海联运示范路线，以海铁联运为重点发展联运经济，探索实施“港口内移、就地办单、海铁联运、无缝对接”的内陆港发展模式。

（撰稿人：赖承略，农劲柏，江发将，王颖，白哲，熊胡蓉，钟育才）

成都陆港型国家物流枢纽

铁路港拓展思想开放“蓉欧＋”连接两个市场

成都陆港型国家物流枢纽（以下简称“枢纽”）位于成都市青白江区，发端于2010年试运行的成都铁路集装箱中心站和成都国际集装箱物流园区，2015年正式命名为成都国际铁路港，是中欧班列（成都）和西部陆海新通道起点。枢纽拥有功能全面、竞争力强的铁路货运型国家对外开放口岸，先后获批肉类、整车、粮食进境指定监管场地、保税物流中心（B型）、自由贸易试验区、首批陆港型国家物流枢纽、综合保税区等国家级开放平台。多年来，枢纽主动服务“一带一路”建设、新一轮西部大开发、西部陆海新通道、成渝地区双城经济圈建设等。

一、枢纽概况

（一）发展定位

近年来，枢纽抢抓国家重大战略叠加机遇，是四川省、成都市融入国家“一带一路”建设、西部陆海新通道的战略支点，共建成渝地区双城经济圈的桥头堡，推动四川省“一干多支、五区协同”“四向拓展、全域开放”发展战略的开放高地。

枢纽坚持以服务国家的重大战略、积极融入新发展格局为导向，以建设“陆海联运枢纽，对外开放高地”为发展定位，按照“强枢纽、畅通道、促贸易、聚产业、优环境”的发展思路，加快构建连接全球的亚蓉欧陆海联运战略大道通，打造面向泛欧泛亚、“一带一路”的陆港主枢纽。加快实现城市区位重构、通道重造和产业重整，助力降低产业协作配套成本，提高资源配置效益，提升产业链供应链安全性、稳定性，推动成都市由传统内陆城市向新兴口岸城市转变、由开放战略后方向开放战略前沿转变、由区域中心城市向国家中心城市转变，助力西部地区积极参与全球供应链产业链重塑，服务以国内大循环为主体、国内国际双循环相互促进的新发展格局。

（二）基础条件

枢纽位于成都市青白江区，地处“丝绸之路经济带”和“长江经济带”国家战略交会点，规划面积 11.89 平方公里。枢纽建设以枢纽核心区、功能拓展区（国际铁路港）为重点，依托国际集装箱中心站和大弯镇站，构建“一核两片双引擎”的功能空间结构（一核：国际物流发展核。两片：核心物流功能片区、延伸配套功能片区。双引擎：国际集装箱中心和智慧无人港主引擎、大弯镇站副引擎），枢纽示意如图 1 所示。结合陆港型国家物流枢纽建设要求，围绕陆港型国家物流枢纽基本功能和延伸功能，共整合形成七大物流功能区，构筑“四区三中心”功能体系：即干线运输组织、区域分拨配送、多式联运和国际物流服务功能区和供应链集成服务、商贸物流和综合服务中心。按照“存量设施整合提升为主、增量设施补短板为辅”原则，已建成铁路场站、口岸与保税、集装箱物流、多式联运、公路集散分拨、供应链服务、商贸物流、综合服务八大基础设施。枢纽周边形成“6 +1”铁路和“6 +5”公路集疏运网络。

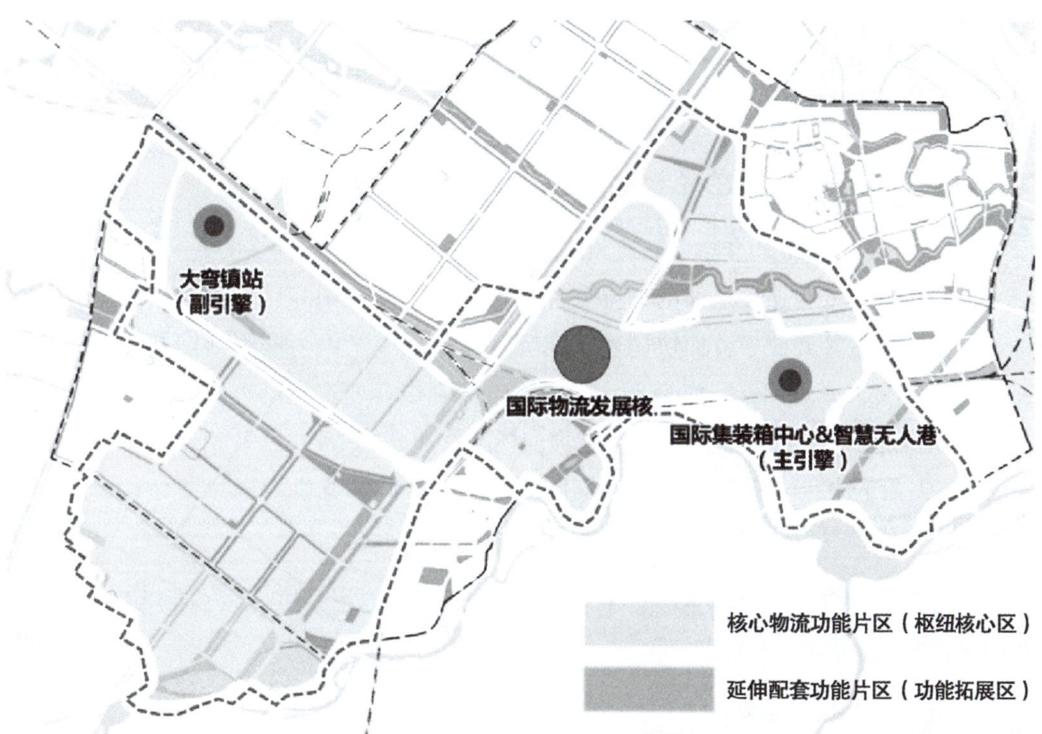

图 1 成都陆港型国家物流枢纽功能结构示意

（三）运营主体

枢纽采用运营联盟模式，由青白江区属国有平台成都陆港枢纽投资发展集团有限公司（以下简称“港发集团”）为牵头单位，联合成都市属国有平台成都蓉欧供应链集团有限公司（以下简称“蓉欧供应链”）和自身旗下业务型子公司成都国际铁路港投资发展有限公司（以下简称“港投集团”）组成运营联盟。其中，港投集团由青白江区、成都市、央企（中国铁路成都局集团有限公司）三级联合组建，在国内首次引入铁路部门参与地方铁路港建设运营，实现“路地合作”模式创新。通过构建起枢纽运营的“项目建设＋业务运营”有机协作机制，确保枢纽运营投资精准科学、业务完善顺畅。

（四）建设模式

在枢纽具体项目建设中，坚持“政府引导、企业主导”原则，采用管委会、国有平台公司、市场化企业共同建设模式。由中国铁路成都局集团有限公司进行枢纽场站项目的开发建设；由港发集团、蓉欧供应链、港投集团代表市区两级政府行使政府性物流项目投融资平台功能，进行枢纽功能性和平台性项目（如口岸、国际通道、班列开行、综合信息服务平台等）的开发建设，为枢纽入驻企业提供完善的基础设施及服务，建立健全枢纽基础业务体系；由中远海运、中外运长航、香港新华等市场化企业具体负责各自产业化项目的建设和运营。

二、主要做法与特色经验

随着2013年、2014年中欧班列（蓉欧班列）和中亚列车相继开通，枢纽从辐射西部的物流中心转变为连接全球的国际铁路港。“十三五”期间，自贸区、国家物流枢纽、综合保税区等开放平台加快构建，国际铁路港实现了由内陆腹地到开放枢纽的历史性转变。面临“十四五”时期新一轮科技革命和产业变革推动全球供应链体系加快重构的新机遇和新挑战，枢纽按照打造面向泛欧泛亚、“一带一路”沿线的陆港主枢纽目标定位，主动担当连接欧亚、汇聚资源要素、参与国际竞争的国家使命，努力服务成都、四川省乃至西部地区，形成对外开放新发展格局。

（一）锚定“一个目标”，持续提升铁路港发展能级，打造泛欧泛亚陆港主枢纽

1. 提升枢纽资源集散能力

枢纽以功能强化做实核心支撑，持续提升枢纽资源集聚能力。一是依托成都铁路集装箱中心站、铁路口岸（国际多式联运海关监管区）、综合保税区、集装箱物流、区域分拨配送、冷链物流、大宗物资仓配交易、综合服务等基础设施保障枢纽日常运作。二是依托多式联运中心、城厢站新增国际集装箱功能区、“智慧陆港”公共信息服务平台等功能项目，完善枢纽跨境转运、保税仓储、智慧仓储、国际贸易、金融信贷、电子交易、信息集成等延伸功能。三是发挥全国首批陆港型国家物流枢纽的平台优势，加快形成“干支结合、陆海联运、枢纽集结”的国际班列高效集疏运体系。引进中远海运共建多式联运中心，推动城厢站新增国际集装箱功能区、集装箱共享中心等功能

项目加快建设。四是依托菜鸟、苏宁、盒马鲜生等平台型企业设立跨境转运中心、区域分拨中心、总部结算中心等特色模块。五是依托成都国际铁路港综合保税区，不断完善跨境运输、智能仓储、专业冷链、保税物流等服务功能。

2. 推动中欧班列集结中心建设

在四川省、成都市发展改革委的大力支持和悉心指导下，成都陆港型枢纽积极争取、成功获批中欧班列集结中心，是全国已开行中欧班列的48个城市中首批入选城市。枢纽提出的“成都国际铁路港综合保税区配套工程”“成都国际铁路港集装箱共享运营基地”“新增装卸线南侧片区龙潭北路、龙潭东路、龙潭西路建设工程”3个项目入选中欧班列集结中心示范工程，并获得中央预算内资金支持。2020年，枢纽共实施建设项目79个，项目数量同比增长49%；其中，新开工总投资109.8亿元的项目46个，加快建设总投资119.4亿元的项目17个，竣工总投资35.2亿元的项目16个。建设中欧班列集结中心，有利于推进中欧班列国际物流大通道建设和加快提升国际铁路港国际贸易组织能力，助力国际供应链体系更加完善、产业创新生态全面重塑。

3. 提升口岸对外开放能力

枢纽坚持以全球视野谋划开放口岸平台建设，加快打造高能级开放平台。

一是以产业需求为导向，建成投用进境整车以及肉类、粮食等指定监管场地，累计汽车进出口1.4万辆，肉类进口5000吨，木材进口286万立方米。目前已通过中欧班列和海铁联运两种运输方式开展多批肉类进口业务，正积极申报进境水果指定监管场地。2019年获批二手车出口试点，成功测试开行全国首个二手车出口至东南亚国际专列。2020年获批中欧班列运邮试点。2020年枢纽跨境电商交易规模达238万单，同比增长280%，在疫情影响下依然呈现出高速增长的态势。

二是聚焦贸易发展，提升通关便利化水平。推动锌精矿先放后检、木材循环质押融资、跨境电商质押担保融资等改革事项落地。持续优化营商环境。实现“7×24小时”通关常态化，通关时间压减1/3，口岸和保税物流中心基础作业“零”收费，全国率先试行施工许可豁免制，港区八个项目已纳入第一批豁免项目清单。启动智慧陆港建设，打造集“关务、站务、口岸、班列”于一体的公共信息服务平台，实现生产作业自动化、业务单证电子化、管理决策智慧化。

4. 提升系统集成创新能力

一是推动班列运营模式创新。全国首创中欧班列集拼集运模式，在铁路、海关等部门的联合推动下，缩小中欧班列（成都）海关监管单元，由“列”转变为“节”。通过集拼集运推动仓位共享、代码共享、资源共享，允许货物混装换载，提高班列转换效率和去、回程重载率。该模式的提出有效解决长期以来中欧班列（成都）物流成本高、经济效益不高的问题，经验被国务院认可并在全国复制推广。全国率先试点中欧班列境外宽轨段“三并二”集并运输，与哈萨克斯坦国家铁路公司合作，在霍尔果斯口岸进行了测试。

二是探索多式联运业务创新。全国率先开展“一单到底、两段结算”运费机制改革，实现班列境内段运费不计入进口商品完税价格，成功纳入中欧安智贸试点。首创多式联运“一单制”运作模式，得到国家部委认可并在全国推广应用，贸易便利性和融资可获得性进一步提升，为国家层面推动建立陆上贸易新规则提供了丰富的实践经验。

（二）连接“两个市场”，积极融入国内国际双循环，打造服务“一带一路”的供应链枢纽节点

1. 四向国际通道稳定产业链、供应链

作为中欧班列成都始发地，枢纽坚持“以大通道促大开放”，加快建立起以成都为主枢纽，西进欧洲、北上蒙俄、东联日韩、南拓东盟的成都国际班列线路网络和全球陆海货运配送体系、服务能力和运营水平不断提升。目前，枢纽已经形成“纵贯南北、横贯东西、通边达海、四向联通”的七条国际铁路通道和六条国际铁海联运通道。2020 年新拓展科隆、列日等境外 19 个城市，目前已连接境外 59 个城市，并通过“蓉欧 +”互联互通直达班列覆盖 20 个沿海沿边城市。2020 年枢纽克服疫情影响，开行国际班列 4317 列，同比增长 35.5%，持续满足成都本地汽车整车、智能家电、生物医药产业的运输需求。班列货源以 TCL、联想、戴尔、吉利、沃尔沃、宝马等制造业企业产品为主，成为保障国际供应链、产业链的重要支撑。

西：稳定罗兹、纽伦堡、蒂尔堡三大主干线，创新“欧洲通”运营模式，以波兰马拉为主节点拓展至欧洲内陆腹地支线网络，加快实现欧洲、中亚和西亚全覆盖。

东：加强与青岛港、上海港合作，打通日韩至欧洲的海铁联运通道，成功举办东向海铁联运大通道圆桌会议。

南：坚持陆海并举、多点布局，加密经北部湾、粤港澳大湾区联通东南亚的“成都—东盟”国际铁海联运班列和成都至越南铁路直达班列，适时开通成都至老挝跨境铁路直达班列，辐射 51 个国家、92 个港口。

北：全面对接蒙俄经济走廊，围绕多边货物贸易需求，依托莫斯科、明斯克两大节点，促进木材、纸浆、肉类以及整车等运贸一体化，双向重载率保持 100%。

2. “蓉欧 +”干支联动支撑国内协同发展

一是联合境内外城市和合作方共建“亚蓉欧”国际大通道联盟、“一带一路”产业园区联盟，拓展与“一带一路”沿线国家在文化、经济等领域的交流合作，成功举办“亚蓉欧”全球合作伙伴大会。二是积极融入成渝地区双城经济圈建设，与重庆合作打造中欧班列（成渝）号，统一品牌推广、统一数据发布、统筹开行计划、统筹班列售价，是全国首个两地合作开行的中欧班列品牌。2020 年中欧班列（成渝）号开行

超5000列，历年累计开行量达14000列，占全国中欧班列开行总量的40%以上。三是依托班列与全省13个地市州共建“亚蓉欧物流（产业）基地”，搭建“通道＋物流＋产业”供应链资源配置体系。通过班列在地市州产业基地集货，发运至成都再至欧洲或东盟，形成“进出口贸易在港区、生产基地在市州”的产业联动模式，全面提升区域全球通达、供应链辐射和企业“抱团出海”能力。助力装备、先进材料、整车及零配件、农副产品远销欧亚，年均带动全省进出口贸易额120亿美元以上。

（三）聚焦“三大主导产业”，加速形成临港产业生态圈，打造内陆枢纽经济核心增长极

着眼主导产业，大力发展枢纽经济。枢纽聚焦国际供应链、国际贸易、加工贸易三大主导产业，采用“龙头企业＋产业集群”模式，引进一批有全球资源运作能力的国际化企业，努力在更大范围内强化产业联动和市场连接，累计引进菜鸟、中远海运、苏宁等总投资1090亿元的160个重大项目入驻。

1. 现代物流聚链成势

一是聚焦现代物流，枢纽引进菜鸟、盒马鲜生、中远海运、苏宁等重大物流项目。立足国家物流枢纽优势，通过行业龙头引流提升核心资源要素聚集度。二是充分发挥盒马鲜生、苏宁、外运冷链等龙头企业供应链优势。以仓配基地、运营中心为核心，向上游延伸拓展集中采购平台、金融结算平台，同时孵化壮大培育龙头企业核心供应商，形成集“物流与供应链＋集采金融结算平台＋核心供应商”于一体的现代物流产业生态，服务成都、四川全省乃至西部地区产业发展。进一步引入厦门象屿、厦门建发、顺丰等供应链管理企业，全国供应链管理企业前50强中已有41家落户枢纽，打造“一带一路”供应链配置中心。三是丰富产业形态。开行全国首个二手车出口专列和首列奥迪整车进口专列，引进长久物流等整车物流贸易企业，打造西部整车进出口分拨基地。

2. 国际贸易提质增量

枢纽发挥国际班列“吸金石”作用，2020年实现进出港货值1507亿元，增长115.7%，结合班列沿线国家主导产业及适合铁路运输的货物，打造整车、木材、粮食、红酒、肉类五大特色进口商品贸易中心。目前已挂牌成立国际木材集散中心、五金机电国际采购中心和新华全球购采销中心。枢纽大力培育跨境电商、新零售等新业态、新模式，全国首创跨境电商铁路直购进口业务，常态化开展跨境电商保税备货进口、跨境电商直邮出口模式，跨境电商进出口业务达309万单。引进香港玉湖、绿地贸易港、盒马鲜生等进出口贸易龙头企业50余家，构建多功能国际贸易综合服务平台。

3. 保税加工高位起步

2021年1月28日，成都国际铁路港综合保税区正式封关运行，28万平方米的综合

保税区标准化厂房一期已实现85%的招商覆盖。综合保税区通过打造“轻资产运营、拎包式入驻、保姆式服务”的一流营商环境，签约引进创维、联想、美的、美国诺伏克—明宇、上海佩南顿、TCL等企业的加工贸易项目60余个，形成智能家电、先进材料和五金机电产业集群，并于2020年获批四川省外贸转型升级基地。

（四）依托“四大平台”，构建产业联动发展载体，打造枢纽资源要素集聚高地

枢纽充分发挥对外经贸往来重要窗口作用，联动成都国际铁路港综合保税区、国际贸易产业园、“一带一路”商品展示交易中心和“亚蓉欧”国家（商品）馆四大平台载体，协同打造亚蓉欧国际贸易港。

1. 成都国际铁路港综合保税区

成都国际铁路港综合保税区位于枢纽核心区域，总体规划面积1.03平方公里，北至香岛大道、西至青白江大道、东至规划九路、南至规划八路，于2020年12月25日正式通过验收。成都国际铁路港综合保税区坚持与四川省内其他综合保税区差异化、互补化发展原则，依托中欧班列和国家物流枢纽等开放平台优势，瞄准欧洲、日韩、东盟等地区市场，突出发展以整车及汽车零配件、智能产品等为重点的保税物流，以跨境电商、适合铁路运输的大宗商品为重点的国际贸易和转口贸易，以智能家电、生物健康、食品冷链等为重点的保税加工，以机电维修、汽车改装、艺术品展示等为重点的保税服务。成都国际铁路港综保区将着力打造辐射西部、连接全球的国际物流分拨中心、保税加工中心、跨境电子商务中心、转口贸易中心。

2. 国际贸易产业园

随着枢纽的发展，枢纽国际物流通道已经逐步向贸易通道转变，日益增长的货物贸易衍生了对“关检税汇融投法规”等服务贸易的需求。国际贸易产业园是基于枢纽产业人群工作、生活、学习、休闲需求，打造的产业先进要素集聚、复合功能集成、优质资源集约的核心引擎，是枢纽连接西部、贸享全球的新高地。项目总投资51亿元，占地306亩，总建筑面积70万平方米，其中一期总投资32亿元，占地177亩，规划建设43万平方米的组群式楼宇，目前主体已封顶，2021年8月底竣工投用。投入运营后，将汇聚国际贸易、供应链、金融、法律、税务等先进产业要素，打造国际贸易和国际供应链企业集聚平台、“一带一路”金融服务中心和国际贸易专业服务平台。

3. “一带一路”商品展示交易中心

枢纽规划建设占地181亩的“一带一路”商品展示交易中心，打造枢纽“买全球，卖全球”国际贸易促进平台。将构建“班列+口岸”模式，打造国际汽车产业综合展销平台、国际酒品展销平台、南向通道大宗特色商品展销平台、智能制造产品展销平台及商贸服务基地，提供展示交易分拨一站式服务。同步规划商务办公、会议会展、

星级酒店、人才公寓等配套服务，构建展贸与消费融合发展综合体。

4. “亚蓉欧”国家（商品）馆

“亚蓉欧”国家（商品）馆位于成都国际铁路港核心区，占地面积107亩。该项目由铁路港产城运营商——成都陆港枢纽投资发展集团有限公司按照“改造、改革、改善”和“改功能、改结构、改形态”为导向，收购既有传统仓储设施提档建设，规划形成建筑面积约3.4万平方米的“一带一路”特色商品展示展销中心和对外文化交往平台，致力搭建成都北部对外交往中心、国别商贸总部基地、文化旅游购物目的地，营造“在蓉城、逛欧洲”的国际消费新场景，使人们民“零时差、零距离”享受全球优质商品。

三、枢纽建设发展成效

成都国际铁路港坚定不移按照“强枢纽、畅通道、促贸易、聚产业、优环境”的发展思路，以功能为中心项目组织经济工作，高水平建设服务“一带一路”的泛欧泛亚陆港主枢纽、国际供应链要素配置中心，凸显服务国内国际双循环战略连接点作用。自建设以来，枢纽使命感、紧迫感不断增强，积极承担服务人民、服务大局和服务经济社会发展的社会责任，新冠肺炎疫情防控期间发挥出稳定产业链、供应链的“硬核”力量。

（一）国际多式联运先行者，创造现代物流新范式

枢纽以国际铁路多式联运开启现代物流新模式，以物流、产业、服务“三位一体”创立现代物流运营新格局，正形成“向外无缝衔接、向内紧密融合”的现代物流新范式。一是国际班列开行规模和质量提升显著。随着2013年首趟“蓉欧快铁”出发，枢纽多年来主动服务“一带一路”倡议、西部陆海新通道、成渝地区双城经济圈等，实现了从2013年成都国际班列开行量仅30多列到2020年成都国际班列累计开行量突破10000列。经过多年的精心培育，中欧班列具有在途运行时间短、开行频次高等突出优势，开行数量名列前茅，开行质量明显提高。成都陆港型国家物流枢纽历年班列开行情况如表1所示。

表1　　成都陆港型国家物流枢纽历年班列开行情况

指标	2016年	2017年	2018年	2019年	2020年
国际班列开行班次（列）	520	1022	2619	3186	4317
国际班列开行货值（亿美元）	13.48	46.94	69.68	77.53	106.88
国际班列重箱率（%）	—	—	77.10	92.90	97.70
集装箱吞吐量（万标准箱）	56.97	60.93	72.67	80.49	89.51

二是深化重点领域改革，引领陆上贸易新规则。2017 年 4 月，枢纽签发国内首张中欧班列多式联运提单，开启以提单为抵押物、在途货物为反担保标的物进行结算的新贸易方式。到 2020 年年底，枢纽累计签发超 7000 余单，办理企业融资超过 4.5 亿元。推动中欧 e 单通 2.0 版本落地，实现提单签发电子化。随后持续开展系统改革，加快构建契合陆路跨境贸易的多式联运单证体系，运用区块链等技术创新“一单制”全程控货物流服务、便捷结算和融资服务。与国际货代协会合作签发全国首张跨欧亚大陆桥 CIFA 多式联运提单，推动一箱装货、一批托运、一次收费、一单到底、一票融资，探索解决陆路跨境运输规则不统一、运输单证无物权属性、贸易企业融资难等问题，开启国际铁路联运的新模式。

三是创新争先、示范引领。以改革促发展，成都国际铁路港八年来完成 115 项改革试验任务，形成 92 项改革创新经验成果，争取国家部委支持的先行先试政策 20 项。枢纽主导的集装箱铁公水多式联运示范工程呈现“一港一平台三网三通道五线路”的多式联运布局，是全国首批入选的 16 个多式联运示范工程之一。多式联运“一单制”、集拼集运、运费分段结算估价改革、企业开办“五个一”“双随机一公开”模式等 12 项创新经验成果获得国家部委认可并推广，中欧 e 单通跨境区块链平台应用创新、陆地合作新机制、企业投资项目“承诺制”等 14 个创新实践案例在四川省内复制推广。

（二）“国际铁路港 + 口岸经济”引领者，开辟供给侧结构改革新样板

枢纽凭借成都铁路口岸成功塑造“国际铁路港 + 口岸经济”新模式。成都铁路口岸拥有标准化的监管场所、一流的监管环境、无缝对接的物理卡口，可以实现海关、铁路、检验检疫信息资源的有效共享，并与长江流域 12 个关区实现了“多点报关、多点验放、自主运输”的全域大通关模式，承担了成都范围内 70% 的进口货物通关。在获批国家对外开放口岸、汽车整车进口口岸、肉类进口口岸、综合保税区、多式联运海关监管中心后，枢纽围绕国际中转、国际配送、国际采购、国际转口贸易和出口加工等高端服务业发展口岸经济，积极开展进口汽车零部件、进口快速消费品保税仓储，红酒及奶粉增值加工，进口产品的保税展示等业务，国际贸易集群正加快形成。

（三）产业结构调整开拓者，提供经济发展的新路径

枢纽为第二产业和第三产业发展创造了非常有利的条件，使作为西南地区“工龄”最长的老工业基地青白江区，实现了从内陆腹地向开放枢纽、从老工业基地向内陆开放前沿的历史性转变，为四川省经济发展提供了新的增长极。连接全球的亚蓉欧陆海联运大通道为促进国际贸易及产能转移提供了稳定的物流通道基础，极大缩短了成都乃至四川到欧洲、中亚的运输时间，增强了产品在国际市场的竞争力，吸引更多面向欧洲、泛亚的高附加值适铁产能加速向成都转移聚集。枢纽立足全球供应链资源优势，

为戴尔、联想、TCL、沃尔沃等全市重点外贸企业量身定制国际供应链解决方案，增强成都电子信息、轨道交通、汽车制造、生物医药等外向型产业的国际竞争力，累计服务国内外企业超过1万家，2020年班列带动进出口贸易额达148.5亿美元，同比增长41.4%。2020年，完成全口径税收5.6亿元，地方留成3.12亿元。规模以上服务业营收93.16亿元，规模以上工业产值103.5亿元，限额以上批零业销售额110.5亿元。

（四）疫情防控及复工复产守卫者，保障特殊时期产业链供应链稳定

新冠肺炎疫情暴发以来，枢纽国际班列一直保持稳定运行且从未停运，成为特殊时期国际供应链的重要支撑。在国内疫情防控期间，枢纽积极拓展境外医疗物资供货渠道，累计从境外采购医用物资超过183万件（套），对从欧洲、中亚、东南亚进口的防疫物资提供全程门到门免费运输，相继运输口罩、防护服、护目镜等急需防疫物资近400万件（套）。按照“民生优先、公共优先、产业优先”的原则，枢纽联合海关、铁路等部门，优先保证涉及民生企业的复工及防疫物资的运输。成都铁路集装箱中心站为防疫物资开辟绿色通道，优先办理进站、装车，指派专人提供24小时服务，并全程跟踪货物直到运抵目的地。青白江海关则依托国际贸易“单一窗口”和“互联网+海关”，保障班列稳定开行。全年枢纽在媒体报道超900次，其中中央电视台报道51次，《人民日报》、新华社共报道341次；50余家海外媒体对成都国际铁路港及国际班列报道达160次，获得了广泛的社会赞誉。

四、枢纽发展方向与未来展望

（一）强化班列高质量开行，提升枢纽全程运营组织能力

科学谋划国际班列开行路线，推动东向拓展、西向提质、南向共建、北向挖潜。增加“一带一路”沿线班列开行城市，持续拓展完善国际通道线网体系。增强国际班列境内外枢纽节点功能，合理布局海外仓和境外办事处，增强境外货源组织、品牌宣传能力。提升集装箱分拨集散、保税仓储、区域配送效率，持续推动班列降本增效。

（二）厚植开放载体优势，全面增强枢纽集聚辐射能力

一是加快完善枢纽场站功能。持续推动枢纽功能性设施快建快运，做强硬件支撑。二是着力提升口岸功能。加快建设成都国际铁路港信息化公共服务平台，实现海关、铁路、场站数据互联互通与作业协同，推进港区班列订舱、场站作业等业务场景信息化智能水平。三是高质量运营综合保税区。利用好综合保税区“开放助推器”作用，招引落地更多国际国内“引爆性”的项目和头部公司，推动保税加工、国际贸易行业加速发展。

（三）持续发展外向型产业，构建枢纽国际供应链体系

强链补链，提升产业能级。瞄准主导产业龙头项目，集聚上下游产业，吸引沿海外向型企业向枢纽转移，加速形成“专精特新”细分领域的规模效应，重构主导产业链。针对高能级500强企业及重点目标企业，梳理重点攻坚目标企业，组建专业队伍，全力攻坚。突出载体招商，实现精准聚焦。加速形成智能家电产业集群。全力推进国家馆项目招引工作。积极对接各国贸易协会、工商会，深挖国家商品馆项目潜在企业信息。

（四）坚定实施引领性改革，进一步优化枢纽营商环境

充分发挥自贸区“改革创新试验田”优势，对标国际先进规则，紧扣改革创新核心任务，为全国陆港型自贸区提供更多可复制推广的经验。高效推动自贸区与综合保税区联动互动，围绕综合保税区“一业为主、多元发展”导向，加快推动综合保税区肉类保税加工、跨境电商前店后仓等业务模式实现突破。围绕口岸贸易便利深化改革，推动中欧班列“两步申报”，提高通关效率。创新班列数据融资等金融产品。持续扩大运费分段结算估价改革，联合重庆自贸区等开展“一单制”联动试验、对比试验，共同探索陆上贸易规则体系。

（撰稿人：孙勤琴，李露，杨帆航）

西安陆港型国家物流枢纽

建设中欧班列西安集结中心　构筑内陆国际贸易通道

近年来，西安积极把握国家战略，聚焦的历史机遇，深度融入“一带一路”建设、响应关中平原城市群等多重国家战略，扎实推进供给侧结构性改革和经济高质量发展，经济社会发展全面提速，航空、航天、集成电路等产业基础进一步夯实，新一代信息技术、汽车制造、现代物流、商贸服务等产业集群进入千亿级方阵。位于西安港国际港务区范围内的西安陆港型国家物流枢纽（以下简称“枢纽”）依托区位优势和产业优势，2019 年列入国家首批物流枢纽建设名单。枢纽按照“通道 + 枢纽 + 网络”的国家建设现代物流体系要求，积极打造“枢纽设施集成连片布局 + 产业依托枢纽聚集发展 + 港城一体化同步跃升”的发展模式，构建向西服务全国、向东服务西部地区的核心平台。目前，枢纽内已形成了以国家级电子商务示范基地、陕西加工贸易产业转移承接中心、陕西省融资租赁示范区等为主的临港产业、商贸物流等产业体系。未来，枢纽将根据“一带一路”的“五通六路”要求，构建服务全球的海陆空立体化多式联运大通道体系，提升服务国家物流干支通道和国际物流合作的能力，加快建设中欧班列集结中心，以国家物流枢纽的要素集散为导向，发展“枢纽 +”产业体系，增强资源要素全球吸附力和运输效率，推动服务贸易和临港商务服务业发展，推动枢纽经济发展，打造枢纽成为推动经济高质量发展的示范枢纽。

一、枢纽概况

（一）区位交通与功能布局

枢纽位于西安国际港务区核心功能区，规划总占地面积 12 平方公里。枢纽内布局了西安铁路集装箱中心站、新筑铁路综合物流中心，并与新丰镇编组站紧密联系，形成了顺畅衔接、功能齐全的铁路物流枢纽。通过枢纽内 4 座互通式立交桥与 7 条高速公路无缝衔接，公铁联运基础条件优越。枢纽内拥有已建成和在建各类仓储设施 360 万平方米，是西部地区重要的物流仓储转运中心。

枢纽按照基本功能和延伸互补功能，构成“两中心六片区”的设施功能布局，具体如图 1 所示。

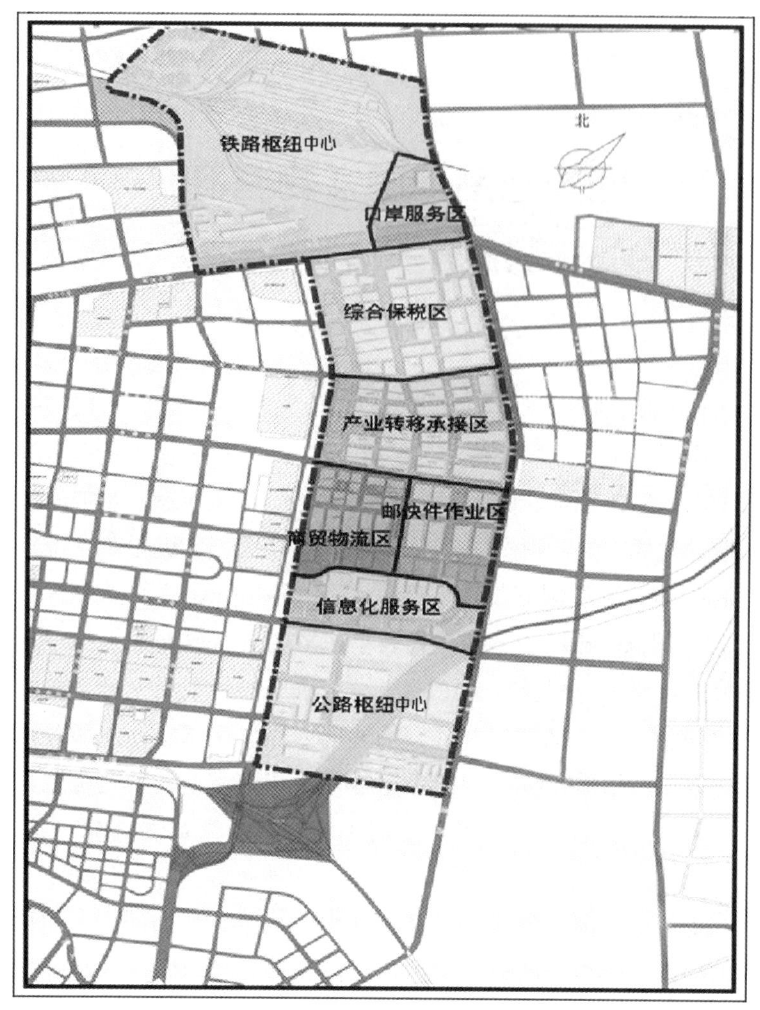

图 1 西安陆港型国家物流枢纽功能区布局

1. 两中心

一是铁路枢纽中心。目前包括特货作业区、集装箱作业区、整车作业区（普货）、快件含邮件作业区、长大笨重作业区、冰鲜冷链作业区、公铁联运周转区、公铁物流集散区、仓储作业集拼区、整车成件包装作业区、整车中转小件作业区，总占地面积 3.73 平方公里。

二是公路枢纽中心。包括传化丝路公路港、圆通跨境商贸及服务产业园、卡行天下智能公路物流枢纽平台、国美西北电子商务运营中心、京东西安分拨中心、百利威国际电子商务产业园等项目，总占地面积约 1.8 平方公里。项目建成后，可覆盖全国 110 条港港互通线路及 70 条区域线路，形成供应链闭环生态圈。

2. 六片区

一是口岸服务区，已建成铁路一类开放口岸、公路二类口岸、进境粮食指定口岸、整车进口口岸、肉类进口口岸、西安港综合口岸；二是综合保税区，已建成总规模200万平方米的保税仓、冷链仓、大宗商品交割库、医药库、粮食库、电商仓、中转仓、分拨仓及专业化堆场，在建仓储设施总规模超100万平方米；三是商贸物流区，已建成大宗商品交易中心、跨境电商综合试验区、二手车出口基地、"一带一路"国际商品展示采购中心、保税文化创意产业园、国药西北物流中心、西北医药物流中心；四是产业转移承接区，已建成爱菊粮油加工基地、东南沿海产业转移承接区，正在建设"一带一路"智能终端制造产业园、索格亚航空产业园等；五是信息化服务区，依托铁路与海关"数据互联、自动放行"试点，已建成中欧班列长安号综合信息服务平台、海关监管信息系统、公路港智能信息服务平台、传化智能化信息中心、怡亚通大数据平台；六是邮快件作业区，正在建设中国邮政西安邮件处理中心、圆通西北运营中心、邮政互换局、中国邮政干线运输集散中心、西安邮件处理中心、西北仓储物流中心、国际邮件互换局、跨境电子商务西北中心，推动构建国际化、便利化邮件处理体系。

（二）功能定位

一是"一带一路"内陆型国际物流枢纽港。依托中欧班列长安号、陕西自贸功能片区、西安港口岸功能设施、跨境电子商务试点、跨境电子商务综合试验区等基础，对标上海航运中心，建立"港口核心功能 + 物流增值功能 + 商务配套功能 + 信息服务功能"的现代化港口功能体系，提供内贸运输、国际中转及集拼运输、国际贸易、国际采购等全方位服务，广泛吸引商流、物流、信息流、资金流聚集。同时，以建立内陆型港口运输标准化为目标，开展系列探索创新，如赋予铁路运单物权属性、实现信用证化金融延伸服务功能等。

二是"一带一路"国际陆海互联创新示范区。依托西安港各类物流要素的强集聚效应，发挥西安通过陇海线等铁路干线联通青岛、连云港、天津、宁波等东部重要港口的区位优势，以东向海铁联运班列与西向中欧班列的互动融合发展为纽带，实现"一带一路"立体物流大通道在西安有机衔接，一方面带动通道沿线产业向内陆地区的转移和集聚，承接新一轮长三角、珠三角经济圈的高端制造、电子信息、信息技术、新材料等产业转移，助力西安打造"内陆型改革开放新高地"；另一方面推动西安港国际国内代码的使用，推动海运集装箱与铁路集装箱互认互用，助推内陆地区真正融入全球港航体系。

三是中欧班列（西安）集结中心。依托西安综合保税区、西安铁路集装箱中心站、西安公路港等功能叠加优势，充分发挥西安与阿拉木图、汉堡、莫斯科、鹿特丹等国际班列常态化稳定运营的良好基础，与青岛、宁波、厦门等沿海港口合作优势，以及西安通过陇海线等铁路干线辐射中部城市的区位优势，广泛开展市场化合作，吸引有开行需求但开行能力未形成规模的城市货源在西安集结，扩大中欧班列长安号向西开放与向东集散的影响力，建立以发挥枢纽集散功能、推动产业落户为基础的西向物流通道网络，打造中欧班列集结示范中心。

四是国家级城际配送枢纽节点。依托传化公路港、西安铁路集装箱中心站、中国邮政西安邮件处理中心等项目，发挥西安作为国家级流通节点城市的地位，构建起具有国际竞争力、区域辐射能力和地区服务能力的流通枢纽节点。通过陇海线等铁路干线运输通道，串联起辐射全国十九个中心站所在城市的城际铁路配送网络。通过传化公路港等项目在全国的公路节点，串联起辐射全国 20 个以上省份的城际公路配送网络。结合铁路、公路两种方式，打造国家级城际配送枢纽节点，全面提升西安港集散中转功能、生产服务功能、消费促进功能、应急保障功能等。

（三）建设模式

枢纽建设按照“基础设施政府主导 + 项目建设市场主导 + 枢纽运营企业联盟”的建设模式实施，正大力推进 24 个重点项目建设（见图 2），总投资 441. 64 亿元。

图 2　西安陆港型国家物流枢纽内部重点项目分布

（四）运营主体

枢纽运营由西安国际港务区管委会下属的西安自贸港建设运营有限公司牵头，联合中铁西安局集团（中铁联集）、陆港多式联运有限公司、中国邮政西安公司、招商局西北公司、传化丝路公路港、京东西北公司、圆通西北总部七家专业平台公司，形成“1+7+N”企业联盟，共同推进枢纽建设运营（见图3）。秉持开放姿态，广泛吸引市场主体共同推进枢纽建设运营，枢纽内累计注册企业14200余户。枢纽区域规划区域土地均为建设用地，未来功能扩展的新建项目土地储备3.6平方公里。

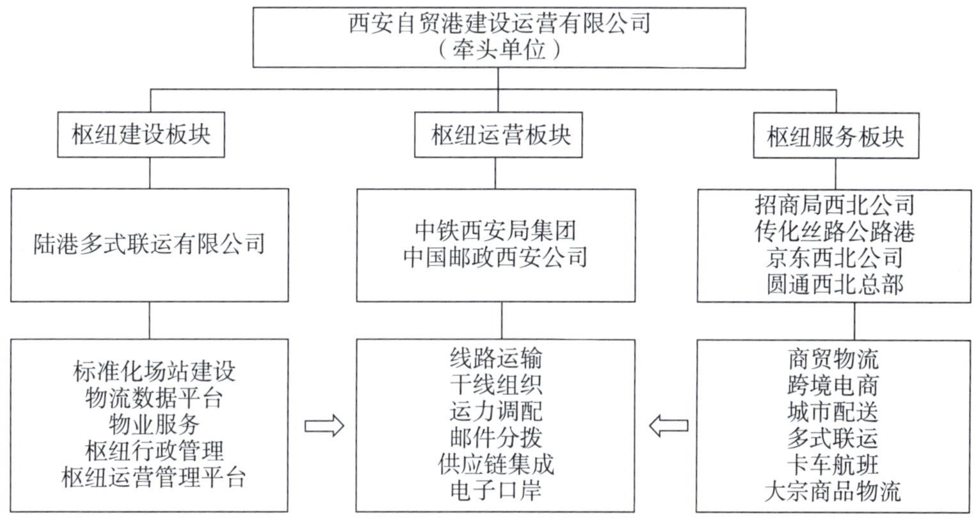

图3 枢纽运营主体企业架构

二、主要做法与特色经验

枢纽所在的西安国际港务区，自组建以来，始终坚守为陕西“造港开埠”的历史使命，打破西安不沿海、不沿边、没有对外开放口岸和开放平台的发展瓶颈，探索出“港口内移、就地办单、多式联运、无缝对接”的中国内陆港模式。

（一）建设中欧班列西安集结中心，构筑内陆国际贸易通道

国际干线业务方面，加强与国内外骨干物流企业合作，完善物流集疏运体系，形成公、铁、海、空顺畅衔接的国际物流运输通道网络。中欧班列长安号已向西常态化开行西安至哈萨克斯坦（阿拉木图）、乌兹别克斯坦（塔什干）、伊朗（德黑兰）、阿塞拜疆（巴库）、德国（曼海姆、汉堡、杜伊斯堡）、波兰（斯瓦夫库夫、华沙、马拉舍维奇、波兹南）、捷克（布拉格）、芬兰（科沃拉）、比利时（根特）、匈牙利（布达

佩斯）、意大利（维罗纳）、土耳其（伊斯坦布尔）、白俄罗斯（明斯克），向北常态化开行西安至俄罗斯（叶卡捷琳堡、莫斯科），海铁联运至俄罗斯（罗斯托克），共15条国际线路，覆盖“一带一路”沿线45个国家和地区，运输货物品类超过7大类350个品种。枢纽深化与招商局物流集团、中铁集装箱公司等大型央企合作，充分发挥央企货源、网络等资源优势，合作开行中欧班列长安号公共班列，实现每天开行2去2回，每列可节省综合运费20万元左右，对我国形成面向中亚、南亚、西亚国家的通道具有积极推动作用；持续深化与DHL（敦豪）、德铁等境外大型物流企业合作，不断优化班列运行线路，推出德国快线等创新产品，最快10天可达德国，与其他班列相比缩短了6~8天，极大提升了班列全程运输时效，能够负责部分过去依托空运的高附加值货源。

国内干线业务方面，枢纽打通西安与沿海港口、主要货源地的内贸运输通道，主动与国家生产服务型、商贸服务型物流枢纽联动发展，建设中欧班列（西安）集结中心。目前中欧班列长安号已常态化开行西安至青岛（黄岛港）、宁波（北仑港）、连云港等海铁联运线路，吸引日韩等国过境货物利用中欧班列长安号开拓第三方国际市场，无缝对接全球航运体系。落实习近平总书记来陕西考察关于加快建设中欧班列（西安）集结中心指示精神，初步实现从“点对点”向“枢纽对枢纽”网络化建设的转变。在“襄西欧”“徐西欧”“蚌西欧”“冀西欧”“厦西欧”的基础上，又相继开通了“唐西欧”“永西欧”“渭西欧”“芜西欧”等集结班列，实现了与长三角、珠三角、京津冀、晋陕豫黄河三角洲等主要货源地的互联互通，初步形成了国内大循环网络，中欧班列（西安）集结中心已织线成网。

中欧班列长安号（见图4）开行以来取得了跨越式发展，已成为全国开行班列城市中线路最全、覆盖最广、效率最高、速度最快的国际货运班列。来自全国29个省市的货源在西安港集散分拨，发往欧洲和中亚的出口货物中超过70%从西安港发出。西安港已成为我国内陆地区沟通全国、连通世界的“丝路之窗”。

（二）发展供应链集成业务，拓展枢纽产业集聚能力

枢纽内西安综合保税区已全部建成并封关运营，枢纽内已建成和在建的仓储面积达到360万平方米。已建成省级产业转移聚集区，吸引20多家东南沿海高端电子加工制造企业落户，聚集了陕西省80%的融资租赁企业和90%的商业保理企业，初步建成了西部地区具有影响力的供应链金融服务中心。随着国际物流服务平台的不断扩展，可带动和服务600亿美元规模的进出口贸易。枢纽承载区域获批国家级电商示范基地及跨境电商综合试验区，跨境电商累计突破1500万单，电子商务交易额已突破2000亿元。粮食、肉类、整车等进口口岸功能可满足枢纽辐射市场的总体需求。从供应链物流发展来看，枢纽着重从国际货源组织和生产运输服务等方面入手，为国家和区域商贸、制造等产业提供服务。

图4　中欧班列长安号

一是增强对国际商贸货源的转运分拨和组织调配能力。启动西安港哈萨克斯坦农副产品基地、西安港白俄罗斯商贸物流基地建设工作，打造东南沿海产业转移基地，为中欧班列长安号打造高质量的分拨集散物流体系。通过与青岛、上海、宁波、防城港等沿海港口合作，打造海铁国际联运干线通道网络，助推日本、韩国等国家使用中欧班列长安号，与境外货运企业合作，以业务合作为纽带，承担多式联运“门到站”运输。

二是加强与国内部分重点枢纽城市建立干线物流合作。国内干线业务整合方面，着力推进西安与成都、重庆、郑州、武汉、义乌、苏州等重点内陆港之间的枢纽业务信息共享合作。扩大义乌、临沂商品基地至西安的陆海联运班列服务范围，与东向陆海联运大通道紧密配合，扩展集结班列的货源保障，加强我国东部商品向西出口的贸易中转运输枢纽服务。

三是扩大与生产服务型物流枢纽间的业务合作。继续扩大与襄阳、徐州、蚌埠等15个国内货源节点城市和沿海制造业基地城市的合作，开行在西安港集结的“襄西欧”“徐西欧”“蚌西欧”等集结班列，建设中欧班列（西安）全国集结中心，提高货源的整合能力。以环渤海经济带、长江经济带、东北亚为主要货源集结地，发挥枢纽内公路、铁路、口岸等资源聚集优势，以陇海、宝成、包西、西康、宁西、西平铁路干线为基础，主动寻求业务合作，开展供应链物流和第三方物流业务。

四是加强金融服务以提高供应链标准化水平。积极探索推广由中欧班列长安号将出口商品运抵境外，使用外币直接在当地采购进口商品并运输回国，进出口企业间直接在境内采用人民币结算的方式，利用商业银行、中国出口信用保险公司为贸易出口企业提供担保、出口信保贷款等外汇融资服务，加强对中小货代及托运人的支持，帮助企业提高资金回流效率，推动解决传统信贷模式下中小企业信用不足的问题。

五是持续优化西安港综合物流信息服务平台及西安港跨境电商综合服务平台的运营效能，着力提升口岸信息化和自动化水平，推动与海关、铁路“单一窗口”的联动，提升通关便利化水平与场站作业效率。

（三）推动“港产、港贸、港城”融合发展

枢纽打破以物流发展单一视角，高起点规划，高标准建设，促进内陆港功能平台与班列大通道优势服务区域产业和贸易发展。

1. 港产、港贸联动发展成效显著

一是做大“班列＋产业转移”规模，加大东南沿海产业转移企业招引力度，引进康佳智能家电总部、康佳丝路科技城、汇芯未来信息产业园、灰熊视创、京虹显示（绑定项目）等研发制造产业项目30余个，总投资300亿元，投产企业产品远销欧洲、南北美、中亚、西亚、东南亚及非洲。目前，西安综合保税区加工贸易企业全面投产，灰熊视创、京虹显示等临港产业园入驻企业进场装修，康佳智能家电总部正加快建设。二是做强“班列＋大宗贸易”。围绕金属、能源化工、粮食、木材等大宗商品领域，引进了中石化西北公司、厦门信达等一批500强企业。与中石化西北公司合作开行了中欧班列进口俄罗斯化工产品专列，与陕西粮农集团启动建设了国际粮油加工贸易中心项目，与奥地利铁路、俄铁、德铁等境外铁路公司共建中欧班列长安号全国中心仓，与世界500强企业达飞开行高货值的“亿元班列”，实现从“站到站”向“仓到仓”的转变，不断拓展国际贸易合作新模式。三是加大“班列＋跨境电商”融合，抢抓疫情带来的国外消费习惯和商业模式新趋势，率先提出建设中欧班列全国跨境电商集结中心。截至目前，已引进深圳跨境电商物流前20强企业中9家企业（中远海全资子公司一海通、百世快递、准时达供应链、深圳华运国际物流、深圳玖洲国际物流、深圳星达国际、新百福国际物流、恒奇供应链管理、中实供应链管理）落户枢纽，实现每2天开行一列跨境电商专列。同时，推出跨境电商绿色通道，会同海关、铁路等部门，为企业提供高效、便捷的一站式综合服务，为全球跨境电商企业提供高效、稳定、便捷的物流通道。

2. 港城一体化融合发展日新月异

西安国际港务区在规划设计方面，积极践行“顺应自然，尊重规律，构建合理城市空间布局”的城市新发展理念，学习雄安新区，严格容积率、限高、风貌管理，着力打造面向“一带一路”的城市功能载体。项目建设方面，招商局、华润、五矿、中铁、中电建等大型央企集中落户，正在建设十大总部项目；“一带一路”文化交流中

心、“一带一路”城市展示中心等项目于2021年6月底全部完成外立面并实现灯光联控。城市配套方面，总里程约102公里的“六横三纵两桥三隧”主次干道及支路已初步成网，总长24.7公里全国第一的330千伏高压线迁改落地工程国际港务区段已完成，全长约19.7公里的灞渭河景观提升工程基本完成，新增绿化面积610万平方米，为全运会召开提供良好环境支撑，已成为西安国家中心城市、国际化大都市建设的新中心。

3. 持续加大政策创新和服务创新

一是“班列+口岸”创新优化。联合海关、铁路积极探索高效、便捷的港区一体化模式，将海关特殊监管区等港口功能植入西安铁路集装箱中心站，新建了车载移动式检查系统、中心站场站海关查验区视频系统、智慧物流监管系统等软硬件设施，完成了智慧信息系统搭建，大大提升了口岸作业效率；积极与海关总署对接，进一步优化西安综合保税区功能布局。二是积极推动“班列+数字金融”。为有效解决中欧班列长安号发展和运营中的融资难、融资贵等问题，提升长安号数字化、信息化、科技化、金融化水平，在中国人民银行西安分行的指导下，利用区块链技术，打造集订舱、租箱、报关、发运、结算、融资、监管等功能于一体的数字金融综合服务平台。数字长安号已正式上线运行，具备了企业经营信息查询、轻资产企业信用贷、企业舱单融资、铁路运单融资等场景功能。

4. 营商环境持续优化

加快推进“互联网+政务服务”建设，促进“内陆港+自贸区”融合发展，着力构建市场化、法治化、国际化的营商环境。西安国际港务区作为陕西自贸试验区核心区域，先后产生了创新案例76个，首创“舱单归并”“全城通港”2个服务模式全国复制推广案例；中欧班列集成运营组织新模式、政策兑现进大厅等9个案例获评全省最佳实践案例；在全省复制推广创新案例政务服务“楼小二”、24小时自助信包箱等6个案例；全省首个政务服务帮办代办平台上线运行。

三、枢纽建设发展成效

（一）建设枢纽重大功能平台和重点项目

一是重大功能平台基本建成。铁路方面，已建成总占地面积3.73平方公里的西安铁路集装箱中心站、新筑铁路物流基地和新筑车站，到发线48条，设计集装箱年吞吐量310万标准箱、运力3870万吨，与占地4.67平方公里新丰编组站，构成了亚洲领先的铁路物流集散基地；公路枢纽方面，总占地面积约0.53平方公里，建设了中国邮政邮件处理中心、传化丝路公路港、壹米滴答西北总部项目等，已实现大件、邮件、快件的城际、区域配送全覆盖；口岸功能方面，占地面积4.67平方公里的西安综合保税区运营良好，已建成铁路一类口岸，粮食、肉类、整车指定口岸，国家跨境电商综试区，全国二手车出口试点等，并在哈萨克斯坦、白俄罗斯等地设立了8个海外仓，构建了功能完备的门户口岸体系。省部共建的新筑铁路综合物流中心建成投运。在第三届中国国际进口博览会上，枢纽所在的西安国际港务区成为国家首批进口贸易促进创新示范区。2020年，枢纽获得中央预算内资金支持资金3400万元，支持项目中，西安港综合口岸已于8月建成投运，西安国际港务区基础设施项目正加快推进。

二是重点项目加快推进。枢纽包含26个建设项目，核心项目中，西安铁路集装箱中心站、新筑铁路综合物流中心、西安综合保税区、中国邮政西安邮件处理中心、西安传化丝路公路港5个项目全部建成投运，招商局物流西北分拨中心正在收尾，圆通项目正在推进。支撑项目中，京东西北电子商务基地、西北医药物流中心、西安应急物流基地、陆港金融小镇、多式联运示范基地、西安港综合口岸、“一带一路”冷链物流基地、百利威（西安）国际电子商务产业园、西安港国际采购中心、西北智能公路枢纽平台项目10个项目已建成投运，西安港临港产业园等其余9个项目均按时序进度加快推进。

（二）高质量开行中欧班列长安号

枢纽联合中铁集装箱货运有限责任公司，启动了西安铁路集装箱中心站第三、第四线束建设的前期研究工作，建成后将进一步提升场站作业能力。2020年7月，西安成功获批国家首批中欧班列集结中心示范工程，中央给予4300万元资金支持；同时，成功开行中亚、西亚班列，向南开通了中欧班列长安号（西安—加德满都）南亚班列，西安港面向中亚、南亚、西亚的国际物流通道已基本打通。

目前，中欧班列长安号已常态化开行15条干线，基本实现了欧亚大陆全覆盖。新冠肺炎疫情期间，枢纽化疫情为机遇，在保证疫情防控的基础上，开辟中欧班列物流绿色通道，确保中欧班列长安号持续运营，实现逆势上扬。2020年中欧班列长安号全年共开行3720列，运送货物总重约264万吨，同比增长80%，开行量、重箱率、货运量等综合指标稳居全国前列。截至2021年6月18日，中欧班列长安号2021年共开行1745列，同比增长20%。多项指标蝉联中欧班列质量评价指标全国第一，中欧班列长安号已成为全国中欧班列的主力军之一。

枢纽持续加强与“一带一路”沿线国家交流合作，斯洛伐克、奥地利、意大利、塞尔维亚等国家有关方面主动与西安港联系，热切希望增加中欧班列长安号目的站点。为此，枢纽新拓展了西安至多瑙斯特雷达、维也纳、维罗纳以及中东欧等班列线路，班列目的地遍布欧亚大陆，中欧班列长安号已真正成为中国制造走出国门、丝路沿线国家特色产品进入中国的“丝路使者”。尤其是新冠肺炎疫情暴发以来，已有5.6万吨防疫物资通过中欧班列长安号运抵欧洲，为国际防疫合作提供了有力支持。

（三）枢纽与产业联动发展

通过中欧班列长安号这一国际物流平台，打通外向型经济供应链物流核心环节。中欧班列（西安—荷兰）隆基绿能光伏产品专列、中欧班列（西安—俄罗斯克列斯特）浓缩果汁专列、中欧班列长安号跨境电商专列已顺利开行；阿里考拉、优信、蜜芽宝贝等电商龙头落户枢纽，电商企业已累计注册超过2000家，2020年电商交易额达1800亿元；美国澳维激光、思赢科技、科斯奥电子等51家加工贸易企业已签约落户枢纽。2020年全年，枢纽完成进出口贸易额95亿元；其中进口61.41亿元；出口33.59亿元。受保税备货模式带动，跨境电商进出口持续增长，2021年枢纽实现跨境电商进口单量31.3万单，是2020年10倍；货值7640万元，是2020年13倍。

四、枢纽发展方向与未来展望

（一）发展目标

枢纽将立足“一带一路”的“五通六路”要求，构建服务全球的海陆空立体化多式联运大通道体系，提升陆港型国家物流枢纽服务国家物流干支通道和国际物流合作的能力，强化西行班列和海铁联运班列发展，扩大中欧班列长安号和“第五航权”的协同效应，构建多式联运体系。以国家物流枢纽的要素集散为导向，发展“枢纽+产业”体系，推动枢纽经济发展。增强资源要素全球吸附力和运输效率，吸引产业转移，推动服务贸易和临港商务服务业发展，打造枢纽经济高质量发展的西安样板。发展目标分为近期、中期、远期三个阶段。

1. 近期（2020—2022年）

以枢纽为核心，强化向西“一干两支”和向东海铁联运班列的开行，国内联运线路覆盖西北五省和中部周边省市，全面推动“一带一路”沿线国家和地区与我国沿海、沿边城市的产能合作，联合日韩等国建设第三方合作市场，构建与“一带一路”沿线国家和地区间的陆海直达国际多式联运新通道，逐步成为全球多式联运体系的重要支点。

2. 中期（2023—2025年）

加速与全球物流通道的对接和国际、国内货源组织服务，增强陆港型国家物流枢纽对区域经济发展的引领辐射作用。加快与沿海港口、沿边口岸和周边省市的重点制造业基地、产业园区的联动，以多式联运推动供应链集成、国内外产能合作和产业结构优化升级。

3. 远期（2026—2035年）

陆港型物流枢纽内部综合交通物流体系基本建成，深度融入全球物流航运体系，成为中国连接“一带”和“一路”的核心枢纽，陆港型物流枢纽年集装箱吞吐量突破300万标准箱，陆港型物流枢纽网络体系建成，与其他类型物流枢纽网络实现互联互通。

（二）主要工作思路

一是在高标准建设中欧班列（西安）集结中心上实现新突破。持续做好“西安+西欧”，拓展更多合作城市，为中欧班列（西安）集结中心奠定更好的基础。推动“长安号+口岸”创新，联合海关、铁路积极探索高效、便捷的港区一体化模式，积极推动西安港成为第一进境口岸。加快“长安号+基础设施”建设，尽快启动公铁联运快速干线建设，持续优化集结中心的集疏运体系；积极实施西安港扩能优化行动，提升、完善港口功能，着力推动长安号高质量、可持续、市场化发展。按照国家相关要求，全力做好中欧班列长安号货物的常态化疫情防控工作，确保不留死角。

二是在高速度推进港产融合发展上实现新突破。依托亚欧陆海大通道的优势聚集效应，做大“长安号+产业转移”规模，做好康佳等企业的落地投产和临港产业园建设，争取成功申报国家加工贸易产业承接转移示范地；持续加大东南沿海产业，特别是电子加工产业、上下游产业链企业的招引力度，做好运营谋划，真正打造面向“一带一路”的产业基地。紧抓西安陆港型国家物流枢纽建设发展的优势期，做优“长安号+跨境电商”品牌，积极吸引全国跨境电商货物在园区聚集，着力打造中欧班列跨境电商全国集结中心。

三是在高效率推进港贸融合发展上实现新突破。做强“长安号+贸易”规模，加快启动临港金融贸易园建设，形成金融监管仓及期货交割库。建设西安“一带一路”基地，加快布局全球物流网络，共建海外仓。加快与青岛港、陕西粮农集团等央企、国企合作的项目建设，真正打造服务全国，面向中亚、南亚、西亚国家的物流枢纽。

（撰稿人：张奇韬，李瑞，许曼）

兰州陆港型国家物流枢纽

连接青藏打通欧亚贸易通道　丝路要冲引领产业集群发展

兰州陆港型国家物流枢纽（以下简称“枢纽”）位于素有“西北边陲重镇、丝路古道要冲”之称的甘肃省兰州市，依托兰州市地区特色，发挥联系青海省、西藏自治区等西部地区的桥梁和纽带作用，积极融入国家“一带一路”建设和以国内大循环为主体、国内国际双循环相互促进的新发展格局。近年来，枢纽按照枢纽经济发展思路，通过完善物流服务功能、开行国际货运班列、布局海外物流网点、开展国际供应链服务等方法，逐步形成了面向中亚、南亚、西亚国家的陆港型物流枢纽，成为甘肃省和兰州市引领产业集聚、带动产业升级、扩大对外开放、推动丝绸之路通道建设的承载平台。

一、枢纽概况

枢纽是“一带一路”重要的国际物流中转中心、国际供应链服务中心、甘肃省枢纽经济发展新高地和增长极、甘肃省商贸集散中心及兰州市城市分拨配送中心、西北区域物流信息和大数据服务中心。具备中欧班列、南亚班列、西部陆海新通道的海铁联运班列的干线组织、铁路口岸综合服务、“公铁空”多式联运、区域分拨及组织配送、国际供应链服务等功能，同时提供信息综合服务、物流资源交易、专业物流服务等延伸服务。

主枢纽位于甘肃（兰州）国际陆港，属全国城镇体系九大综合交通物流枢纽、21个物流节点、18个铁路集装箱中心站之列。2014年年初，甘肃省委、省政府瞄准兰州市的交通、枢纽、能源、产业等综合优势，谋划了主枢纽的建设。甘肃（兰州）国际陆港2017年被评为全国第二批示范物流园区，2018年获批为国家指定的3个对尼泊尔开放的内陆港之一，2019年成为枢纽主枢纽和重要建设承载平台。2020年成立了由兰州市委常委、常务副市长任组长，各相关单位主要领导为成员的“兰州市加快推进国家物流枢纽建设领导小组”，负责贯彻落实国家物流枢纽有关部署、政策，统筹协调枢纽建设相关事项。

辅枢纽位于兰州新区中川北站物流园，是依托兰州新区马家坪—中川—朱家窑铁路建设的多式联运物流园。辅枢纽距离兰州新区综合保税区 12 公里，距离兰州中川国际机场 13 公里，并先后于 2017 年、2019 年获得物流业金飞马奖“品牌价值百强物流园区”殊荣，2018 年跨入甘肃省交易额超过 100 亿元的大型商贸物流园区行列。

（一）空间布局

枢纽以“一主一辅”的形式布局，如图 1 所示，占地面积 6.678 平方公里。主枢纽位于甘肃（兰州）国际陆港核心区域，由国家铁路一级货场兰州铁路集装箱中心站、铁路口岸、整车口岸、小汽车特货作业区、保税物流中心（B 型）、多式联运物流园等核心功能组成；辅枢纽位于兰州市北部兰州新区中川北站物流园，包括铁路专用线、铁路口岸中川北站作业区、粮食进境口岸等。

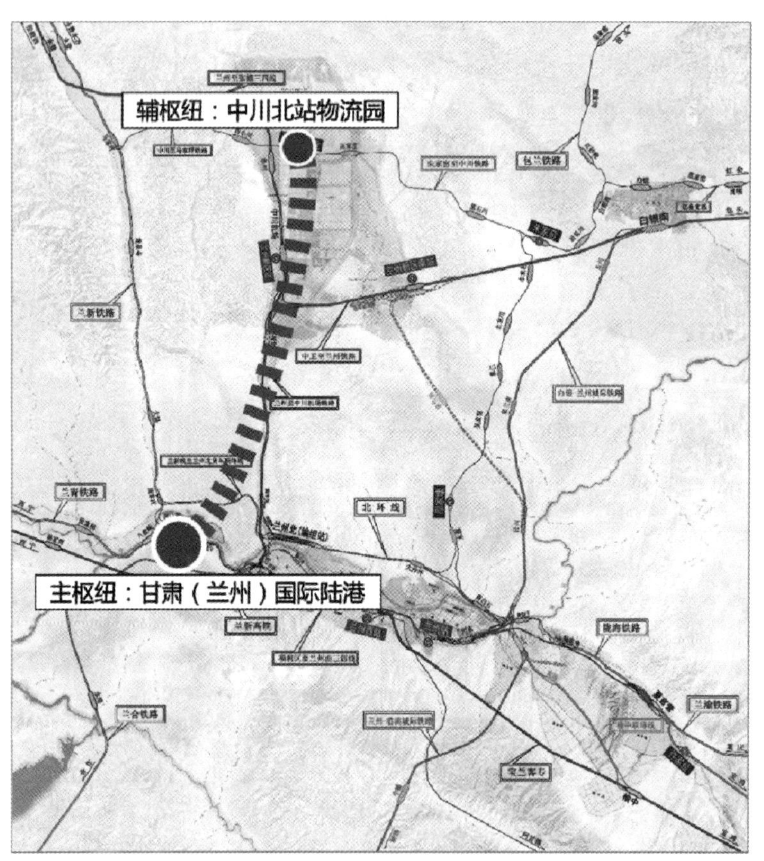

图 1　兰州陆港型国家物流枢纽布局

（二）运营主体

兰州国际港务区投资开发有限公司作为建设主体，负责枢纽范围内保税物流中心（B 型）、多式联运物流园和综合信息服务平台等项目的投资建设；兰州新区商贸投资集团有限公司作为协同单位，负责中川北站物流园的投资建设。枢纽由兰州国际港务区投资开发有限公司作为运营主体，联合兰州新区商贸物流投资集团有限公司下属的兰州新区路港物流有限责任公司协同运营。

（三）设施布局

枢纽总占地面积约 6.68 平方公里。其中，甘肃（兰州）国际陆港占地约 3.674 平方公里，如图 2 所示，内有东川铁路国际物流中心、集装箱作业区、兰州铁路口岸等，增量设施为多式联运物流园、保税物流中心（B 型），另保留约 1.02 平方公里预留发展用地；中川北站物流园占地约 3 平方公里，如图 3 所示，内部功能区布局为“三区三园两中心”，即铁路调车作业区、铁路装卸作业区（散杂货物、集装箱）、铁路口岸作业区、汽车贸易物流园、公路港物流园、金属仓储物流园、综合服务中心和生活物品仓储配送中心。

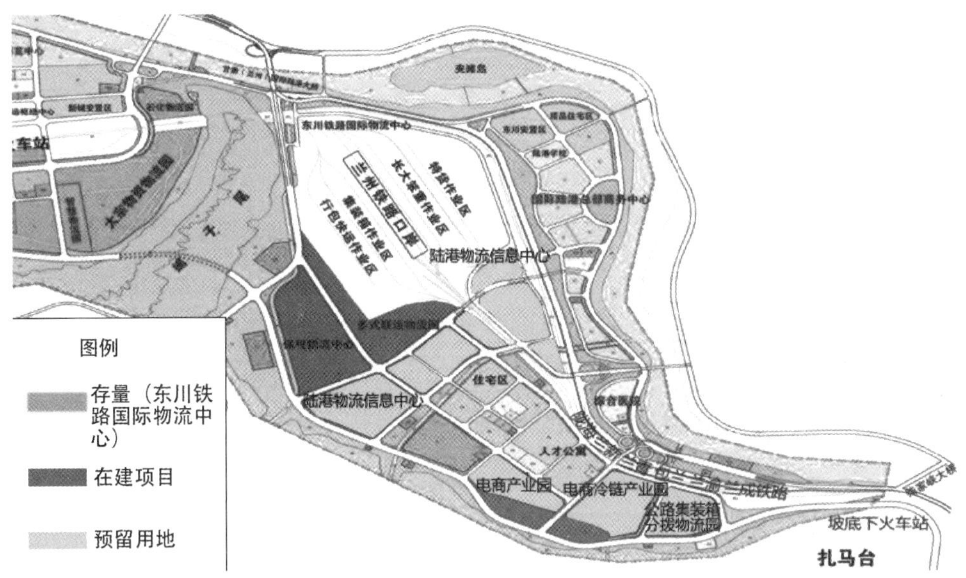

图 2 兰州陆港型国家物流枢纽主枢纽甘肃（兰州）国际陆港功能区布局

（四）区位交通

兰州市是国家“八纵八横”铁路网的重要枢纽，国家干线铁路网有 6 条铁路与枢纽相连接，具有“座中六联”的独特位置。以兰州市为中心、辐射周边地区的高速公路网络基本形成，连霍、青兰、兰海、京藏、G312、G109 等多条国家级高速公路和国道干线使兰州市成为国家高速公路网中的重要节点和连接青海、新疆、西藏的重要交通枢纽。

图3　兰州陆港型国家物流枢纽辅枢纽中川北站物流园功能区布局

二、主要做法与特色经验

（一）建设国际物流和干支衔接物流网络

受货源组织困难、回程货源相对短缺、总体货源不够稳定、国际班列发运干线覆盖面不够宽广、国内干支线分拨运输力度不够等影响，枢纽统筹国内国际两个市场、两种资源，构建国际物流和干支衔接物流网络，积极融入以国内大循环为主体、国内国际双循环相互促进的新发展格局。

1. 国际物流节点建设

一是汽车整车进口口岸已正式获得批复并启动运营，同时成立了甘肃陆港进口汽车国际贸易有限公司，以方便后续汽车整车进口业务开展，为西部汽车进口市场的发展注入强劲动力。二是进境粮食指定监管场地于2019年通过海关总署验收，并于同年12月经海关总署批准将进口品种扩项至8种。2020年，1113吨哈萨克斯坦亚麻籽搭乘中欧班列运抵中川北站铁路口岸，开展首票进口业务，标志着甘肃省进口粮食类货物可以在本地办理通关手续，由兰州海关进行监管验放。依托进境粮食指定监管场地，枢纽持续加强与哈萨克斯坦亚麻籽、大麦、小麦、麸皮颗粒等粮油产品经贸合作，截至2020年年底，实现进口粮油共计1.26万吨。枢纽以此为契机深化“区港联动”，承接综合保税区内企业亚麻籽到发装卸业务，力促粮油加工产业落地，助力西北地区粮食产业链发展，对于甘肃省进一步延伸铁路口岸功能、畅通“一带一路”

沿线国家粮油贸易渠道、打造兰州新区粮油加工产业园、提高粮食产品附加值具有重要意义。三是中远海运集装箱中川北联运场站2015年正式授牌成立，标志着枢纽中川北站成功纳入中远海运国际联运路径，且成为甘肃省唯一的站点。2020年枢纽开通“中川北站—黄岛港—拉脱维亚”国际通道，与中远海运集装箱运输有限公司合作开展食品香料发运业务，截至2020年年底共计发运59车，实现了中川北站无缝衔接的公铁海多式联运。在未来国际货运班列的通行过程中，中川北站可为客户提供充足的海运空箱，在有效节省企业运输成本的基础上节省客户贸易货款的结算时间。

2. 国际物流线路建设

一是2020年6月中欧班列“中吉乌”公铁联运国际货运班列在甘肃（兰州）国际陆港首发，货物主要为家用电器、灯具等，这条班列的开通进一步强化兰州在“一带一路”黄金段上的支点作用，进一步优化广州、兰州、喀什等沿海、沿边国家物流枢纽联运机制。班列在运输时间上节省近5天，在运营线路上节省近300公里，最终实现了运营成本降低，同时有效缓解了阿拉山口、霍尔果斯口岸的通行压力。2020年9月，甘肃首趟“中吉乌”国际货运回程班列顺利抵达枢纽，共运回12组、240吨乌兹别克斯坦棉纱。这批货物由乌兹别克斯坦的首都塔什干始发，通过公路运输，途经吉尔吉斯斯坦，经伊尔克什坦口岸入境，并在喀什换乘铁路，最终到达兰州，之后将交付给我国中东部地区的纺织企业。二是开通了全国唯一一条与伊朗铁路总公司直接合作的公铁联运班列线路。2019年，兰州—伊朗国际货运班列自枢纽首发，15天后抵达伊朗德黑兰。这趟班列自兰州铁路口岸东川作业区海关监管场所始发，由霍尔果斯铁路口岸出境，途经土库曼斯坦，全程6000余公里。班列载运50个集装箱，货运量263.4吨，货值948.6万元，主要货物为汽车、汽车零配件、水泥添加剂等。三是为进一步拓展新的国际物流线路，开通了兰州—金边—拉合尔国际定期全货机业务。2019年，由枢纽组织、圆通航空执飞的兰州—拉合尔国际定期全货机起航，运载近20吨的服装、户外用品、家电、甘肃土特产等货物，从兰州运往巴基斯坦的第二大城市拉合尔。该航班航程为兰州—拉合尔—兰州，每周二、周五执飞两班。2020年10月，装载逾14吨杧果干的客改货飞机从柬埔寨金边飞抵兰州中川国际机场，当天下午装载逾15吨百货的全货机从中川机场飞向巴基斯坦拉合尔。这是枢纽与兰州空港探索业务融合渠道、形成良好运营机制、实现协同联动发展的实践，为甘肃省企业开展进出口贸易提供了高效便捷的空中通道，对搭建起甘肃省与南亚地区经贸发展的空中通道和服务平台具有现实意义。

3. 延伸国内干线运输分拨

一是国内干线运输班列组织。枢纽依托陇海线、兰新线、兰青线、包兰线、兰渝线等国家铁路干线开展大宗商品运输，面向新疆、西藏以及华东等地区开行集装箱拼箱、商品车运输以及农产品冷链集装箱班列等特色班列。西部陆海新通道兰州班列于2020年实行“周周班”运行，货物主要包括氧化硅、电解铜、高原夏菜等。每周三开行兰州—重庆（中转）—广西班列，实现“周周班”，充分发挥平台企业作用，充分利用重庆、广西等西部陆海新通道沿线省（直辖市、自治区）通道基础，按照“统一品牌、统一规则、统一运作”模式，形成通道合力，有效降低甘肃省通道培育成本，推进区域开放合作迈上新台阶。二是提升枢纽内部干线运输服务能力。目前北京华联集团已正式入驻枢纽，北京华联集团进驻西北大区21年来，先后在甘肃、青海、宁夏成功开业近30家生活超市及两家购物中心，构建了西北地区规模最大的连锁经营体系，开展城市配送、分拣包装、仓储服务等综合业务，月进出货量4000吨，年货物周转量200万吨，年配送金额3亿元。已建成运营的京通易购电商产业园是京东集团甘肃、青海、宁夏的分拨配送中心，库房配备有地狼机器人，采用“货到人”的方式通过二维码导航AGV小车，极大提高了分拣配送中心作业效率。项目建成后大大提高了当地人民网上购物的配送速度，目前共提供分拣、物流、车队等就业岗位约400余个，每年可为兰州当地纳税1000余万元。三是完善外部干线运输网络建设。加强与成都国际铁路港、重庆国际物流枢纽园区、山东港等内陆港和钦州港、曹妃甸港、山东港、连云港等海港的业务合作，目前在兰州陆港设立10个无水港集货平台，成为沿海港口在内陆经济中心城市的支线港口和现代物流的操作平台，为兰州发挥后发优势、实现换道超车奠定良好基础。

（二）助推多式联运发展

自枢纽建设以来，始终将多式联运作为支撑现代化经济体系、加快现代综合交通运输体系建设、促进枢纽物流降本增效的重要突破口，统筹谋划、综合施策，多式联运发展取得明显成效。但由于存在组织模式不够健全、服务规则不够规范等问题，制约了多式联运的高效发展。枢纽直面问题，创新货物运输组织方式，为充分利用运输资源，促进各种运输方式合理分工，提高一体化运输服务水平，降低运输交易成本和社会物流成本，促进交通运输绿色发展，从以下几个方面开展了多式联运标准化体系建设。

一是探索建立标准组织模式。开创铁路运输商品汽车“库前移”物流模式，通过深化合作，将主机厂生产的商品汽车，有计划、成规模地通过铁路运输前移至铁路新建的物流基地（相当于物流基地建立分厂），再按照周边地区的市场需求，二次分拨至各经销商，实现“一单制”全程无缝运输服务，为铁路开行商品汽车快运班列、提高运输时效性、发挥规模化运输优势创造了有利条件。利用兰青线区位优势，在兰青线夏季铁路运力紧张的情况下，加强货运的组织调节，为保障班列发运，同时在拉萨、格尔木、日喀则多点车站提供公路衔接接驳服务。二是建立健全多式联运服务规则。

积极拓展公铁航联运业务，加强铁、公、水、空运输方式在货物交接、合同运单、信息共享、责任划分、保险理赔等方面的制度对接和规范统一，重点通过运营组织模式创新和新型装备研发应用等举措，破解多式联运发展瓶颈，建设具有陆港特色的多式联运线路。三是建立多式联运信息系统。围绕多式联运协同服务系统建设，开展货源、运输、单据、金融等全方位信息服务。以物联网数据采集为基础，通过标准化规范实现跨部门信息的交互与共享，实现了车、箱等信息的智能化采集与集成，实现港口与铁路信息系统的互联互通、信息共享。四是加快冷藏集装箱和标准托盘的运用，提高专业服务。面对甘肃省快速增长的冷藏货物运输需求，枢纽与铁路方面密切配合，在南亚国际班列多式联运示范线路和西部陆海新通道中，通过标准托盘实现快速装卸促进多式联运发展，使用冷藏集装箱保障农产品冷藏运输。截至 2020 年年底，已完成冷链运输货物 3000 余吨，货值达 2560 万元。五是加快集疏运系统建设，发挥整体效能。

（三）供应链集成业务

“单一窗口”作为供应链集成的重要环节，存在信息化应用水平较低，建设进展较慢，尚未实现业务全覆盖，海关、铁路等部门难以实现数据共享，综合服务能力不强等问题，为此枢纽采取一系列有效措施。一是建设多式联运物流信息平台与物流枢纽大数据中心，形成兰州物流综合信息服务平台，与国家交通运输物流公共信息平台无缝对接，借助兰州市入选全国首批 5G 试点城市契机，加大 5G 技术应用，实现物流信息技术跨越性进步。二是依托跨行业和跨区域的智能物流公共信息平台，打破物流信息壁垒，推动枢纽内企业、供应链上下游企业信息共享，实现车辆、货物位置及状态等信息实时查询。三是打造全球化供应链网络，深度参与“一带一路”、西部陆海新通道、中巴经济走廊等国际线路运输，设立境外分销服务网络、物流配送中心、海外仓等，建立国际化供应链体系。四是建设高起点的供应链服务体系，与区域周边制造业、石化企业、生产园企业开展供应链合作，如在氧化铝材料采购、运输组织、库存管理、铝产品销售等多个环节建立合作，深度参与甘肃、青海、新疆多个氧化铝企业的供应链服务。积极开拓物流市场，相继与中外运、捷时特、酒钢宏顺公司等大型物流企业合作，在枢纽内设立钢材营销中心，实现钢材板材、卷材、线材等全种类营销业务，并设立开平机厂进一步延伸产业链，进军钢材加工产业，不断做大做强物流业务、做精做优供应链业务。五是推动区域供应链协同发展，通过建设供应链协同平台，利用“互联网 + 智慧物流”的新理念、新技术，在公共智能化仓储、转运设备、专业冷链运载工具方面，大力发展共享设施、智慧仓储公共服务，提升供应链智能化水平。

三、枢纽建设发展成效

（一）基础设施建设情况

枢纽自启动建设以来，已实施核心功能、基础道路及配套设施项目共210个，累计完成固定资产投资403.2亿元。其中东川铁路物流中心（铁路集装箱和货运中心）货运作业区项目已建成并开始运营，兰州铁路口岸海关入驻并开展报关业务，中马铁路、中川北站物流园铁路货场、兰州新区铁路口岸作业区、兰州新区进境粮食指定监管场地等功能设施和配套路网项目完成建设。同时，围绕多式联运等功能设施、枢纽路网等配套设施、信息化建设等方面，进一步谋划梳理建设项目，夯实了枢纽支撑项目，包含在建、新建和谋划项目共计61个，合计总投资达480亿元。

（二）服务能力

枢纽作为通道物流产业的重要增长极，充分发挥丝绸之路经济带黄金通道优势，在不断完善物流基础设施的基础上，积极提升服务能力，强化枢纽国际国内干线运输、支线配送、供应链管理等业务，逐步扩大运营成果，拓展通道经济。

一是可与国内外企业开展全方位合作，目前已与甘肃省物产集团、武威陆港、金川公司、白银公司、青海力铜、上海蒙召、西藏中林实业、德国星海、天津港、钦州港、果园港等上百家企业开展物流业务、进出口贸易合作。二是已形成四大国际贸易通道，即西部陆海新通道、新亚欧大陆桥国际物流大通道、南亚班列国际运输通道和中巴经济走廊。截至2020年年底，枢纽共发运国际货运班列905列，货物总重量约95.39万吨，货值约139.11亿元。2020年受疫情影响，发运班列202列，同比下降36.08%，其中，中欧班列发运74列，同比下降30.84%。三是东川铁路集装箱中心站、货运中心站共占地2平方公里，全面建成后预计年吞吐量达3050万吨，将具有整列集装箱班列编组、集疏运等功能，成为西北规模最大、功能最全的综合性铁路集装箱货运中心。四是兰州铁路口岸（含整车指定口岸）作为国家一类对外开放口岸，口岸紧邻铁路货运中心，可为进出口业务提供便捷服务，具备“港口后移、多式联运、就地办单、无缝对接”的功能。

（三）促进区域经济发展

一是推动城市产业升级，发展国际商贸服务业，建设进出口商品展销中心、跨境电商体验中心、物资集散分拨中心、售后服务网络，加快海外网点布局，建设大宗商品现货交易平台与期货交易服务平台。发展国际加工和制造业，发展进口农产品保税加工，开行面向电子产品的定制班列，智能终端、家用电器等整机组装产业链加快突破。发展现代物流服务业，发挥兰州集聚省内大型物流企业集团的作用，推进物流产业链向国际货运、多式联运、供应链服务、物流金融等环节延伸。二是打造枢纽经济承载平台，布局国际商务和会展区，规划建设跨境电商体验中心、国际会展中心区、总部基地商贸区等，引进国际国内集团总部、区域总部入驻，推动形成要素集聚效应和产业关联效应。建设飞地物流园和合作物流园，推动国际市场和国内市场的物资中转、流通加工和转口贸易领域合作。三是促进枢纽经济与区域经济融合发展，按照现代经济体系完善供应链体系，依托兰西城市群、兰白都市圈、榆中生态创新城建设与枢纽发展的深度融合，构建产业服务体系，搭建电商创新平台、综合创新支撑平台、产业级创新协同平台、城市级产业创新保障平台，实现要素聚集，培育壮大枢纽经济，带动区域经济发展，提升枢纽对兰州高新区、兰州经开区等园区的服务带动作用，为企业提供定制化、一体化的供应链解决方案，通过优化生产、流通、销售环节，有效清除供应链环节不完善造成的额外成本约10%。

（四）社会贡献

在国家和地方政府的大力支持下，枢纽在国家物流网络中的节点作用进一步凸显，已成为甘肃省通道物流产业的重要增长极，在认真落实国家、省、市关于枢纽建设运营和安排部署的同时，为节约资源、促进就业等作出了积极的社会贡献。一方面，枢纽积极响应节约资源号召，助力建设节约型社会，园区内工业用水重复利用率为100%、工业固体废弃物综合利用率为100%、万元工业增加值水耗8.57吨标准煤、万元工业增加值能耗0.20吨标准煤。另一方面，枢纽通过近几年的建设发展增加了3400余个就业岗位，带动周边人口就业，拓宽人们收入来源，提升农民工资性收入和农业收入，为周边区域的脱贫攻坚工作起到积极作用。

四、发展方向与未来展望

枢纽未来将进一步完善物流基础设施建设，强化枢纽集疏运铁路、公路的配套建设，畅通枢纽节点“微循环”，提升枢纽多式联运、干支衔接、口岸服务等功能。进一步加快产业优化布局，壮大枢纽经济，加强物流与交通、制造、商贸等产业联动融合，推动物流资源向枢纽进一步集聚，在国家物流枢纽网络中不断提升影响力和竞争力，力争建设成为产业转型升级、区域经济协调发展和经济竞争力提升的重要推动力量。

（一）完善功能设施配套

进一步完善兰州铁路口岸功能，建设运营内陆无水港，加快对中川北站、高家庄站的多式联运设施提升改造，推进多式联运物流园、保税物流中心（B型）、兰州新区综合保税区冷链设施等功能设施建设，加快基础道路建设，完善供暖、供电、天然气等基础配套设施。同时加强信息平台支撑，促进陆港、空港等物流信息融合，带动以兰州为核心的智慧物流发展，实现信息的互联互通。

（二）提升运营发展水平

整合物流资源，一方面加强枢纽与省、市主要货运场站、物流节点和园区的协同发展；另一方面扩大国内枢纽间协作，推进一主一辅枢纽的多式联运服务、货运班列组织运输、物流信息服务、枢纽对外合作、供应链集成等业务开展和服务拓展。

（三）加强国际通道建设

充分发挥枢纽的资源集聚和区域辐射作用，加强国际干线（中欧班列、中伊班列等）和国内干线运输组织，推进西部陆海新通道、中欧班列与其他港口协调合作开展集拼集运业务，提高国际班列货物集散和归集能力，依托国际货物转运，健全口岸体系、提高通关能力、拓展海外合作。

（四）壮大产业集群

充分发挥枢纽辐射广、成本低、效率高的优势，着力引进一批国内外外贸企业和出口加工企业，形成产业集聚效应。培育一批特色突出、规模较大、外向度较高的企业，形成推动枢纽经济产业发展的新动能。通过借力5G技术等新兴科技，大力发展网络货运和电商物流等平台经济，加速形成产业集聚。构建“互联网+大数据”的平台企业生态体系。

（撰稿人：孙炜，罗喆，苏亮，张琪，吴消滔，俞树斌）

乌鲁木齐陆港型国家物流枢纽

畅通欧亚贸易通道　打造向西开放前沿

乌鲁木齐陆港型国家物流枢纽（以下简称“枢纽”）位于“一带一路”新亚欧大陆桥、中国—中亚—西亚、中巴三大经济走廊交会处，是新疆建设丝绸之路经济带核心区交通枢纽中心和商贸物流中心的重要承载平台。枢纽按照“集货、建园、聚产业”的发展思路，依托中欧班列（乌鲁木齐）集结中心，立足于建设亚欧腹地效率高、成本低、服务优的国际陆港，打造面向中亚、西亚、南亚及东欧具有较强影响力的现代国际物流枢纽、国际商贸中心和外向型产业基地，对新疆培育新的经济增长极，带动开放型经济高质量发展，助力我国打造绿色高效的现代物流系统，加快构建以国内大循环为主体、国内国际双循环相互促进的新发展格局具有重要意义。

一、枢纽概况

枢纽位于国家级乌鲁木齐经济技术开发区，地处新疆最具发展实力的天山北坡经济带，经济首位度高、产业基础好、开放动能强、国际物流发展优势突出、形成了以国际陆港、国际空港，城南、会展及米东—甘泉堡物流产业集聚区为核心的“两港三区”物流基础设施网络。拥有中欧班列西通道最后一个大规模编组站，紧邻高铁站和国际机场，连霍高速、乌昌高速及兰新铁路贯区而过，通道条件优越，交通网络完善，是承东启西的重要核心节点。同时，中欧班列集结中心、多式联运中心、国际快件中心三大功能区集中连片布局，设施平台功能完整，业务运营基础较好，基本形成了覆盖全疆、辐射内地、联通欧亚的立体化综合交通体系，为承载国家物流枢纽建设奠定了坚实基础。

（一）空间布局

枢纽选址于新疆丝绸之路经济带核心区建设标志性工程乌鲁木齐国际陆港区的核心区——西站片区，毗邻新疆最大的铁路编组站——铁路西站，区域内有7条铁路专用线，靠近铁路北站、高铁站、国际空港及八钢片区、乌鲁木齐集装箱中心站和综合保税区，通过分工协作，进一步加强了枢纽在国际物流、多式联运和区域商品集散领域的功能，是目前乌鲁木齐乃至全新疆物流、客流最集中的区域。如图1所示，枢纽目前公路交通方面主要依托乌鲁木齐市呈“方格 + 环 + 放射”的道路多级网络，距乌奎高速出入口约 3 公里，通过乌奎高速、乌昌大道、苏州路、北站公路、八钢公路建立对外联系；铁路交通方面主要依托以兰新线和南疆线为主骨架，以乌鲁木齐铁路枢纽为中心的“四纵四横”铁路网，辐射新疆内外。同时枢纽联动乌鲁木齐经济技术开发区、高新技术开发区、甘泉堡经济技术开发区先进制造产业区、高端服务产业区、电子商务产业区、国际纺织品服装商贸中心等多园区协同发展，促进外向型产业整体提升。

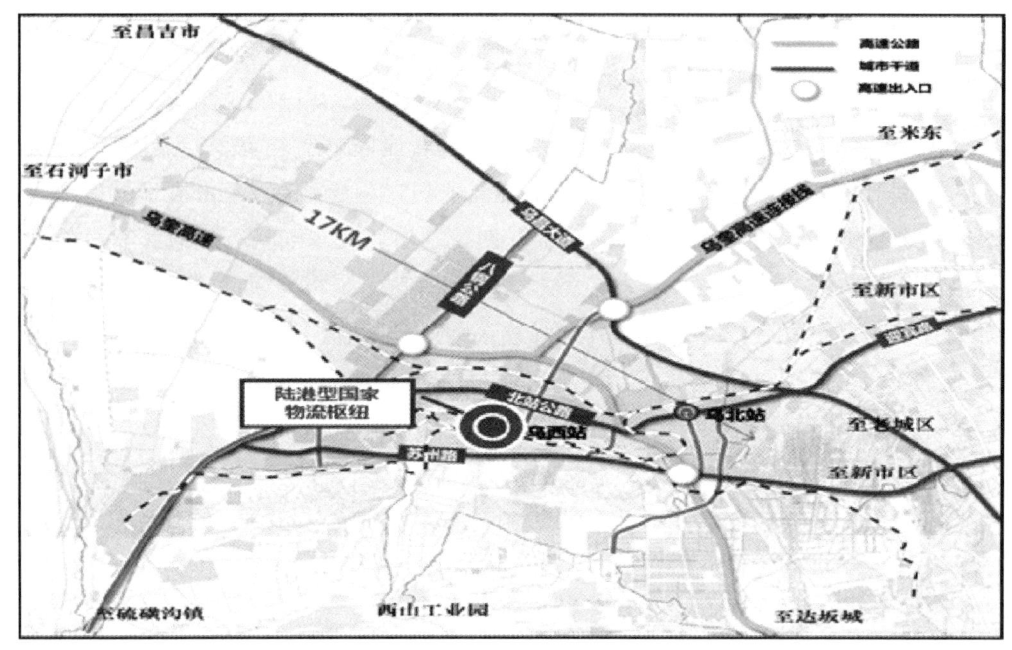

图 1　乌鲁木齐陆港型国家物流枢纽区域交通网络现状

（二）功能布局

枢纽功能区包括中欧班列集结中心、多式联运中心、国际快件中心三大主体功能区，及多式联运集货区、多式联运资源整合区两个功能整合拓展板块，且实现集中连片布局，占地面积约 1. 11 平方公里。其中，中欧班列集结中心工程占地面积约 0. 64 平方公里，总投资约 15. 7 亿元，分两期建设，目前已全部竣工并投入使用；多式联运中心占地面积约 0. 24 平方公里，总投资约 7. 9 亿元，2016 年年底封关运营；国际快件中心项目建设用地面积约 0. 16 平方公里，总建筑面积约 14. 3 万平方米，目前正在积极推进项目建设；多式联运集货区和多式联运资源整合区包含多式联运中心北卡口东侧用地（约 2. 3 万平方米）和多式联运中心南侧三角形地块（约 2. 6 万平方米），目前正在积极推进项目建设。

（三）建设模式

枢纽采用“协调小组+建设委员会+运营主体”建设模式，遵循“政府引导、企业主体、市场运作”的原则，各级政府在国家物流枢纽开发建设过程中予以必要的资金支持和土地保障，对资源整合和对外合作予以必要引导支持。由新疆分管领导担任组长，新疆维吾尔自治区人民政府、乌鲁木齐市人民政府共同成立乌鲁木齐国际陆港建设工作协调小组，建立跨部门联席会议和多方会商机制，统筹领导和推进枢纽建设工作。抽调乌鲁木齐相关部门人员成立乌鲁木齐国际陆港区管理委员会，全面管理陆港枢纽建设和产业发展工作。

（四）运营管理主体

目前枢纽由乌鲁木齐一类国有企业新疆国际陆港（集团）有限责任公司（2018 年 2 月成立，注册资金 12.245 亿元）统筹运营管理。通过参股、控股及战略合作等方式，联合乌鲁木齐经济技术开发区建设投资开发有限公司、乌鲁木齐经济技术开发区建设发展总公司、中国铁路乌鲁木齐局集团有限公司，并充分鼓励新疆天顺供应链股份有限公司、海程邦达供应链管理股份有限公司等专业民营上市企业，共同参与枢纽开发建设。新疆国际陆港（集团）有限责任公司以高质量发展中欧班列为核心任务，致力于成为中国内陆港综合开发运营服务商，业务涉及现代物流、园区开发、园区服务、贸易与供应链、粮油、纺服、投资与金融、物联信息八大板块，下设五大职能中心、八个职能部室，下辖 12 家全资子公司、三家控股公司，并参股陆海新通道运营有限公司、乌鲁木齐国际纺服中心投资开发有限公司、乌鲁木齐市招商服务有限公司等七家公司。

二、主要做法与特色经验

（一）完善基础设施建设，高标准建设中欧班列集结中心

为有效发挥乌鲁木齐物流节点作用，完善乌鲁木齐国际陆港区基础设施建设，提升陆港区核心功能，打造丝绸之路经济带中极具影响力的国际门户枢纽和开放型产业的高质量、规模化发展战略基地，在乌鲁木齐市委、市政府的领导下，枢纽按照“集货、建园、聚产业”的总体发展思路，进一步深化地方与铁路部门合作交流，投资建设集结中心。一是成立组织机构。中欧班列集结中心由乌鲁木齐市委分管领导负责，成立项目建设指挥部，由乌鲁木齐相关部门和铁路方面安排专人组成工作专班，负责项目设计、立项、审批以及建设全过程有关工作。同时，由新疆国际陆港（集团）有限责任公司与中铁乌鲁木齐局集团有限公司共同出资组建合资公司，具体负责中欧班列集结中心的投资、建设及运营工作。二是整合铁路土地和相关物流设施。根据乌鲁

木齐西站既有铁路设施布局，统筹国际陆港区、多式联运中心空间布局结构，同时结合周边既有专用线铁路线路分布情况，规划新建了 4 条门吊作业线、1 条整车货物作业线。铁路作业区尾部设置的联络线与存车场和兰新线联络线连通，班列集结编发区利用既有的乌西存车场进行了电气化改造，同时与兰新线外包线联通，满足直接发车条件。中欧班列集结中心实景如图 2 所示。

图 2　乌鲁木齐陆港型国家物流枢纽中欧班列集结中心实景

通过打造中欧班列集结中心，枢纽实现了铁路口岸、多式联运中心、集结编组中心多功能合一，可以在中欧班列集结中心区域内完成班列到达、装卸、编解、查验、发运一体化无缝高效作业，发运时效可缩短至 6 ~ 12 小时。同时协同海关监管流程、场站智能化系统服务以及场站空间规模、配套设施等软硬件设施支撑优势，实施多点装货、重进重出模式，集中运抵、集中施封、集中查验模式，货物查验、监管、通关即办即走模式，通关服务效率不断提升。创新发展运营模式，乌鲁木齐海关提出并在中欧班列集结中心测试通过的“集拼集运”模式，实现了同列运输、空箱换重箱、外贸货物换内贸货物，使班列重载率提高 10%，运营成本节约 10% 以上，为全国中欧班列降本增效提供可操作方案，国务院印发《国务院关于做好自由贸易试验区第五批改革试点经验复制推广工作的通知》（国函〔2019〕38 号）在全国推广。

（二）立足区位优势，推动枢纽国际联运通道多元化发展

乌鲁木齐是“一带一路”新亚欧大陆桥、中国—中亚—西亚、中巴“三大经济走廊”必经之地，也是新亚欧大陆桥向西出境通道的最后一个大规模编组站，以及向东进入中国的第一个大规模编组站，距阿拉山口、霍尔果斯口岸不足 1000 公里，拥有天

然的运费成本及时间成本优势，具有吸引全国西向货物和返程货物集聚的得天独厚条件，核心枢纽节点优势突出。

枢纽以中欧班列集结中心为依托，凭借区位交通优势以及新疆产业和进出口市场需求，构筑欧亚腹地效率高、成本低、服务优的国际陆港，打造面向中亚、西亚、南亚及东欧的国家物流枢纽、国际商贸中心、外向型产业基地，打造丝绸之路经济带标志性工程。一是开行新疆特色班列，打造精品线路。一方面立足区位优势，深化与铁路、海关等部门合作，在常态化开行中亚班列的基础上，提升班列开行质量，打造中亚方向公共班列；另一方面立足新疆产品资源优势，在全国首创开行跨“两海”（里海、黑海）至西亚、高加索地区、欧洲的铁海联运班列，助力新疆特色农产品“走出去”。同时重点面向日韩方向，大力发展东西双向的海铁联运线路。在保障好原有电商出口传统通道的基础上，开行乌鲁木齐至比利时列日的中欧班列运邮线路。二是持续完善国内外物流网络体系。国内方面，推进与石河子、喀什、阿拉山口、霍尔果斯等地的合作，加快建设覆盖面更加广泛的新疆陆港体系。推进并做好和田—喀什—乌鲁木齐南疆集拼集运班列的服务保障工作，建立以枢纽为核心的疆内集拼集运网络。加强与成渝等物流节点以及天津港、青岛港等东部沿海港口合作，增强区域协调联动。国外方面，加快与哈铁、俄铁等境外铁路公司的接洽合作，降低班列境外段运输价格。现已完成在俄罗斯莫斯科克列斯特建立海外场站的合作运营对接，正加快推动关于境外场站、海外仓，特别是多斯特克、阿腾科里换装堆场合作事宜，为班列发运提供相应的配套服务。三是积极开展运贸一体化业务。大力推进石油沥青、番茄酱、木材等运贸一体化业务开展，形成运贸一体、以贸补运、以运促贸的良性循环，降低综合运输成本，推动实现“一票到底”的“门到门”“站到站”服务，提升竞争优势。

（三）围绕“13＋1”多省市共建陆海新通道历史机遇，推动“中欧班列＋西部陆海新通道”融合发展

2019 年 8 月，国家发展改革委印发了《西部陆海新通道总体规划》，对西部陆海新通道有了明确而清晰的发展目标和发展路径，同时指出西部陆海新通道是密切西北与西南的联系、促进产业合理布局、实现西部地区高质量发展的重要动力。为了西部融入陆海新通道国家发展战略，2020 年，新疆国际陆港（集团）有限责任公司代表新疆与重庆、广西、甘肃、贵州、宁夏等地平台公司按照“统一品牌、统一规则、统一运作”原则共建陆海新通道，共同合资设立主体运营公司——陆海新通道运营有限公司，负责对外协调和对内总体管控，制订各地陆海新通道运行规则，开展国内外网络和市场拓展，确保一体化高效运作，打造国际多式联运、区域合作示范品牌；同时与主体运营公司合资成立区域运营公司——陆海新通道运营新疆有限公司，根据主体运营公司制订的陆海新通道运行规则，负责对接当地政府进行市场化运作，承担跨地区联动

及国内干线运输，最终在西部形成陆海新通道物流枢纽，发挥规模经济效益。

随着陆海新通道建设的持续推进，目前已成功开行海南—乌鲁木齐—伊朗重去重回班列，同时实现集装箱循环使用，初步建立了重庆、乌鲁木齐“枢纽对枢纽”的集疏运体系，形成了新疆与西南地区、珠三角地区以及辐射东盟、东南亚等地区高效便捷的通道网络。

（四）加强技术创新应用，打造区域生态化的智慧铁路港口信息化平台

借国家新基建发展、智能化发展和数字化转型发展的东风，通过大数据、云平台、物联网、区块链、人工智能、5G 应用等先进科技支撑物流、贸易、金融和数据的协同应用发展，通过优先建设中欧班列集拼集运智能场站平台系统，打通了中国、欧亚经济联盟和欧盟之间的铁路和关务信息，促进多式联运中心与海关、铁路以及各参与者互联互通、业务协同，充分释放多式联运中心的物流集结与中转效能，改善并解决中欧班列满载率低、存在空箱运载问题，充分发挥其运力、降低班列运营成本，通过物流带动商贸发展，转变新疆物流通道角色，促进内外贸同步发展，促进空、陆、铁多式联运一体化同步升级，为下一步在沿线推广陆路运输规则、技术标准、管理模式，打造区域生态化的智慧铁路港口信息化平台夯实基础。

创新打造乌鲁木齐集结中心与数字班列万物互联平台、多式联运物流信息共享交换平台、枢纽综合信息服务平台，融合物流集结、班列发运、智能场站、多式联运、跨境贸易服务、运营服务等线上线下的多业务综合型服务体系，初步建成区域生态化的智慧铁路港口信息化平台，形成了枢纽“丝路智港”，其具体功能板块如图 3 所示。

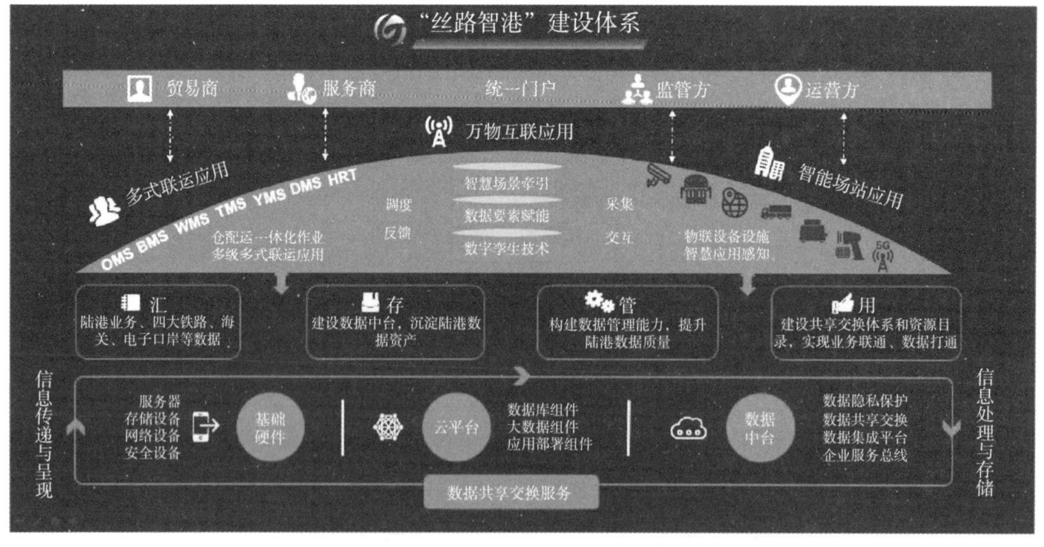

图 3　乌鲁木齐陆港型国家物流枢纽多式联运物流信息共享交换平台示意

1. 乌鲁木齐集结中心与数字班列万物互联平台

以业务为驱动，以数据为底座，通过万物互联的感知应用，实现业务与数据紧密对接、多式联运业务一体化以及贸易、物流、通关等信息共享交换。同时推进智慧化场景示范应用，为场站提供更高效的运营水平、更安全的园区环境、更精细的管理服务。平台包括以下几个板块。

（1）智能场站板块：汇聚场站多源异构数据，对场站吞吐量、场站集装箱概况、场站车辆作业情况、中欧班列发运情况进行智能统计分析，高效掌握场站作业情况与货物发运情况。

（2）国际贸易板块：通过对全新疆货运数据进行统计汇总，分析货物、集装箱吞吐量趋势，掌握主要货物类型数据、贸易国别与申报地海关数据，对整体的贸易额和过境班列进行综合统计，掌握货运发展趋势，助力后续贸易战略规划；通过对场站的可视化管理和业务统计分析，助力场站实现“集货”的目标。

（3）作业热力图：以高精度 GNSS（全球导航卫星系统）定位设备为依托，结合场站作业任务数据，利用大数据分析，以可视化方式呈现场站作业车辆工作任务密集度，识别场站高频作业区域，分析场站车辆和集装箱的利用情况，为场站作业调度和生产安全做出指导。

（4）场站监控板块：接入场站监控数据，基于数字孪生底座、虚实映射，将摄像头的真实位置映射到虚拟的数字孪生平台中，实现场站摄像头空间化布局，用户可在平台中快速锁定查看任意一处监控画面，提高场站监管效率。

（5）集装箱堆存板块：基于数字孪生底座，根据场站业务系统数据，将堆场集装箱位置与详细信息真实还原，实现对场站的智能高效运营与管控。以往工作人员找对应集装箱非常困难，通过可视化方式可以实现快速、精确地找到对应集装箱，查询集装箱的货物信息，提升场站作业效率。

（6）应急指挥板块：通过感知数据和人工上报，一旦发生突发事件，第一时间获取信息。根据不同的等级推送相应应急预案，通过虚实联动，可远程查看火灾周边视频监控和应急资源情况，并通过一键通知功能在突发事件发生的第一时间同步智能语音联系应急小组成员，实现 1 分钟内通知完毕并记录通知结果，大幅提升应急响应效率。在事件发生时，也可在数字孪生体中控制现场设备，如道闸的开合，实现“以实控虚”。

（7）人员轨迹板块：利用 ReID 技术对场站人员的面部和身形进行识别，掌握进场人员的活动轨迹，做到“事前可预警，事中可查看，事后可追溯”，全面提升场站安全等级。

2. 多式联运物流信息共享交换平台

平台围绕“一套标准、统一数据库、一个平台、多业务应用、安全运维双保障”

的建设目标，实现平台“统一入口、多级联动、业务整合、数据贯通”，并不断汇集数据资源，为货主、贸易商、服务商、货代企业、报关企业、物流仓储企业以及铁路、银行和海关等业务运转及监管流转的多个业务部门和单位提供一站式服务，为外部系统提供统一数据出口。

平台通过自顶向下与自底向上相结合的思路，完成数据中台的主体框架的搭建，包括数据采集能力、数据存储与计算、数据处理、多维数据分析能力、数据服务共享能力、数据治理和资产管控能力等，对相应的资源以可视化方式直观展示，再通过资源池概览资源详情，为管理者们提供了数据化、在线化、智能化的高效管理方式，并且通过分析、比较做出科学且精准的决策和判断。

平台聚焦采集、存储、计算、管理、服务五大核心能力，提供完整、安全、易用的数据中台解决方案。共享交换平台解决方案包括数据采集平台构建、数据存储计算平台构建、数据建模解决方案、数据服务平台、数据服务共享平台、数据治理平台和云平台 7 个部分。

3. 枢纽综合信息服务平台

枢纽逐步建设完成智能仓储、智慧物流、智慧园区、跨境电商、大宗商品交易、供应链金融和无车承运人等业务系统，构建枢纽平台财务管理及支付结算体系，覆盖所有的信息化系统的资金流转过程，实现将陆港国际贸易交易环节的所有资金通过该项目进行统一审批、纳入统一的收支结算管理体系。构建适合企业非金融与金融业务模块基础技术体系，为企业所有业务提供数字贸易交易所需的统一业务处理收单、统一结算服务、跨境电商、供应链金融等核心能力。汇聚、受理多种不同支付终端的支付指令，为各参与方提供资金清算对账及资金划拨服务。整合各参与方从产品清单流—订单流—资金流—物流的完整生态链，实现业务资金全流程监管。

三、枢纽建设发展成效

枢纽按照“集货、建园、聚产业”的总体发展思路，全力推进核心区标志性工程建设，努力打造成丝绸之路经济带上全面开放的具有较强影响力的现代国际物流枢纽、商贸物流中心和开放型现代产业集聚高地。

（一）聚焦班列集结业务，加快国际商贸物流发展

截至 2021 年 6 月底，枢纽累计开行新疆西行国际货运班列 4600 余列，开行班列线路达 21 条，通达中亚及欧洲的 19 个国家、26 个城市。中欧班列集结中心至塔什干、比什凯克、阿拉木图集装箱班列“站到站”常态发运，至哈萨克斯坦（阿腾科里）“枢纽对枢纽”的“全国集结、重装倒短”班列组织模式初步形成。跨“两海”（即里海、黑海）至西亚、高加索地区、中东、欧洲的国际联运通道进一步优化完善，至俄

罗斯、伊朗、意大利等地的特色精品班列线路规模化开行。从“东联西出”到“西联东出”，开行了乌鲁木齐—连云港—新德里、乌鲁木齐—青岛港—孟加拉国、海南—乌鲁木齐—伊朗铁海联运班列，实现了丝绸之路经济带和21世纪海上丝绸之路、西部陆海新通道的连接贯通。2020年，枢纽组织开行中欧班列1105列，货运量达242.29万吨，增长4.4%。与国内外100余家企业加强协调合作、建立揽货联盟，运载货物由最初的日用百货、服装产品拓展至机械设备、水暖建材、电子配件、特色农产品等200多个品类，累计完成外贸进出口总额132.7亿美元。同时，推动完成全国首票内陆进口TIR（*Transport International Router*，《国际公路运输公约》）运输，完成巴黎—乌鲁木齐TIR运输测试，打通了中欧第四物流通道（公路运输）。

（二）聚焦功能平台建设，提高对外开放水平

坚持资源配置向枢纽倾斜，累计投入190余亿元，布局建设完善了基础设施及对外开放功能平台。乌鲁木齐铁路口岸临时对外开放项目连年顺利延期，乌鲁木齐综合保税区、多式联运中心已经封关运营，肉类进口口岸通过验收并开展业务。同时，乌鲁木齐跨境电子商务综合试验区、跨境电商零售进口试点获国家批准，乌鲁木齐跨境电子商务公共清关中心正式运营，日均处理单量位居西北五省之首。粮食进境指定口岸、保税物流中心（B型）的相关条件已基本具备，正积极争取国家审批设立。完成中欧班列集结中心工程建设，大大提高了国际陆港区班列集结、编组发运能力。铁路口岸商务商贸区、国际快件中心、全国纱线电子交易市场及布料展示项目等重点项目建设正在全力推进，功能性项目和口岸区配套设施不断完善。加快推进金阳路改扩建工程等市政道路基础设施建设，打通屯坪路、豫宾路与乌奎高速两个互通通道，建设艾丁湖路、北站路、沙坪路、豫宾路四条综合管廊，形成“三纵+两横”主干路体系，构建水电气暖市政配套完善的环形系统。加快整合资源，积极推进乌鲁木齐火车北站商贸物流交易区建设，新疆移交的17家国有企业资源整合已完成70%以上，国际粮油交易中心、仓储交易中心、应急物资储备中心、高端国际冷链区、商业配套服务区等项目正在加快建设。

（三）聚焦产业发展，不断提升发展质量

大力发展商贸物流、先进制造和高端服务等重点产业，推动外向型产业集聚，先后引进新铁外运物流、欧亚华运物流、野林猫跨境电商、中欧航空服务等项目110个注册其中，2021年新引进山港陆海物流、十九冶集团等17家物流供应链企业，初步形成商业企业（约占70%）为主，工业、服务业为辅，各类产业竞相发展的格局。新业态领域快速发展，依托已获批的中国（乌鲁木齐）跨境电商综合试验区和国际陆港区自治区级跨境电商产业园，完成线上综合服务平台建设，完成新疆首单网购保税进口

测试。创新跨境电商监管模式，推动全国首单“跨境电商（9610）+TIR”监管模式测试成功。2020 年，实现跨境电商直邮出口约 174.8 万单，出口额约 1052 万美元。随着国际陆港区基础设施不断完善、服务功能有效提升以及外向型功能平台不断完善，辐射带动作用逐步得到发挥，国际陆港区日益成为吸引招商项目的发力点、助推器和金招牌，以中欧班列为依托，先后引进金昇卓郎、燕京汽车、正威新材料、正威智能终端、恒大电池等重大项目，累计完成投资 41.5 亿元；引进唯品会、经纬纺织、晓达物流等企业 32 家，完成实际使用外资 1.3 亿美元。

四、发展方向与未来展望

（一）不断提升配套设施水平

“十四五”期间，枢纽将以中欧班列集结中心示范工程建设为契机，瞄准“建设具有较强影响力的现代国际物流枢纽”目标，加快推进铁路口岸商务商贸区、国际快件中心等在建项目和食品加工产业区、综合配套产业区等园区以及新基建项目的建设。尽快开展喀什、石河子集结中心申建工作，加快推动建立以乌鲁木齐为核心，干支结合、枢纽集散的高效集疏运体系，形成全新疆各地域间交通物流互联互通、功能平台互动互补、经济产业协调联动的全面开放新格局。

（二）加快完善开放型功能平台

大力发展“班列+口岸”模式，跟踪推进粮食、保税物流中心（B 型）的批复情况，探索研究申报进口木材指定监管场地，完善港口功能，为返程货物集聚和分拨以及进口货物保税创造条件，建设多元平衡、安全高效的全面开放功能体系，有效助力丝绸之路经济带核心区建设。

（三）持续推动通道多元化建设

立足新疆产业优势及进出口市场需求，大力发展运贸一体化业务，开行新疆特色班列，实现班列与区域经济融合发展。稳步提高中亚方向班列开行质量，重点打造至俄罗斯、伊朗、意大利等地的特色精品线路，进一步优化完善跨“两海”（里海、黑海）至欧洲班列线路，加快推进中欧班列与西部陆海新通道融合发展，构筑以中欧班列、西部陆海新通道为主要载体的国际物流通道与国内干线通道的集结组织中心与服务网络，促进班列开行由“点到点”向“枢纽到枢纽”转变，推进班列高质量发展。

（四）促进枢纽与区域经济融合发展

以物流枢纽项目为抓手，提升陆港对乌鲁木齐经济技术开发区、高新技术产业开发区、甘泉堡经济技术开发区等产业园区的服务带动作用，带动关联产业转型升级和开放型经济发展，把区位优势转化为经济优势，实现从“经济通道”向“通道经济”转型，为构建以国内大循环为主体、国内国际双循环相互促进的新发展格局贡献力量。

（撰稿人：马春雷，钟荷花，赵毅，刘乐）

重庆陆港型国家物流枢纽

铁水并进冲破物流瓶颈　内外联通谋划开放高地

重庆陆港型国家物流枢纽（以下简称“枢纽”）处于“一带一路”、长江经济带和西部陆海新通道“Y”字形连接点上，是西部地区具有铁、公、水、空多式联运条件的陆港型枢纽。枢纽坚持主动融入双循环发展格局，以成渝地区双城经济圈建设为契机，以“构建大平台、畅通大通道、完善大口岸、发展大产业”为目标，按照港产城融合发展的思路，内抓枢纽运营质量和效率，外拓枢纽网络连接，强化枢纽要素集聚，延伸枢纽产业链条，着力将枢纽打造成为功能设施齐全、运营模式先进、开放环境优质、区域带动作用显著的内陆开放枢纽。

一、枢纽概况

重庆市是获批兼有陆港型、港口型国家物流枢纽建设的城市，已基本形成连接欧亚、直达东盟、通江达海、畅行全球的复合型网状开放通道体系。枢纽作为中欧班列（渝新欧）、陆海贸易新通道的起始点，通过完善内陆现代物流骨干网络，协同中欧班列（渝新欧）、西部陆海新通道、长江黄金水道等干线通道，提升多式联运的规模和效率，助力重庆形成“通道＋枢纽＋网络”的高效运行的现代物流体系。

（一）区位交通

重庆市处于“一带一路”、长江经济带、西部陆海新通道等国家对外畅通大通道联结点，是西部地区具有铁、公、水、空多式联运条件和江海联运条件的城市，也是我国东西互济、海陆统筹重要的战略腹地、战略要地、战略节点。

枢纽位于中梁山和缙云山、长江和嘉陵江之间的槽谷地带，由重庆国际物流枢纽园片区和江津珞璜物流园片区组成。重庆国际物流枢纽园片区位于沙坪坝区，是依托团结村铁路集装箱中心站和兴隆场特大型铁路编组站设立的内陆保税国际物流园区，建立了东西南北四向齐发的国际国内物流大通道，重庆国际物流枢纽园片区处于内外环之间，紧邻西永微电子产业园、重庆大学城，是重庆科学城的重要功能区。江津珞璜物流园片区位于重庆江津综保区配套区核心，拥有小南垭铁路货运站及珞璜港，珞璜港是长江上游地区散货吞吐量以及江铁联运货物吞吐量最大的枢纽港，是重庆重点打造的铁公水联运港区之一，枢纽采取“一港两区”布局模式。

（二）功能定位

结合重庆优越地理区位和国家的战略定位，以及国家陆港型物流枢纽建设功能需求，枢纽定位于建设服务全国、辐射亚欧、无缝连接“一带一路”和长江经济带的亚欧国际多式联运枢纽中心、西部陆海新通道运营中心、枢纽经济创新发展示范区，设置了七大主要功能，包括干线运输枢纽功能、分拨配送枢纽功能、多式联运枢纽功能、国际物流服务功能 4 个基本功能以及物流与供应链金融服务功能、综合性自由贸易服务功能、陆港数据中心服务功能 3 个延伸功能。

（三）空间布局

枢纽以重庆国际物流枢纽园片区为承载主体，江津珞璜物流园片区作为互补功能设施，连片集中布局建设，两园区总规划面积 53.35 平方公里，其中枢纽规划面积 15.95 平方公里。坚持突出主辅联动、区域融合发展，按照存量设施为主、增量设施为辅的原则，重点围绕电子信息、汽车制造、装备制造、医疗器械等产业布局站场枢纽、多式联运、特殊监管、分拨配送、国际商贸五大功能区，如图 1 所示。

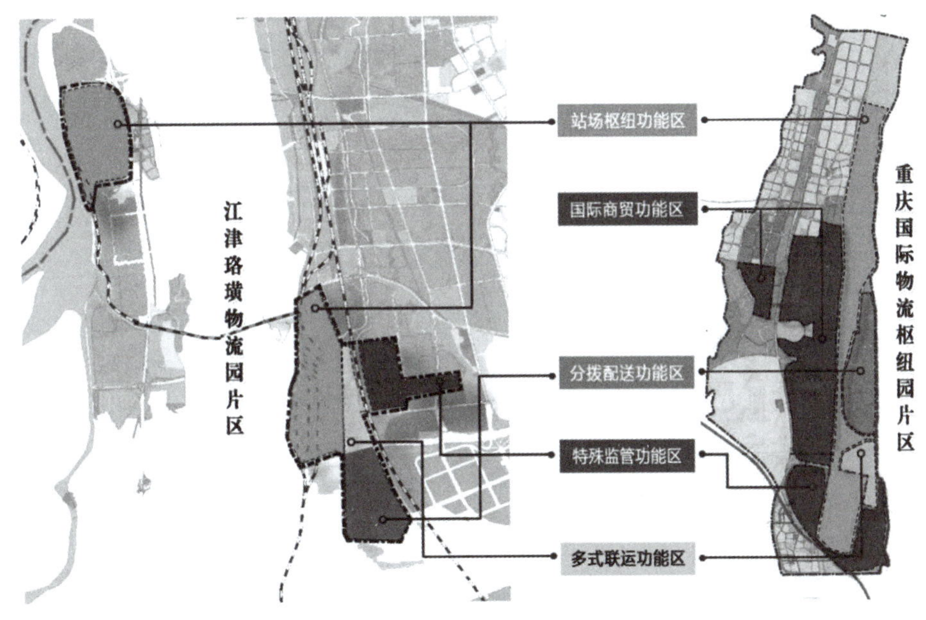

图 1　重庆陆港型国家物流枢纽功能区布局

场站枢纽功能区：是枢纽硬件设施核心区域，主要建设团结村铁路集装箱中心站、兴隆场铁路编组站、小南垭铁路物流中心等组织场站、联运转运设施。

多式联运功能区：重点开发运营定制化智慧物流服务平台、专业仓储服务平台、分拨集散服务平台、多式联运服务平台等，打造铁公水智慧联运综合枢纽。其中，重庆铁路智慧口岸一期工程已进入深度开发阶段。

特殊监管功能区：重点建设保税加工（智能制造为主）、保税商品展示交易、保税物流、检验检疫、转口贸易、国际采购分拨以及配套服务区等。重庆铁路口岸综合性指定监管查验功能区项目主体正在施工，建成后将成为集肉类、粮食、水果等多种进口商品查验功能于一体的重要功能区。

国际商贸功能区：重点建设国际企业总部基地、核心商务平台、金融服务中心、中欧货服贸易信息服务中心、跨境电商体验中心、国际商品展销平台、汽车展销和体验中心等。

分拨配送功能区：主要服务于汽车、冷链、农副产品、药品和生物制品、日常用品等分拨配送，打造西部集仓储、加工、包装、分拣、配送于一体的智能分拨配送中心。截至2020年，已引进安博、丰树、传化、永辉、重庆医药等国内国际龙头物流仓储企业入驻。

（四）建设运营模式

枢纽由重庆国际物流枢纽园区建设有限责任公司、重庆江津综合保税区开发建设有限公司共同牵头建设运营，并且联合多家专业平台公司，成立枢纽“2+N”企业联盟，其联盟成员构成如图2所示。这两家综合性运营平台公司共同推动长江航道运输和港口资源要素与中欧班列（渝新欧）、西部陆海新通道等国际班列的资源融合互补；多家专业化平台公司在综合运营平台公司的统筹下，通过整合铁、公、水等通道建设、资源优势互补共享、物流信息联动、货物贸易互助、金融服务合作等方式共同推动枢纽建设。

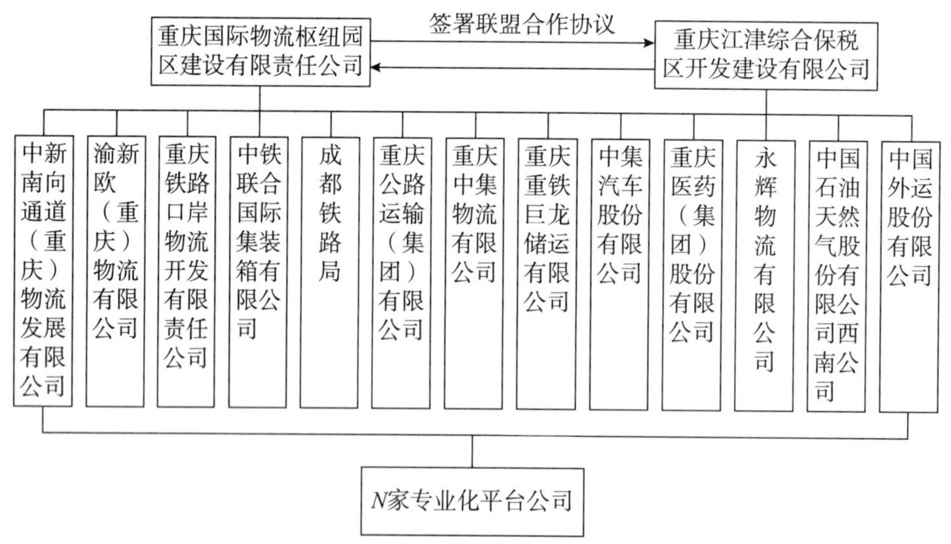

图2　重庆陆港型国家物流枢纽“2+N”企业联盟组成

二、主要做法与特色经验

（一）构建国际物流大通道，支撑内陆开放高地崛起

枢纽通过铁铁联运、铁海联运、江铁联运、公铁联运等多种组织方式，形成覆盖亚欧各国及国内西南、华东、华南等区域的“4 + *N*”的辐射网络。其中“4”指西部陆海新通道（南向）、中欧班列（渝新欧）（西向）、“渝满俄”国际铁路联运班列（北向）、“渝甬”沿江铁海联运国际班列（东向）4 条国际运输干线，“*N*”指常态化开行重庆—贵州、重庆—四川、重庆—云南、重庆—安徽、重庆—甘肃、重庆—湖北等千余条国内干线运输线路。

1. 中欧班列（渝新欧）

中欧班列（渝新欧）由渝新欧（重庆）物流有限公司负责组织开展，采用“1 + *N*”模式，即 1 条主干线和 20 条次干线。

1 条主干线：以枢纽团结村为起点发车（或到达终点），依托兰渝铁路线，途经新疆阿拉山口（霍尔果斯）口岸转关，最终到达（起点）德国杜伊斯堡。

20 条次干线：根据客户需求选择哈萨克斯坦、白俄罗斯、波兰、比利时、荷兰、意大利、匈牙利、捷克等国家作为集结点和分拨点，截至 2020 年年底，已开行 20 条线路，在境外设置集结点和分拨点共 15 个。

截至 2020 年，枢纽已与华东、华南的多个省份形成了区域联动，通过铁铁、铁公、铁水联运等方式让货物集结到重庆国际物流枢纽，再搭乘中欧班列（渝新欧）发往中亚、欧洲等地，货物涵盖电子产品、机械配件、纺织品等。回程方面，货物到达重庆后通过铁铁、铁公、铁水联运等方式运往全国其他地区，最远可分拨至澳大利亚。2020 年，中欧班列（渝新欧）开行重箱折算列 2603 班，同比增长超 70%；运输箱量超 22 万标准箱，同比增长超 65%。

2. 西部陆海新通道

西部陆海新通道是在中新（重庆）战略性互联互通示范项目框架下，由中国西部省份与新加坡合作打造的陆海贸易新通道，该通道利用铁路、公路、水路、航空多种运输方式，由重庆向南经贵州等省份，通过广西北部湾等沿海沿边口岸，通达新加坡及东盟主要物流节点，运行时间比经东部地区出海节约 10 天左右。

枢纽作为西部陆海新通道的起始点和发起者，联合通道沿线省区市共同打造跨区域公共运营平台公司——陆海新通道运营有限公司，实现了通道的统一品牌、统一规则、统一运作。截至 2020 年，西部陆海新通道铁海联运、跨境公路和跨境铁路三种物流组织形式均已实现常态化运行，目的地已覆盖新加坡、日本、澳大利亚、德国等全球 90 个国家和地区的 190 个港口。2020 年，西部陆海新通道铁海联运班列开行 1297

班，同比增长 40.5%，超过年度运营目标，实现辐射全球 96 个国家和地区的 260 个港口。国际铁路联运（重庆—越南河内）班列累计开行 67 班，重庆—东盟跨境公路班车累计开行 846 班。

3. “渝满俄”国际铁路联运班列

“渝满俄”国际铁路联运班列是一条自重庆国际物流枢纽园区出发，北上经满洲里口岸出境，横越西伯利亚，到达莫斯科的国际铁路班列。班列由渝新欧（重庆）物流有限公司组织开展，全程约 7000 公里，运输时间 10 天，平均每周开行 2～3 列。截至 2020 年 12 月 31 日，“渝满俄”班列已累计发运 2680 班，其中 2020 年开行 1355 列，占比超过 50%。如今，“渝满俄”班列将货运时间大幅缩减，最短仅需 8 天。

4. “渝甬”沿江铁海联运国际班列

由重庆公路运输（集团）有限公司与宁波港签署合作协议，采用口岸直报和重庆报关口岸验放的大通关模式。班列全程约 2000 公里，运输时间 57 小时，平均每周开行 2～3 列。2020 年，长江水运替代方案“渝甬”沿江铁海联运国际班列开行 335 班，同比增长 168%。

5. 国内干线运输通道

枢纽以铁路、公路网为依托，由重庆重铁巨龙储运有限公司、重庆中集物流有限公司、重庆公路运输（集团）有限公司等物流企业组织开展；业务范围以西部、华东、华南等区域为主，辐射全国 21 个省、直辖市和自治区；截至 2020 年，已形成成渝、渝深、渝昆、渝珠、渝贵等 1200 条干线运输网络，实现高效的跨区域物流干线承接。

枢纽还积极推进不同运输通道衔接，进一步提高运输效率。例如，陆海新通道运营有限公司与渝新欧（重庆）物流有限公司共同签署战略合作协议，建立长期友好的战略合作伙伴关系，从通道一体化、市场一体化、信息一体化及单证一体化“四个一体化”开展合作，实现中欧班列（渝新欧）与西部陆海新通道的联通。2018 年 4 月 19 日，中西部陆海新通道班列装载首批国际中转电子产品，从越南发出，经由枢纽进行国际中转，运输至波兰，总运输时间约 20 天，较海运 50 天的运输时间节约 30 天。

（二）创新物流服务模式，培育枢纽发展新动能

1. 国际公路运输——“中欧卡车”

TIR 公约全称为《国际公路运输公约》，是一种全球通用的国际海关中转和担保系统。根据 TIR 公约规定，对集装箱的公路运输承运人，如持有 TIR 手册，允许由发运地到达目的地，在海关签封下，中途可不受检查、不支付关税、不提供押金。

由枢纽江津珞璜物流园片区开出的首票国际公路运输——“中欧卡车”，历时 14 天，行程 9500 公里成功抵达波兰。重庆海关、南宁海关、乌鲁木齐海关积极配合，保障货物不滞留，圆满完成交接，满足客户时效需求。此单“中欧卡车”满载越南工厂

生产的汽车零部件，由于本批货物收货方需求紧急，为满足客户生产需求，枢纽利用TIR公约为客户制订了公铁联运跨境运输方案，货物从越南铁路运输抵达枢纽完成保税集拼后，鼎辰国际物流有限公司与白俄罗斯Autopromsnab－Spedition联动配合，克服重庆市场暂时不具备TIR资质车辆的困难，在阿拉山口口岸换装具备TIR资质车辆后从阿拉山口出境直达波兰华沙，全程公路运距约9500公里，历时14天。此次采用的TIR跨境运输是中欧运输体系的有力补充，通过整合水、公、铁等多种运输方式，构建全球供应链保障体系，打造服务“一带一路”的重要供应链节点，为重庆深度融入“一带一路”注入新动力。

2. 开创中欧班列国际运邮先河

2018年，国家邮政局与万国邮联签署《关于加强“一带一路”框架下邮政领域合作的意向书》，推动形成一套被沿线国家邮政、铁路、海关部门认可的国际集装箱运邮流程。在多方努力下，中欧班列（渝新欧）运邮在全国率先实现了常态化，中国邮政在枢纽铁路口岸率先建成了中国铁路口岸国际邮件处理中心并投入运营。同年11月，中欧班列（渝新欧）回程运邮测试成功，标志着中欧班列（渝新欧）完成铁路运邮双向测试，重庆铁路运邮迈向新阶段。通过中欧班列运邮，时间比传统海运节约30多天，成本仅为空运的五分之一。

中欧班列运邮在通关模式方面实现了“三个首次”：一是首次将安全智能锁运用到中欧班列国内段监管；二是首次在中欧班列上实现了海关通关与邮政作业系统的数据共享；三是首次实现中欧国际铁路运邮电子化通关，通过创新监管模式，大大提升了铁路运邮通关效率。疫情期间，由枢纽开往立陶宛的全国首趟邮包专列，共计发运集装箱44个，国际邮件就地分拨至西班牙、丹麦、瑞士、法国等36个欧洲国家，极大提高了转运效率、节约了转运成本，进一步凸显中欧班列（渝新欧）在欧洲方向货运方面的综合优势。2020年全年由枢纽发车运输的国际邮件约2044万件，同比增长近32倍，在稳定全球供应链中发挥重要作用。

3. “区港联动”通关一体化模式

随着通道建设工作的深入，枢纽逐步摸索出一套通道物流与保税区功能联动发展的业务模式，从而实现贸易通关便利化。以重庆励津供应链管理有限公司为例，企业由东南亚进口代工厂生产的电子产品，通过陆海新通道国际铁路联运和国际公路运输方式进入枢纽内综合保税区，在综合保税区进行保税仓储，开展产品干燥和贴标等物流增值服务。国际列车进入中越边境进境口岸时，重庆海关与边境口岸海关协同，由南宁海关为枢纽一体化提供通关便利措施，保障进口货物到达枢纽后直接进入综合保税区，相关信息直接通过单一窗口传送到了枢纽，不需要额外监管及二次查验，整个过程中，企业只需“一次申报、一次查验、一次放行”。

同时利用枢纽主辅两片区海关（西永海关—渝州海关）联动业务模式，实施国际中转货物综合保税区申报、车站口岸放行的区港联动便捷放行模式，通过采取“区港联动、分送集报”的报关方式，提升枢纽片区间联动效率，支持更多大宗货物进入枢纽进行保税仓储分拨。如重庆励津供应链管理有限公司，其出口货物就近在枢纽江津片区综合保税区完成集结与保税装箱后，即可向运营公司订舱，申请中欧班列重庆—波兰马拉舍维奇舱位，以“区港联动”方式便捷运抵枢纽物流园片区团结村铁路中心站装车发运，从而打破了枢纽两片区空间上不连接的难题，进一步帮助企业实现降本增效。

（三）物流金融创新试点，助力实体经济降本增效

枢纽立足于自身物流与供应链优势，充分发挥四向国际大通道优势，以拉动区域外贸快速增长为目标，以缓解物流企业、进出口企业贸易融资难题为着力点，积极探索陆上贸易规则创新形式，引育供应链金融、金融结算市场主体，大力发展供应链金融、跨境物流交易、互联网小贷等业态，打造枢纽物流金融生态圈。

1. 率先开创全国陆上贸易货物提单信用证结算模式

在国际铁路快速发展的战略背景下，入驻枢纽的平行汽车进口企业大多会选择利用铁路运输的方式将货物运往欧洲，因铁路运输单据不同于海运或空运，不具备物权凭证的属性，在常规国际贸易结算及融资中存在一定障碍。

枢纽以整车进口为切入点，参照海运模式中“货代单”代替“船东单”的方式，赋予铁路“货代单”唯一提货权，使其具备银行议付凭据功能，后与重庆中行及海外中行积极沟通，使其海外支行同意接受铁路运输信用证的结算方式，成功为重庆终极汽车贸易有限公司开立了1笔6.2万欧元的铁路运输信用证，顺利完成了企业通过渝新欧铁路进口汽车的全流程结算。

截至2020年年底，由枢纽开具的铁路信用证共计20单，总货值4500万美元。陆上贸易货物提单信用证结算的成功应用，证明了枢纽业务创新思路的正确性，打通了铁路运输国际贸易中的结算障碍，突破传统贸易规则的束缚，为更多国际贸易企业国际结算环节的业务创新提供了可行案例。

2. 打造枢纽供应链金融生态圈

枢纽以供应链领域精准衔接金融服务，发展普惠金融、发挥金融扶贫作用，参股重庆物流金融服务股份有限公司和重庆现代物流产业股权投资基金管理有限公司、全资成立重庆丝路融资担保有限责任公司；推动商业银行设立自贸区支行，引进设立美团小额贷款有限公司、上海万达小额贷款有限公司等，获批上海期货交易所铝期货指定交割仓库，率先上线全国“美元快付”结算平台，累计交易额已达1.5亿美元。枢纽积极筹备重庆物流交易所、“一带一路”商品交易所等项目发展要素市场，多措并举为供应链上下游企业提供高效便捷的融资渠道。

2020 年，重庆丝路融资担保有限责任公司与某企业就俄罗斯木材国际贸易业务协商，将其从俄罗斯进口的白松通过“渝满俄”国际铁路联运班列，由满洲里报关到达重庆团结村中心站开行的木材专列纳入试点。该公司分别与企业、银行、货代公司签订授信、质押、监管等系列合同，在确定了铁路运单有效性且达到预设金额后，向企业发放了 500 万元流动资金贷款。为解决企业资金困难，在贷款期间，枢纽以浮动质押方式允许企业采取铁路运单新旧置换方式，以及运单质押和现货监管转换和增加保证金等多种方式，解决了企业在贷款期间出现的质押物形态转化和金额不足的问题，支持企业做大木材销售，将俄罗斯木材通过铁路运往全国。

三、枢纽建设发展成效

（一）形成多式联运交通网

枢纽不断拓展开放通道，推进西部陆海新通道高标准建设。陆海贸易新通道 2020 年开行 1285 列，同比增长 40%，运输集装箱 6.5 万标准箱。加快构建以重庆为运营中心的全国性陆海新通道运营体系，贯通西南地区并延伸至澳大利亚等 95 个国家的 249 个港口，形成“13 + 1”共建格局，推动西部陆海新通道重庆无水港项目建设。枢纽积极推动中欧班列高质量发展，中欧班列（渝新欧）累计运输货值超过 3000 亿元，总货值在全国中欧班列名列前茅，成功获批全国中欧班列集结中心示范项目，编组站至中心站连接道、铁路口岸综合性指定监管场地加快建设，中欧班列运行保障能力不断提升，向北加密“渝满俄”国际铁路联运班列开行频率，实现常态化开行，向东打造“渝甬”沿江铁海联运国际班列，基本实现“天天班运作”。2020 年枢纽货物吞吐量 2642 万吨，其中大宗散货吞吐量 1665 万吨，集装箱吞吐量 69.8 万 TEU。

（二）口岸功能不断完善

位于枢纽的重庆铁路口岸，是内陆一类铁路口岸，已建成投运汽车整车口岸、植物种苗口岸、进境水生动物口岸、进口药品和生物制品口岸、国际邮件互换局和铁路保税物流中心（B 型）等核心功能性开放平台，铁路口岸作业区达 50 万平方米、保税区达 1.25 平方公里、监管区达 6 万平方米、物流仓储设施达 280 万平方米。枢纽辅助片区珞璜港一期改扩建工程加速推进，港区已建成仓储面积约 70 万平方米，其中散货堆场 15 万平方米、集装箱堆场 20 万平方米，在建冷库 25000 平方米，正在规划建设占地 4.3 万平方米海关监管作业场所，建成后可满足国际班列外贸货物就近装卸、查验、清关、转关等需求。依托多元化口岸功能，枢纽发展进口整车、跨境电商、医疗器械、进口冷链等特色产业，初步构建起枢纽口岸经济体系，2020 年枢纽货物进出口总额 227 亿元。

（三）宽领域提升产业能级

枢纽多领域进行招商引资、加快产业集聚，累计入驻企业约 4500 家，其中物流企业 599 家，3A 级及以上物流企业 19 家；从业人员 20356 人，其中物流岗位从业人员 7346 人。2020 年枢纽企业营业总收入 920 亿元，其中物流业务总收入 137.8 亿元。

在汽车物流方面，枢纽引进德国汉宏、法国捷富凯、民生物流等国际物流龙头企业，提供汽车整车及零部件、机电设备、电子产品的全球化物流服务，落户首家长安汽车 4S 店和 T3 出行重庆运营中心等新经济项目。依托枢纽整车进口口岸功能并不断完善，截至 2020 年，枢纽整车进口口岸已累计进口整车 21200 辆，在内陆口岸排名靠前，品牌涵盖了宝马、奔驰、法拉利、路虎等国外主机厂各大品牌，并率先落地保时捷西南地区常态化分拨中心。

在分拨配送方面，枢纽引进中外运、传化、运通等 42 家国内知名企业落地区域分拨中心项目，超级物种、盒马鲜生等独角兽企业布局城市配送中心项目，大力发展第三方物流，依托重庆医药集团和平物流中心开展药品进口、保税仓储、国内分拨及城市配送。

在冷链物流方面，枢纽携手重庆市农产品（集团）冷链物流公司、四川新希望集团鲜生活商业有限公司等企业，拓展冻肉、乳制品冷链第三方物流服务。枢纽建成冷链、药品等特色商品分拨中心，实现越南巴沙鱼、马来西亚原粒带壳榴梿、印度干辣椒等特色商品进口。截至 2020 年年底，枢纽已进口一般化学药品 1700 万盒，货值约 12 亿元。

在跨境电商出口方面，枢纽实现全业态发展，以跨境电商 B2B 出口申报超过 20 万票，货值约 4 亿元，在第二批试点城市中排名靠前。

（四）全方位提升开放平台

枢纽服务效能不断提升，完成第三方自贸区评估报告，并实现 90% 以上落实率，临时进出口整车采用 8016 二线出口报关单对货物予以核销结案，为企业整车测试提供便利化服务并降低资金成本，成为全国率先改革的自贸区创新案例。同时，枢纽持续探索陆上贸易规则，铁路提单已累计实现交易 67 单。

枢纽不断优化开放环境，出台枢纽营商环境 10 条，从制度层面为优化营商环境提供更有力保障和支撑，组织召开“政银企”“外资外贸”“重点项目”“钢贸四上”等 6 次专项企业交流座谈会，组团合作、共渡新冠肺炎疫情难关。2020 年枢纽实地走访服务企业 80 余家，解决实际问题 324 个，加强窗口代理服务，协调代办异地注册医疗器械许可、食品烟草许可、大额发票申请等经营证照 400 余件，协助重庆公运公铁、安博、普洛斯、民生电商等物流企业项目入选重庆市重点物流项目，减免费用上亿元，助力中林集团控股有限公司、传化运通、力帆等企业争取市级总部贸易政策、区级外贸稳增长资金约 2250 万元。

四、发展方向与未来展望

枢纽将更加主动适应国家全面开放新格局需要，抢抓成渝地区双城经济圈建设机遇，服务国内国际双循环相互促进的新发展格局战略要求，深入推动“港产城”加快发展，巩固提升内陆开放引领地位，为重庆建设内陆开放高地提供坚强支撑。

（一）立标杆，提升区域集聚辐射作用

建设中国内陆陆港枢纽标杆，突出国际枢纽口岸开放、国际物流、国际贸易、自由贸易等特色功能，完善联结枢纽通道网络体系，联动成都，推广铁水、铁海、江海、陆空联运，创新定制班列，对内辐射西部、长江沿线，对外辐射欧洲、东南亚、中亚、东北亚、中东等地区，建设跨境物流分拨中心、多式联运中心，增强对西部地区的货源集聚、中转能力，成为国际铁路多式联运枢纽。

（二）建支点，提升网络互联互通水平

融入全国“通道 + 枢纽 + 网络”物流运行体系，对接重庆“米”字形对外物流大通道，打通场站联动、区港联动“最后一公里”，依托“口岸 + 保税区”，建设国际物流组织运营中心，建设内陆国际箱管中心、出口拼箱中心、国际物流公共订舱平台、国际邮件处理中心和西部汽车整车、东盟冷链、进口药品分拨中心，促进境内外枢纽互联互通和资源有效整合，发挥战略后方支点作用。

（三）做示范，推动产业高质量发展转型

创新“物流 + 贸易 + 金融 + 产业”运行模式，立足整车、医药、水生小动物、邮件中心等口岸优势，聚力发展外向度高的智能终端、新能源汽车、人工智能、未来通信、生命健康、前沿材料等战略性新兴产业和未来产业，深化口岸金融创新，建设国际船东单证中心、大宗商品现货期货交易平台、东盟商品分销中心，建设内陆进口贸易、加工贸易、转口贸易中心，引领产业迈向中高端，成为区域经济发展新引擎。

（四）扩影响，优化现代枢纽城市功能

按照“以港为基、以产聚人、以需造城、以城促产、以企营城”的融合发展理念，拓展国际物流、金融、信息、商贸、商务功能布局，创新共享经济、数字贸易、新零售等新业态，建设国际生态公园城市、国际消费中心城市和国际智慧活力城市，激活枢纽城市活力，构建枢纽功能先进、产业发展高端、国际人才聚集、生态绿色宜居的

产城景融合新城，提升枢纽城市国际综合竞争力。

（五）当表率，提升内陆改革开放水平

完善自由便利投资贸易环境，争取支持重庆探索内陆自由贸易港建设，引进培育独角兽企业、瞪羚企业、单项冠军、隐性冠军等高成长型企业，提升枢纽经济在全球价值链中的地位。优化深化陆路贸易规则探索，推动多式联运单证物权化，修订国际铁路货物联运协定，形成行业自律和服务标准。深化国际通关合作创新，争取设立综合性口岸，全面复制“一线放开，二线管住，区内自由”、推动关检“三互”大通关。

（撰稿人：罗书权，汪兰芳，樊无双，邹彬）

遂宁陆港型国家物流枢纽

川中重镇拓物流优势　成渝经济开枢纽新篇

遂宁市地处成渝地区双城经济圈中心位置，是首批国家级示范物流园区载体城市和西部陆海新通道主通道延伸线重要节点，正依托良好的区位优势、生态优势、资源优势、文化优势，加快嵌入成渝地区产业链、供应链、价值链，建设双城经济圈发展主轴绿色经济强市。遂宁陆港型国家物流枢纽（以下简称“枢纽”）以中国西部现代物流港（国家级示范物流园区）存量物流设施为基础进行集中布局建设，对发挥遂宁的区位和物流基础优势，助力成渝地区双城经济圈建设，融入国家西部陆海新通道战略建设，推进新时代西部大开发意义重大。

一、枢纽概况

（一）区位交通

遂宁市地处成渝北线综合运输通道中心位置，与成都市、重庆市呈“等距三角”（距离均约 130 公里），是四川省的现代产业体系重要基地，成渝发展主轴上三个地市之一，在参与成渝之间的对话交流、产业互补互促等方面具有先天区位优势。遂宁市依托遂渝铁路和周边公路网络以及涪江水道，东衔重庆市、广安市、南充市，西连成都市，南接内江市、资阳市，北通德阳市、绵阳市，是进出川通道上的重要枢纽城市，也是我国西南经济区对接中部经济区、沟通东部经济区的重要节点之一，是贯彻落实成渝地区双城经济圈战略的先行区，战略区位地位突出。

枢纽位于遂宁市高新技术产业园区（中国西部现代物流港），东至遂渝铁路、南至物流大道、西至鹭栖湖、北至西宁大道。空间上紧邻遂渝铁路，有铁路专用线连接接入铁路干线网络，距离遂渝高速、G318 等高等级公路出入口不超过 2 公里。

（二）功能定位

1. 总体定位

枢纽承载遂宁市及周边 150 公里区域范围内的经济辐射功能，建设具有公共服务属性的集规模化、网络化、集约化一体的“通道 + 枢纽 + 网络”现代物流服务体系，探索城市群物流协作体系优化发展示范路径，建设国家物流枢纽网络重要运行载体、成渝双城经济圈物流运作组织中心、城市群产业布局策源动力，打造枢纽成为我国推进西部区域经济协同、均衡发展的重要战略支撑节点。

2. 功能设定

枢纽基本功能包括：铁路干线物流组织、区域公路辐射网络组织、公铁联运组织、国际物流服务组织等。同时，整合提升遂宁市现代制造、商贸流通等产业供应链服务体系，延伸商贸物流集成、制造物流集成等功能，形成物流与产业组织联动发展效应。

（三）设施布局

枢纽采用集中布局方式，以中国西部现代物流港部分存量物流设施为基础，进一步延伸拓展发展空间和布局建设。枢纽总占地面积约 400 万平方米，其中存量设施占地面积约 316 万平方米，拓展发展用地面积约 84 万平方米，建设有公铁联运功能区（占地面积约 80 万平方米）、国际物流功能区（占地面积约 13 万平方米）、商贸物流服务功能区（占地面积约 180 万平方米）、工业物流服务功能区（占地面积约 133 万平方米）四大功能区以及部分配套功能设施，如图 1 所示。

目前，枢纽铁路物流园、公路物流设施、商贸物流设施俱全，已经完成了包括铁路专用线、国际铁路口岸，以及各类仓库、冷库、堆场等专业物流服务设施在内的大量基础设施工程建设，存量设施累计投资已超过 88 亿元，铁路运输设计年吞吐量超过 800 万吨。后期枢纽将重点开展增项工程建设。一是重点推进铁路专用线延伸项目，在增量设施空间内，建设铁路装卸转运场站。二是建设大宗物资集散分拨中心项目，提高供应链集成服务能力。三是加快海关特殊监管区等存量资源整合，申建集装箱多式联运海关监管中心。增量补短板项目总投资规模约 15 亿元。

（四）开发建设模式

1. 开发模式

枢纽大部分土地已经实现开发，后续增量的开发空间规模和资金投入规模并不大，因此采用“政府规划 + 市场企业主导”的开发模式。遂宁市加强对枢纽整体功能、发展定位的规划，通过规划引导枢纽切实围绕发挥陆港型国家物流枢纽功能开展运作。

2. 建设主体

枢纽内的设施建设，按照设施属性差异，主要包括两类建设主体。

一是四川威斯腾物流有限公司（以下简称“威斯腾公司”）。作为实施枢纽增量部分基础开发的建设主体，威斯腾公司负责土地获取、“七通一平”建设、园区内部道路、绿化等基础工程建设，以及进行枢纽招商、运营等工作。威斯腾公司作为枢纽的运营主体主要负责统筹协调枢纽“干支配仓”整体业务；组织开行干线班列运输、区域支线公路运输；建设枢纽综合信息平台，开发物流业务运作平台；对接联动其他国家物流枢纽等。

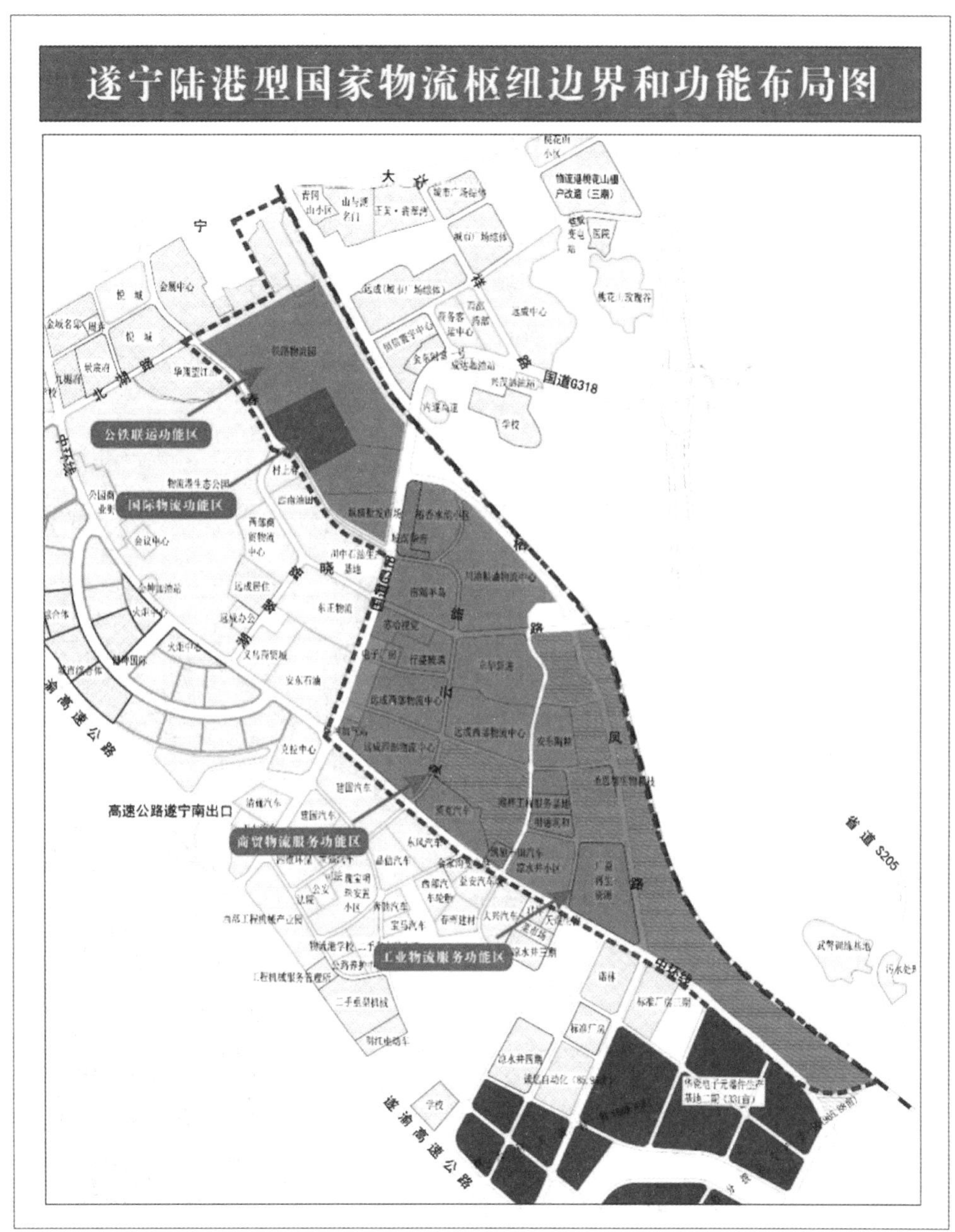

图1　遂宁陆港型国家物流枢纽功能区布局示意

二是开展各类具体物流业务的经营企业。由威斯腾公司按照国家物流枢纽的功能要求，以招商、合作的方式引入增量部分枢纽空间，开展枢纽未来各项经营业务，负责经营性物流设施建设。

二、主要做法与特色经验

（一）强化通道建设，加强干支衔接和组织协同

近年来，遂宁市高新区充分发挥枢纽作为西部陆海新通道重点培育园区的优势，深入贯彻落实四川省委提出的“四向拓展、全域开放”和遂宁市委提出的“双联双拓、全域开放”重大战略部署，深度融入“一带一路”建设，不断增强区域经济竞争力。枢纽目前已形成较为成熟的“以国内铁路干线运输组织为牵引，联动成渝地区，辐射周边150～200公里范围内的区域分拨和城乡配送网络”的“干支配”物流业务体系，如图2所示。

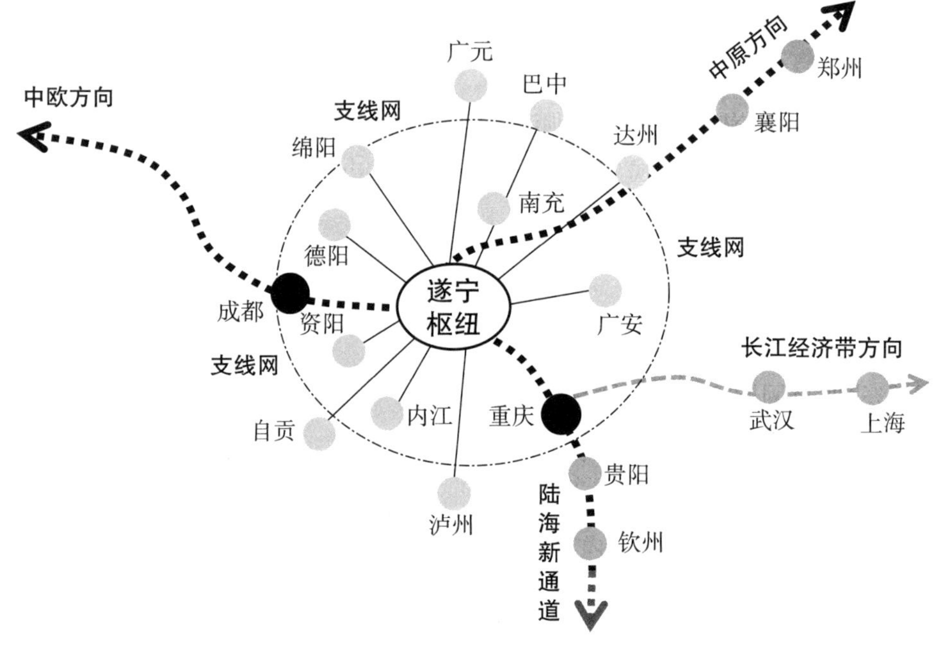

图2　遂宁陆港型国家物流枢纽“干支配”业务示意

1. 夯实基础，强化枢纽干支网络支撑

一是布局“双站双港、三铁三高、四纵四横”交通网络。以远成西部物流园为主的公路货运枢纽和以西部铁路物流园为主的铁路货运枢纽已形成较为成熟的公铁联运体系，同时加快建设遂宁安居机场、遂宁老池港，为遂宁市构建公铁水空“四位一体”综合立体交通网络奠定坚实基础。二是畅通铁路快速货运网络。2016年西部铁路物流园专用线场站主体建设完成，2017年专用线接轨，2018年西部铁路物流园铁路货运专线开通运营。目前，西部铁路物流园已经开展了公铁联运业务、运贸一体化业务、供应链金融业务和房屋租赁业务，通过搭乘“蓉欧”“渝新欧”班列，打通面向国内和

直达欧洲的运输通道，遂宁市及其周边地区货主可直接在遂宁铁路分拨中心办理货运业务，实现大宗货运物资与集装箱的快进快出。三是完善通关体系。枢纽内建设了海关监管区、保税仓、铁路货运专用线等通关设施，并于2014年5月正式开关运行。遂宁海关监管区是由民营企业建设的海关监管区，完善了报关、保税、中转等配套功能，拟建设公用型保税仓10个（占地面积约5万平方米），实现保税仓储、国际国内物流配送、进出口贸易、口岸等多项功能。

2. 开放合作，不断丰富通道合作内涵

一是加快构建“通道+枢纽+网络”的现代物流体系。加快建设北上南下、东进西出的通道体系，重点突出向东、向南拓展，积极对接中新通道、中欧班列、南向通道等国家和四川省战略。突出南向，主动融入西部陆海新通道主通道，打造遂宁—重庆—钦北防/粤港澳—东盟走廊，拓展对外开放经济发展新空间；畅通东向，积极参与长江经济带建设，沿长江物流大通道联系关中平原群和长三角区域，辐射中部、京津冀、泛太平洋地区；融入西北向，积极融入成都主核，搭乘蓉欧班列，参与“丝绸之路”经济带走廊，利用西部航空枢纽优势，提升释放北向通道能力；提升东北向，联系路桥物流大通道，经西安融入中欧班列东部通道，通过二连浩特、满洲里出境。二是务实推进点对点合作。加强与西安、兰州、上海、临沂、宁波、南宁、广州等国家物流枢纽承载城市的对接合作，不断深化与成都、重庆、钦州、珠海、湛江等枢纽城市合作，通过签订战略合作协议、设立驻遂办事处以及货物集散点等方式，推动跨区域合作创新，加强跨区域产业协同，形成多层次、全方位的开放发展新格局。截至2021年1月，西部铁路物流园已开通至钦州、广州、湛江等地的海铁联运班列，开行多式联运商品车班列15列，铁路货运量达68万吨，日均货物吞吐量近3000吨，同比增长35%，可由“21世纪海上丝绸之路”将货物全程运输至“一带一路”沿线国家。三是深入推进遂潼一体化发展。积极融入川渝毗邻地区一体化发展先行区建设，与潼南高新区签署一体化发展合作协议，率先成功创建成渝地区双城经济圈产业合作示范园区，加速融入遂潼一体化进程，谋划围绕产业协作、对接成渝的重大项目50个、总投资1515亿元。枢纽以“服务成渝、配套成渝”为出发点，立足遂宁、潼南肉制品、柠檬、白酒、中药材等食品饮料及农产品加工特色消费品产业基础，打造“统一运输配送、统一服务标准、统一信息系统”的城乡共配模式，畅通农产品上行、工业品下行渠道；围绕电子信息、汽车配件、油气盐化工、机械制造、锂电及新材料等主导产业，建立覆盖成渝地区双城经济圈的现代物流配送网络，承载遂宁及周边200公里区域内经济辐射功能。

3. 开行班列，持续降低企业物流成本

枢纽有序推进西部陆海新通道建设工作，提升遂宁干线物流组织功能，实现以物流带动贸易、贸易促进金融、金融提升产业的目的。2020年9月，由遂宁市商务局牵头联系遂宁市高新区、成都局铁路集团遂宁车务段、威斯腾公司成立遂钦班列工作推进小组，于2021年1月12日举行了遂宁陆海新通道班列首发仪式（见图3），开展联通遂宁、衔接成渝两地、对接国内主要地区的铁路班列，实现货物经重庆至北部湾出海时间缩短一半，只需72小时。同时，遂钦班列工作推进小组提出了《关于开行“遂宁陆海新通道”融入西部陆海贸易新通道的补贴建议方案及测算》，由遂宁市委、市政府每年安排补贴资金2000万元，支持班列常态化开行。

图3　遂宁陆海新通道班列首发仪式

依托西部铁路物流园铁路专用线资源，接入铁路干线通道网络，开行遂宁及钦州铁路班列，积极融入西部陆海新通道国家战略，优化通行环境，降低通行费用。通过开行班列，强化与北部湾港口间协同干线业务创新，以粮食、化肥、建材等大宗物资以及商品汽车等运输业务为重点，带动大宗物资集散分拨，融入生产、加工贸易、科技、金融等绿色产业集聚发展，不断提高区域协调性和服务标准化水平，推动物流业结构性降本增效，大宗物资物流成本降幅最高可达30%。

（1）天齐锂业每月有3万吨锂辉石自澳大利亚班伯里港进口，货值折合人民币约4350元/吨。目前的运输方式是从澳大利亚班伯里港装载散货船通过海运到达镇江港后换装江船通过水运到达重庆，然后通过汽运到达射洪工厂，全程运费为397.1元/吨。另外全程散货运输货物损耗大约在2%（货损约87.1元/吨），运费与损耗合计为484.2元/吨。通过“散改集”物流方案，从原港发运集装箱到钦州港，在钦州港搭乘西部陆海新通道班列至遂宁南站后背箱到射洪工厂，提供集装箱“门到门”服务，货物损耗为零。经测算新的物流方案全程运费为468.37元/吨，加之全程集装箱运输无货物损耗，所以相比该企业原物流方案节省15.83元/吨，物流成本降低3.3%，运输时效也从原江海联运约30天缩短为铁海联运的20天。

（2）美青化工在广西每月约有3000吨化肥的意向销售订单，产品质量虽深受当地客户喜爱，但由于公路运输运距长、运费高，导致价格上缺乏竞争优势。经测算，通过公铁联运方式门到门的运输价格为310元/吨，同时为鼓励公转铁，做好陆港枢纽增量，地方政府给予每个铁路整车2000元补贴，同时铁路给予运价下浮20%，综合两项优惠后物流费用降为181.3元/吨。通过枢纽通道运营，提高了企业产品竞争力，同时为企业将产品出口到东南亚国家创造条件，符合壮大内循环、促进国际循环发展新格局的要求。

（二）整合平台资源，“互联网+”推动产业集聚发展

枢纽内聚集了邮政、顺丰、“三通一达”等寄递类物流企业，同时拥有完善的铁路大宗物资运输体系和公路干线运输公司，具备大宗物资集散分拨功能。但在具体的物流组织过程中，需指向性地分拨配送至各经销商，由于枢纽内各类企业的体制机制和经营模式不同，在集散分拨过程中仍然面临干线运输和物流配送在衔接过程中存在诸多矛盾。因此，枢纽通过整合平台资源，以“互联网+”为纽带，构建完整物流产业链，解决了城市配送痛点问题。目前，枢纽内形成了智慧物流、数字服务、创新服务等为主体的现代服务业集群，已聚集物流服务企业300余家、电子商务企业50余家。

1. 发挥引领效应，整合企业资源

枢纽通过“政府支持、企业主导、市场运作”的方式，已形成以远成西部物流园和西部铁路物流园为中心的物流企业集聚区。远成西部物流园已整合中心城区货物运输、零担配送、货物代理、信息中介、快递等物流类企业200余家，占遂宁城区物流类企业的80%。西部铁路物流园入驻各类企业150余家，铁路专用线自正式开通以来货物吞吐量不断攀升，主要是基于各类生产、贸易及加工类企业的大宗散货类货物、长大笨重类货物、集装箱类货物、商品汽车等货物，提供集装箱运输、铁路整车、汽运和多式联运等物流服务以及配套的货物仓储服务，截至2020年年底，已成功引进一汽大众、长城等商品汽车品牌进行集散，引进中铁快运等大型物流公司入驻，建立中铁特货遂宁南商品车物流基地。

2. 发展城乡共配，强化网点赋能

城乡配送和电子商务已成为解决农村问题的重要途径，枢纽按照政策上全力扶持、市场上以企业主导的原则，大力发展城乡配送，提高物流配送效率。通过支持企业建设网络销售平台，不断夯实农村电商基础，完善农村物流体系，畅通农产品和工业品上下行通道。

枢纽以顺意通、遂捷通为核心打造城乡高效配送体系，通过与邮政等整合资源，将网点从原先单一经营转变为集商品销售、快递收发、家政服务、代缴费用等功能为一体的社区（乡村）服务中心，让广大农村居民享受城市居民同等服务。顺意通整合遂宁市各城配企业配送网点2000余家，建设遂宁市城乡高效配送试点城市城配申领平台，同时建设市、县、乡、村四级物流配送体系，开设了823个合作配送网点，负责配送服务区域内的所有物品以及受理农村需要进城的农副产品。平台现已整合车辆600辆，运营中心日均配送量达7000件，实现了城区半日达，全市一日达。遂捷通对遂宁市各品牌快递企业进行统筹整合，在四川全省范围内率先应用了可以多家快递共配的自动交叉分拣设备，进出港快件日均达4万件。目前，全市216个农村电商网点整合为106个，乡镇民营快递网点覆盖率达100%，农村共同配送率达90%，30余家配送骨干企业已建立共同配送合作联盟机制，正在加快推进建设城乡高效配送中心。

3. 整合信息资源，打破限制和壁垒

依托西部铁路物流园途络信息平台，枢纽已形成基于公铁联运“一单制”服务的业务信息处理系统，遂宁市已形成了包括“物联云仓”（仓储）和遂捷通（共同配送）等具有一定资源整合能力和特色的业务平台。未来，枢纽加快干线多式联运和上述仓储、共同配送等平台融合，拓展物流“干支配”业务信息匹配、交易、结算、金融等服务功能，将快速提升遂宁市物流资源整合能力和平台系统运行效果，枢纽智能物流信息平台如图4所示。

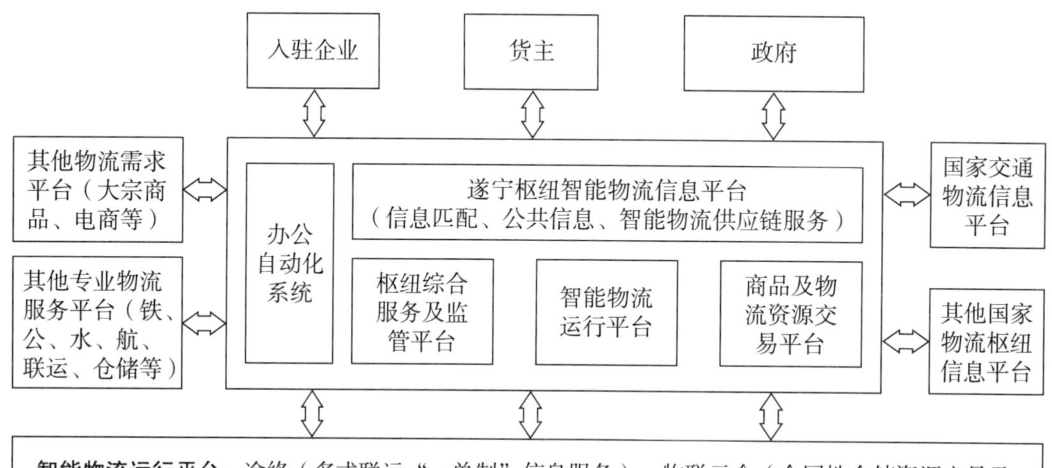

图4　枢纽智能物流信息平台示意

枢纽内依托威斯腾公司自主研发的途络平台，助力枢纽实现所有公铁联运业务均采用“一票制”模式。即在途络平台上实现公路、铁路联运无缝对接，形成优势互补的公铁两路交叉联运的模式，货主在办理货物运输时，可直接在平台上进行操作，只需填写一张货票、缴纳一次费用，即可实现货物“门到门”运输。途络平台是威斯腾公司按照国家对物流产业政策和通用技术的要求，自主研发打造的智慧型综合性物流服务平台。平台以“互联网＋物流”信息化系统为纽带，专注于多式联运的全程物流服务，全面整合供应链资源，实现物流、商流、信息流、资金流“四流合一”的关联及高效流动。通过途络平台进一步打破国有企业和民营企业间资源融合、共同发展的各种限制和壁垒，将运力和货源引流至枢纽多式联运信息共享平台，通过信息平台的大数据分析能力，有效整合各方资源，达到降低配送成本、提高配送效率的目的，推动多式联运向智能化、服务化、协同化方向发展。途络平台包含物流 O2O、仓储管理、运输管理、优质的物资采购、金融服务等功能，让客户充分享受一站式服务体验，实现产品化、标准化、信息化及网络的集约化整合发展，形成了供应商、物流商、采购商和金融机构“多方共赢”的新格局。

由四川物联亿达科技有限公司建设的“物联云仓”是自有知识产权的一站式仓储电商综合服务平台，于 2015 年 10 月上线。“物联云仓”平台通过互联网、物联网与云计算等技术，连接线下仓储，创新国内仓储物流服务新模式，提供仓库搜索、数字仓储、共同配送、系统科技、物资商城、供应链金融等板块功能，打造仓配 SaaS 云服务，为客户提供统一报价的线上线下服务，构建开放式的仓储产业生态网络。截至目前，平台在线仓源面积突破 3 亿平方米，位居全国前列，覆盖 223 座城市，合作园区超过 7300 个，注册会员数超过 10000 家，仓储服务的需求规模突破 2000 万平方米，约占中国每年新增仓储服务面积的 20%，日均发布的仓库需求面积近 10 万平方米，平台日均访问 3 万次，是业界领先的互联网仓储综合服务平台。目前，四川物联亿达科技有限公司已与中国仓储与配送协会建立战略合作关系，定期推出权威城市仓储数据报告，与顺丰、中粮等企业也建立长期合作关系，基本建立了覆盖全国的仓储物流生态系统的底层资源平台。

（三）优化营商环境，注入发展动力

枢纽充分把握位于成渝经济区的机遇，优化枢纽及全市营商环境，不断引进项目落地实施。

1. 实施高频高位招商，推动项目建设

为加快打造“国际物流港”，遂宁市高新区坚持以国际视野、超前理念、高标准来进行招商定位，以现代物流、高新技术制造、电子信息等主导产业作为主攻方向，按照“亲商、爱商、尊商、护商”的服务准则进行招商引资。遂宁市主要领导和分管县

级领导先后80余次赴长三角地区、粤港澳大湾区等30余个地区，拜访企业110余家，促成客商来园考察140余次，成功引进中烟宽窄、中国电子、供销冷链等1亿元以上项目37个、协议投资358亿元，其中投资10亿元以上项目9个、50亿元以上项目4个。围绕存量整合提升、增量补足短板，积极推动重大项目建设，密切产业联动。枢纽内现有智能净化设备生产、卫星测控站建设等8个在建项目（总投资13.3亿元），中国供销·遂宁智慧冷链产业园、食药级包装材料生产2个已签约待建项目（总投资12亿元），以及国药川东医药储备物流中心、大宗物资集散分拨中心、10万吨食用油油脂生产基地3个在谈项目，已形成多功能、多业态并存的物流、产业生态圈。

2. 打造优质投资环境，不断优化服务

优化服务，精心筑巢，引凤来栖。一是夯实金融要素保障。建设金融小镇，搭建科技金融平台，引进成都天府基金、中国人民银行征信中心等30余家金融及相关机构，与清华启迪方信共建1亿元的产业引导基金，促成枢纽企业获得银行授信额度达500亿元。二是打造优质高效的政务服务。在枢纽内设有政务服务中心，开设“惠企政策专窗”，为落地项目提供惠企政策咨询服务；开设“企业服务绿色专窗”，全面推行“店小二”式全程代办服务；“全程网办”服务联通企业2000余家，事项网上办理占比提升至100%；创新“多合一”“四联合”集成审批模式，建立工业项目“容缺预审”制度，工程建设项目审批时限压缩至90个工作日。三是深化重点领域改革。率先在遂宁市直属园区完成行政审批制度改革，“川渝通办”率先实现遂宁市“零”突破，实现异地办理营业执照；工业项目“标准地”改革试点加快推进，率先在全省出台“标准地”供应管理办法；盘活存量土地，在全省开展已征地批文撤回工作；打造“高新咖啡时”政企交流平台，以喝咖啡为载体，与企业员工面对面交流，畅通为企服务渠道。

3. 健全物流创新载体，激发创新活力

枢纽注重科技引领发展，拥有创新创业与现代物流服务中心、四川省现代物流产业技术研究院、顺意通省级物流众创空间、省级现代物流孵化中心等公共服务平台和物流创新载体。2021年，遂宁市现代物流产业孵化中心成功入选为四川国家级现代物流专业孵化器，是科技部授予的国家现代服务业物流产业化基地。伴随着国家高新区创建工作的开展，遂宁市高新区金融服务和科技服务业也呈加速发展态势，大力实施小微企业孵化和英才创业计划，制定优惠扶持政策，出台3个“十条”（物流十条、科技十条、人才十条）政策，吸引科技创新、电子商务、文化创意等中小微企业入园创业，实行集中培育孵化。目前孵化物流、电商服务企业31家，成功孵化物联亿达等标杆企业11家；建立“创业导师”制度，动员组织枢纽内威斯腾公司、顺意通、物联亿达等成功企业家和标杆孵化代表为枢纽创业企业提供技术、管理、财务等方面创业指导；积极构筑“政产学研”创新体系，以“政府引导、高校主导、企业主体”方式，搭建政校企三方合作平台，共建物流产学研基地。2020 年成功举办“第六届创客大赛（高新赛区）暨遂潼高新区第一届创客大赛”，推动两地创新创业向纵深发展，畅通工程技术中心、实验室、研发机构等科技成果转化渠道。

4. 着力加强品牌建设，提升区域影响力

枢纽所在的遂宁市高新区，拥有国家级示范物流园区、国家现代服务业物流产业化基地、陆港型国家物流枢纽等 8 张国家级名片，四川省生产性服务业功能示范区、省级现代物流服务业集聚区等 9 张省级名片。同时，遂宁市高新区坚持把会展经济作为开辟招商资源的途径和提升品牌影响力的举措，中国物流与采购联合会、中国交通运输协会以及中国仓储与配送协会在鹭栖湖物流主题园设立中国物流论坛永久性会址。2014—2020 年，遂宁市成功举办全国物流园区工作年会、中国（四川）国际物流博览会、中国物流发展大会、绿色发展科技创新大会暨国际绿色发展博览会、全国现代物流科技创新大会等多个具有国内外影响力的大型会展活动，累计接待了来自 35 个国家或地区的 200 多名外宾、国内 20 多个省（直辖市、自治区）的 7000 余名物流专家、政府代表和企业家，签约物流项目 53 个，投资总额突破 420 亿元。2022 年第六届中国（四川）国际物流博览会在遂宁举办，遂宁物流品牌影响力呈逐年上升态势。

三、枢纽建设发展成效

（一）运行水平不断提升

一是完善枢纽服务能力。建成了遂宁市城配公共平台，集成城配资质申请、货运信息发布、智能配货调度、配送线路优化、车辆装载实时信息监控、货物交付质量反馈等功能，平台入驻商家 433 家，入驻车辆 700 余辆并统一配送标识，已基本实现城区半日达、全市一日达；建成了农村物流交易一体化平台，以顺意通物流农村电子商务平台（顺意通商城）为代表，形成购销、运输、仓储、配送、交付、售后一体化的模式，实现了工业品下乡、农产品进城和农村金融信贷全方位融合。二是以铁路、公路网为主导，形成通道畅通、枢纽引领、网络辐射的现代物流发展格局。2020 年，枢纽完成铁路、公路运输组织货运量达 1587 万吨，占全市货运量的 31. 43%，其中铁路货运量累计突破 250 万吨；实现物流业总收入 213. 17 亿元，同比增长 15. 6%。

（二）联运促进提质增效

一方面是通过多式联运班列、海铁联运班列的开行，为遂宁市深度融入“一带一路”和全面推动成渝地区双城经济圈建设注入动力，强化了遂宁服务成渝支线网络，聚集通道服务产业资源，积极扩大铁路、航空等通道化运输需求规模，创新对接成渝陆港、空港的通道联动组织模式。通过多式联运，遂宁大宗物资运输成本可降低近

30%，通道运行效率提升15%，使本地产品通过优质、便捷、高效的物流通道通向国内、国际。另一方面枢纽优化了多式联运组织，西部铁路物流园作为中铁特货遂宁南商品车物流基地，辐射了川东北、川南的十余个地级市，已经入场的商品车有一汽大众、长城等品牌，提供全程“门到门”高效率联运服务产品。

（三）业务模式不断创新

2020年，枢纽西部铁路物流园依托专用线基础设施，开展“运贸一体化”业务。根据客户贸易需求、加工需求、运输需求、仓储需求，基于公铁联运物流综合服务能力制订一体化物流解决方案，将运输和贸易有效结合起来。采取一体化管理、一体化经营、一体化计费的业务模式，打造货物配送仓储及销售体系，与生产、销售企业合作，全面参与产品从采购、运输到销售的整个环节，代采代销产品或物资，在销售领域里充分依托成本低、销售频率高、供货及时等优势，为企业节约成本，2020年“运贸一体化”业务营业收入达2.35亿元。同时，积极引导区域生产、流通企业物流及供应链外包，逐步缩小商贸企业分散储存和生产企业厂区储存规模，目前枢纽制造业、服务业区内28%的工业企业实现主辅业务分离。

四、枢纽发展方向与未来展望

未来，枢纽将深刻把握新发展格局，充分发挥遂宁陆海内外联动、东西双向互济的国家物流枢纽作用，深化“东向拓展”和“南向开放”，深度嵌入国内国际创新网络和贸易市场，加快形成对外开放合作和区域协同新优势。

一是打造联动成渝的重要门户引领区。不断完善“公、铁、水、空”多式联运体系，加快建设成渝地区高能级物流枢纽。建设高效便捷通关口岸，积极融入川渝自贸试验区协同开放示范区，推进区域“通关一体化”。建设陆港型国家物流枢纽，围绕“立足遂宁、服务成渝、面向西部、贯通沿海”的生产型物流园区的战略定位，依托西部铁路物流园，按照“通道+枢纽+网络”发展路径，加强开放型枢纽经济建设。

二是打造川渝一体化发展平台。建设川渝毗邻地区一体化发展先行区重要示范平台，加快推进遂潼一体化发展，建设成渝地区双城经济圈产业合作示范园区。推进沿涪江流域科创走廊建设，打造创新驱动发展示范走廊。建设成渝“双核”非省会功能疏解核心区，积极承接成渝产业转移和非首位城市功能疏解，建设成渝地区现代产业配套中心。打造促进干支联动的衔接带，立足成都平原经济区与川南、川东北经济区的区位优势，发挥促进干支联动的纽带和桥梁作用。

三是打造区域开放经济走廊。强化“东向拓展”，积极参与长江经济带发展，充分对接长三角地区、京津冀地区，主动吸纳先进产业、创新要素、优秀人才等关键性资源。加大“南向开放”，面向贵州、云南、广西拓展南向出海通道，强化与粤港澳大湾区、北部湾经济区的开放合作，积极融入西部陆海新通道建设，加快推进北上南下、东进西出的开放经济廊道建设，全面拓宽开放型经济发展新空间。推动区域协同创新，发挥区域创新的重要节点作用，深化区域经济和科技一体化发展。

四是打造对外开放新高地。加强与“一带一路”沿线国家经贸协作，提升参与度、连接度和影响力。支持企业“引进来、走出去”，服务企业“走出去”，鼓励企业参与国际标准和规则制定，组团参加“万企出国门”活动，拓展新兴市场。加速融入全球创新体系，加强与国际创新产业高地联动发展，加快引进集聚国际高端创新资源，深度融合国际产业链、供应链、价值链。

（撰稿人：李杰）

贵阳陆港型国家物流枢纽

推动物流高质量发展　助力贵州“强省会”战略

贵阳陆港型国家物流枢纽（以下简称“枢纽”）采用“一主一辅”总体布局，由贵州省物资现代物流集团园区、改貌货运中心、贵阳铁路口岸等融合形成的集中发展区与贵阳传化公路港片区两部分构成，共同打造功能互补、业务联动、一体运作的枢纽系统。枢纽的建设运营，对于补强国家骨干通道网络西南地区短板，提高西部陆海新通道物流运作效率，增强后发地区经济发展能力和培育枢纽经济新动能，凸显“互联网＋”物流引领枢纽高质量发展的示范效应，具有重要意义。

一、枢纽概况

（一）区位交通

贵阳地处国家陆海新通道主要枢纽，是“十纵十横”全国综合运输大通道包（头）防（城港）、额（济纳）广（州）通道和沪瑞（丽）通道重要交会点，也是我国西南地区北接成渝、西连滇中、东南向海，沟通粤港澳大湾区、北部湾、长三角地区等经济圈的重要交通枢纽和区域性商贸物流中心。在国家陆海新通道战略深入实施背景下，贵阳区位战略地位进一步凸显。

枢纽集中发展区位于贵阳市南部区域，北至南环高速立交桥，东至孟关大道，西至花冠路，南至花孟大道，占地面积3.24平方公里；贵阳传化公路港片区位于枢纽集中发展区东南侧约5公里处，占地面积0.47平方公里。

（二）功能定位

枢纽抢抓西部陆海新通道建设重大战略机遇，面向全球，辐射贵州，串接陆海新通道，联动成渝、滇中、粤港澳大湾区、长三角地区、北部湾等主要经济圈，全面融入“一带一路”和国家“枢纽＋通道＋网络”现代物流体系布局，致力成为西南地区重要的物流产业聚集发展高地、陆海新通道供应链组织中心和贵阳枢纽经济发展示范区。按照发展定位，枢纽设置了基本功能和延伸功能，基本功能包括干线运输、区域分拨配送、国际口岸及物流服务、多式联运等；适应贵阳及周边区域经济发展特色需求，枢纽延伸功能包括供应链集成服务、供应链金融、大宗物资交易、电子商务及跨境电商等。

（三）设施布局

1. 改貌货运中心

改貌货运中心占地面积 1.75 平方公里，是西南地区重要的铁路集装箱中心站和大型综合性货场，全路一级铁路物流基地和 40 个集装箱专办站之一，为 2011 年新投入运营的货运中心。截至 2020 年年底，已建成货物线 11 条、到发线 6 条、牵出线 2 条，可办理集装箱、整车、批量快运、零散快运等多品类业务。

2. 贵州省物资现代物流集团园区

贵州省物资现代物流集团园区占地面积 84 万平方米，已全部建成运营，是西南地区重要物资集散地和钢材交易配送中心，如图 1 所示。

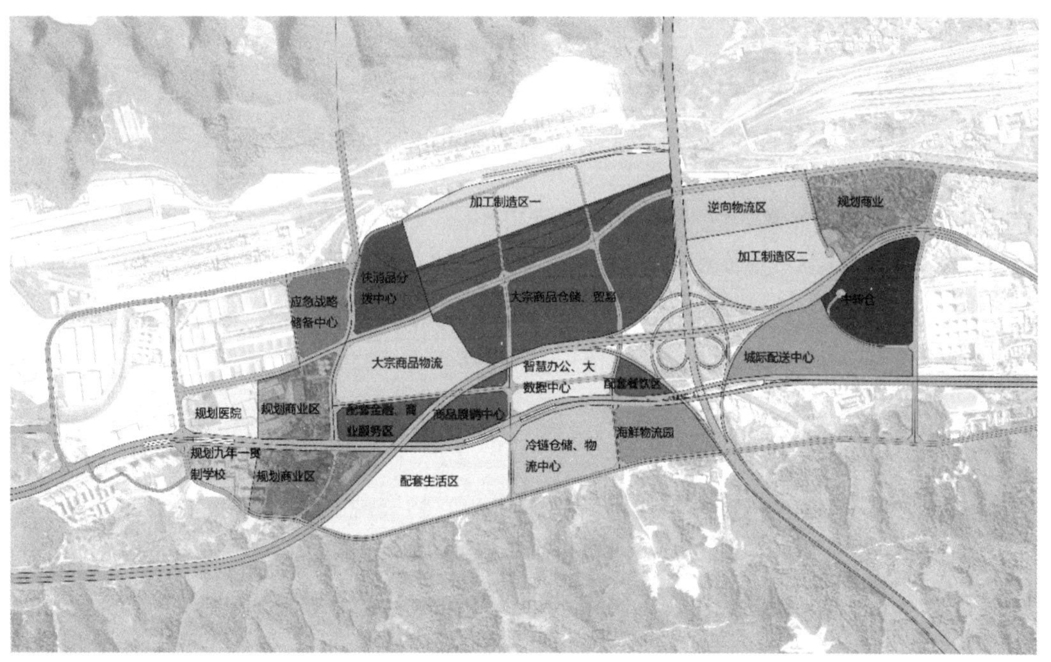

图 1　贵阳陆港型国家物流枢纽—贵州省物资现代物流集团园区示意

注：透明色块为周边配套设施。

3. 贵阳铁路口岸

贵阳铁路口岸占地面积 920 亩，其中，一期占地面积 145 亩，二期、三期预留 825 亩，布局如图 2 所示。目前，口岸一期工程已基本完成建设，包括铁路专用线作业场、近期查验场、口岸服务中心。

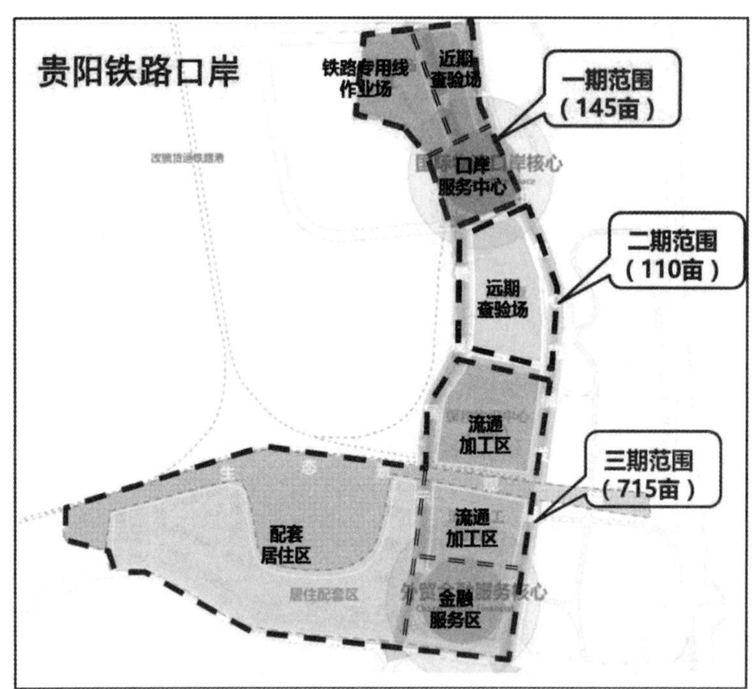

图 2　贵阳铁路口岸布局

4. 贵阳传化公路港

贵阳传化公路港占地面积46.6万平方米，已建成多式联运中心7万平方米、智能服务中心8万平方米。

（四）建设运营模式

枢纽采取政府引导、市场推进的建设运营模式。贵阳市政府成立专门协调机制，统一规划引导。设施项目投资与建设分别由贵州省物资现代物流集团、成都局改貌货运中心、贵阳铁路建设投资有限公司和贵阳传化公路港物流有限公司独立完成。此外，为保障枢纽顺利建设和发展，以贵阳市政府领导为核心组成的组织协调机构将出台针对枢纽建设的扶持意见，保障重大事项协调，明确土地稳定性保证，提供资金扶持，在调整税收、人才引进等方面提供政策支持。

枢纽运营是以贵州省物资现代物流集团为牵头企业，按照近期组建枢纽运营联盟，中远期深化资产等战略协作两阶段方式进行推进，培育枢纽运营主体，具体如下。

第一阶段：组建枢纽运营联盟。由贵州省物资现代物流集团负责枢纽整体功能设计、一体化业务规划，以企业协作、业务对接为重点，以平台整合为手段，签订一体化运行有关协议，组建联盟，统筹运营。

第二阶段：深化战略合作。贵阳市政府加强引导与协调，把握铁路投融资体制机制改革机遇，推进联盟企业间战略合作、合资、参股等深层次融合。

二、主要做法与特色经验

枢纽运营期间发展集中仓储、共同配送、仓配一体等物流模式；推进供应链协同，完善全链条供应链体系，实现供应链上下游企业的分工协作，形成一个以大型企业为龙头、中小企业相配套的产业生态供应商系统，合力发展。目前已形成涵盖大宗物资集散、生活快消品集配、农产品仓储及加工、冷链物流配送、商业配套、跨境电商、产品流通大数据分析、多式联运中转、智慧物流运营调度等多业态于一体的综合性智慧物流枢纽。

（一）充分发挥多式联运组合效率，推动枢纽“干支仓配”物流业务体系建设

贵阳水运、航空运输等基础设施较为落后，而铁路运价又高于成都、重庆、昆明等城市，因此物流体量整体低于周边城市。为解决该问题，枢纽充分发挥贵州各县通高速的公路优势与枢纽优越的区位交通优势全面对接“一带一路”倡议、西部陆海新通道国家战略，服务“黔货出山”“海货入黔”，强化枢纽资源要素集聚、物流组织和辐射带动能力，支撑国家物流枢纽网络高效率、低成本、强辐射运行，打造北接成渝、西联滇中、东南向海（粤港澳大湾区、长三角地区、北部湾）的陆海双向开放统筹的国际联运主通道，畅通陆海新通道物流大动脉，构建以枢纽为核心，联动周边200~300公里的支线区域分拨网络，以及辐射周边50~100公里的城市配送网络。目前，枢纽已形成层次较为分明、功能完善的“干支仓配”物流业务体系，具体如图3所示。同时，不断加强干支仓配协同组织，建设“干支仓配”一体联动、线上线下融合发展的西南地区重要的物流产业聚集发展高地。

1. 国际国内干线多式联运

干线多式联运主要由改貌货运中心承载组织，改貌货运中心充分发挥铁路运输骨干通道运量大优势，优化铁海联运、公铁联运，常态化开行黔新欧、黔深欧、陆海新通道等国际铁路班列和黔渝、贵成、黔桂等国内班列，构建与“一带一路”沿线关键枢纽节点，以及其他国家物流枢纽联动的国际国内干线通道，枢纽开行的干线线路具体如表1所示。2020年枢纽共开行铁路班列126列，发车公路班车403车次，发运6695标准箱，分别同比增长125%、333.3%和128.1%；其中中欧班列到发集装箱722标准箱，线路包括中亚、中欧线，主要覆盖俄罗斯、哈萨克斯坦、吉尔吉斯斯坦、白俄罗斯、波兰、荷兰、德国等，贵州特色优势产品由此实现了通江达海。

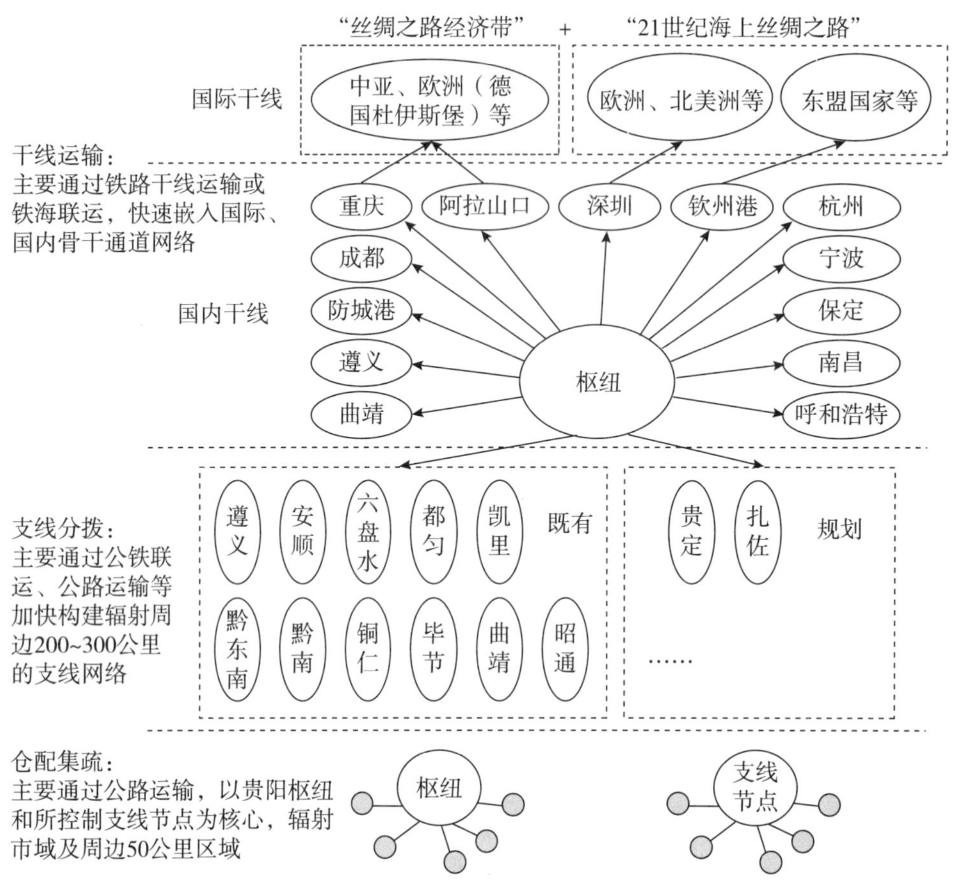

图 3 贵阳陆港型国家物流枢纽“干支仓配”物流业务体系示意

表 1 贵阳陆港型国家物流枢纽干线业务

干线属性	干线线路	线路关键节点	主要货类	运营方案
国际干线	黔新欧班列	重庆团结村、新疆阿拉山口、德国杜伊斯堡等	食品、工艺品等	贵铁物流有限公司组织运营，集装箱班列国际铁路运输
	黔深欧班列	深圳盐田港、澳大利亚等	轮胎等	贵铁物流有限公司组织运营，集装箱班列铁海联运
	西部陆海新通道班列	重庆团结村、北部湾钦州港、新加坡等	矿石、食品等	西部陆海新通道框架协议下项目，集装箱铁海联运班列、跨境公路运输、国际铁路联运等

续　表

干线属性	干线线路	线路关键节点	主要货类	运营方案
国内干线	黔渝班列	重庆团结村等	食品、配件、日用品等	中铁快运与传化物流合作，铁路整车运输，公铁联运
	贵成班列	成都城厢站、重庆团结村等	化工、食品、建材、配件等	成都局管内货物班列多式联运
	贵阳—防城港	防城港	钢铁、钢材等	整车运输
	贵阳—曲靖	曲靖	钢铁、钢材等	整车运输
	贵阳—杭州	杭州	商品车等	整车运输
	贵阳—保定	保定	商品车等	整车运输
	贵阳—南昌	南昌向塘站	商品车等	整车运输
	贵阳—宁波	宁波北站	商品车等	整车运输
	贵阳—遵义	遵义	酒类商品等	中铁快运开展整车运输等
	贵阳—呼和浩特	呼和浩特	牛奶制品（蒙牛、伊利等品牌）等	贵铁物流整车运输、集装箱班列及公路运输等

2. 支线多式联运

支线多式联运主要由贵州省物资现代物流集团、贵阳传化公路港以及改貌货运中心承载组织，重点延伸干线业务“门到门”服务，提供完整多式联运和供应链解决方案。以枢纽为中心，面向周边200～300公里区域，提供公铁联运、铁路局集团公司管内运输、公路运输等一系列区域分拨综合物流服务，全面覆盖贵州省其他地区，拓展云南等周边省份的地州市支线网络，建设对接国家物流枢纽骨干的上下行畅通网络和区域物流组织中心。枢纽支线业务如表2所示，其中，以贵州省物资现代物流集团等为代表的重点物流园区加快集聚发展，年货运量超过1000万吨；贵阳传化公路港建设传化网智能物流中心，已开行108条覆盖国内24个省份的直达或中转货运专线，服务贵阳及周边地区工商企业5000多家。

表2　贵阳陆港型国家物流枢纽支线业务

支线线路	主要货类	运营方案
贵阳—遵义	汽车配件、食品、建材、机械设备、钢材等	改貌货运中心负责零散快运；贵州省物资现代物流集团负责公路运输，每日开行频率超过120车
	百货、汽配、快消品等	贵阳传化公路港港内区域分拨中心公路运输，每日开行频率超25车
贵阳—安顺	食品、建材、钢材等	改貌货运中心负责零散快运；贵州省物资现代物流集团负责公路运输，每日开行频率超过70车
	百货、快消品、电器等	贵阳传化公路港港内区域分拨中心公路运输，每日开行频率超15车

续 表

支线线路	主要货类	运营方案
贵阳—六盘水	钢材、建材、食品、医药等	改貌货运中心负责钢材等整车运输（六盘水水钢—贵阳），其余零散快运；贵州省物资现代物流集团负责公路运输，每日开行频率超过 100 车
	电器、食品、医药等	贵阳传化公路港港内区域分拨中心负责公路运输，每日开行频率超过 25 车
贵阳—都匀	钢材、建材及日用品等	贵州省物资现代物流集团负责公路运输，每日开行频率超过 70 车
贵阳—凯里	钢材、建材及日用品等	贵州省物资现代物流集团负责公路运输，每日开行频率超过 100 车
贵阳—黔东南	钢材、建材及日用品等	贵州省物资现代物流集团负责公路运输，每日开行频率超过 100 车
	食品、家具、家电、百货等	贵阳传化公路港港内区域分拨中心负责公路运输，每日开行频率超过 25 车
贵阳—黔南	钢材、建材及日用品等	贵州省物资现代物流集团负责公路运输，每日开行频率超过 70 车
	家具、家电、快消品等	贵阳传化公路港港内区域分拨中心负责公路运输，每日开行频率超过 15 车
贵阳—铜仁	钢材、建材及日用品等	贵州省物资现代物流集团负责公路运输，每日开行频率超过 70 车
	家电、家具、快消品等	贵阳传化公路港港内区域分拨中心负责公路运输，每日开行频率超过 20 车
	快消品、百货、家具等	贵阳传化公路港港内区域分拨中心负责公路运输，每日开行频率超过 20 车
贵阳—毕节	钢材、建材及日用品等	贵州省物资现代物流集团负责公路运输，每日开行频率超过 70 车
贵阳—曲靖	钢材、建材及日用品等	贵州省物资现代物流集团负责公路运输，每日开行频率超过 50 车
贵阳—昭通	钢材、建材及日用品等	贵州省物资现代物流集团负责公路运输，每日开行频率超过 50 车
贵阳—黔西南	百货、家电、医药等	贵阳传化公路港港内区域分拨中心负责公路运输，每日开行频率超过 28 车

3. 仓配集疏

仓配集疏业务主要由贵州省物资现代物流集团有限责任公司、贵阳传化公路港、改貌货运中心承载组织，面向贵阳市主城区周边 50～100 公里区域，重点开展钢材、商品车、家居建材、牛奶制品、轮胎及其他快消品等的工业品生产配送和日用品城乡配送，打造满足区域制造业和城乡消费需求的物流集散地，具体如表 3 所示。枢纽利用整体运作环境和一体化的平台业务条件，着力发挥国家物流枢纽的顶层组织功能，后续将强化配送业务中的集成性与链条延伸性，加快推进共同仓配组织，延伸强化对其他二级、三级网络节点的配送组织安排，提高配送组织效率。

表 3　　贵阳陆港型国家物流枢纽仓配集疏业务

城市配送范围	主要货类	运营方案
市域范围	商品车、钢材、食品、牛奶制品、快消品、家居建材、化工等	中铁快运自身或与其他物流公司合作开展铁路物流接取送达等；贵州省物资现代物流集团城市配送及托盘标准化配送；贵铁物流有限公司开展牛奶制品城市配送，日开行频率超 180 车
遵义、六盘水、安顺、都匀、凯里、昭通等支点	钢材、家居建材等	贵州省物资现代物流集团城市配送等
贵阳市域范围	轮胎、饮料、纸品等	贵阳传化公路港城市及区域配送，快消品（饮料、纸品等）每月配送出库约 1000 吨；轮胎 1 万条（占市场 3% 左右份额）

（二）全力打造供应链集成服务体系，增强枢纽与入驻枢纽企业间黏性和融合性

随着物流需求多元化、高效化，提供单一服务的物流枢纽核心竞争力将逐步减弱，入驻企业对枢纽的依赖度较低，导致枢纽稳定性、规模性和影响力有所下降。枢纽依托成熟的干线运输及区域分拨网络、临近主要产业园区的便利条件、运营主体的融资能力以及运营平台的资源优势，搭建服务钢材、快消品托盘标准化应用以及牛奶制品等的供应链集成服务体系。

1. 大宗商品供应链服务

大宗商品供应链服务以贵州省物资现代物流集团园区和改貌货运中心大宗物资

（钢材）供应链服务基地为主，通过构建智慧物流云服务、供应链金融和大宗物资交易三大平台，提供高质量供应链服务系统，体现服务的集成性。

一是强化服务对象集成性，枢纽在采购环节对接超过38家钢材企业，在需求环节对接本省数十家企业，通过集成服务提高物流运作规模性，支持生产企业的物流降本增效。二是强化服务延伸，枢纽通过三大平台，提供了从采购到终端分拨配送，包括仓储装卸、运输指挥调度、流通加工、配送、供应链金融等在内的一揽子供应链服务解决方案，提高实体企业发掘服务价值的能力。三是打造云码通在线物流金融在线物流金融平台，开展大宗物资在线托盘融资等业务。以现货实体为基础，以银行和非银行金融机构作为两大货款主体，通过云码通在线物流金融平台与金融机构、仓储监管方三方联手协作，实现商流、物流、资金流、信息流“四流合一”的钢铁服务产业链全程在线融资业务。四是建设大宗物资交易平台，延伸云码通在线物流金融平台的业务功能，主要服务零售商统一采购和大型工程建设，打造钢材等大宗物资在线代购中心。

2020年，贵州省物资现代物流集团园区钢材吞吐量超1000万吨，钢材加工量超15万吨，完成收入18.45亿元，实现利润4260万元。

2. 快消品托盘标准化应用供应链集成服务

快消品托盘标准化应用供应链集成服务主要以贵州省物资现代物流集团园区为主，重点针对快消品行业，以物流标准化单元租赁为主，物流标准化技术研发、技术服务为辅，建成全省最大的标准化托盘池，拓展供应链全环节，协同相关行业协会、物流企业、供应链上下游客户等，牵头或参与研究制定共同遵守的互联互通协议标准，贯通物流服务全过程，提高不同环节间的流转效率和整体物流服务效率，有效推动了全省托盘循环共用体系建设。

2018年，贵州省物资现代物流集团园区被授予“贵州省标准化示范基地”称号，枢纽以标准化托盘为切入点，大力推进物流带板运输，推动物流标准化的快速发展，从而降低物流成本。经过三年的培育发展，枢纽与京东、传化物流、苏宁等配送中心，合力、永辉等超市，以及全省200余个农贸市场建立了良好租赁渠道，充分发挥循环共用的优势，为各电商、超市在淡季和旺季提供不同的服务方案，促成了双方的深度合作，形成了全省最大的自建标准化托盘池。2020年，枢纽全年托盘累计租赁数390481个，木托盘累计销售3153个，塑料托盘累计销售23460个，周转箱累计销售19199个。

3. 牛奶制品供应链集成服务

牛奶制品供应链集成服务主要以改貌货运中心为主，由贵州贵铁物流有限公司作为物流运营商，服务蒙牛、伊利等龙头牛奶制品生产企业的区域分拨配送，提供集立体仓储、供应链管理库存、订单处理、智能调度监控、冷链物流等多功能于一体的供应链解决方案，具体如图 4 所示。

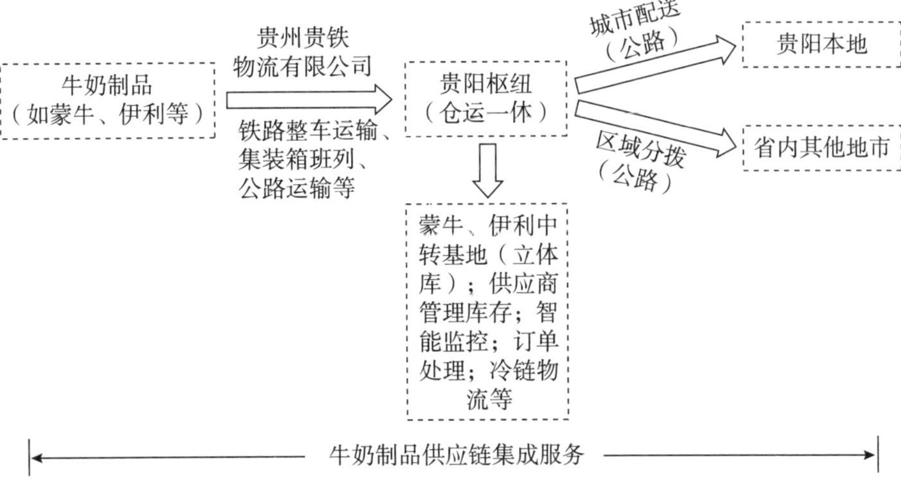

图 4 贵阳陆港型国家物流枢纽牛奶制品供应链解决方案示意

（三）快速搭建枢纽物流信息平台，全面支撑枢纽综合服务平台上线运营

贵阳市作为国家大数据（贵州）综合试验区核心区，始终在大数据发展领域先行先试、领先领跑，大数据产业发展实现从“风生水起”到“落地生根”再到“集聚成势”的精彩“三级跳”。2020 年，贵阳市大数据企业有 5000 多个，规模以上大数据企业达到 117 个，数字经济增加值达到 1649 亿元，占地区生产总值比重达到 38. 2%，大数据与实体经济深度融合发展水平指数达到 51. 1。

依托“大扶贫、大数据、大生态”发展战略，枢纽形成了以智慧物流云服务、供应链金融、大宗物资交易服务以及传化网智能物流服务等为主的既有平台支撑运行体系。此外，正在建设贵阳铁路口岸、智慧口岸开放等平台。为更好支撑枢纽“干支仓配”一体、供应链集成服务等功能实施，后续将依托枢纽统一运营主体联盟，强化各类平台之间的信息互联互通，支持业务操作的一体化，并在互联互通基础上，逐步形成统一的枢纽综合服务平台。

其中，智慧物流云服务平台（以下简称“平台”）由贵州省物资现代物流集团有限责任公司主要针对大宗商品物流进行研发，整个平台包括了公铁水联运、仓配一体化、中安云仓、物流金融、买卖通等子系统，能够实现在途车辆调度、仓储物流管理、中安云仓全方位可视化库存管理、大宗物资交易、枢纽管理等多项功能。平台的研发是基于枢纽运营模式和业务流程进行的，平台是业务模式和信息化的深度融合，是枢纽运营方、运输服务方、货运代理方、上游供应商和最终客户端多方需求的高效匹配，是在实践中不断更新升级，因此平台已赢得贵州省国资委以及广大钢铁、大宗物资、铁路运输企业等的高度认可，并成功推广至广西物资集团、改貌货运中心、水钢集团、中铁合肥和天津苏美达等企业，实现了基于业务联动的信息互联互通和系统对接。此外，通过与国家骨干物流信息平台满帮集团合作，枢纽可便利实现区域内智能车货匹配及在线交易。

目前，平台已经建设完毕，正在与网络货运平台打通接口，真正实现平台的对外输出功能，使其不仅是企业管理的信息化系统，而且成为一个能够对外开放的接口、具有聚集效应的能够增加企业信息化收入的开放性平台。

三、枢纽建设发展成效

枢纽建设通过高效整合利用区域物流资源，规模化、网络化、智能化物流组织运营，主动以供应链集成服务嵌入区域产业链，取得了良好成效。

（一）枢纽营业收入保持增加，货运量稳步上升

在贵州省政府、贵阳市政府的政策引导下，在贵州省商务厅、财政厅等部门的大力支持下，枢纽建设项目进入了贵州省“十四五”重点项目建设库，匹配了专项补助资金，用于全力支持枢纽建设发展，推动了枢纽建设主要单位收入和货运量的稳步增长。其中贵州省物资现代物流集团园区 2020 年完成收入 18.45 亿元，较上年的 16.1939 亿元增长 2.2561 亿元，增幅 13.93%。实现货物资吞吐量约 1040 万吨；改貌货运中心 2020 年收入完成 26013 万元，较 2019 年增加 10465 万元；装车完成 26100 车，较 2019 年增加 13193 车；货物发送量完成 130 万吨，较 2019 年增加 76 万吨。

（二）资源整合的集聚能力持续提高，融资能力不断加强

贵阳传化公路港平台入驻企业从 2017 年的 240 余家增长到目前近 1000 家，开行覆盖全贵州八大地州市、联通国内 24 个省份的直达或中转货运班车专线 108 条，服务贵阳及周边地区工商企业 5000 多家。随着入驻枢纽各平台的企业逐渐增多，枢纽地区的规模效应显著提升，各商业性银行以及政策性银行逐渐主动提供各项金融政策以辅助支持枢纽建设，如贵州省物资现代物流集团园区获得了地方政府专项债支持等。

（三）创新发展“互联网 +”物流新模式，智慧转型升级初见成效

枢纽中的贵州省物资现代物流集团园区通过建设完善网络货物道路运输平台，整合社会车源、货源信息，将货源与运力智能匹配，优化资源配置，有效降低物流成本。同时，后台采用科学的统计分析方法，通过运营数据汇总分析，全面检视市场变化，

为贵州省内物流企业的运营决策提供有力依据及重要参考。

同时，枢纽中的贵阳传化公路港是以综合物流为依托的信息化、网络化、集约化多功能公共运营平台，完善了“公共仓储+统一配送”快速分拨配送体系，延伸供应链金融支付增值服务。目前贵阳传化公路港已形成较为完善的针对快消品、酒类、轮胎等货类的仓配一体服务体系，运营业务类型分为多式联运、干线运输、城市配送、仓运配及网络货运平台。2017—2020年平台营业收入分别为1.9亿元、4.1亿元、5.2亿元、8.5亿元，呈逐年增长趋势。

四、枢纽发展方向与未来展望

“十四五”时期，枢纽将紧紧围绕功能定位，抢抓西部陆海新通道建设重大战略机遇，努力成为辐射贵州，面向全球，串接西部陆海新通道，联动成渝、滇中、粤港澳大湾区、长三角地区及北部湾等主要经济圈，全面融入“一带一路”建设和国家“枢纽+通道+网络”现代物流体系布局的西南地区重要的物流产业聚集发展高地、西部陆海新通道供应链组织中心和枢纽经济发展示范区。

（一）加快增量基础设施建设进度，尽快建设完成陆港型国家物流枢纽

枢纽未来将不断加强基础设施建设，具体增量设施建设主要有以下三个方面。一是重点加快推进贵阳铁路口岸二期、三期查验场，流通加工区，金融服务区等建设，补足补强国际口岸及物流服务等关键短板。二是考虑到贵州省物资现代物流集团园区大部分设施建于20世纪60年代，重点针对存量仓储分拨、公铁联运、托盘标准化基地、信息系统等设施进行功能提升和改造。此外，提升多式联运和供应链服务能力，新增汽车分拨配送中心、保税物流中心（B型）等项目。三是有序保障贵阳传化公路港二期区域分拨中心及部分多式联运中心和智能服务中心配套设施建设，提升枢纽辐射范围及能级，完善区域分拨全程供应链服务能力。

（二）契合重大战略推动枢纽组网，夯实贵阳特色枢纽经济发展基础

以加快贵阳特色大数据产业赋能，提升枢纽数字化、智能化程度，开展一体运作、网络经营、专业服务的能力为引领，枢纽将不断深化多式联运组织方案研究，开展多式联运示范工程建设，积极申报国家多式联运示范工程，利用铁路干线优势，联动延伸产业供应链，扩大既有业务规模和辐射范围，与北部湾国际港务集团、珠海港集团、成都铁路局以及贵阳机场集团等形成战略合作，把握“一带一路”倡议、粤港澳大湾区建设，以及西部陆海新通道战略实施机遇，加快依托枢纽实现有针对性的国家骨干物流实体及信息网络组网进程，打造依托多式联运出海、出境大通道，发掘贵阳产业发展比较优势，夯实贵阳特色枢纽引领经济发展基础。

（三）强化通道和区域要素集聚整合，打造产业组织策源中心

枢纽将依托枢纽物流通道与网络的构建，优化贵阳物流发展政策环境，以枢纽自身开行的黔深欧、黔新欧、西部陆海新通道班列等为契机，促进重大通道沿线商流、物流、信息流、资金流等要素聚集整合。同时，枢纽将依托重大战略通道与网络为贵阳带来的产业布局发展比较优势特色，深化跨区域经济发展协作，按照产业链合理组织上下游关系和层级结构，推动形成基于供应链服务和产业链联系支撑的区域经济产业合作系统，引领重构区域产业布局，加快产业沿通道布局和进行双向辐射，增加内陆地区经济发展纵深和扩大西部沿海港口内陆腹地，培育合理布局的产业集群，打造成为产业供应链组织策源中心。

（四）加速枢纽服务与主导产业融合，培育扩张发展产业集群

枢纽将不断强化产业布局毗邻发展比较优势，发挥枢纽通道、网络、平台的辐射与扩张效应，支持培育产业发展集群。推动枢纽供应链集成服务嵌入贵阳南部现代制造业实体经济带和国家经济技术开发区、空港区等产业链条，加快现代物流、信息技术、现代金融等服务业与相关制造业融合发展，助推区域内装备制造业以及烟草制品、大数据、新医药大健康等产业高质量发展，形成现代物流与产业互促联动、融合发展新格局，进而实现提升供应链、延伸产业链、创造价值链、增强对实体经济的支撑和促进，打造烟草制造、装备制造、汽车及零部件、电子信息、新医药大健康等千亿级产业集群。

（撰稿人：范少东，龙静，陈亭廷，周春雷）

延安陆港型国家物流枢纽

畅通革命圣地能源通道　构筑内陆改革开放高地

延安位于国家“十纵十横”综合运输通道中包头至防城港运输通道上，是陕甘宁革命老区的核心区域，也是西北地区、西南地区连接华北地区重要交通物流节点。建设延安陆港型国家物流枢纽（以下简称“枢纽”），是畅通我国南北能源运输通道的必然选择，是推动革命老区高质量发展的迫切要求，对联动西安、榆林深度融入共建“一带一路”、打造我国内陆改革开放高地、引领西北地区开放发展具有重大而深远的现实和历史意义。

一、枢纽概况

为聚焦打造国家“通道 + 枢纽 + 网络”物流运行体系，建设国家煤炭物流基地、国家骨干冷链物流基地、国家应急物流基地，联通呼包鄂榆城市群、关中平原城市群、晋中城市群、银川城市群“四大城市群”，以发展枢纽经济推动全市发展模式创新，全面实现经济社会提档升级，进而在革命老区示范推广先进发展经验。

（一）空间布局

枢纽地处延安市宝塔区，所处区域公路、铁路、航空立体交通四通八达，210 国道、延吴高速、包茂高速、延黄高速、延延高速、西延高速、303 省道交织成网。枢纽按照“一枢纽、两片区”的空间结构进行布局，总规划面积 1855.65 亩，包括李渠片区和青化砭片区，具体如图 1 所示。

李渠片区位于宝塔区李渠镇，片区北邻延河，东到延长石油永坪分公司，西到北站大桥，南通瓷崖沟和刘家沟，规划占地面积 1285.65 亩，其功能布局如图 2 所示。该片区依托包西铁路运煤通道重要节点延安货运北站，以公铁联运形式组织物流要素资源，通过培育物流平台企业，推进区域、城区、社区三级物流配送体系建设。区域内聚集了以利源物流园区、延长石油永坪分公司、长庆油田杨山中转站等为代表的一批现代物流企业，基本形成以煤炭集疏运、油品输转为主，以石油物资配件、农特产品、汽车配件、集装箱等线上线下业务为辅的综合型物流经营体系。

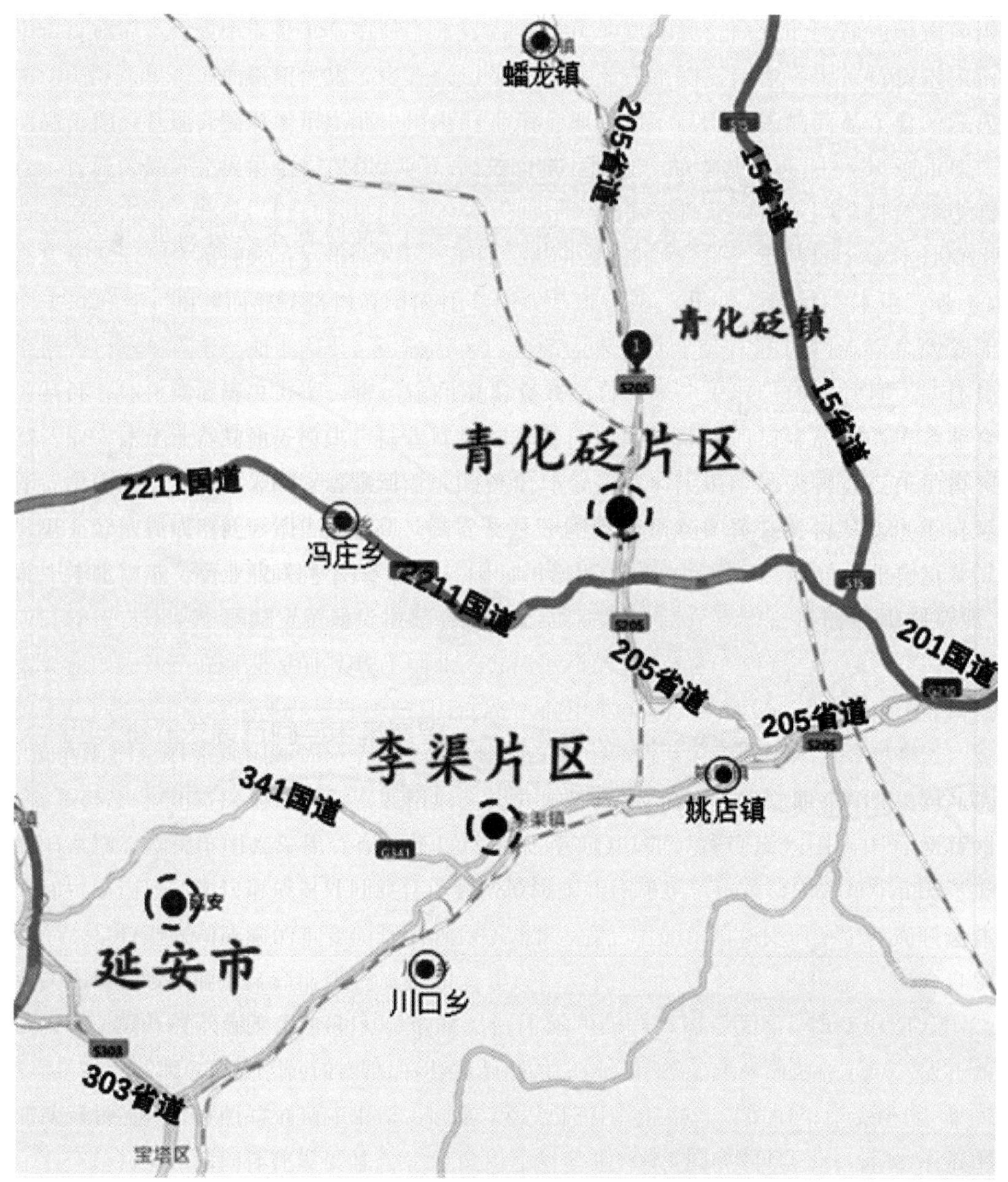

图1　延安陆港型国家物流枢纽空间布局

青化砭片区位于宝塔区青化砭镇，片区东起浩吉铁路火车东站，西至刘里府村，南到小刘沟村，规划占地面积570亩，布局如图3所示。围绕汽车“短倒”的煤炭上下游采购与输配业务，重点建设煤炭储配区、筛分区、配煤区、储煤场、回煤暗道、转载点、快速定量装车站以及集装箱联运站等功能区，主要建设铁路专用线、集装箱作业点、辅助厂房设施、自动化服务平台等11个项目，计划总投资12.22亿元。建成后具备煤炭存储、煤炭快装、煤炭转运、干线运输、煤炭洗选以及集装箱联运等功能。

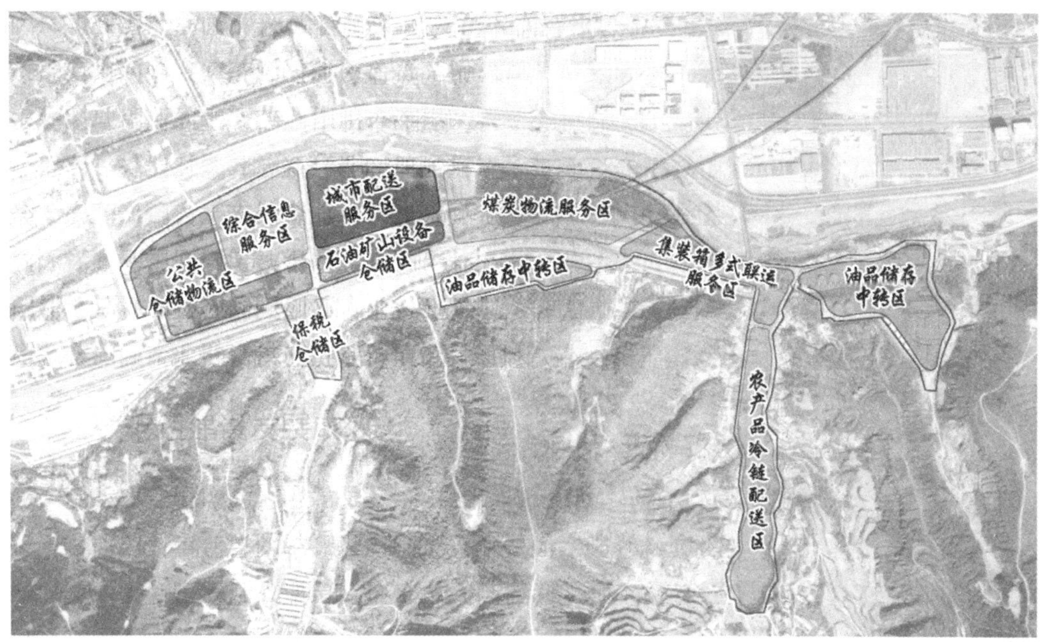

图 2　李渠片区功能布局

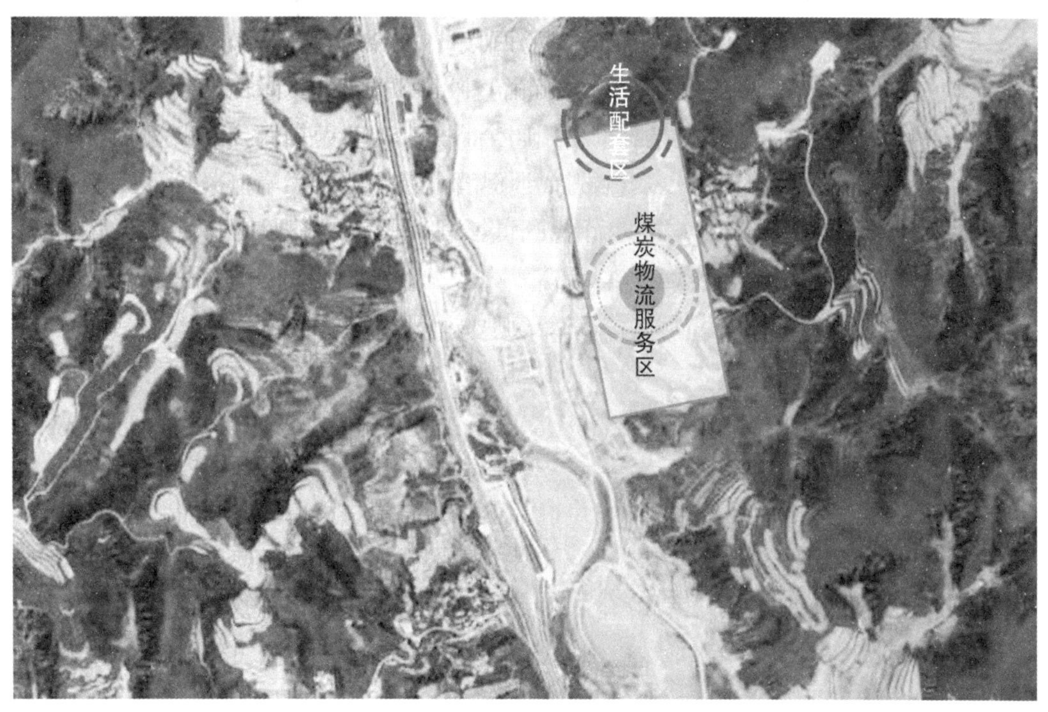

图 3　青化砭片区功能布局

（二）基础设施

枢纽按照“存量优先、提升完善”的原则，整合优化存量物流设施，统筹补齐物流枢纽设施短板，增强物流枢纽区域物流服务能力。

存量设施方面，目前，枢纽重点建成了以延安利源物流有限公司、陕西延长石油（集团）有限责任公司永坪分公司、长庆油田杨山输油站、高新区保税仓为主的物流项目，建成区域约805.4亩。

增量设施方面，重点围绕现有基础设施提升、枢纽功能区建设和完善、枢纽配套设施建设等展开。物流枢纽增量设施主要布局在李渠片区二期和青化砭片区。其中李渠片区主要布局在公共仓储物流区、城市配送服务区、农产品冷链配送区和综合信息服务区，增量范围480.25亩，青化砭片区增量范围520亩，共计1000.25亩。

（三）运营主体

枢纽内延安利源物流有限公司、延安高新区物流发展有限公司、陕西延长石油（集团）有限责任公司永坪分公司、中国石油天然气股份有限公司长庆油田分公司第一输油处杨山输油站组成“核心企业联盟”，枢纽建设运营主体以核心企业联盟为主，其他商贸物流、生产加工物流服务企业为辅，充分发挥各单位优势力量形成合力，共同负责枢纽开发、建设、运行、业务开展等各项事务。

二、主要做法与特色经验

（一）大力发展专业物流

1. 加快发展煤炭物流

延安市拥有较为丰富的能源资源基础，2020年，延安市以煤炭、石油、天然气为主导的能源化工产业产值占规模以上工业总产值的86.3%，能源产业对全市贡献率超过40%。枢纽定位为国家煤炭物流基地，在煤炭物流方面具有较好的发展条件，并在建设中不断强化煤炭物流服务能力。枢纽内的利源矿业物流园区是国家和陕西省“十三五”综合交通运输规划重点建设物流园区，年运输能力超过500万吨。园区应用煤炭快速装车系统，拥有100万平方米的储煤场以及7条铁路专用线，通过专用线与包西铁路接轨，目前累计发运量已突破1000万吨。如图4是延安利源矿业物流园区装车作业。目前，枢纽还在加快建设计划年发运能力1000万吨的青化砭物流园区，届时发运能力将大幅提升，市场区域将显著扩大。

依托枢纽专业的经营团队和高素质人才队伍，与晋陕蒙地区的大型煤炭生产企业及大唐、华能、中电投、华电、海螺水泥、中联水泥、攀钢、中信泰富等煤炭规模用户保持长期稳定的合作关系，煤源稳定，煤种丰富，能够为客户提供煤炭加工、仓储服务，满足客户的多样化需求。

2019年7月，为响应延安市委、延安市政府“着力推进混合所有制改革，实现资源优化配置，促进产业转型升级”的号召，延安利源物流有限公司与河南金马能源股份有限公司、延安能源化工（集团）有限责任公司签订框架合作意向协议，三方围绕产、运、销环节开展深度合作，并于2020年5月完成合作前期准备，6月正式开展合作经营，完成混合所有制企业改革，实现了供应链上、中、下游一体化物流生态体系，推动煤炭市场发展，助力陕甘宁边区煤炭集散基地建设，促进经济效益跨越式增长。

（a）

（b）

图4 延安利源矿业物流园区煤炭装车作业

2. 加快发展设备建材物流

延安市及各县区有规模约80亿元的装修建材市场，但存在市场混乱、企业恶意竞争、企业打价格战、无售后服务、材料造假等行业乱象。为此，枢纽运营主体联盟之一的延安高新区物流发展有限责任公司以家居建材供应链为切入点，与东莞众家联网络科技有限公司开展深度合作，启动延安高新区智慧物流示范基地项目建设，借助东莞众家联网络科技有限公司在家居生产和销售供应链方面的资源整合能力，共同推动延安家装行业健康发展。该项目是一站式全屋定制实践落地项目，依托大湾区建材、家居产业基地优势，去掉中间商环节，实现工厂直供消费者。该项目采取线上线下融合发展的新型建材家居采购模式，打造建材家居源头全产业链供应，创新带动延安建材家居行业发展。截至2021年6月，运营场馆主体已完成建筑基础工程和钢结构安装工程，同时延安高新区物流发展有限责任公司也与合作方成立合资公司，正在制定合资公司发展规划和装修项目对接等前期工作。

（二）着力打造“干支配”网络

枢纽着力构建安全、便捷、高效、绿色、经济的干线、支线、配送一体化对接运作系统，推动形成铁路干线组织物流、区域支线集聚分拨、多式联运有效衔接、末端网络高效配送的现代化物流体系。

1. 建设高质量的干线物流通道网络

（1）加快建设区域干线物流大通道。

构建国际物流大通道。构建延安—中蒙俄经济走廊，依托包海高铁建设，打通延安经包头到蒙古国的物流大通道；延安—新亚欧陆桥经济带国际物流通道，依托兰太高铁建设，打通延安经兰州连河西走廊到中亚等地区的物流通道。加快开拓蒙古国煤炭市场，将延安作为蒙古国煤炭在西部区域的集散、中转场站，推进区域煤炭市场的优化。

构建南北物流主通道。建设提升以包茂高速、西延铁路、延安机场、210 国道为轴心，连接宝塔物流核心区与安塞区、富县物流功能区的物流通道，构建北至内蒙古、南经西安到防城港、通达西南的南北物流主通道。依托南北物流主通道，打通延安市南到成渝经济圈、黔中经济圈和北部湾经济圈三大经济圈，北到呼包鄂榆城市群的主要物流干道，促进区域经济融入西南经济区发展，推进“北煤南运”，促进大型装备、五金机电等物资“走出去”和“引进来”，打造区域物流联动发展新格局。

构建南北物流次通道。建设提升以渭清公路、榆商高速为轴心，连接延川物流功能区与延长、宜川的物流通道，尽快打通形成北至榆林、南到关中、通达华中的南北物流次通道。依托南北物流次通道，打破革命老区与外部交通闭塞、信息交流不畅的局面，为枢纽加快节点布局、产业布局提供内通外达的物流优势基础，进一步促进陕北农特产品、生活物资产品等快速流向华中区域。

构建东西省际物流主通道。构建以兰青高速、309 国道、兰太高铁为轴心，连接富县物流功能区与宜川，西经甘宁连河西走廊，东到山西、通达青岛口岸的省际物流主通道。依托东西物流大通道，促进延安经济发展向东融入晋中经济圈，向西融入兰西城市群，依托青岛口岸优势，促进物流枢纽开辟东向商贸服务型产品进出口大通道，构建对外开放合作平台。

构建东西省际物流次通道。构建以延吴高速、延延高速为轴心，连接延川物流功能区、安塞物流功能区与吴起、志丹，西至宁夏、东到山西、通达京津的省际物流次通道。依托东西物流次通道，促进延安经济向西融入银川城市群、向东融入太原城市群和京津冀经济圈发展，深化物流枢纽与京津冀地区的经济、商贸、物流合作，推进西部产品进入东部及沿海市场，形成东西经济交流的新平台。

（2）构建铁公海联运物流运输网络。

构建铁路干线物流业务网络。一是加快建设青化砭片区铁路专用线，完善铁路线站点、栈桥、装车系统等配套设施建设，打通浩吉铁路延安段铁路运输“最后一公里”。二是优化铁路班列运行组织方案。通过与铁路局加强合作，增加班列开行线路，加快提供铁路货运专线、快运班列等多样化服务，推动铁路“门到门”运输全程可追踪，提高铁路运输的稳定性和准时性。三是加快推进接轨中欧（中亚）国际班列。加快与西安国际港务区的对接，建设中欧（中亚）班列境内集采平台，集中对接中欧（中亚）班列干线运力资源，加强区域分散货源组织，统一协调和集散陕北、宁夏、内蒙古等周边区域进出欧洲、亚洲的货源。四是加快推进与天津（青岛、秦皇岛）港的对接，以区域产品出口为主，大力发展国际物流，推动港口在枢纽布局区域物流节点，开发海铁联运过境运输业务，实现延安、天津（青岛、秦皇岛）港一站式直达，促进集装箱海铁联运业务加快发展。五是加快拓展干线运输业务。紧抓铁路干线班列次数增加的契机，以解决去程物流和回程物流业务量为重点，加快开通与海螺水泥、中联水泥、金隅冀东水泥、攀枝花钢厂、华电煤业等多家企业合作的直达班列，加快与神华煤业、延长矿业等大型企业达成565万吨/年的煤炭运销合作。

加快建设区域公路网络。加快建成延川至黄龙、吴起至甘肃华池等9条高速公路，形成“三纵两横一绕城”高速公路网络，实现县县通高速和跨省、跨市高速公路全部连通。继续推动与浩吉铁路衔接，加快推进西延高铁、延榆高铁建设。加强与国家交通网的对接连通。

加密和提升航空运输网络。依托南泥湾机场，加密和增开航班航线。全面推动延安市一类口岸申请工作，推进建成开放延安航空口岸，加快开通国际航班航线。

2. 构建高效区域支线分拨体系

（1）加快布局区域分拨网点。

一是加快布局煤炭物流节点。以煤炭运输路线为依托，围绕煤炭集散地建设物流节点，组成物流网络，提升返程回货配载，在陕西境内及周边地区形成区域优势。物流节点以区域战略合作公司为依托，为物流枢纽打通煤炭的开采、加工、运输、中转等末端市场。二是加快与周边物流园区或物流节点的协作。利用枢纽入驻大量专线物流企业的优势，加快与周边物流园区或物流节点的协作，以参与管理、集聚企业、盘活资源等方式，打通枢纽的二级物流节点，保障枢纽物流网络的畅通。

（2）完善国家物流枢纽末端配送网点。

加快完善区域物流配送体系。结合延安市及陕北区域、周边城市物流配送需求，加快建设一批用地集约、设施先进、运转高效的城市配送中心。加快智能分拣系统、自动化仓库等先进智能设备的建设与应用，推进物流智慧化发展。

完善农村物流末端配送网点。建立延安市农村物流企业联盟，推动物流企业、电商企业、邮政企业和供销合作社等充分利用现有物流资源开展深度合作，推动仓储配送中心、农村物流快递公共取送点建设，完善各个乡镇的物流配送网络，完善农村、社区、学校等所属的末端配送网点。

3. 强化干支线有效衔接和协同发展

（1）以多式联运推进物流通道有效衔接。

以解决区域之间干线运输和支线运输瓶颈为主，加快发展公铁联运，推动干支线有效衔接。一是加快完善公铁联运基础设施。加快利源公铁多式联运基地、城市快速配送基地、甩挂基地、铁路专用线、集装箱堆场等基础设施项目建设，在线路上保障和实现公路、铁路物流基础设施网络的无缝衔接。二是加快发展甩挂运输。以甩挂基地建设为依托，探索建立“公共挂车池”，以自由挂车运营和共享挂车托管的模式，实现甩挂运输的社会化应用。三是加快开展集装箱物流业务。以打造高效干支线协同网络为主，依托枢纽集装箱站台和堆场建设，加快发展集装箱拆箱、拼箱、换装、运输等整合业务，推动区域物流业实现一站式高效运输。

（2）加快推进标准化设施设备的应用。

积极采用已发布的快递、仓储、冷链等推荐性国家标准和行业标准，加快更新提升相关设施设备的标准化建设。合理设置过渡期，通过既有政策措施加快淘汰存量非标货运车辆，鼓励应用中置轴厢式货车等标准厢式货运车辆，推动货运车辆市场平稳过渡和转型升级。持续在枢纽以及各企业内推广使用集装箱、托盘、笼车、周转箱等单元化装载器具，实现设施设备循环化使用。

（3）加快推行多式联运“一单制”。

依托陕西物流大数据综合服务平台、交通运输物流公共信息平台和陕西省公共信用信息平台，推广应用电子运单、电子仓单、电子面单等电子化单证，加快推广物流全程“一单制”，实现“一站托运、一次收费、一单到底”。加快平台功能的完善，实现运输配载、跟踪监测、库存监控等物流功能创新发展。

（三）构建平台支撑运行

1. 构建物流信息服务平台

延安煤炭交易中心。以终端客户需求和陕西、山西、内蒙古西部产地资源为基础，依托物流、金融流、交易流、信息流“四流合一”的综合贸易能力，通过现货挂牌、电子竞拍、招标采购等多种交易模式，为托运人、物流经纪人、承运人等提供煤炭交易、信息、物流、供应链金融和第三方支付等综合服务。同时，通过整合保险机构、金融机构、物流外围服务企业，提供多元的平台增值服务，有效降低物流成本、提高物流效率。

物流枢纽云平台。围绕集装箱、干散货、件杂货和液体油品等重点领域，通过打通和整合物流行业资源（生产企业、采购商、货代、报关行、车队、仓储、海关、商检、金融机构等），构建“互联网＋港口物流服务”的新模式和以枢纽为基础的企业业务生态圈，打造内陆港物流业务一站式服务窗口。

延安汽运智能管控平台。以运输作业过程管理和车辆信息综合管理为基础，融入先进的现代物流管理理念，采用 GPS（全球卫星定位技术）、GPRS（移动通信技术）、GIS（地理信息技术）、网络通信和数据处理等技术，为各大企业提供车辆实时定位、路由导航、跟踪监控、油耗管理、智能调度、超速预警、货物安全报警等综合管理与信息服务。同时，根据车辆实时信息，综合市场资源，解决车辆优化配货问题。

供应链管理和服务平台。以服务于区域供应链方案为目的，围绕生产企业、经销商、分销商等用户需求，统筹规划和管理由客户、客户供应商、社会物流资源等参与方形成的供应链体系，形成包括原材料采购、生产加工、分销执行、质押监管、运输配送、第三方支付和结算、订单融资等一体化服务模式。

2. 构建物流征信信息平台

建立以行政管理、信息共享、社会化综合信用评价、第三方专业信用服务为核心的物流征信信息平台，将物流征信工作纳入征信体系作为重点支持。推进信用体系建设，加快公共信用信息系统与政务服务大厅对接，并与国家、省及市县公共信用信息共享平台互联互通，形成信息共享、业务协调的延安市公共信用信息大数据交换共享，为在物流管理事项中查询使用信用记录和实施联合奖惩提供大数据支撑。建立物流单位、物流从业人员信用信息档案和物流行业“红黑名单”制度，启动“红黑名单”管理程序，形成“红黑名单”确认、审核、公示、查询、修复及异议处理机制。加快健全守信联合激励和失信联合惩戒协同机制，建立健全信用分类、分级监管机制，实施物流市场主体失信行为等级划分标准，实行分类分级动态监管。建立信用约束和联动响应机制，对被载入经营异常名录或黑名单、有其他违法记录或消费者申（投）诉、举报较多的失信主体，在日常监督检查、相关荣誉称号授予、政府采购、招标投标、政策优惠、财政资金扶持和新增项目审批等行政管理和公共服务中依法予以限制。

三、枢纽建设发展成效

在枢纽的辐射带动下，延安市综合经济实力显著增强，产业转型持续发力，物流基础设施和网络布局日臻完善，为现代物流业发展打下了良好的基础。

（一）物流产业规模不断扩大，发展态势持续向好

2020 年，延安市社会物流总额达 3369 亿元，物流业总收入达 102 亿元，社会消费品零售总额 384.60 亿元，年均增长 7.9%。2020 年，延安市完成公路货运量 3941 万吨，铁路货运量 1769 万吨，航空货运量 1161.5 吨。2020 年，延安市邮政企业和快递服务业（不包括邮政储蓄银行直接营业收入）累计完成业务收入 5.06 亿元，累计完成业务总量 5.52 亿元。

（二）基础设施条件不断改善，支撑能力稳步提高

延安市基本形成了对内对外的公铁空管立体运输网络。截至 2020 年年底，延安市公路总里程约 2.1 万公里，其中高速公路 943 公里，全市国省干线公路 3251 公里，农

村公路17031公里，路网密度达到57.3公里/百平方公里。以包茂高速为主、榆蓝高速为辅的南北通道和以青兰高速为主、延志吴—长延高速为辅的东西通道构成的“三纵两横一绕城”高速公路网络基本形成，北通呼包鄂榆城市群、南联关中平原城市群、东接晋中城市群、西达银川城市群，具备2小时辐射四大城市群的通达能力。延安市铁路总里程达到600公里，包西铁路和包西复线建成投用，浩吉铁路建成通车，西延线动车通车，“米”字形铁路交通枢纽加速构建。管道运输保障区域成品油、原油、天然气及石油化工产品的安全运输，与铁路及干线公路形成能源通道互补格局。延安南泥湾机场已正式启用，累计运营航线21条，目前已与北京、天津、重庆、厦门、广州等27个国内城市通航，成为西北地区唯一与全国三大枢纽机场通航的支线机场。

（三）物流节点建设不断深入，服务网络有效延伸

延安市依托综合能源和现代农业产业特点，在物流需求集中的区县规划建设了一批功能完善、特色鲜明的物流园区和货运站。目前已建成大型物流园区5个，商贸物流配送中心8个，专业市场36个，仓储、加工、配送、分拣、包装、信息管理等服务功能进一步提升。在城乡末端配送方面，2020年延安市共有快递服务品牌19个，独立法人企业46家，分支机构45个。已建成邮政普遍服务网点161个，邮政农村电子商务便民驿站703个，快递末端网点529个，建制村直接通邮率和快递网点乡镇覆盖率均为100%。

（四）物流市场主体不断成长，专业化发展初见成效

延安市物流企业成长迅速，骨干物流企业数量进一步增长，形成了以金能、大华、天宝盛世为代表的一批所有制多元化、服务网络区域化、服务模式多样化的市场主体。2020年，延安市共培育交通运输、低温仓储、农产品仓储、快递企业等多元化物流市场主体约130家，其中规模以上物流企业63家。现有5A级物流企业1家——延安金能铁路物流科技有限公司，4A级物流企业1家——延安市汽车运输（集团）有限责任公司，2A级物流企业1家——延安市捷安货物运输有限公司。

（五）物流业态创新不断涌现，物流体系逐步健全

延安市形成了“互联网+”背景下以运输、仓储、配送为特点的先进物流服务模式，如以佳通物流为代表，面向大中制造企业、电商企业、快消品企业，整合仓储、分拣、包装、配送等功能的仓配一体服务模式，以及以延运惠龙平台为代表的网络货运经营模式等。同时，围绕延安市能源化工、现代农业等主导产业，传统物流服务加速向综合第三方物流和供应链管理服务转变，形成了能源物流、农产品冷链物流、城乡商贸物流三大专业物流服务体系。

四、发展方向与未来展望

枢纽将突出煤炭物流、应急物流和区域性大宗物资物流，着力建设西北地区枢纽经济创新发展示范区“一区”和国家煤炭物流基地、国家应急物流基地、区域性大宗物资物流基地“三基地”。

（一）西北地区枢纽经济创新发展示范区

通过创新枢纽运营模式和建设完善西北地区、华北地区、西南地区区域间枢纽互联互通的信息网络，大力发展枢纽经济。深化物流业与制造业、现代农业融合，考虑消费升级需求，实施产业协同发展，延伸产业链，提升价值链，打造供应链，促进经济发展提档升级，引领革命老区创新发展。

（二）国家煤炭物流基地

依托包西铁路和浩吉铁路两条国家级运煤专线，充分发挥延安市和榆林市煤炭资源在全国的绝对优势，开展煤炭物流服务，践行我国“西煤东运”“北煤南运”国家战略，为我国区域经济发展作出贡献。

（三）国家应急物流基地

紧扣延安国家应急产业示范基地建设，发挥延安市在国家交通体系中的枢纽地位，立足延安市能源化工产业发展基础以及保税仓储、分拨等功能，积极建设国家应急装备、应急食品、应急能源化工物资储备与物流基地。

（四）区域性大宗物资物流基地

发挥延安市地处国家四大城市群中心、是西北地区联通华北地区的重要物流节点的优势，借助“双安双塔”战略合作和对外物流大通道、综合保税仓建设，建设西北地区区域性大宗物资物流基地，实现西北大宗物资集散中转，践行国家大幅降低500公里以上公路运量和运输生态环保政策。

综合来看，通过建设枢纽，将形成连接包西铁路和浩吉铁路的物流集聚区，通过两条铁路线的大宗干线运输以及区域范围的公路支线分拨，推动实现区域公路运输与铁路运输的有效衔接，解决延安市区域铁路物流与城市发展之间的矛盾，对于提升城市功能、带动区域经济跨越发展、形成对外引领窗口有着重要意义。

（撰稿人：王延伟，李植林，李岗，张宝山，武雄勃）

格尔木陆港型国家物流枢纽

依托内陆铁路港　建设青藏地区国际贸易物流大枢纽

格尔木是内地通向西藏的重要门户和大型“旱码头”，每年进出西藏的物资75%以上需要从这里中转，是国家稳藏固疆的战略要冲。打造格尔木陆港型国家物流枢纽（以下简称“枢纽”）既是促进区域经济协调发展，也是落实新时代西部大开发政策和推进格尔木市外向型经济高质量发展、积极融入国际国内双循环的具体举措。枢纽将加快开展相关工作，提升区域物流枢纽配套能力，力争将格尔木打造成为联通青海、西藏、新疆的西部重要物流枢纽。

一、枢纽概况

（一）区位交通

格尔木位于祖国西部的地理中心，是连接我国青海、甘肃、内蒙古、西藏、新疆等地的主要陆路交通枢纽，是国家稳藏固疆的战略要冲、加强西南边防建设的保障基地，是青海省2个全国性综合交通枢纽之一。随着西部大开发战略、“一带一路”倡议的实施，格尔木成为青海向西开放不可或缺的“桥头堡”，成为连接中国东西部、西北地区、西南地区的交通枢纽，通向南亚次大陆及中亚诸国的重要门户，南通西藏，连接印度、尼泊尔及南亚诸国；西接新疆，通过阿拉山口、喀什、霍尔果斯等口岸通往中亚、南亚、欧洲等地；北与甘肃的河西走廊和兰新公路仅一山之隔；东经西宁通向兰州。

枢纽位于格尔木城南片区长江路和长江中路，交通条件良好。在铁路方面，枢纽毗邻火车南站编组站，格尔木火车南站衔接青藏铁路、在建格库铁路和规划的格成铁路。其中，青藏铁路是我国进藏物资运输的主要通道，格库铁路是我国通往西亚、地中海和黑海地区的陆路运输大通道，格成铁路主要连接长江经济带，打通贵广—青银国际物流大通道。在公路方面，枢纽东面有109国道，南面有215国道和京藏高速茶格段，对内有长江中路、长江路、瀚海路，通过高速公路、城市快速路可以实现枢纽对内对外良好的干支衔接，枢纽空间位置示意如图1所示。

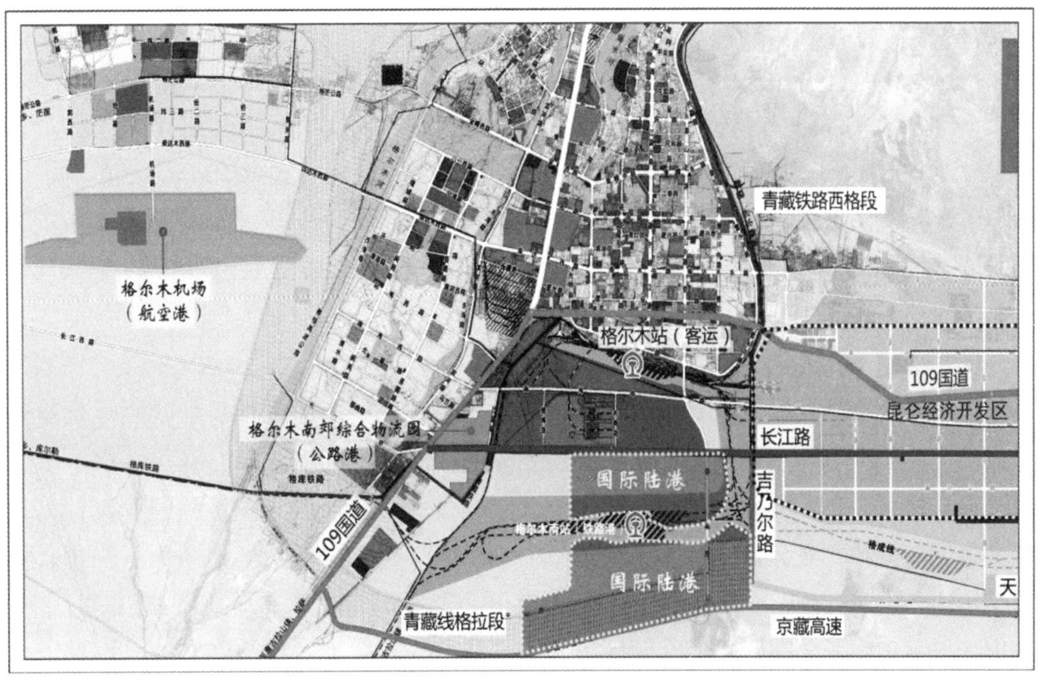

图1　格尔木陆港型国家物流枢纽空间位置示意

（二）功能定位

枢纽立足青藏高原、辐射西北、服务全国、面向国际，依托铁路、公路综合交通运输优势，抢抓国家“一带一路”建设、西部大开发战略、柴达木盆地资源开发、中尼印国际物流大通道、西部陆海新通道建设机遇，紧扣全省副中心城市、全国性综合交通枢纽的定位，致力于成为我国东进西出的桥梁纽带、西北地区和青藏高原的物流集散地、印度洋便捷出海的重要节点。按照发展定位，枢纽以内陆无水港为核心的物流基础设施建设，以多式联运、区域分拨及配送、公路港等基本物流服务功能为基石，以冷链物流、工程物流、大宗商品物流等专业物流服务，保税、海关、边检等国际物流服务以及供应链管理、商贸展示、金融结算等增值服务功能为拓展，通过打造“一枢纽、四中心、两基地”，提升枢纽综合服务能力，增强枢纽服务品质和经济价值。

（三）设施布局

枢纽是由格尔木综合物流园和国际陆港两个物流集聚区构成的设施群。格尔木综合物流园规划面积3.1平方公里，总投资19.44亿元，是以格尔木为中心打造的，其服务西北，拓展西藏、新疆市场，发展区域核心物流，打造物流聚集地，形成青海省的物流节点的重镇。其发展定位为：集公路港、城市配送、甩挂运输、多式联运、商贸交易、商务平台于一体的现代化综合物流园区。目前园区入驻企业6家，包括甩挂运输、仓储物流、汽车运输、货运集散、货运信息、汽车产业园等，累计完成投资 10.7 亿元。

国际陆港片区尚处于规划中，规划面积 10.95 平方公里，形成“一心一轴六片区”的功能结构，“一心”为格尔木南站编组站，“一轴”为综合服务轴，“六片区”为物流仓储区、铁路作业区、公铁联运区、综合保税区、跨境产业区、平台经济区，布局如图 2 所示。打造集多式联运、区域分拨及配送、专业物流（冷链、应急、大宗商品、工程等）、仓储加工、保税、国际物流、信息服务等多功能于一体的现代化、综合性物流服务聚集地。

（四）建设运营模式

枢纽建设充分发挥地方政府和相关企业的主动性，采用“政府统一规划，企业开发建设”的模式。即由格尔木市人民政府实施统一规划和协调指导，并成立格尔木国际陆港管理委员会，投资成立格尔木国际陆港开发建设有限公司负责枢纽的投资、开发、建设和运营，充分发挥地方政府基础平台构建、协调统筹、政策争取、行政监管等优势，突出地方政府在国家物流枢纽培育中的关键引导和统筹推动作用，同时，坚持市场机制和商业运作的原则，由格尔木国际陆港开发建设有限公司联合青海省汽车运输集团有限公司、中国铁路青藏集团有限公司、华明集团等大型龙头物流企业和商贸企业组建合作联盟，发挥各自优势，打造资源整合、功能互补、业务协同、信息连通的合作共同体，共同建设运营枢纽。

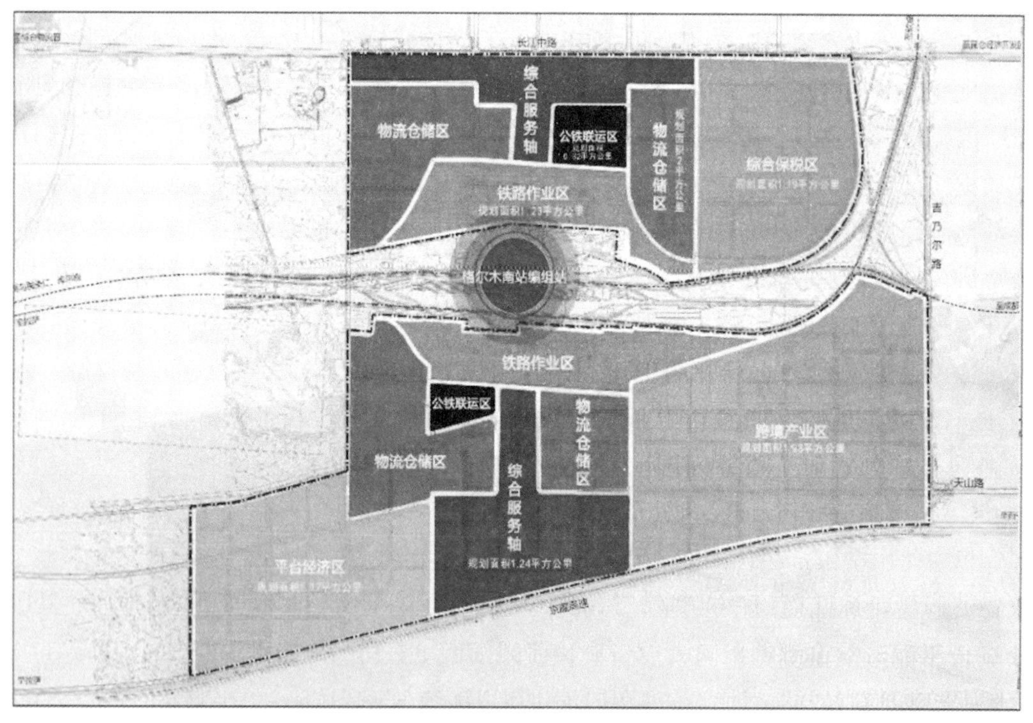

图 2　枢纽国际陆港片区功能布局

二、主要做法和经验

（一）坚持规划引领，营造良好发展环境

格尔木市政府坚持高标准规划建设枢纽，建立健全各项体制机制，提升要素保障能力，着力构建强有力的保障支撑体系，为枢纽建设发展营造良好环境。

1. 做好顶层设计

编制完成《格尔木陆港型国家物流枢纽建设方案》《青海格尔木国际陆港控制性详细规划》。为进一步优化陆港区功能，提升运输服务，形成功能完善、衔接高效的现代物流体系，编制完成《青海格尔木国际陆港铁路专用线设计方案》。通过多个专项规划，为枢纽建设发展提供了方向。

2. 降低物流企业成本

格尔木市政府相继出台了《格尔木物流业降本增效专项行动实施方案》《推动交通物流融合发展实施方案》《进一步加快推进现代服务业和新业态发展实施方案》等多个政策措施，从用水、发电、道路建设等各方面进行配套建设，为园区企业提供优质的基础建设环境。同时，积极配合入驻企业开展项目前期各项手续，优化审批流程，助推项目快速落地实施。

3. 推进枢纽周边集疏运体系建设

格尔木处于青藏甘新四省（自治区）的交通枢纽，是稳藏固疆的战略支点。多年来，格尔木大力弘扬“两路”精神，加快打造全国性综合交通枢纽城市，一批重大交通基础设施相继建成。公路方面，基本形成以察格高速、北连接线、京藏高速茶格段为骨架的城市外环高速路网，构筑起“南去西藏、北达河西走廊、东到西宁、西至新疆”的放射式公路网络。铁路方面，基本形成东至西宁、北达敦煌、南去拉萨、西抵库尔勒、西南至成都的“卡”字形路网架构。向北借助格敦铁路连接中欧班列，向西通过格库铁路连通中巴经济走廊，向南通过青藏铁路连接中印尼商贸通道，向东通过已列入国家中长期铁路网规划的格成铁路连接云贵川物流大通道。航空方面，格尔木机场地处柴达木盆地，海拔 2842 米，距格尔木市 12 公里。2017 年 6 月，格尔木机场改扩建工程竣工投运，航站楼、跑道、夜航导航等设施功能完善，新建航站楼面积 10000 平方米，新增停机位 6 个，新建登机桥 3 部，达到 4C 级标准。目前，已开通至西宁、西安、北京、郑州、杭州、拉萨、成都、温州 8 条国内航线。

4. 提高对外开放水平

2019 年 3 月 1 日，格尔木海关在枢纽内揭牌成立，这是海西开放型经济发展的又一里程碑，对于格尔木加快融入“一带一路”、打造“开放柴达木”具有重要作用和深远影响。格尔木海关运行后，将有效降低地区企业进出口贸易成本，为海西地区进

出口企业提供更加便捷高效的通关服务，带动相关产业发展，打造外贸竞争优势，提升对外开放形象，优化投资创业环境，成为推动开放型经济发展的新动力和新引擎。2021 年 1—5 月完成进出口额 2352. 49 万元，同比增长 49. 8%。

5. 加强规划组织实施

从市级层面成立枢纽建设工作领导小组，建立枢纽建设推进机制，加强跨部门之间的协调配合，切实加强对前期工作的组织领导，落实枢纽建设各项工作任务，统筹推进物流枢纽布局和建设工作，及时协调解决实施中存在的问题。根据《格尔木陆港型国家物流枢纽的规划方案》和《国际陆港控制性详细规划》，结合实际加快推动项目建设。

（二）推进物流通道建设

1. 国内通道建设

通过青藏铁路货运列车，枢纽与西藏、西宁、兰州等地连通。其中，西宁、兰州方向主要运输盐化工产品、油化工产品、石油、天然气、日用品、建材等货物。西藏方向主要运输日用品、农产品、建材、石油、天然气等货物。

2019 年敦格铁路通车运行，枢纽通过铁路货运列车实现与甘肃敦煌、张掖乃至河西走廊的连通，该铁路的正式建成投运，为铁路沿线丰富的矿产资源运输、为区域内开发特色优势产业基地提供强大的运力支撑，是连接西藏、新疆地区的重要铁路运输通道，对有效巩固国防、维护沿线地区社会和谐稳定具有重要而深远的意义。

2020 年格库铁路全线通车，从格尔木到库尔勒的运输时间从 26 小时缩短至 12 小时，进一步完善中国内陆至边疆、中亚、地中海等地区的陆路运输通道。对完善中国西部地区尤其是青海和新疆的铁路网结构，推动“丝绸之路经济带”战略和青海、新疆经济社会发展，促进沿线地区经贸往来和资源开发，加强民族地区团结和巩固国防安全等方面具有重要意义。格库铁路沿线分布着大量石油、有色金属矿产等资源，该铁路的建设将释放沿途地区既有运力，促进西部能源、矿产的流通和共享。

2. 中欧通道建设

目前，格尔木市已经成功开行了格尔木—彼尔姆的中欧班列，该班列由格尔木市出发，经西宁、甘肃后由阿拉山口口岸出境，途径哈萨克斯坦到达俄罗斯彼尔姆市，建材、汽车配件、食品等进出口产品运输需求旺盛。开通中欧班列是青海省委、青海省政府贯彻落实习近平总书记“一带一路”倡议的重要举措，是构建青海省开放型经济新体制的重要平台，是促进青海省经济转型发展的重要动力，对培育青海省外贸竞争新优势、促进青海省经济转型发展、构建青海开放型经济新体制具有十分重要的意义。随着格库铁路全线通车，枢纽内对外出口的产品经由库尔勒可实现快速连通阿拉山口、喀什、霍尔果斯等口岸，进入中亚、欧洲等地，成为中欧班列主通道的重要节点，将依托与俄罗斯等地区的国际贸易业务进一步推动中欧班列常态化运行。

3. 中尼通道建设

受喜马拉雅山脉自然条件限制，尼泊尔境内陆路运输能力有限，我国与尼泊尔贸易大部分只能通过海运转港印度才能到达尼泊尔，不仅运输时间在 50 天以上，运输成本也非常高。如果我国其他地区发往尼泊尔的货物通过南亚铁路班列运至格尔木，再采用公路运输转运到吉隆或樟木口岸，运输时间在 10 ~ 15 天，相比海运模式，时间成本将大幅降低，成为促进中国与尼泊尔乃至印度经贸合作的突破口。2020 年 3 月，枢纽内格尔木昆仑物流园相关人员前往尼泊尔进行考察，沟通两国双园项目及跨境直通车相关事宜。2020 年 10 月，枢纽向尼泊尔驻华大使馆公使提交了投资计划书。2021 年 7 月，尼泊尔驻华大使馆代表到枢纽就中尼陆路贸易通道、“两国双园 + 跨境直通车”项目及在尼泊尔投资建设昆仑汽摩产业园项目及进行了深入交流。

（三）积极开展甩挂运输

甩挂运输作为一种先进的运输模式，代表着道路运输行业的发展趋势。与传统运输模式相比，甩挂运输能有效减少装卸环节，提升运输效率，降低车辆能源消耗，节省运输成本，带来显著的经济效益。青海省作为我国的资源大省之一，矿产品和工业加工品非常丰富，格尔木位于青海省海西蒙古族藏族自治州，是我国西部的一座新兴工业城市。近年来，格尔木市工业经济快速发展，第二产业在三个产业中的比例上升到 60% 以上，成为全市主导产业。由于青海物流运输行业资源分散，运输设备和模式落后，制约青海现代物流业发展，导致丰富的矿产资源和材料加工品难以快速高效的输送，成为青海社会经济发展的瓶颈之一，因此迫切需要一种先进高效的发展模式，降低物流成本和提高运行效率，进而推进整个交通运输行业和物流业快速发展。

格尔木昆仑物流运业有限公司（以下简称“昆仑物流”）成立于 2005 年，位于格尔木市长江西路 16 号，具有三级公路运输、国际货运代理、二类汽车整车修理、汽车配件销售等资质，成立初期主要为当地大型工矿企业提供原材料与产品的物流服务，当前主要从事“一带一路”向南、向西沿线国际贸易与物流以及物流园区投资运营管理，现有车辆 260 余辆，其中加盟车辆 140 余辆，从业人员 300 余人，管理人员 35 人，是 AAA 级物流企业。2013 年昆仑物流在达布逊建立了甩挂站场，同时通过交通运输部认定为全国第三批甩挂试点单位。格尔木昆仑物流园园区实景如图 3 所示。

昆仑物流甩挂运输主要辐射范围为格尔木市以及格尔木循环经济工业园内重要工业企业，辐射半径约为 250 公里。近年来，昆仑物流从以下几个方面大力推进枢纽甩挂运输发展。一是推进甩挂运输场站建设。枢纽投资建设了达布逊甩挂站场，同时利用中信国安、庆华集团等生产企业已有场地作为甩挂站场开展甩挂运输。二是加大甩挂设备投入，车辆投入 65 辆，挂车投入 130 辆。以“一车头配两个挂车”方式运行。三是推进甩挂运输信息化建设，建立配套甩挂运输管理系统、车载管理系统、数字化监控系统，实现运输指令管理、甩挂作业管理、甩挂调度管理、作业跟踪管理、作业异常管理、财务结算管理、决策分析管理，从而对“车—挂—物”的关系匹配及全程状态跟踪。四是扩大甩挂运输范围，已开通了三条甩挂运输线路：西达线（西台—达布逊）全长254公里、东达线（东台—达布逊）全长193公里、尕格线（庆华集团尕林格选矿厂—格尔木）全长280公里。五是明确流程标准，确定了甩挂作业流程制度、调度监控流程、安检控制流程、货物组织、装载流程、在途控制流程、到货处理流程的标准和规章制度。

图3　格尔木昆仑物流园园区实景

相比传统模式，甩挂运输运输量提升约为1.6倍；甩挂运输成本比传统模式节约了0.06元/吨公里，成本下降11.17%提高货物运输的效率，加快货物周转的速度，对于促进青海交通运输和社会经济的发展发挥了重要作用。

（四）优化建材供应链

枢纽以建材商贸物流需求为基础，逐步融入专业仓储、流通加工等供应链服务，进一步强化项目在国内国际建材物流中转枢纽的重要作用，依托建设主体不断加强各大区域经济区的贸易合作，拓展与俄罗斯、尼泊尔等地的国际贸易市场规模，以优质的多式联运服务促进区域建材产业转型升级。枢纽以提高质量和效率为目标，以整合资源为手段，形成采购、生产、销售、服务等环节全过程高效协同的组织形态，实现国家物流枢纽与建材产业深度融合发展，逐步形成以西北、西南市场为重点的全渠道建材供应链服务。例如，格尔木华明建材物流园发挥建材产业链的资源优势，开辟了俄罗斯、德国、美国等地木材进口的国际贸易新路线。随着格库铁路全线通车，衔接亚欧大陆桥通道，计划由俄罗斯新西伯利亚、比斯克等地区经阿拉山口口岸内接格库铁路将进口木材运至格尔木，运距相较现在的经满洲里口岸缩短约2000公里，降低了运输成本及中转费用，可节约费用120～320元/立方米。进口木材到达华明建材物流园后进行精加工，再经过烘干、防腐，加工成家具板、实木地板、木工板等装饰板材，锯末及树皮等加工剩下的材料可以加工成纤维颗粒，然后制成高密度板、纤维板等。木材加工成品进而销往新疆、西藏、甘肃、宁夏、青海等地区，助力枢纽打造成格尔木国际陆港建材加工基地、西部重要的木材商贸集散中心。

三、枢纽建设发展成效

（一）枢纽交通基础日渐完善

相继建成了京藏高速茶格段、机场快速通道、109国道、215国道北连接线等一大批重点公路项目；市内道路加快建设，青藏铁路穿城而过，格敦铁路、格库铁路建成通车，格尔木南编组站建成投运，格尔木工业园察尔汗金属镁工业园区、格尔木西部物流园和格尔木藏格钾肥有限公司3条铁路专用线建成运行；机场改扩建（二期）后达到4C级标准，已开通西宁、西安、郑州、杭州、拉萨、成都等地航线。枢纽交通体系日渐完善，将更好地发挥货物优化编组、中转配货、仓储加工等物流枢纽作用，推动格尔木更好地融入“一带一路”建设。

（二）物流资源要素集聚

目前，枢纽入驻大型企业6家，华明建材、昆仑物流、百路通等企业建成投运，青新藏（格尔木）国际陆港商旅物流中心一期、二期工程2021年内完工，物流园累计完成投资10.7亿元，主要面向西藏和新疆两个物流方向，日均发布物流信息1.5万余条、进出车辆4300辆/次，2020年货物吞吐量约570万吨。

（三）提升运输服务水平

格尔木国家物流枢纽的建设，提高了格尔木市物流一体化运作、网络化经营、专业化服务能力，通过提供多层次的物流服务、通关服务、多式联运、班列加密、铁路港，进一步支撑了实体经济发展。

（四）提升物流枢纽组织效率

枢纽大力推广多式联运、甩挂运输等先进运输组织方式应用，使各种运输方式衔接更加紧密，联运换装转运效率显著提高，集疏运体系更加完善，特别是甩挂运输的开展，明显降低了运输成本。

四、枢纽发展方向与未来展望

“十四五”时期，枢纽将按照“大产业、大物流、大商贸”的思路，充分发挥格尔木物流贸易集散中心地位和进入中亚、西亚、南亚及欧洲的战略通道优势，形成援藏、援疆及集运、转拨、加工、包装、仓储和配送于一体的青藏高原区域性现代物流基地，促进资源要素向格尔木集聚，促进物流和产业融合、商流与物流融合，使格尔木成为我国西部地区具有特色的物流节点重镇。

（一）打造格尔木物流大通道

依托格尔木进藏的独特区位优势，打通陆桥到南亚的物流大通道，连接南亚和印中孟缅经济走廊，发挥内外两个市场的资源和产业优势，开拓“一带一路”新的经济增长点。目前，青海省规划了“中尼印国际物流大通道”建设计划，该通道北起格尔木，经拉萨、日喀则到达尼泊尔首都加德满都，再由印度的加尔各答港和霍尔迪亚港出海，前往南亚、非洲地区。枢纽将以多式联运支撑“中尼印国际物流大通道”的建设，通过从印度洋出海提升青藏地区的物流服务功能，通过物流引入产业，拉动金融、教育、旅游、科技、文化、农业等产业的发展，带动中巴经济走廊的经济融合发展。

（二）提升运输服务水平

通过格尔木国家物流枢纽的建设，将进一步提高格尔木市物流一体化运作、网络化经营、专业化服务能力，通过提供多层次的物流服务、通关服务、多式联运服务，使其对实体经济的支撑和促进作用明显增强，枢纽经济效应充分显现。

（三）打造物流产业发展示范区

按照“三年现雏形，五年成示范，十年树标杆”的目标，枢纽将建设成集物流、商贸、智慧“三位一体”的物流特色园区。通过枢纽建设，吸引聚集物流相关产业入驻，增加就业岗位，扩大物流交易量，实现税收增长，将区域打造成青海全省乃至全国服务最好、速度最快、价格最低的物流“洼地”，助力格尔木市将现代物流产业培育壮大，加速产业集聚，成为青藏地区经济发展的新动能和新引擎。

（四）促进物流业与制造业、商贸业联动发展

围绕煤化工、盐化工、油化工、循环经济、新型材料、新能源等重点产业，培育和引进一批具有较强供应链管理能力的第三方物流企业，探索集装箱多式联运。以物流园区、物流节点、物流通道和物流企业为依托，构筑区域性工业物流体系。构建集仓储、加工、展示、交易、配送、信息发布、电子商务等功能于一体的商贸物流体系，

保税区的建设将十分有利于当地特色产品枸杞、矿泉水、木材、盐化工等产品的进出口，可以更好地满足商贸流通的需求。改变格尔木现有农畜产品主要为活体运输的落后现状，建设鲜活农副产品冷链物流设施，培育一批具有较强竞争能力的冷链物流企业，构筑冷链物流服务体系。

（撰稿人：李建平，林杰，刘天奎，李平，樊有林）

第二章

港口型国家物流枢纽

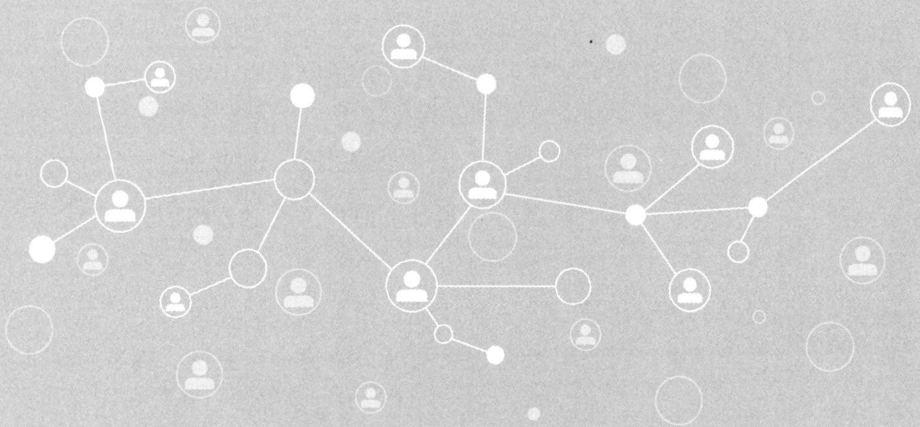

天津港口型国家物流枢纽

践行绿色智慧物流理念　建设北方国际航运枢纽

天津市地处华北平原东北部、海河流域下游，东临渤海，北依燕山，西靠首都北京。天津市滨海新区位于天津东部沿海，地处环渤海经济带和京津冀城市群的交会点，拥有全国先进研发制造基地，重点发展高端装备、新一代信息技术、航空航天、节能与新能源汽车、新材料等高端产业。

天津港口型国家物流枢纽坐落于天津港港区，天津港是中国北方主要港口，区位特点鲜明，地处渤海湾西端，是京津冀地区的海上门户、距雄安新区最近的港口，辐射“三北”内陆腹地，连接东北亚与中西亚；是建设中的北方国际航运枢纽核心载体，是服务“一带一路”倡议、京津冀协同发展国家战略的重要平台。2019 年 1 月 17 日，习近平总书记视察天津港时作出重要指示：经济要发展，国家要强大，交通特别是海运首先要强起来。要志在万里，努力打造世界一流的智慧港口、绿色港口，更好服务京津冀协同发展和共建“一带一路”。依托国家物流枢纽的示范和带动效应，枢纽各项工作得到了快速推进，不断践行绿色物流理念，打造智慧港口样板，取得了突出成效。

一、枢纽概况

（一）交通区位

枢纽依托天津港建设，位于滨海新区中国（天津）自由贸易试验区东疆片区，紧邻天津保税区和天津经济技术开发区。枢纽选址基于以下原因：一是枢纽所在东疆片区战略层级优越，具有自贸区和保税区双重政策优势，是国家各项制度创新的试验田、服务京津冀协同发展战略的对外开放平台和“一带一路”建设的重要承接载体；二是枢纽所在地——天津港港区是京津冀地区的海上门户，铁路公路四通八达，具备发展港口物流业、打造港口型国家物流枢纽的先天优势条件；三是枢纽所在地已经形成了航运服务、国际贸易、融资租赁三大主导产业，新金融、文化贸易、信息科技、互联网等新兴产业也发展迅速；四是枢纽周边聚焦港口物流全产业链，拥有新港北集装箱中心站和各类泊位、堆场、仓库设施，已经发展成为京津冀港口物流枢纽的典型代表。

公路方面，枢纽周边京津塘高速公路、京津高速公路、津滨高速公路、津晋高速公路等多条高速公路与天津港港区接驳，构成了“七横二纵”对外集疏运通道网络。铁路方面，铁路通过三条进港线路，与天津铁路枢纽网络连接。

（二）空间布局

枢纽设施布局完善，由东疆港区物流加工区和新港北集装箱中心站两个区域构成，直线距离仅为2公里，总面积为5.2平方公里。东疆港区物流加工区和新港北集装箱中心站分别布局仓储类物流操作设施和铁路干线运输组织场站，功能上协同互补，枢纽功能区布局图如图1所示。在标准化仓储设施方面，枢纽内规划了跨境电商仓库及分拨中心、集装箱堆场和汽车堆场、红酒及食品流通性加工仓库和汽车加工中心。在物流服务功能建设方面，规划建设国际化贸易综合服务平台、大宗商品电子交易结算中心、物流信息化平台和商务办公区。

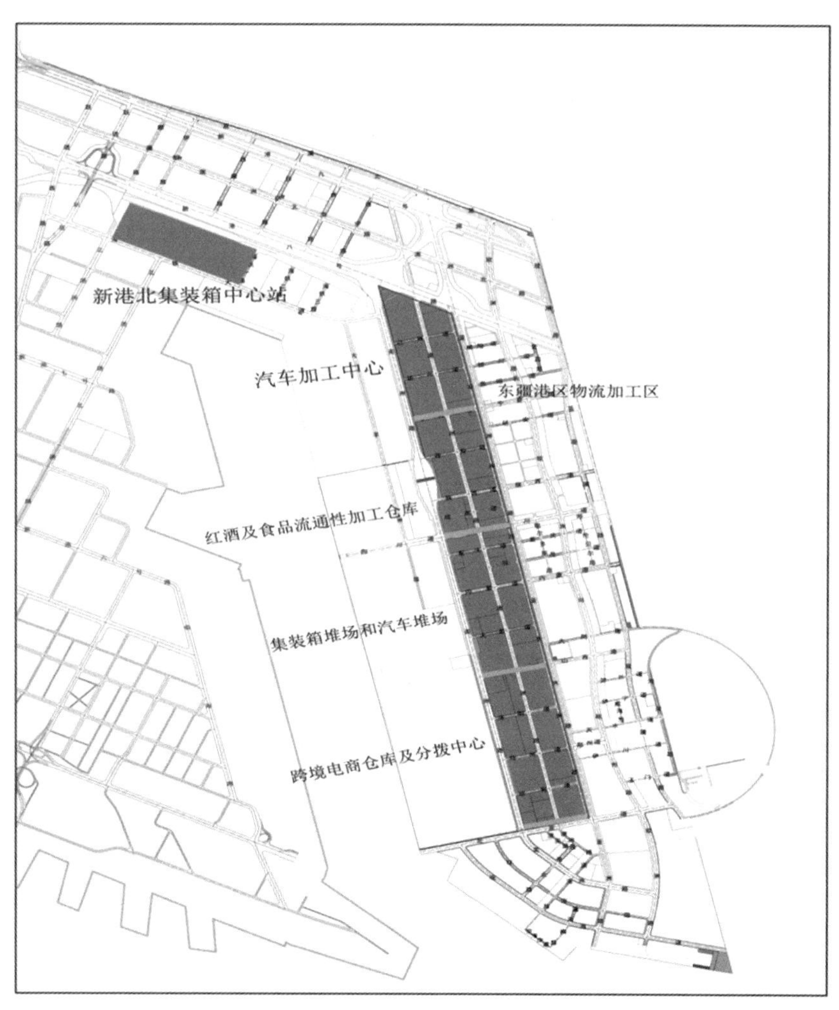

图1 天津港口型国家物流枢纽功能区布局

（三）发展定位

按照《京津冀协同发展规划纲要》和《加快推进津冀港口协同发展工作方案（2017—2020年）》要求，枢纽总体定位：一是京津冀协同发展智慧物流合作基地，东北亚—西亚、欧洲国家和地区间的货物转运中心，港口综合物流增值服务创新基地，布局合理、功能完善的综合服务型国际物流园区；二是天津市服务京津冀城市群和雄安新区发展、建设中蒙俄大通道和“一带一路”的重要承载平台；三是港口转型升级、港产城联动发展和北方国际航运中心核心区、天津自贸区建设的重要支撑。

（四）服务功能

枢纽作为滨海新区重点打造的国家级物流枢纽平台，肩负着服务国家战略、引领城市高质量发展、促进区域物流资源合理配置和联动发展的重要功能使命。枢纽具备六大服务功能：一是促进京津冀物流枢纽和港口协同发展的联结中转功能；二是实现环渤海区域物流联动发展的支撑带动功能；三是辐射北方乃至全国跨境电商的贸易服务功能；四是着力打造智慧物流体系的信息平台功能；五是推进海铁联运的网络衔接功能；六是促进临港产业发展的带动功能。

（五）运行模式

按照天津市和滨海新区政府的部署，天津港（集团）有限公司（以下简称“天津港集团”）成为天津港的运营主体，天津港集团是天津市国资委监管的国有独资企业，总资产超过1400亿元。按照“市场主导”原则，统筹培育枢纽运营主体。天津港集团和天津港（集团）东疆建设开发有限公司作为主要投资人，积极引进中国国家铁路集团有限公司、中铁联合国际集装箱公司等战略投资者，组建市场化运作的物流枢纽设施建设运营平台。

从具体运营来说，天津港（集团）东疆建设开发有限公司是东疆港区物流加工区公共设施建设的主体，天津中铁联合国际集装箱有限公司负责新港北铁路集装箱中心站建设和运营，天津港集团全资子公司天津港东港物流有限公司和天津东疆保税港区国际贸易服务有限公司承担枢纽物流设施的综合运营、提供一站式服务。同时，通过招商引资，做大做强平行进口汽车、食品冷链、跨境电商等方面的物流企业，打造有竞争力的市场化运作平台。经过多年发展，枢纽物流基础设施相对完善，已建成天津新港北铁路集装箱中心站，以及东疆保税港区各类仓库、堆场、码头泊位等物流操作设施和服务设施，可实现货物集散、储存、分拨、转运等功能。

二、主要做法与特色经验

天津港是全球重要的集装箱干线港，新中国第一条国际集装箱班轮航线、第一座集装箱专用码头先后在天津港开通和投入使用，拥有 130 多条集装箱班轮航线，每月开航航班 500 余班，基本覆盖全球主要港口。集装箱船舶直靠率、平均在泊船时效率、航陆运效率遥遥领先，外贸航线效率全球名列前茅。天津港在京津冀地区和“三北”地区布局超过百家营销网点，实现对内陆 13 个省、直辖市、自治区的全覆盖，枢纽实际作业场景如图 2 至图 4 所示。依托国家物流枢纽的示范和带动效应，枢纽各项工作得到了快速推进，取得了突出成效，2020 年海铁联运货物运输完成 80.5 万标准箱，再创历史新高，位居沿海港口前列。

图 2　天津港口型国家物流枢纽堆场作业实景 1

（一）不断完善枢纽核心区域功能

东疆港区物流加工区和新港北集装箱中心站是枢纽核心功能区域，两年来，天津港集团积极完善枢纽核心区功能，提高示范、引领效果。

图 3　天津港口型国家物流枢纽堆场作业实景 2

图 4　天津港口型国家物流枢纽船舶作业实景

1. 加快集装箱中心站建设，提升海铁联运能力

新港北集装箱中心站（以下简称“中心站”）是中国国家铁路集团有限公司在全国布局的18个中心站之一，规划面积0.8平方公里，与进港三线接轨，是联通海运与铁路干线网络的关键节点，年作业能力实现200万标准箱。枢纽通过以下三方面措施不断建设并完善中心站功能，显著提升了枢纽集装箱多式联运服务能力，促进组织效率显著提高。

一是不断完善中心站功能，提升服务能力。2019年获批港口型国家物流枢纽后，枢纽将中心站建设作为完善枢纽功能、实现与内陆物流枢纽互联互通、促进网络化运营的一项重要工作，加快推进建设工作进度。2019年完成了海关监管区域建设，具备了外贸海铁联运、中欧班列换装能力；同时联合海关优化了作业流程，实现货物卸船直提入站，减少了作业环节，客户提前向码头公司申报过境货物作业计划，即可在卸船时直接运输至过境班列铁路发运场站，可以为客户减少约一天的口岸作业时间。

二是积极提升运营水平，促进枢纽间互联互通。2020年中心站海铁联运换装业务完成23万标准箱，开发了有色矿散改集、冷链海铁联运、中欧班列等多项特色服务产品。其中“散改集”及“公转铁”已经成为天津港打赢蓝天保卫战、优化调整运输结构的重要工作措施。“散改集”即散货形式到（离）港的货物装（拆）箱后疏（集）运，通过集装箱运输解决了部分生产企业缺乏铁路专用线、无法实现“公转铁”的问题，产生了良好的社会效益。此外，枢纽依托中心站实现了与中鼎物流园［太原陆港型（生产服务型）国家物流枢纽］间常态化的海铁联运运营组织，累计发运1386标准箱，发挥了枢纽间互联互通的功能，起到了示范作用。

三是推进后续工程建设，为高质量发展做好储备。推进中心站2线束—5线束建设，实现可持续发展；完善中心站仓库、堆场配套设施建设，适应未来枢纽集装箱海铁联运增量需求。

2. 开展多式联运示范工程，推进中蒙俄经济走廊建设

2017年“天津港中蒙俄经济走廊集装箱多式联运示范工程”获批国家第二批多式联运示范工程。该项目紧紧围绕“一带一路”倡议、京津冀协同发展战略，以中蒙俄经济走廊建设为契机，统筹各方多式联运资源，通过完善港口集疏运体系，积极推动构建“一通道、二平台、三场站、多支点”的现代多式联运服务体系。“一通道”即贯通中蒙俄经济走廊和“21世纪海上丝绸之路”的多式联运通道；“二平台”即多式联运服务平台和多式联运信息化平台；“三场站”即中心站、物捷三铁路场站、中心材料厂铁路场站；“多支点”指天津港的内陆物流节点。项目获批后，枢纽充分发挥自身优势，采取行之有效的工作措施，积极推动项目落实，有效带动了海铁联运特别是中欧班列海铁联运的发展，运量得到了显著提升。

一是与招商局集团、中远海运和相关铁路局等开展合作，共同开发联运产品，推进联运服务标准化，陆续开通了天津—白俄罗斯和天津—俄罗斯的中欧班列，服务范围延伸到了欧洲，实现对海运服务的补充与延伸。货物经此通道运输时，在国内铁路运输的总体费用约为每 40 尺标准集装箱 6300 元；公路运输费用为每 40 尺标准集装箱 13000 元。从运输成本上和运输时效性上均体现出了明显优势，有力支撑了中白物流园等“一带一路”海外重点项目的建设发展。

二是通过示范工程的实施促进了枢纽海铁联运作业场站设施资源的合理调配，硬件功能不断完善；推进了信息系统建设，加快构建便捷、高效、低成本的集装箱物流服务体系；提升了多式联运规模，促进枢纽海铁联运总量显著提升，位居沿海港口前列；在推广多式联运“一单制”、多式联运标准建立等方面进行了有效探索，实现了示范效果。在“一单制”的推广应用上，天津港与中鼎物流园开展合作，协调马士基、地中海、达飞、中远海运等航运企业，将中鼎物流园打造成为航运企业在内陆的货物启运地/交付地，通过使用联运提单对客户实现了“一单到底”的服务保障。

三是借助项目优势，推动中蒙物流园项目建设。为了更好地服务中蒙俄经济走廊通道发展，强化对蒙古国国际班列的组织，枢纽积极推动中蒙物流园项目的建设，建设以天津口岸为中心的蒙古国过境及进出口货物仓储物流、代理服务等一站式综合服务窗口，促进中国“一带一路”倡议与蒙古国“发展之路”战略有效对接，进一步打造了中蒙俄之间国际贸易、国际中转业务的重要服务平台。

3. 推动枢纽功能建设，提升运营服务水平

不断做好定向业务开发工作。在叠加贸易供应链业务与内陆物流网络市场资源的基础上，枢纽充分发挥保税港区监管政策优势，带动高端物流产业发展。枢纽建设仓储式红酒展销中心，推动跨境电商、平行进口汽车、红酒发展，以“贸易 + 物流”平台建设为契机，做好现有汽车和红酒业务。同时，服务“一带一路”倡议，落实意大利葡萄酒贸易工作，积极建设意大利国家馆。此外，枢纽通过完善平行进口汽车仓储、监管等业务服务项目，形成对外服务“贸易 + 物流”特色品牌；推动德国奶粉、进口木材、矿泉水等新货类开发，通过贸易拉动物流，助力天津港—曹妃甸内支线的建设。

持续推进智慧园区管控平台的设计开发，构建物流安全生产的全面管控机制，实现安全管控全覆盖，能够动态跟踪枢纽的全景实时动态及安全隐患的动态情况，实现与天津港视频监控平台、GIS 平台、应急管理平台、全货类管控平台、隐患排查系统等全面对接和数据共享，建成了一体化、标准化的综合管控平台，用科技手段提升枢纽的安全管控水平。

不断提高东疆港区绿色能源使用比例。枢纽与华电集团、中远海运合作开发光伏发电项目，计划投资 2. 08 亿元，利用仓库屋顶和停车场总面积约 40 万平方米，采用“自发自用，余电上网”的模式，建设光伏发电约 40MW，可为企业降低运营成本，剩余电量进行上网应用，提高枢纽收益。

在疫情期间与客户共渡难关。枢纽为贸易代理客户提速信用证开具时间证明，避免客户因违约赔付而产生损失。同时，集中治理、提升枢纽生产作业环境，持续提升客户服务水平，重点解决奔驰中国、考拉等园区客户问题。落实国家减费降税措施、国资委租金减免政策，枢纽积极推行光伏发电，完成26家客户电费退费工作，为枢纽中46家中小企业减免房租518.69万元。

（二）为北京高质量发展提供支持

天津港是首都北京的门户港，枢纽充分发挥港口枢纽功能，为北京的高质量发展提供支持，带动口岸营商环境、服务水平不断提升，促进货源聚集。

1. 持续优化提升口岸营商环境

一是建设跨境贸易统一平台。枢纽通过探索天津港“集疏运智慧平台”与北京空港电子货运平台系统功能对接，共同建立统一的智慧平台，实现了京津海港、空港枢纽间的互联互通。同时不断深化京津两地口岸单位联动协作，探索建立统一口岸监管标准，形成联动机制，发挥枢纽联动作用，促进海空双港一体化发展，提升口岸通关便利程度。

二是升级天津港“阳光服务”。枢纽进一步简化港口服务收费项目、规范收费价格、升级港区操作时限标准，打造一站式“三阳服务”码头和场站，助力北京跨境贸易便利化，提升营商环境水平。

2. 完善服务辐射功能，提升服务能力

在网络建设方面，枢纽不断鼓励船公司加开航线、加密班期密度、加大运力和舱位支持，为北京市的货物流通提供畅通的海上运输通道。同时，持续优化枢纽在北京及周边地区的物流网络布局，增加网络节点数量，设立天津港北京国际航运物流服务中心，将港口服务窗口前移至北京。

在服务与通道建设两方面，枢纽不断扩大港口直装直提业务，提升枢纽服务便利程度。逐步形成服务体系建设与货源聚集互为促进的良性可持续发展区域生态，打造港口物流“天津样板”。同时，枢纽持续强化物流通道建设。枢纽充分结合北京市物流发展规划和物流园区建设现状，加强与通州马驹桥和平谷马坊两大物流基地的合作对接，研究推进枢纽至马驹桥口岸的公路快速分拨通道。2020年年底，新开通天津港至平谷马坊站的铁路集装箱班列，为北京市货物集散提供高效、便捷、可靠和多样化的物流通道保障。

（三）世界一流港口发展成效显著

国家物流枢纽的建设为天津港整体发展带来了新的机遇，同时天津港世界一流港口的建设也为枢纽发展提供了良好的发展平台。

1. 港口枢纽地位不断增强

一是开展“效率年”攻坚行动。枢纽建立“引航员到位率”考核机制，引航员到位率始终保持在98%以上，充分体现“即到即引”；充分推动并运用海事局“零报告”以及边检站“零延时”政策，大幅压缩船舶开船及等待进港时间，提高泊位利用效率；会同天津市港航管理局，形成涵盖船舶、引航、拖轮服务时限以及业务手续办理时限等17项服务效率标准的2020年版《天津港集装箱货物生产作业时限标准》，助力船舶直靠率稳步提升。

二是大力发展海铁联运。枢纽以项目带动货源开发，促进货源聚集，陆续开发了新疆石河子的氧化铝产品运输等一系列新项目，推动了长春班列常态化运转，实现每周一列的发运频率。同时，枢纽配合海关推动过境班列货物“船边直提”通关新模式，在抵港前申报的货物可在卸船时直接提离并运输到海铁联运作业场站，缩短了货物在港时间，提升了通关效率。此外，枢纽不断强化与铁路部门、船公司、大型物流企业的协调协同，为海铁联运组织提供了有力的支持与保障。2020年，枢纽完成海铁联运80.5万标准箱，同比增长42%，其中，中欧班列完成4.7万标准箱。

三是完善物流网络布局。枢纽不断加快完善营销网络布局，新增6家加盟店，营销网络直营、加盟店数量达111家；强化与重点地区的物流服务合作，与银川等地政府、铁路单位和物流企业签订了合作协议；密切关注雄安新区建设和北京市物流服务需求，主动做好服务对接保障；实现长春—天津海铁联运班列每周两班运行。

四是打造集装箱全物流链综合服务平台。枢纽全力搭建集疏运智慧平台，此平台于2020年10月下旬上线试运行。2020年，集疏运智慧平台认证车辆2400多辆，司机2500多名，完成集疏港作业1.45万标准箱。枢纽完成开发了物流链可视化跟踪和物流监控监管可视化平台，其中冷链运输业务可实现全程物流节点监控，便于对货品及车辆信息进行查询，提升了全程可视化水平。

五是提高航道锚地基础能力。枢纽不断推动北港池与新港水域直移落地，同时，联合天津海事局推动大港夜航落地，此外，枢纽持续推进低能见度通航和主航道通航效能提升课题研究工作。

六是打造集装箱业务受理中心。该中心于2020年7月下旬正式挂牌。枢纽通过整合资源，实现对外服务窗口的深度融合；通过智慧升级，实现“数据多跑路，客户少跑腿”；通过流程再造，实现任意窗口均可办理所有集装箱码头业务；通过形象提升，实现软硬件设施、人员素质、整体管理的全面升级。

2. 港口绿色、安全发展水平进一步提升

枢纽不断提升绿色发展水平。在业务模式方面，推动“公转铁”“散改集”建设。枢纽不断创新运输服务模式，大力推广铁矿石铁路运输，满足了专用线短缺或能力不足的生产企业对“公转铁”运输的需求，通过集装箱运输减少装卸次数、降低污染。

此外，应对不同作业场所和设备设施情况，枢纽研发了“散改集”作业模式——国内首创智能散货装箱系统，助推实现“一箱到底”的全程绿色运输模式。2020 年，枢纽煤炭运输 100% 通过铁路运输集港；铁路运输铁矿石 5181 万吨，同比增长 30.2%；铁矿石铁路发运量占比达到 62.7%，同比增长 12.7%。

在能源应用方面，积极推进清洁能源应用，提升岸电覆盖率和使用率。枢纽持续提高清洁能源设施设备使用率，停用 600 台国一及以前排放阶段非道路移动机械，完成新能源、清洁能源机械设备购置工作。同时，大力推广宣传岸电使用，免费向靠港船舶提供岸电供电业务。2020 年，枢纽累计到港具备岸电设施船舶 121 艘次，自 9 月起实现岸电使用率 100%（法定免责除外）。

枢纽注重安全发展理念，搭建生态环境监测管控与管理平台。2020 年，枢纽共投入 2500 余万元建设生态环境监测管控与管理平台，成为国内率先搭建完成针对大气六项指标以及风速、温湿度的生态环境大气智能监测管控系统的港口枢纽，旨在监控指导所属码头作业单位科学环保地进行生产作业。通过建成生态环境监测管控平台，提升了枢纽的智慧化、精细化环保水平。同时，完成安全环保与应急管理一体化平台整体开发建设工作，应急管控、视频监控、融合通信、交通安全、消防安全等子系统上线试运行；完成《安全生产风险预控管理体系》编制工作，并建立天津港集团双重预防机制核心技术规范。

3. 智慧港口建设实现重大突破

在集装箱智慧化运营方面，枢纽完成了集装箱公司北区 31 台轨道桥和 25 块堆场改造，成为全球率先在传统集装箱码头基础上通过智能技术改造的自动化集装箱码头，并且完成了联盟国际公司、太平洋国际公司的共 8 台轮胎吊自动化改造，实现对内集卡的全自动操作和对外集卡的半自动操作，提高了设备利用率及智能化水平。同时，枢纽采购了 25 台无人驾驶电动集卡，研发完成智能驾驶脑和水平运输管理系统，该系统于 2020 年 1 月 17 日在集装箱公司北区实现规模化应用，截至 2020 年年末累计行驶 45 万余公里、作业箱量 22 万余自然箱，成为港口行业规模最大、作业经验最丰富的无人集卡车队。此外，枢纽完成了集装箱“一码通”物流信息平台建设，实现口岸中 4 家集装箱码头、22 家船公司、30 家集装箱堆场进出口设备交接单全程无纸化。

在港口运营信息化发展方面，枢纽一方面完成了港口云数据中心扩容和安全加固，保障天津港集团关键信息基础设施高效稳定运行；另一方面建成了大数据管理平台，能够整合“一港六区”船舶信息，收集口岸通关、客户服务、设备设施、环境气象数据，开展财务、人事管理数据分析，为港口大数据集成应用提供了技术支撑。此外，枢纽建成了港口智能管控中心，运用 VR、3D、云计算、大数据等技术，整合港口生产、口岸贸易、物流运输、环境气象、港区交通等数据，打造了集调度指挥、市场运营、客户服务、口岸环境等功能于一体的智能管控系统，提升了运营管理的精细化水平。枢纽的运营信息化深入拓展，建成并投入使用了132座5G基站，5G技术在远程操控等场景实现稳定应用，成功入围国家5G新基建工程。

在业务方面，枢纽建成“天津港电子商务网”，能够为客户24小时提供线上服务，让客户能够随时随地办理港口业务，提升了港口的服务水平。

通过以上措施，有力地提升了枢纽的服务能力和生产效率，平均泊船效率和平均单桥效率较2019年分别提升10.3%和8.6%，力促集装箱吞吐量、货物吞吐量实现逆势双增长。

4. 港口基础建设成果显著

2020年天津港完成基建项目投资31亿元，同比增长45%，助力枢纽基础设施能力进一步提升。

枢纽持续推进C段智能化集装箱码头工程。全年实际完成投资18亿元，超年度计划投资（15亿元）20%。码头总体建设约完成95%，堆场总体建设完成75%，辅建区建设完成73%；岸桥已到港6台，场桥已到港16台，无人驾驶电动集卡到港6台，正在进行运营前相关调试工作；完成了机房核心网络、服务器、光纤通信等关键信息基础设施安装，能够满足大型装卸设备和信息化系统运行调试需求，完成了智能水平运输系统与TOS、ECS、ACT等58个通信接口开发，并于2021年12月15日启动了真实环境联调测试。

枢纽北港路南延工程于2020年11月开工建设，桩基总计244根，目前已完成桩基施工4根，并同步开展预制场建设、绿化迁移、管线切改等相关工作。枢纽高沙岭港区10万吨级航道一期工程已全部完工，于2020年12月底完成交工验收。此外，枢纽南疆铁路Ⅱ场至Ⅲ场连接线复线及Ⅲ场扩容工程、南疆远航南货场配套矿石铁路工程已完成与北京铁路局的方案对接工作，正在同步开展现场勘察、地形测量及方案设计等工作。

三、枢纽建设发展成效

2020年国家发展改革委和交通运输部联合发布了《国家发展改革委　交通运输部关于加快天津北方国际航运枢纽建设的意见》（发改基础〔2020〕1171号）。该意见明确了天津北方国际航运枢纽是以天津港为中心的国际性综合交通枢纽。天津港集团积极推进枢纽建设，通过不断完善港口功能布局，加强综合服务功能，拓展互联互通范围，提高智慧化、绿色化水平等手段促进港口高速增长、向高质量发展转型，更好地支撑国家重大战略实施。

（一）坚持树牢安全健康理念，绿色港口建设生机蓬勃

枢纽在建设上将安全摆在首要位置，建立安全生产风险管控和隐患排查治理双重

预防机制，不断夯实安全理念，通过推进目视化、网格化建设，视频监控实现全覆盖，实施“十严格”、SOP 工作法、无人机巡航等措施，排查治理安全隐患。

枢纽践行绿色发展理念，全面推进绿色港口建设。适应碳达峰、碳中和新要求，突出枢纽绿色、美丽、宜业特点，坚持陆上、海上绿色港口建设“两手抓”。枢纽不断改善用能结构，统筹做好清洁生产、岸电推广、绿色引航等任务，构建港口绿色发展体系。积极落实国家运输结构调整的要求，大力发展绿色集疏运模式。枢纽全力推进“公转铁”“散改集”，在煤炭 100% 通过铁路运输的基础上，铁矿石通过铁路运输占比超 60%。在港口生产上，促进能源结构更加低碳。枢纽大力推进生产泊位实现岸电覆盖，推进船舶靠泊使用岸电；主动淘汰高排放集疏运车辆，推广使用 LNG 等清洁能源。通过搭建生态环境大气智能监测平台，实现实时动态监控，大力推进环境整治，促进港区环境面貌不断改善，港城融合发展模式得到广泛认同。

（二）坚持激活创新发展动能，智慧港口建设繁荣兴盛

枢纽坚持以创新引领，推动智慧港口建设。枢纽在生产自动化方面实现关键突破，实现多个“全球第一”，包括全力打造的自动化集装箱码头 2.0 版，在全球率先实现了传统集装箱码头自动化全流程改造，为全球港口智慧化升级贡献“天津港方案”；新建 C 段智能化集装箱码头，集成多项全球首创技术，应用 25 台无人驾驶电动集卡，获批行业首个“自动驾驶示范区”。持续推进口岸信息化建设，不断升级电子商务服务平台，实现 24 小时线上服务，线上办单量不断增长，线上办理占比不断提升。利用大数据赋能打造智慧港口“大脑”，促进枢纽经营主体实现智能化经营与管控。大力推进基础设施数据化，依托大数据管理平台，加强数据治理应用。

（三）坚持服务国家重大战略，枢纽港口建设欣欣向荣

天津港集团依托“天下港口、津通世界”的国际枢纽港地位，充分发挥枢纽功能，强化服务辐射能力，服务国家战略。积极融入国内大循环，全面深化与沿海主要港口、航运企业战略合作，打造“两港一航”标准，构建南北海上大通道。不断完善“三线十区”内陆物流网络体系，服务辐射能力进一步提升；大力发展集装箱海铁联运，做好中欧班列服务，促进枢纽联通。不断提升港口营商环境，深入实施“四千行动”，全力打响“四千品牌”。持续推进口岸便利化，与海关、海事、边检、行业主管部门等加强协同，提升通关效率。持续提升综合服务水平，不断提升全物流链服务水平和自身管理水平，以“一流服务、一流效率、一流窗口”为客户提供“有温度”的优质服务，持续提升客户体验，抓牢船公司客户和内陆腹地终端客户，满足客户个性化服务需求，不断提升客户黏性。

四、枢纽发展方向与未来展望

近年来，北方国际航运枢纽建设工作的不断推进，给枢纽的发展带来了新的机遇。作为枢纽的运营主体，天津港集团将通过市场化主体运营、重大项目支撑、业务功能协同、综合服务平台搭建、枢纽联动发展等系列建设举措，将枢纽建设成为辐射带动能力较强、现代化运作水平较高、互联衔接紧密的物流节点，初步构建形成立足天津港、协同京津冀、面向世界的全球港航物流资源配置中心。

（一）促进港口物流转型升级

加快口岸功能建设，推动进入枢纽的物流企业服务水平提升和业务领域转型升级，面向境内外先进行业，调整货物贸易结构，优化散杂货结构，加快集装箱运输业务发展。加强清洁能源和新技术应用、循环经济利用和生态保护，打造安全、高效、智能的绿色智慧港口。形成多点支持、陆海协同的“海陆一体化”的现代化多式联运服务网络框架，环渤海内支线货运周转量比重明显提升。实现天津港口型国家物流枢纽与其他物流枢纽联通，以枢纽为核心的货物集散功能大幅提升。开通面向京津冀地区、华北地区，连接长三角地区、珠三角地区、“一带一路”沿线的海陆联运大通道网络。

（二）带动区域经济的持续增长

在枢纽的带动下，天津港的物流服务智能化水平显著提升，绿色运输比例不断提高。天津港的货物集疏运结构得到明显优化，铁路、水路承担的大宗货物运输量显著提高，多种运输方式间有效衔接，集装箱多式联运运量大幅增长，港口集装箱吞吐量进一步提升。枢纽的建设发展有效支撑了滨海新区乃至天津市高端装备制造、航空航天、节能环保、汽车及零部件、生物医药等优势产业的发展，打造制造业高附加值供应链体系，有效促进产业聚集，发展临港经济产业集群，促进产业结构高端化、高质化和高新化，成为区域产业转型升级、新旧动能转换的重要支撑力量。

（三）推动建设北方国际航运核心枢纽建设

按照国家物流枢纽的定位要求，不断拓展枢纽国际海运航线，优化航线结构，布局建设内陆物流网络，开拓京津冀地区、“三北”地区腹地货源，扩大国际物流业务，促进与蒙古国、俄罗斯、中亚、欧洲的贸易往来，吸引日韩货物在天津港转运，打造面向全球、便捷高效、干支联动的集装箱运输网络，加快由单一功能枢纽向“物流 + 贸易 + 金融”的复合型物流枢纽转型发展。推动枢纽与天津滨海国际机场等物流枢纽间协同联动发展，不断提升国际航运服务能力、扩大辐射范围。

（四）支撑京津冀高质量协同发展

充分利用枢纽的区位优势，降低物流成本，有力提升天津口岸的竞争力，有效提升京津冀人才、资本、技术等各类高端要素流动的便利性，实现高端要素资源的有效集聚，加快承接北京非首都功能，特别是航运物流功能疏解转移，有效支撑京津冀高质量协同发展。

（五）提升自贸试验区开发开放水平

发挥国家物流枢纽联通内外、服务境内外企业的优势，加快枢纽通关服务便利化改革，加强国际贸易“单一窗口”建设，实现“单一窗口”功能覆盖国际贸易管理全链条，推动流程优化、制度优化、服务优化，形成服务企业“走出去”“引进来”发展的最佳生态环境，为滨海新区乃至全国枢纽进一步改善和提升营商环境提供最佳样本。

（撰稿人：许旭波，李巍）

营口港口型国家物流枢纽

打通公铁水联运通道　建设东北崛起物流枢纽

营口港口型国家物流枢纽（以下简称“枢纽”）位于辽宁营口经济技术开发区（即鲅鱼圈区），地处“一带一路”背景下的中蒙俄经济走廊陆海衔接处，是我国跨区域内贸集装箱多式联运和“北粮南运”的核心组织枢纽。枢纽内铁路、公路、仓储等基础设施设备完备，集装箱多式联运和大宗散货公铁水联运等综合物流服务功能完善，是营口港口岸综合交通运输和大型集疏运网络体系的重要组成部分。在支持地方经济发展和新一轮东北振兴、加快“通道＋枢纽＋网络”国家物流枢纽规划布局建设、扩大国际间合作交流以及深度融入“双循环”新发展格局等方面，具有重要战略作用。

一、枢纽概况

（一）区位交通

营口地处辽东半岛中枢，是东北第二大沿海港口城市，是东北国际物流中心城市之一、东北区域交通物流枢纽城市之一，是“一带一路”建设重要节点。营口港是辽宁港口集团旗下核心主体港区之一，是中国北方大港，是东北地区和蒙东地区最近的出海口。

枢纽陆路交通网络体系发达。铁路交通便利，枢纽内企业铁路专用线与鲅鱼圈车站接轨，无缝衔接进入哈大铁路干线辐射全国路网，并可经满洲里、二连浩特等国际铁路口岸，与蒙古国、俄罗斯以及波罗的海沿岸国家建立国际陆路大通道；公路交通便利，枢纽内企业直接连接沈海高速、哈大公路，广泛辐射东北、京津冀等地区。内陆港和海铁联运网络覆盖东北三省和内蒙古东部，支持开展“门到门”全程物流服务。目前，枢纽稳定运营130余条内贸海铁联运集装箱班列，开通12条营满欧国际集装箱班列，对接欧洲5个国家9个城市，口岸社会运输车辆超万台，公路运输半径超800公里，完全覆盖东北地区。

枢纽依托营口港，海运交通网络体系发达。营口港鲅鱼圈港区规划陆域面积38.2平方公里，已完成28.2平方公里，规划岸线长度31.3公里，是国内规模较大的单体港区。枢纽有集装箱、散杂货以及石油化工等各类专业化生产性泊位56个，内贸集装箱航线和散杂货船覆盖中国沿海沿江主要港口，集装箱航班密度近500班/月，依托近洋航线和外贸内支线与50多个国家和地区建立海上贸易往来，港内铁路线总长90.73公里，专用线72条。

（二）功能与布局

枢纽依托港口码头、泊位、航线、仓储以及装卸服务等基础雄厚的专业化、大规模综合物流设施，将枢纽功能与港口功能协同联动，具备便捷的铁路运输、公路运输、海上运输、多式联运、大宗物资专业物流、国际物流、保税仓储、区域分拨配送等多元化综合物流服务功能，延伸拓展现代供应链服务、电子商务、金融信息功能，远期发展计划包括驮背运输和双层集装箱班列运输。

枢纽处于营口港货物集疏运网络体系核心区位，由营口港鲅鱼圈港区内的海铁联运区和港外综合物流服务区两大片区组成。港内海铁联运区和港外综合物流服务区双区资源共享、功能互补、分工协作，总占地面积约3.16平方公里，其中物流运营总规划面积约3.14平方公里。截至2020年年末实际运营面积已达2.76平方公里。

港内海铁联运区位于港口集装箱码头后方，占地面积2平方公里，主要提供集装箱公铁水联运、班列集结与铁路装卸转运、公路集装箱场站、钢材公铁水联运、大宗物资保税监管、区域分拨配送、粮食供应链、冷链运输等公共物流服务。

港外综合物流服务区位于营口经济技术开发区的港口物流贸易园区内，占地面积1.16平方公里，与港内海铁联运区直线距离1.1公里，主要开展钢材、铝粉、化肥等大宗物资公铁水联运、装卸搬运、仓储保管、区域分拨配送，还包括集装箱场站和公水联运、粮食仓储贸易、绿色物流配套服务等。

（三）基础设施

枢纽基础设施多样、存量丰富，具备较好发展基础。截至2020年年末，枢纽两大片区实际占地面积276万平方米，其中物流运营面积274万平方米（大宗散货堆场188万平方米，集装箱堆场60万平方米，通用库房22.3万平方米，保税库房3.7万平方米）；铁路装卸线19条、总长超过1.8万米，其中港内海铁联运区铁路线12条、总长超过1.2万米，每条线路长1050米，均具备铁路整列到发条件。铁路龙门吊、集装箱正面吊、集装箱堆高机、叉车、装载机、散矿装箱机、散粮装箱机、粮食皮带输送机、其他装拆箱专用设备等各类机械门类齐全，数量众多。公路货运运力充足，其中新能源货运车辆保有量快速增长（枢纽企业自有160辆、社会整合3000辆），配置3座加油站。目前，枢纽发展所需的各类硬件基础设施设备充足，综合物流服务功能完备。

（四）建设运营机制

枢纽采用“市场主导，政府支持，多元合作”的开发建设模式，确定“分工明确、优势互补、梯度协调”的运营管理模式，科学规划、协同组织。

枢纽建设运营企业采用单一主体为核心、多元合作的方式，协同推进枢纽建设运营，实现物流基础设施专业化、规范化建设，物流运行专业化、集约化；按照“存量设施整合提升为主、增量设施补短板为辅助”基本原则，确保项目有效落实，枢纽用地保障稳定，配套集疏运体系运行高效。

营口港是枢纽基础设施和平台类项目建设的投资牵头主体，联合华海国际物流、营口港信息分公司、吉星物流、港力博星、汇丰物流、正丰物流、联丰物流、营口外运等多家企业，统筹枢纽投资建设项目，形成“14+1”建设模式，其中增量补短板项目共8个。

沈哈红运是枢纽基础设施和平台类项目的运营牵头主体，联合上述各单位和营口港保税物流、辽河石化等多家企业，对枢纽统筹运营，整个组织架构如图1所示。

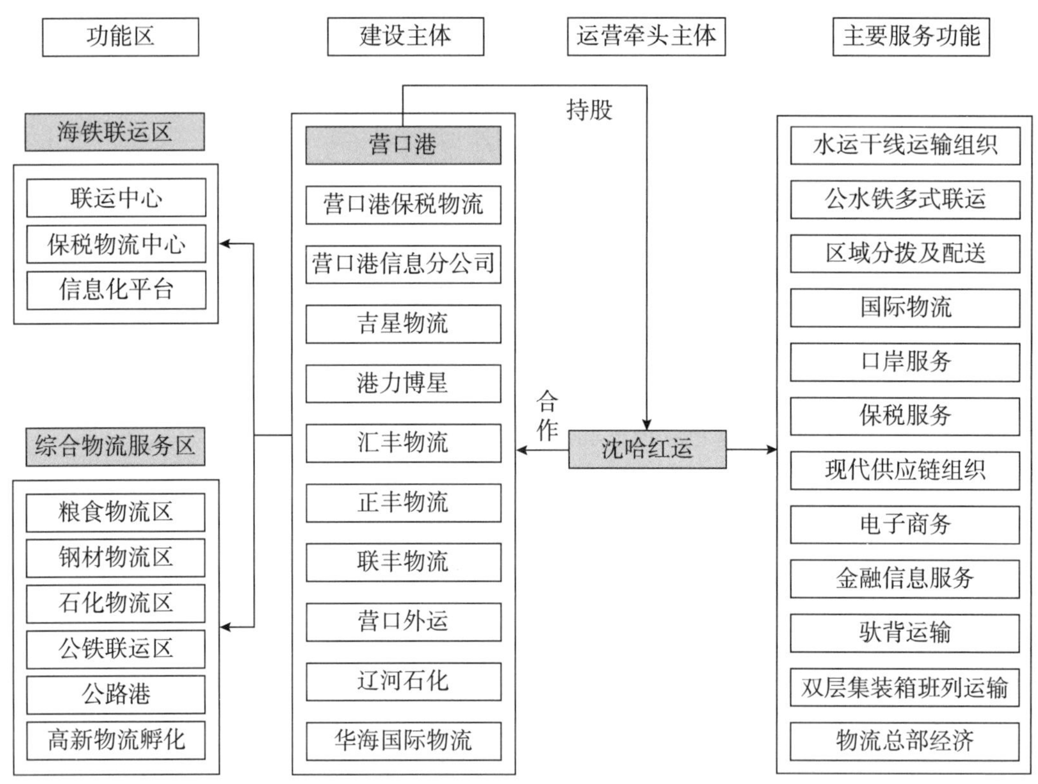

图1　营口港口型国家物流枢纽建设运营组织架构

二、主要做法与特色经验

（一）政府统筹系统组织　创新联动共建枢纽

枢纽获批后，营口市政府高度重视枢纽建设运营工作，确定营口经济技术开发区负责组织枢纽企业落实建设方案。2020 年 5 月，营口市组建总计 34 人的枢纽建设工作领导小组，营口市领导担任组长、副组长，多名市职能部门主管领导和营口港、沈哈红运相关负责人担任成员，建立“组织体系明确、实施路径清晰、保障工作有力”的枢纽建设体制机制，主要负责统筹、组织、协调、督导枢纽建设方案实施推进。营口经济技术开发区是枢纽建设实施方案的牵头组织单位，营口经济技术开发区政府主要领导负责物流贸易园区具体组织，多次召开枢纽企业座谈会，研究方案实施路径、创新政企联动、协调解决问题。

2020 年 9 月，鲅鱼圈区政府与沈哈红运的“政企合作”项目正式落地，其核心内容是双方联合搭建以属地政府为主导、以沈哈红运为主体的“沈哈红运招商平台”，发展以沈哈红运为龙头企业的“总部经济”，吸引多式联运相关企业开展合作。鲅鱼圈区政府对沈哈红运连续三年提供税收返还 80%、对沈哈红运“总部经济”上下游企业连续四年提供税收返还 70% 的配套扶企政策。沈哈红运为鲅鱼圈区政府拓宽招商渠道、扩大引资范围，降低政府招商成本，提高招商引资效率，促进“货值落地、税收入库”，围绕地区经济发展开展双赢合作。

2021 年，营口市政府和鲅鱼圈区政府分别将枢纽建设发展列入本级政府“十四五”规划纲要，确定“建设港口型国家物流枢纽，推进枢纽经济战略升级”等重点任务。

2021 年 5 月，鲅鱼圈区政府与沈哈红运参股公司——红谷物流签订合作协议，以出租方式为红谷物流提供约 6 万平方米的港前物流用地，红谷物流负责投资开辟港外铁路场站，以此延伸扩大枢纽空间布局，促进枢纽物流功能进一步提升。

（二）目标统领系统谋划　脚踏实地建设枢纽

枢纽建设与发展逻辑清晰、目标明确：10 余家主体企业共同围绕枢纽建设实施方案协同创新，升级构建企业层面的微观物流网络，更快更好地融入国家顶层设计的“通道 + 枢纽 + 网络”宏观物流网络，以此充分发挥物流基础性、战略性、先导性作用，促进服务业制造业深度融合创新发展，支持国内国际双循环新发展格局，扩大枢纽经济、通道经济、区域经济规模，促进物流高质量发展。

1. 建设主体精准投资，枢纽增量工程项目稳步推进

2018—2020 年，枢纽 8 项增量补短板项目累计完成投资 4.09 亿元，完成率 37.3%。截至 2020 年年末，枢纽实际投资总额达到 28.61 亿元（含存量 23.97 亿元），占总投资计划 35.02 亿元（含存量）的 81.7%，枢纽提质扩能实现预期计划。

其中，营口港信息分公司“枢纽信息提升工程”项目完成投资 3212.46 万元；沈哈红运“营口枢纽海铁联运区提质升级工程”项目完成投资 1665 万元；港力博星“智慧粮食仓储物流”项目完成投资 9980 万元；汇丰物流“铁路专用线扩建、铁路装卸货场扩建及物联网管理平台开发”项目完成投资6007万元；中外运、正丰物流等其他企业完成投资约2亿元。

2. 运营主体创新，大力发展多种特色化物流服务

一是沈哈红运长期坚持“枢纽 + 通道 + 网络”物流发展理念，构建枢纽集装箱多式联运物流服务网络体系。沈哈红运自成立以来，以资本为纽带，整合股东的港口、铁路运输、海运、公路运输等物流资源要素，以枢纽为核心，不断向北扩张运营多条铁路班列线路，向南衔接多条海运班轮航线，同时在东北内陆成熟运营自营场站和若干市场营销网点，通过整合近500台社会车辆与班列服务配套，提供“门到门”服务。

二是沈哈红运依托四方股东合资合作优势，重点围绕东北地区煤炭、矿粉、钢材等的物流需求，按照市场化原则构建营口枢纽大宗散货物流服务网络体系。多条铁路运输线路对接沈阳、哈尔滨、呼和浩特三大铁路局集团公司，协同发展单一铁路运输和运贸一体化以及大宗散货采购供应链等业务。

三是沈哈红运在中国铁路沈阳局集团公司大力支持下，在2021年4月，首次运用40英尺硬开顶半高箱开行灵山—鞍钢钢材班列并提供全程海铁联运服务。这是我国多式联运行业内创新应用新型运载单元的又一重要成果。通过推广应用该新箱型，将在东北地区打开钢材进箱海铁联运的巨大市场，使大宗物资加快“公转铁”进程，获得技术创新支持。营口港口型国家物流枢纽铁路钢材作业实景如图2所示。

图2　营口港口型国家物流枢纽铁路钢材作业实景

四是汇丰物流凭借自营港外铁路场站条件，与内蒙古霍林河多家铝电企业长期合作，提供铁路疏港铝粉运输服务，同时承接铁路到港钢材、煤炭以及公路集港粮食等大宗物资运输，成为营口枢纽港外综合服务区重要功能之一。营口港口型国家物流枢纽港外综合物流服务区如图3所示。

图3 营口港口型国家物流枢纽港外综合物流服务区

五是企业入驻枢纽，如港力博星等物流公司依托自有大型车队和社会公路运力整合优势，以及发展新能源货运业务基础，在枢纽和东北地区之间大力发展粮食等大宗物资公水联运业务。

六是营口港信息分公司和营口港金融公司凭借信息开发技术优势，围绕辽港集团数字化港口建设和枢纽建设任务，不断优化营口港物流枢纽运营管理平台和营口港融大数据平台。2021年，营口港融大数据平台被招商局集团命名为“招商 ePort 平台”，定位于辽港集团智慧服务平台主体，广泛协同港口业务、数据、服务等资源。该平台专注于港航电商平台建设与运营，全面负责辽港集团所属各业务主体线上平台及数据对外服务。通过“互联网+港口”“互联网+物流”“互联网+供应链”“互联网+产融服务”和“互联网+产业大数据”等平台化电商运营模式的积极探索和实践，打造一个面向全港航物流业、全国乃至全世界的集港口、航运、物流和第三方电商平台于一体的港航电商产融服务平台和开放的数字化生态平台。

此外，枢纽以多式联运业务为载体，长期与东南沿海多家港口型国家物流枢纽保持业务往来，发展集装箱海铁联运和粮食供应链业务，进一步强化跨区域的枢纽联动与协同，同步构建供应链集成业务和平台支撑运行体系，加强与枢纽要素禀赋相适应的国家物流枢纽和国际物流枢纽协同合作。

（三）核心主体创新加速 发展模式迭代升级

沈哈红运在2019年以前，重点以资本为纽带，整合港口、铁路、公路等物流资源，奠定企业发展基础，同时为实现物流网络建设战略布局，与中粮贸、中远海运、福州港、锦州港、中铁铁龙、中国交通运输协会等开展合资合作，组建6家合资公司和1家全资子公司，在辽宁港口群已经拥有鲅鱼圈港、大连北良港、锦州港、盘锦港4座港内场站，在南方设立江苏太仓、福建江阴、广州南沙等口岸物流节点，基本形成网络化运营体系。该阶段是“沈哈红运模式”1.0发展时代。

2020年4月，沈哈红运与上海中谷物流组建辽宁沈哈红谷物流联运有限公司，沈哈红运真正补齐海运短板，实现铁路运输与海运资源深度相互融合。此举搭建了以资本为纽带和核心支撑的公、铁、海运输产业链和全程供应链，再次为我国物流高质量发展提供了全新方案。“沈哈红运模式”由此步入2.0时代，同时红谷物流成为多式联运发展和枢纽建设的新力量。

依托企业自营实体物流链网络功能，围绕重点产业发展供应链业务，是提升枢纽作用的重要策略，是支撑沈哈红运继续转型升级的基础。沈哈红运面向粮食、冶金两大产业，结合市场需求，选定一重能源、吉林鑫达集团、京东管业、四平金钢、乌兰浩特钢厂、鹤岗征楠焦化厂等作为供应链核心企业，为其提供玉米、矿粉、焦炭等原材料的采购供应链和生铁、铸管等产成品的销售供应链服务，同时提供运贸一体化服务产品；与浙江物产钢材供应链业务开展合作，发展城市配送。有效解决购销双方采购难、销售难、铁路运输难等业务痛点，解决资金回笼和结算中存在的难点，为客户降低物流成本，提高客户与公司合作依存度，提高项目货源物流量。2020年，沈哈红运玉米供应链业务量30万吨，矿粉、焦炭、钢材等大宗散货供应链业务量约100万吨，实现供应链业务收入15亿元，为沈哈红运“十四五”时期由综合物流企业向供应链企业以及供应链平台企业转型升级奠定良好基础。

（四）以全程多式联运资源主体为核心，深化混合所有制改革

2005年8月15日，营口港正式开通鲅鱼圈—哈尔滨集装箱“五定”班列，当年完成海铁联运量1.6万TEU。2007年营口港组建港口全资专业化海铁联运公司——营口新港集铁物流有限公司，海铁联运业务快速增长，2010年首次突破30万TEU，位居全国第一，但是此后3年进入发展瓶颈期，业务规模始终在32万~35万TEU徘徊。2014—2015年，沈阳铁路局、红运物流集团、营口港、哈尔滨铁路局共同组建沈哈红运，东北地区多式联运发展开始提速。2016—2019年，营口港和沈哈红运组织三年示范运行和现场考核验收，正式成为“国家多式联运示范工程”单位，并被交通运输部和行业协会等誉为“沈哈红运模式”，倡导全国复制、推广。2020年营口港多式联运量突破100万TEU，再次创造全国单体港区年度内贸集装箱多式联运量全国第一的佳绩。实践证明，这种全程物流资源主体的混合所有制改革，是破解多式联运发展瓶颈的有效解决方案之一。

沈哈红运是由港口部门、铁路部门、民营物流企业等出资组建的国有控股混合所有制企业，因此有条件以资本为纽带，跨行业整合公、铁、海物流资源，成为解决各

运输区段机制体制约束和衔接不畅等问题的桥梁纽带，而且凭借特色鲜明的股权设置方案、规范严谨的法人治理结构、灵活的运营机制以及企业创新精神，使东北地区多式联运发展取得显著成效，使枢纽的重要地位进一步提高。

（五）完善“干支配”综合交通运输网络体系，加强枢纽间合作

枢纽围绕公铁水联运全程物流组织及内陆场站体系开展“干支配”业务，同步构建供应链集成业务和平台支撑运行体系，并加强与枢纽要素禀赋相适应的国家物流枢纽和国际物流枢纽协同合作。

一是重点围绕公铁水联运全程物流、海铁联运以及海进江干线运输开展枢纽核心物流业务。依托“东北、蒙东—营口枢纽—东南、西南沿海和长江经济带物流通道”，为东北玉米、淀粉、粮食、化工、钢材等大宗物资提供“北货南运”物流服务，为南方陶瓷建材、化肥、白糖、矿粉、汽车、生活日用品等提供“南货北运”物流服务，物流方案主要是集装箱公铁水联运、海进江联运、公水联运、大宗散货公铁联运。依托“东南沿海—营口枢纽—欧洲”集装箱公铁海多式联运通道开展中欧班列业务，为我国南方民族工业走出国门提供一体化国际物流服务。依托“亚欧大陆桥海铁联运干线通道”，为日本、韩国及东南亚电子产品以及德国宝马汽车等提供国际物流服务。营口港口型国家物流枢纽沈哈红运多式联运服务网络如图 4 所示。

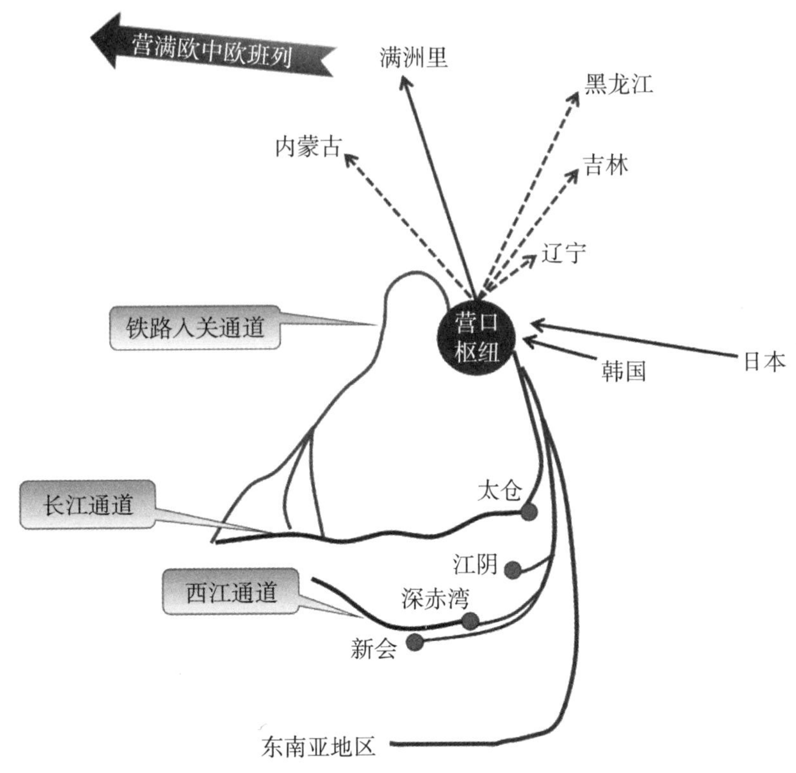

图 4 营口港口型国家物流枢纽沈哈红运多式联运服务网络

二是依托东北12个内陆港或自营场站以及30多个市场营销网点，提供东北区域物流集结和“门到门”分拨配送服务。充分发挥自营内陆港（场站）的铁路班列装卸服务功能，配套提供“最初一公里”“最后一公里”服务。

三是构建以港融大数据平台为主体，以港通城市物流公共信息平台、港融贸易平台、多式联运信息化系统平台、营口港EDI中心等为支撑的营口枢纽信息化体系。以“互联网+供应链”模式，实现监管主体、运行主体、贸易主体的多主体信息互通，推动枢纽内企业、供应链上下游企业信息共享，构建供应链业务集成和平台支撑运行体系。

三、建设发展成效

（一）物流网络体系夯实，市场作用增强

枢纽海铁联运班列服务产品更加丰富。全年常态化连续稳定运营的班列线路增加到132条，季节性或阶段性运营的班列线路有70多条，基本覆盖东北地区，对接东北地区27个地级市和若干县区经济区域。大宗物资铁路运输服务网络范围稳定，运输组织效率进一步提高，大宗物资“公转铁”成效显著。长途公路运输服务在不断规范的同时服务范围逐步扩大。东北地区粮食、化工、冶金三大基础产业对枢纽依赖度进一步提高，枢纽对促进新一轮东北振兴效果进一步增强。

（二）枢纽对营口港年度吞吐量的贡献值提高

2020年，枢纽货物吞吐量3738万吨，同比增长5.8%。其中，大宗散货2358万吨，货量同比基本持平，占本港散杂货吞吐量的16.25%；集装箱多式联运量101.2万TEU，同比增长26.2%，占本港集装箱吞吐量的比例提高到17.9%，约占东北地区总量的2/3、全国总量的14.7%，当年创造单体港区内贸海铁联运箱量和本港占比两项全国第一。近年营口港多式联运业务年均增长率为18.9%。

在枢纽货物吞吐量中，进出口保税货物总量93万吨，同比增加93.8%。保税货物进出口总额19亿元，同比增长35.7%。集装箱公水联运量7万TEU。

2020年，枢纽内铁路货物装卸量58万车，同比增长20.8%。枢纽总收入21亿元，同比增长16.7%；枢纽利润1.24亿元，同比增长20.4%；上缴税收总额超1.7亿元，同比增长48.0%。

目前，枢纽入驻企业215家，其中物流企业209家，3A～5A级企业6家，从业人数4620人，同比增长91%。由于枢纽是营口港发展的重要组成部分，13家主体企业同时开展多式联运、大宗散货运输、仓储、分拨、货运代理等多元化经营，因此枢纽往来客户超千家。

（三）立足区域服务东北，发展通道经济和枢纽经济

枢纽内各企业发挥运营优势，组织业务协同，围绕集装箱全程公铁海联运、大宗散货公铁联运、粮食海进江，创造高效物流。2020 年，以集装箱海铁联运方式在枢纽完成转运 1196 万吨，以铁路整车和公路运输方式完成大宗散货运量 2000 多万吨，实现淀粉、粮食、钢材、化工等货源在枢纽聚集转运，有效促进服务业和制造业的“两业融合”。实现现代物流业与第一、第二产业有机结合，释放通道物流体量和贸易总额，促进枢纽经济和通道经济发展。详情如表 1 和表 2 所示。

表 1　　枢纽海铁联运货运量分货类统计　　单位：万吨

序号	货类	2019 年货运量	2019 年占比	2020 年货运量	2020 年占比
1	淀粉类	447. 0	51. 05%	423. 3	35. 39%
2	粮食类	237. 6	27. 14%	559. 5	46. 78%
3	钢材类	84. 7	9. 67%	92. 8	7. 76%
4	化工类	58. 7	6. 70%	61. 3	5. 13%
5	铜精矿	35. 2	4. 02%	37. 2	3. 11%
6	其他	7. 1	0. 81%	17. 6	1. 47%
7	矿泉水	5. 3	0. 61%	4. 3	0. 36%
合计		875. 6	100%	1196	100%

表 2　　枢纽海铁联运货运量地区分布　　单位：万吨

序号	地区	2019 年货运量	2019 年区域占比	2020 年货运量	2020 年区域占比	主要货类
1	黑龙江	386. 8	44. 18%	479. 3	40. 08%	淀粉、粮食、化工、焦炭等
2	吉林	311. 7	35. 60%	454. 3	37. 98%	淀粉、粮食、化工、矿泉水、铜精矿等
3	辽宁	141	16. 10%	197. 1	16. 48%	淀粉、粮食、钢材等
4	内蒙古	36	4. 11%	64. 2	5. 37%	粮食、味精、铝锭、板材、硅砂等
5	其他	0. 1	0. 01%	1. 1	0. 09%	粮食等
合计		875. 6	100%	1196	100%	

（四）发挥枢纽应急物流保障作用，支援国家战“疫”

新冠肺炎疫情期间，沈哈红运一手抓疫情防控，一手抓生产运营，枢纽班列装卸量不降反增，日均达到 2500TEU，并创造昼夜装卸 3620TEU、33 列的历史新高。枢纽

发挥国家物流枢纽快速集散中转和重要物资应急保障作用，主动协调铁路资源，为吉林石化聚乙烯、聚丙烯等防疫物资生产原材料优先提供铁路运输保障，优先安排卸车集港、第一时间装船下海，确保快速转运送达南方，单月累计转运5万吨。2020年2月10日—4月30日，枢纽对造纸、医药、食品、快递包装业等重要辅助原材料和外贸集装箱客户减免堆存费，支持相关上下游企业复工、复产。

（五）坚持绿色发展，节能减排效果显著

枢纽为打赢蓝天保卫战和促进绿色物流发展发挥积极作用。沈哈红运日均装卸集装箱铁路班列2500TEU，替代长途公路集卡车约1800辆。按平均单程运距500公里计算，每天节省燃油约315吨，全年节省燃油约11.5万吨，全年减少二氧化碳排放量约35.7万吨。吉星物流自有清洁能源车辆160台，通过签署合作协议使枢纽清洁能源车辆达3000台，全年节省燃油约70万吨，减少二氧化碳等物质的排放量约230万吨。

四、发展方向与未来展望

（一）建好营口港口型国家物流枢纽，推进枢纽经济战略升级

通过枢纽建设促进“港产城”融合发展，加快形成“以港促产、以产兴城”的良好格局。紧紧围绕国内国际双循环新发展格局建设，以“港产城”融合发展理念为引领，对内，系统整合物流服务资源，提高区域内、跨区域物流活动规模化组织能力和效率，支撑带动上下游产业集聚发展；对外，衔接主要国际物流通道和干线运力，加强与全球重要物流枢纽、制造业基地、贸易中心等密切联系，为推动构建现代流通体系、保持产业链供应链稳定、促进经济高质量发展提供战略支撑。到2025年，将枢纽建设成为现代物流组织程度较高的国家级物流枢纽。

（二）落实建设运营任务，推进功能扩张和转型升级

枢纽与其他港口型国家物流枢纽相比，存在物理空间区域相对较小、综合装卸服务能力对未来区域经济战略发展支撑相对不足等问题。同时，在促进加快发展临港产业、优化口岸物流发展布局规划等方面，还存在枢纽功能单一等不足，需向“港口型+生产服务型”的复合型枢纽转型升级。在枢纽“14+1”项目基础上，拟组织实施营口港盖州物流有限公司新建冷链物流设施项目、辽宁中顺海蜇交易市场有限公司海蜇交易市场项目、辽宁泰谷物流有限公司现代粮食物流项目、辽宁红运物流（集团）有限公司港口粮食分拨配送物流项目、营口港务集团有限公司鲅鱼圈港区功能提升项目、营口市储备粮集团粮食物资综合储备项目和大石桥金桥集团粮食物资综合储备项目7个项目，进一步拓展、完善营口枢纽功能。营口港口型国家物流枢纽打捆并拓展

后共22个项目，总投资75.5亿元。

枢纽将继续采用“市场主导，政府支持，多元合作”开发建设模式，有序推进落实枢纽两大片区投资项目建设，推进落实“枢纽区域扩大、功能延伸发展”规划，切实发挥提质升级成效，促进枢纽运营稳定高效。连接枢纽的内陆物流节点全面覆盖东北地级市，班列线路数量、多式联运箱量、单位物流成本降幅、干线运输箱量规模占比、枢纽专线分拨集散网络辐射范围全部达标，更好地发挥物流资源集聚和区域辐射作用。

（三）推进政企合作，支持运营主体转型升级

以枢纽建设运营目标为总领，以政企合作、政企联动、主体协同为抓手，鼓励枢纽企业主体继续坚持“枢纽+通道+网络”物流发展理念，深度融入多式联运、“公转铁”、国家物流枢纽建设、国内国际双循环新发展格局以及双碳目标等系列国家战略，顺应新时代发展方向。

以沈哈红运为代表，继续放大混合所有制企业体制机制优势，发挥创新发展示范引领作用。加快建设并成熟应用多式联运智慧服务平台，创造“经营多元化、运营网络化、规模集团化、产业数字化”的“四化”发展模式；扩大供应链业务规模，尽快形成“多式联运+大宗散货物流+股权投资+供应链”的“四轮驱动”新发展架构。同时，以自营实体物流服务网络体系为基础，推进信息化建设，强化风控管理，打造“大型供应链生态圈”，搭建供应链服务平台，吸引银行和社会金融资本及客户货源集聚，提供在线交易结算等服务，演化更多新业态和新模式，扩大物流体量，致力由传统物流企业发展成为供应链企业和供应链平台企业，使“沈哈红运模式”由2.0版成功转型并升级到3.0版。

（四）继续扩大国家物流枢纽间联动合作

结合国家物流枢纽建设工程进度，积极寻求与其他国家物流枢纽运营主体建立常态化沟通联动机制，建立“枢纽协同、通道与网络共建共享”的战略合作机制。在加快构建以国内大循环为主体、国内国际双循环相互促进的新发展格局中，充分发挥骨干枢纽和重要平台的积极作用。依托交通枢纽特点，结合地缘优势，重点与沈阳、长春、哈尔滨、大连以及与营口港海运业务紧密关联的天津、唐山、上海、南京、宁波—舟山、福州、厦门、日照、广州、钦州等陆港型、港口型国家物流枢纽进行优势互补和错位合作，推进协同联动、共同发展。

（撰稿人：戴伦阜，白露，关昌松，丁洪江，项存峰）

南京港口型（生产服务型）国家物流枢纽

集聚提升港口物流功能　服务壮大南京产业集群

南京港口型（生产服务型）国家物流枢纽（以下简称“枢纽”）所在的长三角地区是中国经济较发达、城镇化水平较高的地区，以仅占中国2.1%的国土面积，集中了中国1/4的经济总量和1/4以上的工业增加值，被视为中国经济发展的重要引擎。枢纽区位优势十分突出，所在的南京市既是国家物流创新发展试点城市和节点城市，也是全国流通领域现代供应链体系建设试点城市和全国供应链创新与应用试点城市，集五大国家物流枢纽类型于一体，枢纽经济基础较好，起步较早。2012年南京市启动发展枢纽经济，2015年印发《中共南京市委、南京市人民政府关于加快推进枢纽型经济建设的意见》。目前，已形成海港、空港、高铁三大枢纽经济区，正着力打造成新时期南京加速发展的重要经济品牌。

一、枢纽概况

（一）区位交通

枢纽地理位置优越，交通条件良好，具备良好的发展基础。水路方面，枢纽紧邻长江12.5米深水航道，拥有龙潭港区；铁路方面，枢纽紧邻京沪铁路，2021年4月，龙潭港区铁路专用线投入运营；公路方面，枢纽周边有长深高速、仪征至禄口机场高速（龙潭过江通道），可与高速公路无缝衔接。枢纽周边已建有312国道、338省道、龙潭港疏港公路等高等级公路，正在建设龙潭过江通道、七乡河过江通道、龙潭港疏港公路北延（龙北大道）等集疏运道路，公路集疏运条件十分优越，枢纽周边交通条件如图1所示。

（二）空间布局

枢纽位于国家级南京经济技术开发区东区，枢纽规划总面积11.84平方公里，东至龙潭过江通道，北至长江，西至便民河，南至疏港大道、岔龙公路。枢纽内拥有长江最大的内河港口——龙潭港和国家级示范物流园区南京龙潭综合物流园区。枢纽已建区域面积约6.64平方公里，待建面积约5.2平方公里。枢纽内重点布局港口物流区、公铁水联运区、供应链物流区、保税物流区、综合商务区5大功能区，如图2所示。

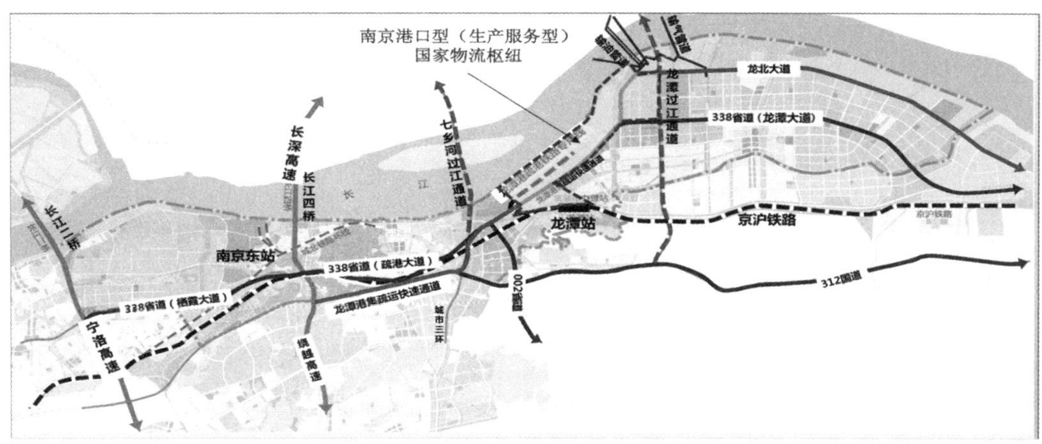

图1　枢纽周边交通条件

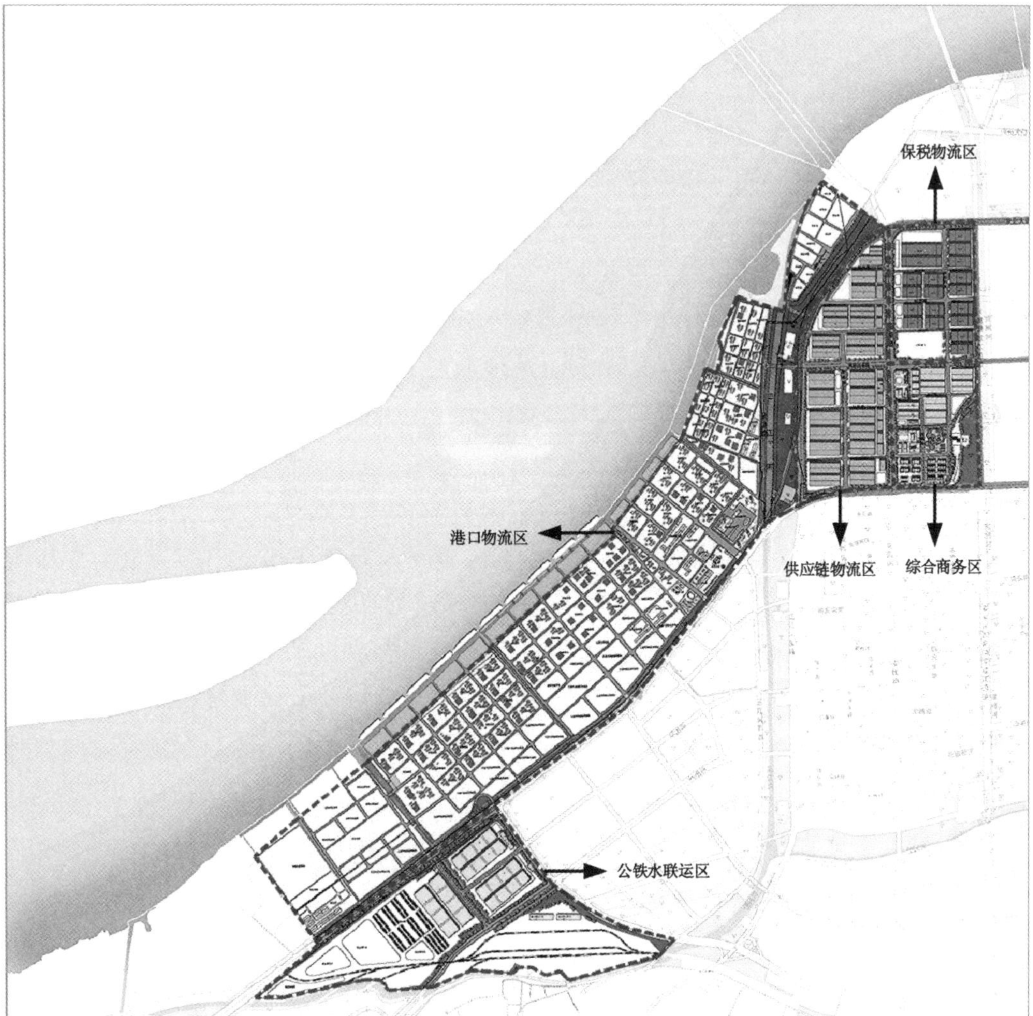

图2　枢纽功能区布局

其中，港口物流区面积5.98平方公里，重点建设江海集装箱转运中心、近洋集装箱集散中心、远洋集装箱集并分拨中心、汽车滚装运输与仓储中心，目前已建设集装箱和件杂货作业区、集装箱堆场、仓库、汽车滚装物流中心等设施。公铁水联运区面积2.34平方公里，重点建设公铁水联运中心、铁路集装箱物流中心、集装箱办理站。供应链物流区面积1.64平方公里，重点建设制造业供应链物流中心、公共仓储配送中心、智能快递分拨中心、冷链物流中心，目前已集聚中外运、招商局物流、普洛斯、太古冷链、跨境电商产业园等项目。保税物流区面积1.15平方公里，重点建设国际配送中心、跨境电商物流中心、保税加工中心、维修检测中心，目前已建设综保联发保税仓库、物华国际物流、京亚供应链、海运快件监管中心等项目。综合商务区面积0.73平方公里，重点建设商务办公中心、研发中心、金融结算中心、展示交易中心，目前已建设南京综保区管理楼、龙潭集装箱大厦、海关、边防、海事大楼。

（三）功能定位

枢纽紧抓多重国家战略叠加的契机，致力于打造成为立足南京都市圈、服务长江经济带、辐射“一带一路”的长江经济带一流的、有国际影响力的区域性航运与物流枢纽。

枢纽的功能定位体现在四个方面：一是满足“一带一路”倡议、长江经济带发展规划和京津冀协同发展战略对枢纽协调共享的要求；二是满足枢纽经济和产业升级对枢纽集成创新的要求；三是满足产业和消费物流需求对枢纽整合提升的要求；四是满足新一代信息技术发展对枢纽智慧、绿色的要求。

（四）建设模式

枢纽涉及面广、投资规模大、建设内容比较复杂，主要采用“政府引导、市场主导、企业主体”的综合开发建设模式。由南京新港开发总公司作为枢纽的建设管理主体，统筹管理各功能区的开发建设、招商引资和日常管理等工作。枢纽建设采用项目制，在符合整体规划的前提下，各功能区内的具体项目由入驻企业开发建设，开发建设主体情况如表1所示。对于物流部门项目，引进较为成熟的模式和较有经验的企业进行合作开发建设。

表1　　枢纽各功能区开发建设主体情况汇总

功能区	开发建设主体
保税物流区	南京新港开发有限公司，以及南京综合保税区联合发展有限公司、京亚（南京）供应链管理有限公司、江苏物华国际物流有限公司等入驻企业
港口物流区	南京港集团、招商局物流

续 表

功能区	开发建设主体
供应链物流区	普洛斯、太古冷链、联讯物流、维龙物流等入驻企业
公铁水联运区	南京新港开发有限公司、南京港集团、中铁集装箱物流、金陵交运等合作开发
综合商务区	南京新港开发有限公司

二、主要做法与特色经验

（一）打造枢纽偏好型产业高地，助力制造业与物流业联动发展

枢纽位于南京经济技术开发区（以下简称“经开区”）内，近年来大力发展现代制造业、战略性新兴产业，积极培育现代服务业，为打造枢纽偏好型产业高地、建立枢纽经济产业体系打下了良好基础。

“十三五”期间，经开区规模以上工业总产值年均增长 9.1 个百分点，外贸进出口总额年均增长 10.4 个百分点，地区生产总值年均增长 6.8 个百分点，累计实现固定资产投资 678 亿元，综合实力跃居全国 219 家国家级经济技术开发区第 9，营商环境水平位列全国经济技术开发区第 4。截至目前，经开区已集聚各类企业 5000 多家，其中外资企业 300 多家，100 亿级企业 6 家、世界 500 强投资企近 90 家。经开区重点形成了光电显示、高端装备、生物医药三大主导优势产业，其中制造业占比 90% 以上，产值规模近 3000 亿元。经开区重点培育发展了新能源汽车和人工智能两大地标性新兴产业集群，其产值规模分别接近 170 亿元和 60 亿元。同时，经开区深化产业链“链长制”，聚焦光电显示、高端装备、生物医药、新能源汽车等优势产业和人工智能、5G 应用等“数字经济”新增长极，努力构建高端集聚、特色突出、链条完整的良好产业生态。经开区产业布局如图 3 所示。

依托经开区雄厚的制造业基础，枢纽集聚大量物流企业。2020 年，枢纽内入驻物流企业 159 家，其中包括中外运、招商局物流、万维物流、普洛斯、维龙物流、太古冷链等一批国内外知名物流企业。枢纽一直积极探索保障经开区内制造、商贸企业的原材料、产品物流需求有效匹配物流企业的仓储、运输资源供给的方法，全力打造高效便捷的物流运输体系。

枢纽内物流企业面向经开区制造业企业，主要提供原材料仓储、库存管理、流通加工、入厂配送、产品仓储、区域配送、逆向回收，供应商库存管理（Vendor Managed Inventory，VMI）、准时制生产（Just in Time，JIT）和连续库存补充计划（Continuous Replenishment Program，CRP）等一体化物流服务。其中，VMI 重点依托南京市汽车、

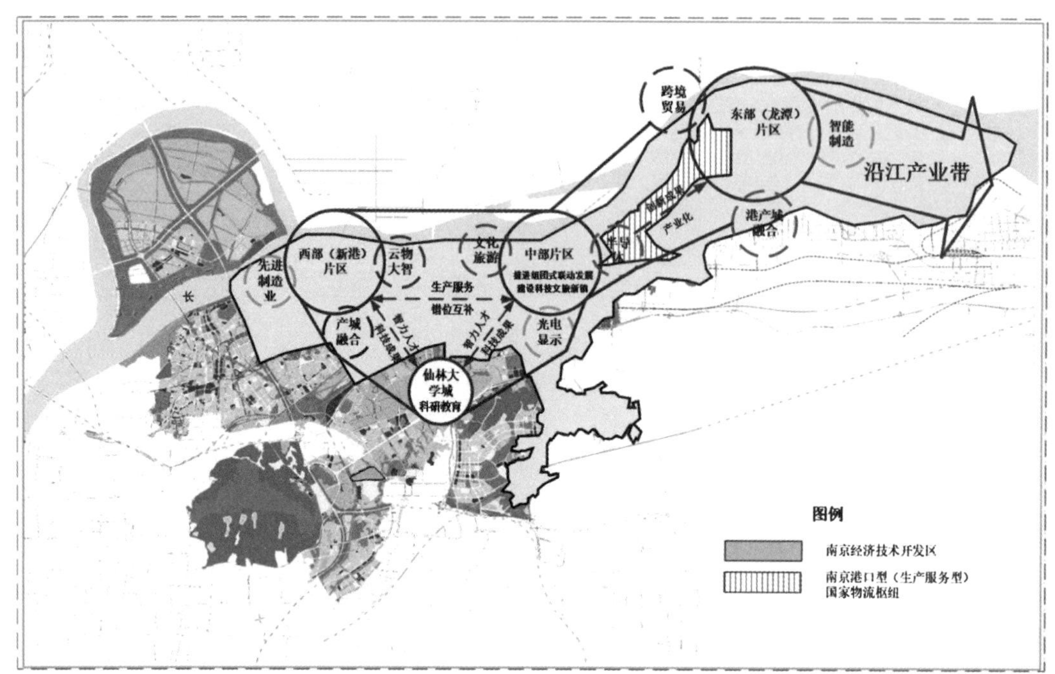

图3　经开区产业布局

光电显示等行业的关键零部件进口需求旺盛、产品附加值高等特点，并积极承揽国外零部件供应商库存管理业务。JIT 和 CRP 重点依托南京市汽车、机械设备制造行业的总成件进口需求，在物流园区内开展生产延迟服务，对进口的全散件组装（Completely Knock Down，CKD）零件根据整机厂生产计划进行散件组装（Knock Down，KD），重点根据供应链下游零售网点库存信息和预先规定的库存补充程序开展补货和配送服务。同时，枢纽发挥港口大进大出优势，吸引先进制造业企业建设原材料仓储基地、流通加工区、产品分拨中心和售后服务中心，打造为先进制造业服务的综合物流中心，全力服务经开区内大型先进制造业企业。经开区内的 LG 显示、LG 化学、夏普电子、AO 史密斯、博西华电器、康尼机电、安百拓、圣和药业等行业龙头企业大都处于供应链的核心地位，并对港口具有一定的依赖性。枢纽正积极探索，全力打造物流业与制造业全程供应链一体化联动发展体系，并取得一定成效。

（二）立足港口优势，推动多式联运体系建设

枢纽不断推动港口及周围基础设施建设，完善物流网络，提升集疏运能力和航道通过能力，在高质量发展长江航运、构建高效畅通的水上高速公路、深化水运供给侧结构性改革以及推动长江经济带发展中发挥重要作用。

枢纽所在的经开区拥有龙潭港区、新生圩港区、马渡港区（预留）、南京东站编组站、尧化门铁路货场、南京龙潭综合物流园和龙潭公铁水联运中心（规划）。枢纽内的

龙潭港区作为南京市规划的5个江海转运港区之一，处于长江内河港和海港的分界点，也是南京港中重点发展集装箱运输的港区，发挥了更多国际航运物流功能。此外，枢纽不断加强港口及周围基础设施建设，从而加快长江港口集疏运体系建设、提升货物中转能力和效率、提高运输服务质量。总投资50亿元的312国道、346国道南京龙潭港至绕越高速公路段改扩建工程主线高架段，于2020年3月正式通车。疏港公路线路全长14.882公里，极大地缩短了龙潭港区至市区的通行时间，进一步提升了龙潭地区的综合枢纽服务集聚功能，为物流枢纽和紫东片区的发展加速。总投资2.8亿元的南京港龙潭港区汽车滚装码头工程于2020年1月通过竣工验收并投入运营，其实景如图4所示。滚装码头岸线长418米，拥有1个3万吨级和1个1万吨级汽车滚装专用泊位，码头通过两座引桥与后方陆域相连，后方陆域占地面积约12万平方米，可一次性堆存商品车辆3200台，码头设计能力为40万台/年。滚装码头投产运营后，进一步提高了南京地区商品汽车的中转能力，为南京以及长江中上游汽车物流行业的发展提供有力保障。

图4　龙潭港区汽车滚装码头工程项目实景

枢纽内的龙潭港区基础设施建设较好，截至2020年年底，龙潭港区已建成生产性泊位17个，其中万吨级以上泊位17个；形成年通过能力3339万吨，其中集装箱172万TEU、滚装汽车42万辆，拥有长江第二大的汽车滚装码头。2020年，南京港完成集装箱吞吐量302万TEU，居长江沿线港口的第二位，居长江中上游地区集装箱中转量第一。其中，龙潭港区完成货物吞吐量4184万吨，占南京港货物吞吐总量的16.6%，包括外贸货物1572万吨、集装箱281万TEU，集中了南京港90%以上的集装箱业务量。龙潭港集装箱公司于2016年成为第一批被授予四星级“中国绿色港口”的八家单位之一，也是唯一一家内河港口码头，于2020年获评五星级“江苏绿色港口”。

枢纽除了拥有龙潭港以外，还对接铁路货运站及多条高等级公路，可发挥龙潭港江海中转港的区位优势和公铁水多方式通道密集优势，以码头港口和专业化仓储为作业节点，开展铁水联运、公水联运、江海转运、公铁联运等多种业务模式，促进货物的快速化和便利化流动。其中，铁水联运方面，枢纽重点依托南京港作为中国最深入内陆的深水海港的区位优势，结合龙潭铁路货运站可与京沪、宁启、宁合、北沿江、宁芜、宁杭6条普速铁路相连接入全国铁路网的良好条件，积极发展大宗商品及原材料的进口联运业务。公水联运方面，枢纽积极发挥海港枢纽优势和公路干线密集优势，结合龙潭集装箱办理站建设契机，在南京及周边内陆地区积极建设内陆集装箱货场，承揽集装箱水路运输业务和汽车滚装运输业务。目前，已规划的2.34平方公里公铁水联运区已完成拆迁，控规已批复。下一步将积极争取江苏省、南京市有关部门支持，凝聚共识，着力解决土地指标、规划调整、项目立项等工作，研究创新体制机制，为丰富国家物流枢纽内涵、放大南京市海港枢纽经济腹地提供关键支撑。江海转运方面，南京港是万吨级以上大型海船进江的终点港，具备发展长三角地区和长江中上游地区能源、原材料等物资江海转运的先天条件。枢纽正积极探索建立多式联运公共服务平台，目前已初步形成一套多式联运操作规程，货主可依据实际情况选择运输方式和路径，从而极大地降低物流成本。同时，在以枢纽为中心的150公里范围内，可辐射镇江、扬州、常州、合肥、马鞍山、芜湖、滁州、宣城等城市。枢纽面向经开区、南京都市圈及经开区周边地区巨大的制造业物流需求和居民消费需求，依托便捷的公路运输网络，为南京都市圈的居民、生产制造企业提供快速集配服务，如汽车零部件入厂物流、产成品集散分拨、面向居民的日用品和食品等共同配送服务。对于高附加值物品和急运品的配送，可通过龙潭疏港—机场高速公路直接运抵禄口机场。

（三）加快推动综保区高水平开放、高质量发展

南京综保区（龙潭片区）（以下简称“综保区”）作为枢纽重要的功能性平台，为南京市及周边企业提供保税仓储物流，转口贸易，国际采购、分销和配送，商品展示等综合性服务。南京综合保税区实景如图5所示。

综保区主动对接企业物流服务，开展了多种形式的国际保税物流服务。一是服务南京市及周边地区外向型经济发展。主动梳理、对接原材料、部件及成品进出口需求旺盛的制造企业，承揽制造企业的保税物流服务，实现枢纽增收与制造企业减税共赢

的有利局面，重点开拓保税仓储、国际物流配送等业务。二是重点发展第三方物流企业自主管理的保税仓储业务。将保税仓扩大到保税区外，保税仓每月向海关申报一次货物进出口清单，并与海关系统核对保税货物的库存，一次完税，此种管理模式特别适合对时间和库存要求比较高的维修备件的保税库存业务。三是重点发展国际配载、包装、简单加工业务。根据多顾客的订单，整合同一目的地或同一采购方的多个商品，进行统一加工，实现生产延迟和物流延迟功能，缩减包装，最大化提高集装箱空间利用率，节省包装材料。

图5　南京综合保税区实景

“十三五”期间，综保区积极协调海关等联检部门，在江苏全省率先实施了“保税展示交易”“货物状态分类监管”“智能化卡口验放管理”“批次进出、集中申报”等一批自贸试验区创新监管政策，并开展了以跨境电商“保税进口”等为代表的新型贸易业务，进一步提升了区内投资与贸易便利化水平，不断丰富了综保区产业业态。

一是率先实施“保税展示交易”创新政策。保税展示交易是综保区为促进新型贸易业态的集聚发展而打造的功能性平台，旨在为企业搭建一个便捷的展示与交易平台，提升进出口贸易企业的经营效率和市场竞争力。2016 年 7 月，综保区与金鹰、中免德鸿等企业合作，率先在江苏省开展保税展示交易业务，现业务规模已经覆盖江苏省多个地区。综保区也被江苏省商务厅批准为“江苏省进口商品交易中心（消费品）”，成为江苏省首个获批进口消费品交易中心的综保区。

二是率先实施“货物状态分类监管”创新政策。2016 年 10 月，综保区在江苏省率先启动了货物状态分类监管模式，并重点围绕简化出入区管理，对非保税物品实施便捷进出区的管理模式。自运营以来，综保区按照“管得住、通得快、区内区外无差异”的思路进行管理，实行事先备案、提前申报、分批发运、通道分离、快速验放、后续管理的管理模式，高效联动境内境外两个市场，有效地提高了企业仓储效率，降低了企业运营成本，提升了企业市场竞争力。

三是率先实施“掌上物流”改革项目。2017 年 1 月，为充分发挥互联网的优势，推进无纸化通行，提高企业通关效率，综保区率先实施了“掌上物流”改革项目，车辆在卡口通道扫描二维码后自动放行，加快了海关通关放行的速度。目前，“掌上物流 2. 0”已上线实施，升级后的“掌上物流”优化了卡口通行方式，实现不停车秒放通关。

四是率先开展跨境电商“保税进口”业务。2018 年 7 月，南京市获批跨境电商综试区，为贯彻落实国务院促进综合保税区高水平开放、高质量发展的精神，响应南京市建设国家跨境电商综合试验区的号召，推进综保区新型贸易业态的集聚发展，2019 年 4 月 15 日，综保区实现了跨境电商“保税进口”业务在南京市的首单运作。

五是积极开展融资租赁业务。自上海自贸区融资租赁试点政策开展以来，综保区引进了南京光银畅行融资租赁、南京安豪融资租赁、南京聚鑫融资租赁等公司，部分企业已开展融资租赁业务，丰富了综保区服务业发展内涵。

综保区业务运作规模不断扩大，为经开区及周边地区提供口岸服务。2016—2020 年综保区共完成监管货值 383. 85 亿美元。目前，综保区已有 150 余家企业入驻，涵盖了保税物流、国际贸易、跨境电商等业务。通过加强招商、积极复制推广自贸区监管创新政策，综保区内产业不断集聚，尤其是物流产业集聚态势明显。

（四）加快推动跨境电子商务产业发展

南京龙潭跨境贸易电子商务产业园是枢纽重点打造的一个特色平台。2015 年 6 月，南京市政府批准设立了“南京龙潭跨境贸易电子商务产业园”（以下简称“产业园”），率先在南京开展跨境电商“9610”一般出口业务。2019 年 4 月，产业园率先在南京开展了跨境电商“1210”保税进口零售业务。2020 年 7 月，产业园再次率先实现跨境电商“9710” B2B 直接出口和“9810”海外仓出口业务的首单通关。产业园也先后获评“江苏省电子商务示范基地”“南京市电子商务示范园区”“全国首批智慧物流配送示范园区”“南京市跨境电子商务创业创新孵化基地试点”等。产业园现已聚集电商企业近 130 家，“1210”业务单量位居江苏省第一、“9610”业务单量位居江苏省第二。产业园的载体建设、业务运营和政策扶持共同推动枢纽跨境电子商务产业发展。

载体建设情况方面，产业园建设了“四进两出”6 条分拣线，实现自动扫码、自动分拣、自动传送和同屏比对，可满足海关快速查验要求，日处理能力可达 30 万单。同时，产业园还引进了南京国际邮件互换局龙潭分局入驻，是国内首家设立邮政互换局的跨境电商产业园，可为电商企业提供高效通关、快速分发、便捷退税和阳光结汇等一站式服务。产业园建有现代化仓库近 18 万平方米，可为跨境电商企业提供高标准仓储服务。

业务运营情况方面，产业园是全国第二家、江苏省内第一家使用海关总署跨境电商统一版通关的跨境园区。近几年，产业园组建通关服务团队为企业提供系统对接、申报数据归类、报文规范审核、货物到场理货、报关单证申报和货物装卸作业等优质、便捷、高效的通关服务。截至 2020 年年底，共累计完成跨境电商通关票数 344.25 万单，进出口货值 5838.95 万美元。其中，2020 年产业园共完成跨境电商通关票数 216.45 万单，进出口货值 3283.87 万美元，为南京及周边跨境电商企业的发展提供了有力支撑。

政策扶持情况方面，为提高开放水平，优化跨境电子商务发展环境，鼓励企业做强做优，产业园出台《南京龙潭跨境贸易电子商务产业园促进跨境电商一般出口和直购进口（9610）发展实施办法》（宁开委综保字〔2019〕117 号），对跨境电商企业、物流平台企业从进出口贸易额、物流成本、仓储服务、物流平台等多个项目进行奖补激励，推动跨境电子商务产业高质量发展，加快产业园跨境电商业务的发展步伐。

三、枢纽建设发展成效

（一）物流运营效率方面

2019—2020 年枢纽货物吞吐总量约 8785 万吨，其中散装货物吞吐量达到 496 万吨，集装箱吞吐量为 586.4 万 TEU，快递包裹收发量 306.65 万件。截至 2020 年年底，枢纽内已入驻各类企业共计约 205 家，建有仓储面积（包含堆场和仓库）近 70.2 万平方米，集装箱堆场面积 7.3 万平方米。

（二）基础设施投资和税收方面

截至 2020 年年底，枢纽已完成投资约 195.9 亿元；2019—2020 年实现营业总收入 33 亿元，上缴税收总额 3.79 亿元。同时，枢纽为 4073 余名社会人员提供就业岗位，其中物流业岗位约 3900 个，有效缓解了就业压力。

（三）节能减排、绿色环保方面

枢纽鼓励物流企业低耗高效运营。枢纽内入驻企业太古冷链物流采用美国冷库设计经验和先进的控制系统，保证制冷系统运行节能环保。采用氨双级压缩制冷系统设计、变频＋滑阀组合控制，使压缩机高效运行。选用蒸发式冷凝器，使制冷系统的效率成倍提高；地坪加热系统合理利用余热使能源得到充分利用，获得能源与环境设计先锋（Leadership in Energy and Environmental Design，LEED）认证。

（四）强化智能化发展方面

枢纽智能化发展方面得到强化。枢纽鼓励企业向智能化转型升级，枢纽内入驻的普洛斯物流率先采用了出入园系统产品，包括智能道闸系统、智能人闸系统、智慧园区管理服务平台 YMS（Yard Management System）、普洛斯资产服务运营平台公众号模块，实现基础设施网络化、管理信息化、功能服务精准化和产业发展智能化，全面提升园区信息化管理水平。

（五）服务保障方面

新冠肺炎疫情期间，枢纽认真贯彻国家统一部署，坚持一手抓防控、一手促发展，以严格的措施全力打赢疫情阻击战。深入枢纽摸排物流企业运营情况，以最快速度积极恢复企业生产。帮助企业解决复工难题，出台加快复工招聘扶持政策；分类处置复工企业提出的“六大难题”（原材料采购难、物流运输难、复产招聘难、员工食宿难、物资储备难、资金投入难），为企业帮困解难，实现抗疫情与稳增长两手抓。辅导企业申报各类创新发展扶持资金，2020 年帮助南京万纬冷链物流有限公司争取新冠肺炎疫情防控物流保供发展专项扶持资金 49 万元。新冠肺炎疫情防控期间，深入园区摸排物流企业情况，完成了龙潭片区近 100 家物流企业的现场调研工作并建立工作联系群，畅通沟通渠道。

四、发展方向与未来展望

枢纽承担国家物流枢纽在枢纽带动、通道衔接、网络化发展方面的使命，形成“南京（港口型、生产服务型）物流枢纽、通道（长江经济带＋‘一带一路’＋京沪通道）＋网络（南京都市圈、长三角地区、中西部地区）”的枢纽运行体系，成为辐射带动长江经济带高质量发展、推进长三角一体化、推动南京东部地区崛起和全市实现高质量发展、向现代化迈进的重要支撑。

（一）完善长江经济带物流体系

枢纽在服务效率、密度、灵活性等方面具有突出优势，未来将进一步完善长江经济带物流体系。目前，以“江海联运＋海铁联运＋区域分拨”为主要特征的长江经济带多式联运网络基本建立。枢纽内多式联运、汽车物流、“干支配”、第三方物流等服务的组织化、规模化水平显著提升，带动长江经济带的综合能级有效提升。同时，枢纽在集装箱班列运营、航运信息共享、通关一体化等方面与重庆、成都、武汉、合肥等枢纽实现联动发展，枢纽间的分工协作和对接机制更加完善。

（二）提升长三角物流业发展水平

枢纽凭借规模化、组织化、信息化的物流运作，进一步降低长三角地区制造企业在通关、多式联运、配套服务等方面的运作成本。枢纽依托便捷通达的国际物流网络、高效的物流服务和供应链管理能力，提高当地供应商与全球供应商之间的竞争力，促进交货时间、服务内容和成本的改善，进一步带动制造业集群的提升发展，推动制造业与物流业融合发展，致力于进一步提升长三角地区物流业发展水平。

（三）引领产业能级提升和结构优化

枢纽广泛而深入的服务助推其他产业和高科技集群的形成，带动物流密集型、敏感型制造企业和服务企业的集聚发展，吸引包装、物流装备制造、物流信息平台、物流技术和软件研发、金融业等产业并促进其跨越式发展。枢纽依托其资源集聚优势，支撑产业向土地和人力成本更低的中西部转移，为长江中上游产业的进出口以及沿海产业向中西部的转移提供有力支撑。

（撰稿人：熊俊，计红，王晶，王羽）

宜昌港口型国家物流枢纽

两路两港两铁协同运作　东北华中西南互联成网

宜昌是长江航运关键环节三峡大坝所在地。因其特殊的“三峡基因”，是畅通长江中上游、贯通南北的多式联运天然运作中心，战略价值重要、经济价值显著。宜昌市委、市政府高度重视港口型国家物流枢纽建设，坚持顶层设计、系统推进，取得明显成效。

2020年，宜昌港口型国家物流枢纽（以下简称“枢纽”）作为国家物流枢纽建设的2个典型案例之一收录于国家发展改革委编纂的“学习贯彻习近平新时代中国特色社会主义经济思想　做好‘十四五’规划编制和发展改革工作系列丛书”。新冠肺炎疫情期间，发挥国家物流枢纽担当，保障9000吨中央战略物资应急转运，获国家发展改革委官网专项推介。入驻企业获得“全国物流行业抗疫先进企业”称号。

一、枢纽概况

2018年三峡大坝过货量达到1.42亿吨，远超1亿吨设计能力，上游港口规划吞吐能力超3亿吨，加快建设宜昌枢纽战略意义和经济社会价值巨大。按照长江经济带“共抓大保护、不搞大开发”的总体要求，宜昌大力淘汰沿江落后产能，将现代物流业作为主导产业重点培育，物流业规模迅速扩大，初步形成以港口为依托，翻坝转运、多式联运特色鲜明的坝区物流服务体系。宜昌枢纽具有鲜明的过坝中转特性，沿江的成渝、长江中游和长三角城市群，以及沿海的东北地区、京津冀地区、北部湾地区和粤港澳大湾区通过海进江方式，进行枢纽间高强度物流交换。

（一）区位交通

宜昌位于国家“十纵十横”综合运输大通道中沿江和二连浩特至湛江运输通道黄金十字交汇处，是沿江高铁和呼南高铁、宜万铁路和焦柳铁路交会点，国家高速公路网中的沪渝高速、沪蓉高速、呼北高速穿境而过，“西气东输”和翻坝油气管道在此交会。宜昌港是长江沿线八大港口之一。4E级的三峡机场是全国中部地市客运量最大的机场，航线覆盖全国主要城市，已开通部分国际航线。

（二）空间布局及基础设施

枢纽的空间布局主要围绕“一核两极”展开。“一核”即围绕坝上坝下两港两园的翻坝多式联运枢纽，“两极”即三峡国际空港枢纽和三峡国际陆港物流枢纽。其中，坝上坝下两港两园指的是坝下白洋港口物流园、坝上秭归港口物流园。

坝下白洋港口物流园（白洋港、白洋园区）位于长江两坝下游，南临长江黄金水道、北靠焦柳铁路支线、东接G59呼北高速公路。新改建的318国道横穿港区，距离三峡国际机场10公里。物流园规划面积10平方公里，总投资300亿元。其中核心港区占地面积3.2平方公里，估算投资120亿元，利用岸线2500米，拟建泊位24个，设计年吞吐能力2500万吨、100万TEU和40万辆商品车。坝下白洋港口物流园设施布局分为大宗商品交易区、应急物流区、水运口岸与国际保税物流区、集装箱多式联运区、仓储和分拨配送区、商品汽车分拨中心、智能公路港、航运交易与物流云运营中心、冷链物流区、铁路多式联运区、发展预留区十一大功能区。坝下白洋港口物流园功能布局如图1所示。

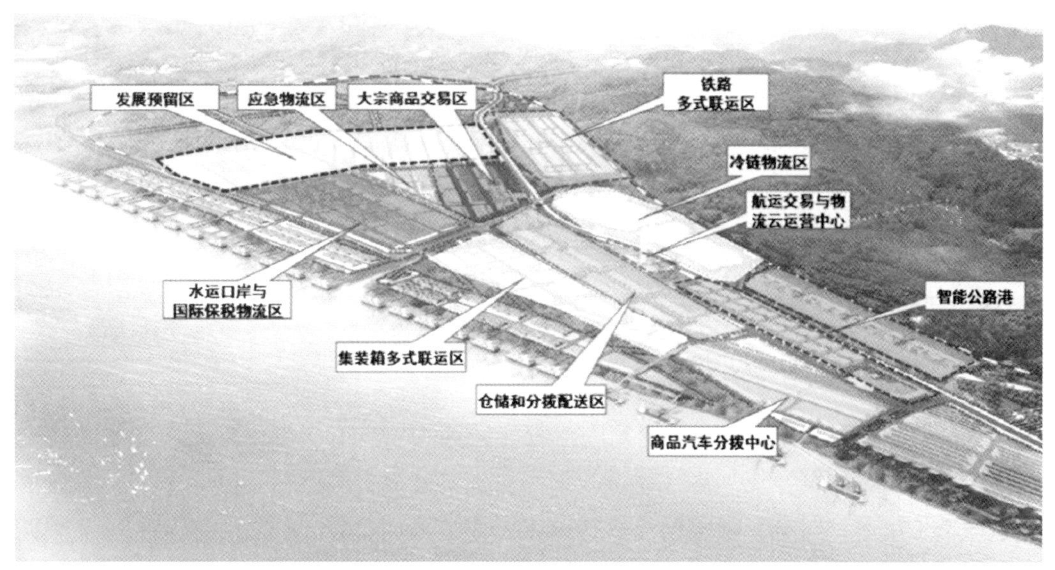

图1　坝下白洋港口物流园功能布局示意

坝上秭归港口物流园（秭归港、秭归园区）位于三峡大坝上游，北临长江黄金水道、南接江南翻坝高速秭归港出口，规划面积13平方公里，总投资300亿元。其中核心港区用地面积3.5平方公里，估算投资80亿元。利用岸线3500米，拟建泊位16个，设计年吞吐能力3500万吨、80万TEU和80万辆商品车。坝上秭归港口物流园设施布局分为铁水多式联运区、集装箱多式联运区、大宗商品商贸物流与物流总部基地、汽车滚装物流区、仓储和区域分拨配送区、国际保税物流区、航运与物流信息中心、智能公路港八大功能区。坝上秭归港口物流园功能布局如图 2 所示。

图 2　坝上秭归港口物流园功能布局示意

（三）功能定位

宜昌港口型国家物流枢纽是国家物流枢纽体系中特殊和关键的枢纽，定位于畅通长江经济带，对接“一带一路”建设、京津冀地区发展，高效衔接陆海新通道，以提升“通道 + 枢纽 + 网络”国家物流运行体系效能为核心，以三峡大坝的坝上坝下双园区联动、上游下游分区域辐射、减轻过坝物流压力为导向，打造长江经济带港口型国家物流枢纽、现代供应链物流组织中心和绿色智慧物流中枢，形成培育现代枢纽经济发展的核心载体。

两大枢纽载体“一体统筹、协同分工、深度联动、分段中转”，分类设置精准、专业的基本功能和延伸功能。坝下白洋港口物流园主要承担面向中下游地区物流干线组织、多式联运和区域分拨功能，坝上秭归港口物流园主要承担面向上游地区物流干线组织、多式联运和区域辐射功能。通过统一的供应链解决方案，实现枢纽在三峡通道的联动，宜昌枢纽坝上坝下功能分工示意如图 3 所示。

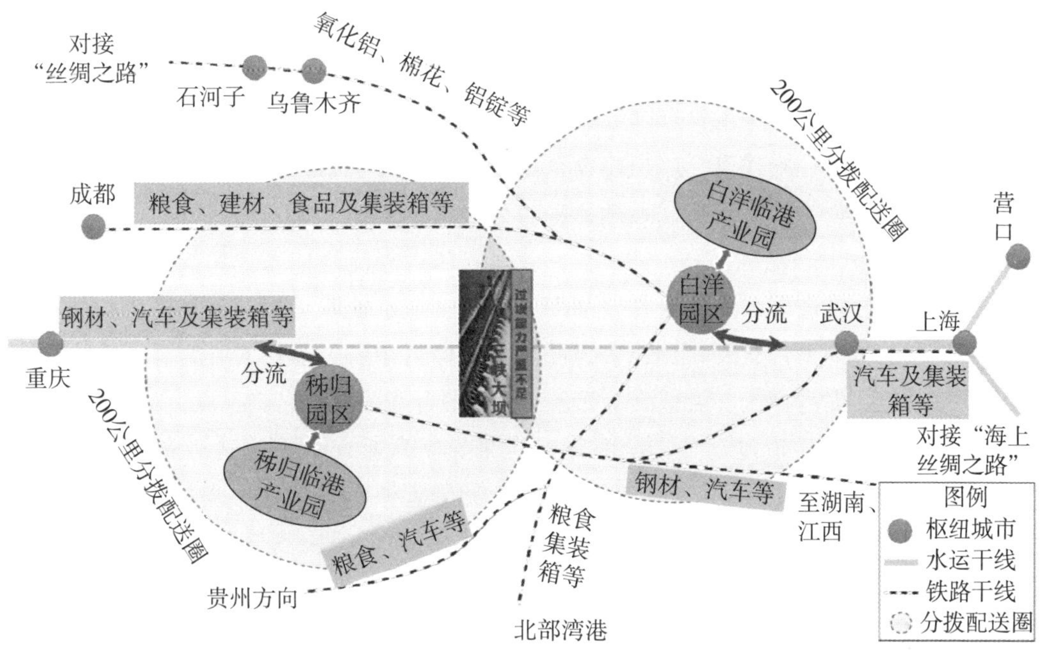

图3 宜昌枢纽坝上坝下功能分工示意

（四）服务对象及服务能力

围绕上海、武汉、重庆、成都、深圳、乌鲁木齐等重点城市开展干线业务，有效对接长三角地区、粤港澳大湾区、京津冀地区、成渝地区、西北地区以及“一带一路”、陆海新通道等国内国际干线运输大通道。

培育园区分段“驻留＋分拨”干支新模式，构建以“干线＋区域分拨”为主体的“干线＋支线＋仓储＋配送”枢纽联动“干支仓配”网络，引领长江中上游产业布局重构和生产消费模式重塑。由两大园区分别面向坝上、坝下周边200公里左右半径开展以公路运输为主的分拨业务，以及周边50公里半径的城乡配送。

针对东北粮食开展江海及水铁联运，开展物流、采购、金融、信息及饲料加工产业供应链业务；围绕本地整车以及重庆、武汉等地整车及零配件开展汽车供应链服务；围绕复合肥、农产品，提供精细化工和食品供应链服务。

依托三峡智慧物流信息平台与多式联运云平台，进一步构建长江物流大数据平台和长江中上游航运交易中心，与国家骨干物流信息平台互联互通。

二、主要做法与特色经验

（一）推进设施建设创新

2003年，宜昌三峡船闸投入运行，船闸通过量快速增长。2020年，过坝货运量

1.38 亿吨。为破解长江航运瓶颈，宜昌市委、市政府高标准谋篇布局，着力在“通”上下功夫、在“江”上做文章，加快构建三峡翻坝运输体系，大力推进三峡综合运输体系设施建设。具体做法主要有以下两点。

一是加快枢纽设施建设。加快建设存量设施提升类项目，同时有序推进增量设施补短板类项目建设。加快多式联运示范项目建设，推进白洋港、秭归港及港口后方多式联运场站建设，形成水、公、铁、空、管多式联运集疏运体系。加快已开工的白洋疏港铁路建设，推进秭归港疏港铁路前期工作，打造水铁联运集疏运体系。加快推进三峡多式联运信息平台开发，建设多式联运海关监管中心。通过对外合作，建立信息资源共享通道，促进物流、信息流、资金流深度融合发展。

二是打通物流通道建设。在全面建成江北翻坝高速（太张高速）的基础上，加快推进宜来高速宜昌段、十宜高速及其与翻坝高速秭归连接线、当枝松高速公路、七星台港疏港公路的前期工作。推进沪汉蓉沿江高铁、呼南高铁、郑万高铁等重点项目建设。在快速推进宜昌至郑万铁路联络线控制性工程建设的基础上，加快推进荆门至宜昌高铁项目建设工作，释放宜万铁路的货运能力。加快推进襄常高铁全线建设，打通宜昌南北向客运主通道。结合沿江高铁、襄常高铁谋划宜昌北站枢纽建设。同步规划建设高铁快运物流基地，挖掘高铁物流潜力。规划建设七星台疏港铁路。畅通水路运输通道，加快推进“武汉至安庆 6 米、武汉至宜昌 4.5 米”的长江深水航道整治工程，改善航道条件，增加通行船舶吨位，提升宜昌枢纽的江海直达能力。加快推进枝城港至秭归港油气管道项目，在长江南岸铺设管道，连接三峡大坝上游秭归港和下游红花套港，解决成品油过坝运输问题，保障船闸安全的同时提高油品过坝运输效率。加快推进三峡机场二期改扩建项目建设进度，推进三峡航空货运基地建设，完善航空口岸资质，补齐海关监管场所，开通货机航线。

（二）推进物流组织创新

宜昌是长江经济带关键节点城市，肩负着解决长江航运三峡船闸通行能力不足问题的重大使命。枢纽坝上坝下双枢纽联动布局，通过发达的集疏运体系，可实现水铁公高效联运，吸引货物通过港口上岸后经铁路和公路进行分流运输，形成“大分流，小转运”的多式联运格局，以减轻大坝过闸压力，为打通三峡坝区过闸“堵点”提供解决方案，畅通长江水道。集装箱翻坝转运实况如图 4 和图 5 所示。具体做法有以下几点。

1. 优化“小转运”物流组织体系

依托白洋和秭归两港两园，实现 24 小时内坝上坝下转运，较传统过闸节约 4 天时间，并由地方财政补贴以降低翻坝成本。坝上的秭归园区依托秭归港至重庆、宜宾等地的货运航线，加快商品车、载货汽车滚装运输发展。坝下的白洋园区依托焦柳铁路枝江段和紫云铁路沙湾货场站，联动白洋港，利用水运的高运力、低成本特点，发挥铁水联运综合优势，以粮食等大宗商品运输为突破口，开展面向四川、贵州等西南腹地的铁路下线运输。

图 4　集装箱翻坝转运实况——通过翻坝公路运输

图 5　集装箱翻坝转运实况——在白洋港下水

2. 创新“大分流”物流组织体系

大分流是指水陆联运的干线大转运。宜昌是长江多式联运体系中水路最长、铁路最短的物流枢纽节点，成本优势明显。大分流物流组织体系主要采用了两种方式：一是半径 200 公里以内采用“水运干线 + 公路分拨”的水公联运模式；二是半径 200 公里以外采用“水运干线 + 铁路干线”的水铁联运模式。

3. 串联区域分拨配送组织体系

依托白洋园区和秭归园区后方产业集聚区，与干线运输组织功能实现有机对接，完善分拨配送功能，为荆州、荆门、襄阳、十堰、恩施、张家界、常德、岳阳等周边区域提供生活消费品以及钢材、建材、油气等生产物资。利用白洋园区、秭归园区的铁路及货场，以区域分拨配送为核心业务，通过铁水联运，实现三峡区域与四川、贵州、重庆等西南区域的物流联动。引导宜昌及其周边地区在白洋园区办理货物出口相关手续，通过江海联运经上海港或宁波港出口全球各地。

4. 保障国际物流服务组织体系

以白洋园区为载体，依托宜昌水运口岸、白洋港海关监管区的优势，推进港区与三峡保税物流中心（B 型）、宜昌综合保税区的业务联动，开展粮食、化肥、汽车零部件等进口商品国际物流服务以及本地精细化工、食品等出口产品口岸通关等国际物流服务。图 6 为宜昌三峡保税物流中心。

图 6　三峡保税物流中心（B 型）

（三）开展增值服务创新

依托枢纽所构建的面向长江中上游的高效率、低成本物流服务网络，以破解长江三峡“肠梗阻”为出发点，实现原材料在白洋园区及后方产业集聚区集散加工后再面向上游运输，上游生产的商品在宜昌进行组装和集散加工再向下游运输，促进坝上坝下形成紧密的产业链分工与合作关系，通过跨区域的供应链组织重构价值链，使其成为长江中上游产业优化布局的重要引擎。宜昌通过枢纽建设，延伸产业链、串接供应链、提升价值链，打造中国中部地区中型城市中转物流的样板。主要做法有以下两点。

一是按照“坝上坝下双枢纽联动、上游下游分区域辐射、减轻过坝物流压力”的总体导向，制订坝上坝下统一的供应链解决方案，推进坝下白洋港口物流园和坝上秭归港口物流园两大枢纽载体一体统筹、协同分工、深度联动。白洋园区主要承担面向中下游地区的干线组织、多式联运和区域辐射等功能，重点发展下游运输至白洋园区的粮食、油品、食品、化工、木材、钢材、建材、机械设备、商品汽车等品类的铁水联运干线组织、区域分拨和城市配送，承担国际物流和区域联动任务。秭归园区主要承担面向上游地区的干线组织、多式联运和区域辐射等功能，重点发展上游运输至秭归园区的商品汽车、钢材、粮食、食品、机械设备等品类的铁水联运干线组织、区域分拨和城市配送。坝上坝下联动分流长江干线压力，加强水陆联运衔接。

二是创新粮食物流“四部曲”建设。第一步将过坝运输变成过境运输，发展北粮南运西进水铁联运。第二步将过境运输变成驻留分拨，与中粮集团等大型集团合作。白洋港口物流园区粮食仓库如图 7 所示。第三步将驻留分拨变成期货交割，用世界银行贷款建成白洋期货交割库，用于期货交易。第四步“三链合一”，实现物流与加工、金融、贸易融合发展，进入价值链高端。目前，白洋园区建成了宜昌首个国家粮食交易交收库，利用世行贷款建设粮食期货库。

（四）推进枢纽合作创新

枢纽本着“开放共享、合作共赢”的理念，积极参与国家物流枢纽联盟工作事宜，推进枢纽合作创新，为枢纽发挥更大效能提供了更多契机。

一是打造宜昌—营口合作样板。枢纽积极开展与其他国家物流枢纽城市的合作业务，发挥枢纽作用。2019 年 12 月，宜昌市与营口市签订《关于加强现代物流产业战略合作框架协议》，重点推进辽宁营口港和宜昌白洋—茅坪翻坝组合港江海联运、水铁联运及北粮南运西进、粮肥互换、南肥北运等业务。东北粮食过海进江，进入宜昌及西南地区，重去重回带回宜昌化肥和成渝地区的工业产品，在宜昌完成粮肥互换业务，下一步业务将放眼整个东北亚和中国内陆腹地。

图7 白洋港口物流园区粮食仓库

二是打造宜昌—重庆合作样板。宜昌与重庆、成都都是首批国家物流枢纽建设城市。在物流通道建设上，枢纽致力于服务川渝地区，提供便捷高效的物流运输服务，对接西部陆海新通道，为宜昌腹地企业开辟新的出海口通道。目前，已开展了宜渝集装箱始发航线和商品车常态化翻坝运输，开通宜昌—重庆水运航线，为坝上外贸企业打通西路南向的水铁海出口通道。2020 年下半年完成宜渝航线集装箱始发班轮 38 班次，航线完成港口集装箱吞吐量0.74 万 TEU，商品车翻坝运输完成3.75 万辆，降低综合物流成本效益显著。初期融入西部陆海新通道，中期将建成宜昌—钦州的中部南向物流通道，中部南向物流通道是宜荆荆恩城市群物流重点谋划项目，叠加三峡物流园市场采购贸易试点，助力区域外向型经济发展。

（五）推进保障体制创新

枢纽建设按照综合性国家枢纽的目标，做好“四张答卷”：抓住国家物流枢纽发展要点，做好产业牵引答卷；抓住国家物流枢纽发展的方向，做好顶层设计答卷；抓住国家物流枢纽发展的重点，做好创新发展答卷；抓住国家物流枢纽发展的基础，做好设施建设答卷。推进保障体制创新在“四张答卷”的实施过程中起到了关键作用。

一是在政策支持上争取补助。枢纽争取到国家 3400 万元资金补助；地方配套出台多式联运政策，每年出资 1000 万元支持物流业发展政策。

二是在顶层设计上规划设计。宜府办发〔2020〕22 号文件出台了《宜昌港口型国家物流枢纽建设三年行动方案（2020—2022 年）》，结合国家物流枢纽布局制定了国家物流枢纽城市建设规划和现代物流业中长期发展规划。

三是在重视层面上加强重视程度。宜昌市政协将建设国家物流枢纽城市作为2020年政协1号建议案和政协议政性常委会主题。宜昌市政府积极支持2021年10月在宜昌召开国家物流枢纽联盟会议（全国物流园区会议）。

四是在体制机制上形成长效机制。宜昌市成立了以市长为组长的国家物流枢纽建设领导小组，为枢纽建设提供全方位的体制机制保障。

三、枢纽建设发展成效

（一）枢纽基础设施建设加快完成

一是核心项目基本完工。枢纽主体设施已总体建成，铁路和水运干线运输组织、区域分拨及配送、多式联运已开始运行。两大园区主要物流设施为近5年建成，规模大、标准高、功能完善，累计投资25.7亿元。

二是补短板项目成果显著。枢纽围绕补短板项目，重点强化口岸通关、保税物流、冷藏库、集疏运铁路等设施建设。纳入2020年重振补短板强功能“十大工程”的重大物流项目32个，其中已实施项目7个，具备开工条件项目23个，方案研究项目2个，估算总投资78.6亿元。计划到2023年，完成补短板项目11个，总投资18.3亿元。白洋疏港铁路专用线土建工程累计已完成65%，正在加快剩余土建工程、水铁联运信息化系统开发及站后工程实施；秭归园区铁路专用线及货场已完成货场场平工程，正在开展隧道开挖；秭归园区海关监管中心及保税库房已完成海关监管中心建设；白洋园区仓储及流通加工库房、白洋园区保税库和口岸设施、白洋园区大宗商品展示交易中心等一批补短板项目也已完成全部前期工作，正在进行场平建设。

三是衔接项目不断完善。枢纽衔接项目建设不断完善，围绕坝上坝下两港两园的物流枢纽主体，白洋港水铁联运上跨桥已于2020年完工。秭归港疏港铁路完成投资2.6亿元，占总投资的6.7%。三峡翻坝江北高速公路主体工程已基本完工；三峡机场二期改扩建项目完成飞行区施工，T2航站楼及跑道延长线项目主体完工，江南翻坝管道项目全线开工，目前已完成8公里建设。全市十大重点产业高质量发展项目和绿色产业专项举措重点项目建设稳步推进，其中白洋港口物流园区、宜昌东站物流中心一期工程基本建成，三峡翻坝物流产业园继续推进拆迁相关工作，日精物流园项目进入试运营阶段。在新能源汽车方面，宜昌市也正在大力推进，秭归LNG加注站投入使用，推进LNG项目也正在研究之中，为推进绿色物流发展打下基础。

（二）优化枢纽服务能力

一是市内服务于区县。枢纽围绕农村物流、分拨网络，致力于打通“最后一公里”，为辖区内各县市区的物流配送做好服务。形成了国家物流枢纽、市级城乡共配中心、县级农村物流配送中心、乡镇农村物流综合服务站、村级物流服务点五级城市配送与农村物流网络体系，市域范围内已建成市级城乡共配中心 1 个、县级农村物流配送中心 8 个、乡镇农村物流综合服务站 81 个、村级物流服务点 1175 个，乡镇、村级覆盖率分别达到 100% 和 92%，开通农村货运班线 68 条、客货联盟线路 85 条。

二是区域服务于周边。枢纽充分发挥区位优势，辐射周边地区，促进区域物流发展。以白洋港为中心，谋划开行宜昌市域及周边地区范围内枝城港的集装箱区间钟摆式航线，包括车阳河港、三宁码头、秭归港、七星台港、红花套港至白洋港，进一步扩大枢纽辐射范围。支持宜都兴发、三宁化工、秭归屈姑、枝江奥美等市内重点企业产品的进出口方式由传统的公路集港模式转化为水路集港新模式，推动白洋港加快区域集装箱母港建设。

三是国内服务于城市。枢纽立足国内，发挥枢纽担当，与国内各大城市在物流上加强合作，提供物流服务。在铁路上，重点与乌鲁木齐、石河子、成都、贵阳、钦州铁路物流基地加强合作，开行宜昌—成都沿江班列，宜昌—钦州—巴西古当铁海联运直航线路；在水路上，不断加强与重庆、武汉、镇江、上海、营口等港口的业务合作，开行了以宜昌为节点至重庆、武汉、岳阳、南京、重庆等地的集装箱固定始发班轮，深度融入“通道 + 枢纽 + 网络”国家物流运行体系，使宜昌由通过型节点变成物流组织节点，最终形成规模经济的聚集。在秭归银杏沱滚装码头建立甩挂运输分拨中心，开展宜昌—渝东区域“三峡坝区滚装船甩挂运输”业务，提高滚装运输效率 150%，物流成本降低 42.9%、运价降低 33%，年服务近 20 万辆滚装汽车。

四是国际服务于外贸。枢纽秉承双循环战略，积极探索开展国际物流服务。宜昌开行的中欧班列先后打通中欧线路、中亚线路、南向通道，为兴发集团、安琪酵母、奥美医疗、金宝乐器等 30 余家宜昌本土企业提供新的贸易通道，累计发运 40 英尺集装箱 356 箱，进出口额约 3.2 亿元。2020 年 9 月，三峡物流园成功获评国家级市场采购贸易方式试点，利用试点资质开展试运行。借助宜昌自贸区政策优势，发挥市场集货功能优势，开辟了宜昌至南亚地区（巴基斯坦卡拉奇）的外运新通道，2020 年共完成外贸集装箱 30 吨，货值达 49 万元。

（三）加强运营模式创新

1. 模式创新

白洋园区和秭归园区双枢纽在做好核心业务的同时，延伸物流产业链，实现了物流、贸易、金融、信息的多环节联动。白洋园区在现有水铁联运业务基础上，根据客户需求植入运贸一体化等多种服务元素，与中粮集团合作，通过国家粮食交易中心，探索“港口 + 贸易 + 全程物流”模式，白洋港仓库也成为宜昌首个国家粮食交易交收库，实现贸易粮的畅通销售，使大宗散货业务由单一运输服务向全程供应链服务转变。

另外，新冠肺炎疫情期间，枢纽通过创新开展以干线物流运力补充快递运力的物流新模式，协调干线物流企业完成省内脐橙运输 1519.6 吨、省外干线运输 14437.4 吨，解决秭归脐橙销售难等问题。

2. 建设创新

枢纽在推进建设的同时，各建设主体、参股单位、子公司在物流与供应链上积极探索创新，加速物流枢纽提档升级。枢纽建设主体宜昌建投集团利用世界银行资金，建设三峡多式联运云平台，实现联运过程和管理透明化，后期该平台将接入三峡智慧物流平台，形成数据互通共享。枢纽运营主体参股单位三峡保税物流中心实施商业模式创新和监管制度改革，推广“先入区后报关”“区港联动”等重大改革措施落地。2020 年，枢纽运营主体旗下全资子公司湖北天元物流发展有限公司积极建设物流供应链公共平台，当年湖北天元钢铁供应链货值达 12.6 亿元。

（四）发挥枢纽集聚效应

1. 土地集约

枢纽明确集约化、集群化发展在提高资源利用率、降低能源消耗量方面的重大意义，推动产业集群化发展。宜昌市区域物流要素高度集中，在宜昌火车东站至长江白洋港一线，有云集了水、铁、公、空、管所有运输方式的主枢纽，以及自贸试验区、综合保税区、保税物流中心、跨境电商试验区和各类口岸。宜昌市高新区谋划了一批重点片区，包括电子信息产业园、现代服务产业园、生物产业园、湖北深圳工业园、东山园区、白洋新区等。在发展物流时，宜昌市始终秉持土地集约化的理念，推动重点片区与物流园区、物流设施的有序衔接。

2. 企业集群

枢纽始终秉持着“共商”“共建”“共享”的理念，推动物流企业集群协作发展。2020 年，宜昌市新增 A 级物流企业 15 家，其中 4A 级 2 家、3A 级 11 家，A 级物流企业突破 100 家。积极与菜鸟、顺丰等国内龙头物流企业寻求合作意向，依托三峡物流园、白洋物流园、宜昌东站物流园、点军电子信息产业园等重点片区，吸引物流企业入驻，提升企业集群性，科学谋划物流发展。宜昌市正在积极谋划公共快递分拨中心，通过将快递企业集群，进一步提高时效性，降低快递成本。

3. 资源集中

宜昌市高位推进国家物流枢纽城市的建设，发挥资源整合优势，高质量发展物流。宜昌市整合政治、人力、财政资源，建立健全高位协调机制，成立宜昌市政府主要领导挂帅的物流枢纽建设委员会，按照“专业人做专业事”的原则，厘清相关政府部门的职责分工，积极向上争取，完善政策，协调推进重大项目和工程，并加强全市物流财政支持政策的统筹归集、前置把关和综合协调，针对短板进行靶向施策。2020 年，为推进宜昌市港口物流产业高质量发展，宜昌市委、市政府整合了市属国有港口资源，实现市属国有港口的经营管理统一、功能布局统一、资源配置统一、生产组织统一，统筹地理空间集约利用，全力打造港口型国家物流枢纽。共有四家企业获得网络货运平台资质，为进一步整合区域货源、车源打下了良好的基础。

四、发展方向与未来展望

枢纽将积极参与西部陆海新通道建设，推进国家物流枢纽、多式联运网络、翻坝运输体系、智慧物流平台等重大基础设施项目实施，布局拓展面向环印度洋周边经济圈及衔接长江经济带、京津冀地区、长三角地区、珠三角地区和成渝经济圈的跨区域物流网，形成国际国内双循环互促发展新格局。

1. 加快港园基础设施建设

围绕“两路两港两铁一管”为核心的三峡翻坝运输体系，追加尚未投资的13.13亿元；以冷链物流、应急物流基地建设为重点，补短板、强功能、增弱项，进一步谋划项目，增加投资、加快建设，不断完善现有枢纽港区与物流园区的服务功能。

2. 提升枢纽服务规模

通过“干支配”与网络、通道建设，进一步提升枢纽服务规模与能力水平。力争三年内三峡翻坝物流量达到3500万吨，宜昌港口货物吞吐量突破1亿吨，实现港口物流、商贸物流、粮食物流、冷链物流、汽车物流、国际物流等联运业务全方位、全流程、全覆盖。

3. 丰富枢纽服务业态

围绕大宗商品集疏运、区域分拨配送和物流组织，开展供应链服务，为客户新增运输组织、分拨配送、保税物流等供应链金融服务。白洋—茅坪翻坝海关监管区与成都关、重庆关、武汉关、南京关、上海关签订跨关区通关协作协议，支持枢纽外贸经济发展。

4. 加快临港产业聚集发展

依托枢纽，以前港中区后城为核心，大力发展现代临港产业，促进港口、产业、城市深度融合，促进现代制造业与现代物流业融合发展，强化生产物流要素高度聚集，推进临港工业、国际贸易、大宗商品交易联动协同，将枢纽高质量高标准建设好。

（撰稿人：任小军，江华，殷俊，赵德林，杨丹，王红）

广州港口型国家物流枢纽

提升公铁水多式联运水平　增强粤港澳智慧大港功能

广州作为世界著名港口城市和“21世纪海上丝绸之路”的起点，产业基础雄厚，拥有新能源汽车、智能装备、新型显示、人工智能、生物医药、互联网6个千亿级工业产业；全市地区生产总值达到2.2万亿元，占粤港澳大湾区地区生产总值的21.01%，全国城市排名第四，正积极发挥其作为粤港澳大湾区中心城市的核心引擎作用。建设以广州港为载体的广州港口型国家物流枢纽（以下简称“枢纽”），是广州社会经济发展的重要规划，是服务国家“一带一路”倡议和粤港澳大湾区发展战略的重要举措，也是助力珠三角地区融入世界经济、推动粤港澳大湾区成为世界级湾区的重要战略部署。经过各级政府和企业的共同努力，枢纽成功入选2019年国家物流枢纽建设名单，并在智慧通关、物流集疏运体系、区块链技术应用和码头自动化等方面取得显著成效。

一、枢纽概况

（一）承载区域和空间布局

枢纽，南向南海，东望深圳、东莞，西靠佛山、中山、江门，位于珠江三角洲地理几何中心，是珠江西岸城市通向海洋的必由之路。以枢纽为圆心、半径100公里的范围覆盖整个珠三角城市群，是连接珠三角两岸城市群的关键性节点。图1是枢纽区位示意。

枢纽以广州港南沙港区龙穴岛作业区为主要载体，核心范围包括已建成的广州港南沙港区一期、二期、三期码头，南沙保税港区的港口区和物流区，正在建设的南沙港区四期码头和广州南沙国际物流中心等，以及规划中的国际通用码头、南沙五期、江海联运码头，总占地面积为21.495平方公里，枢纽内各功能区位置如图2所示。

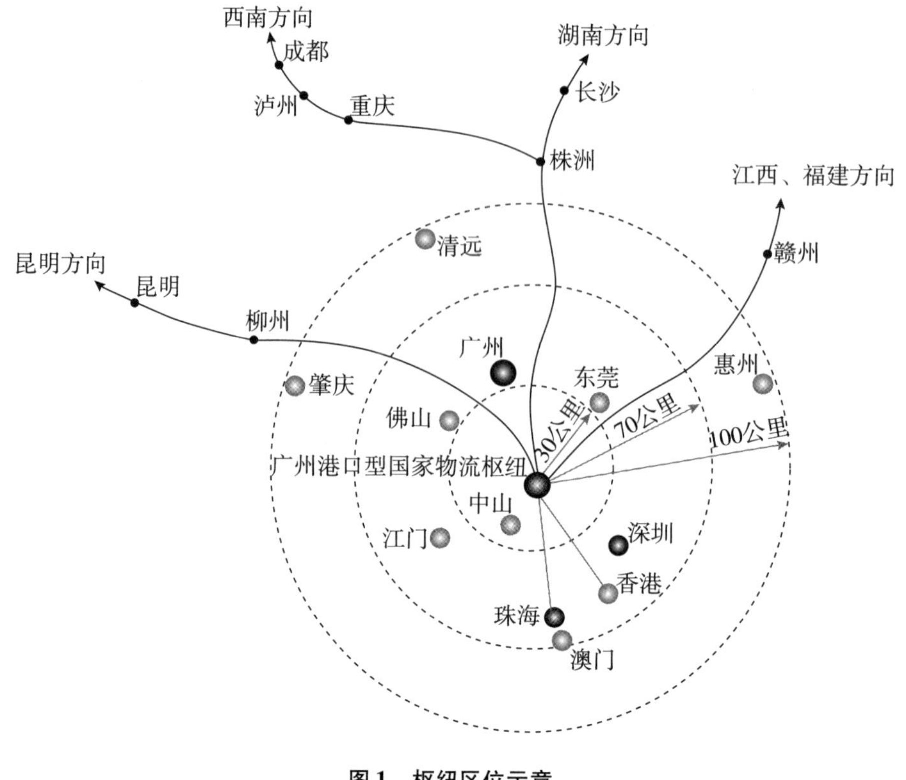

图1　枢纽区位示意

（二）主要在建基础设施建设

枢纽基础设施建设项目主要分为基础设施建设项目、产业载体建设项目、智能化和产业发展项目三大类，共包含12个项目，总投资143.67亿元。其中，基础设施建设项目包括广州港南沙港区四期工程、广州南沙江海联运码头一期项目；产业载体建设项目包括广州南沙国际物流中心、广州港南沙港区集中查验区改造工程、广州港南沙港区（一期、二期）仓库建设工程、南沙跨境电子商务产业园区项目；智能化和产业发展项目包括广州港南沙港区三期工程半自动化堆场一期工程项目、广州港集装箱物流信息平台、国家物流枢纽信息平台、中国（广州）国际贸易单一窗口。

（三）建设模式和运营主体

枢纽建设以“政府指导、企业为主、市场运作”为原则，坚持以存量设施整合提升为主，通过增量设施补短板来谋求发展，重点提高南沙港区资源集约利用水平和区域经济发展实力。

枢纽的建设由广州市政府和相关部门直接领导，由广州港集团牵头建设运作。其主要建设模式是由广州港集团投资、建设，同时根据国家物流枢纽的功能与定位，部分子项目由广州铁投产业投资有限公司、广东省铁路建设投资集团有限公司、中国铁路广州局集团有限公司等单位进行建设。

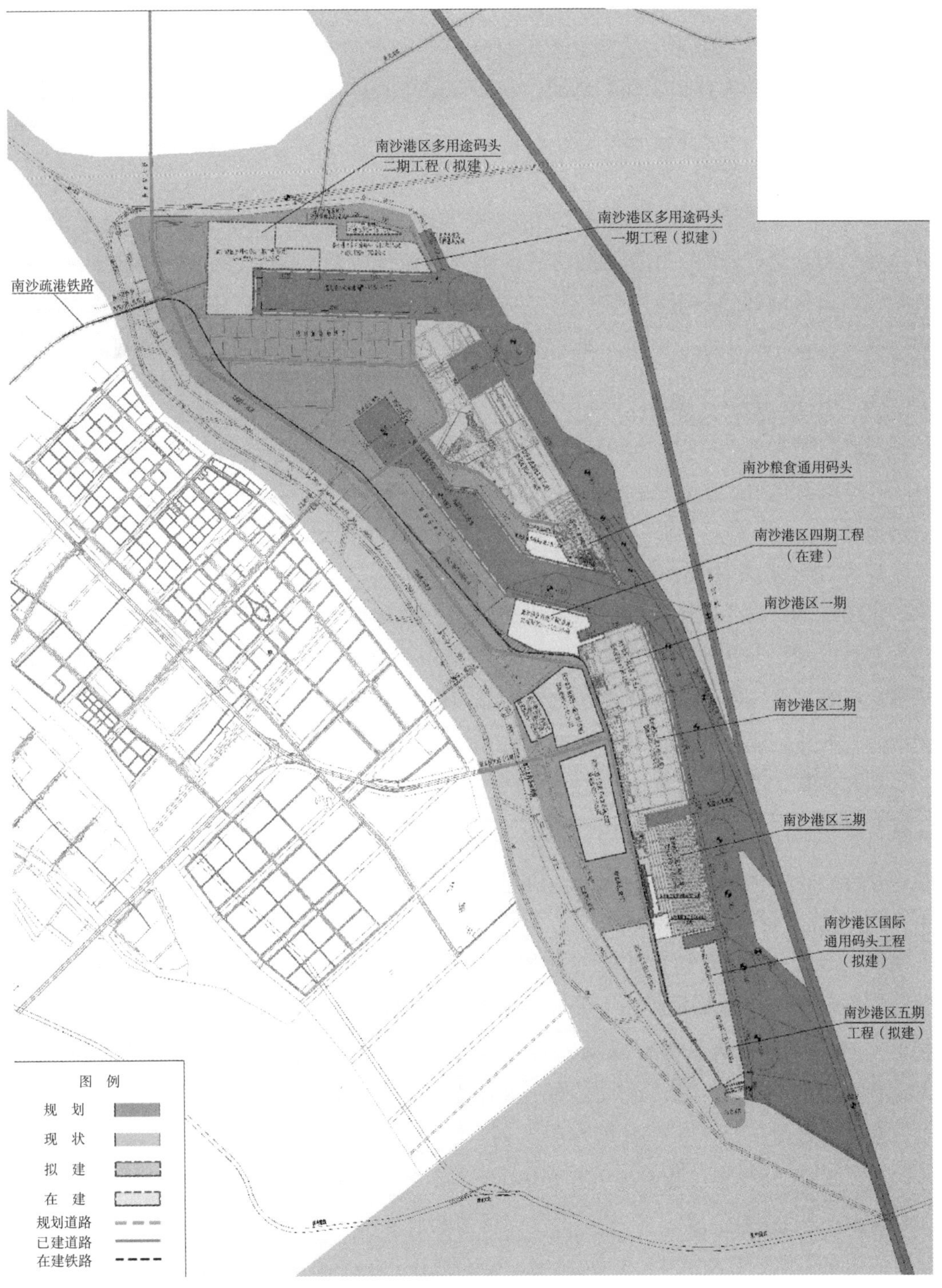

图2　枢纽内各功能区位置示意

（四）功能定位与服务对象

枢纽定位于国家新一轮对外开放门户枢纽、粤港澳大湾区世界级航运枢纽、“一带一路”重要国际物流通道、华南江海公铁多式联运示范基地、华南服务贸易创新平台五个方面。主要功能包括装卸、运输、仓储等港口基础业务；多式联运、分拨、保税、信息等业务以及产业融合、创新赋能等特色业务。截至 2020 年，枢纽共入驻企业 10 家，其中物流企业 9 家，物流岗位从业人员达 18000 人。

枢纽的经济腹地广阔，背靠珠三角地区扎实的产业基础，工业体系完善，具备 35 个产业门类，产业密集。枢纽通过海铁联运通道连接广西、湖南、云南、贵州、四川、重庆、江西等内陆地区的经济腹地，发展国内市场；同时，枢纽不断完善海运网络，辐射欧洲、美国、中东、日本、韩国、东南亚、非洲等地区和国家，开拓国外市场。

二、主要做法与特色经验

（一）打造集中检管区，建立“智慧海关”

1. 市场采购出口商品集中检管区

市场采购贸易是广东省出口增长新亮点，主要出口地为东南亚、非洲等“一带一路”沿线国家。与传统贸易出口方式相比，由于出口主体不明确、进入门槛较低、质量不达标等诸多问题，市场采购出口商品监管不严，欺诈行为多发、产品质量安全问题频发，严重损害了“中国制造”的国际声誉。

在此背景下，南沙港区于 2015 年率先建立了市场采购出口商品集中检管区，检管区具备专用仓库和查验场地，内设报检大厅、查验产地和样品展示区。检验检疫人员驻区办公，实施报检、计费、查验、抽检、出证、放行一条龙服务，全区采用全程视频监控管理。与此同时，检管区创新实施线上智检口岸平台和线下集中检管场组合检管模式，通过自动布控和全过程封闭管理，锁定风险目标，实现查验精准化，合格率提升 24%，绝大多数货柜可在 1 分钟内办理所有手续，平均检查时间由原来的 2 ~ 3 天缩短为 16 分钟；检管区实行双随机抽查模式，所有查验对象都是由电脑随机抽号产生，有效杜绝了寻租行为，让假冒伪劣商品无处遁形，让更多优质商品通过南沙口岸出口至全球各地。

该模式自 2015 年实施以来引发了集聚效应，市场采购出口航运成为南沙港区至非洲及东南亚航线的主力军，吸引了大批市场采购商家落户南沙，仅 2015 年经南沙港区出口的市场采购商品就达 17.3 万批、31.1 万 TEU、货值 205 亿美元，为南沙港区近年来的新开航线贡献了增量货源，助力南沙港区成为沿海最大的非洲航线枢纽。

2. 创新应用措施，建立“智慧海关”通关新模式

（1）船边智能分流，实现货物“即到即提”。港区生产作业系统对接海关查验系统，智能识别并采集集装箱号，整合报关单、舱单等信息进行逻辑计算，形成分流指令。进口货物抵港后，根据分流指令，直接转到查验场地进行查验或对接货主企业进行提离，实现进口货物“即到即提”。在出口运抵环节，卡口作业系统自动执行海关查验系统的分流指令，无须检查的货物可直接装船，低风险货物在办理出口作业时实现“即到即装”。该措施大大降低了货物进入堆场等待后续指令的时间，省去了场内查找货物的复杂耗时操作，有效减少场内吊箱、移箱操作，降低客户物流成本的同时也提高了货物的通关时效。

（2）应用查验辅助机器人，提升查验效率。在未使用查验辅助机器人之前，关员需到查验现场逐个拍摄集装箱号、封识号等照片，耗费大量人力和时间，导致货物等待查验时间较长。南沙港区率先应用查验辅助机器人，通过自主走位，自动识别和采集集装箱号、封识号并上传云端核验，通知码头工人对无异常情况的集装箱进行开柜卸货，辅助关员进行开柜操作，查验效率由每 12 小时查验 300 个集装箱提升至 450 ~ 500 个。

（3）推广移动远程监管，加快产品入市。根据现行规定，部分货物需要在目的地海关或从口岸提离至海关指定/认可场所进行后续监管作业，如进口食品标签整改、特殊物品后续监管等。然而上述后续监管作业的地点众多、跨关区分散式分布，海关需指派工作人员进行远距离到场作业，极大程度上延长了等待时间。企业需等待关员到场完成查验作业后，才能将产品应用生产或投入市场，等待时间的延长导致客户产品的时间和机会成本增加。南沙港区联合南沙海关创新应用移动远程监管方式，通过视频通话、图片实时传输等方式线上开展远程作业。企业无须等待海关排期检查，也不产生任何额外费用，货物查验时间由平均 4 个小时缩短至 30 分钟。已在出口申报前监管、进口目的地检验、企业日常监管、企业核查等 21 类业务中推广移动远程监管新模式，累计减少外勤作业超过 1800 人次，在减少人员接触的同时，助力产品快速投入市场。

通过开展“智慧海关”改革，以“科技兴关”为抓手，实现向科技要人力、向科技要效率，枢纽通关时效大提速。2020 年南沙海关进出口整体通关时间全国领先。

（二）构建水水联运为核心、公水/铁水联运为补充的集疏运体系

1. 打造“广州港穿梭巴士”驳船支线网络，提升枢纽集疏运辐射能力

枢纽所在的龙穴岛位于珠江出海口，珠江内河水系高度发达，三大支流及其分流基本覆盖珠三角地区及广西东部，东江东至河源，北江北至韶关、西江西至百色，其他大小分流也通达佛山、中山、江门、珠海等各码头港口。负责内河支线运输的驳船

公司通过对接各大国际班轮公司，构建起水水联运运输模式，该模式的集疏运比例高达70%，位于全国沿海口岸前列。

“广州港穿梭巴士”（见图3）是往返于南沙港区和华南地区各主要中小码头间的集装箱公共驳船运输平台之一，可为进出港区的班轮公司和货主企业提供公共、定期、经济的驳船支线运输服务。“广州港穿梭巴士”自2006年7月南沙—黄埔线开通后，以每年增加3~5条支线的速度，迅速布局珠三角地区各码头，至今其航线已全面覆盖黄埔、东莞、中山、江门、珠海、肇庆、佛山、惠州、清远、梧州、洋浦、钦州等地，通达珠三角地区以及广西、海南等地，共计开通支线71条，其中外贸支线45条、内贸支线26条。集装箱运输量也从2006年的0.4万TEU，猛增到2020年的190万TEU（不含其他驳船公司运输量），15年间运输规模翻了475倍。

图3　广州港穿梭巴士

“广州港穿梭巴士”在信息化方面拥有先进的信息管理平台，可对货物和船舶进行全程信息管理，实现客户网上订舱、办单、结算等高效功能。同时创新开展“湾区一港通”“内外贸同船”“‘WGO’业务（水路闸口）①”“组合港”等业务模式，提升船舶舱位利用率，提高穿梭巴士支线服务“含金量”，有效提升枢纽在粤港澳大湾区内的

① WGO业务（水路闸口），即“Water Gate Operation”，是以枢纽港（如南沙港区）为中心，对外辐射腹地中小码头，通过驳船运输代替拖车运输为腹地客户提供经枢纽港进出口的物流模式，其充分发挥水路运输运量大、成本低的优势，降低客户成本，缓解城市交通压力，降低碳排放。

集装箱集疏运辐射能力和影响力。

2. 构建广州港拖车运营平台，提升枢纽公水联运效率

广州港拖车营运平台是南沙港区集装箱拖车的线上统一服务平台，通过数据实时共享，实现了外贸进出口业务在订舱、码头办单、闸口预约、进闸作业等环节的无纸化服务，减少了载具运输、数据传输的重复，有效提升了枢纽公水联运效率。以外贸出口无纸化服务为例，平台将相关出口单证流转途中必经的集装箱用箱企业、班轮与船代企业、运输企业、码头、堆场等各方连接起来，把线下人工操作全部转变成为线上数据交互，业务办理、费用结算、预约进场等环节均可通过线上平台完成，业务办理不受时间与空间的限制，无须打印纸质单证、无须使用交通工具穿梭在各个场所进行单证交接与互认。

3. 顺利开行“港铁号”中欧班列，凸显路港合资平台优势

2021 年 3 月，广州港集团与中国铁路广州局集团合资成立了广州港铁国际物流有限公司，旨在整合双方优势资源，降低海铁联运综合成本，提升路港联合服务水平，为即将通车的南沙港铁路夯实基础，共同打造海铁联运公共平台。2021 年 4 月 29 日，在广州港下属黄埔集司码头开行了首列“港铁号”海铁联运中欧班列（广州港—阿拉山口—波兰），这是广州港作为始发站开行的中欧班列之一，开辟了日韩/东南亚—广州港—欧洲/中亚的欧亚海铁新通道，真正意义上实现了“21 世纪海上丝绸之路”与“丝绸之路经济带”的无缝衔接，凸显了合资平台高效的市场整合优势。

目前南沙港铁路正处于高速建设期，预计于 2021 年年底建成通车。枢纽近年来将依托广州港集团在广东、湖南、江西、重庆、四川、云南等 10 省份 30 市设立的 30 个内陆港和办事处以及南沙港区丰富的内外贸班轮航线，形成以港铁合资公司为服务平台、枢纽为节点的海铁联运综合服务体系，有效地丰富了枢纽集疏运结构。

（三）区块链技术在港航物流的应用和探索

1. 基于“5G＋区块链”的港口集装箱物流平台适配研发及产业化

广州港集团全资子公司广州港数据科技公司承建的“基于‘5G＋区块链’的港口集装箱物流平台适配研发及产业化”项目已经通过了广州市工业和信息化局验收。该项目成果已应用至“湾区一港通”业务模式中，利用区块链的加密特性解决了海关、进出口企业、港口码头等各方之间的数据交互困难，建立了信息互信与共识机制，实现了南沙港区与内河码头的一体化操作，货物一次申报、一次查验、一次放行，实现在南沙港区全天候快速直装直卸，大大提升了港区跨境贸易物流效率，进一步优化了营商环境，为客户企业提供优质服务。

项目采用了被广州市工业和信息化局认定为“2020 年区块链示范平台”的运通链达区块链，该技术是具有自主核心技术的国产区块链，形成了具有高度数据安全性、可靠性且能复制推广的港航区块链应用解决方案。通过运用区块链不可篡改等技术特性，从根本上解决各方的信任问题，既保证了信息传递的即时性，也提高了信息共享的可靠性，可以实时、准确、有效地监管各类货物在港航物流中的流向和状态。区块链上的信息永久保存，方便溯源和查询，有效提高了集装箱物流运输的安全管理透明程度。

2. “链”上无接触，区块链推动进口提货无纸化

2020 年 7 月，广州港集团集装箱物流平台为中远海运首批 25 票共 164 个集装箱提供了进口提货全程无纸化服务，基于区块链技术的无接触线上放货试运行取得圆满成功。该无纸化服务功能是广州港集团与中远海运通力合作，加快落实广州市人民政府《关于促进跨境贸易便利化若干措施》中提升港口物流电子化水平的要求，基于区块链技术推出的数字化、无接触进口提货方案，为客户提供更加便捷、低成本、无接触提货手续办理服务。

原先，客户需要按照船公司和港口的要求，准备相关纸质提货文件，前往各自的业务窗口，分别完成进口提货手续。如今，借助区块链可追溯、可信任的技术特点，船公司和港口实现了系统间数据的互联互通和流程的协作互信，使客户可以在链上一次完成包括船公司和港口方审批的操作流程，实现了全流程单证无纸化，简化了进口客户办理业务的手续，并且货物信息及作业数据防篡改、可溯源，更加实时、安全、高效、可靠。目前，该应用成果正面向南沙港区所有班轮公司大面积推广，让更多客户享受区块链技术带来的便捷，港口进口放货流程示意如图 4 所示。

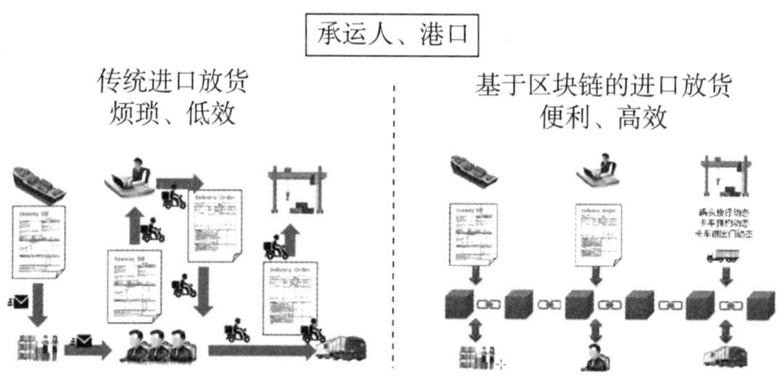

图 4　港口进口放货流程示意

（四）“广州方案”引领全球自动化码头发展

1. 广州港南沙四期工程实船联合调试成功

2021 年 6 月 2 日，粤港澳大湾区首个的全自动化码头——广州港南沙四期工程实船联合调试成功，码头实景如图 5 所示。该工程被界内称为自动化码头的“广州方案”，创新融入新一代物联网感知、大数据分析、云计算、人工智能、5G 通信等先进技术，成功打造全球首创“北斗导航无人驾驶智能导引车（IGV）+堆场水平布置侧面装卸+单小车自动化岸桥+低速自动化轨道吊+港区全自动化”的新一代智慧码头，引领全球自动化码头发展。

图5　广州港全自动化码头示意

2.“广州方案”相比传统自动化方案的优势

传统自动化码头采用磁钉导航，通过在码头地面铺设磁钉，自动导引车上配置射频天线通过感应磁钉进行循迹导航，磁钉导航需要铺设磁钉，建设成本和维护成本高，并且已建成的自动化码头堆场多为垂直布置。而现有的传统集装箱码头堆场布置形式主要为水平布置，如选用磁钉方案升级改造，相当于要重新翻铺地面，基础设施的改造投入十分巨大，改造难度也很高，不利于老旧码头的重新改造和新建码头自动化的发展需求。“广州方案”是一套完全拥有自主知识产权的系统，可大规模复制，为堆场水平布置的传统集装箱码头自动化升级改造提供了技术借鉴，也为整个港口行业的自动化改造提供了低成本的解决方案和参考借鉴，同等规模下，智能化改造后的码头，节省人力约七成。

三、枢纽建设发展成效

（一）基础设施能力建设

在枢纽建设的红线范围内，广州港南沙港区三期工程半自动化堆场改造项目一期项目、广州港南沙港区集中查验区改造工程、广州港南沙港区二期仓库建设工程、国家物流枢纽信息平台、广州港深水航道拓宽工程等项目已完成，南沙港区四期工程、南沙国际物流中心（南区、北区）、广州港南沙港区三期工程半自动化堆场改造项目二期、广州港集装箱物流信息平台、南沙港铁路工程等项目陆续在2021年、2022年建成投产，届时将大幅提升港口集装箱运输、冷链和综合物流、海铁联运能力，其中，港区集装箱通过能力将从1900万TEU提升至2400万TEU，拥有临港普通仓库16.7万平方米，冷链仓库库容23万吨，广州港在区域综合交通体系中的枢纽功能将得到持续强化。

（二）港航服务能力拓展

在枢纽建设背景下，港航合作、港铁合作不断深化，境内无水港、境外办事处网点建设进一步加强，港口物流网络持续完善，海陆双向辐射能力显著提升，基本建成海运和陆运两张物流网。2020年，枢纽货物吞吐量达24722.9万吨，集装箱吞吐量达1716.3万TEU，进出枢纽集装箱装载的货物总重量达22432.57万吨。枢纽货物进出口总额达2265.4亿元，物流业务总收入达123.54亿元，枢纽运营主体及入驻企业基于枢纽、通过生产经营活动所取得的利润总额高达20.46亿元。

（三）组织运营能力提升

1. 发布服务质量承诺

枢纽的运营主体——广州港发布了2020年作业效率和服务质量承诺，确定了班轮桥时效率为30自然箱/小时，驳船桥时效率为18自然箱/小时，班轮装卸量为1500～2500自然箱，船时效率在130自然箱/小时以上；班轮装卸量在2500自然箱以上，船时效率在140自然箱/小时以上等服务项目指标，细化了靠泊、装卸、场内运转、查验、提箱拖轮、理货等作业标准，有效压缩港口进出口环节通关时间。

2. 提高“无纸化”业务办理覆盖面

外贸出口无纸化业务已覆盖南沙港区3个集装箱码头、160多家集装箱公路运输企业，南沙港区码头出口业务办理无纸化覆盖率接近100%。南沙口岸实现了外贸进口业务首单全流程电子化操作，业务办单时效从1小时缩短为3分钟，降低贸易企业进口成本。

3. 深化与口岸单位信息化合作

依托“关港通平台”和海运口岸24小时通关建设，实现集装箱码头、查验中心与海关数据实时交换，达到“一次申报、一次查验、一次放行”。枢纽实现7天常态化通关，恢复进口水果资质，南美车厘子快线可实现高效运作。南沙保税港区升级为综合保税区，启运港退税政策落地，“湾区一港通”业务覆盖多个内河码头。

（四）枢纽协同互联合作

为进一步提升枢纽的辐射能力，广州港全力推进广东省内河港口资源整合利用工作情况，打造港口群合作网络。目前，中山港、茂名港项目已完成布局，云浮港、佛山港项目正启动建设，韶关港、揭阳港项目顺利落地，枢纽加快其他项目的合作洽谈，市属、区属国有港口资源整合取得突破。广州港合作项目已覆盖中山、茂名、潮州、云浮、佛山、揭阳、韶关等地，在粤东、粤西、粤北均已实现布局，对珠江口西岸地区实现了全覆盖，成为推动区域港口资源整合和协同发展的中坚力量。

（五）集聚辐射效应提升

截至 2020 年 12 月，枢纽的运营主体——广州港集团有限公司已先后在云南、广西、四川、重庆、贵州、湖南、江西等内陆地区布局建设了 30 个内陆港及办事处，主动“走出去、引进来”，不断加强通道建设，完善市场营销布局，推动枢纽货源腹地向内陆地区延展，开行海铁联运班列，2020 年完成集装箱海铁联运量 11 万 TEU，“中亚海铁联运回程班列过境南沙”“中非（湘粤非）海铁联运”等项目均取得实质性进展；广州港集团有限公司及入驻企业组织开行国际货运班列（班轮、航班、班车）直接通达 118 个国家和地区、267 个海外城市；枢纽运营主体及入驻企业组织开行的国内货运班列（班轮、航班、班车）直接通达 21 个省、自治区、直辖市，148 个地级市以上城市。

四、发展方向与未来展望

枢纽将以习近平新时代中国特色社会主义思想为指导进行建设，发挥港口畅通国内大循环和联通国内国际双循环的功能，以降本增效、提质量、促发展、创品牌为核心，实施“链式生态战略”“深耕腹地战略”“数字化战略”，充分利用港口物流资源，发挥港口渠道优势，统筹兼顾、开放创新，持续推进国家物流枢纽建设，提升新时期引领港口物流发展和升级的核心竞争力。

（一）优化内外贸航线网络，提升港口服务质量

大力开拓外贸集装箱班轮航线，进一步发挥南沙港区在“一带一路”建设中的战略区位优势，加强与国际班轮联盟和班轮公司合作，积极引入国际班轮公司参与南沙港区集装箱码头投资运营，吸引国际集装箱班轮公司在南沙港区增设新的远洋集装箱班轮航线，重点开辟欧美航线。

强化港口服务，建立大客户跟踪走访机制，以客户需求和服务痛点为导向，提供针对性定制服务，提高客户体验和客户黏性。提升码头作业效率。加大设施设备投入以及优化人力资源配置，同时继续深入推进操作一体化运营部署，加强各码头协作联动，完善工作机制，整合优化作业资源调配，抓好班轮操作及驳船集疏运两大核心工作，进一步提升服务水平。

（二）以物流园区为抓手，打造综合物流枢纽

1. 打造国际冷链综合体

枢纽将立足粤港澳大湾区、辐射华南、面向全球，充分发挥项目兼具公路、水路、铁路的优势，以南沙国际物流园（南区）为抓手，建设集大宗交易、生鲜食品加工、中央厨房、冷链仓储、冷链城配、展示交易、电子商务、在库交易等功能于一体的冷链物流综合体，为客户提供一体化全程物流、定制化供应链服务。对接华南区域冷链市场，拓展肉类、水产、果蔬等产品加工、仓储、配送等冷链流通配套服务，加快新业务、新客户引入。聚焦全球数字经济发展趋势，推动以数据为核心的要素集聚，应用先进的5G通信、物联网、大数据等技术，整合物流、通关、交易等领域数据，实施精细化运营，推动园区绿色物流、智慧冷链物流发展。

2. 建设多式联运枢纽示范

把握南沙港铁路开通契机，将南沙国际物流园（北区）建设成集铁路班列装卸、货物装拆箱、货物仓储保管与物流分拨、集装箱堆存、集装箱和货物查验、通关、公铁水货运代理等功能于一体的南沙港多式联运枢纽中心，结合枢纽核心作用，联合快递企业、电商平台，建设电商建包直发平台。依托5G通信技术，通过AIoT（人工智能物联网）、机器人等智能物流技术和产品融合应用，将广州南沙国际物流中心（北区）打造成高智能、自决策、一体化的智能物流园区。

（三）以配套服务为节点，串联供应链服务要素

1. 优化管理，提高查验服务水平

建设客户服务中心，为有业务办理需求的客户提供舒适环境。巩固集中查验平台信息化服务水平，全面实现与海关、码头、代理等各方信息互连互通，提供不限于信息查询、推送、委托、结算等业务的线上办理服务，大力推广非接触式业务办理模式。加大视频监控设备投入，结合智能数据平台，维护场内人员和货物安全。

2. 创新模式，提升货代船代服务能力

整合船代、货代客户资源，延伸服务链条，配合订舱、报关、仓储、运输等物流环节，构建全程物流服务模式，针对多位合作客户提供更优质的全程物流服务，提高服务产品附加值。立足广东制造强省建设，针对高货值重大件货物监装需求，发展移动可视化服务产品，适时向客户推出现场直播服务，从岸边到舱口，向客户全方位展示现场作业实时进展。针对内河船代、内贸船代、外贸船代业务，完善业务规范化实施规则和标准化流程体系。以广州港（母港、周边补给港口）为框架，搭建船代运营服务平台，打通港口、海关、船东、货主等各方渠道，更快响应船东需求，满足船东岸边服务要求，实现业务标准化、信息共享化、管理标准化。

3. 统筹资源，开展全程物流与供应链服务

发挥国有企业资金实力，整合资源，联合铁路、公路、园区、仓库、查验中心等公司内部资源，开展仓储、运输、船代、货代、查验等一揽子物流与供应链服务，开展进出口物流、国际中转集拼、跨境电商、区域分拨等业务，尝试大宗商品供应链金融服务，探索开展期货业务。以枢纽为核心资源，适时开展融资性贸易等服务；建立供应链大数据中心，汇集分析物流、客户数据信息，开展订单融资、预付款融资、存货融资、应收账款融资业务。

（撰稿人：孙邦成，范健文，周小龙，蔡继波，赵德志）

重庆港口型国家物流枢纽

打造多式联运综合枢纽　助推内陆开放门户建设

重庆港口型国家物流枢纽（以下简称“枢纽”）位于中西部地区唯一直辖市、国家重要中心城市、长江上游地区经济中心、国家重要现代制造业基地、西南地区综合交通枢纽、内陆开放高地——重庆，处于内陆第一个国家级开发开放新区——重庆两江新区。枢纽全面贯彻落实习近平总书记视察果园港提出的把港口建设好、管理好、运营好，以一流的设施、一流的技术、一流的管理、一流的服务，为长江经济带发展服务好，为“一带一路”建设服务好，为深入推进西部大开发服务好的重要指示要求，明确枢纽发展三大任务：一是对标全国一流港口，建设开放型、智慧型、绿色型国家物流枢纽；二是加快构建“通道＋枢纽＋网络”和“干支配”相结合的现代物流枢纽体系；三是建成内陆型开放口岸、国际物流枢纽和大宗商品交易中心三合一的现代化枢纽港。

一、枢纽概况

枢纽是“一带一路”、长江经济带和西部陆海新通道的无缝连接点，是中新（重庆）战略性互联互通示范项目核心承载地和中国（重庆）自由贸易试验区核心区，是两江新区打造内陆开放高地的重要门户，是长江上游航运中心和国家多式联运示范项目承载地。

鉴于重庆在国家区域发展和对外开放格局中独特的战略地位，要努力在推进新时代西部大开发中发挥支撑作用、在推进共建“一带一路”中发挥带动作用、在推进长江经济带绿色发展中发挥示范作用。枢纽的获批，有利于重庆加快构建开放性通道体系，推动东西南北四向连通，发展铁公水空联运，打造内陆国际物流枢纽，促进“人财物数”等要素在重庆汇集，使重庆成为西南地区货运集聚度最高、中转最便捷的综合物流枢纽节点城市。

（一）区位交通

枢纽位于两江新区果园—鱼复片区，具备清晰的规划和用地边界，采取连片集中布局，总规划面积约20.1平方公里，其中核心区域面积13.8平方公里，核心区域东临明月山、西至朝阳溪、南临长江沿岸、北至和煦路及唐风路。枢纽核心区域主要分为东港区和西港区，其中东港区以发展口岸物流、大宗物资流通、物流智能制造等为主，西港区以发展国际中转和贸易、枢纽经济和通道经济、保税业态等为主，布局如图 1 所示。

枢纽距寸滩保税港 10 公里，距江北机场 15 公里，距团结村中心站 53 公里。枢纽同时拥有长江黄金水道和铁路干线过境设站（鱼嘴站和果园铁路专用线），并可通过一横线（两江内环线）和六纵线等快速路快速联系主城其他区域。枢纽直接连接渝怀铁路，无缝衔接重庆绕城高速公路，经沪渝、沪蓉、渝昆、兰海、包茂等高速公路抵达全国各地。枢纽集聚辐射范围可达 2400 公里，服务长江沿线 11 个省、直辖市及西部地区。

（二）开发建设模式

枢纽采取“政府主导规划建设，市场主导运营”的开发建设模式，由重庆两江新区管理委员会牵头，组建运营平台公司，主要承担枢纽区一体化运行、统筹枢纽的规划建设并协调新区为枢纽提供人力、财力、物资等方面的配套资源。

根据枢纽功能布局规划与土地使用情况，枢纽主要采用自主开发、招商开发两种开发方式相结合的模式。枢纽的自主开发由新组建的一体化运营平台公司负责，建成后招商引入相关企业开展运营，平台公司对项目片区整体进行运营管理。枢纽通过引入专业园区开发商、大型物流企业进行招商开发，开发企业负责功能区运营管理及招商。

（三）运营主体

重庆果园港国际物流枢纽建设发展有限公司主要负责枢纽的建设与运营管理。公司成立于 2020 年 6 月，主要承担枢纽区一体化运行、多式联运体系搭建、集中查验场所建设运营、保税功能运营拓展、开放通道潜力挖掘、枢纽物流金融一体化服务、物流公共服务平台搭建、承接政策创新、为枢纽企业服务等职责。公司通过强化国家战略引领，以“增功能、强集聚、优服务、提效率、促开放”为原则，紧扣内陆国际物流枢纽和口岸高地建设，畅通国际国内物流通道、大力发展多式联运、完善政策支持体系、培育龙头物流企业、建立智慧信息平台，着力构建“通道 + 枢纽 + 网络”的现代物流运行体系，努力探索形成可量化、可复制、可推广的国家物流枢纽运营模式，以良好的区位条件助推重庆经济开放，带动成渝城市群协同融合，推进物流高质量发展。

（四）企业入驻

枢纽遵循“港—区—产—城”的建设发展思路，通过改善果园—鱼复片区物流发

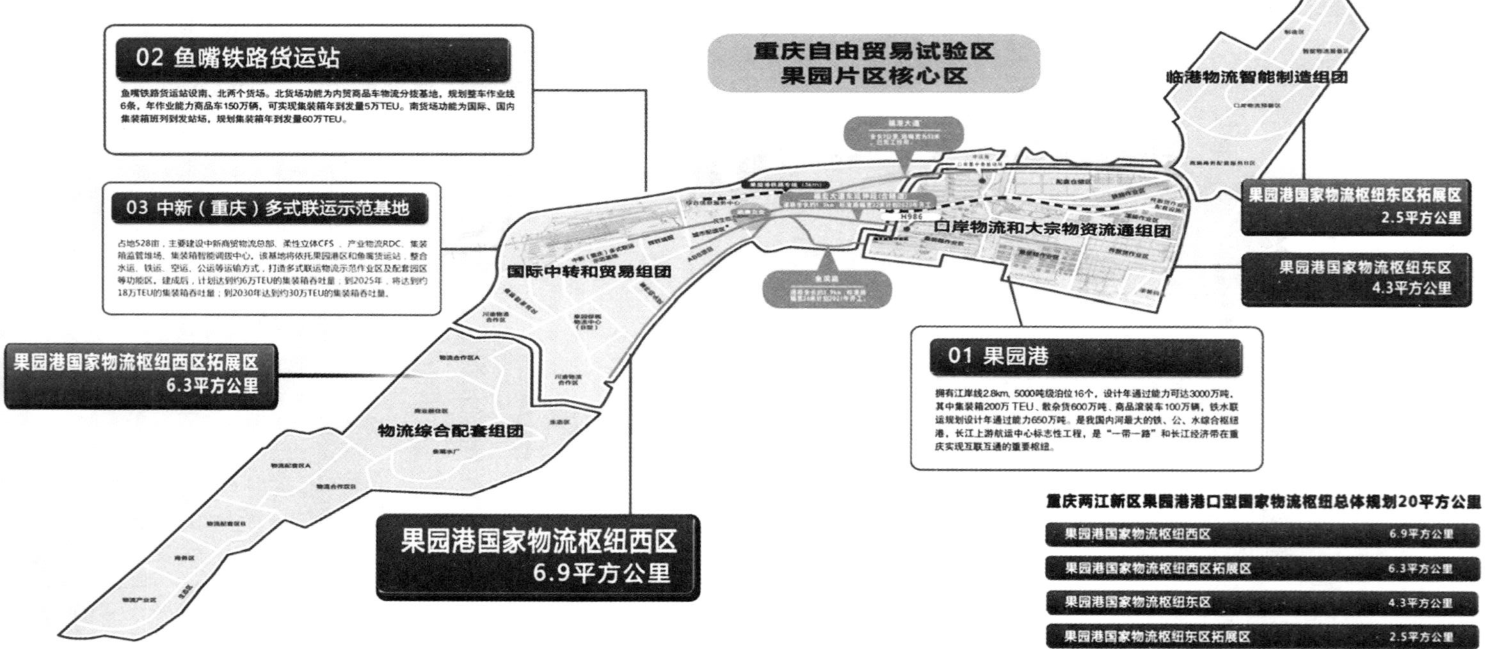

图1　重庆港口型国家物流枢纽规划布局

展环境，带动区域产业聚集，打造两江新区产业和经济发展新引擎。截至2021年5月，枢纽入驻企业主要有中远海运、民生综合物流、中新（重庆）多式联运、中新（重庆）互联互通、渝新欧物流、重庆交运等，大多以物流项目为主，依托果园港和鱼嘴铁路货运站的多式联运优势，利用各自在物流运输、仓储配送、供应链金融、商贸等方面的基础，打造多式联运综合枢纽和物流贸易集散中心。

（五）基础设施

枢纽区主要功能设施已建成并投入使用。现已建成16个5000吨级泊位，已开通铁路专用线，后方仓储功能区已投入使用。鱼嘴铁路货运站北货场已建成投用，果园保税物流中心（B型）一期已封关运行，民生综合物流基地（一期）已投产运营。

枢纽区内已明确开发主体正处于动工兴建状态的物流设施项目主要包括：水运智慧口岸功能区、果园保税物流中心（B型）二期、重庆果园大件码头项目、鱼嘴铁路物流基地、集装箱场桥远程智能控制系统以及交运物流园、民生综合物流基地（二期）、中远海运果园港综合物流项目等。

二、主要做法与特色经验

（一）加快物流通道建设，打造四式联运体系

东西南北四个方向的开放通道在枢纽贯通，将西部物流园区、南彭公路物流基地和江北航空物流基地有效串联起来，真正实现水、铁、公、空四种联运模式无缝衔接。加快物流通道建设，是枢纽做大开放平台、畅通开放通道、培育开放经济的重要内容。

1. 东向通道

枢纽向东通过长江黄金水道连接长江经济带各港口城市群，再经太平洋面向亚太地区，通过水运的外贸集装箱占全市外贸集装箱的比例一直保持在70%以上。

不断巩固长江黄金水道集装箱运输的主通道地位，推进“渝沪集装箱直达快线”运行常态化。利用长江黄金水道优势降低物流成本，是在内陆地区发展产业的重要条件。为了发挥黄金水道的“黄金效益”，渝沪集装箱直达快线采用平台化运作、承诺服务、滚动发航、限时到达的运营模式，自2019年5月试运行以来，通过定时发班、舱位互换、一船直达等措施，使长江航运整体物流效率提高30%以上，实现重庆至上海外高桥码头的船舶平均运行时间缩短为11.1天、上海外高桥码头至重庆船舶平均运行时间缩短为16.1天。2020年渝沪集装箱直达快线共计开行899艘次，其中下水534艘次，上水365艘次，上下水集装箱装载量共计20万TEU，其中外贸占比85%。枢纽作为服务长江经济带的重要枢纽节点，不断提档升级“渝沪集装箱直达快线”，严格执行渝沪快线细则，规范支线经营人操作模式，进一步提升渝沪快线装卸快捷性、申报准

确性、水运时效性。

2. 西向通道

鱼嘴铁路站场和果园专用线与主干线渝怀铁路相连，经团结村铁路站，向西可直通“渝新欧”国际铁路联运大通道，面向我国西北地区及中亚、欧洲地区。

保障中欧班列在枢纽实现常态化发运。为加快推进国际物流通道在枢纽集聚发展，利用枢纽铁水联运无缝连接优势，促进班列与经济社会融合发展，助推重庆建设内陆国际物流枢纽和内陆开放高地。自2017年首班中欧班列成功开行以来，2019年班列开行数量22班次，2020年中欧班列在枢纽到发234班次，其中中欧班列231班次，中亚班列3班次，较2019年全年到发数增长10倍。重庆市在枢纽集中打造包括中欧班列集结中心在内的“四中心一枢纽”，构建以团结村中心站和果园港鱼嘴站为双枢纽的中欧班列集结中心体系。西向中欧班列进境的木材、电解铜，通过长江水运转运至四川以及华东地区，东向长江水运进境的铬矿，通过水水联运、水铁联运、水公联运，转运至四川、贵州，实现与长江黄金水道之间的贯通。深入推进“班列＋口岸”的发展模式，推动通道与经贸、产业融合发展。叠加通道优势，持续推进中欧班列与西部陆海新通道、长江黄金水道有机衔接。

3. 南向通道

枢纽向南可直通西部陆海新通道，面向我国南方沿海地区及东盟地区、南亚地区。

西部陆海新通道围绕“一主两辅多点到发”运作模式构建“井”字形货运通道，打造以团结村站为主枢纽，以江津、果园港为辅枢纽，以其余区县为重要节点的枢纽体系。依托枢纽及鱼嘴铁路货运站特殊的区域优势及日益完善的营商环境，积极推进果园港鱼嘴班列发运，联动长江沿线跨省市（宜宾、泸州、万州等）货物集散。自2019年3月以来，陆海新通道（果园港）班列已实现常态化运行，为外向型货物运输提供了更加高效率、便利化、低成本的物流服务，大大增强了两江新区对“一带一路”沿线城市货源的辐射能力，促进两江新区打造内陆国际物流分拨中心。截至2021年6月，果园港班列累计开行178班次（其中2019年3班次、2020年63班次、2021年1—6月112班次），发运货品在机械设备及电器、化工原料及制品两类的基础上发展至包括轻工及医药产品、木材、有色金属等五大类货品；累计运输货物9220个标准箱（其中2019年150标准箱、2020年3428标准箱、2021年1—6月5642标准箱）。

4. 北向通道

枢纽向北常态化开行“渝满俄”国际铁路专列，联通中蒙俄经济走廊。

依托两江新区汽车、电子信息两大支柱产业，重庆长安汽车等整车出口企业通过国际班列运输商品至俄罗斯、白俄罗斯等国家。国际班列从枢纽铁路专用线向北出发开往俄罗斯方向，2～3天到达二连浩特、满洲里、绥芬河等边境口岸，再经2～3天从边境口岸换装后驶入俄罗斯境内，7～9天后抵达目的地，总体时效11～15天。国际班列的开行，扭转了重庆不沿边、不靠海的劣势，大大缩短了货物出口出境时间，提升了企业综合物流成本和效率。

（二）完善开放功能平台，夯实枢纽发展基础

枢纽围绕打造内陆开放门户，结合寸滩港搬迁、枢纽港打造等重点内容，积极完善配套功能，不断增强枢纽开放能力。

一是完善口岸开放功能。果园综合保税区设立方案已上报国务院审批，果园港海关集中查验场所主体类项目已完成，海关综合指定监管场地申报材料已获得海关总署同意批复，果园保税物流中心（B 型）一期已封关运行、二期已完成总工程量的 45%，果园港区口岸作业能力配套设施建设二期工程即将开工。果园保税物流中心（B 型）一期于 2020 年 1 月 8 日正式投运，总用地面积约 20 万平方米，总建筑面积约 18.3 万平方米，封关运行后，为企业提供了保税仓储功能，打造了高效便捷的通关环境。果园保税物流中心（B 型）二期项目建成后，将为企业提供更多的仓储载体资源，并计划开展冷链仓储、跨境电商、简单流通性加工业务，进一步丰富果园保税物流中心（B 型）业态，为枢纽发展做好功能和平台支撑。果园保税物流中心（B 型）如图 2 所示。

图 2　果园保税物流中心（B 型）

二是拓展枢纽多式联运功能。鱼嘴铁路货运站分为南北两个货场，其中北货场建设整车作业线 6 条，其中一条增加了集装箱装卸功能，已于 2020 年 6 月建成投用，并开始常态化运行，年设计整车作业能力 150 万辆、集装箱作业能力 5 万 TEU。南货场于 2021 年年初开工建设，年设计集装箱装卸能力 60 万 TEU。鱼嘴铁路货运站北货场如图 3 所示。

三是丰富片区主体功能。枢纽积极推动签约入驻企业集中开工，中新（重庆）多

式联运示范基地项目正进行一期主体结构施工，同时启动二期建设；中远海运果园港综合物流基地项目一期已开工建设，同时启动二期建设；两江民生综合物流项目一期已建成投用；ABB 两江变压器智能制造项目已完成勘察设计、总包招标工作。

图 3　鱼嘴铁路货运站北货场

四是加快基础设施、景观改造，积极推动枢纽内畅外联和形象提升，具体措施如下。

（1）基础设施建设快速推进。枢纽区域内部构建内畅外联交通路网，规划区内建成道路 12 条，通车道路约 16.5 公里，总投资约 10.2 亿元。截至 2021 年 5 月，在建道路 3 条、立交桥 1 座，总投资约 7.7 亿元。建成投用集装箱、散货、滚装功能区和分拨基地，铁转水和水转铁两条自动化装卸工艺线以及占地面积 85 万平方米集装箱堆场、占地面积 50 万平方米散货堆场；建成投用港区铁路专用线；建成投用配套占地面积 13 万平方米室内仓库和占地面积 6.5 万平方米室外堆场。

（2）设备智能水平提档升级。集装箱管理系统实现通过 EDI 方式与海关进行数据交换，并且完成集装箱堆场 4 台场桥远程智能操控系统改造；初步建成果园港件散货功能区管控一体化系统；集装箱智能理货系统建成投用，实现码头前沿“无人理货”；仓储功能区电子商务平台实现现货交易、仓储物流、交易结算等功能一体化，仓储管理系统持续优化，仓储电子提单比例提高 34%。同时启动多式联运信息平台搭建工作，分三期建成后将极大提升枢纽智慧水平。

（3）提升片区景观。完成片区长江沿岸生态修复设计方案，构建生态岸景观格局。结合广阳岛整体规划，实施岛周视线范围关联项目生态环境整治，完成郭家沱至果园港沿江岸线生态环境整治及鱼复片区物流基地生态环境整治面积约 47 万平方米，持续改善视线范围内景观效果。完成形象标识方案，第一批 3 个子项目已启动施工。

（三）推动特色贸易发展，打造供应链金融体系

一是引进大宗商品的物流集散和交易服务企业，推动枢纽成为西部地区重要的钢材、煤炭等大宗生产资料现货交易中心。坚持“通道带物流、物流带经贸、经贸带产业”的发展路径，依托重庆的中西部地区经济枢纽城市地位与港口型国家物流枢纽的功能布局，初期以钢材、煤炭交易为主，逐步拓展到有色金属、塑胶颗粒、铁矿石等交易品种，完善撮合交易、结算、货物数字监管等功能，强化枢纽国际化资源配置能力和价格指数中心功能。目前枢纽正积极谋划通过搭建大宗商品交易和金融科技两个平台，构建“物流—贸易—金融”生态链，建设成辐射西南、影响全国的大宗商品交易中心。大力推进大宗商品的物流集散和交易服务业务，打造金属、能源、农产品等品类的大宗商品市场化、国际化资源配置中心，将枢纽建成中西部地区大宗商品企业营运的集聚中心、大宗商品转运联运服务中心、大宗商品现货（期货）交易中心，引领枢纽港向贸易港、金融港转型。

二是补齐智慧开放核心要素，大力发展数字贸易。依托枢纽已经形成的钢材交易市场和煤炭运输通道的基础条件，发挥枢纽物流通道优势和市场辐射优势，开展煤炭、钢材等品类现货交易牌照的研究申请工作，推动枢纽成为西部地区重要的钢材、煤炭等品类现货交易中心，借助 CIC（世界商品智能交易中心）和中新（重庆）互联互通项目资源，申请设立西部地区首个期货交易所。枢纽在现货交易中心的基础上，打造商品数字贸易平台，引进卓尔智联、京东数科、欧冶云商等商品线上贸易 B2B 平台和供应链服务体系，基于枢纽大量的物流、现货交易的场景和数据，运用区块链、大数据和人工智能等技术赋能，开展大宗商品现货贸易金融托底、电子仓单质押、银行票据贴现等业务，促进从企业主体信用和数字信用并重向数字信用为主转化，最终打造行业性 B2B 数字信用体系，为产业链和供应链搭建方便、安全、高效、低成本的集物流、通关、仓储、金融、交易等线上线下相结合的商品智能数字贸易平台。

（四）推进智慧枢纽建设，打造国际枢纽经济产业园

一是加快搭建果园港智慧枢纽多式联运信息服务平台。依托重庆国际贸易“单一窗口”、重庆智慧口岸物流平台与果园港现有信息化平台构建枢纽智慧多式联运信息服务平台项目，加快枢纽信息系统互联互通、整合集成、信息共享，实现枢纽作业、仓储、运输及通关等环节全程留痕、全链追溯、全网监管、全环协同，同步接入国家物流信息平台，实现物流贸易便利化、智慧化。多式联运信息服务平台于 2021 年下半年开始正式搭建，2021 年年底信息化平台部分功能模块正式上线。同时，持续推进智慧港口建设，不断完善网上预约、无人场桥作业等功能，2021 年年底完成设备交接单无

纸化项目。

二是大力发展枢纽经济。依托两江新区产业优势，通过为长安、北京现代、摩比斯、诺玛科等大型企业整车及零部件搭建覆盖全球的服务网络体系，打造汽车全产业链的国际国内集散分拨中心。以康宁玻璃基板西部物流中心为示范，打造以康宁为代表的显示科技产业区域分拨中心，积极布局产品发布、贸易洽谈、进口代理、物流配送等各项专业服务集群，配套引入质量检测中心等管理机构，提高贸易专业化程度。

三是依托创新政策，促进招商引资。依托枢纽得天独厚的区位优势和功能汇集优势，结合中新、自贸等元素，探索创新陆上贸易规则，促进保税及非保税货物同库堆存等政策落地，持续引进头部物流、国际货代、国际贸易、供应链服务等相关企业。先后引进重庆优弗欧供应链、58 同城总部、峰米科技总部、世盟供应链总部、图治供应链、中渝欧国际贸易等项目落地。项目推动枢纽由物流港向贸易港、金融港、科技港发展，引领枢纽成为国际大宗商品交易中心。截至 2021 年 5 月，枢纽已入驻企业 54 家（其中世界 500 强 2 家、中新合资企业 2 家），协议投资约 180 亿元，达到产量后营业收入约 200 亿元。目前正紧密推动康宁玻璃基板亚太分拨中心、LG 西南物流分拨中心、中铁特货全产业链物流中心等 10 余个招商项目。

三、枢纽建设发展成效

（一）围绕“建设好”，打造一流设施初步成型

坚持基础设施提速工作，功能项目齐具，枢纽工程项目全面铺开，打好国家物流枢纽设施基础。

1. 集中完成基础设施建设

完成天港路一期、港兴路二期、港荣路、隆港路等道路建设，全力推进疏港东立交、ABB 南侧道路、中新多式联运基地西侧道路、泰港路、江港路二期等路网建设，深化论证福宏大道东延伸段、福宏大道改扩建、疏唐立交等重要交通转换节点，推动枢纽区路网内畅外联。完成片区长江沿岸生态修复设计方案，开展生态环境整治面积约 47 万平方米，启动枢纽区导视标识施工，提升视线景观效果。

2. 加快完善枢纽功能建设

果园港海关集中查验场所总体进度完成 88%，海关综合指定监管场地申报材料已获得海关总署同意批复。港区口岸作业能力配套设施建设二期工程新增铁路装卸线、6 台场桥、2 台岸桥等设施设备。鱼嘴铁路货运站北货场建成投用，南货场建设有序推进。

3. 全面推进重点项目建设

果园保税物流中心（B 型）二期已完成总工程量的 70%，中新（重庆）多式联运

示范基地、中远海运果园港综合物流基地、民生综合物流基地、ABB 变压器智能制造基地、交运现代物流园基地等项目有序推动，将于 2022 年陆续建成投入使用。

（二）围绕“管理好”，推进一流技术和管理持续健全

坚持功能平台升级、通道脉络延伸，强化智能装备技术应用，培育物流发展新动能。

1. 构建高效开放通道

东向提升长江黄金水道主干道支撑，与“长江江海联运平台”成功对接，开通“渝沪集装箱直达快线”，货运时效大幅提升。西向推动中欧班列在果园港常态化发运，进境材料通过长江水运转运至华东地区以及四川，实现与长江黄金水道之间的贯通发运。南向实现陆海新通道暨路企直通班列多品种试发，打造“铁水联运”特色线路，与重庆市内其他物流枢纽节点差异发展。北向“渝满俄”国际铁路专列联通中蒙俄经济走廊，深化与满洲里协作，完善进出口转关机制，提升通关效率。同时，积极融入成渝地区双城经济圈，推进“无水港”建设，扩大果园港西部辐射范围。

2. 提升智慧物流效率

果园港集装箱系统与“长江江海联运平台”成功对接，实现“船、港、货”江海联运物流数据等公共信息交换共享。集装箱管理系统、件散货管控一体化系统和智能仓储系统投入使用，实现港口作业区 4G 无线网全覆盖，实现智能理货系统识别准确率达 96%，通闸时间缩短到 30 秒，提单操作无纸化以及港口与铁路、海关、“单一窗口”信息共享。同时第二批国家多式联运示范工程已向交通运输部申请验收。搭建多式联运信息服务平台，将极大提升枢纽智慧水平。

3. 布局枢纽经济

启动果园港国际枢纽经济产业园建设，委托上海外高桥专业团队完成片区产业规划课题研究，拟打造集国际贸易、国际物流、大宗交易、创新研发、检测维修于一体的“保税 +”产业生态群。综合保税区申报方案已上报国务院。完善金融供应链配套体系，启动大宗商品贸易和金融科技平台建设工作。

（三）围绕“运营好”，促进一流服务更上台阶

坚持产业发展集聚，整合优势资源，提高枢纽运营效率和水平。

1. 多式联运，促进物流便利化

稳定开行至贵州、成都、西昌、攀枝花等多趟铁水联运集装箱班列，吸引贵州开磷硫黄、磷产品等集装箱货源到果园港中转，实现进口硫黄和出口磷产品重去重回集装箱对流运输，极大降低了企业物流成本。在全力做好疫情防控的基础上，受高速公路免过路费的影响，2020 年全年枢纽完成货物吞吐量 1421.6 万吨，同比增长 2.4%；

集装箱吞吐量33.641万TEU，其中水水中转10.5万TEU，铁水联运8.5万TEU，鱼嘴货运站北站场到发2410TEU；商品滚装车发运71.55万辆，其中果园港发运35万辆，鱼嘴货运站北货场到发36.55万辆；中欧班列到发231班次，陆海贸易新通道班列发送63班次；片区企业物流经营收入9.7亿元，同比增长34%。

2. 构建市场，提升集散效应

携手西部地区钢材、煤炭等大宗商品供应链企业逐步将市场前置，通过合作共享，探索构建大宗商品交易市场，引导西部地区商流、物流、信息流、资金流在重庆实现深度聚集，从而有效地化解西部地区大宗商品供需矛盾问题，降低区域物流成本。截至2021年，果园港钢材市场初具规模，市场现已拥有6条冷、热卷加工生产线，年加工能力达40万吨，电磁吊设备正式上线使用，市场累计签约客户超120家，合作钢厂资源超过100家。

3. 内引外联，促进要素整合

以资本合作带动资源整合，提升港口运营水平。与上海港合资经营果园港集装箱码头，与国投交通合资经营果园件散货码头，与上汽安吉合资经营西南地区商品车分拨基地，与长安集团、上海安吉成立合资公司经营滚装码头。通过一系列合资合作，既引进了建设资金，有效规避同业恶性竞争，又通过与优质资源型企业的合作提升了果园港运营水平，为港区高质量发展奠定了坚实基础。

四、发展方向与未来展望

在定位上，着力建设枢纽成为开放型、智慧型、绿色型物流枢纽。一是开放型物流枢纽。充分发挥枢纽多平台汇集、多功能叠加优势，对标国际通行贸易规则，推动综合保税区建设，促进货物、资金、人才、信息自由流动，探索建设内陆自由贸易港。二是智慧型物流枢纽。依托现代大数据、区块链和人工智能技术，完善港区智慧模块，构建先进智慧体系。以智慧引领建设“三化四库”，推进码头装卸无人化、货物运输标准化、单据处理无纸化，完善运营大数据库、仓储集运库、交易平台库、金融保险信用数据库。三是绿色型物流枢纽。整合物流枢纽范围内的绿化空间，高品质修复长江沿岸生态，构建区域内绿色慢行休闲系统，打造绿色物流、绿色厂房、绿色交通、绿色港口，推动产业、城市景观高品质融合提升发展。在规划布局上，按照“一园五区”推进整个枢纽建设。“一园”指果园港国家物流枢纽园，“五区”分别指东港区的口岸物流和大宗物资流通区、西港区的国际中转和贸易区、中部的国际枢纽经济区、东拓展区临港物流智能制造配套区、西拓展区临港应用型科技创新区。五片区相互支撑、互为联动，整体拱卫枢纽园的提档升级。

到2022年，枢纽重点设施全部建成，口岸和保税功能配套齐全，多式联运信息平台搭建完成，通关效率大幅提升，实现国际通道高效连接、通道经济和枢纽经济提速发展。长江上游航运中心辐射带动作用显著增强，加快建设内陆型开放口岸、国际物流枢纽和大宗商品交易中心三合一的现代化枢纽港。

到 2025 年，枢纽各类设施全部建成，综合保税区和口岸功能健全，通道经济和枢纽经济发展壮大，长江上游航运中心地位更加突出，建成内陆型开放口岸、国际物流枢纽和大宗商品交易中心三合一的现代化枢纽港。

到 2035 年，枢纽建设成为重庆及西部地区重要的开放窗口和平台，力争打造成为国际知名、国内一流的国际物流枢纽，在长江经济带发展、“一带一路”建设、西部大开发、成渝地区双城经济圈建设中发挥积极作用，初步建成内陆型自由贸易港。

（撰稿人：牛贤丹，陈漠，陈乔霜）

宁波—舟山港口型国家物流枢纽

推动海铁联运升级　做强东方第一大港

宁波—舟山港口型国家物流枢纽（以下简称“枢纽”）由宁波北仑、镇海港区的国家示范物流园区和舟山老塘山港区舟山国际粮油产业园区两个片区组成，依托宁波港口和舟山港口整体资源，连接国际海上运输大通道、国家铁路网、“一带一路”枢纽节点，形成“海上运输大通道—国家物流枢纽—浙赣湘渝川铁路—内陆物流枢纽及节点”的物流大通道网络体系。加快高质量建设枢纽对支撑国家能源油气产业链，保障国家战略物资供应，组织国际粮油集散，助推跨境电商发展，打造全球数字贸易供应链服务枢纽，形成全球数字供应链创新发展示范区、国际多式联运服务示范区、全国油气产业链融合发展示范区具有重要意义。

一、枢纽概况

（一）区位交通

在全国骨干流通“三纵五横”大通道体系中，宁波、舟山两市位于三大通道交会处，连接长江经济带，贯穿南北的沿海经济带。基于国内三大通道汇聚的优势，在市场化推进前提下，以服务“一带一路”“长江经济带”“长三角区域一体化”为导向，结合宁波港、舟山港港口物流发展格局和运作基础，按照打造枢纽最高标准这一要求，选择依托宁波北仑、镇海港区后方的国家示范物流园区以及舟山老塘山港区舟山国际粮油产业园区，共同建设宁波—舟山港口型国家物流枢纽。

（二）空间布局

枢纽根据服务功能分为主体功能区与协同发展区。

主体功能区依托北仑港区及后方陆域，北到码头面，东至北仑矿石码头，西至北仑第二集装箱码头，南至进港路，占地面积约27平方公里。该区域包括27个国际深水码头、1个综合保税区以及1个综合物流园区，承担国际集装箱物流、油气产业链物流、铁矿石中转物流、煤炭集散物流以及跨境电商物流功能。

协同发展区有两部分。一部分依托镇海物流枢纽港园区，东至甬江入海口，南至古海塘，西至威海路，北至灰鳖洋，占地面积约 9.5 平方公里。该区域包括镇海港区（2.5 平方公里）和后方陆域（7 平方公里），承担液化品仓储交易、煤炭海铁联运、区域物流功能。另一部分则依托舟山国际粮油集散中心，西北至小老线，东南到前门畈河，东北以甬舟高速及大桥接线公路为界，西南入海，占地面积 4.41 平方公里，承担大宗粮油商品的储运、中转、加工、交易、集散等功能。枢纽功能布局如图 1 所示。

图 1　宁波—舟山港口型国家物流枢纽功能布局

（三）功能定位

作为集物流、资金流、信息流于一体的国家物流枢纽，枢纽有三大核心功能。一是国际多式联运组织，重点发展集装箱国际中转和海铁联运、大宗货物江海联运和海铁联运等服务。二是战略物资市场交易，以原油、成品油、保税燃料油、铁矿石、粮油等大宗商品为重要品类，完善大宗商品交易服务功能，形成大宗商品国际物流中心，打造进口粮食保税交易中心和进境粮油保税交易加工基地，保障国家战略物资供应。三是国际供应链管理服务，吸引国际贸易商和物流巨头落户设立区域采购、物流和分拨中心，以大数据技术为核心驱动力，打造全球数字贸易供应链服务枢纽。

枢纽的发展定位是聚焦三大核心服务功能，重点突出枢纽在建设多式联运网络、支撑油气产业链、组织国际粮油集散、助推跨境电商发展等方面的特色，将枢纽打造成为国际多式联运服务示范区、全国油气产业链融合发展示范区、国际粮油储运加工交易示范区和全球数字供应链创新发展示范区。

（四）建设模式

枢纽采取“政府统筹、市场主导”的分工协同建设模式，由宁波、舟山两地共同推进港口型国家物流枢纽建设。

在政府统筹方面，由宁波市政府、舟山市政府、宁波舟山港集团三方共同建立国家物流枢纽协调机制，负责物流枢纽顶层设计，加强与国家、区域重大发展战略的衔接；由宁波、舟山两市物流业管理部门、宁波舟山港集团、镇海物流枢纽港、舟山国际粮油产业园区等单位组成国家物流枢纽建设工作专班，负责枢纽的日常协调、工作督导和统计分析，定期报送国家物流枢纽建设运营情况及总结。

在市场主导方面，以宁波舟山港集团为主体，牵头枢纽内项目企业，推进设施建设、平台管理、运营组织、交易平台和配送网络建设。创新枢纽综合开发模式，实施“码头＋物流园区”开发建设模式和“储备＋加工＋运输”功能集成模式，使港口功能由货物装卸、集散功能向仓储、物流、信息、商贸等综合物流功能拓展。

（五）运营主体与主要业务

枢纽运营的牵头企业为宁波舟山港集团，主要负责枢纽功能集成、枢纽网络搭建和枢纽运行管理三项工作。以宁波舟山港集团为龙头，多式联运企业、区域配送企业、信息平台企业为支撑的企业集群，通过开展集装箱海铁联运、江海联运、国际中转等多式联运业务，开展大宗商品流通加工及市场交易业务，开展跨境电商配送业务，致力构建服务长三角地区、辐射长江经济带、连通全球的港口物流服务体系，为港口腹地及其辐射区域提供货物集散、国际中转、转口贸易等国际物流服务和其他增值服务，使枢纽成为支撑国家物流骨干网络的重要枢纽节点。

二、主要做法与特色经验

（一）推动海铁联运高质量发展

1. 提升港口海铁联运设施能力

枢纽加强进港铁路配套场站设施设备建设，积极推进“港站一体化”建设，实现铁路货运站场与港区无缝衔接。2020 年 4 月 15 日，铁路穿山港站成功启用，打通了全球第二大单体集装箱码头——穿山港区集装箱码头的海铁联运“最后一公里”。至此，枢纽具备海铁联运作业能力的港区增加至 3 个（北仑港区、镇海港区、穿山港区），总作业能力达 200 万 TEU。海铁联运设施作业能力的提升，对枢纽补齐物流设施短板、扩大优质物流服务的供给具有重要意义。

2. 推动海铁联运规模实现突破

自 2020 年以来，枢纽新开拓了安庆、海安等 16 个海铁联运业务点，新开通了海安、芜湖两条海铁联运班列。铁路穿山港站“湖州—宁波舟山港”集装箱海铁联运班列开行频次由原来的一天一班提升到一天三班，单月作业量达 1. 3 万 TEU。2020 年，枢纽的集装箱海铁联运业务量突破 100 万 TEU，首次迈上“百万箱”台阶，相比 2019 年增长 25%。截至 2020 年年底，枢纽海铁联运业务覆盖全国 15 个省、直辖市、自治区的 56 个地级市，建设内陆无水港 29 家，开通常态化运行班列 19 条，形成了北接“丝绸之路”、中汇长江经济带、南攘千里浙赣线的三大物流通道。枢纽开展海铁联运业务实景如图 2 所示。

图 2　宁波—舟山港口型国家物流枢纽海铁联运业务实景

3. 试点双层集装箱海铁联运

双层集装箱运输是深入运输结构调整的创新探索。2018 年开始，枢纽与上海路局在双层集装箱运输上深度合作，上海路局对北仑港站至皋埠站沿线铁路进行改造，解决隧道限高、电气化铁路的接触网高度等问题。与此同时，枢纽积极开发进口石英砂小箱货源，后又新增水泥熟料小箱货源。2018 年 12 月 18 日，枢纽北仑港站至绍兴皋埠站海铁联运双层集装箱班列成功开行，相比常规铁路运输方式，最高可提高铁路运输能力的 38%，实现了高运能、新模式的突破。这是国内较早开展海铁联运双层集装箱运输的线路之一，对于穿山支线、甬金铁路以及其他港口城市开通海铁联运双层集装箱运输具有重要的实践意义和示范作用，同时也为今后探索双层高箱集装箱运输奠定技术基础。枢纽开展海铁联运双层集装箱运输实景如图 3 所示。

4. 海铁联运发展模式创新探索

一是通过深化与上海路局的合作，加快推进湖州西国际化堆场试点工作。二是推广铁路 35 吨开顶箱型。响应“深化运输供给侧结构性改革、推进运输结构调整”号召，枢纽经过与国铁集团相关部门、货主企业的充分沟通，首次创新使用 35 吨开顶箱，采用煤炭水铁中转“散改集”模式，在 2019 年 5 月成功开通绍兴地区煤炭“公转铁”专列，为货主优化物流环节、降低物流成本，同时具有装车方便、环保标准高的特色。三是加强与船公司合作，在南昌开行中远海运、马士基一天双班精品示范线路，实现路港航多方互利共赢。

图3 宁波—舟山港口型国家物流枢纽海铁联运双层集装箱运输实景

（二）搭建智慧服务平台

1. 深化枢纽信息互联建设

枢纽依托浙江省“四港联动”联盟平台，以信息港为纽带，着力推进设施联通、标准连接、信息联网、企业联盟，实质性推进了货物多式联运“一单制”。枢纽建设了宁波舟山港海铁联运信息共享平台，目前已实现港口物流与上海路局之间的信息互联，实时接收铁路在途信息，实现铁路在途信息、港口信息、船公司信息、海关信息四方联动，对海港与陆港联动发展构成有力支撑。此外，海上丝路航运大数据中心的建设有序推进，目前已建成港口码头数据互联网络等系统，仅2020年上半年就获取数据12373.5万条。

2. 实现集装箱进提箱业务无纸化全覆盖

在全面推进单证无纸化的同时，枢纽逐步扩大集装箱物流服务的无纸化。2020年5月25日起，通过易港通信息平台，枢纽正式取消码头提空操作的纸面单证传递，补齐了集装箱海铁联运进提箱业务无纸化的最后一块短板，成为全国首个实现集装箱进出口全程操作无纸化、物流节点可视化的现代化港口。截至2020年年末，提重箱无纸化比例达99%（部分特种箱有特殊要求），预约提空无纸化占比已超过95%（仅部分货主自备箱未覆盖），业务涉及53家船公司、5家码头、26家堆场、200余家货代、1500余名实际用箱人、1.9万余名集卡司机。在新模式下，每单业务可减少作业时间2

小时，每年可节约纸张40余万张。通过无纸化建设，枢纽一方面实现了进出口集装箱在工厂、货代、堆场、码头、船公司等物流节点的信息实时动态可视、可控，另一方面为降低物流业成本作出了贡献。

3. 加快自动化码头建设

枢纽积极探索带有海港特色的智慧港口集成创新之路，充分利用自动化、远程控制及大数据等技术，加快生产作业智能化、无人化的技术攻关研究、研发试点及推广。一是智能外理系统实现各主要集装箱码头的全覆盖，集装箱智能内外理作业一体化建设已实现除北三集司外所有港域的全覆盖。二是加速推进桥吊、龙门吊远程控制的研发应用及布局，在梅山港区已初步形成规模化效应，北二集司、北三集司和甬舟公司等集装箱码头也正在有序推进。三是深入推进无人集卡研究与试验，梅山公司、甬舟公司已实现一辆无人集卡的混编，“12 +12”无人集卡规模化应用研究与试验已全面推进。四是优化升级枢纽自主研发的码头生产操作系统，使其适用于大型集装箱码头的作业，目前已在镇司、北二集司、梅山公司、甬舟公司、嘉港公司和苏州现代等集装箱码头实现应用部署，并完成了北三集司的升级替换，结束了“千万标准箱级”大型集装箱码头依赖国外系统的历史。

4. 深入推进信息平台建设

枢纽推出口岸服务综合性平台（“海港 EDI”网站）2.0版，该系统对国际中转、内支中转、本地出口等业务的服务资源系统和集装箱转场申报平台进行了整合。自2020年12月1日上线以来，仅一周的时间内，平台的总访问量已突破10000人次，响应速度较1.0版提升近50%，新增的物流跟踪、业务办理、数据服务等一站式功能得到业界一致认可。此外，枢纽提箱预约系统应用平台已实现进口重箱提箱的线上预约，达成全程操作无纸化和物流节点可视化的目标，其中电子小提单签发占比达到100%；实现出口空箱提箱的线上预约，提箱操作做到无纸化和自动化，装箱单也全面实现电子化流转。信息平台建设的深入推进，为线上交易创造市场需求提供了技术支撑，使得枢纽业务效率更高、服务范围更广。

（三）探索枢纽经济创新发展

1. 持续推进新型国际贸易中心建设

近年来，枢纽加强跨境电商平台和龙头企业招商，进一步推动跨境电商主体集聚、生态提升，不断巩固进口跨境电商领先优势。一是加快考拉2号、3号仓及 eWTP 项目等重点项目建设进度。二是以出口加工区转型综合保税区为契机，全面启动出口加工区跨境电商进口业务。三是以推进“一带一路”综合试验区、“17 +1”经贸合作示范区建设为契机，深化与重点国家厂商合作，支持其来华拓展市场，引进一批海外企业、海外品牌到宁波保税区设立“品牌中心仓”、品牌商品运营总部。截至2020年12月底，宁波保税区跨境电商网购保税零售进口9288万单，同比增长12%；跨境进口货值208.2亿元，同比增长28.6%；货值在宁波市进口总额占比80%左右，位于全国单个试点园区第一。总的来看，枢纽以全面提高国际贸易综合服务能级、打造高水平数字贸易集聚区为目标的一系列做法为我国物流枢纽在服务国际贸易方面探索了先行示范经验。

2. 加快国际供应链创新中心建设

梅山通过聚焦功能性落地项目、供应链平台项目等方式，推动了马士基国际物流中心、中商联跨境农产品集散中心、康达医疗产业园等一批重大项目的落地建设。2020年7月15日，作为马士基在中国最先投资的全自动化仓储项目之一，马士基国际物流中心一期项目正式投入运营，其自动化仓库包含约2.2万个库位，提供全方位、全渠道的物流与供应链生态系统。依托平行进口试点政策和浙江省唯一整车进口口岸的发展优势，枢纽利用捷豹路虎、中信港通、中大元通、中基汽车等平台的作用，创新保税展示交易模式，将进口汽车保税展示功能延伸至区外，打造“前店后仓”模式，拓展进口汽车区域市场，不断培育国际汽车供应链平台。

三、枢纽建设发展成效

枢纽通过完善物流通道、搭建物流服务网络，形成“枢纽+通道+网络”运作体系。自规划建设以来，枢纽发展成效显著，主要体现在以下五个方面。

（一）基本建成国家物流通道网络

建成港口型国家物流枢纽，无缝连接国际海上运输大通道、国家铁路网、“一带一路”枢纽节点，形成“海上运输大通道—国家物流枢纽—浙赣湘渝川铁路—内陆物流枢纽及节点”的物流通道网络体系。该通道网络能够高效连接西安、重庆、郑州、长沙等内陆城市，为长江经济带城市经济发展提供大宗商品原材料，带动内陆经济外向性发展，形成新的对外通道。以渝甬班列为例，该班列逐步成为枢纽海铁联运的一条精品线路，只需57个小时即可到达枢纽，大大缩短了内陆运输时效，提高重庆地区外贸企业反应速度。总的来看，枢纽的运行有效清除市场壁垒，提高资源配置效率，推动相关产业向内陆地区梯度转移，形成跨区域产业协同分工网络，显著推进区域经济一体化。

（二）港口枢纽功能进一步凸显

2020年以来，枢纽充分发挥“硬核”力量，争创优异成绩，打造世界一流强港。在国际大循环方面，枢纽加强与船公司在航线布局、腹地拓展等方面的业务合作，国际枢纽港地位进一步稳固。截至2020年年底，枢纽已拥有各类航线257条，创历史新高。在国内大循环方面，进一步开通海铁联运新线路，提高已有班列开行频次，箱源腹地不断向内陆地区延伸，沿“一带一路”、长江经济带沿线基本形成了南北两条线同步发展的格局。2020 年，枢纽完成货物吞吐量 11.72 亿吨，同比增长 4.7%；完成集装箱吞吐量 2872.2 万标准箱，同比增长 4.3%。港口集装箱海铁联运在 2020 年上半年同比增长超 15%、下半年同比增长 30% 以上，全年业务量突破 100 万标准箱。

（三）港口集疏运能力不断提升

枢纽发展海铁联运、江海直达、海河联运等多种联运方式，有效促进运输结构调整，减轻公路交通拥堵。开通集装箱海铁联运班列达 17 条，内陆无水港总数达 29 家，业务辐射 15 个省（自治区、直辖市）的 56 个地级市，形成了宁波至华东地区、浙赣湘至西南地区、渝甬沿长江班列三大海铁联运通道。开辟沿海及长江内支内贸线 25 条和 24 条，推动集装箱水水中转比例提升至 28%，枢纽成为长江经济带最大的江海联运基地之一，江海联运总量和增速均位居全省第一、全国前列。海河联运初步实现“河出海、海进河”格局，货物流逐渐转呈多地辐射，从先前的萧山、绍兴等地的城际运输逐步覆盖至海曙、余姚等地的市内短途运输。

（四）产业集聚效应不断增强

依托宁波（镇海）大宗货物海铁联运物流枢纽港、宁波经济技术开发区现代物流园区两大国家级物流示范园区，形成一批物流企业、商贸企业集聚发展的态势，枢纽的产业集聚效应充分显现，对经济的支撑和促进作用明显增强。镇海枢纽港的宁波中国液体化工产品交易市场是国内最大的液体化工品交易市场之一，煤炭交易市场是浙江省最大的煤炭集散地之一；宁波经济技术开发区现代物流园区入驻物流企业 324 家、外贸企业 527 家，入驻企业营业收入 550 亿元，进出口贸易额累计突破 130 亿美元。另外，东部新城航运物流产业集聚区集聚赫伯罗特船务、现代商船、中远海集团等近 20 家国际航运服务巨头，航运物流企业突破 1200 家。目前，枢纽承担宁波市物流总量的 30% 左右，专业市场交易额突破 3500 亿元，跨境电商销售额突破 300 亿元，吸纳就业人员 1 万人以上。

（五）有力助推实体经济降本增效

枢纽积极开展多式联运，有序推动集装箱从公路运输转移到铁路运输上来，在节省运输时间、提升运输水平的同时，进一步降低企业的物流成本。2020 年，枢纽开展的海铁联运业务服务 20 家以上全球 500 强企业、60 家以上全国 500 强企业，节约全社会物流费用在 1.5 亿元以上。2020 年全年，宁波市跨境电商进出口金额达到 1486.8 亿元，同比增长 16%。其中，进口额 254.8 亿元，同比增长 23.7%；出口额 1232 亿元，同比增长14.5%。

四、枢纽发展方向与未来展望

“十四五”时期，枢纽将围绕国家物流发展形势与要求，按照“通道+枢纽+网络”的发展主线，引领宁波市物流园区统筹发展，推动物流业转型升级，推进实体经济降本增效。

（一）积极建设综合物流枢纽

继续加强港口物流枢纽建设，积极争取空港物流枢纽试点，积极打造陆港物流枢纽、商贸物流枢纽，形成海港、空港、陆港、商贸四大物流枢纽。一是加强港口物流枢纽建设。加强港口码头、航道等设施建设，优化物流园区设施布局和功能结构，加强枢纽通道能力建设，形成要素集聚、辐射广泛的港口基础设施网络。二是积极争取空港物流枢纽。积极开拓国际航线网络，积极发展国际采购、国际配送等高端业务，提升国际进出口配套服务能力，建设区域航空物流中心。三是积极打造陆港物流枢纽。采用“一主一辅”的策略构建铁路物流枢纽。其中“一主”指的是依托北仑铁路集装箱中心站，建设北仑铁路物流枢纽，“一辅”指的是依托宁波铁路北站，建设陆港物流中心。四是打造商贸物流枢纽。发挥宁南商贸物流区交通区位和市场迁建优势，建设城市商贸物流枢纽，打造商贸物流集聚区。

（二）完善物流基础设施建设

抓住“以国内大循环为主体，国内国际双循环相互促进”新发展格局的战略机遇，发挥自身独特优势，积极完善物流枢纽通道网络，具体发展方向有三个。一是建设货运铁路网络。构建东西、西南、正南方向三大铁路通道，建成浙江省内、长江经济带两大铁路网络，形成“三通道两网络”现代货运铁路网络体系。二是打通联运通道“最后一公里”。谋划推进北仑港区铁路二通道、梅山港区铁路支线项目，形成四条铁路支线直达港区。积极推进“港站一体化”建设，实现铁路货运站场与港区无缝衔接。三是加快铁路无水港建设。加快推进海铁联运义乌基地建设，在合肥、重庆、成都、南昌、武汉、洛阳等物流中心城市布局多式联运物流集散基地。

（三）提升物流枢纽服务水平

充分发挥枢纽的全货品物流优势，大力发展多种业务体系，提高枢纽全球资源配置能力。具体发展方向有四个。一是国际集装箱物流。完善港口国际航线网络，积极拓展国际中转集拼业务，加快建设以集装箱运输和转口贸易为重点的国际集装箱中转物流枢纽。二是铁矿石中转物流。加快推进东北亚国际铁矿石中转基地建设，积极开展保税储存交割业务，推进接卸、仓储、分拨、贸易、金融等各类业务发展。三是油气产业链物流。支持浙江自贸区油品储运基地建设，谋划建设以原油、成品油、燃料油等为主的国际大宗商品交易（贸易）中心。四是煤炭集散物流。持续推行煤炭“公转铁”运输模式及“循环班列”的作业模式，提高煤炭运输组织效率，同时提升煤炭接卸仓储、中转运输和交易能力。

（四）打造多式联运服务体系

推动港口多式联运发展，打通各种转运模式，推动多种联运方式协同发展。一是做大江海联运。构建便捷、高效、低成本的江海联运通道，在长江沿线集中布局一批联运泊位及分拨中心，提升货源组织与运输保障能力。二是做强海铁联运。实施一批海铁联运枢纽示范项目，持续深化推进海铁联运示范引领。加快海铁联运“一单制”模式推广，试点运营推广双层集装箱运输。三是做优海公联运。优化公路运输体系，强化枢纽节点服务功能，提升腹地货源组织保障能力。完善“公路港”网络体系，推广甩挂运输、双重运输。四是积极推进海河联运。继续推进杭甬运河宁波段发展，加快内河港区、锚泊区等配套设施建设，推进江苏省内东线、西线散杂货海河联运通道建设。

（五）推进智慧物流枢纽建设

加快新技术赋能，催生新产业、新业态、新模式，为提升物流市场化组织能力提供新动能。具体发展方向有三个。一是提升港口智慧化水平。加快推进“5G＋智慧港口”建设，以梅山港区集装箱码头为试点，逐步推进全域集装箱码头的智能化应用。二是建设智能物流园区。建设5G智能物流示范园区，实现自动驾驶、自动分拣、人机交互的综合调度及管理。三是加强智能物流技术应用。围绕产品可追溯、在线调度、智能配货等方面，支持货物跟踪定位、无线射频识别、物流全程可视化等关键技术的研发与应用。

（撰稿人：冷智强，王康，张周龙）

厦门港口型国家物流枢纽

畅通陆海物流通道 “一带一路”无缝连接

厦门市位于福建省东南端、台湾海峡西岸，是“21世纪海上丝绸之路”战略支点城市、全国高等级国际性综合交通枢纽和国家重点建设的四大国际航运中心之一，是港口型、空港型、商贸型国家物流枢纽承载城市。2020年，全市物流产业总收入1300亿元，现代物流产业已成为厦门市重点打造的千亿产业链群之一。

厦门港口型国家物流枢纽（以下简称“枢纽”）自2019年入选首批国家物流枢纽建设名单以来，充分利用海沧综合保税区区位优势和完善的公、铁、水联运体系，开展区域物流协作，推动枢纽与陆地港联动发展，完善城际、城市运输体系，大力发展多式联运、口岸物流、商贸物流和跨境电商物流，以“丝路海运”、中欧班列和对台海铁联运为抓手，延伸服务范围、创新服务模式，拓展服务台湾地区、辐射东南亚连接欧亚大陆的国际物流大通道，为推进区域经济健康发展、深化两岸经贸合作和落实国家“一带一路”倡议提供有力支撑。

一、枢纽概况

（一）空间布局

依托公、铁、水、空运输通道，厦门已形成东渡、海沧、前场、同安和翔安五大物流产业聚集区，枢纽由其中位于海沧产业聚集区的海沧港区和位于前场产业聚集区的前场陆路枢纽组成。枢纽的区位交通条件优越，厦蓉高速、龙厦铁路、鹰厦铁路一路向北，可辐射龙岩、江西、湖南和中西部地区；沈海高速、324国道、福厦铁路、厦深铁路纵贯东西，向西可辐射漳州和粤东地区，向东可辐射泉州、福州和浙南；海翔大道自西向东串联起海沧港区、前场枢纽和翔安机场枢纽，海沧、东渡两条港区铁路支线则将海沧、东渡两个核心港区和前场陆路枢纽紧密联系在一起。

海沧港区用地面积约5.4平方公里，是以集装箱、散杂货、化工运输为主的多功能综合性港区，兼备临港服务产业以及保税、现代物流和航运服务功能。港区码头岸线总长10509.8米，拥有泊位39个，其中万吨级泊位29个，集装箱专用泊位18个；港区总通过能力可达1亿吨/年，集装箱通过能力可达1200万TEU/年。

前场陆路枢纽用地面积 4.26 平方公里，包括前场铁路大型货场及前场物流园区、东孚铁路编组站。前场铁路大型货场包含集装箱作业区、成件包装作业区、铁路口岸，集装箱作业区规划作业线，成件包装作业区规划作业线；前场物流园区重点建设食品物流、冷链物流、电商物流、工业生产物流等城际城市配送物流平台，着力打造区域性生产资料和民生资料商贸物流产业集聚区。

（二）发展定位

枢纽的发展定位为高效联结“21 世纪海上丝绸之路”与“丝绸之路经济带”，打造“丝路海运”与中欧班列无缝衔接的丝路联运枢纽；提升闽台物流效率，有效辐射台湾全岛，成为两岸之间贸易交流及两岸对外贸易交流的闽台贸易物流枢纽；以及物流创新及衍生业态发展集中区和“港（海港）区（物流枢纽）城”协同发展示范。

（三）运营模式和枢纽企业

枢纽建设坚持统一规划、分项目分步实施原则，以市场导向为主、政府统筹协调推动项目建设。在枢纽建设工作协调小组的领导下，由厦门港务控股集团牵头，负责日常运营管理。

枢纽范围内入驻物流企业总数 35 家，其中 4A 级物流企业 10 家，3A 级物流企业 9 家，物流从业人员超过 4000 人。枢纽入驻企业包括中远海运、厦门港务控股集团、厦门象屿集团等港航物流领域内重要的央企、地方国企、民企，枢纽往来主要客户包括马士基、达飞、地中海、以星综合航运有限公司、长荣海运股份有限公司等世界排名前二十的物流企业及福建三钢闽光、江西铜业等区域内重要货主企业。厦门港务控股集团作为枢纽运营主体企业，是福建省属企业福建省港口集团有限责任公司的核心二级公司，2020 年在枢纽范围内企业完成货物吞吐量 9622 万吨，物流业务收入 17 亿元，分别占枢纽中总量的 76%、61%，是枢纽建设的中坚力量。

截至 2020 年年底，枢纽物流运营面积 615 万平方米，其中集装箱堆场面积 285 万平方米，大宗散货堆场面积 64 万平方米，库房面积 55 万平方米。枢纽搭建的海运干支线和公路、铁路网络，可辐射 42 个国家的 86 个城市，通达国内 22 个省、自治区、直辖市和 116 个地级以上城市。2020 年，枢纽完成货物吞吐量 1.26 亿吨，其中集装箱吞吐量 878.27 万标准箱，大宗散货吞吐量 2271 万吨，快递包裹收发量 1275 万件，完成物流业务总收入 28 亿元。

二、主要做法和特色经验

（一）高规格做好枢纽建设顶层设计

枢纽内海沧港区和前场物流园区虽已有建设规划，但缺乏枢纽建设的整体规划。

在海港端，城市规划中没有确立海沧南部片区建设国际航运中心的主导功能，导致港区后方村庄拆迁进度滞后，集装箱物流用地和集疏运通道建设受到严重影响，同时可开发用地零碎，新引进项目受到较大制约，港城矛盾突出；港区泊位功能布局尚待进一步完善，需通过功能调整和优化整合，提高岸线利用率；保税港区监管条件存在限制、拖车配套服务功能欠缺等造成港区内交通组织混乱。前场物流园区规划由于编制时间较早，与当前枢纽建设方向或存在一定的功能定位差异，同时铁路规划修编难度较大，尚处于需求调研和建议方案阶段。为此，厦门枢纽建设工作从整体规划设计着手，多措并举加快枢纽建设。

1. 政府层面出台枢纽建设实施方案

厦门市政府正式印发《厦门港口型国家物流枢纽建设实施方案》，明确枢纽建设的总体要求、发展目标、空间布局与建设模式、重点任务与实施路径、重点项目、保障措施等，建立枢纽建设工作协调机制，将枢纽建设提高到城市建设任务的高度，进行高规格高层级的顶层设计。

2. 重点优化枢纽空间功能布局

推动枢纽规划与厦门国土空间总体规划、城市综合交通规划、物流产业布局规划等的衔接，在《厦门市物流专项规划（2020—2035 年）》的基础上，开展一系列的现代物流产业发展规划研究，进一步优化枢纽空间功能布局，补充、完善厦门市物流基础设施，重点提升存量物流资源的集约化利用水平，优化城市物流功能布局。启动枢纽空间内的铁路支线规划建设，编制海沧港区疏港铁路体系和港站布局、海铁联运专项规划，提升多式联运港站铁路装卸能力，升级前场陆港口岸及多式联运综合服务功能，推动多式联运加快发展。

3. 完善港口功能布局

制订《厦门市促进港口高质量发展总体方案》，共规划码头功能调整及物流建设项目 12 个，优化港口功能布局，开展港区后方物流用地空间布局优化研究，划定港城边界，推动村庄搬迁和港区用地空间整合，保障用地规模供给，推动用地提质增效。预计方案实施后，东渡港区可为临港产业和城市功能疏解腾挪空间约 2. 5 公里岸线，提供城市发展空间200 万平方米左右，海沧港区集装箱通过能力可达1300 万 TEU/年，枢纽内物流作业能力和竞争力将整体提升，全面推动港口与贸易、金融、物流等产业有机结合，港产城融合协调发展。

（二）深化对台通道

枢纽充分发挥海港端物流通道基础支撑作用，以闽西南五市和闽粤赣十三市为基础腹地支撑，稳固对台超级通道，深化推进两岸物流通道建设，开展两岸跨境电商合作、冷链物流、航运物流合作。

1. 以厦台、厦金台海运快件通道为抓手，打造对台电商物流枢纽，服务两地产业发展

2014 年 4 月，国家首个对台海运快件试点落地厦门口岸。2016 年起，厦门口岸不仅打通了两岸直航船舶搭载快件货物的大通道和海运邮路小通道，还打通了连接快件中心、码头、船东的信息传输通道，运输时效完全满足快件业务的要求。2018 年，逐步完善以厦门为集散地、台湾地区为支点的跨境物流台海运快件项目新通道，开辟出口 CI 美线海空联运模式（CI 是台湾中华航空的代码，基地位于台湾桃园国际机场），即货物从厦门海港始发至台湾基隆港，转陆运至台湾桃园国际机场，再经空运转至美国的一种多式联运模式，并将此模式延伸推广至接驳台湾地区始发的所有航司（即总部基地位于台湾桃园国际机场或从台湾桃园国际机场直飞的航空公司）以及 DHL（敦豪航空货运公司）、FedEx（联邦快递）、UPS（美国联合包裹运送服务公司）、TNT（荷兰快递服务商，现已被 FedEx 收购）全球四大快递企业，拓宽了出口货物新通道。自 2019 年起，台海快件业务开启了全品类、全路径的 2.0 海运快件新模式。

2020 年受全球疫情影响，出口海运市场迎来了“订舱摇号时代”，一舱难求、一柜难求成了普遍现象。由于诸多国内对台口岸都无法提供舱位，“天猫出海计划”台湾航线的货物出货计划一再被打乱，导致仓库积压严重，甚至面临台湾购买方退单投诉，天猫物流供应商向厦门市相关物流企业寻求解决方案。彼时中国大陆执飞美线的航班运力下降，但中国台湾地区美线航班未减飞，出口 CI 美线海空联运模式提供的便捷通道，及时运送了部分因舱位紧张无法出运、交货时效上又有一定要求的货物，成了疫情期间货物输送保障线。厦门外代空运作为枢纽内企业，发挥厦门口岸台海快件市场份额优势，积极与各个厦台线船东联系，迅速开辟了从中国台湾台中、高雄等口岸转运到台北快件中心的新路径，并在厦门—基隆航线上争取到相对稳定的舱位配额，解除了客户因舱位不足造成的货物积压困境，同时进一步扩宽了中国台湾转运台北快件中心和台湾桃园国际机场的物流路径。

经过多年建设和积累，厦门口岸台海快件业务量实现快速增长，厦门外代空运 2017—2020 年分别完成 109 标准箱、541 标准箱、754 标准箱、731 标准箱，市场占比达到七成，2021 年第一季度，进出口海运快件完成 222 标准箱，增长 22.65%。

2. 以“中远之星”和“台厦欧”为纽带，巩固发展客滚运输和海铁联运，促进两岸货物互通

国际海铁联运是中欧班列（厦门）的特色模式。2016 年 4 月 21 日，首单台湾货物通过“中远之星”客货滚装轮抵厦门港，经班列转运欧洲，标志着“台湾—厦门—欧洲”的海铁联运正式开启。2016—2020 年，厦门又陆续开通了越南、韩国、中国香港及泰国、日本经厦门中转到欧洲的海铁联运业务。

一直以来，以生产高价值电子产品为主的台企，如华硕、明基、台积电、希捷、冠捷等企业及三星、苹果等跨国公司在台基地基于出口需要，对“台湾—厦门—欧洲”的物流路径有一定的需求和期待，同时常常存在货量不足整箱又要即时铁路发运的状况。中欧（厦门）班列自 2015 年 8 月开行，每周班列的往返操作已常态化运营。因此，以厦门为集散基地，在厦门将台湾货物与欧洲、东南亚国家和地区的货物进行拼装与散装，再转运至欧洲具备可行性。为使中小客户搭乘中欧（厦门）班列更便利，枢纽创新开展了“台厦欧”海铁班列通道及拼箱业务。2018 年 10 月 30 日，由高雄港起航的货轮经海运于当日抵达厦门港，货物卸船后经短暂停留，与其他同样运往欧洲的厦门本地货物集拼成箱之后，于 11 月 3 日通过中欧（厦门）班列转运至波兰波兹南，“台湾—厦门—欧洲”海海联运散货拼箱业务正式开启。“中远之星”客货滚装运输作业实景如图 1 所示。

图 1 “中远之星”客货滚装运输作业实景

为进一步优化口岸通关效率，厦门海关向海关总署申请获批为过境口岸，开展来自中国台湾、东南亚等地区集装箱货物的过境运输业务，以国际过境货物运输申报海关的新通关模式。中国台湾地区台中市的过境货物经简短过境操作，搭乘中欧（厦门）班列前往德国汉堡，通关时间可节约 2 天左右。目前“台厦欧”海铁班列都采用过境通关模式，通关时效全国领先。

厦门港比邻宝岛台湾，海铁联运及跨境拼箱业务的开展，在为台湾地区客户提供海外采购、口岸物流等综合服务的同时，也进一步优化了产业链运营方案，惠及两岸企业。枢纽所搭建的这条物流新通道，成为台湾地区货物转运欧洲的常态化路径，在国内外开放协作的背景之下被赋予了更强的辐射力、吸引力、生命力，推动海峡两岸经济的发展。

（三）以“丝路海运”为平台，搭建东南国际物流干线大通道

2018 年 12 月 24 日，由中远海运、福建交通运输集团和厦门港务控股集团共同发起了成立“丝路海运”的倡议，以海运业务为主干，融合港口、航运、物流、贸易、金融、信息等要素，构筑“21 世纪海上丝绸之路”沿线国家和地区共商、共建、共享的国际物流网络，通过提供更为高效、便捷、低成本的港口操作、口岸通关和物流配套服务，搭建服务标准化、运行便捷化、管理智能化的国际贸易航运服务新平台。枢纽的主要业务之一，便是充分发挥“丝路海运”品牌优势，优化厦门港航线开行、推动物流设施合理布局、拓展陆路运输辐射范围、推动形成多式联运体系。

1. 做强“丝路海运”平台优势

打造“一个联盟”。2019 年 12 月，作为枢纽运营主体的厦门港务控股集团，联合枢纽重要参与方中远海运、福建省交通集团共同倡议成立“丝路海运”联盟。截至 2020 年年底，联盟成员已超过 200 家，涵盖港航、物流、投资、金融、信息等不同行业领域的企业、高校、科研单位、社会团体。这些成员在开放、共享、自愿、协商、共赢的基础上，共同参与组建跨行业、开放性、非营利、松散型的“丝路海运”联盟，推动“丝路海运”业务不断做强做大。

推广“一套标准”。2019 年“丝路海运”先后发布了港口服务标准、中转服务标准、多式联运港站服务标准、中远海运丝路海运航线服务标准等，推动行业内服务提质，提升厦门港的枢纽地位；探索建立高标准、精细化、可推广的“丝路海运”现代综合物流服务标准体系，形成了《“丝路海运”发展政策和服务标准研究》以及《“丝路海运”港口服务标准》两项成果，这赋予了枢纽更加国际化、网络化辐射的影响力。

发展“一批航线”。“丝路海运”作为面向全国和“一带一路”国家开放的平台，以海运业务为主干，连接中国港口与“21 世纪海上丝绸之路”沿线国家港口之间的贸易往来，通过面向东南亚、东北亚，连接京津冀地区、长三角地区、粤港澳大湾区，以 RCEP（区域全面经济伙伴关系协定）签署为契机，拓展“丝路海运”命名航线覆盖面。截至 2021 年 4 月，共发布 72 条“丝路海运”命名航线，其中厦门港 55 条、福州港 11 条、天津港 2 条、山东港 2 条、北部湾港 2 条。

办好“一个论坛”。自 2019 年起，依托“厦门国际投资贸易洽谈会”，连续举办了两届“丝路海运国际合作论坛”和“丝路海运”年会，来自 9 个国家和地区的主要航商、港口运营商、物流商贸企业以及跨界联盟成员等 35 家单位参与策展，包括枢纽范围内外企业及主要客户。论坛发布了《“丝路海运”建设蓝皮书（2019—2020）》《“丝

路海运”国际论坛合作厦门倡议》等重要文件，共签署了18项合作协议。“丝路海运”已成为枢纽港航企业展示的窗口、沟通的渠道、合作的平台。

打造“一个平台”。充分利用现有信息化资源，将国际贸易单一窗口、港口智慧物流平台、订舱平台等港航贸信息进行有机整合，以“丝路海运”航线为载体、以信息化平台为抓手，建设联结和服务“丝路海运”联盟成员的综合信息服务平台，实现全程物流可视化，逐步展开指数体系的研究工作，推进与“丝路海运”沿线港口的数据互联互通，积极参与国际港航区块链建设。在此基础上，后续再逐步扩大到枢纽范围内的其他企业，交互拓展其他物流功能，搭建厦门国家物流枢纽信息服务平台。

“丝路海运”自2018年12月开行以来，截至2021年4月，共开行超5000航次，完成集装箱吞吐量超500万标准箱。2019年，枢纽内43条命名航线共开行1575航次，完成集装箱吞吐量134.25万标准箱，同比增长13.76%；2020年，枢纽内增至51条命名航线，共开行2111航次，完成集装箱吞吐量208.19万标准箱，同比增长55.07%。2021年上半年，枢纽内55条“丝路海运”命名航线共开行1118航次，完成集装箱吞吐量124.6万标准箱，同比增长25.27%。

2. 建设中欧班列（厦门）国家物流新通道

中欧班列（厦门）以枢纽内海沧铁路货站为起点，从自由贸易试验区海沧片区开出，连接海港到东南亚、欧洲，是“21世纪海上丝绸之路”和“丝绸之路经济带”无缝连接的最佳结合体，是枢纽对外辐射的主要干道。中欧班列（厦门）开行五年多来，发挥延伸服务台湾地区、东南亚市场的主要特色，积极实践打造“国家物流新通道”，在改善枢纽的营商环境、提高出口产品竞争力等方面发挥了重要作用。

开展城际洲际合作。中欧班列（厦门）自开行伊始，就着眼于合作，着眼于整合资源，先后与成都、重庆、西安等城市开展合作，实现异地政策与货源叠加，共同推进中欧班列运行和经贸合作。同时，中欧班列（厦门）是一条从自贸区开出的航线，也是中国安全智慧贸易的试点航线，以信息互换、监管互认、执法互助等为基础，通过厦门、欧洲海关的合作协同，建立安全便利的智能化国际贸易运输链，为安全贸易开辟了一条路径，货主企业享有各项通关优惠，进一步提高枢纽内的贸易便利化水平。

开展拼箱业务。顺应贸易碎片化和跨境电子商务的发展需要，班列平台企业在口岸部门的支持下，致力于开展出口拼箱业务，为客户在物流成本和时效方面提供更多的选择和便利，为平台企业增加了业务收入，增强了厦门口岸服务功能。

促进“一带一路”无缝连接。2019年，国际铁海联运回程过境班列在厦门首发，货物从俄罗斯新西伯利亚出发，在中国二连浩特口岸入境，抵达厦门海沧铁路货场，随后通过“丝路海运”南下前往越南胡志明港。通过这条跨越海峡、横贯欧亚大陆东向物流新通道，新西伯利亚的木材穿山过海仅20天就可到达越南工厂，比传统运输方式节约10天。自开行到2020年12月31日，中国台湾、香港等地区和越南、韩国等国家搭载中欧班列货物累计 1952 标准箱、货值 15163.45 万美元。

助力经济贸易合作。作为厦门—俄罗斯班列运营平台企业的厦门建发保税物流有限公司成立莫斯科代表处，依托母公司供应链运营商的优势，以物流、信息、金融、商务服务要素为基础，为客户整合运营过程中所需的资源，提供一揽子物流与供应链解决方案，为厦门企业开拓俄罗斯市场提供帮助，为双向投资和贸易合作牵线搭桥。

目前，中欧班列（厦门）已开行厦门—汉堡、厦门—中亚、厦门—俄罗斯三条图定线路，截至 2021 年 6 月 2 日，已累计开行 1000 列，共发运近 8 万标准箱，累计货值超 30 亿美元。其中，2020 年开行 271 列，完成 24198 标准箱，货值 9.82 亿美元，同比分别增长 16%、33%、34%。主要货物种类覆盖电子、机械、日用品、食品、木制品等多个品类，细分产品超过千种，有力促进供应链和产业链“两链”协调发展。

（四）发展建设智慧绿色枢纽

为建设成为智慧型国家物流枢纽，厦门枢纽鼓励企业采用新技术、新设备加快新型物流基础设施建设，积极打造智慧物流港口和园区，搭建综合物流信息平台，推动物流要素数字化转型，部分科技创新实践走在全国前列，有效提升了物流枢纽运行组织效率和综合服务能力。

1. 加快枢纽智能化升级改造步伐

枢纽重点建设的厦门远海自动化码头和海润码头全智能化改造项目，分别从新建和传统改造两个角度去探索建设智慧港口，成为全面建设智慧型国家物流枢纽的试验田。

厦门远海自动化码头是中国率先拥有全部自主知识产权的全自动化码头，通过全场集卡调度、智能闸口与缓冲区协同系统、EIR（Equipment Interchange Receipt，集装箱设备交接单）无纸化、智慧物流平台、决策分析系统、冷藏箱数据远程采集、智能理货、微信物流平台等项目的改造和创新，赋能远海码头建设升级为中国 5G 智慧码头之一。2020 年 5 月 11 日，一辆自动驾驶的港口无人驾驶集装箱卡车从中远海运“玫瑰”号轮船边 102 号岸桥下交箱装船，101 号岸桥下卸船接箱，从码头前沿行驶至经一路，行驶期间自动避让道路障碍，最后驶入 F1 堆场，完成与轮胎吊精准对位、堆场落箱等系列操作，顺利完成装卸船作业流程，实际运作场景如图 2 所示。远海码头 5G 全场景应用正式投产，入选国家发改委“2020 年新型基础设施建设工程（宽带网络和 5G 领域）项目”。5G 和北斗卫星导航系统的全覆盖和高精度定位系统使无人驾驶集卡的可靠性、稳定性大幅度提高，同时大幅降低了无人集卡的建造成本，大大提升了自动化码头整体运营效能。利用 5G 和 AI 技术大带宽低时延特性，集合了智能闸口、理货、拖轮、装卸、安防等领域的智能技术，提高效率的同时降低了安全事故发生率。

图 2　厦门远海码头自动化作业运作场景

海润码头全智能化改造运用现代化信息技术，融合智慧物流平台，对传统码头原有场地和设备进行全智能化升级改造，实现码头集装箱作业环节的智能化，全面提升码头的作业效率、货物通过能力和作业安全，预计可减少 60% 的龙门吊司机人数，带来码头作业效率整体提升 10% 左右。建设内容包括升级 TOS 系统（码头生产管理系统），加强系统与智慧物流平台无缝衔接，将码头操作管理延伸至集装箱物流产业链；应用岸桥远程操控、智能装卸与理货、智能装/解锁等技术实现船舶装卸智能化；应用龙门吊自动操控等技术实现堆场装卸自动化（见图 3）；应用无人驾驶、北斗卫星定位、导航技术，实现平面运输内拖车无人化，外拖车引导自动化。2021 年 3 月 26 日，海润码头全智能化改造工程首批设备进入联合调试。

作为全国率先实现传统集装箱码头全港区、全作业链的智能化改造创新工程，海润码头的实践为枢纽内其他传统集装箱码头的智能化转型升级、提升综合服务能力提供了示范样本，项目具有投资小、建设周期短，可复制、可推广的优势，与集装箱智慧物流平台相融合，动态收集处理社会物流信息，形成业务预判和规划，与港口生产系统、资源规划系统同步，构建智能化的全物流链体系，带动枢纽内外社会物流组织效率和综合服务能力的提升。

2. 枢纽智慧运营管理体系不断完善

在持续提升硬件基础设施智能化水平的同时，枢纽信息系统智慧化水平也在不断提高。“厦门国际航运中心智慧物流平台”以设备交接单电子化为主线，整合码头、船公司、船代、客户、堆场、物流六大服务领域的参与方相关信息，实现从船代订舱开始到集装箱进码头闸口前、从进口办单到提货还箱各方物流信息收集与实时共享，同时实现智能闸口和远程管理的港口智慧化生产作业，被列入交通运输部智慧港口示范工程。覆盖口岸功能的厦门国际贸易“单一窗口”提供跨境贸易、航运物流、政务、金融等信息服务的一站式公共服务平台，自 2015 年 4 月上线运行以来，对接政府部门、金融机构、港航公共服务单位、企业系统 110 个，直接服务企业 8200 余家，服务个人用户 13 万人次，业务覆盖厦门港整个口岸，并复制推广到泉州、漳州、龙岩等周边地区，实现了整个口岸业务办理的“一个窗口、一次申报、一次办结”，被商务部推荐为全国自贸区最佳实践案例。

图 3　厦门海润码头龙门吊远程操控作业实景

建设中的国家物流枢纽信息平台深度融合智慧物流平台、“单一窗口”，实现有机联动互补，为社会提供一体化的通关物流服务，凸显数据和业务通道无缝衔接优势。2020 年航商企业和船舶协作服务企业之间的港口使费无纸化结算平台投入使用，在全国率先实现使用集装箱货物提货单和设备交接单电子化流转，作业单证全面进入无纸化时代，成为厦门营造国际一流营商环境的重要抓手。

3. 加快建设绿色生态枢纽

枢纽通过加强能源管理、技术创新应用和管理效能提升等举措，加快绿色港口建设，推动港口低碳化。在加强能源管理上，重点调整能源结构，如龙门吊“油改电”、集卡牵引车改 LNG、港区绿色照明等；在技术创新应用上，淘汰、改造高能耗设备，逐步推广船舶岸电技术；在管理效能提升上，优化装卸流程，提升接驳效率，降低能耗。多措并举之下，枢纽在绿色港口建设上取得一定成效，已建成岸电设施 14 套和多个分布式光伏项目，绿色港口设备应用比例持续提高，港口单位吞吐量能耗下降到 1.9 吨标准煤/万吨、二氧化碳排放量下降到 2.5 吨/万吨。2021 年，枢纽内海润码头、海天码头获评四星级“中国绿色港口”。

三、枢纽建设发展成效

（一）物流通道强劲有力

海沧港区核心作用持续发挥。2020 年，厦门港完成集装箱吞吐量 1140.53 万标准箱，同比增长 2.54%，继续保持全球第十四位、全国第七位，连续三年赶超高雄港。其中，海沧港区完成集装箱吞吐量 878.27 万标准箱，占全港的 73.46%，保持全港核心港区地位，为构建枢纽海向通道网络提供了强有力的基础支撑。

多式联运业务大幅增长，巩固物流干线通道。海沧港区多式联运港站持续稳步拓展业务，积极开展“海铁互转”“公转铁”“国联班列”和外贸粮食“散改集”等多式联运业务，前场大型铁路货场以粮食、高岭土等货种为引线，增强了枢纽内通外联、拓展货源腹地的能力。2020 年，厦门多式联运业务逆势增长，厦门港国际中转和海铁联运分别完成 116.27 万标准箱、5.15 万标准箱，同比分别大幅增长 29%、40.46%。

（二）打造区域枢纽经济一体化初显成效

枢纽建设以补足多式联运短板为主，加快与内陆地区建立紧密联系，在做优存量的基础上完善物流支撑体系，打造运贸一体的通道、平台、网络，推动实体经济发展形成枢纽经济。同时，枢纽强化物流招商引资，积极引进基于物流服务的采购贸易、物流分拨、结算金融、区域总部“四位一体”的重点物流项目，加快培育物流龙头示范企业，壮大物流产业规模。围绕发展目标和建设要求，枢纽形成物流实施项目 28 个、总投资 302.5 亿元以上，其中基础设施项目 9 个、总投资 168 亿元以上，产业投资项目 11 个、总投资约 50 亿元，服务平台项目 1 个、投资约 0.5 亿元，规划类项目 7 个、总投资约 84 亿元，2020 年完成投资总额 2.05 亿元。

（三）助力厦门港营商环境持续优化

枢纽在共享和开放港口物流链信息、再造集装箱物流业务流程、开发和建立港口全物流链大数据采集和交互标准、积极应用区块链等智慧绿色新技术方面走在全国前列。各类创新举措进一步提升了枢纽服务水平，港口口岸通关环境持续改善，货物通关便利化程度进一步提高，枢纽营商环境持续优化。此外，枢纽积极深入贯彻落实物流业降本提质增效的系列工作部署，优化物流行业行政审批流程，规范行业收费行为，降低物流税费成本，2019 年、2020 年厦门连续两年荣获全国十大海运集装箱口岸营商环境评测第一名。

四、枢纽发展方向与未来展望

（一）完善区域物流体系

通过国家物流枢纽体系建设，有效拓展区域合作空间和增强区域竞争力，推动厦门打造一条陆向连接欧亚大陆、海向连接东南亚国家的国家物流新通道，推动建设“21 世纪海上丝绸之路”战略支点城市，成为助力“一带一路”发展的新引擎。依托综合交通运输网络形成的物资流动大动脉、主骨架，连接主要的生产地和消费地、串联重点物流节点城市、衔接国际国内两个市场，推动枢纽成为贸易大通道和国家经济走廊的重要载体。随着厦门自由贸易港区航运服务政策的试点改革，加快将枢纽发展为亚太地区国际中转枢纽港，推动厦门港向全球物流产业链和价值链上游发展，实现厦门港乃至厦门市的转型升级。

（二）提升区域物流发展水平

加快国家物流枢纽网络布局和建设，整合厦门市周围区域物流体系的存量物流基础设施资源，有效地发挥枢纽的规模经济效应，推动物流组织方式变革，提高物流整体运行效率和现代化发展水平。以枢纽搭建的干线物流通道，加快推进要素集聚、资源整合和城乡空间格局与产业布局重塑，促进区域物流协调发展，培育新的经济增长极。通过枢纽生态圈的建设，推动形成国际货源和航线集聚效应，为今后港口功能定位、厦漳泉同城化和海西港口整合等区域物流发展提供更多的参考和决策依据。以供应链模式创新和现代信息技术应用推动枢纽内企业转型升级，强化物流企业与产业聚集区内的生产企业、商贸企业等进行创新供应链协同共建，在物流设施、业务流程、标注规范、信息资源等领域融合共享，延伸产业链、稳定供应链、提升价值链。

（三）支撑现代产业发展

以探索打造自由贸易试验区升级版、争取建设自由贸易港为契机，促进高端航运资源向海沧港区聚集，不断增强货物集散转运、仓储配送、装卸搬运、加工集拼等基础服务能力，打造国际采购分拨与贸易平台和航运物流总部集聚区。强化前场片区招商工作，推动物流业与制造、商贸等产业相互融合发展，重点鼓励基于物流服务的采购贸易、物流分拨、结算金融、区域总部“四位一体”的项目落地，打造区域性商贸物流基地和跨境电商物流枢纽。加强供应链综合服务和交易平台建设，鼓励供应链企业积极参与国内、国际物流供应链体系分工和重构，促进制造业、商贸业转型升级，持续提升枢纽发展质量和效益，进一步促进经济社会发展。

（撰稿人：李霏雳，蔡立群，谢昕，施嘉锌，李麒龙）

唐山港口型（生产服务型）国家物流枢纽

促进“交通＋信息”双枢纽联动融合　实现大宗商品京津冀资源共享

唐山市是环渤海经济区和京津冀都市圈重要组成部分、北京重要的出海口、京津冀地区重要的国家产业转型升级示范区和支撑基地、北方重要的现代化物流集散中心、环渤海地区重要的交通枢纽、河北沿海地区率先发展的增长极。唐山港口型（生产服务型）国家物流枢纽（以下简称“枢纽”）依托唐山市曹妃甸工业区精品钢铁、现代化工、高端装备制造、信息智能、新能源新材料、现代商贸物流、海洋与生物七大重点产业以及木材、绿色农业两大特色产业，构建临港产业体系。通过打造“交通＋信息”双枢纽，构建完善服务体系，实现大宗商品的“物流要素、商贸要素、信息要素、金融要素”集聚，推进供应链链条延伸，推动产业链迭代升级，实现价值链转换和共享。

一、枢纽概况

（一）区位交通

枢纽位于河北省唐山市曹妃甸工业区内，地处环渤海地区中枢部位，毗邻京津冀城市群，是联通亚欧大陆通道的东方桥头堡，距唐山市中心80公里，距天津120公里，距北京220公里，是国家工程（“公转铁”工程）承载地，非首都功能转移安置地，大宗商品集疏港、贸易及增值服务策源地，绿色环保、节能减排示范区，具备重要的优势地理区位。枢纽具体位于曹妃甸港池岛中部，交通优势突出，毗邻一、二港池（10万～20万吨级码头）；外连唐曹线、迁曹线，并连接港区；内连曹妃甸南站、曹妃甸西站、曹妃甸北站。

（二）功能定位

1. 定位

一是强化唐山港“北煤南运、外矿内疏、精钢外输、能源储备”的大宗战略物资过境和中转的港口功能，与其他国家物流枢纽错位发展，形成互补性优势。二是依托港口专业物流设施，建成枢纽功能的资源要素集聚区。三是通过建立跨区域物流通道，引导资源要素在沿线内陆港所在地区规模流动，促进不同产业链环节在沿线城市合理配置，培育形成通道经济新模式，构建“通道+枢纽+网络”物流运行体系，实现互联互通，服务区域生产发展。四是通过先进技术应用和物流设施改造升级，提高集疏港效率和产能，减少污染物排放，成为河北践行“一带一路”倡议和京津冀协同发展国家战略的重要支撑。

2. 功能

枢纽通过构建物流运行体系为唐山经济发展和产业布局服务，打造以大宗商品及原材料集疏运为核心，“公转铁工程”项目实施为重心，辅助延伸供应链内容，服务并赋能区域实体产业的综合功能区，以物流要素聚集为内在动力，构建大宗集疏、多式联运、“干支配”、期货交割、保税清关、商贸交易、金融服务七大功能。

（三）空间布局

1. 占地面积

枢纽项目占地面积共13.1849平方公里，其中曹妃甸西站占地面积2.7856平方公里，运营建设主体可用土地10.3993平方公里，已获得不动产权证书。在运营建设主体可用土地中，预留土地1.8347平方公里，占比达17.64%。详细的土地使用情况如表1所示。

表1　唐山港口型（生产服务型）国家物流枢纽土地使用情况

（单位：平方公里）

区域	建成区	在建区	预建区	预留土地	可用合计
面积	6.1259	1.9532	0.4855	1.8347	10.3993
占比	58.91%	18.78%	4.67%	17.64%	100.00%

2. 功能布局

枢纽共布局九大功能区：公铁联运区、大宗物资集疏运区、集装箱堆场区、保税监管区、期货交割区、仓储配送区、展示交易区、商务办公区、生活配套区。

（四）建设运营模式

枢纽采取“政府规划、企业开发、协同发展”的建设运营模式。曹妃甸区委、曹妃甸区政府为入驻企业提供土地、税收、市政等优惠配套政策，由曹妃甸国控投资集团有限公司完成枢纽的公共设施建设，引导和参与入驻企业部分物流设施建设。同时，曹妃甸国控投资集团有限公司还牵头组织曹妃甸港集团有限公司、国投曹妃甸港口有限公司、唐山曹妃甸煤炭港务有限公司等重点入驻企业建立常态化联系机制，建立专业分工和协同合作机制。

曹妃甸国控投资集团有限公司于2017年10月注册成立，系唐山市国资委下属国有独资公司，注册资本100亿元，信用评级AAA。旗下公司有：唐山曹妃甸发展投资集团有限公司、曹妃甸港集团有限公司、曹妃甸金融控股集团有限公司、唐山曹妃甸农业发展集团有限公司等。

二、主要做法与特色经验

枢纽充分发挥交通枢纽和信息枢纽优势，构建以大宗集疏、多式联运、“干支配”、期货交割为基础服务，开展保税清关、商贸交易、金融服务为延伸增值服务，辐射带动周边省市相关产业协同发展，促进经济要素集聚和供应链链条优化的“4+2+3+4”枢纽经济生态，如图1所示。近年来，枢纽主要在“干支配”、信息平台建设、供应链集成等方面取得了新进展。

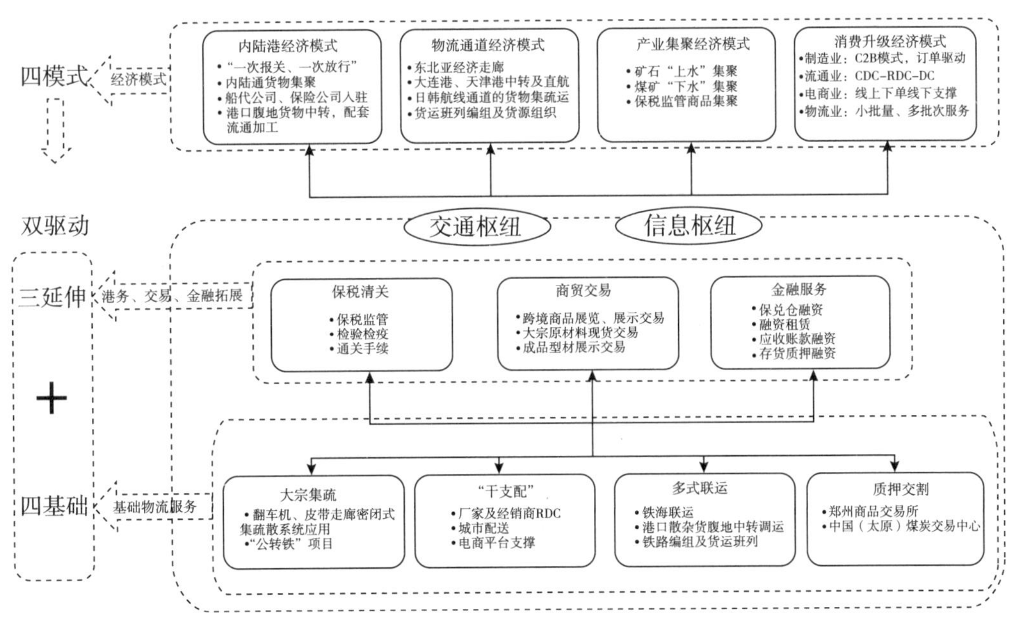

图1 唐山港口型（生产服务型）国家物流枢纽经济生态

（一）“干支配”衔接，完善枢纽港集疏运体系

曹妃甸港区作为我国北方重要的大宗商品过境港，以及未来发展定位的综合贸易大港，是陇海线、蒙冀线、京哈线、大秦线等线路在“一带一路”布局出海以及海运

物资进入内陆交通网的重要节点和中转场。近年来，枢纽通过与合建的 15 个内陆港，加强与近海的天津港、大连港等中转、直航港以及韩国仁川港，日本神户、长崎港的深度合作，形成了“大宗商品为主、集装箱为辅”的集疏港特点，与环渤海港口形成功能互补，推进多式联运各环节紧密衔接。截至 2020 年年底，枢纽内铁路装卸线 16 条，作业线总长度 21463 米；泊位 37 个，总靠泊能力 27785 万吨。

1. 干线业务

枢纽以东北亚经济走廊“中蒙俄”铁路干线和近海远洋航运条件为依托，形成贯穿东西的运输动脉。截至 2020 年年底，枢纽国内辐射 15 个省、直辖市、自治区，61 个地级以上城市；国际辐射 49 个国家和地区。枢纽干线业务详细情况如表 2 和表 3 所示。

表 2　唐山港口型（生产服务型）国家物流枢纽干线业务（铁路干线）

<table>
<tr><th>序号</th><th>类别</th><th>名称</th><th>描述</th></tr>
<tr><td>1</td><td rowspan="2">干线铁路</td><td>迁曹铁路（大秦线、迁安到曹妃甸线）</td><td>大秦铁路的煤炭下海通道，线路起自大秦线迁安北站，终至曹妃甸北站，至曹北站出线后引出曹南线、曹西线至工业区内部，设计运输能力 2.5 亿吨/年</td></tr>
<tr><td>2</td><td>唐呼铁路（蒙冀线、唐山线）</td><td>国家布局规划建设的继大秦铁路、朔黄铁路之后的第三条能源大通道。线路西起内蒙古呼和浩特，东至河北唐山曹妃甸，设计运输能力 1.5 亿吨/年</td></tr>
</table>

表 3　唐山港口型（生产服务型）国家物流枢纽干线业务（中转、直航干线）

<table>
<tr><th>序号</th><th>类别</th><th>内外贸</th><th>航线</th></tr>
<tr><td>1</td><td rowspan="4">集装箱航线</td><td>外贸直航</td><td>1. 曹妃甸—日本
2. 曹妃甸—韩国</td></tr>
<tr><td>2</td><td>外贸内支</td><td>1. 曹妃甸—天津（中转）
2. 曹妃甸—大连（中转）</td></tr>
<tr><td>3</td><td>内贸直航</td><td>1. 曹妃甸—大连港
2. 曹妃甸—宁波港
3. 曹妃甸—台州港大麦屿港区</td></tr>
<tr><td>4</td><td>内贸中转</td><td>1. 曹妃甸—天津（中转）
2. 曹妃甸—大连（中转）</td></tr>
<tr><td>5</td><td>煤炭航线</td><td>内贸直航</td><td>1. 曹妃甸—江阴
2. 曹妃甸—常州</td></tr>
</table>

续 表

序号	类别	内外贸	航线
6	件杂航线	外贸直航	1. 曹妃甸—东南亚 2. 曹妃甸—韩国
		内贸直航	1. 曹妃甸—江阴 2. 曹妃甸—上海 3. 曹妃甸—揭阳 4. 曹妃甸—常熟 5. 曹妃甸—广州 6. 曹妃甸—海口 7. 曹妃甸—漳州 8. 曹妃甸—龙口 9. 曹妃甸—宁波 10. 曹妃甸—台州 11. 曹妃甸—温州 12. 曹妃甸—顺德 13. 曹妃甸—钦州

2. 支线业务

支线业务是以铁路支线形成唐山内陆地区和渤海湾沿海地区的区域辐射。枢纽以标准仓群、监管堆场和大宗商品集疏港系统为设施基础，应用物联网技术，以专用线为区域生产制造企业和电商平台提供原材料供应保障服务。枢纽支线业务详细情况如表 4 所示。

表 4　　唐山港口型（生产服务型）国家物流枢纽支线业务

序号	类别	名称	描述
1	铁路支线（2 条）	迁曹铁路南线	由曹北站向南引出至曹妃甸南站，配套唐呼线引入曹妃甸港区，铁路运输能力为 7600 万吨/年
2		迁曹铁路西线	由曹北站向西引出至港池岛曹妃甸西站，铁路运输能力为 1.85 亿吨/年
3	山皮土集港专用线（2 条）	曹妃甸北站仓储货场及铁路专用线	接轨曹妃甸北站，在迁曹铁路曹妃甸北站东侧布设、在其两端接轨，设货物线 3 条，接卸能力为 3500 万吨/年
4		德厚铁路物流有限公司专用线	接轨曹妃甸北站，曹妃甸中小企业园区、迁曹铁路曹妃甸北站东侧，新建货物线 2 条，接卸能力为 1400 万吨/年

续 表

序号	类别	名称	描述
5	集装箱集疏港专用线（2条）	曹妃甸港口有限公司专用线	接轨曹妃甸站，建设场站及到发线兼货物线1条（集装箱作业线），设机车走行线1条，车场尾部设置内燃机车机回转线1条，到发能力为110万吨/年
6		曹妃甸铁路物流中心专用线	接轨曹妃甸站，建设铁路牵引线1条，到发线4条，到发能力为2000万吨/年
7	盐、化工产品疏港铁路专用线（3条）	河北南堡盐场铁路专用线	由盐场专用线和化工厂专用线2条货运线组成，从南堡站接轨至厂区内部，到发能力为120万吨/年
8		三友集团铁路专用线	由三友集团铁路专用线和三友热扩铁路专用线2条单行线路组成，线路从南堡站接轨至厂区内部，到发能力为700万吨/年
9		中化旭阳石化装卸场铁路专用线	接轨曹妃甸站，站场规模为到发线新建4条、预留6条、牵出线1条、待机线1条。到发能力为20万吨/年（液体化工品）、621万吨/年（成品油、原油、液体化工品、固体化工品）
10	矿石疏港专用线（3条）	唐山曹妃甸实业港务有限责任公司专用线	接轨曹妃甸南站，现有2条装车线，1000万吨/年。正在对现有2条装车线进行改造提升、新建4条铁路装车线，装车能力提升至4500万吨/年
11		曹妃甸港矿石码头股份有限公司专用线	接轨曹妃甸南站，现有2条装车线，1000万吨/年。正在对既有2条装车线改造和新建4条矿石装车线，装车能力为3500万吨/年
12		曹妃甸港港铁物流有限公司铁路港池岛站专用线	接轨曹妃甸西站，主要建设到发场、装车场两个功能区，主要解决弘毅码头部分矿石疏港以及其他件杂货接卸业务，到发能力为1200万吨/年

续 表

序号	类别	名称	描述
13	煤炭集港铁路专用线（7 条）	首钢京唐钢铁联合有限责任公司铁路专用线	在曹妃甸南站与迁曹铁路接轨，到发能力为 2057 万吨/年
14		华润电力（唐山曹妃甸）有限公司专用线	接轨曹妃甸站，南端接轨引出单线电气化铁路线，终至华润电厂厂区西侧的华润电厂站，站场设 3 条到发线（含 1 条正线），满足接卸 1 万吨列条件
15		河北龙成煤综合利用有限公司专用线	接轨曹妃甸站，由曹妃甸站南端接轨引出单线电气化铁路线，终至项目厂区内的龙成站，站场设 5 条到发线（含 1 条正线），满足接卸 1 万吨列条件
16		国投曹妃甸港口有限公司铁路专用线	从曹妃甸西站接轨至厂区堆场，接卸能力为 1.25 亿吨/年
17		唐山曹妃甸煤炭港务有限公司铁路专用线	从曹妃甸西站接轨至厂区堆场，接卸能力为 5000 万吨/年
18		河北华电曹妃甸储运有限公司铁路专用线	从曹妃甸西站接轨至厂区堆场，接卸能力为 5000 万吨/年
19		华能曹妃甸港口有限公司铁路专用线	从曹妃甸西站接轨至厂区堆场，接卸能力为 5000 万吨/年

3. 创新接驳转运模式

枢纽经迁曹铁路接入大秦铁路，煤炭铁路专用线进入专用翻车机房，采取非解列方式，完成车厢机械翻转卸货入煤炭槽内，再经传输带自动化转运至预定堆场位置，从而形成港口煤炭、矿石等大宗商品集疏由“公路到发码头泊位接驳转运”模式向“专用线 + 铁路翻车卸货系统 + 皮带走廊 + 封闭堆场监管 + 堆、捡货机设施 + 散装船装卸设施的铁路转运”模式过渡，提质增效。图 2 为非解列翻车机房作业实景。

图 2　非解列翻车机房作业实景

（二）信息化建设，推进网络货运和堆场管理的数字化

枢纽充分利用移动互联网、云计算、大数据、物联网等先进的信息化技术和理念，将互联网产业与港口物流组织有效融合，构建了“线上资源优化配置，线下物流高效运行”的港口物流信息化生态圈，推进港口智慧化转型升级。

1. 智能网络货运平台

曹妃甸港物联科技有限公司成立于 2018 年 3 月，是枢纽为拓展港口功能、延伸产业链条、提升服务能力、加快港口转型升级而精心打造的科技型物流企业。依托枢纽港口资源，打造曹妃甸港智能网络货运平台，将人、车、货、码头、货场、内陆港以及预约集疏港系统等资源快速集聚和整合，打造基础货源池、优质运力池、金融资金池、港口信息池和配套服务池，实现线上资源优化配置，线下资源高效运行，提高货运市场物流运作的整体效率和服务质量。曹妃甸智能网络货运平台架构如图 3 所示。

曹妃甸港智能网络货运平台以无车承运业务作为切入点，不断延伸价值链。一是对接港口的码头生产管理系统，通过港口预约集疏港功能迅速整合社会运力，形成优质的运力池。二是对接工厂的 ERP 或 NC 管理系统，将货主的采购订单自动发布至平台生成货源信息，通过运力数据的分析和计算，匹配最适运力，进行智能化调度，为客户提供港口和工厂信息互联互通、数据实时共享、运力全程监管、业务动态管控、财务结算透明的一体化阳光物流。三是推出了油气集采、轮胎销售、货车 ETC、货运保险、金融租赁等增值服务。

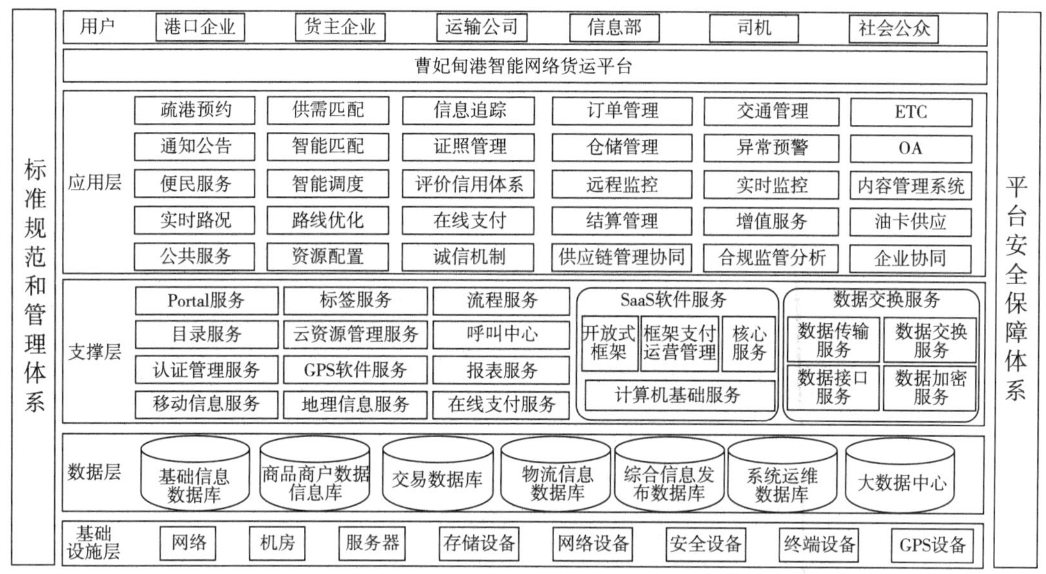

图 3 曹妃甸智能网络货运平台架构

截至 2020 年年底，平台完成车辆注册 6.5 万台，运单 110 万笔，交易额 18 亿元，并且和银行共同打造基于港口物流生态的资金往来交易体系——港付宝。改变工厂货主线下结算方式为线上支付，支付成功率 100%；提升车辆港内工厂作业效率，通过集采集购降低车辆保险费用 20%；依托平台运力路线数据，联合轮胎厂商推出轮胎租赁业务，降低车辆轮胎费用 20%；依托平台运力流量为加油站点引流，联合曹妃甸中油站点为车辆降低车辆燃油费用 20%。

2. 煤炭堆场智能化指挥平台

早期煤炭码头堆场，采取露天堆放、汽车倒运的传统模式，每批次煤炭的具体堆放位置缺乏规划性，导致倒运车辆进出堆场次数多，场内运输距离长，堆场空间利用率低，同时，造成炭尘浓度高、倒运差错率高。

国投曹妃甸港生产指挥平台（煤炭堆场智能化指挥平台）是基于虚拟现实技术、信息技术、网络技术，根据港区真实场景建立 3D 虚拟场景，在网络环境下，将“实体空间（码头前沿煤炭堆场）”和“虚拟呈现（通过物联网技术实现的实体场景模拟再现，以及摄像数据实时传输的点位实景信息）”融合，实现全场景 3D 可视、港口 3D 场景实时巡航，港口生产运营状态直观显示、信息查询、高清视频显示、快速定位及紧急报警等功能，使辅助调度人员能更好地进行生产运营管理与控制。

在生产作业过程中，平台通过该系统，清晰、准确地时时追踪港区生产作业、设备运行、故障发生以及堆场垛位的实际情况，并可追溯全作业环节状态，及时作出准确有效的作业指令，提升工作效率。枢纽作业现场监控界面如图4所示。

图4　唐山港口型（生产服务型）国家物流枢纽作业现场监控界面

国投曹妃甸港生产指挥平台的建设，使生产调度指挥人员直观地实时了解列车船舶预到情况、生产进度、现场设备运行情况、煤炭堆存情况等，使生产组织更加顺畅高效，提高煤炭码头生产调度水平和效率。通过生产指挥平台的建设，港口装船作业效率提高5%、卸车作业效率提高4%、降低生产成本5%，提高了煤炭码头经济和社会效益，可为煤炭港口企业数字化、信息化水平向更深层次推进提供技术支撑，既而实现全程物流运作过程可视化、智能化、信息化，最大化利用港口的资源，提高效率和安全性，降低了物流成本，提高了整个链条的响应速度。

3. 综合管理平台

综合管理平台是集港口的生产业务数据、网上业务办单等功能于一体的客户服务平台，为港口客户提供了生产业务数据查询，以及港口作业委托单、装船作业计划、物权变更等各项业务的在线办理等功能。目前正在进行升级，主要包括供应链合作互联互通、金融监管、电子商务、网银、个性定制、增值服务等。

（三）供应链集成，构建供应链生态场景

枢纽从传统大宗商品及原材料货运集疏港向供应链产业链枢纽港转型升级，在交通基础设施建设、港口码头泊位建设、口岸资质及功能认证、营商环境等方面均取得长足进步，为曹妃甸港建成综合贸易大港，提供了物流基础性支撑和供应链服务保障。实现物流要素、商贸要素、信息要素、金融要素的集聚，推进供应链链条延伸，推动产业链迭代升级，实现价值链转换和共享。枢纽打造供应链集成、构建产业供应链和供应链的措施主要为以下三点。

一是构建现代物流体系。通过国家物流枢纽联盟有机体的高效协同，发挥曹妃甸物流基础设施和物流服务能力优势，对曹妃甸港区临港产业供应链的稳健运行提供支撑保障，尤其是集疏港、海铁联运等方面的高效和便捷，使得曹妃甸港区供应链生态环境更易融入商贸交易、信息服务等内容。

二是提升商贸流通体系。通过商贸交易平台的建设和运营，实现交易活动的集聚和本地化，将“传统功能性物质过境港”转变为“过境物质商贸交易港”，适应“线上平台＋线下仓配一体化”的现代商贸服务模式。此外，枢纽还发布中国电煤采购价格指数（CECI）曹妃甸指数和曹妃甸矿石价格指数，以及陆续向市场推出木材、原油、LNG、钢铁等的价格指数，配置大宗商品供需资源，撮合大宗商品商贸交易，研判大宗商品行业走势，提升唐山港口型（生产服务型）国家物流枢纽产业供应链影响力。

三是促进金融更好服务实体经济。依托枢纽内物流交易和商贸交易的真实性和可溯性，搭建供应链金融服务平台，为资金端与资产端搭建融资渠道，积极争取政策性银行和国际金融机构资金支持，推行自有模式（自有固定资产为基础）、整合模式（关联上下游企业的采购、销售、生产契约为基础）相结合的授信方式；推出金融机构、产业机构（核心企业在供应链闭环内形成的上下游购销关系）相结合的融资方式。

三、枢纽建设发展成效

（一）枢纽业务规模不断扩大

近年来，枢纽通过建设和运营强化了曹妃甸港区“北煤南运、外矿内疏、精钢外输、能源储备”大宗战略物资过境、中转、加工、交易的港口功能，促进形成环渤海港口群的错位发展和互补性优势；不断提升大宗集疏、多式联运、“干支配”、期货交割、保税清关、商贸交易、金融服务七大功能，服务港区及腹地生产制造产业集群，取得了明显成效，各项指标稳步增长如表 5 所示。

表 5　　唐山港口型（生产服务型）国家物流枢纽绩效指标

序号	绩效指标	2019 年	2020 年
1	枢纽货物吞吐量（万吨）	15842	17136
2	枢纽物流业务总收入（亿元）	29	32
3	枢纽利润总额（亿元）	2.45	3.34
4	枢纽货物进出口总额（亿元）	145	175
5	跨境电商进出口总额（亿元）	2.05	2.83
6	公路货运进出车辆数量（辆）	—	1095000
7	铁路货运班列开行数量（列）	10	4
8	中欧班列开行数量（列）	0	1
9	船舶进出港数量（艘次）	3231	3555
10	港口铁路装卸车数量（辆）	17114	18958
11	商品交易额（亿元）	605	711
12	商品线上交易额（亿元）	358	425
13	枢纽线上物流交易总额（万元）	11	13
14	库房平均利用率（%）	85	85
15	平均库存量（万吨/天）	21.36	22.88
16	物流企业数量（家）	3	3
17	5A 级物流企业数量（家）	1	1
18	4A 级物流企业数量（家）	1	1
19	3A 级物流企业数量（家）	1	1
20	枢纽从业人员数量（人）	6670	7100
21	物流岗位从业人员数量（人）	6003	6390
22	枢纽上缴税收总额（万元）	23832	21154

（二）产业资源要素集聚

枢纽依托煤炭、矿石等大宗商品及原材料过境集聚和商贸交易汇集的产业供应链生态场景，建设成为辐射区域广、集聚效应强、服务功能优、运行效率高的综合性物流要素集聚区，吸引了很多产业围绕枢纽布局，推进了当地产业转型升级。例如，在曹妃甸港区的精品钢铁产业，家电彩涂板市场国内占有率为20%，车轮钢为35%，行业排名全国前列；高强钢为24.4%，行业排名全国第二；汽车板为6.6%，集装箱板为6.4%，行业排名全国第四；管线钢为7%，行业排名全国第七。重点生产研发替代进口的高品质钢材产品，产品重点瞄准高强度、高硬度、高抗应变能力、耐腐蚀高端板材，满足海洋、军工、造船、核电、石油等用钢需求，完善并升级产品体系。

（三）打造“绿色环保、节能减排”示范基地

枢纽具有全国领先的封闭式煤炭接卸设施系统，形成2.5亿吨/年的大宗煤炭处理能力。通过生产智能化指挥平台，实现集疏运生产要素全覆盖，助力海铁联运体系建设，进一步提高大宗物资运输“公转铁”、海铁联运以及港口集装箱铁路集疏港比例，集疏港基本实现“公转铁”标准化、常态化，年均减少污染物排放30万吨。

四、发展方向与未来展望

（一）加快物流通道建设

一是陆路通道。布局北京和西北地区内陆港建设。重点推进服务北京、雄安新区的内陆港建设，形成与北京、雄安高铁客运直达通路相匹配的货运直达通道。围绕蒙冀、大秦、京包和京哈等国铁干线，加快在我国西北、东北内陆地区重要中心城市、口岸节点城市和资源产业禀赋城市开发建设内陆港，形成通达满洲里、连接中蒙俄和新亚欧大陆桥两大经济走廊的国际物流大通道。

二是航运通道。开辟国际、国内航线。深化与天津港合作，加密外贸内支线，探讨与大连港、青岛港的集装箱航线合作，提高港口中转率，采取与中远海运、马士基、达飞、和记黄埔、新加坡国际港务等国际港航巨头合资合作经营集装箱港口业务的形式，探索开通至北美、西欧、地中海、中东等地的外贸航线，实现与世界主要港口的航线对接。

（二）持续推进“公转铁”“散改集”

围绕煤炭、矿石、铝矾土等大宗散货集港、发运，不断深化与太原局、北京局等铁路部门合作，积极争取灵活的铁路运输价格保障机制，大力推进首钢工业站至实业公司专用线间铁路联络线改建工程、实业公司5#6#线装车系统、矿石码头三期铁路专用线能力提升改造及配套工程等企业专用线建设，满足疏港需求。持续推进“公转铁”“散改集”海铁联运方式，谋划建设铁路港池岛站扩能改造、装车系统及配套工程项目，提升区域铁路路网运营能力。

（三）打造专业服务平台

一是新技术提升港区智能化运行管理水平。推动5G智能在装船机全自动化及远程控制、生产管理、现场智能监测感知、综合展示和网信安全监管等港前作业领域应用，提高港口作业效率。二是港区智慧运营体系不断完善。以曹妃甸港口集团海运、铁路

运输、网络运输三套智能化平台为基础，整合铁路、公路、水路、海关等信息资源，建设一站式网上服务大厅，促进物流信息与公共服务信息有效对接，实现物流供需资源高效匹配。

（撰稿人：王志双，李洋，安爱国，孙擘，毕志伟，郑树森）

苏州港口型国家物流枢纽

聚焦沪太同港优势　构建临江产业高地

苏州港口型国家物流枢纽（以下简称“枢纽”）依托苏州地理区位优势和产业优势，抢抓太仓港处于“一带一路”倡议、长江经济带和长三角区域一体化交会点的历史机遇，以及具有近洋集装箱直达中心、远洋集装箱集并分拨中心等优势，大力发展江海中转联运，畅通国家物流大通道，增强供应链整体竞争力，为产品提供国际配送、区域分拨配送和供应链金融等服务，不断提升区域物流集聚与辐射能力，加快推动了苏州现代物流产业高质量发展，为苏州营造新的物贸增长极，带动苏州城市能级全面提升。

一、枢纽概况

（一）区位交通

太仓是苏州市代管县级市，自古素有“皇帝粮仓”之称，是郑和下西洋起锚地、娄东文化发祥地。太仓位于江苏省东南部，东濒长江，南邻上海，西连昆山，北接常熟，地处苏沪通“金三角”的几何中心，距上海、苏州市中心均50公里，如图1所示。

枢纽位于太仓经济技术开发区，交通条件良好。水路方面，枢纽紧邻长江黄金水道，拥有苏州（太仓）港，距上海港吴淞口仅24海里，距长江入海口仅68海里；内河航道方面，太仓市拥有7条等级航道。公路方面，枢纽紧邻疏港高速、S338、疏港快速路，周边有苏昆太高速、沿江高速、沈海高速、常昆高速、204国道等高等级公路。铁路方面，物流枢纽毗邻规划建设中沪通铁路，正在建设疏港铁路专用线，预计2021年年底建成。航空方面，周边有上海虹桥机场、浦东机场、无锡硕放机场。枢纽区位示意如图2所示。

（二）功能定位

枢纽紧紧抓住“一带一路”倡议、长江经济带和长三角区域一体化的叠加机遇，全力打造成为立足长三角地区、服务长江经济带、辐射“一带一路”，全国知名、世界有影响的综合航运与物流枢纽。枢纽重点建设“两枢纽两中心”：“两枢纽”为“服务长江经济带的集装箱江海联运枢纽”和“对接‘一带一路’的公铁水联运枢纽”；“两中心”为“联动长三角的航运物流运营中心”和“面向全球的供应链运作组织中心”。根据发展定位，枢纽重点建设中转联运、集散分拨、保税监管、贸易分销、智慧物流服务、绿色物流和应急保障等服务功能。

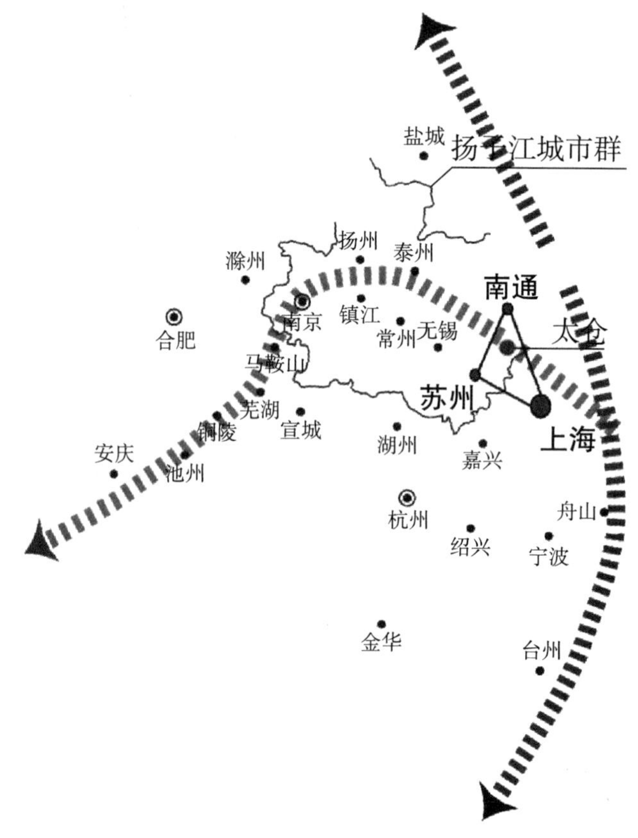

图 1　太仓市地理区位示意

（三）基础设施

枢纽占地面积约 13. 36 平方公里，规划建设港口物流区、供应链物流区、保税物流区、分销配送区、多式联运区五大功能区，如图 3 所示。

1. 港口物流区

港口物流区占地面积 5. 13 平方公里，重点建设近洋集装箱直达中心、远洋集装箱集并分拨中心、江海河集装箱转运中心、汽车江海联运中心。目前已建设集装箱作业区一期、二期、三期，建有堆场 118 万平方米，设计吞吐能力 435 万标准箱，入驻了太仓国际集装箱码头有限公司、苏州现代货箱码头有限公司、苏州（太仓）港正和兴港集装箱码头有限公司、苏州（太仓）港上港正和集装箱码头有限公司等企业。

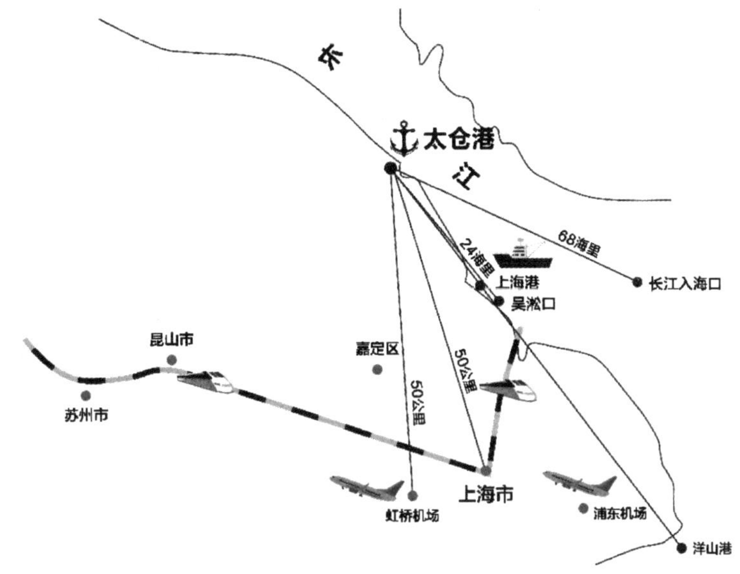

图2 苏州港口型国家物流枢纽地理区位示意

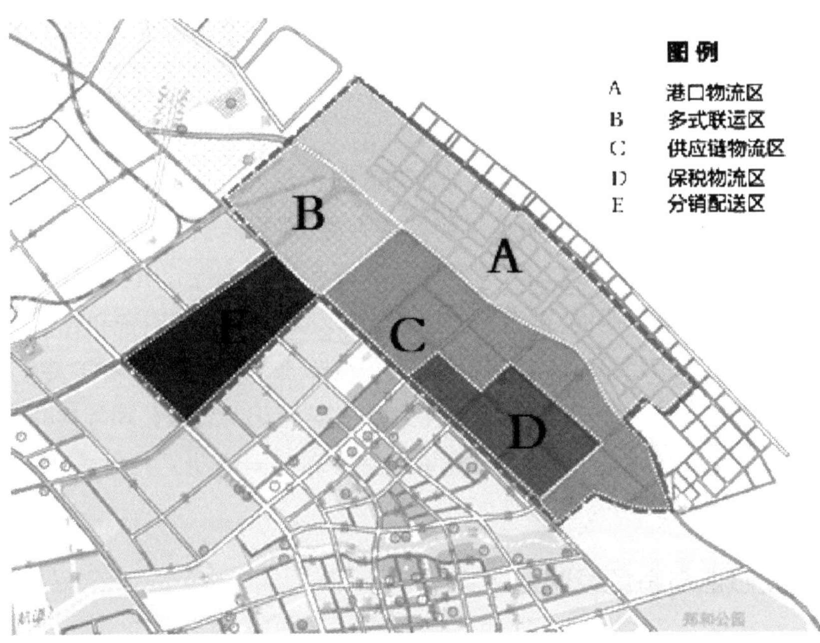

图3 苏州港口型国家物流枢纽五大功能区

2. 供应链物流区

供应链物流区占地面积3.72平方公里，围绕太仓港经济技术开发区及周边地区制造企业、商贸企业的供应链物流需求，重点建设制造业供应链物流中心、公共仓储配送中心等，目前已开展普洛斯、普凯物流、长江仓储、大洋物流、中集集装箱等项目。

3. 保税物流区

保税物流区占地面积1.51平方公里，重点建设国际贸易服务中心、跨境电商物流中心、保税加工中心、研发制造中心、冷链物流中心，目前已建设太仓新港物流中心、华商冷链项目、法孚低温设备、联检服务大楼、太仓港江海联运国际物流园等项目，未来将加强多层保税仓库、金融监管仓、高端冷库等设施建设。

4. 分销配送区

分销配送区占地面积1.53平方公里，重点建设国际分销中心、区域分拨配送中心，目前已建设似鸟华东国际物流商贸中心、宝洁分销中心、欧美产业园等项目，正在建设斯凯奇中国物流销售中心等项目，未来重点引进仓配一体化企业、国际区域分拨分销企业。

5. 多式联运区

多式联运区占地面积1.47平方公里，重点建设海铁联运中心、铁路集装箱物流中心，可提高水路、铁路、公路等不同运输方式间的衔接效率，目前已建设明达物流园项目，建成仓储设施7.67万平方米，正在开展疏港铁路专用线、浮桥铁路货场、集装箱堆场、装卸换装设施等设施建设。

（四）建设运营模式

枢纽采用“政府规划、企业主导、合作开发”的综合开发建设模式，由太仓港经济技术开发区管理委员会（以下简称“经开区管委会”）负责国家物流枢纽的规划和协调，保障并支持国家物流枢纽的开发建设；江苏省太仓港港口开发建设投资有限公司作为建设主体，统筹管理物流枢纽各功能区的开发建设、招商引资和日常管理工作。同时江苏省太仓港港口开发建设投资有限公司作为牵头和组织者，联合太仓港港务集团有限公司（以下简称“太仓港务”）、太仓国际集装箱码头有限公司等共计13家企业共同建立枢纽运营的战略合作联盟，通过资源整合和协同联动，共同推进枢纽的高水平发展。

二、主要做法与特色经验

（一）打造高品质集装箱航线网络，服务于长江经济带建设

枢纽依托苏州（太仓）港沿江近海、上海国际航运中心重要组成部分的区位优势，强化集装箱干线港功能，构建以集装箱的近洋直达、远洋中转和内贸转运为核心的服务体系，进一步拓展近洋航线、加密内贸干线，打造高品质集装箱航线网络。同时，枢纽增强与上海港和宁波港的远洋集装箱航线联动，推动长江和内河流域集装箱货物加速向苏州（太仓）港集并中转，成为服务长江经济带的集装

箱江海联运枢纽（见图4），进一步服务高水平长江经济带建设。枢纽开通近洋外贸直达航运业务、远洋喂给外贸内支线航运业务、内贸航运业务和长江（内河）支线航运业务。

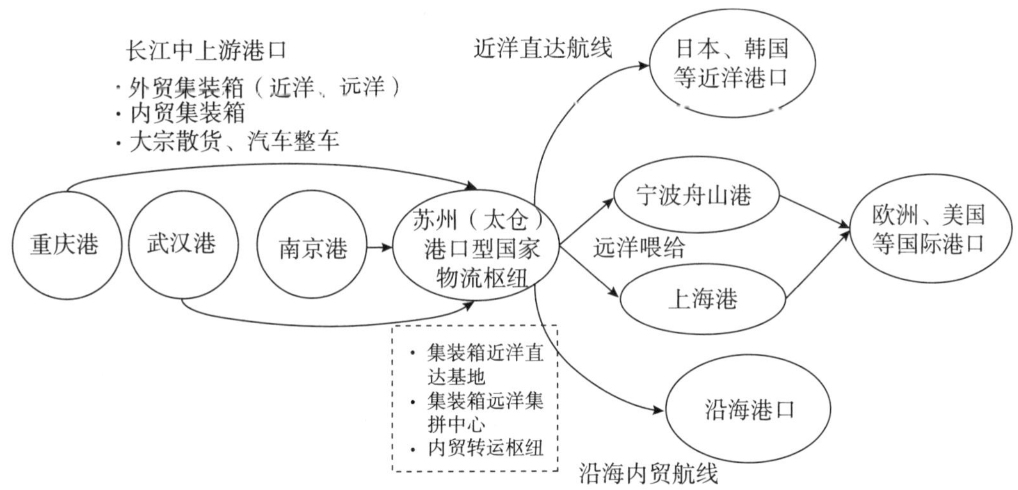

图4　服务长江经济带的集装箱江海联运枢纽

1. 近洋外贸直达航线网络

近年来，枢纽推动近洋航线网络覆盖主要港口，全面建成直达集散中心。一是优化航线航班，引导日本航线现有船公司，增加运力投入，优化箱源进出结构，提升航线品质和效益；二是引导集装箱海运公司和海丰、海华等船公司拓展东南亚航线，实现近洋航线覆盖“21世纪海上丝绸之路”沿线近洋国家（地区）；三是加强与中外运等船公司合作，争取加密韩国航线。目前，近洋外贸直达航线27条，覆盖日本、韩国、中国台湾、越南、泰国等“21世纪海上丝绸之路”近洋国家和地区23个港口。枢纽近洋直达航运业务如图5所示。

日本航线每周开行18班，直达日本的东京、横滨、名古屋、大阪、神户、下关、博多、门司等主要港口，辐射日本全境，运量接近上海港的1/3。太仓—日本下关航线已成为中日间海运加急货物的新通道，并且针对日资电子、半导体、汽车零部件、精密机械及农海产品企业对货运时效性要求高的情况，该航线推出了“中日‘门到门’、3～4天到货”这一介于空运与普通海运之间的快运模式，使苏州（太仓）港至日本下关仅需30小时，提供的“门到门”服务比普通海运快3天左右。

“苏州（太仓）港—东南亚”集装箱班轮航线已达到每周3班，覆盖海防、胡志明、曼谷、林查班等东南亚主要港口，可进一步满足长三角地区和长江流域企业进出口需求，提升苏州（太仓）港服务“21世纪海上丝绸之路”建设的能力。

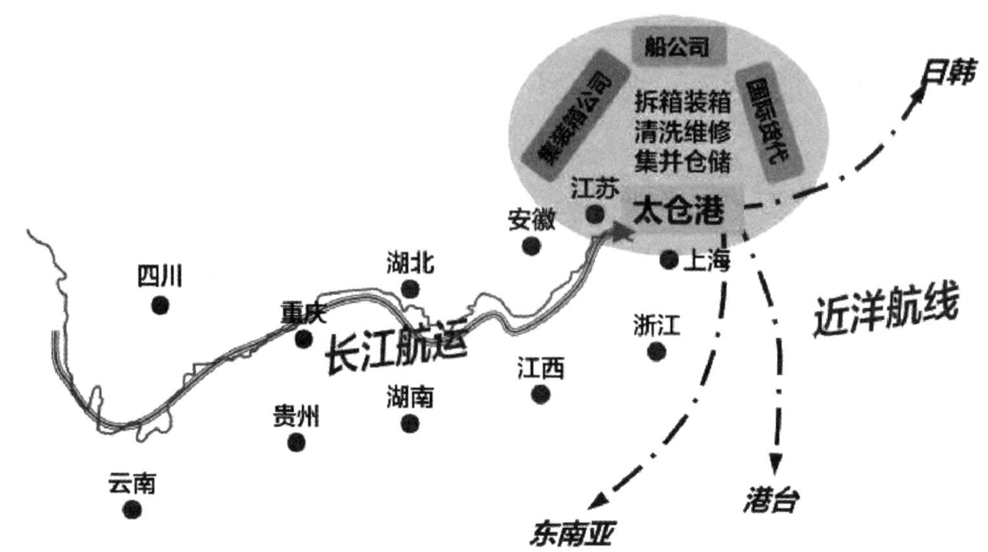

图 5　苏州港口型国家物流枢纽近洋直达航运业务

“苏州（太仓）港—台湾”航线从每周 1 班增加到每周 3 班，其年运输量从 1.2 万标准箱增加到 8.4 万标准箱，贸易量稳步攀升。该航线通航 10 年来，已成为苏州乃至江苏对台贸易的重要通道和两岸经贸发展的重要纽带。

2. 远洋喂给外贸内支线航线网络

枢纽积极建设高密度、高效率、高保障的对接上海港、宁波港等集装箱干线港的外贸内支线体系。一是不断增强班轮运力。在洋山支线实现公交化运营的基础上，根据货运需求调整运输船型，合力推动“太仓快航”班轮运力提升。二是持续扩大平台影响力。通过“沪太通”平台无缝衔接上海洋山港远洋航线，完善“沪太通”商业运作模式，从而争取扩大报关范围，枢纽与电商物流平台开展合作，与重点地区重点企业合作上有所突破，推动了“沪太通”顺畅运行。目前，枢纽已开通外贸支线 41 条（班），通过上海和宁波舟山港到达世界各地。枢纽获批上海洋山海关监管场所代码，实现了沪太通关一体化。目前马士基、地中海、中远海运、达飞等世界排名前 20 位的大型班轮公司均已在苏州（太仓）港开展业务。另外苏州（太仓）港提供了每 8 小时 1 班至上海洋山港的快航服务，为长江流域内支线接驳上海洋山港提供快速转运服务。枢纽远洋喂给航运业务如图 6 所示。

3. 内贸航线网络

枢纽抓住内贸运输巨头调整战略布局机遇，放大运力投入，积极加密内贸航线航班，已开通沿海内贸航线 51 条（班），覆盖营口、锦州、盘锦、福州、泉州、厦门、揭阳、汕头、深圳、虎门、广州、珠海、海口等沿海主要港口。

4. 长江（内河）支线航线网络

枢纽着力构建以苏州（太仓）港为干线港、沿江（运河）其他港口为支线港和喂给港的运输体系。目前，枢纽已开通长江（内河）支线94条（班），连通长江流域7个省份，分别挂靠长江沿线泸州、重庆、万州、荆州、宜昌、武汉、九江、芜湖、马鞍山、南京、镇江、扬州、常州、泰州、江阴、张家港、常熟、南通等沿江50个主要港口。目前，江苏内河50%的集装箱经过苏州（太仓）港中转，其中淮安港三分之一以上的集装箱由苏州（太仓）港出海。

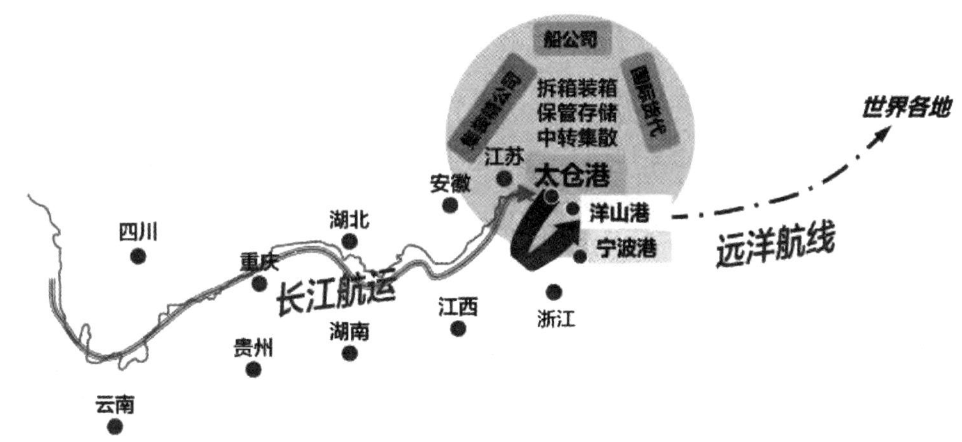

图6　苏州港口型国家物流枢纽远洋喂给航运业务

“十三五”期间，枢纽的航线网络不断拓展，太仓港航线航班总数从“十二五”时期末的177条（班）增加至211条（班），达到了19.2%的增长幅度，推动太仓港集装箱吞吐量连续迈上400万标准箱和500万标准箱大平台，提前完成江苏省委、江苏省政府和苏州市委、苏州市政府提出的“建成内贸转运枢纽、近洋直达集散中心、远洋中转基地”的目标，助力高水平长江经济带的建设。

（二）服务长三角区域一体化战略，构建融合物流体系

枢纽已构建长江经济带、长三角世界级港口群区域的港航协同发展机制，支持以企业为主体形成区域利益共同体，强化区域协同、资源整合和优化配置，强化区域辐射能力，减少重复性建设、避免恶性竞争。

1. 与上海港分工协作、错位发展

太仓港地处长江出海口，是上海国际航运中心北翼重要组成部分。2014年，太仓港与上海港进行战略合作，共同投资成立太仓港上港正和集装箱码头有限公司，合作经营集装箱三期码头下游两个泊位（31#、41#）。以太仓港上港正和集装箱码头为起点和平台，沪太两港先后构建了长江远洋货物经由太仓港中转洋山港的物流模式，以及苏南远洋货物经由太仓港中转洋山港的“陆改水”物流模式。同时，在沪、宁两地海关支持下实现了沪太通关一体化，并进一步联手打造了近洋精品航线，双方实现在资本、通关、航线、信息、操作、人才六大方面的融合发展，基本形成了沪太两港全面

协同、深度融合的发展格局。

一是以苏州（太仓）港集装箱四期合作项目为切入点，全力推进“沪太同港化”进程，积极打造“进入太仓港就是进入上海港”的服务理念。二是复制推广上海自贸区在保税监管、贸易便利化方面的成功经验，推动相关政策、业务、监管方式在枢纽落地实施。三是吸引上海金融、保险、物流、法律等高端航运服务机构在太仓设立分支机构。枢纽努力参与上海国际航运中心分工，通过搭建“太申快航”三组公共驳船支线实现与上海港高效无缝对接，形成沪太两港全面协同、深入融合的发展格局。四是与上海海关创新“联动接卸”监管模式，将太仓港作为洋山港的延伸，实施“联动接卸、视同一港”整体监管，实现洋山港和太仓港通关一体化运行。在该模式下，货物经太仓港、洋山港进出口，均可实现“一次申报、一次查验、一次放行”。2020 年 11 月 4 日，洋山港—太仓港“联动接卸”海关监管模式正式运行第一单（见图 7），这标志着沪太通关一体化全面落地，进出口业务全面打通，实现闭环运作。今后进口货物企业可直接选择在太仓报关，货物抵达洋山港后，由洋山海关在洋山岛上实施查验，放行后的货物通过“太仓快航”驳船从洋山港直接转运至太仓港，解决了转关申报和二次运抵问题，可大幅节约物流成本，为企业带来便利。太仓海关研究压缩通关时间长效机制，制订出口货物放行异常应急处理办法，探索“进口直提、出口直装”等模式；并贯彻“先放后检”模式，使得进口铁矿放行时长由 18 个工作日缩至 2.5 个工作日，流程时长压缩 86.1%。

图 7 “联动接卸”海关监管模式正式运行第一单

2020 年，沪太两港间联动运输箱量超过 104 万标准箱，占太仓港集装箱总吞吐量的 20%，太仓港完成的每 5 个标准箱吞吐量中就有 1 个与上海港有关。

2. 与宁波港两翼协同、共赢发展

太仓港和宁波港是上海国际航运中心的两翼，太仓港在与宁波港合作外贸铁矿石减载直达运输且成功的基础上，通过投资、参股等形式与宁波港共同构建集装箱运输的网络体系。枢纽支持“甬太快航”提升等级，配合兴港船代在枢纽打造苏北支线空箱调运平台。目前“甬太快航”已投入5艘载货量450~800TEU驳船参与运营，班期每周5班。

3. 推动江苏省内沿江港口航线资源整合

枢纽正努力实现省内主要港口至太仓港点对点航线公交化运行，促进航线资源共享、优势互补，一方面做稳“新小联盟”，提升恒隆和中艺六家企业中转箱量；另一方面争取港务集团开通扬州、常州、镇江等港口穿梭巴士。

（三）提升供应链集成能力

枢纽已形成以知名品牌分销分拨、大宗物资交易物流、跨境电商贸易物流为核心的高效一体化供应链服务体系，为苏州市及长三角区域的全球化制造业集群提供上下游高效协同的供应链服务，为上海大都市圈的消费市场提供便捷的分销配送供应链服务。

1. 以知名品牌分拨分销为核心的供应链

枢纽以似鸟华东国际物流商贸中心、斯凯奇中国物流销售中心和综合保税区为基础，集聚国际船公司、集装箱代理公司、物流与供应链公司等，为知名品牌提供国际采购、国际运输、集装箱货运、保税仓储、集散分拨、城市配送等一体化供应链服务，打造全链条服务的品牌分拨分销中心，其供应链业务运作模式如图8所示。

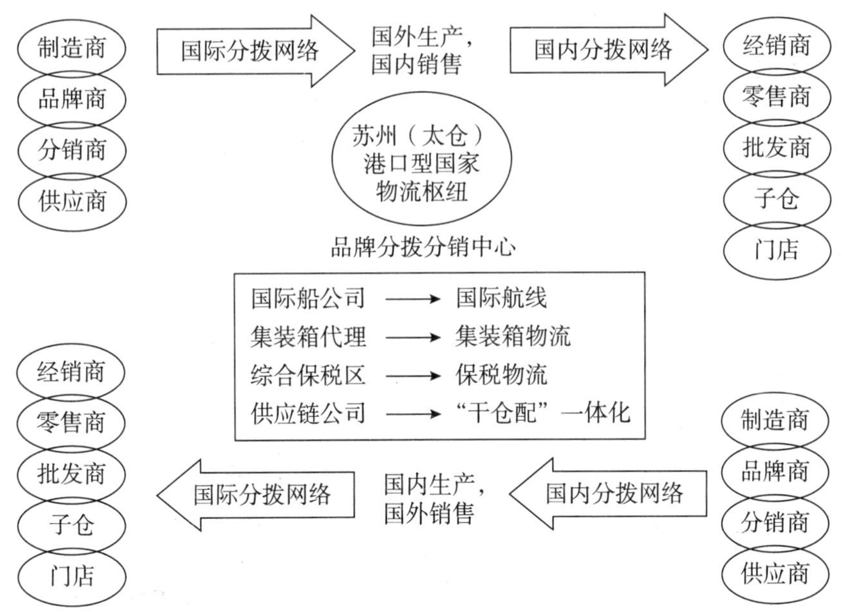

图8 以知名品牌分拨分销为核心的供应链业务运作模式

2. 以大宗物资交易物流为核心的供应链

依托散货码头、后方堆场、期货交割库等基础配套设施，线上运营专业化大宗商品交易平台，线下整合第三方物流资源，为大宗商品的接收、通关、装卸、仓储、保管、加工、交易、融资、中转、联运等业务运作提供一体化供应链服务，打造多环节协同服务的大宗商品物流贸易中心。以分布式共享平台的创新模式，构造大宗商品全产业链新生态系统，其供应链业务运作模式如图 9 所示。

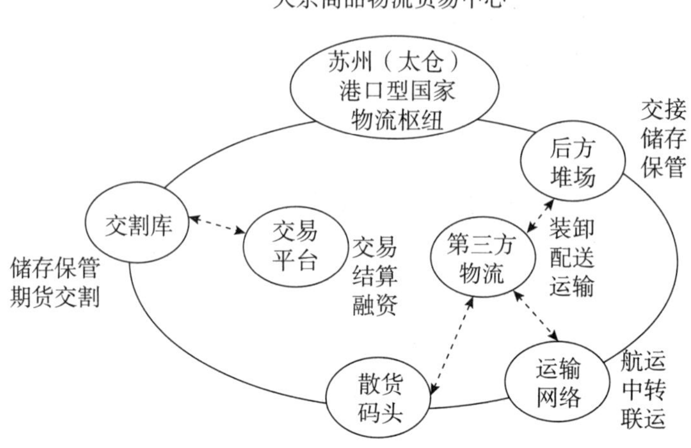

图 9　以大宗物资交易物流为核心的供应链业务运作模式

3. 以跨境电商贸易物流为核心的供应链

枢纽线下依托太仓港综合保税区，线上运营电商综合平台，集聚海关、边检、税务、银行等相关部门，形成完善的通关服务体系，为品牌商、分销商、零售商等企业及消费者提供一站式通关、检验检疫、保税仓储、保税加工、保税备货、保税直邮、线上交易、分拨配送一体化供应链服务，打造全过程信息共享的跨境电商贸易服务中心。图 10 是其对应的供应链业务运作模式。

（四）拓展信息化服务能力

枢纽将建设统一的枢纽公共信息平台作为骨干平台，目前，枢纽已建成太仓港电子口岸综合服务平台、太仓港跨境电商公共服务平台、太仓港大宗商品线上交易平台和太仓港口岸集中查验平台，由太仓港港口开发建设投资有限公司在现有平台基础上，实行统一开发建设和管理，同时联合相关平台主体进行合作运营。

1. 太仓港电子口岸综合服务平台

平台由江苏太仓港电子口岸有限公司负责运营和维护，利用信息化手段实现苏州（太仓）港的日常生产作业的无纸化和智能化提供通关服务、海事服务、港政服务、航运服务、陆运服务等各类线上服务，可对接海关、边检、海事、码头、理货、船代等单位，传输船图、舱单、理货报告、装卸船报文、海关放行指令、国检放行指令等报文及信息，是苏州（太仓）港主要的数据交易集散中心。

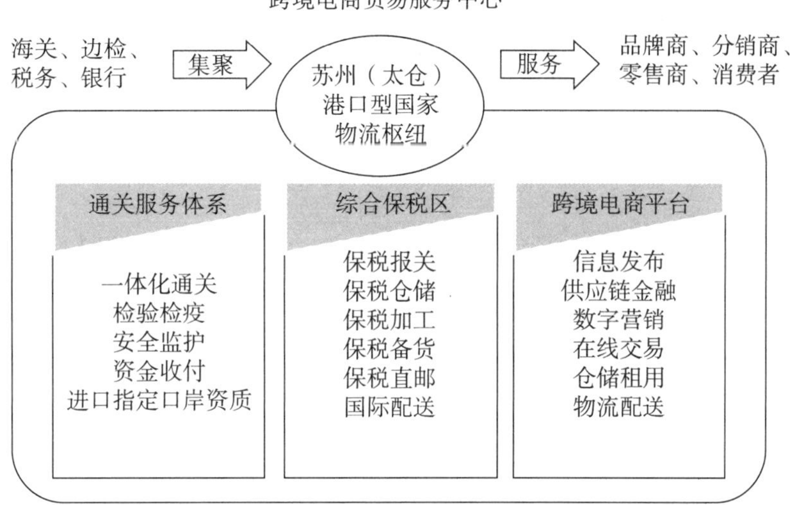

图 10 以跨境电商贸易物流为核心的供应链业务运作模式

2. 太仓港跨境电商公共服务平台

太仓港跨境电商公共服务平台总投入约 300 万元，由太仓港港口开发建设投资有限公司下属的太仓临港投资开发有限公司负责运营和维护，为电商、仓储、快递等电商供应链企业提供预备案、账册管理、统计、查验等日常服务。平台与苏州“单一窗口”实现对接，实现电商企业销售数据、物流企业数据和第三方支付机构数据与政府管理部门数据共享。

3. 太仓港大宗商品线上交易平台

目前，枢纽已上线运营的有大宝赢甲醇现货交易综合服务平台和德木网上木材交易平台。大宝赢甲醇现货交易综合服务区平台凭借宏川在化工仓储等线下业务方面的市场和管理优势，借助地方政府的公信力及政策扶持，通过互联网手段集交易、物流、金融、仓储于一体，提供新型融资、融货等配套服务，使现货交易更加便利、安全、高效，开创了甲醇现货交易综合服务的新模式。德木网上木材交易平台由江苏德木电子商务有限公司建设，以木材行业仓储物流信息化、自动化、网络化、智能化为准则进行升级改造，实现产品需求、堆场库存和物流信息的实时共享，提高行业间的协同计划、企业自动预测能力、客户精准补货能力以及整个仓储物流的运作效率。

4. 太仓港口岸集中查验平台

平台由太仓港口岸集中查验服务中心有限公司运营和维护，线下依托海关和边检集中统一的办公驻点和查验设施，线上整合太仓口岸监管资源，为企业提供查验委托、查验还箱、查验结果反馈等服务，进一步提高通关效率，降低企业运营成本。

（五）发挥产业集聚效应，打造城市升级引擎

1. 培育先进制造业产业集群

以高端装备、功能材料、健康医药三大优势产业为主攻方向，拓宽拉长产业链条。枢纽内制造业产业集群的表现如下：宝洁公司增资 1 亿美元的新智造中心项目加速建设，并且太仓工厂入选 2020 年世界经济论坛发布的全球灯塔工厂，利洁时全球研发中心和生产基地、新加坡 INGCO 智能装备等项目加快建设，美国之宝（中国）制造基地、艺康免洗凝胶、电机龙头鸣志太仓智能制造产业基地投产在即，恒度生物突破纳米微球“卡脖子”技术，产业基地项目落户生物港；江苏省重点项目科方生物一期即将竣工，尼沃诺斯、飞康生物等 5 家诊断试剂企业进入产业化阶段，思柯拉特 CT 球管开始量产；百德微波消融针及仪器技术全国领先，正在加快推进香港上市；奕瑞医疗影像探测器出货量全国第一、全球第三。

以工业互联网赋能数字化转型，提升电力能源、轻工造纸、石油化工三大产业智能化、绿色化水平。枢纽内的华能、协鑫和国华三大电厂排放标准远低于国家超低排放标准，华能等企业投资的百亿级清洁能源数字产业园项目签约落户，实现数字化转型。玖龙集团投资 50 亿元的智能装备产业园项目一期竣工投用。全球最大工业润滑油公司奎克好富顿投资 1.5 亿美元的中国生产销售总部、日本出光润滑油等落户枢纽，维嘉、不积、富兰克等一批润滑油项目正加快建设中，埃克森美孚、碧辟等企业产销两旺，华东地区最大高档润滑油产业地标进一步凸显。

2. 以商招商促物贸企业集聚

打造区域总部经济中心。宝洁华东仓、斯凯奇亚洲仓、苏宁上海仓、尼达利中国仓、之宝中国仓、米其林华东仓、沃尔沃华东仓、星期六华东仓、荣庆物流太仓基地、欧莱雅保税仓、李锦记华东仓、优衣库中国仓 12 家区域总仓汇集经开区，京东物流江苏区域总部、京东健康华东医疗器械和保健品总部、夸特纳斯集采集配加工销售中心、牛卡盈华东物贸结算中心等一批物贸总部项目纷纷落户，一线品牌带来了滚滚的资金流、信息流，以及巨大的太仓港集装箱增量。

打造区域航运物流中心。目前，经开区正在利用“公铁水”全域发展模式，抢抓互联网仓、智慧物流等一批新兴物流业态在全国加速布局的机遇，发挥好进境水果、进口粮食、进口肉类、进口鲜活水生动物等指定口岸的作用，鼓励港口航运产业链上更多的船务、港务、船代、货代、运输企业在当地注册开票，引进更多的电商、总仓、总部等旗舰物贸项目，加快港口型国家物流枢纽建设，实现特色产业聚链增效。

3. 以基金招商激发蝶变效应

2020 年，投资 70 亿元的钟鼎供应链产业投资项目成立引导基金，枢纽将充分利用

资本的催化和杠杆作用，聚焦物流、供应链、品牌零售、数据科技等投资领域，以股权投资结合优惠政策，引进并培育一批平台型企业。同时，经开区管委会同基金管理机构一起到企业当地谈判，通过许诺企业若干股权投资金额，吸引更多的企业入驻，从而形成蝶变效应。

4. 以政策洼地吸引企业入驻

枢纽做好苏州自贸片区联动创新区工作，统筹协调港区各部门复制推广自贸区相关改革试点经验，实现海关“企业问题清零机制”和企业保税账册诚信自报。太仓港综保区实现江苏省首次通过跨境电商网购保税渠道进口水果。枢纽完成“关助融”项目的复制推广，区内企业新港公司通过“关助融”实现贷款。2020 年 9 月，太仓港综保区获批一般纳税人资格试点，开出第一张赋予海关特殊监管区域一般纳税人资格试点的增值税发票。

三、枢纽建设发展成效

（一）港航物流要素集聚效应凸显

1. 港航资源要素快速集聚

2020 年苏州（太仓）港完成集装箱吞吐量 521. 2 万标准箱，同比增长 1. 2%，位居全省第一、全国第九；完成货物吞吐量 2. 16 亿吨，同比增长 0. 1%。共开辟运营集装箱班轮航线 211 条（班），全年进出港船舶近 14 万艘次，出入境（港）人员超 12 万人次，进出港集卡 222. 5 万辆次，海关监管货值 280 亿美元。

2. 一体化合作取得新成效

苏州（太仓）港与上海港、宁波港、安徽港和江苏省内其他港口开展全方位合作，搭建了完善的长江（内河）航运体系，已覆盖长三角地区 37 个港口。省内主要支线公司纷纷在苏州（太仓）港集并中转，构建南京及相关港口“穿梭巴士”航线品牌，全年完成中转吞吐量超过 60 万标准箱，完成江海联运箱量 281 万标准箱，以苏州（太仓）港为江海转运枢纽、全面对接上海国际航运中心的网络体系基本建成。并且“沪太通”“太申快航”“甬太快线”等为远洋集装箱货源进出长江流域“最关键一公里”提供运输保障。总体上，从苏州（太仓）港走货的国内外贸企业超过 4000 家，遍布全国 28 个省（直辖市、自治区）。

（二）助力港城规模经济发展成果显著

2020 年经开区全年实现一般公共预算收入 29. 85 亿元，同比增长 4. 1%；工业总产值超千亿元，其中规模工业产值实现 851. 85 亿元，增长 4. 9%；战略新兴产业产值占比达 49. 9%。完成全社会固定资产投资 127. 3 亿元，增长 7. 1%，其中工业投资 38. 8

亿元，增长21.3%。高新产业、新兴产业占比分别为40%、64.7%。2020年，枢纽依托港口优势，引进苏宁电商、夸特纳斯等多家企业，服务业的主营业务收入669.8亿元、上缴税收11.6亿元（不含个人所得税）、完成固定资产投资24.4亿元。作为国家物流枢纽，枢纽不断加强经济运行调度，落实太“惠”十二条、助企快速复工十一条等政策意见，减免中小企业租金850万元，释放政策红利，办理1300票对美市场化采购排除业务，减免加征关税1.3亿元。

（三）绿色环保建设投入取得佳绩

枢纽在资源节约、节能减排、生态港口、环境体系方面，开展节能设备选型、综合能源管理系统、新能源替代、水资源循环利用等方面研究和应用新技术、新工艺，已建设完成固定式船舶污染物接收系统、码头初期雨水收集系统等6项环保节能项目。新建雨污水接收池3个，总容积2.2万立方米并架设防尘网3623米，改造岸电设施4套，淘汰或改造港区作业机械108台，正和兴港码头被评为江苏省三星级绿色港口。

四、枢纽发展方向与未来展望

苏州（太仓）港和经开区将以获批国家物流枢纽为契机，依托近洋集装箱直达中心、远洋集装箱集并分拨中心等优势，加快建设苏州港口型国家物流枢纽，大力发展江海中转联运、海铁联运，畅通国家物流大通道，增强供应链整体竞争力，积极推进“买全球、卖全球”模式，为产品提供国际配送、区域分拨配送和供应链金融等服务，不断提升区域物流集聚与辐射能力，为构建“通道+枢纽+网络”的现代物流运作体系，促进形成以国内大循环为主体、国内国际双循环相互促进的新发展格局提供有力支撑。

（一）港航——完善服务链

着重提升苏州（太仓）港的港口设施和服务能级，对标世界知名港口，通过推进疏港铁路专用线、全自动化码头、保税仓储、疏港公路等基础设施建设，进一步完善港口枢纽的集疏运、仓储、保税、装卸搬运等基础设施体系，显著提升枢纽设施能级。打通海铁联运“最后一公里”，有效整合港区铁路、港口、航运等资源，强化货源组织和集散功能，提高货物集装化程度，增强航运物流运作组织能力，做强航运信息服务、航运金融、集拼箱物流、公铁水联运、保税物流、分拨配送、物流智能调度等航运物流服务体系，推动枢纽由港口型单一枢纽向“港口+航运”综合枢纽转变。

（二）贸易——优化供应链

充分发挥苏州（太仓）港在全球供应链体系中的枢纽地位优势，进一步集聚商流，形成以商流带动物流、以物流反哺商流的融合发展格局。依托港口在木材、汽车、服装、家居等领域的集散优势，做大做强大宗商品交易、汽车整车交易、国际知名品牌分销、跨境电商和进口食品展销等贸易业态，进一步优化供应链运作组织水平，为国际国内贸易提供高效、便捷、低成本的供应链管理服务。充分对接苏州自贸区的政策共享，进一步优化贸易便利化环境。加强物流枢纽对全球供应链资源的整合和优化配置能力，提高苏州乃至江苏应对新冠肺炎疫情中的抗风险能力，构建联通全球、具有较强稳定运营能力的供应链体系。

（三）产业——延伸产业链

在新一轮产业革命和科技革命的双重驱动下，枢纽发展枢纽经济一方面需要在现有港口物流和贸易基础上，进一步延伸产业链条，大力发展新能源、新材料、汽车零部件及整车制造、进口食品加工等产业；另一方面需要围绕新业态、新技术和新模式，前瞻谋划、大胆探索，大力培育以海洋生物、航海装备智造等为核心的海洋产业，以人工智能、大数据、物联网为核心的智能装备、智慧物流产业等，积极布局航空零部件、新能源汽车、新一代信息技术、大数据等产业，实现由传统驱动向创新驱动转变的枢纽经济发展模式。

（四）科技——打造数字链

紧抓“新基建”机遇，充分发挥苏州在创新开放中的先行优势，探索数字化物流枢纽的建设发展路径。加快物流枢纽数字化基础设施建设，全面布局5G基站、物联网等新型基础设施，推动枢纽内人、货、设施、设备的全面互联。强化物流枢纽公共信息平台支撑，推动实现港口作业自动化、物流服务智能化、枢纽管理智慧化等，提升智能数据采集、视频监控、口岸智能查验、无人集卡运营、物流智能调度等服务功能。建立长三角物流大数据中心，提升大数据在物流枢纽运营、决策和管理中的应用。

（撰稿人：周晓荷，胡雪峰，张则浩，王敏勇，张艳维，刘澜）

芜湖港口型国家物流枢纽

推动芜湖港高质量转型升级　服务长三角一体化国家战略

芜湖地处长三角一体化示范区腹地、皖江城市带承接产业转移示范区核心，在长江经济带中具有濒江近海、承东启西的战略地位。芜湖产业基础雄厚，是引领安徽发展的“双核”之一、长江经济带协同发展的重要支撑。芜湖港口型国家物流枢纽（以下简称“枢纽”）依托芜湖市的区位优势和产业特色，高效衔接“一带一路”倡议、长三角地区高质量一体化发展、长江经济带发展、全面创新改革试验区建设、中部崛起等，建设“河江海连通、公铁水联运、干支配直达”的物流服务体系，打造长江中下游重要的陆海多式联运组织中心，推动安徽省加快承载沿海首轮产业梯度转移，加快了芜湖及周边地区融入长三角地区现代化建设。

一、枢纽概况

（一）区位交通

芜湖市位于安徽省东南部，地处长江下游，是上海国际航运中心向内陆梯度推进以及武汉、重庆内陆航运中心向国际化推进的双门户城市。目前已经形成了水、陆、空三位一体的对外国际大通道，依托长江黄金水道为核心的综合立体交通走廊，可有效串接长江经济带沿线各枢纽，并通过上海港等沿海港口与“21 世纪海上丝绸之路”联通。

芜湖枢纽由朱家桥物流区和裕溪口物流区两片区构成。朱家桥物流区位于芜湖市鸠江区芜湖港朱家桥港区，距离长江大桥高速路口 800 米，空间范围为西至长江，东临长江路，北至港湾路，南至港一路，疏港铁路直达区内，规划占地面积 227.3 万平方米。裕溪口物流区位于裕溪港后方，紧邻长江，物流区周边为港区内部道路，疏港铁路直达区内，规划占地面积 73.64 万平方米。枢纽通过朱家桥和裕溪口两个功能互补的物流区，在业务上高效联动芜湖综合保税区、三山物流园区，在皖江江北新兴产业集中区配套建设物流园区设施，以构建现代物流体系，推动江南江北协同发展，形成了“两区、两联、一配套”的发展模式。

（二）功能定位

枢纽紧紧围绕长江经济带更高质量发展，精准与“一带一路”高质量互联互通，高效衔接京津冀地区、粤港澳大湾区，以及水运大“十”字形枢纽交通优势，以串接提升“通道＋枢纽＋网络”国家物流运行体系效能为核心，以“两区、两联、一配套”立体布局为导向，致力打造长江黄金水道上河江海多式联运平台、长三角世界级港口群腹地资源配置中心、临港枢纽经济发展新引擎和绿色智慧物流中枢。按照发展功能定位，枢纽设置了干线中转运输组织、区域分拨及配送组织、多式联运转运组织、国际物流服务等基本功能，持续增强供应链服务功能、应急物流功能、冷链物流功能及区域金融交易结算功能和区域物流信息服务等延伸功能。

（三）基础设施

枢纽以“两区、两联、一配套”立体布局为导向，全面提升枢纽的运营活力。“两区”即芜湖市的朱家桥物流区和裕溪口物流区，“两联”高效联动芜湖综合保税区、三山物流园区，“一配套”在皖江江北新兴产业集中区配套建设物流园区设施。

1. 朱家桥物流区

朱家桥物流区以集装箱、商品汽车业务为主，面向国际物流综合服务，打造长江中下游地区集装箱转运中心。朱家桥物流区位于芜湖市鸠江区芜湖港朱家桥港区，规划占地面积227.3万平方米，设有商品车物流基地、件杂货物流区、集装箱物流区、仓储和分拨配送区、铁路货运站和规划综保物流区等功能区，布局如图1所示。近年来，枢纽运营主体累计投入资金6.3亿元，先后建成集装箱一期码头工程、朱家桥外贸码头二期工程、朱家桥15#码头和16#码头改造工程、芜湖港智慧港口示范工程等项目。目前，在建芜湖港朱家桥外贸综合物流园区一期项目（已完成投资3.7亿元），规划建设的国家物流枢纽朱家桥多式联运（铁路站场改造）建设项目已进入工可报告编制阶段。

2. 裕溪口物流区

裕溪口物流区以大宗散货业务为主，并联动服务于皖江江北新兴产业集中区，规划打造长江中下游最大的大宗散货转运中心。裕溪口物流区位于长江左岸鸠江区境内，介于裕溪河入江口至芜马交界处之间，规划占地面积73.64万平方米，包括煤炭堆存区、煤炭加工交易区、煤炭精配区、综合配套区、大宗散货区、建材物流区等功能区（见图2）。近年来，枢纽运营主体投入资金8.37亿元，先后建成裕溪口煤炭储配中心工程、裕溪口煤码头改扩建工程、裕溪口一二桥铁路装车系统工程、裕溪口29#码头改扩建工程等项目。规划建设的国家物流枢纽裕溪口大宗散杂货中心项目已进入工可报告编制阶段。

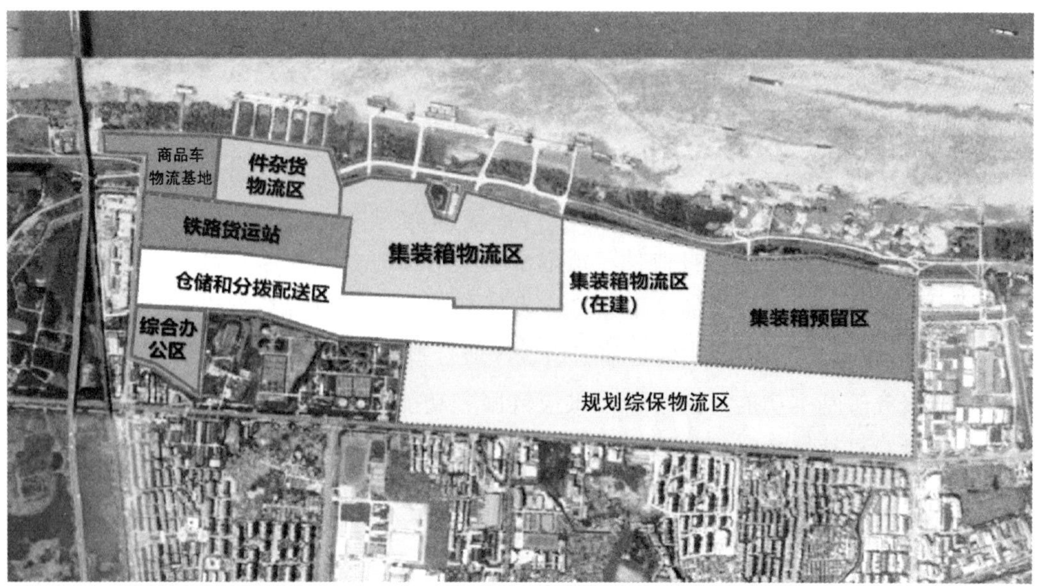

图 1　芜湖港口型国家物流枢纽朱家桥物流区功能设施布局

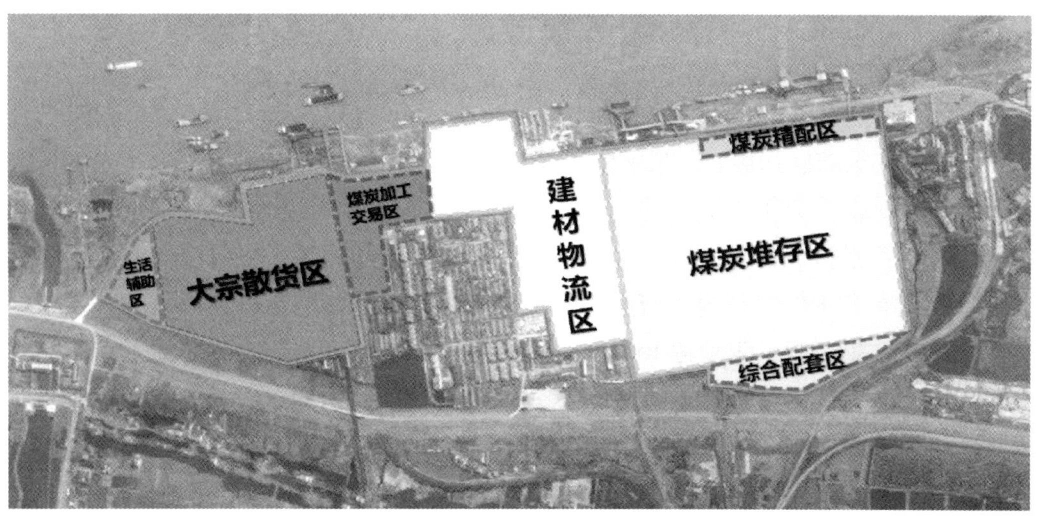

图 2　芜湖港口型国家物流枢纽裕溪口物流区功能设施布局

（四）建设运营模式

枢纽严格按照“政府引导、企业运营”的原则提升存量资源、补齐设施短板、统筹开发建设。安徽港口集团芜湖有限公司（以下简称“芜湖公司”）是枢纽的建设运营主体，由安徽省港口运营集团出资组建成立，已与芜湖宝特物流有限公司、安徽共生物流科技有限公司、中国外运安徽有限公司芜湖分公司及安得智联科技股份有限公司签署业务合作协议，通过功能联合、平台对接、资源共享，推动芜湖枢纽专业资源集聚，共同形成“通道＋枢纽＋网络”的物流运营服务体系，为构建服务区域、辐射全国、连接全球的物流业务网络奠定了良好基础（见图3）。

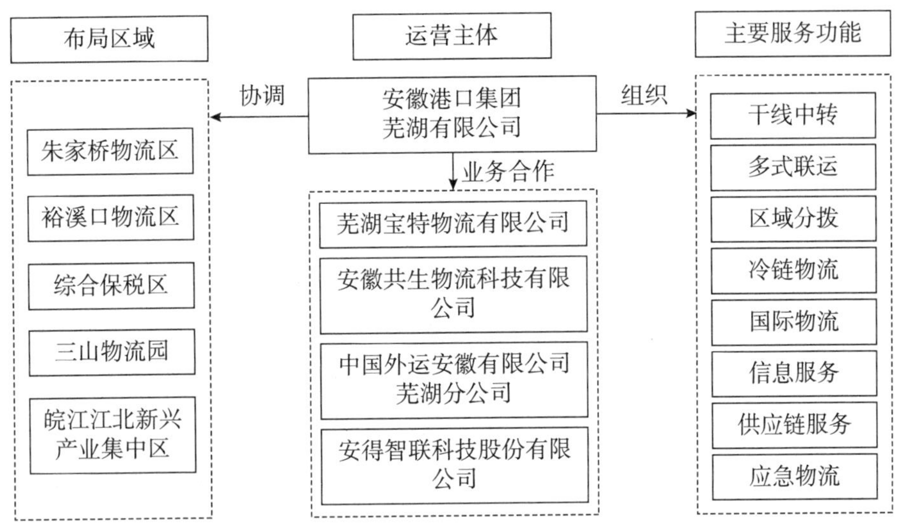

图3　芜湖枢纽战略合作示意

二、主要做法和特色经验

（一）加强干支联动，构建多维通道

枢纽以长江干线为依托，整合物流资源，构建“公铁水”多式联运物流枢纽，形成了以干线运输和区域分拨为主要特征的现代化多式联运网络。枢纽立足“一核两翼”发展战略，成功构建起以芜湖港为核心的干支联动的省内水上运输网络系统，共同推进区域集装箱的中转运输。枢纽相继开通了芜湖到上海洋山、上海外高桥、上海宜东码头等直达航线，实现了“三线联动、三线出海、江海直达”的新模式，在此基础上通过开通合肥港到芜湖港的“港航巴士”和铜陵、池州、安庆到芜湖港的“皖江巴士”实现干支联动，充分利用芜湖港优质的航线资源，形成优势互补协同发展的局面，逐步将枢纽港口打造成为长江下游集装箱转运中心和长三角城市群核心枢纽港。芜湖港作为皖江区域集装箱中转港口，集装箱集聚效应迅速发展壮大。自2014年枢纽与上港集团签署合作协议，成为安徽地区与上港集团的合作平台以来，枢纽集装箱量以超过10%的年均增长率递增。

1. 干线航线开通五定班轮，提升港口航线服务能力

枢纽积极与上海港以及各船务公司合作，开通了直达上海洋山的五定班轮。2020年，安徽省港航集团在芜湖港相继开通了芜湖—上海宜东“点到点”内贸“芜申快线”和芜湖—上海外高桥“点到点”外贸直达航线，为安徽省企业提供了方便、快捷、高效的集装箱物流运输通道。芜湖港、上海港给予芜申快线优先靠泊、优先作业，8 小时内确保船舶靠泊，作业效率不低于 25 自然箱/时，整船在 10 小时内装卸完毕，最长不超过 24 小时。

2. 以芜湖—上海直达航线为核心，开通合芜小支线、皖江小支线“港航巴士”

“港航巴士”航线参照“五定班轮”模式运营，定港口、定航线、定班期、定运时、定船舶，芜湖港均给予优先靠泊、优先作业的有力支持，实现船舶等泊时间不超过 8 小时，码头作业时间不超过 3 小时，全程航行时间不超过 20 小时，最大限度提高中转服务效率，顺畅对接芜湖港至上海港的直达航线。

通过干支联动，芜湖至上海洋山港中转时间从原来的 7 ~ 10 天压缩至 5 天以内，全力保障客户海船班期，沿线港口对接上海港外贸干线船舶全程时间将由原先最长 14 天压缩至 7 天以内，极大地提高了安徽省集装箱运输效率。2020 年，芜湖—上海洋山直达联盟航线完成出口航次 456 班；上海—外港直达航线自 12 月 22 日首航共开行出口航次 5 班；上海—宜东内贸直达航线自 8 月 28 日首航共开行出口航次 81 班；合芜小支线“港航巴士”共开行进出口航次 1507 班；皖江小支线“港航巴士”共开行进出口航次 259 班。

3. 扩大多式联运业务

一方面，枢纽加强与南通、太仓等铁路箱供应商合作，深挖铁水联运铁路箱市场，不断扩大铁路箱空箱调运市场份额，2020 年全年完成运输 2.34 万标准箱，同比增长 148.44%。另一方面，枢纽通过加大营销力度，打造铁水联运枢纽。具体操作上由枢纽运营主体芜湖公司把控，以芜湖申芜港联国际物流有限公司（以下简称“申芜港联公司”）、芜湖市铁水联运有限责任公司（以下简称“铁水联运公司”）为推手，串联芜湖港务有限责任公司形成整体，共同推进朱家桥物流区业务的形成和市场的壮大。通过申芜港联公司与供应链上下游的横向业务联系、市场跟踪等方面及时掌握供应链上下游业务需求信息，重点围绕铁路商品箱加大铁水联运市场开拓工作；铁水联运公司在自身营销的基础上，加强与铁路部门的配合，加大争取铁路车辆调运力度，通过多方资源的有效衔接，全力打造朱家桥物流区的铁水联运枢纽。在多方的协同努力下，朱家桥物流区多式联运铁路商品箱发运快速增长，2020 年铁水联运量完成 2.33 万 TEU，同比增长 148.44%。

4. 围绕中欧班列集拼集运，构建“芜新欧快线”集拼集运节点

芜湖及周边生产的汽车、油品等货物通过枢纽水运至合肥，与合肥“合新欧快线”加挂运行，经新疆运至西亚、中亚、欧洲。利用芜湖港至重庆水运干线，使芜湖及周边地区物品可通过西部陆海新通道由重庆向南经贵州等省份，经广西北部湾等沿海沿边口岸，通达新加坡及东盟主要物流节点。枢纽通过“合新欧”、西部陆海新通道开展以进口班列为主的回程货源组织业务，实现对中亚、欧洲、东盟资源要素的集聚。

（二）推动供应链集成，打造合作共赢平台

枢纽聚焦芜湖特色产业，整合相关资源，推动枢纽供应链的集成，形成从原材料运入、产成品向外辐射、集中采购、区域分拨、高端仓储、流通加工、物流信息、供应链金融等于一体的全供应链的物流服务体系。枢纽重点围绕汽车、钢材、水泥、建材、矿石等大宗商品的集疏运、区域分拨配送和物流组织，开展相关商品的供应链服务。

1. 煤炭供应链

枢纽裕溪口物流区是一个集煤炭中转、储备、精配、交易、检测、水铁联运（双进双出）等多功能为一体的现代化煤炭综合物流基地，也是长江干线综合能力最强、功能最完善的煤码头之一，主要担负着安徽省内淮南、淮北、皖北、新集四大煤矿以及山西、河南等部分省外煤矿的煤炭配煤、堆存、中转和运输，产品煤可辐射湘、鄂、赣、苏、浙、沪等能源需求旺盛地区，其辐射范围的年煤炭消耗量为10亿吨左右。

枢纽根据长江沿线电力、钢铁、石化、建材等工业所需煤炭需求，利用国家物流枢纽的物流组织能力将淮南、淮北、皖北、新集、山西、河南的煤炭通过铁路运输至裕涣口物流区，秦皇岛、曹妃甸等北方沿海港口煤炭通过海进江运输至裕溪口港，在枢纽内通过配煤加工后运输至重庆、湖北、江西、江苏、上海等电力、钢铁、石化、建材用户。

以枢纽所服务的江北产业集中区为例。当前正值安徽皖江江北产业集中区建设发展的黄金期，裕溪口物流区充分发挥煤炭、建材等大宗商品中转、储运、加工等优势，为江北产业集中区的货源诉求提供了有效的物流通道支持，在广泛合作的同时，也促进了产业的融合发展。同时裕溪口物流区聚焦煤炭、建材、砂石料等大宗物资，构建集煤炭交易、煤炭检测、实物交割、物流服务、金融服务等于一体的大宗商品采购交易服务体系，进一步完善了物流组织功能，加快物资周转。

枢纽积极拓展煤炭物流市场，在巩固好传统货源的基础上，重点攻关大客户，取得良好成效，扭转了自2016年以来的下滑趋势。2020年完成煤炭到发量600.97万吨，同比增长26.64%。同时，积极引入焦炭和干熄焦业务，港口装卸附加值得到提升，为建设华东能源大通道打好了基础。

2. 汽车供应链

枢纽结合国家大力发展多式联运契机，商务方面持续加强与当地政府、业务合作伙伴的对接协调，内部基建方面实施铁路项目技改等相关措施，全力打造朱家桥汽车物流中转基地。2017年枢纽运营主体企业与北京长久物流股份有限公司成立中江海物

流公司，共同开通江海联运航线，发展汽车物流水水中转业务，打造江海联运水运物流体系。2018 年 5 月，长江港航联盟物流联盟商品车滚装专业委员会在芜湖成立，芜湖港当选主任委员单位，同年 12 月，中江海物流公司第一条 850 车位“久海号”汽车滚装船交付。朱家桥物流区的汽车物流业务从无到有，现阶段的汽车多式联运项目业务已经完全展开，商品汽车可过公、铁、水多式联运到达全国各地，已经发展成为从汽车各大主机厂（奇瑞、五菱、上汽等）辐射全国各地的汽车物流中转商。枢纽朱家桥物流区商品汽车物流实景如图 4 所示。

图 4　芜湖港口型国家物流枢纽朱家桥物流区商品汽车物流实景

同时枢纽基于汽车物流业务，发展延伸汽车供应链业务。以枢纽所服务的奇瑞汽车为例，奇瑞汽车系芜湖汽车及零部件企业的代表，汽车及零部件产业最初是围绕奇瑞汽车开发整车生产线发展，汽车供应链服务正发展成为芜湖枢纽的重要业务板块。上海、常州、北京、奥地利等地的发动机零部件，宁波、日本、芜湖等地底盘零部件，宁波、昆山、广州的车身零部件，广州、昆山的电子电器零部件运达朱家桥港后相关部件的仓储配送和进口零部件的报关等业务全部由枢纽运作，整车业务再通过朱家桥物流区公水联运、公路运输销往国内外市场。内销商品汽车主要运往周边地区、长江中上游地区以及营口、天津、广州等沿海城市；外销商品汽车主要通过江海联运汽车滚装方式通过上海港运往中东、南非、东欧、东南亚等 50 多个国家和地区。

（三）搭建智慧平台，加快物流智能升级

枢纽充分认识到现阶段物流服务模式、信息化水平等因素制约了港口的进一步发

展，借助互联网与现代信息技术，进一步延展芜湖港的服务范围，发展现代物流成为转型升级的关键。在此形势下，枢纽亟须开展智慧港口建设，枢纽运营主体企业也亟须由传统港口装卸企业向集码头运营商、资源开发商、资本运营商和综合物流服务商于一体的大型综合性现代企业集团转变。

1. 开发“一门户、四平台”智慧物流综合服务平台

枢纽于 2018 年开发建设了芜湖港智慧物流综合服务平台。经过持续的完善，项目于 2019 年 10 月竣工通过验收。智慧物流综合服务平台包括“一门户、四平台”，“一门户”指智慧港口综合门户，“四平台”为智慧物流平台、智能生产作业平台、智能感知平台、智慧营运管理平台。智慧物流综合服务平台依托港口型国家物流枢纽的多式联运条件，实现水路、铁路、公路、港口等运输节点的信息发布、运力在线交易、物流线路优化、多式联运解决方案、政策发布等功能。多式联运平台包含外贸综合服务系统、水铁公空联运系统、多式联运订单系统、场站管理系统、多式联运费用结算系统等。枢纽的智慧港口一体化平台为没有信息系统的园区提供可用信息系统，为已有信息系统的企业提供展示入口及相应的数据标准对接，在提供公共入口的同时整合数据资源，通过智慧物流综合服务平台进行数据统计分析，通过智能算法进行行业分析、过程优化、业务指导以及提供决策支撑数据。

通过智慧港口综合门户（含移动门户平台），整合枢纽内公司的物流服务、港区感知、营业管理、生产作业四个应管理与服务平台，实现了港口的信息资源整合与业务在线应用，建立了符合港口发展定位的港口物流一体化服务平台，建立了针对铁水中转和公铁水联运的信息互联互通模式，同时建立了统一的数据资源平台，对后续开展大数据分析与深度数据挖掘应用工作奠定了扎实基础。

2. 建设区块链电子放货平台

枢纽为提升口岸效率和服务水平，深化芜湖枢纽的智慧港口建设，加快港口集装箱业务单证电子化进程，通过以船公司口进口货物信息数据对接、线上办理提货、海关电子放行等运行模式和技术问题进行深入研究，最终，按上海港区块链应用模式和经验，将港口集装箱生产作业管理系统数据同区块链应用平台对接共享数据，以中远海运进口货物放行数据为示范，将船公司放行数据应用至芜湖港智慧物流平台、集装箱生产作业系统，开展线上办理提货业务，自动显示船公司放行状态、海关放行状态，利用电子单证进行提货作业。2021 年 3 月 15 日，枢纽成功接收了平台上中远海运进口货物放行的第一条正式数据。2021 年 4 月，枢纽通过与海关协调，取消了纸质单证放行，实现了进口货物电子放行。现已实现线上直接办理集装箱提货业务，应用区块链技术进行线上提货放行。彻底改变了提进口集装箱人工办理、纸质单证交接的传统模式，将线上单证业务办理时间压缩至 4 小时以内，并持续优化，提升芜湖港作业效率和服务水平。

3. 智慧化技术设备创新应用

枢纽采用物联网传感技术、无源 RFID 卡识别技术、图像识别技术、集装箱无人闸管理系统等新技术，分别应用于检查桥区域、智慧堆场区域，实现箱号、车号等信息的智能识别，无感通过；应用于智慧堆场区域，实现入栏检测时自动触发，具有自动作业、安全保护等功能，搭建成枢纽智能感知平台。通过该平台实现了枢纽内大部分企业信息资源的整合和应用，并为用户提供了统一的信息查询、物流咨询、业务在线办理，实现了物流信息的跟踪和应用。

枢纽广泛应用5G 等新技术，提升港口作业效率。2020 年 12 月 2 日，裕溪口物流区皮带秤远程集中控制科技创新项目顺利通过验收，开创应用5G 技术为安徽港口服务的先河。2020 年 3 月 6 日于朱家桥物流区开工建设的芜湖港朱家桥外贸综合物流园区一期项目码头工程的智慧堆场项目，是长江流域港口中领先建设的无人智能化集装箱堆场。在建设过程中，枢纽建设运营主体立足智慧港口发展方向和内河港口生产特点，注重新技术、新工艺、新设备应用，综合采用物联网、大数据、5G 通信等现代信息技术，构建设备智能远程控制、智能无人闸口等智慧服务功能，实现了港区“物流自动化、服务便捷化、管理高效化”。

无人堆场同步建设了5G 基站对智慧堆场进行5G 无线信号覆盖，开展了集装箱场桥终端和远程控制的5G 应用场景，以5G 通信技术保障集装箱堆场作业指令传输的及时性、稳定性和安全性，实现堆场设备与远控中心间视频信息、控制信息传输的冗余。通过中控子系统、通信子系统、机上子系统、堆场子系统等设备智能远程控制系统的建设，实现场桥设备自动行走、智能寻箱、自动取送，最大限度减少人工参与。8 台远控场桥三班作业现只需 9 名操作人员，并实现人机分离，设备操作模式由一对一转变为一对多，人力资源投入比原人工场桥减少 67%，综合人工成本每年节约 200 余万元，且有效降低了安全风险和职工劳动强度。

三、枢纽建设发展成效

（一）实现多式联运提质增效

枢纽紧密结合国家大力发展多式联运的政策契机，利用朱家桥物流区内铁路专用线直达港口的优势进一步开拓枢纽的多式联运业务。通过公铁水有效衔接，实现了长三角范围内货物的有效流通，降低了企业的物流成本，提升了货物的运作效率。

枢纽通过多式联运发展也促进了业务规模提升，2020 年枢纽建设运营主体的多项产量指标创历史新高，业务规模再上新台阶。全年完成港口吞吐量 2489.57 万吨，同比增长 47.72%。其中件散货吞吐量完成 1533.73 万吨，同比增长 54.78%；集装箱吞吐量完成 110.26 万标准箱，同比增长 9.56%，集装箱量多式联运业务从无到有，2020

年运量同比增长182%。同时朱家桥物流区挖掘国内“散改集”“公转水”等物流市场巨大需求潜力，不断加大内贸箱市场拓展力度，2020年的内贸集装箱吞吐量同比增长近60%。

（二）智慧服务能力显著提升

枢纽充分应用智慧港口功能，通过智慧港口综合门户（含移动门户平台），整合公司的物流服务、港区感知、营业管理、生产作业四个管理与服务平台，实现了港口信息资源的整合应用，并为用户提供了统一的信息查询、物流资讯推送、业务在线办理功能。该系统通过网上业务大厅的建设实现了与海关及检验检疫等口岸单位以及船公司、铁路等以港口为节点的上下游物流链信息互通。通过系统的自动审核，减少了人工审核环节，提高了查验和通关效率，节约了人工成本，提高了港口物流服务的电子化、网络化、无纸化和自动化水平，提升了业务办理效率，增强了时效性，为货代、报关行等用户节省大量的交通成本和时间成本，同时节约了港口企业的人力成本和办公成本。

经使用验证，通过智慧港口示范工程的建设，利用互联网服务平台完成的业务受理量已占枢纽建设运营主体全部物流服务业务的90%以上，主要纸质业务单证减少11张，并增加8个电子业务单证。现阶段除客户双方交接需要留存凭证等特殊情况外，申报、通知等单证全部已实现网上申报、网上办理。按照目前枢纽的提货量，智慧物流平台的应用预计每年可节省各类单证用纸10万余份。同时随着智能感知平台中集装箱无人闸口系统的应用，集卡实现网上预约办理后通过无人闸口扫描二维码进港，无人闸口系统与集装箱生产系统自动校验审核，通行效率提高了75%以上。

（三）推进联盟合作协同发展

枢纽加大了与航运企业、物流企业、制造企业等供应链合作伙伴的合作空间，鼓励港口与船公司、船队间实现“港航联盟”，积极引进国内外大型船务公司和知名货代、物流企业，并培育本土货代、支线船公司等物流供应商参与港口枢纽供应链体系建设。为进一步提升枢纽的运营和集聚能力，2020年分别与芜湖市的各大知名物流企业，如芜湖宝特物流有限公司、安徽共生物流科技有限公司、中国外运安徽有限公司芜湖分公司及安得智联科技股份有限公司签署业务合作协议，并分别与国内相关知名企业如信义玻璃、隆基股份、海螺型材等知名企业进行了合作洽谈，协商共同打造芜湖港口型国家物流枢纽。通过功能联合、平台对接、资源共享，推动枢纽专业资源集聚。目前枢纽的建设运营主体正积极与芜湖市主管单位进行协调，按照“两区、两联、一配套”的发展模式，进一步推进枢纽企业间的联盟合作事宜，共同形成“通道+枢纽+网络”的物流运营服务体系。

四、枢纽发展方向与未来展望

（一）打造芜湖港统一品牌

国家物流枢纽重点任务之一就是加快物流转型升级，解决分散和小规模物流经营下物流规模不经济问题，提供物流要素整合和组织、服务模式创新途径，进而为枢纽所在地区和枢纽承载城市物流产业发展提供增量机遇。枢纽未来将实现要素资源整合，对物流产业链上下游具有联系和协作关系的企业间实施动态、多维度整合，从资源配置效率、运营效率、服务水平和服务成本等角度对物流进行支持与优化，构建上下游横纵向产业协同体系，实现由线性单链协同向大规模网链协同升级。对外形成芜湖港物流统一品牌，率先在国内内河港口体系打造芜湖港综合物流品牌，提升芜湖港口型国家物流枢纽的品牌价值。

（二）升级智慧港口服务平台

智慧化应用为港口物流发展的主要着力点之一。芜湖智慧港口各平台将以全面感知、智能决策、自助自动、全程参与和持续创新为原则，将云计算、物联网、大数据等信息技术与港口各领域深度融合，推出智慧港口解决方案，以推动港口与供应链上下游互联互通，提升港口信息服务与业务创新能力，助力港口转型升级与提质增效。芜湖智慧港口将以“做平台、做拓展、做升级”为战略步骤，发挥平台的资源嫁接、信息共享、业务协同功能，拓展全产业链价值创造能力，推动港航运营与物流、贸易、综合运输等融合发展，物流业务由港航物流向供应链转变。

（三）构建协同创新组织中心

以枢纽为组织中心，促进芜湖及区域内的物流、人流、信息流、资金流等要素与国内外市场要素有效对接，形成内通外畅的要素自由流动体系。发挥国家物流枢纽运营主体作用进行统筹策划，加强通道运营平台企业、供应链组织平台企业等与国家物流运营主体的融合发展。通道运营主体强化关键服务产品牵引，枢纽主体整合资源实现系统优化运作，形成芜湖物流中心与通道运营组织中心架构。围绕供需有机对接、通道规模组织化和平台化、运作体系网络化和集约化的基本原则，按照国家物流枢纽承载通道物流运作组织，供应链平台提供服务要求并发挥通道价值，有机推进平台化通道运营组织中心和通道物流运作中心建设，将枢纽构建成为协同创新组织中心。

（四）培育物流枢纽经济区

为加快以枢纽为依托的枢纽经济发展，将重点以物流枢纽为载体加快优化物流环境，通过物流成本和效率优势吸引要素聚集，在此基础上促进芜湖市产业链和价值链的延伸以及增量产业的培育，从而实现枢纽经济规模扩张。

在国家物流枢纽周边预留产业发展用地，通过对商流、物流、资金流、信息流、客流等要素聚集，完善物流组织平台和物流运营体系，推动商贸与物流融合、制造业与物流联动，延伸产业链，放大产业辐射能级。通过枢纽加强产业要素集聚与产业集群培育，连点成片推进枢纽经济集聚区建设，推动枢纽之间互联互通、功能平台互补延伸、经济产业协调联动，培育枢纽经济发展增长极。实现产业与城市功能、空间整合，提升枢纽产业集聚辐射能级，积极打造“港产城”融合发展模式，构建具有港口型物流枢纽发展路径、服务国内国际双循环新格局、培育高质量规模经济的枢纽经济发展新范式。

（撰稿人：程群，夏骏，汪明，包国进，欧里波）

武汉港口型国家物流枢纽

九省通衢物流联江海　长江龙腰枢纽达天下

武汉素有“九省通衢”之称，上通巴蜀、下抵江浙、南连湘粤、北接陕豫，是长江经济带与“一带一路”的战略交会点，是内陆地区少有的集铁、水、公、空等国家级运输通道、枢纽于一体的综合运输城市，承载着建设强大国内市场、引领中部崛起的重要使命。2013 年 7 月，习近平总书记视察武汉新港阳逻集装箱港区时强调：长江流域要加强合作，发挥内河航运作用，把全流域打造成黄金水道。九年来，阳逻港牢记嘱托，砥砺前行，畅水运、修铁路、辟航线、建枢纽，让优势更优，把长板加长，构筑起通江达海、辐射全国、走向世界的现代物流体系。以阳逻港为核心的武汉港口型国家物流枢纽（以下简称“枢纽”）建设如火如荼，成为中西部地区的出海口。

一、枢纽概况

（一）基本情况

武汉，又称“江城”，是湖北省省会，位于中国中部、湖北省东部、长江与汉江交汇处，是国家历史文化名城、中国中部地区的中心城市、全国重要的工业基地、科教基地和综合交通枢纽。武汉西联巴蜀、东至吴越，素有“九省通衢”之称，自古便是长江上的枢纽港、重要的商贸重镇。“十里帆樯依市立，万家灯火彻宵明”，咏叹的就是当年汉口港口商贸繁荣的盛况。新中国成立以后，杨泗港依靠南来北往的散货集散，稳坐我国内河航运第一大货运港。进入 21 世纪，随着武汉城市的扩张、港航业务发展的需要，位于武汉“东大门”的阳逻港开始逐渐取代杨泗港。2011 年，武汉市决定将杨泗港整体搬迁到阳逻港，阳逻港也因此完成了华丽转身，确立了长江中上游枢纽港地位。

枢纽位于武汉阳逻港核心区，以打造世界一流内河港口物流枢纽为目标，推动中西部产业高质量发展和内陆地区对外开放。枢纽聚焦“三个定位”，一是通江达海、联通全球的对外开放门户；二是功能完善、组织高效的长江航运服务中心；三是要素集聚、协同发展的内河港口枢纽经济示范区。枢纽具备水运和铁路干线运输组织、多式联运转运、区域分拨及配送组织、国际物流等多种服务功能，可提供冷链物流、跨境电商物流、应急物流等物流服务。

（二）区位交通

枢纽位于天兴洲以东70公里的长江岸线上，交通优势明显。水运，拥有阳逻深水良港，可常年通行万吨级船舶；铁路运输，经武汉新港江北铁路香炉山站，可与京广铁路、京九铁路直接相连；公路运输，与武汉绕城、沪蓉、京港澳3条高速公路一线贯通，经106国道、318国道可直接通达鄂东、皖南、豫南地区；空运，距武汉天河机场34公里、鄂州顺丰货运机场60公里。水铁公空汇集此地，水陆联运条件优越（见图1）。

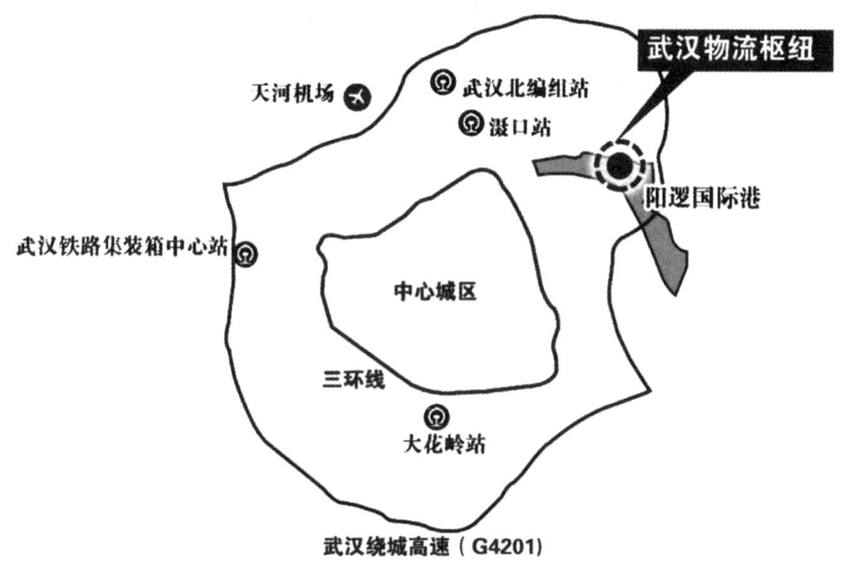

图1　武汉港口型国家物流枢纽区位

（三）功能布局

枢纽总规划面积3.16平方公里，采用分片布局方式，包括阳逻港区后方的集装箱港口物流区、铁水联运示范基地、阳逻综合保税区、公路中转中心、多式联运海关监管中心等核心物流功能设施，集中建设武汉港口型国家物流枢纽（见图2）。枢纽功能联系如图3所示。

集装箱港口物流区规划面积1.45平方公里，主要面向机电、汽车零配件、食品等适箱货物开展集装箱港口作业，承担水运干支线运输、公水联运、国际水运运输组织等物流功能。

阳逻综合保税区规划面积0.8平方公里，主要承担外贸货物的保税物流、跨境贸易物流组织、进口肉类查验以及冷链物流等，同时承担进口货物向市内及周边地区的区域分拨配送，是枢纽的临港开放平台。

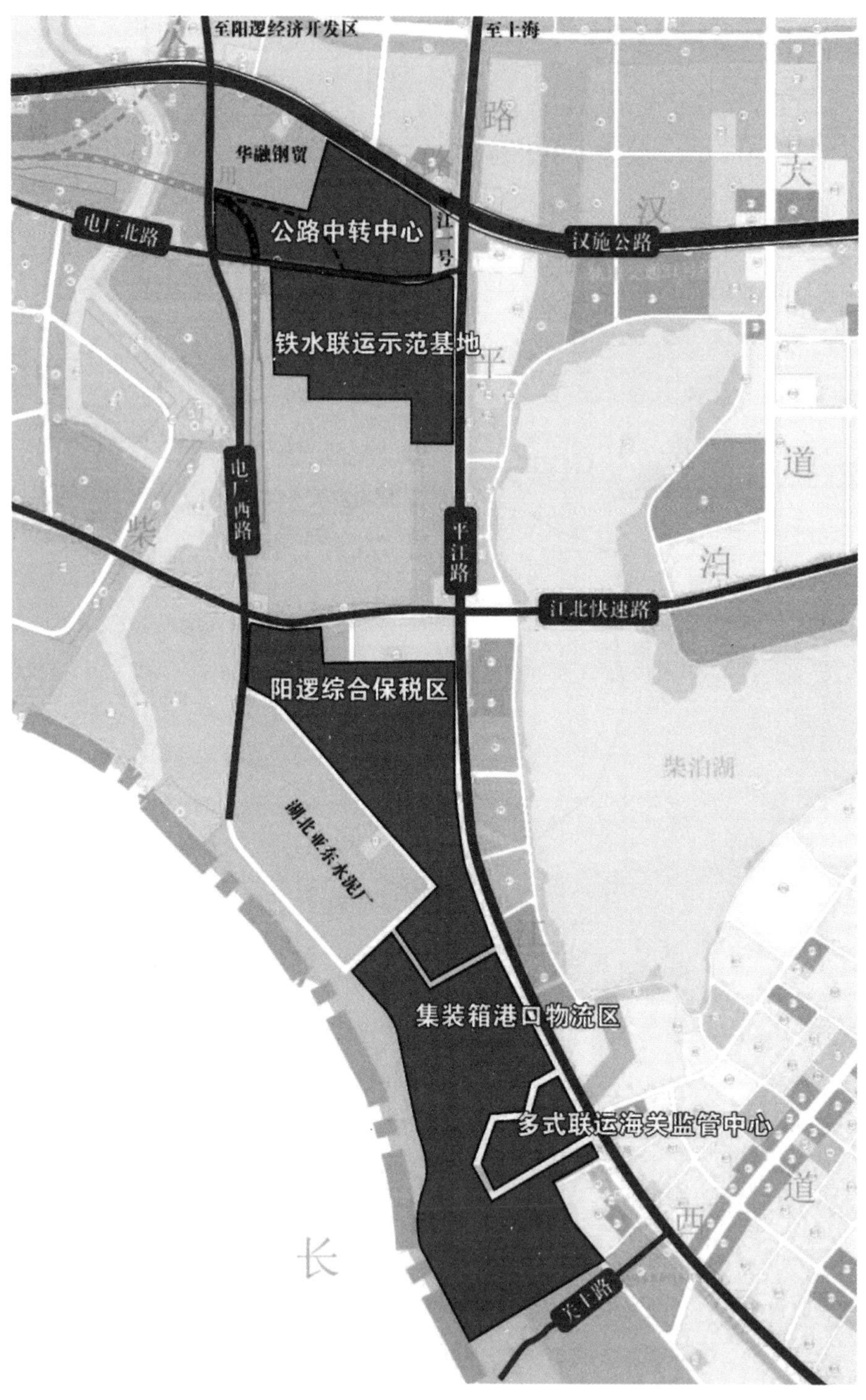

图 2　枢纽功能布局

铁水联运示范基地规划面积0.42平方公里，主要承担铁水联运、供应链服务、国际铁路运输组织，兼顾区域分拨配送，是枢纽的多式联运组织中心。

多式联运海关监管中心规划面积0.14平方公里，主要承担进出口货物的海关监管、查验等工作，可实现对阳逻港和铁水联运项目的一站式监管服务，同时对接吴家山铁路中心站，实现枢纽对接中欧班列的多式联运监管服务，极大提高国际物流运作效率。

公路中转中心规划面积0.34平方公里，主要负责公铁联运、公水联运、区域分拨及配送功能，同时是铁水联运示范基地的有效补充。

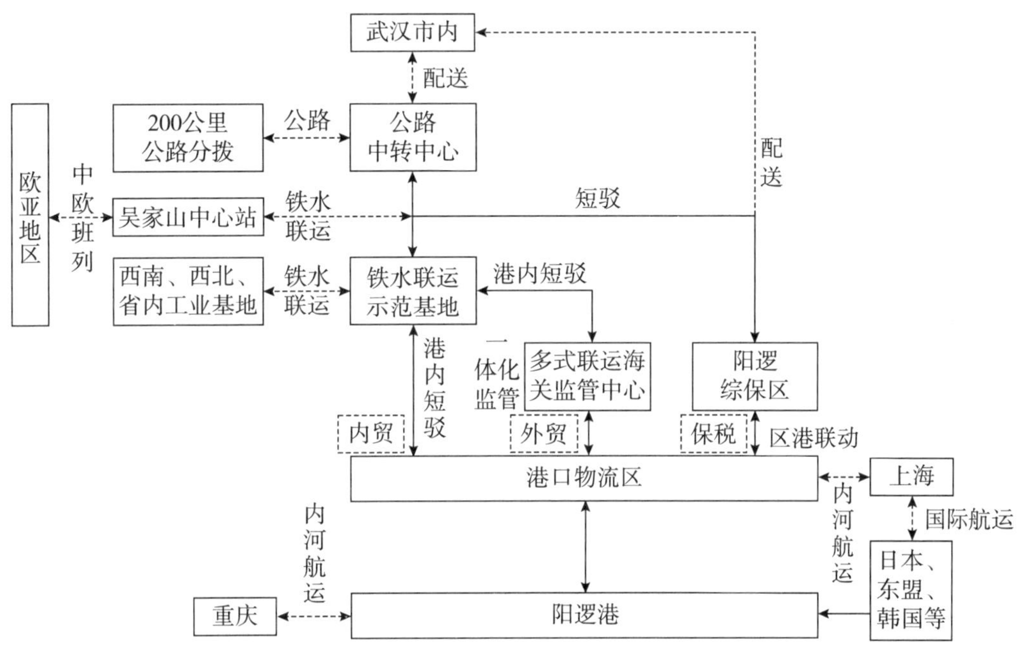

图3 武汉港口型国家物流枢纽功能联系示意

（四）设施建设

阳逻港2004年开港，经过十几年的快速发展，周边物流基础设施逐渐完善，为建设国家物流枢纽奠定了基础。截至2020年年底，枢纽已完成总投资达81亿元，完成计划总投资的72%；占地面积3.16平方公里，物流运营面积2.15平方公里，物流运营面积占比达到68%；堆场面积1.06平方公里，其中大宗散货和集装箱堆场面积分别为0.015平方公里和1.04平方公里；仓库面积0.236平方公里，其中冷藏冷冻仓库面积0.0176平方公里，保税仓库面积0.0315平方公里，自动化仓库面积0.003平方公里；建有2条铁路装卸线，有效装卸总长度达到990米；有11个码头泊位，吞吐能力达到

175 万 TEU/年，已成为华中地区规模较大、标准较高的物流设施集聚区。武汉港口型国家物流枢纽各片区设施投资建设状况如表 1 所示。

表 1　　武汉港口型国家物流枢纽各片区设施投资建设状况

序号	设施名称	性质	规划面积（平方公里）	已建面积（平方公里）	总投资（亿元）	已完成投资（亿元）
1	集装箱港口物流区	存量设施	1.45	1.45	44	44
2	阳逻综合保税区	存量设施	0.80	0.35	39.54	20.69
3	铁水联运示范基地	存量设施	0.42	0.21	12.6	10.4
4	多式联运海关监管中心	存量设施	0.14	0.14	6.78	5.92
5	公路中转中心	增量设施	0.34	0.00	8.7	0

枢纽虽然已具备较大设施规模，但随着枢纽对物流要素的聚集要求进一步增强，仍需要开展增量工程建设，补充和完善有关功能设施。一是铁水联运示范基地，计划续建 0.215 平方公里，主要完成集装箱堆场区建设，旨在进一步提升铁水联运示范基地的承载能力，总投资约 2.2 亿元，计划 2022 年完成建设。二是阳逻综合保税区，后续将在已建成基础上完成园区二期建设，主要包括 0.21 平方公里保税仓库、0.1 平方公里冷链保税库的建设以及工厂房、重箱堆场等，计划投资 18.85 亿元，计划 2024 年完成。三是公路中转中心，总投资约 8.7 亿元，预计 2022 年全面完工。

（五）运营主体

枢纽由单一主体湖北省港口集团有限公司（前身为武汉港航发展集团有限公司）投资、建设、运营，便于枢纽的资源整合与业务一体化运作。公司注册资本 70 亿元，资产总额 398 亿元，年营业收入 85 亿元，拥有 3 家 5A 级、2 家 4A 级、2 家 3A 级物流企业，业务以港口物流为核心，延伸出包括中欧班列（武汉）、多式联运、跨境电商、供应链服务、内河航运、公路货运、仓储服务、大宗商品贸易等业务，形成了完整的物流业务链条，是湖北省“双百强”企业、全国供应链创新与应用示范企业，中部地区具有影响力的临港产业集团和综合物流集团之一。

在枢纽业务运营中，湖北省港口集团有限公司牵头开展“干支配仓”的运营平台架构设计，充分整合权属公司及合作伙伴的物流资源、运营网络、客户资源等，推进武汉港口型枢纽建设发展。武汉港口型国家物流枢纽运营主体及职责分工如表 2 所示。

表 2　　武汉港口型国家物流枢纽运营主体及职责分工

企业类型	企业名称	主要业务领域
武汉港发集团权属企业	长江新丝路国际投资发展有限公司	铁水联运示范基地运营、“云上多联”平台开发及运营、供应链服务
	武汉新港建设投资开发集团有限公司	港口码头及物流园区运营、供应链管理
	武汉港航建设集团有限公司	公路中转中心建设、运营
	武汉港务集团有限公司	港口码头的投资、建设、经营及相关业务
	武汉汉欧国际物流有限公司	中欧班列（武汉）运营、进出口报关、国际多式联运、货物运输代理服务
	武汉新港阳逻保税园区开发管理有限公司	国际保税物流、冷链物流、跨境电子商务
	华中港航物流集团有限公司	内河航运、内河集装箱运输、船舶代理
	武汉中港物流有限公司	集装箱公路运输、拆装箱、空箱堆存管理、货运代理
	湖北汽车运输有限公司	公路运输、甩挂服务、仓储管理、信息服务
武汉港发集团主要合作企业	中远海运港口武汉有限公司	在船舶代理、内河航运等方面合作
	中国铁路武汉局集团	在铁路运输、多式联运等方面合作
	上海国际港务集团	在港口运营、货源开发等方面合作

二、主要做法与特色经验

（一）大力发展江海直达运输，推进长江黄金水道建设

枢纽依托阳逻港而建，作为长江中游枢纽港，水运业务是枢纽发展的基础。如何发挥枢纽节点衔接作用，畅通上至重庆、泸州，下至南京、上海的长江黄金水道，是枢纽发展的首要任务，江海直达运输是枢纽开展的创新探索。

在江海直达航线开通前，从武汉阳逻港至上海洋山港，须先到上海外高桥，然后再转船至洋山，中转时间需 6 ~9 天。2006 年，枢纽联合中远泛亚首次开通阳逻至洋山的江海直达航线，将运输时间缩减至 2 ~3 天。但因货源不足、班期不固定、港口堆场限制及作业效率不高、航运企业为追求效益沿途停挂装卸等原因，实际上往往延迟到 5 ~8 天。从 2006—2011 年，江海直达航线开开停停，一直未形成稳定的航运班列。

2011 年，武汉市人民政府将武汉—上海的“江海直达”航线作为优化营商环境的重要抓手，出台了多项措施提高航线运输效率。一是快速推广江海联运轴辐式水水中转模式和运输组织方案，即武汉通过多式联运连接广袤中西部腹地，利用水水中转、

铁水联运、公路转驳等方式，将货物集并至武汉，通过武汉—上海江海直达航线班轮快速运抵上海港，再根据货物目的港进行分流运输。二是明确航线运营企业服务标准和要求，确保72小时内可从枢纽到达上海洋山港，全年准班率达到85%。三是建立航线运营企业考评奖惩和退出机制，确保班轮服务质量。四是优化口岸通关环境，实行“四优先”（优先接单、优先查验、优先放行、优先制作出口关封）通关服务。枢纽也全力配合“江海直达”航线营运，对班轮提供“三专”（专用通道、专用堆场、专班管理）、“五优先”（优先安排班轮作业计划、优先安排运送班轮集装箱车辆进出、优先安排集装箱班轮靠泊、优先安排集装箱班轮装卸、优先安排联检查验）服务。

枢纽先后开辟了武汉—上海洋山江海直达天天班轮（2013年3月开航）、武汉—东盟（2014年7月开航）、泸汉台直达快班（2013年9月直航）、武汉—日本集装箱快班（2015年9月开航）、中三角集装箱公共班轮（2016年12月开航）、武汉—日本关西近洋直航（2019年11月开航）等数条联通江海国际国内集装箱航线（见表3）。其中，武汉—日本关西进洋直航是中国内陆江海直达国际联运的首创。目前，依托“江海直达”骨干航线发展的以武汉为中点的两段式运输方式，即“上游全中转、下游全分流”轴辐式中转运输模式已日益稳定，社会经济效益十分显著。武汉至上海单个标准箱平均运价下降约40%，运输时间缩短至3～5天，通过该航线运输货物的外贸企业，由开航之初的400余家增加到800余家，江海直达及近洋航线累计运输集装箱百万余标准箱，总货值超460亿美元，水水中转箱量占武汉总箱量比例由29%增至45%。以武汉为中转枢纽、通江达海的国际航运物流体系已初步建立，通达东南亚、东北亚的78个国家和地区，同时通过阳逻铁水联运，从陆路联通欧亚大陆，提升了武汉水水中转的江海运输能力和国内外航线、物流网络的辐射范围。

表3　2019年武汉港品牌航线运营情况

航线	开行次数（次）	集装箱量（标准箱）	航线经营人	班线密度
武汉—上海洋山	306	138478	集海、中外运、中远海运、长伟	76次/季度
武汉—日本关西近洋直航	5	121	武汉新港大通国际航运	周双班
武汉—外高桥	123	102325	中远海运、集海、交发、中外运、长海、长伟	天天班
中三角集装箱公共班轮	392	35702	长伟	98次/季度
泸汉台直达快班	168	1442	中远海运、中外运、上港长江	每周双进双出
武汉—东盟	70	2412	中远海运	周双班
武汉—日韩	89	11931	中外运	周班
省内航线	1360	102056	中远海运、集海、中外运等	340次/季度

（二）打造铁水联运示范工程，构建翻坝运输新通道

三峡大坝建成后，使入川航道重获新生，每年通过低成本的长江水路运输大宗货物成为各大企业的不二之选。然而随着长江航运的迅猛发展，船舶过闸需求也迅猛增长，受制于三峡大坝船闸设计运输能力，无法承受万吨级货船通航，同时三峡大坝规划中的每年可双向通过能力5000万吨已经出现饱和，通航能力提前到达极限，出现了翻坝运输瓶颈。三峡船闸拥堵已成常态，翻坝新通道的建立迫在眉睫。

2016年6月，枢纽推进“一带一路”倡议、长江经济带战略集装箱铁水联运示范工程入选全国首批16个多式联运示范项目。项目以“一线串珠、两路贯通、三位一体”为整体思路推进示范工程建设。“一线串珠”，即通过铁路线联通阳逻港、汉口北铁路物流中心和吴家山铁路物流基地三个核心枢纽，整合长江港口资源和铁路枢纽资源，实现铁路班列和水运班轮无缝衔接；“两路贯通”，即贯通“丝绸之路经济带”与“21世纪海上丝绸之路”，连通长江经济带；“三位一体”，即在实施过程中贯彻基础设施、运营主体、信息管理“三个一体化”。为确保示范工程顺利推进，枢纽开展了多项卓有成效的工作。

一是加强与中铁武汉局集团有限公司合作。围绕推进多式联运主通道建设、实现业务融合和资源共享、拓展国际和国内市场、推动铁路、港口、站场的互联互通等方面，共同推动多式联运示范工程建设。在铁水联运示范基地建设阶段，枢纽在中铁武汉局协助下，高效完成铁路专用线资质办理、专用线运输协议签署、场站硬件完善、运营设备进驻、市场货源组织等具体工作；在多式联运业务运营阶段，中铁武汉局组建工作小组进驻示范工程，加强示范工程集装箱运输的业务指导工作，保障与铁路部门的高效衔接。

二是加快铁水联运示范工程建设。铁水联运一期工程为示范工程的首个启动项目，总投资9.1亿元，占地641亩，设计集装箱吞吐能力为26万标准箱/年。工程于2016年6月开工，2017年12月投入试运营，2018年3月实现常态化运营。铁水联运示范基地正式运营后，阳逻港与铁路货场的距离缩短至2.5公里。集装箱在阳逻港上岸后，可直接短驳到铁水联运基地上列车，改变原有公路短驳至吴家山（60公里）/汉口北（20公里）的方式，大大提高了经济效益与时间效率，实现所有示范线路任意一段公路里程均不超过150公里，且多式联运与公路运输价格比远低于0.8。铁水联运示范工程也给物流降本增效，为实体经济带来了看得见、摸得着的实惠。

三是打造“多式联运经营人”。2017年6月，枢纽运营主体港发集团成立全资二级子公司——长江新丝路国际投资发展有限公司，将其重点打造成多式联运经营平台，负责铁水联运示范基地运营，加强与港口、航运、铁路、货主等上下游的密切合作，推动多式联运业务一体化运营。

四是打通多式联运“最后一公里”。为解决阳逻港与铁路线相距2.5公里的“最后一公里”问题，示范工程高标准改造完成武汉市首条多功能通道——平江大道，改造后的平江大道将作为阳逻港疏港专用路，改造后的平江大道由原来的24米拓宽到50米，车道由6条增至10条。以隔离栏杆形式对港区侧4个车道进行封闭管理，作为阳逻港区作业码头连通铁水联运一期工程的集装箱卡车专用通道，其余6个车道满足社会车辆正常通行需要。

五是制订多式联运作业规范。制订了《阳逻集装箱铁水联运示范基地服务指南》《多式联运进出口业务流程》等标准规范，实现了多式联运业务从货源组织，到铁路运输、水路运输、公路运输，到货物运输组织流程标准化、规范化，保障中转时效性。

示范工程通过铁水联运示范基地建设项目，新建铁路专用线连接江北铁路通达全国，打通铁水联运“最后一公里”，实现铁路与港区紧密衔接，有效发挥铁水联运运量大、成本低、效率高等优势，并充分利用枢纽长江中游航运中心优势，将成渝城市群与长江沿线间货物实行铁路、水路等多式联运分流，建立翻坝物流运输新通道，形成以枢纽为转运节点的铁水联运网络。2016年，枢纽联合中铁武汉局、中远海运推出武汉至成都多式联运班列“中远海运号”，列车从武汉到成都仅需30小时，比传统长江水路运输节省4～7天运输时间。之后，枢纽陆续开辟了经阳逻港中转的“沪—汉—川、渝”“沪—汉—陕、新”双向物流大通道；开通了阳逻港到十堰、襄阳、荆门、应城的省内货运班列；并将江海直航、铁水联运与中欧武汉班列对接，实现“海—江—铁”联运，形成物流闭环，构建联通日韩—武汉—中东、中亚及欧洲地区的国际铁水联运大通道。2020年应对新冠肺炎疫情冲击，成功推行铁矿砂“散改集”“公转铁”业务，成功开通“武汉—随州（厉山）”玉米联运线路，打通“北粮南运”通道。

示范工程的建设既避免了长江中上游成都、重庆等地货物因三峡过闸造成等待时间过长，又避免了因全程铁路运输导致的费用昂贵，大大提高翻坝转运能力。

（三）建造长江水上新“航母”，提升长江黄金水道能力

近年来，长江黄金水道“肠梗阻”的问题突出，进而导致长江航运“小弱散”、高耗低能、船舶技术经济性能差、节能环保技术应用不足、运力结构不合理、运输效率不高等问题明显，严重制约长江发挥“黄金水道”优势。

为解决长江中游不畅问题，2014年湖北省提出长江深水航道整治“645工程”，谋划实施长江干流武汉至安庆6米、宜昌至武汉4.5米水深航道整治工程，随着“645工程”的不断推进，“肠梗阻”得以解决；2017年8月，国家发展改革委批复同意建设武汉至安庆段6米水深航道整治工程，借此契机，示范工程实施主体港发集团深入供给侧结构性改革，积极参与探索武汉—上海洋山江海联运标准船研发建造，2017年10

月，“汉海1号”江海直达示范船方案全面完成，该船型长146.8米，型宽25.6米，吃水6米，最大载重量约为16800吨，可装载1140个标准集装箱（见图4）。

图4 “汉海1号”江海直达示范船

2018年11月，“汉海1号”在阳逻港实现首航，并入选“2018年全球明星船舶”。此船专为6米水深航道设计，是目前长江中上游航行的最大集装箱船，据交通运输部门测算，“汉海1号”投入使用后，可使武汉至洋山的集装箱运输成本下降30%，日均油耗降低20%以上，大大优化长江运输模式，对于实施江海联运规模化运输及全流域航运效益最大化具有重要意义。为充分发挥武汉中西部地区“出海口”的区位优势，枢纽着力打造品牌航线，力推新建500TEU级近洋直达集装箱船，华中港航集团积极推进武汉至日本航线2艘500TEU级集装箱船项目，于2019年11月28日开通武汉—日本集装箱直航班轮，每周一班、14天一个往返。同时投资建造了1艘汉申线江海直达1140集装箱示范船，专为长江6米水深航道设计，2021年年初可投入使用。

（四）构筑网络新平台，提升全程供应链服务能力

为进一步提升枢纽服务水平，枢纽在2019年1月上线华中地区首个智慧供应链综合服务平台——“云上多联”智慧供应链综合服务平台。“云上多联”定位于物贸大数据的供应链服务整合及支撑方，以“科技驱动物流”为理念，围绕多式联运整合公、铁、水、海等运输资源；围绕核心企业整合供应链上下游客户资源；围绕关键能力整合物流、贸易、金融等服务资源，为供应链核心企业上下游中小物贸服务企业，提供

物贸一体化现代供应链服务支撑，补短板强弱项，提升其服务能力和业务范围。

“云上多联”智慧供应链平台包含贸易综合服务子平台（含大宗贸易交易平台等）、多式联运物流服务子平台（含第四方物流平台等）、供应链金融服务子平台（含商业保理系统等）、风险咨询服务子平台，其覆盖港航全程供应链的各种关键通道业务信息管理并进行业务协同服务（见图5）。

“云上多联”重点通过建设四个子平台支撑枢纽运营。一是数据支撑服务子平台，是枢纽信息集成中心和各项业务开展的基础，已完成一期建设，可实现与阳逻港区、铁路总公司、铁水联运示范基地、上海港、宁波舟山港、区域主要支线船公司，以及海关、湖北省口岸办等政府职能部门之间的信息共享和集成。二是多式联运物流服务子平台建设，是枢纽干支仓配业务的操作核心，已完成联运协同平台一期招投标工作，正开展铁水联运、水水中转、全程跟踪等系统建设，同时已对接60余家本地物贸企业和核心客户，开展业务资源和渠道合作沟通。三是贸易综合服务子平台，是对接商贸、制造与政府监管部门，开展供应链组织的核心，已与湖北省口岸办国际贸易“单一窗口”形成战略合作，集成通关、退税、结汇等贸易服务能力，实现外贸货物运输在多式联运体系上的无缝对接和高效流转。四是供应链金融服务子平台，重点开展供应链金融等增值服务，与招商银行、浙商银行、武汉金融资产交易所、中国人民保险等金融机构达成合作意向，通过平台数据风控手段，构建包含保险、融资、保理等多元覆盖的供应链金融产品体系。

借助于“云上多联”智慧供应链综合服务平台，枢纽可实现统一业务门户、在线委托下单、全程可视跟踪、动态信息查询、铁水联运协同、水水中转调度、智能通关管理、供应链金融管理、标准数据交换等功能（见图6）。并在汽车、建材、砂石、生物医药、智能制造、工程机械等行业开展以平台多式联运物流贸易服务为基础，供应链金融服务为核心，信息及增值服务为延伸的产业供应链合作，向平台聚合优质资源，既做到真正降本增效，又为发展多式联运经营人提供核心手段。截至2020年年底，平台累计注册用户2302家、交易额210亿元。

平台对内串联武汉港务集团、新港投集团等权属企业已有的作业操作系统，提供各系统间有效联通、协同及数据共享的能力；平台对外是代表枢纽统一对接外部第三方平台，包括核心客户产业互联网平台、政府职能部门管理平台、互联网物流信息服务平台等，提供枢纽资源、资产及业务的统一调配和市场统筹的能力。

除“云上多联”外，为提高港口物流作业效率，实现智能化运作，枢纽建设了智慧港口及航运调度系统。已与上海港航纵横平台、长江江海联运信息平台实现信息互联、管理互通；搭建完成港口大型机械管理平台，实现远程跟踪生产作业现场；建成场地龙门吊远程操作系统，可实现远程操作。

标准化管理
数据标准化
管理制度
流程管理
运维管理
业务协同层
多式联运协同平台
关检一体化平台
贸易金融协同平台
业务功能层
多式联运业务相关
集装箱云平台
散杂货云平台
集装箱管理中心
EIR管理平台
预录入平台
船舶统一申报
船舶调度
订舱服务管理
共享舱位管理
加工配送管理
仓储云平台
集装箱运输管理
散货运输管理
无水港管理
……
关检一体化相关
统一报关报检
统一放行管理
查验管理
核销管理
物流全程监管
贸易金融服务相关
贸易管理
跨境贸易
物流增值
经营管理
金融服务管理
代理云管理
物流方案管理
物流动态管理
集拼管理
……
基础服务层
ETL
用户认证
流程管理
收费管理
报表管理
日志管理
EDI中心
数据中心层
数据库
数据仓库
数据集市
数据容灾备份
数据安全管理
基础架构层
系统硬件
网络设备
系统软件
存储设备
安全设备
业务单位
集装箱码头
散杂货码头
货代
船代
船公司
车队
仓储
电子口岸
海关
海事
工商
税务
……
多式联运物流服务
贸易综合服务
供应链金融服务
风险咨询服务

图5 “云上多联”功能示意

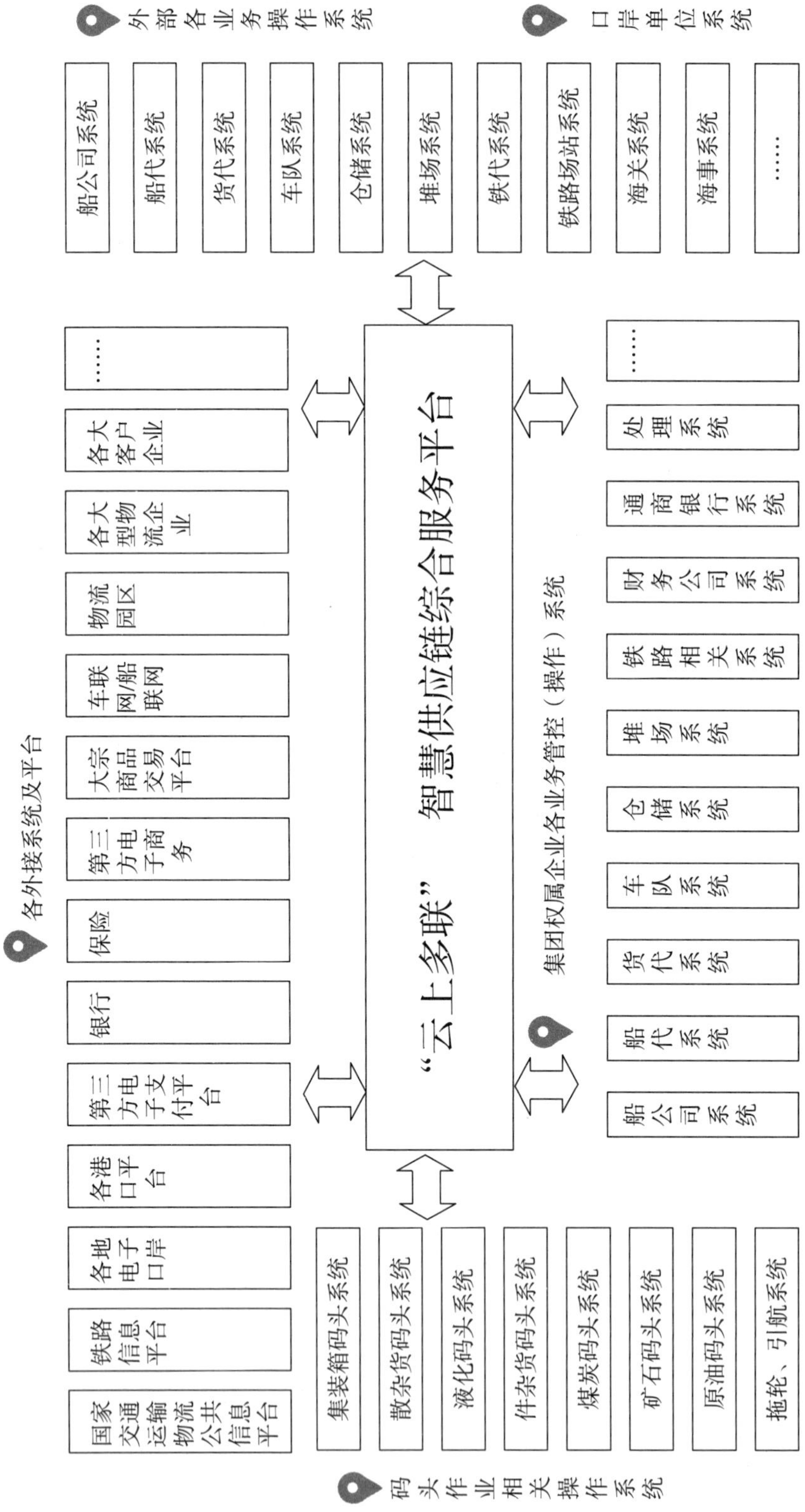

各外接系统及平台

国家交通运输物流公共信息平台
铁路信息平台
各地电子口岸
各港口平台
第三方电子支付平台
银行
保险
第三方电子商务
大宗商品交易平台
车联网/船联网
物流园区
各大型物流企业
各大客户企业
……

码头作业相关操作系统

集装箱码头系统
散杂货码头系统
液化码头系统
件杂货码头系统
煤炭码头系统
矿石码头系统
原油码头系统
拖轮、引航系统

“云上多联” 智慧供应链综合服务平台

集团权属企业各业务管控（操作）系统

船公司系统
船代系统
货代系统
车队系统
仓储系统
堆场系统
铁路相关系统
财务公司系统
通商银行系统
处理系统
……

外部各业务操作系统

船公司系统
船代系统
货代系统
车队系统
仓储系统
堆场系统
铁代系统

口岸单位系统

铁路场站系统
海关系统
海事系统
……

图 6 “云上多联”架构

三、枢纽建设发展成效

枢纽硬件设施日益完善、联运功能不断拓展，以港口为依托的枢纽建设成效凸显。随着长江经济带建设上升为国家战略，武汉逐渐成为中西部地区货物进出口的综合枢纽和稳定“出海口”。

（一）构筑开放高地

港口箱量快速增长。枢纽集装箱吞吐量占湖北省75%以上、占武汉市90%以上，被誉为湖北货物物流的“咽喉”。2003年集装箱吞吐量突破10万标准箱，2009年突破50万标准箱，2014年突破100万标准箱，2019年达168.94万标准箱。2020年应对新冠肺炎疫情、长江汛情冲击，完成193.25万标准箱，同比增长14.4%。枢纽已成为我国中西部的“出海口”，吸引了其他省份的大量货物借港出海，从枢纽出口的外贸箱已占港区集装箱总装卸量的60%以上。

保税园区提档升级。武汉新港空港综保区（阳逻园区）实现“从无到有，从有到优”跨越发展，2017年8月封关运营，2018年完成进出口货物12.3万吨、8284标准箱、货值2.3亿美元；2019年完成进出口货物58.5万吨、4.2万标准箱、货值11.5亿美元；2020年完成进出口货值10亿美元，首次入围全国综合保税区30强。

（二）促进降本增效

枢纽铁水联运基地自2018年3月实现常态化运营以来，至2020年年底到发量突破11万标准箱，铁水联运箱量占港口集装箱吞吐量的比重由1.7%上升到4.2%，积极对标国内领先的大连港。铁水联运实现后，枢纽与铁路货场的距离缩短至2.5公里。集装箱在枢纽上岸后，可直接短驳到铁水联运基地装上列车，改变原有公路短驳至吴家山（60公里）或汉口北（20公里）方式，大大提高了经济效益与时间效率。

以典型内贸线路“沪—汉—蓉”班列为例：以往从上海直接发铁路到成都，运费是8000元/TEU，用时10天，在水位条件比较好的时候，可以从上海水运到泸州，再从泸州公路运输到成都，运费是5100元/TEU，用时25天左右。现在采用铁水联运的模式，直接从海上水运到枢纽发铁路到成都，运费6400元/TEU，用时11天。铁水联运模式单箱运费较铁路运输下降1600元，时间较公水联运节省14天（见表4）。

表4　“沪—汉—蓉”班列运输情况

运输方式	铁路	铁公水联运	公水联运	铁水联运
运输线路	上海—成都	上海—阳逻—吴家山—成都	上海—泸州—成都	上海—阳逻—成都

续 表

运输方式	铁路	铁公水联运	公水联运	铁水联运
运费（元/TEU）	8000	6900	5100	6400
运输时间（天）	10	12	25	11

（三）带动产业集聚

截至2020年年底，枢纽共集聚物流、仓储、加工、关务企业80余家，引进法国最大农业集团英维沃、全国物流前3强香港嘉里大通物流集团入驻，武汉港亚国际供应链等多家公司2019年进出口额实现过亿美元。武汉航运交易所年交易额突破75亿元，累计交易额达到200亿元，正朝着国家级航运交易所目标迈进。武汉电子口岸公司年均服务企业突破5000家。近两年来，阳逻综合保税区和铁水联运基地吸引了进口国际木材加工、进口粮食保税物流分拨中心、上海际华电子商务分拣区、京东保税物流中转仓、“北粮南运”华中分拨集散基地等产业项目纷纷落户。

（四）助力节能降耗

打造绿色智慧港口。集装箱港区已实现岸电全覆盖，累计到港接电船舶965艘次、供电4.95万度，集装箱码头中数建成最早、船舶停靠密度最大的阳逻港二期码头使用效果最好，供电量占比85%以上。以往港口内转运集装箱的作业车都是传统柴油车，近年来投入一批新能源重卡汽车，该车型一次可装载2个标准集装箱，载重量35.8吨，使用磷酸铁锂动力电池，1小时可充满电，一次性续航里程130公里，一年可节约柴油260吨，减少二氧化碳排放843吨。正在实施阳逻港二期、三期中控楼技改、龙门吊智能远程控制等项目，建设智能化卡口，加快5G智慧港口建设步伐。

四、发展方向与未来展望

以“辐射区域更广、集聚效应更强、服务功能更优、运行效率更高”为目标，枢纽在未来3~5年努力实现新跨越。

（一）筑牢枢纽港根基

新建占地515亩的集装箱公路中转中心；通过招商引资等途径，续建阳逻综合保税区；进一步提升铁水联运一期工程的功能。全面建成“云上多联”智慧物流综合服务平台。新建阳逻港三期5号、6号泊位，新增年吞吐能力40万标准箱。在铁水联运一期、二期周边，新建4条疏港道路。建设智慧绿色港口，提高岸电使用效率，实现船舶垃圾、油污水、生活污水全收集处理，推动5G技术全域应用，实现无人卡口、集装箱装卸远程操作、集装箱无人转运。结合产业导入和市场需求，建设临港产业园区、物流园区、综合服务区。到2025年，枢纽将承担集装箱作业量256万TEU，占武汉市集装箱总吞吐量的94%；按单箱重量10吨折算，占全市港口货物吞吐量的18%左右。

（二）发挥大通道优势

用足用好长江“安庆至武汉”6米深水航道，加速长江航运与沿海南北航线贯通。积极开辟武汉—宁波舟山江海直达航线、武汉至东北沿海航线。稳定运行武汉至日韩、东南亚等近洋航线。不断壮大枢纽连接江汉平原、京杭运河、中三角和川渝地区的航运线路。发挥武汉中部地区铁路主枢纽和公路网络中心的优势，大力推动集装箱化运输，稳存量、提质量、抓增量。实现干线运输到发规模占港口枢纽比重超过30%，形成辐射周边150公里左右范围的专线分拨集散运输网络，并通过信息平台与其他枢纽实现对接与共享。

（三）实现高质量运营

以港口物流为核心，延伸中欧班列（武汉）、多式联运、跨境电商、供应链服务、内河航运、公路货运、仓储服务、大宗商品贸易等业务。加强港口与中铁武汉局、中远海运、上港务团等头部企业战略合作，形成“枢纽+通道+网络”的物流运行网络。到2025年，由枢纽承担的外贸总额预计358亿美元，约占武汉市外贸总额的85%，为畅通国内大循环、助力国内国际双循环提供有力支撑。

（撰稿人：涂山峰，胡湘建，戴光文，马日福，胡坤）

岳阳港口型国家物流枢纽

从洞庭迈向江海　枢纽助力湖南开放经济

岳阳，素称“湘北门户”，位于湖南东北部长江南岸，地势东高西低，呈阶梯状向洞庭湖盆地倾斜，是中国著名的港口城市。近年来，岳阳经济发展势头良好，持续增长动能强劲，经济总量稳居全省第二，增速远超全国平均水平。以城陵矶港为核心的岳阳港口型国家物流枢纽（以下简称“枢纽”），依托“一江一湖四水”（长江、洞庭湖和湘资沅澧四水），坐拥163公里长江岸线，具备通江达海、联通全球，融入“一带一路”、长江经济带建设的良好条件。

一、枢纽概况

2016年年底，国家发展改革委发布的《促进中部地区崛起“十三五”规划》明确提出继续做大做强洛阳、宜昌、芜湖、赣州、岳阳等区域性中心城市。2018年年底，国家发展改革委会同交通运输部印发了《国家物流枢纽布局和建设规划》，将岳阳确定为港口型国家物流枢纽承载城市。2020年，国家发展改革委、交通运输部联合印发《关于做好2020年国家物流枢纽建设工作的通知》，公布枢纽入选2020年国家物流枢纽建设名单。

（一）区位交通

依托岳阳良好的公铁水空运输条件，枢纽目前已经形成了水、陆、空立体对外物流大通道。水运通道是岳阳目前通道能力最大、运作条件最为成熟、区域物流要素聚集辐射能力最强的通道，主要依托城陵矶港和长江“黄金水道”，并利用湖南省发达的高等级公路网，通过实施江海联运，形成岳阳至武汉、南京、上海、重庆等沿江枢纽港，经江海联运至“21世纪海上丝绸之路”沿海的国际物流大通道；陆路通道分别为西向对接“一带一路”的湘新欧、郑新欧、汉新欧等国际班列，积极推进岳阳中欧班列开行，融入我国向西开放体系。北向对接中蒙俄经济走廊经，主要依托浩吉铁路、京港澳高速、二广高速等主要干线交通，通道达到京津冀地区、二连浩特、满洲里、蒙古国、俄罗斯等国内外地区。南向对接中印孟缅经济走廊经云南河口、瑞丽口岸出境。航空通道目前已通达国内主要城市，正在推进开行经三荷机场到达香港、台湾地区和日本、韩国等境外的国际包机航班，以加快岳阳融入全球航空物流网络。

（二）空间布局

基于岳阳市已形成的水、陆、空三位一体的对外交通通道和区域综合立体交通网络，枢纽采用科学合理布局，主要由港航物流集聚区和国际商贸物流区两个功能互补的片区构成，总面积为4.27平方公里，如图1所示。

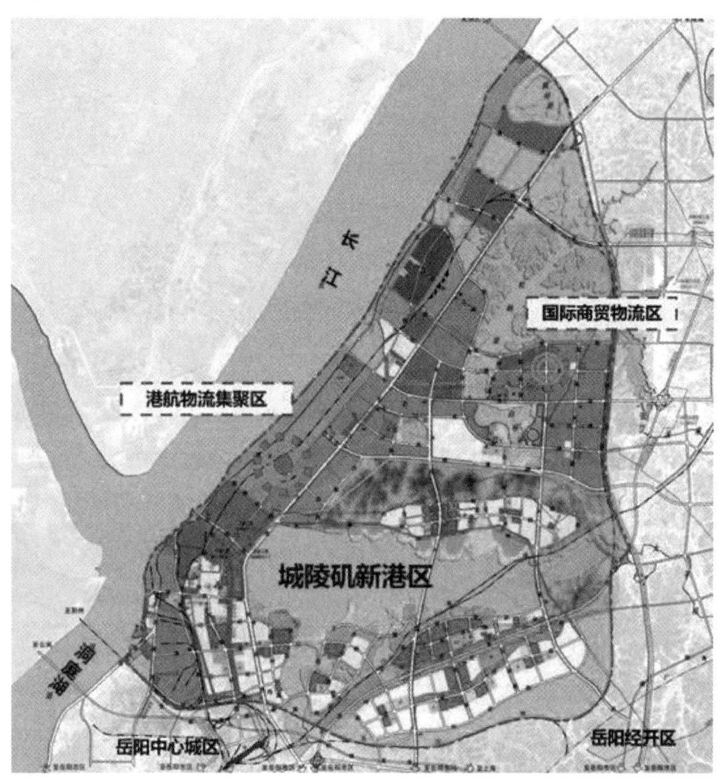

图1　岳阳港口型国家物流枢纽空间布局示意

港航物流集聚区包含绿色港口试点建设项目以及第二批多式联运示范项目，共由九个功能区以及发展预留区组成，如图2所示；国际商贸物流区主要包括综合查验区、跨境电商物流区、保税仓储区、综合服务区四大功能区，如图3所示。

（三）功能定位

枢纽定位主要有以下四个方面：一是提供干线中转、多式联运业务，依托城陵矶新港，枢纽已经形成水水、水公、水铁三大中转体系，为湖南全省及周边地区提供集装箱中转业务；二是提供国际物流业务，利用国际商贸物流区具备的保税物流、保税展示交易等基本功能，对跨境电商、期货交易交割等业务形成良好支撑；三是提供国

图 2　港航物流集聚区功能布局示意

图 3　国际商贸物流区功能布局示意

内区域分拨及配送组织服务，利用高效的集疏运公路网和疏港铁路，形成覆盖湖南全省及周边地区的区域分拨体系；四是提供供应链管理及组织服务，依托综合性信息服务平台，打造集原材料运入、产成品向外辐射、采购、仓储、流通加工、物流信息、供应链金融等于一体的全供应链物流服务体系，支撑岳阳产业高端化发展。

（四）设施建设

枢纽开发建设遵循“市场主导、政府引导、企业运作”的原则，各级政府在国家物流枢纽开发建设过程中予以必要的资金支持和土地保障，对资源整合和对外合作工作予以必要引导和支持，同时遵循市场经济规律和现代物流发展规律，支持和引导各类市场主体参与物流枢纽建设。企业采用多元合作方式综合开发建设国家物流枢纽，通过战略合作，由专业物流基础设施建设企业和物流运作企业联合对具体项目进行开发、建设和运营，共同完成国家物流枢纽建设。

湖南临港开发投资集团有限公司（以下简称“港投集团”）和湖南省港务集团是港航物流集聚区主体工程的开发建设主体，负责组织协调港口枢纽范围内港航物流集聚区的基础设施建设；国际商贸物流区则由岳阳观盛投资发展有限公司（以下简称“观盛投资”）、弘元新港负责项目的投资建设；弘元新港与岳阳交建投负责平台类功能性项目的投资建设。

岳阳枢纽确定了城陵矶新港一期和二期、多式联运项目、港龙物流仓储项目、科德物流仓储项目、顺丰岳阳分拨中心、岳阳海吉星国际农产品物流园等12个基础建设项目，总投资规模70.8亿元。其中，城陵矶新港一期、科德仓储、顺丰速运、海吉星4个项目在申报时已建成，其他8个项目总体进展顺利。枢纽还有14个关联产业项目，其中在新港区范围内有7个，如新金宝打印机、永高新材料、富强科技园、复星合力等。

（五）运营主体

枢纽由港投集团、湖南省港务集团、观盛投资三家国资控股的龙头企业组建运营联盟，作为枢纽基础设施和平台类项目运营主体，并由港投集团作为企业联盟牵头单位，联合枢纽内八家企业对枢纽进行合作运营（见图4）。

二、主要做法与特色经验

枢纽是区域物流组织程度较高的物流枢纽之一，围绕其强大国内干线水运网络与健全的省内分拨网络，以枢纽资源整合为重点，以服务能力提升为核心，以创新驱动为方向，依托优质的“门到门”服务以及穿梭巴士服务，整合贸易、金融、保险、物流、仓储、信息、商务等要素，结合区域产业结构本身的需求，运用供应链思维和运作方式，构建大物流、大资金、大数据、大信息、大通关、大产业的要素组织平台，实现规模化的区域物流组织，提高货运质量和数量，降低物流相对成本，培育和引导产业重新布局和结构升级，打造区域枢纽经济发展新范式。

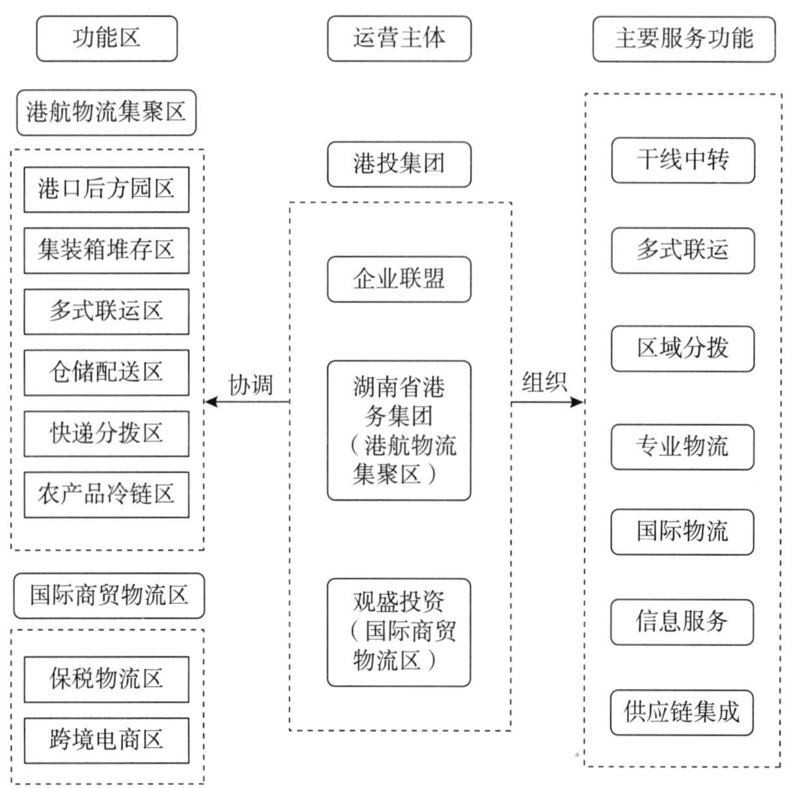

图 4　运营主体架构

（一）构建四关联动，打造进出口中转枢纽港

城陵矶老港区建在洞庭湖与长江的连通处东岸。沿长江水路，万吨级货轮可经上海到达南通，5000 吨级货轮到武汉，3000 吨级货轮到城陵矶老港区。2009 年 6 月，城陵矶新港建成开港。城陵矶新港建在距离老港区 4 公里水路的长江东岸，可通航 5000 吨级货轮。新港包括 3 个 3000 吨级多用通用泊位码头、综合办公、仓库以及附属建筑物，建筑总面积 3. 5 万平方米，设计年吞吐量为 30 万标准箱。

长江的不同河段，可通行不同吨位的船只，上通下达的货轮往往在中游换装。以往，城陵矶没有进出口货物中转的资质，不能承接进出口货物中转作业。例如，重庆至上海的出口货物，只能在武汉阳逻港中转，换装在海关登记的 5000 吨级大船到上海。不仅川渝地区的进出口货运业务，就连湖南省的进出口货运业务都流失到阳逻港，导致城陵矶新港的实际年吞吐量远远达不到设计量。

为了给城陵矶新港争取进出口货物中转枢纽港的资源，长沙海关专门向海关总署汇报，反复与重庆、武汉、上海等地海关沟通，形成重庆、长沙、武汉、上海四关联动大通关体系，成功构建“重庆—宜昌—岳阳—上海”四关联动的快速通关模式。重庆、宜昌的进出口货物可在城陵矶新港的海关监管场所换装，实现一次装船，一票通关，四地海关一路“绿灯”。

通过构建四关联动，有力地吸引了湖南本土走水路以及上游进出口中转的货主、船东，挽回了曾经流失的业务，极大地提高了城陵矶干线中转业务的吞吐量和装卸收入。同时，极大提升了物流效率，川渝出口货物可由城陵矶新港换装3000吨至5000吨级的中型船，与原来到阳逻港换装相比，可减少小型船的水路运输距离超过200公里，整体周转速度加快，货物上海的时间可提前2天。

（二）启动多式联运，有效降低货运成本

虽然城陵矶新港集装箱码头进港铁路专用线仍在修建中，但枢纽多式联运业务已提前启动、发展良好。

一是启动了集装箱铁水联运项目。枢纽与广铁集团合作，于2020年4月在集装箱码头设立广铁集团无轨铁路货场，省内铁路运价优于市场价，项目一启动即得到货主企业认同，全年完成集装箱铁水联运2400标准箱；2021年枢纽拟将集装箱铁水联运辐射到省外，预计超过2万标准箱。

二是大幅提升干散货铁水联运能力。通过对城陵矶老港区提质改造，全面更新铁路到发线、编组站、装车机，日通过能力由原来的7列提高到10列，同比增长42.9%，2020年全年实现铁矿石铁水联运1586万吨。

三是健全内贸商品汽车公水联运体系。对接大众、广汽、通用、奇瑞等企业，在枢纽建设国内汽车主机厂前置库，在长江下游沿线制造基地，通过船舶滚装至岳阳枢纽集并，并以公路运输向湖南省内及鄂南、赣西地区分拨。枢纽滚装船如图5所示。

湖南省港务集团高度重视汽车滚装业务，针对基础设施破旧、场地受限等因素进行提质改造，加上城陵矶新港二期下游的开港，大大提升了汽车滚装装卸速度，有效缓解了堆场狭窄的问题。湖南省港务集团还成立了专营子公司，经过一年时间的摸索，逐步提高业务运行效率，每小时装卸车数在80～100台，并实现了船舶停靠即可滚装，24小时不间断作业，最大限度节约运输时间和运输成本。除此之外，专营子公司还创新开展工作，合理调度运力，联合多家船运公司互通信息，最大限度利用空舱，实现多方共赢。

与原来相比，由上海发运通过水运中转的商品车，每辆车运费可以节约1500元左右。在国内汽车行业整体产销量下行的大背景下，城陵矶港汽车滚装业务逆势上扬，2018年装卸量不到2万辆，到2019年便突破了10万辆，2020年更是达到15万辆。

图 5　岳阳港口型国家物流枢纽滚装船

（三）借助国际物流，实现服务能力升级

2020 年，为服务湖南开放型经济发展和自贸区岳阳片区建设，枢纽在国际物流业务方面实现了 3 个重要突破。

一是构建了乌克兰—华中西南地区进口粮食物流通道。因贸易摩擦加剧，2020 年美国进口粮食偏紧，为保障华中、西南地区饲料用粮需求，枢纽与中粮集团、中远海运策划了乌克兰—华中西南地区粮食物流通道，引导饲料企业集中采购乌克兰优质玉米，经黑海、苏伊士运河运抵南通保税仓，随后经长江内支线运抵城陵矶港，由公路分拨至洞庭湖平原、江汉平原饲料企业，由铁路运至贵州、四川。2020 年枢纽全年进口乌克兰玉米约 110 万吨，保障了生猪产业稳定复产。

二是建立了高货值产品出口欧美全流程物流服务体系。过去枢纽主要做重、大、粗的物流业务，高端物流服务较少。近年来，借助年产 1800 万台喷墨打印机的新金宝惠普打印机项目全面达产的契机，枢纽与中远海运合作，协调海关、湖南省港务集团参与，推出高端出口物流服务，湖南省港务集团提供箱源、堆场，实现区内和站场快速流转，海关 24 小时全方位服务，中远海运负责运输管理。2020 年通过铁水联运经盐田港发往北美、南美喷墨打印机 5400 标准箱，通过公水联运经蛇口、赤湾发往东南亚、非洲喷墨打印机 4000 标准箱，通过公铁联运经西安、重庆发往欧洲喷墨打印机 3500 标准箱，在全球受新冠肺炎疫情影响的大背景下保障物流顺畅，标志着枢纽正式具备了服务高货值产品出口的能力。

三是建立了跨境电商物流服务体系。2020 年枢纽服务岳阳跨境电子商务综合试验区建设，开展跨境电商物流服务。消费者可在线上的跨境电商平台下单，贸易公司根据消费者需求直接从国外进口产品，通过岳阳跨境电子商务综合试验区平台，完成落地通关手续后，即可进行配送，消费者在家门口就能享受到便捷的“全球购”服务。与国外直邮的模式相比，从下单到收货的时间可缩短 10 天左右。另外，消费者单次交易额 5000 元及以下、年度交易额 2.6 万元以下，还可享受免税政策利好。跨境电商产品以日本和韩国的护肤品、彩妆、洗护类热销品为主，2020 年完成跨境电商进口 1210 单，货值 432 万元；完成跨境电商出口 9610 单，货值 1333 万元。

（四）升级基础设施，支撑专业物流产品

岳阳烟花爆竹水陆联运长年居全国第一。城陵矶新港于 2007 年建港时，在港内设置了危化品堆场和烟花爆竹堆场。但存在中转堆存能力不足、安全距离不达标等问题，这个堆场不符合海关监管要求，给安全生产带来重大隐患，湖南烟花爆竹出口通道甚至面临被关闭的窘境。湖南省港务集团成立以来，坚持“人民至上、生命至上”的理念，高度重视安全生产，将新建城陵矶新港危化品集装箱堆场摆上重要议事日程。

在当地政府的支持下，项目立项审批、项目选址、用地预审、征地拆迁、用地报批等工作一路绿灯、顺利推进。2020 年 10 月，城陵矶新港危化品集装箱堆场项目正式动工。2021 年 4 月 28 日，该项目顺利通过交工验收；6 月 25 日，危险品储运公司获得《港口经营许可证》与《港口危险品货物作业附证》，正式具备生产运营条件，为集装箱港的安全提供了保证。6 月 28 日，堆存在城陵矶新港危化品集装箱堆场的 10 箱烟花，通过集卡车转运到城陵矶新港码头装船出运。

近年来，枢纽贯彻国家政策，依托海吉星物流园，重点发展农产品和冷链专业物流业务。2020 年，枢纽内海吉星物流园交易量达 38 万吨，交易额达 23.5 亿元，主要货品包括：在两湖平原采购“四大家鱼”4.3 万吨，销往东三省；在两湖平原采购小龙虾 1.7 万吨，销往全国 40 多个城市；在海南、广东采购辣椒 1.08 万吨，销往岳阳及周边 20 多个县市；在云南采购莜麦菜 0.92 万吨，销往长沙、岳阳等地。此外，承接港口和其他地区冷冻集装箱 800 多柜次，保障岳阳及周边地区肉类需求。全国农产品和冷链物流前 20 强企业均将服务网点延伸到枢纽，推动了枢纽专业物流领域的新发展。

（五）积极创新实践，落成现代化“胶囊仓库”

作为“长江八大良港”之一的城陵矶港，是湖南最大的水铁联运、水水中转、干支直达的干散货枢纽，也是全国内河主要枢纽港之一，但该港此前设施陈旧，货物露天堆放，严重影响周边环境，无法满足现代化港口发展的需要。

2019 年 6 月，湖南省启动建设城陵矶港环保提质改造项目，“胶囊仓库”应运而生。“胶囊仓库”选用了微动力除尘导料槽设备，通过多级抑尘设备、除尘喷洒系统的协调工作，有效解决城陵矶港的货场粉尘污染问题，有利于保护长江生态环境。

“胶囊仓库”长 470 米、宽 110 米、高 46.5 米，单体面积约 5.1 万平方米，仓库内能存放货料约为 33 万吨。其壳体由上万块白色轻钢板无缝拼接而成，中间没有一根立柱，共使用四千多吨钢材，如图 6 和图 7 所示。其顶层采用错层结构，达到通风效果。该仓库是目前亚洲最长、最高、面积最大的网架结构港口散货料仓，也是长江流域首个巨型“胶囊”形散货仓库，单跨跨径位居全国第二。

图 6　城陵矶港“胶囊仓库”外部实景

图 7　城陵矶港“胶囊仓库”内部实景

随着项目建成，城陵矶港干散货可以通过皮带机运送到“胶囊仓库”，再通过堆料机、取料机装卸到火车上。新的设备仅需 7 人便可完成操作，1.5 小时可完成一列 55 节车厢、3500 吨的散料装车。装车后，通过铁路运至岳阳北站，再经班列发往全国各地，实现了铁路箱可以走海运、海运箱可以走铁路的无缝对接。

三、枢纽建设发展成效

（一）筑巢引凤，吸引物流名企入驻

岳阳作为国家首批沿江对外开放城市、湖南省唯一通江达海的口岸城市，独揽“三区一港三口岸”七大国家级平台，近年来成功引进京东、深国际、海吉星等一批国际国内知名物流企业。各类平台叠加、利好政策赋能，岳阳先后荣获“全国现代物流创新发展试点城市”“国家多式联运示范工程”“港口型国家物流枢纽”“全国跨境电子商务综合试验区”“全国绿色货运配送示范工程创建城市”等金字招牌，物流产业发展驶进“快车道”。

2020 年，岳阳市承办了湖南省百强进出口企业港航物流对接会，多方寻找货源增量，对长沙、衡阳、常德等地 50 多家企业逐一上门面对面回访和对接，为各进出口企业量身制订“一对一”物流服务方案，吸引了省内外货运物流加速向城陵矶港聚集。目前，岳阳有大型物流园区 10 个，A 级以上物流企业 31 家。

2020 年，岳阳市新签约物流项目 16 个，总投资 70.4 亿元。通过产业链招商，已与湖南财信金控、普洛斯隐山资本及其物流生态圈企业、成都航空、四川铁通公铁物流等进行多轮洽谈对接。目前，岳阳市政府与成都航空签订了战略合作协议；岳阳市交投集团与湖南财信金控、普洛斯隐山资本签约成立了现代物流产业发展引导基金；城陵矶新港区、城陵矶新港公司与中海通联手建设运营粤港澳大湾区—岳阳多式联运物流通道成功签约；壹米滴答、四川铁通公铁物流入驻岳阳等合作事项也推进顺利。

（二）欣欣向荣，物流企业释放潜力

枢纽基于区域交通优势，积极发展区域分拨业务，现枢纽内承担区域分拨业务的入驻企业有 80 多家，均运营良好，特别是仓储、配送企业营利能力较强。

一是智慧商贸物流园。2020 年 10 月 28 日正式开园，成功并入深国际全国物流网络，实现了从深国际全国各网点至岳阳的货物互通。入园物流企业有京东物流、安能物流、浩海物流、德邦物流、橙心优选、小肥团等 30 多家，日均完成中转、分拨、配送 50 万件以上。

二是顺丰速运。业绩远超预期，2020 年总吞吐量达 1500 万票，其中岳阳地区向外

发出的有450多万票，目前正在考虑扩容。

三是“智通三千”。2020年枢纽成功引进江苏零浩网络科技有限公司在新港区建设“智通三千”网络货运平台，并在3月17日颁发全省第一张网络货运牌照，主要补充岳阳及周边地区零担快运业务短板。迄今，该平台承接物流业务6700多单，物流成交额超过5.2亿元。

（三）历经考验，业绩实现逆势上扬

自2020年正式获批以来，枢纽得益于良好的基础条件，整体运营情况良好，各项指标在新冠肺炎疫情和中美贸易摩擦大背景下实现逆势上扬。基于干线中转业务的蓬勃发展，2020年城陵矶新港完成集装箱吞吐量50.87万标准箱，其中中转箱34.66万标准箱，占吞吐总量的68.1%。岳阳枢纽在全省水运物流干支协同体系中的龙头地位进一步巩固，水运集装箱做到了100%在岳阳枢纽中转。干线中转班次稳步增长，2020年，城陵矶—洋山江海直达航线运营263班，航班密度同比增长43%；城陵矶—外高桥“五定”快班运营457班，同比增长6.5%；城陵矶—日韩台接力航线运营101班，系枢纽建设方案外新增的集装箱干线；城陵矶—东盟接力航线运营165班，同比增长9.1%；城陵矶—澳大利亚接力航线运营64班，同比增长8.2%。城陵矶—长沙穿梭巴士运营1140班，同比增长13.5%。

四、发展方向与未来展望

2021年是实施“十四五”规划的开局之年，也是枢纽建设的关键之年。在“十四五”期间，枢纽将重点抓好以下四个方面的工作。

（一）加速推进港口型国家物流枢纽建设

加快枢纽设施整合与两片区建设，大力推进城陵矶港口物流园（多式联运）、岳阳智慧商贸物流园二期、松阳湖通用码头、城陵矶港环保提质改造二期、弘元新港跨境电商物流、兴非昌保税物流等项目建设。全面完成城陵矶新港水公铁集装箱多式联运示范工程实施方案所确定的目标任务，通过省级审核和部级验收。提升干线运输服务效率，建设运营好粤港澳大湾区—岳阳物流大通道，完善对接西部陆海大通道，优化与干线业务相匹配的区域辐射分拨、配送等服务。加快建设以江海、铁水、公水等多式联运为核心的干线物流组织与运营平台。强化港投集团、湖南省港务集团、观盛公司、弘元新港等国家物流枢纽建设运营主体的组织工作，加强枢纽管理维护主体和业务运营主体的协调衔接，加速国家物流枢纽的统一建设、运营和管理。加强枢纽与其他枢纽之间的业务对接。

（二）不断完善物流基础设施网络体系

推进物流运输通道建设，建成投运城陵矶松阳湖铁路专用线、北环线、西环线、机场快速通道和枫树山路，加快杭瑞高速金凤桥互通和横铺互通项目建设，开工建设S308 南江至龙湾公路、S208 岳阳长江经济带沿江公路。优化市域存量物流资源，加强相关物流设施整合提升与疏解腾退工作统筹，推进分散布局的小、散物流企业整合入园。加速推进胥家桥综合物流园、恒美食品冷链产业园、中非经贸产业园、三荷机场改扩建、虞公港深水外港物流园等一批重点物流项目建设。全面落实《岳阳市促进冷链物流业高质量发展若干措施》，加强冷链物流体系建设。

（三）大力培育壮大物流市场主体

支持本地物流企业或有实力的机构，通过参股控股、兼并重组、协作联盟、延伸服务等方式做大做强。积极引导现有运输、仓储、货代、快递企业改造提升、功能整合和服务延伸，实现传统物流企业向现代物流企业转型升级。按照“建链、延链、补链、强链”的产业链发展思路，实施精准招商、以商招商、基金平台招商等，持续招大引强，着力引进一批国内外知名物流企业来岳投资兴业。充分发挥物流行业协会作用，完善行业自律体系，规范行业内部生产经营行为。

（四）积极推动物流智慧化发展

鼓励物流企业物流活动全过程数据化、电子化，推广使用运输管理信息系统、仓储管理信息系统与电子订货系统等，加强物流企业与生产制造企业、商贸企业信息化对接。加快推进岳阳市物流大数据平台建设与运营。在确保信息安全前提下，推动企业物流系统、行业物流信息平台与政府公共信息平台对接、数据共享，加快形成跨部门、跨层级、跨区域的物流协同运行体系。支持和引导物流企业采用已发布的快递、仓储、冷链、口岸查验等领域基础设施推荐性国家标准和行业标准，严格执行相关建设和安全作业标准。推广应用符合国家标准的货运车辆、内河船舶船型、标准化托盘和包装基础模数，带动上下游物流装载器具标准化。鼓励企业采用标准化的物流计量、货物分类、物品标识、物流装备设施、工具器具、信息系统和作业流程，加快对现有仓储设施、转运设施、运输工具、装卸设备等的标准化建设和改造，推动新业态、新模式创新。

（撰稿人：周和平，陈兴飞，蒋宇）

钦州—北海—防城港港口型国家物流枢纽

打造多式联运综合枢纽　助力西部陆海新通道高质量发展

钦州—北海—防城港港口型国家物流枢纽（以下简称“枢纽”）位于中国大陆最南端，依托的广西北部湾港背靠西南，面向东盟，是中国大陆距离马六甲海峡最近的沿海港口，深水岸线资源丰富，是正规全日潮港和中国南部受台风影响最小的港口之一。枢纽充分发挥面向东盟的开放门户，陆海、边海有机衔接的区位优势，打造西部陆海新通道的国际门户，“一带一路”建设和面向东盟开放开发的战略窗口，全面对接粤港澳大湾区、海南自贸区（自贸港）及成渝地区双城经济圈的前沿基地，是供应链管理运营中心、全国多式联运示范样板及航运物流集聚和综合物流增值服务创新平台。

一、枢纽概况

枢纽分为钦州、北海、防城港三个片区，占地面积共 20.9 平方公里，枢纽内物流功能突出、多式联运基础扎实、物流业务模式成熟的钦州港大榄坪港区、北海铁山港西港区和防城港渔澫港区东湾物流园。

（一）区位交通

国家级综合运输大通道的交会点钦州市、北海市和防城港市作为北部湾经济区的重要组成部分，具有优越的交通战略区位，是 2 条国家综合运输大通道、3 条全国物流大通道的交会点，是从我国内陆腹地进入中南半岛东盟国家重要和便捷的出海门户。其中，沿海运输通道和包头至防城港 2 条国家级综合运输大通道在防城港交会，南北沿海、二连浩特至北部湾、西南出海 3 条全国物流大通道在北部湾地区交会。

钦州市、北海市、防城港市积极统筹物流资源，联合其经济腹地区域的公路网、铁路网和海港群，共同构建多式联运一体化网络。提高城际铁路、高速公路的路网密度，实现与南宁、湛江等周边主要城市 1 小时通达，钦北防主城区 1 小时通勤，钦北防主城区与相邻园区、港区 30 分钟通达。通过提升三市内部联通水平，畅通对外联系通道，加密联系，实现协同发展，三市港域共同组成的北部湾港能够作为一个整体发展成为西部陆海新通道的国际门户港。

（二）港口功能

广西北部湾港目前可满足30万吨散货船舶、20万吨级集装箱船舶进港条件。作为我国沿海24个主要港口之一和“一带一路”海陆衔接的重要港口，正在打造国际门户港，构建国际海铁联运物流大通道，拥有生产性泊位271个，其中万吨级以上深水泊位98个，通过能力2.77亿吨。钦州港重点发展集装箱业务，并通过钦北防三港区间干线集疏，培育区域集装箱干线港；防城港重点发展大型散货及冷链物流，重点服务本地及云南区域；北海港域主要服务临港企业工业及桂东南区域。枢纽主要提供干线运输组织、港口装卸仓储、多式联运、口岸综合服务、物流服务等。

（三）功能布局

（1）基本功能：枢纽提供干线运输组织、多式联运组织、区域分拨及配送、口岸综合服务、物流信息服务及国际物流服务。

（2）延伸功能：枢纽提供供应链管理、资源能源储运、跨境电商、特殊物流、应急物流及物流金融等增值服务，构建“国际国内双向辐射、铁公水航一体运行、枢纽—贸易—产业协同发展”的物流服务网络。

（3）分片功能布局：枢纽钦州片区7.9平方公里，配备集装箱中转中心、多式联运功能区、智慧公路港功能区、航运服务中心、跨境商贸物流服务、CBD功能区、供应链服务功能7大功能区；北海片区6.0平方公里，配备综合保税功能区、码头作业及集装箱堆场区、公共仓储区、配送及加工区、多式联运服务区、综合物流服务区和集装箱物流拓展区7大功能区；防城港片区7.0平方公里，配备国际公铁海运联运区、跨境冷链商贸物流合作区、智能综合物流中心、国际物流服务区、新能源化工供应链组织与服务区5大功能区。枢纽内的钦州保税港区，是整车进口、酒类进口、进口肉类、进境水果和粮食进口口岸；防城港市东湾物流园区则是首批国家示范物流园区。

二、主要做法与特色经验

（一）探索跨区域枢纽运营模式

政府牵头建设：由广西壮族自治区北部湾办公室、广西壮族自治区发展改革委、交通运输厅和钦州、北海、防城港市政府牵头组建领导小组；2019年广西壮族自治区党委、政府印发《关于推进北钦防一体化和高水平开放高质量发展的意见》《广西北部湾经济区北钦防一体化发展规划（2019—2025年）》，明确从空间布局一体化、交通一体化、统筹园区发展、共建现代产业体系、构建全方位开放格局等八个方面全方位推进钦北防一体化发展。

联盟形式运营：由广西壮族自治区北部湾办公室牵头，以资本合作为核心纽带，以“核心企业+紧密成员+协作成员”的形式成立枢纽运营联盟。

共建共管共治：联合钦州、北海、防城港三市物流与供应链管理协会等行业协会，发挥多方优势，形成相互补充、彼此协同、互为促进的分工体系，实现对物流枢纽的共建共管共治。

（二）优化片区内部交通联通

海运方面，钦州片区依托的钦州港重点发展集装箱业务，并通过钦北防三港区间干线集疏，培育区域集装箱干线港；防城片区依托的防城港重点发展大宗散货运输及冷链物流，重点服务本地及云南区域；北海片区依托的北海港主要发展邮轮及综合航运，主要服务临港企业工业及桂东南区域。截至2020年年末，北部湾港口建成各类泊位271个，其中万吨级以上深水泊位98个，设计通过能力2.77亿吨。三港之间开通高频次的海上穿梭巴士，保障各港域对应腹地集装箱快速分拨，另外还开通了北部湾港—广东的港外穿梭巴士，搭建两广间高效物流通道。

陆上交通方面，区域内交通一体化加速成网钦州、北海和防城港三市在地理位置上相互毗邻、在经济发展上联系紧密。钦州—北海—防城港公交化城际高铁，实现1小时通达，对接粤港澳大湾区的调整铁路正在加快建设；枢纽各片区实现1小时高速公路网快捷联通，其中钦州—防城港半小时通达，到2025年三个片区实现相邻主城区、园区、港区间半小时互通，出海出边通道建设完成。

集疏运联通方面，北海片区通过海陆联运，为港口腹地及其辐射区域提供货物集散、国际中转、转口贸易、保税监管等物流服务和其他增值服务，针对满足电子信息制造业和承接粤港澳大湾区转移的高新技术产业、精细化工、新材料等产业，建设综合航运港。

防城港片区以冷链物流功能设施为抓手，依托水果、海产品海陆进口大通道、首批国家农产品冷链标准化试点城市的特点，稳定开行水果集装箱航线。按照“开通一条，稳定一条”的发展原则，重点增加泰国林查班港—越南胡志明港—中国防城港水果航线密度，开通防城港至中国台湾、泰国乃至欧洲、北美等主要水果产地的航线，联动通达数十个城市的冷链专列，提升防城港进境水果指定口岸综合竞争力。

（三）加快西部陆海新通道建设

2019年1月，广西北部湾国际港务集团有限公司、中国铁路南宁局集团有限公司、中国铁路成都局集团有限公司，合资成立广西北部湾国际联运发展有限公司，作为西部陆海新通道广西保障中心，负责组织国际陆海贸易新通道上行班列货源以及下行班列与港口船舶的衔接。2020年进一步加强资本联合和战略合作，引入甘肃省国际物流有限公司、贵州现代物流产业（集团）有限责任公司、新疆国际陆港（集团）有限责任公司、宁夏商务投资开发有限公司，统一与船东、铁路、区域公司结算相关费用，确保西部陆海新通道的一体化高效运作，开展国内外网络和市场拓展，并依托平台积极拓展新业务，打造国际多式联运、区域合作示范品牌。

逐步构建起以重庆为运营中心、广西为保障中心，搭建起枢纽联通西部内陆的班列运营模式，通过西部陆海新通道连接重庆、成都、西安等地，并辐射昆明、贵州、兰州等西部地区，海上联通了香港、新加坡两大国际航运中心，进行“统一品牌、统一规则、统一运作”，通过“一口价”降低区域物流成本。通过班列和航线，在中国西部地区搭建起了一条南北向物流新通道，实现了北联丝绸之路经济带、南联“21 世纪海上丝绸之路”，“点线并举、境外布局”的多式联运新格局。有机衔接“一带”和“一路”，也形成了新的国际陆海贸易新通道。

枢纽的航线由最初的北部湾港—重庆 1 条线路，目前已经发展成到重庆、四川、云南、贵州、甘肃、陕西、宁夏、湖南、内蒙古等地共计 10 条线路；辐射区域由 2017 年的 4 省 10 站，发展成为 10 省（自治区、直辖市）33 市 66 个站；运输品类由 2017 年的 30 余种，增加至目前的 500 多个品类；2020 年，北部湾港集装箱航线新增 6 条，达到 53 条（其中外贸航线 30 条，含远洋航线 3 条），西部陆海新通道的货物品类超过 500 类，遍布 6 大洲 105 个国家和地区的 304 个港口，主要覆盖东南亚、日韩、南美和南非，并实现与中欧班列对接（见图 1）；中国香港、新加坡公共舱位班轮分别实现每天一班、每周双班，有效衔接中国香港、新加坡两大国际航运中心。

图 1 陆海新通道班列与中欧班列对接实景

以成都—新加坡航线为例：采用西部陆海新通道海铁联运模式，成都货物经铁路（距离1669km，运输时间2.5天）运抵北部湾港，转海运往新加坡（距离2600km，运输时间5天），全程运输时间8天左右。成都的常规货物经铁路运往宜宾港口（距离360km，运输时间0.5天），由长江水运至上海港（距离3140km，不考虑特殊时期，三峡待闸运输时间15天左右），经海运抵达新加坡（距离3900km，运输时间10天左右），全程运输时间26天左右，缩短了18天左右，时效提升达70%。

枢纽通过参与建立西部陆海新通道海铁联运“一口价”公共服务平台，实现各运输分段计费转变为全程统一费率，形成了多式联运发展新格局。此外，枢纽对标上海港、宁波港、新加坡港等国内国际一流港口，大力推动降低港口中介服务收费，进一步规范收费行为，力争达到国际先进港口收费水平，推动西部陆海新通道建设、打造国际门户港。

（四）依托互联网技术组织集装箱循环班列

枢纽配套建设的钦州铁路集装箱中心站，具有全国铁路先进的集装箱场站管理系统，通过打造“智能化场站+自动化码头+互联网”的智慧港口，实现作业流程全信息化，场站视频监控全覆盖。钦州铁路集装箱中心站自主研发的“铁海联”互联网交易平台，通过中铁联集公司覆盖全国的铁路集装箱中心站运营网络，组织中心站与中心站间的“点对点”集装箱班列。钦州铁路集装箱中心站采取技术直达方式，开通到昆明中心站的集装箱循环班列，固定车底循环拉运，实现了货物的“重来重去”，运输效率提升50%以上。

（五）建设一体化通关服务平台

推进国际贸易“单一窗口”升级改革，建设包含舱单理货协同、引航拖轮、查验放行、查验补贴申请、卡口放行、设备交接单与换单在内的7个无纸化协同系统，以及金融服务、出口退税2个模块，北部湾港海运集装箱进出口业务主要环节实现了整体优化。广西国际贸易“单一窗口”北部湾港跨境物流一体化改革，被评为广西自贸试验区首批自治区级制度创新成果，将面向广西壮族自治区各地推广。

三、枢纽建设发展成效

（一）港口吞吐规模迅速增长，降费优服提效明显

2020年枢纽累计完成港口货物吞吐量2.06亿吨，同比增长15.6%；集装箱完成505.16万标准箱，同比增长32.23%。其中外贸完成50万标准箱，同比增长5.7%。

近 3 年集装箱增速稳居全国沿海规模以上港口前列，2020 年集装箱吞吐量跻身全国沿海港口前 10、世界港口前 40 名行列。截至 2020 年年底，北部湾港已开通内外贸集装箱航线达 53 条，遍布 6 大洲 105 个国家和地区的 304 个港口；已开通至新加坡、中国香港两个“天天班”航线，截至 2020 年年底，中国香港、新加坡班轮开行 430.5 班，实现集装箱吞吐量达 12.2 万标准箱，同比增长 20%。

针对西部陆海新通道海铁联运集装箱，北部湾港钦州港区免收海铁联运提卸柜费、实行三港海铁联运同价政策、提供普通货物 15 天免费堆存期、冷冻柜 10 天免费制冷期。推动《广西壮族自治区人民政府办公厅印发关于推动进一步降低广西北部湾港口中介服务收费专项行动方案（2020—2021 年）的通知》，对 13 项港口中介服务费均提出了具体的降费目标，以成都—北部湾—新加坡海铁联运为例，铁路双向运费下浮 30%，港口作业费减免 50%，中转关检费减免 80%，全程运输费用仅为 5000 元/40 尺箱，较经上海港出海的江海联运全程运费 9200 元相比，运输费用减少了 4200 元，物流成本降低了 45.7%。

（二）陆海新通道班列持续增长，服务范围持续扩大

西部陆海新通道构建了运营中心统筹、区域公司协同的跨区域平台。实现了铁路运价下浮、北部湾港口操作费降低和减免等优势支持政策，北部湾港到重庆、四川等地多个站点的班列产品以及至中国香港“天天班”、至新加坡每周双班等航线服务资源得到有效统筹，形成了重庆/成都—北部湾港—新加坡/中国香港等“一口价”“菜单式”产品，为客户提供了优质、便利的综合物流服务，构建“西南—北部湾—东盟”“西南—北部湾—中国沿海”两大多式联运通道主干。截至 2020 年年底，相继开通了重庆、四川、云南、贵州等地至北部湾港的 6 条海铁联运线路以及北部湾至广西区内班列；2020 年西部陆海新通道开行班列 4607 列，同比增长 105%，北部湾港海铁联运集装箱达到 28.2 万标准箱，同比增长 75%；班列辐射覆盖西部 7 省 23 市 49 个站；香港、新加坡班轮开行 430.5 班，实现集装箱吞吐量达 12.2 万标准箱，同比增长 20%。

（三）“单一窗口”增效能力提高，通关效率提升

在通关、查验、物控等业务现场设立“陆海新通道专窗”和“专用查验平台”，推行 24 小时预约通关服务，对进口水果等时效要求高的货物实现随到随查快速放行。优化通关流程，大幅减少流转纸质单证，取消放行通知书、代理委托书、二程提单等 22 项单证、环节。钦州港口岸集装箱通关人工作业环节由 36 个减少到 8 个，纸质单证由 41 份减少到 8 份。进口整体通关时间缩短为 26.04 小时，出口整体通关时间为 0.4 小时，相较 2019 年全年分别压缩 47.94%、86.15%。

（四）片区基础设施加快，物流承载能力增强

钦州铁路集装箱中心站、自动化集装箱泊位项目建成后，钦州港成为全国使用自动化集装箱码头的港口之一，北部湾港集装箱服务能力和港口信息化水平得到大幅提升，助推了北部湾国际门户港打造成为千万标准箱国际大港、向世界一流港口行列迈进。

铁山港进港铁路专用线正式通车，打通海铁联运“最后一公里”瓶颈，开启了铁山港“海箱上铁”“铁箱下海”的海铁联运时代。将铁山港的港口腹地沿着铁路从玉铁线连接湘桂、云贵、焦柳和洛湛线，向西南、中南地区延伸。同时，也进一步强化了北部湾港辐射桂东玉林、贺州、梧州等城市及湖南、湖北等地区的物流能力，可满足近期1400万吨的到货量及远期2000万吨的到货量，从铁山港至桂东及中部地区物流成本每吨可降低6元以上，每年至少降低企业物流成本8000万元。

防城港相继开通四川广安直达冷链班列、四川自贡粮食集装箱班列、贵州小雨谷煤炭班列、重庆江津“东南亚冷链海陆快线”班列，打通广西防城港—重庆小南垭冷链专列精品线路，实现冷链精品线路周周班常态化运营。成功争取2020年国家铁路总公司给予防城港开行至北京大红门站、沈阳东站、上海杨浦站、济南泺口站、郑州圃田站和成都铁路局有关站点的铁路冷链货物运费下调的优惠政策，延续发展冷链物流政策优势。

防城港保税物流中心申报开展进境铜精矿“保税混矿”试点业务，成为当前全国唯一获批开展有色金属矿石“保税混矿”业务的海关特殊监管场所。2020年12月试点完成首笔12000吨铜精矿混配作业。2021年计划完成铜精矿试点业务40万吨，保税混矿的货值预计超过45亿元，有望成为全国保税业务量最大的保税物流中心之一。

四、枢纽发展方向与未来展望

“十四五”期间，枢纽运营充分发挥主动作为、担当作为、实干作为的精神，建设“枢纽+贸易+产业”运行模式，全力打造世界一流的国际门户港和国际枢纽海港，打造港口型国家物流枢纽“一流设施、一流技术、一流管理、一流服务”的高质量发展示范样板，打造物流枢纽跨区片一体化协同发展示范样板。

（一）加快推进港航基础设施建设

提升北部湾港能力水平，建成钦州港东航道扩建一期、二期调整工程等项目，加快钦州港自动化集装箱泊位、防城港赤沙大型散货泊位等重大项目；开工合浦至铁山港铁路，推动西部陆海新通道中（平陆）运河、黄桶至百色铁路、南昆线百色至威舍

段、沿海铁路钦州至防城港段等破瓶颈项目。

积极携手航运巨头深化合作，全面加强与国内外知名大型航运企业的深度合作；持续加强与北方港口、东部沿海港口、珠三角地区港口、海南自由贸易港密切联系，推动资源要素深度融合；积极开拓新货类、新业务，打造区域干线港重要角色，持续提升在区域发展中的战略地位。

（二）不断完善内陆无水港布局

发挥枢纽服务中南、西南，连接东盟的区位优势，主动对接渝新欧、蓉欧快铁等中欧班列，共建江津小南垭铁路枢纽、自贡无水港等项目；加快推进成都、贵阳无水港项目前期工作，布局无水港并尽快形成货源组织能力，推动各方以共建共享的合作方式加大产业融合。

（三）拓展海铁联运服务

抓住国家发展改革委成立西部陆海新通道班列协调委员会的机遇，重点加快与新疆、宁夏等西部地区平台公司的联动，提升外贸集装箱和海铁联运箱比例；试点公路集装箱“班车”常态化运营，推动“公、铁、江、海”多式联运不断发展；持续运营香港、新加坡公共班轮，不断提高航线受载率。

着力推动海铁联运“一口价”一站式常态化运行；着力强化实体企业合作，助力实施通道产业融合发展行动，以持续优化班轮班列运输组织效率、提升服务质量为着力点；合理利用自治区供应链金融业务政策，发挥好物流、贸易、金融的协同效应，大力提升港口大型化、专业化、智慧化水平。

（四）推动港产融合创新，促进区域经济发展

发挥港口航运、物流等优势，有效推动物流和制造业、物流和商贸业等其他产业的融合发展，形成良性互动的全产业链，促进跨境电子信息、装备制造、海洋产业、生物医药等临港产业的转型升级，打造临港产业集聚区，持续提升发展质量和效益。

加强内陆地区与中国沿海和国际港口互联互通，提升其产品辐射范围和能级，完善区域经济体系，促进区域经济发展。通过构建西部陆海新通道，连接重庆、成都等内陆地区，并与中欧班列保持有效衔接，北部湾港成为主通道的出海口以及国际门户港，实现从我国南端交通“神经末梢”到连接我国与东盟“国际枢纽”的巨大蜕变。进一步构建面向东盟的国际大通道，打造西南、中南地区开放发展新的战略支点，形成“一带一路”有机衔接重要门户，带动通道沿线地区区域协调发展，产生区域经济效益，具有良好的社会示范作用。

（五）拓展枢纽服务功能，创造增值服务效益

拓展枢纽供应链管理功能、跨境电商服务功能、冷链物流服务功能、应急物流服务功能、物流金融等增值服务功能。

依托枢纽智能化的信息平台，多式联运一站式服务效率提升60%，真正实现物流业提质增效。依托本地水果、蔬菜、海产品等优势农产品，根据地区特色打造不同冷链产品物流基地和集散中心，开行冷链班列，统筹经济区内冷链物流体系的形成，打造北部湾冷链产业经济。地处“一带一路”交会对接和陆海统筹等关键区域，依托西部陆海新通道发展物流业的优势，充分发挥物流的应急服务功能。依托中国—东盟信息港等平台，为港口及其腹地供应链上下游产业融合发展提供现代化、信息化、标准化的物流、商贸、金融集成及多式联运综合信息服务。

（六）提供国防安全和西南地区长治久安的重要保障

充分利用我国与东盟距离较近的区域城市的区位条件，推动枢纽的军民融合发展功能，开展军事备战物资储备和铁路运输组织、军需生活物资仓储调配等功能，建设军民融合和应急物流设施。

（撰稿人：郭正波）

大连港口型国家物流枢纽

培育港口城市枢纽经济　助力东北振兴国家战略

大连港口型国家物流枢纽（以下简称“枢纽”），地处大连“两先区”中心（即产业结构优化先导区、经济社会发展先行区），物流辐射范围广、集聚效应强。枢纽基于大连港资源优势和区位禀赋，发展辐射日本、韩国、蒙古国、俄罗斯、东南亚、中亚、欧洲乃至全球的陆海双向物流业务，构建以大连枢纽为核心、以中国（辽宁）自由贸易试验区大连片区为平台，适应国际航运中心和国际物流中心发展需要的高质量物流服务体系。建设大连港口型国家物流枢纽，是促进区域物流资源整合、充分发挥大连物流集散、辐射和带动作用的必由之路，是大连深度参与全球分工合作、优化配置全球资源、积极培育枢纽经济发展模式的重要举措，是推进供给侧结构性改革、加快物流企业转型升级、降本增效的重要途径，对支撑“两先区”建设、打造“四个中心”、加快东北老工业基地全面振兴、推动大连实现高水平开放和高质量发展具有重要意义。

一、枢纽概况

（一）布局选址

大连地处辽东半岛南端，与山东半岛隔海相望，毗邻京津地区，是东北老工业基地对外开放门户及重要港口、东北地区重要出海口和海陆空枢纽，也是南北沿海综合运输大通道、环渤海经济圈陆海双向运输通道的重要枢纽。

枢纽选址东北地区重要的外贸口岸大连港，同时位于具有大连现代生产职能的新增长极和面向东北亚开放合作战略高地的金普新区内，由大窑湾核心物流区和北良港物流区两部分组成，总占地面积5.5平方公里。大窑湾核心物流区位于大连港大窑湾港区，毗邻港口作业区，区域内铁路专用线无缝衔接金窑铁路后直接进入哈大铁路干线，大窑湾疏港高速公路连接沈海高速、哈大公路。北良港物流区位于大连港大孤山西港区（北良港区），毗邻港口作业区，区域内铁路专用线基础良好，无缝衔接金窑铁路后直接进入哈大铁路干线，两个片区最近端直线距离1公里。

（二）功能定位

1. 主要功能

枢纽设置海运干线运输组织、区域分拨及配送组织、联运转运组织、国际物流服务、现代供应链组织、电子商务、专业物流、冷链物流、口岸及保税综合服务九大基本功能，以及应急物流、金融信息两大延伸功能。

2. 发展定位

大力发展以东北亚为主体、覆盖全球的陆海双向物流业务，吸引全球要素向大连集聚，打造东北亚国际航运中心核心物流枢纽；协同东北地区腹地铁路运输、公路运输、铁路场站、内陆干港等资源，构建以枢纽为中心、连接国内外主要经济区域的国际陆海联运服务网络，打造东北地区重要的陆海联运组织中心；坚持差异化发展、推动一体化运作、彰显优势特色、实施港城共荣模式，打造环渤海港口转型升级的物流示范基地；释放枢纽的基础支撑和产业引领作用，推进现代物流、国际商贸、先进制造和高端服务等产业集聚发展，培育港口城市枢纽经济，助力形成大连“两先区”建设的新引擎。

（三）设施布局

1. 大窑湾核心物流区

大窑湾核心物流区占地面积 3.7 平方公里，主要围绕集装箱、商品汽车及部分粮食和散杂货等开展物流业务组织，主要布局海铁联运中心、集装箱转运中心、供应链物流区、保税综合功能区、东北亚中心仓五个功能区。其中，海铁联运中心是由大连始发的中欧班列的集结组织中心；集装箱转运中心主要围绕集装箱场站和危险货物专用场站开展物流业务组织；供应链物流区发展以港口供应链服务区域产业为核心，以信息技术为手段，以系统集成化和协同化为指导的现代供应链组织业务；保税综合功能区重点布局冷链物流、精品专线配送、保税仓储等业务模块；东北亚中心仓依托保税港区原作业功能区进行升级改造，该区域散改集专用仓库和设施、保税仓库信息化系统及监管设施、电子商务专用设施及信息化系统等具备较好的软硬件基础。

2. 北良港物流区

北良港物流区占地面积 1.8 平方公里，区域内铁路专用线基础良好，以服务全国“北粮南运”“外粮内运”等粮食战略和运输需求开展物流业务组织，布局粮食仓储区、粮食转运区、粮食冷链区、集装箱作业区四个功能区。其中，粮食仓储区围绕大豆、玉米等货种，提供仓储、中转、分拨等服务；粮食转运区主要开展粮食期货交割、散粮仓储、散粮储运等业务；粮食冷链区依托冷藏配送车间、加工车间、冷冻库、冷藏库等设施，打造东北地区粮食冷链物流发展高地；集装箱作业区主要开展集装箱中转、转运、装箱、拆箱、堆存、仓储、修箱、运输、报关、货代、配送、国际多式联运等业务。

（四）建设运营模式

枢纽遵循“政府引导、企业建设、市场运作”的原则，由辽宁港口集团有限公司和大连保税区管委会直属公司——大连华谊投资控股有限公司（以下简称“华谊公司”）作为枢纽运营组织的牵头主体，具体职责包括组织协调、统筹推进和监管服务等，联合大连铁越集团有限公司、中国华粮物流集团北良有限公司等直接参与枢纽建设，整合参与枢纽运营的中远海运、大连集装箱码头物流有限公司、大连港毅都冷链有限公司、大连汽车码头有限公司、大连中铁联合国际集装箱有限公司等企业构成大连港口型国家物流枢纽联盟，共同对枢纽进行统筹合作运营。在项目建设中，充分发挥大连港口集团有限公司、中国华粮物流集团北良有限公司和沈阳铁路局集团有限公司等大型国有企业的中流砥柱作用。通过整合依托大窑湾核心物流区、北良港物流区开展物流运作的各相关物流服务企业，并加强与航运、铁路运输企业合作，深度介入商贸流通、生产制造企业供应链组织环节，共同形成“枢纽 + 通道 + 网络”的物流业务运营网络。

二、主要做法与特色经验

（一）大力发展多式联运

自 1997 年枢纽开始探索海铁联运的物流组织模式，近十年先后获批全国集装箱铁水联运通道示范项目、大连市“海—辽—吉—黑”海铁公一体化集装箱多式联运示范工程、大连东北亚国际航运中心“亚太—东北地区”集装箱海铁公国家多式联运示范工程，在东北地区乃至全国记录着多式联运发展历程，引领示范多式联运基础设施建设和运营管理。经过多年的建设发展，枢纽的多式联运、转运业务已取得阶段性成果，积累了不少经验做法。

1. 建设与港口无缝衔接的港前站

2010 年，大连铁路集装箱中心站投入使用，项目投资总额 7.12 亿元，占地面积约 1.16 平方公里，距码头前沿仅 1 公里左右，可实现与港口无缝衔接，如图 1 所示。大连港临港铁路枢纽布局合理、功能完善，集装箱港区共有铁路道线 18 条，总长度 1.6 万米，距码头前沿仅 500 米，可实现车船直取作业，有利于实现铁水作业无缝衔接。铁路集装箱作业场站总面积 110 万平方米，集装箱班列作业能力达到 95 万标准箱/年。此外，枢纽还打造了城市物流共同配送中心项目，海运货物到达及大连本地特产在配送中心内进行简单仓储分拣后，借助东北货运快车、冷链特需专列、铁龙冷藏集装箱等优势产品，运至东北地区。

图 1　大连铁路集装箱中心站

2. 不断扩大枢纽辐射范围

截至 2020 年年底，大连港共拥有集装箱班轮航线 98 条，包括内贸航线 18 条、外贸航线 80 条、外贸航线中远洋干线 6 条，航线覆盖欧洲、非洲、日本、韩国、朝鲜、东南亚等主要区域，与全球 160 多个港口实现通航。此外，通过环渤海公共内支线的运营，努力打造环渤海集装箱中转枢纽，目前环渤海公共内支线已覆盖丹东、营口、锦州、秦皇岛、曹妃甸、潍坊、龙口、日照、烟台等周边港口，每月运营 300 余班。依托丰富的内外贸航线网络，大连港大力推进亚太—东北地区多式联运大通道建设，通过自主投资、租赁经营、业务合作等多种模式，加快建设内陆枢纽场站和班列网络布局。目前，大连港现已初步建成以沈阳、长春、哈尔滨、通辽为核心的“4 大中心、12 个场站、50 个站点”的内陆布局，现已开通班列线路 40 余条，每周稳定运行 70 余班。

3. 打造特色多式联运业务

枢纽持续保持汽车零部件与商品车整车、冷链、零担散货三大特色多式联运业务优势。以汽车零部件与商品车整车为例，东北地区是我国汽车产业发展的重要基地，年产量达 560 万台。为了服务沈阳、长春等重点区域汽车产业发展，大连港围绕进口汽车零配件及商品车整车物流需求，构建了完善的海铁联运服务体系。为了进一步增强服务功能、延长服务链条，大连港不断加强与宝马公司业务合作，加快推进向全程汽车物流服务供应商转型。2016 年 7 月，大连港中标华晨宝马沈阳东汽车物流中心项目，为华晨宝马建设、运营高标准、现代化的汽车零配件仓库。2017 年 4 月，大连港中标华晨宝马集装箱地面物流服务项目，为华晨宝马提供海运和铁路整车清关、运输、堆场管理等全程物流服务。

4. 加强技术装备研发与应用

（1）新型商品车转运架。

商品车转运架（见图 2）在全球的海陆联运中广泛应用，通过使用新型转运架在工厂或港口进行装箱，有利于降低商品车企业物流成本，推动东北及周边地区商品车企业南下打开市场以及走出国门，顺应并积极推动商品车物流运输模式的转变。为了进一步提升商品车集装箱运输效率，大连港集装箱发展有限公司认真研究市场主力车型、技术规格及运载要求，充分吸取国内外同类型产品经验，委托大连中集物流装备有限公司完成 NPD228 - GA 型商品车转运架的研发和定型工作，并于 2017 年 3 月正式应用于大连—莫斯科商品车班列，有效地提升了商品车转运效率，降低综合物流成本，为汽车产业及对外贸易发展提供有力支撑。

图 2　商品车转运架

新型商品车转运架具有体积小、构造简单、部件轻便、安装固定简单、可拆解、不易损坏、适用车型广泛、可循环使用、空架返回率高等优势。可以在超高集装箱内高效地装载多辆商品车，一个 40 英尺的超高集装箱使用两套转运架，根据车型不同可装载 3 ~4 台商品车，而传统集装箱运载方式只能装载 2 台商品车，运载效率较原方式提升 50% ~100%，单台商品车物流成本也将降低 33% ~50%。每套转运架由四名工人使用专用工具手工即可操作，一个 40 英尺超高集装箱可回收约 70 套空架。

（2）冷藏集装箱专用车组应用。

由于公路运输存在能耗、安全性和服务水平等方面的不足，难以满足快速增长的冷藏货物运输需求。为此，大连港与铁路部门密切配合，依托枢纽的冷链物流中心及海铁联运网络“双引擎驱动”优势，吸引全国首组冷藏集装箱专用车组在大连港上线，如图 3 所示。车组由一台 B23 型发电车和 8 台 BX1K 型冷藏集装箱用平车组成，发电车组内置柴油发电机，随车有 2 名维护保障工作人员，油箱容量 3800 升。发电车左右各连接 4 辆 BX1K 型车体，可持续制冷 10 天，冷藏温度可达 -25℃。该冷藏箱运输平车适应在中国标准轨距上运行，用于运输 40 英尺、45 英尺国际标准集装箱或 2550 毫米宽体冷藏集装箱。

图 3　冷藏集装箱专用车组

2016 年 3 月 16 日，全国首列大连—沈阳冷藏集装箱班列成功开行，全方位延伸了冷链物流服务，填补了中国铁路不带动力运输冷藏集装箱货物的空白。2016 年 8 月 8 日，大连港开通我国首列大连—莫斯科全冷藏集装箱过境班列，比原有海运方式节省至少 60% 的运输时间。

技术标准方面，组织企业积极探索建立多式联运规则体系，主要包括《大连多式联运枢纽场站作业规则》和《大连多式联运装备标准化规则》。目前，大连港正组织研发冷藏集装箱班列标准化操作流程及乘用车集装箱运输标准，并争取形成行业标准。

（二）打造智慧物流跨界服务大平台

大连港“壹港通”智慧物流跨界服务大平台是枢纽倾注心力打造的口岸生态与关

务智能化服务平台，以云计算、大数据、区块链、物联网、AI 技术为驱动，构建全国首创的“单点服务平台 + 口岸生态平台 + 物流协同平台”一体化的口岸平台服务模式，以口岸参与方单点业务服务信息化建设为基础，深化口岸物流节点数字化建设进程，凝聚口岸物流生态网上服务产品体系，全面支撑口岸通关业务的线上化操作与无纸化办理；进而实现全面广泛的数据交互，实现口岸物流生态圈企业间的互联互通；最终通过线上资源的整合重组与优化配置，实现传统业务服务模式的创新。充分发挥“聚点—穿线—展面”的网络效应、资源集聚效应与数据引擎效益，引领口岸服务转型升级，驱动口岸提质增效。

一是操作模式创新。采用“TOS（Tencent OS，腾讯官方适配的安卓手机系统）+平台”的服务模式，将平台服务拓展至船公司、船代、场站、车队、货代、铁路以及海关、海事等口岸业务节点，助力口岸各微观业务节点实现业务线上化操作及无纸化办理。目前，平台通过158 个单点功能的集成，可支持68 项口岸相关业务的平台服务，形成了大连口岸通关企业赖以生存的虚拟网上口岸，汇集了港航物流生态圈的用户资源与业务资源，统一了口岸级数据采集与交互标准，全面优化了大连口岸的整体营商环境、提升口岸通关效率。

二是业务流程创新。在集成单点口岸服务的基础上，利用口岸平台的信息整合能力，实现不同业务主体数据交换需求的快速对接与联动，打造口岸业务协同联动的网上快捷业务直通线。平台已实现了大连口岸内外贸集装箱进口业务全流程电子化协同操作，搭建起了口岸主体业务线上服务网络与高效连通的数字化服务环境，大大提升了口岸运行效率，降低了港航企业经营成本，每年可为客户节省上亿元的成本。

三是服务模式创新。在全面连接与互联互通的基础上，平台已经构建了联通港口、码头、货主、货代、船公司、船代、理货、场站、车队企业以及港口、口岸局、海关、海事等部门的电子化协作联动网络，形成了“港口服务低碳化、口岸操作便利化、通关监管智慧化、物流服务协同化”四位一体的口岸物流生态圈服务体系。

（三）积极开展新基建试点示范

依托大连自贸区资源，枢纽建设运营牵头主体——华谊公司在新一轮基础设施建设中发挥政府平台作用，高质量实现数字转型、智能升级、融合创新。应用以大数据、人工智能、云计算、区块链等为代表的新技术手段，推进落实以 5G、物联网、工业互联网、卫星互联网为代表的通信网络基础设施，以数据中心、智能计算中心为代表的算力基础设施等新基建内容在大连枢纽的落地应用。

一是区块链电子放货平台。大连自贸片区与大连集装箱码头有限公司、大连集发环渤海集装箱运输有限公司、口岸相关部门等单位通力协作，将区块链技术在港口提货和放货场景中扩大应用，率先上线运行“区块链电子放货平台”，实现提货过程中船公司放货、收货人（代理或车队）提箱和码头放箱整个流程的电子信息交互；在核心单位建立分布式账本，形成安全、永久的交易记录，使船、港、货各方都能实时、安全、无缝传递提货信息，实现全程留痕和全程可追溯，满足口岸业务中对放货操作的安全性、准确性和一致性要求，大幅提高提货效率和准确性。新冠肺炎疫情防护期间相关企业加强应用实践，扩大应用范围，将原有的线下操作全部改为线上操作，创新实现了基于信任的全程无纸化、零见面的物流业务模式，有力推动了口岸传统生产组织形式向供应链创新模式转型，为今后区块链技术在港口大规模应用做出了探索和示范。

二是数字货币。枢纽以大连市作为数字人民币第二批试点城市为契机，在大连口岸物流网现有支付平台中，增加数字人民币支付结算通道，客户可通过平台实现码头提箱和海铁联运业务场景的数字人民币支付结算。同时，还可通过在相关服务大厅增设的数字人民币专用 POS（Point of Sale，销售终端）机等方式，实现码头提箱、海铁联运缴费结算的线下办理。此举可有效避免企业预交费的资金占用压力，降低企业使用第三方支付方式产生手续费的财务成本，为广大客户带来实实在在的便利和效益。

三是智能理货。随着港口业务的日渐繁忙，理货工作的强度和压力也与日俱增，传统的理货作业效率已无法跟上港口高效运转的节奏。“船岸一体化集装箱智能理货项目”一期工程为 14 台集装箱岸桥均安装了 9 个网络高清摄像机，在功能强大的系统管控平台，通过网络高清摄像机、岸桥 PLC（Programmable Logic Controller，可编程逻辑控制器）工控机及其他配套硬件与 OCR（Optical Character Recognition，光学字符识别）技术、图像识别人工智能技术及算法等软件技术紧密结合，用机器代替人工，实现箱号核对、箱体检查、箱位确认等传统口岸理货服务内容，并可为客户提供实施作业动态、作业过程监控视频，箱体及铅封状态影响追溯查询等增值服务。

（四）不断创新业务模式

1. 保税混矿

“保税混矿”是指将不同产地、不同品位的两种及以上铁矿石在保税状态下按照需求进行配比混合，混合后再销售给下游钢厂。按照海关规定，保税区内仓库允许企业从事商业性简单加工，如货物分类、分装、包装、挑选、贴商标等。混矿操作将不同品位铁矿石进行了混合，已无法直观地区分进口原矿石，属于加工业务，无法在保税区开展。所以，在未展开保税混矿业务之前，钢铁企业将不同品位的铁矿石进口到境内仓库，混合后再送到钢厂锅炉冶炼钢铁。

为发挥规模优势、降低钢铁企业成本，枢纽联合大连海关创建了保税混矿业务“三位一体”的检验监管模式，即对保税铁矿、混矿业务施行入区监测、加工监管、出区检验，入区监测即在货物入区时对货物进行放射性监测，同时对有毒有害元素含量实施监测；加工监管即在货物卸毕后对货物堆存场地、数量及混矿作业过程实施日常监管；出区检验即在货物出区过程中对货物实施检验并出具品质及重量证书。

在检验检疫监管新模式保障下，枢纽保税铁矿、混矿业务突飞猛进，混矿业务量已累计突破4000万吨，国际中转量突破1500万吨，业务辐射我国东北三省和内蒙古自治区腹地以及日本、韩国，将枢纽打造成为“东北亚矿石分拨中心”，为满足钢铁企业个性化原材料需求提供坚实的质量保障和便捷的贸易服务。“保税混矿”监管制度实现了铁矿石由单纯进口向转口贸易的转变，作为辽宁自贸试验区建设的重要案例，被国务院作为自由贸易试验区改革试点经验在全国复制推广。

2. 进境粮食检疫全流程监管模式

枢纽发挥北良港物流区散粮强大中转功能，坚持粮食运输“四散化”（散储、散装、散运、散卸）式流转作业模式，在提高效率、降低损耗的同时，也带来了一定的疫情扩散风险。为有效应对进口粮食携带病毒的风险，提高通关效率，枢纽不断加强和完善进口粮食监管体系，以“三个创新”打造全国首个国家进口粮食示范港。

一是创新“互联网+全程监管”工作模式。通过采用GPS（Global Positioning System，全球定位系统）地理信息平台、视频监控等信息化手段，采集进口粮食港口生产、调运过程各环节数据，实时掌握现场动态。利用互联网调运管理系统，实现调运监管等工作的实时化和电子化，对从大窑湾粮食示范港内调运、离港的全部进口粮食采用“互联网+全程监管”的模式，可以实现口岸与指运地检验检疫监管的闭环无缝衔接。

二是开展无害化处理技术的应用，将卸粮流程中产生的粉尘集中收集进行高温湿热无害化处理。按每年进口100船次的粮食计算，收集处理的粉尘有600~1000吨，通过无害化处理，既避免了“藏污纳垢”的粉尘回送，造成后续疫情扩散风险，又实现了疫情除害处理。卸船、装车产生的粉尘，经真空清扫系统收集后，全部运送至散粮港区的无害化疫情处理车间，进行灭活处理。

三是建立在线实验室，将检验检疫实验室工作前移到卸粮流水线上，边卸边检，不仅实时掌握卸粮情况，发现问题及时处理，提高疫情检出率、缩短检测时间、提高检测效率，实现“检得出、检得快、检得准、管得住”。

这些创新举措，有效降低了检疫监管成本，提高了进境粮食的通关效率，粮食到港通关时间缩短7~10天，通关速度提升50%以上。据预计，依托以上的创新做法，北良港每年进口粮食接卸中转量可实现翻倍，达到600万吨，增加中转收入2.4亿元；散粮码头进口粮食接卸中转量可达500万吨，增加中转收入1.7亿元。

三、枢纽建设发展成效

（一）枢纽物流业规模持续扩大

2020年枢纽物流业务收入为345.38亿元，同比增长28%；枢纽内物流岗位从业人员由 1.2 万人增加到 1.26 万人，同比增长 5%；单位面积税收额增加，由 2019 年的 7.33 万元/亩增到 2020 年的 7.42 万元/亩。枢纽入驻物流企业 144 家，其中 3A 级以上物流企业 53 家，占比 36.8%。在枢纽带动下，物流枢纽承载城市社会物流成本下降，区域物流各环节协调有序发展，社会物流总费用与全市地区生产总值比例降低 1%～2%。

（二）海铁联运服务网络实现优化

枢纽所在的大连港海铁联运箱量连续十余年位居全国沿海港口前列，目前海铁联运箱量可达到 33.4 万 TEU。已初步形成以内陆港、合作场站、合作站点为依托的内陆集疏运网络布局，可为客户提供从码头延伸至内陆的全程一体化综合物流服务，班列线路达 40 条，覆盖东北地区内陆站点 50 余个，拥有全国领先的港口端铁路集疏运系统，打造了覆盖东北全域的内陆布局体系。

（三）“一带一路”节点地位日益突出

枢纽紧紧围绕国家“一带一路”倡议以及京津冀协同发展、长江经济带建设、振兴东北等战略，以及大连港“一环一带一路”，优化布局物流服务网络，提高物流处理能力和集疏运能力，培育海陆双向国际联运功能，承担国家中欧班列节点班线建设任务。2015 年以来，枢纽与中国国家铁路集团有限公司、俄罗斯铁路股份有限公司、德国铁路股份公司等重点企业建立了紧密的合作关系，共同打造以大连港为核心的过境班列公共平台和服务品牌，形成连通日本、韩国、东南亚与俄罗斯、欧洲之间的双向国际海铁联运大通道。已先后开行大连—莫斯科沃尔西诺公共班列等 6 条中欧班列线路，成功打造“辽满欧”国际物流大通道。

（四）供应链服务水平逐步提高

冷链、汽车、油化品等专业物流的供应链服务水平不断完善，竞争力大幅提升。枢纽冷库规模达 40 万吨，具备保税仓储、多式联运、中转加工及口岸查验等多种服务功能，口岸冷藏通关服务优质、高效、便捷，已发展成为规模大、功能全、技术先进的冷链物流中心；汽车业务推出进口车 CIQ（China Entry - Exit Inspection and Quarantine Bureau，中国出入境检验检疫局）安全性能检测、港口 KD（Knocked Down，散件组装）包装与运输、精品加装改装、分拨中心物流管理、第三方物流服务等一系列定制化、高附加值的增值服务，吸引众多高端客户；油化品业务通过与中国远洋海运集团有限公司、招商局南京油运股份有限公司等船务公司通力合作，为中国化工集团有限公司、盘锦北方燃料有限公司提供班轮运输，优化原油供应链服务。

四、发展方向与未来展望

（一）建立健全“枢纽+通道+网络”物流运行体系

以物流高质量发展为主线，向高标准国际物流枢纽看齐，强化供应链管理、物流一体化服务、物流金融等高端物流服务功能，提高物流配套服务能力，提升枢纽运营企业规模化、集约化、专业化、国际化服务能力水平。融入国际物流网络和全球供应链体系，依托辽宁港口整合后的集团优势和国际影响力，加密连接日本、韩国港口的海上航线，进一步完善国际海运航线，特别是跨太平洋远洋干线网络布局。围绕中欧、中俄班列国际物流大通道，在稳定“冷藏集装箱过境班列”“商品车班列”“三星班列”等班列常态化运行的基础上，加快发展中欧班列业务，积极推动“辽海欧”物流大通道常态化运营。

（二）提升高质量物流服务实体经济能力

在拓展物流发展规模、提高物流运行效率的基础上，推进枢纽运营深入融合实体经济的供应、生产和销售链条，促进产业上下游和关联企业分工协作，加快发展临港产业。加强枢纽和生产型国家物流枢纽、商贸型国家物流枢纽协同联动，为装备制造、船舶建造、原材料运输等实体经济提供高效快捷的物流服务，降低产业物流成本，提升区域产业核心竞争力，支撑实体产业高质量集群化发展。夯实农产品物流骨干网络和冷链物流体系，充分发挥物流对农业的支撑带动作用，形成高质量物流和优势产业共生共赢共荣发展的新格局，以价值链为核心，重塑供应链和产业链。

（三）增强枢纽平台支撑和智慧创新能力

深度整合枢纽相关产业的物流、资金流和信息流，持续优化平台架构，增强枢纽的口岸、金融、保险、信息、交易等综合服务功能。加快应用区块链、5G、IoT（Internet of Things，物联网）、云计算等新一代信息技术，推广应用无人仓库、立体仓库、胜斐迩旋转库、AI 机器人、深度感知智能仓储系统等现代化物流设施设备，激发枢纽创新。加快构建海事综合服务平台、国家智慧港口示范工程，拓展具备智能服务功能的增值物流，打造技术密集型的“智能枢纽”，发展“虚拟物流链控制中心”，培育枢纽创新环境。

（撰稿人：车文斌，于丰，傅雨）

第三章

空港型国家物流枢纽

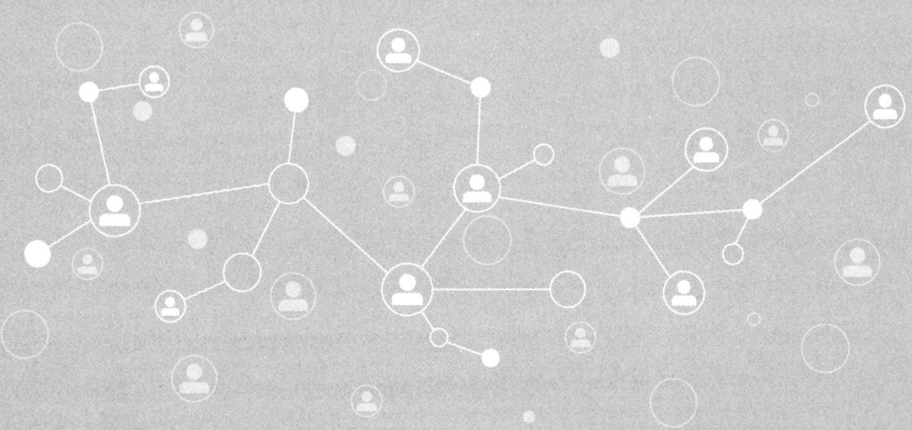

郑州空港型国家物流枢纽

构建完善现代物流网络　架起新时代“空中丝绸之路”

郑州空港型国家物流枢纽（以下简称“枢纽”）是贯彻落实习近平总书记提出建设郑州—卢森堡“空中丝绸之路”战略的重要载体和实体形态，是践行“一带一路”倡议，加快形成覆盖欧亚、辐射全球的轴辐式航空物流网络的国际中转联运枢纽，枢纽着眼于提高应急投送保障能力，构建现代化、网络化军民融合投送体系。中共中央、国务院批准设立郑州航空港经济综合实验区后，枢纽“多国联通、多业联动、多式联运、军民融合”的特色更加鲜明，为枢纽构建现代化的综合物流枢纽体系创造了良好条件。郑州万亿级的经济体量和郑州航空港经济综合实验区世界级智能终端、生物医药、电子商务等产业集群，为枢纽建设发展奠定了坚实基础。

一、枢纽概况

（一）功能与布局

枢纽功能按照基本功能、延伸功能综合布局。其中基本功能包括航空干线运输组织功能、区域分拨及配送组织功能、空陆多式联运组织功能和国际物流服务功能；延伸功能包括供应链集成服务功能、信息平台服务功能、冷链物流服务功能、大件货物物流服务功能和军事应急物流服务功能。

枢纽选址于郑州市郑州航空港经济综合实验区空港核心区，在国家示范物流园区建设基础上，整合郑州机场西货运区、北货运区、新郑综合保税区（不含保税加工设施）内具有物流功能突出、存量资源基础较好、运营业务协同功能强、设施平台衔接功能完善的区域，形成北区（主体功能区）与西区（互补功能区）两大片区。

枢纽总占地面积2.52平方公里，其中北区占地面积2.08平方公里，西区占地面积0.44平方公里，年保障能力70余万吨。枢纽功能区布局如图1所示。其中北区（主体功能区）自西向东依次设置口岸作业区、国际货站B区、保税仓储区、跨境电商区、海关查验区、配套服务区、国际货站C区、邮件处理中心、冷链物流区；西区（互补功能区）自西向东依次设置国际货站A区、国内货站区、国际快邮区。

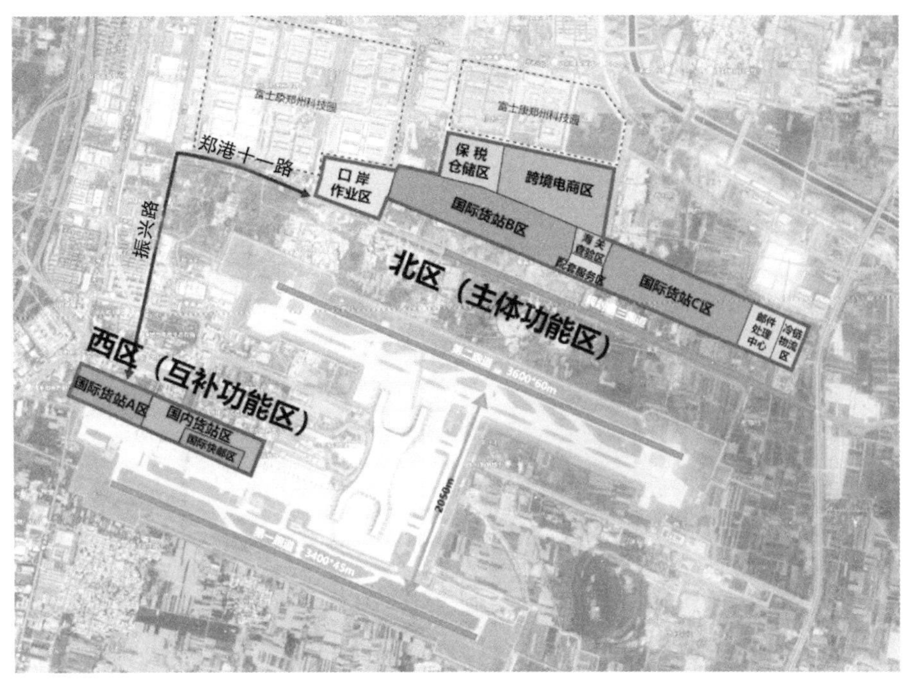

图 1　郑州空港型国家物流枢纽功能区布局

枢纽两大片区间具有功能互补的特点，北区（主体功能区）提供国际地区航空干线运输组织、地面集疏及区域分拨、口岸通关一体化服务、保税仓储及流通加工、跨境电商、海关查验、邮件分拨转运、冷链物流等功能，西区（互补功能区）提供国际地区及国内航空干线运输组织、地面集疏及区域分拨、国际快件处理等功能，两大片区之间的设施衔接通道为振兴路和郑港十一路。

（二）交通区位

枢纽位于郑州市航空港经济综合实验区，2013 年 3 月 7 日，郑州航空港经济综合实验区获得国务院批复，规划面积 415 平方公里，战略定位为国际航空物流中心、以航空经济为引领的现代产业基地、内陆地区对外开放重要门户、现代航空都市、中原经济区核心增长极。

在衔接空港枢纽的陆路交通设施上，高速公路方面，西侧有机场高速和京港澳高速，其中机场高速为双向 8 车道，主要为郑州市航空旅客进出机场服务；京港澳高速为双向 6 车道，使枢纽与全省高速公路网相连通，满足中原城市群乃至全省航空旅客以及与航空货邮运输进行联运的货车进出空港枢纽的交通需求。轨道交通方面，枢纽现有 2 条运营、2 条在建轨道交通接入。截至 2020 年年底，枢纽已形成“米”字形高铁网，以郑州为中心的高铁 3 小时经济圈将覆盖方圆 1000 公里的城市近 7.9 亿人口，城际铁路网将形成 1 小时覆盖开封、新乡、焦作等 10 个省内地市的城际圈，河南省高速公路通车里程已达7000公里，省内所有县（市）可以20分钟内上高速，规划2025年时达10000公里，通车总里程居全国第4位，路网密度居全国第5位。枢纽交通区位情况如图2所示。

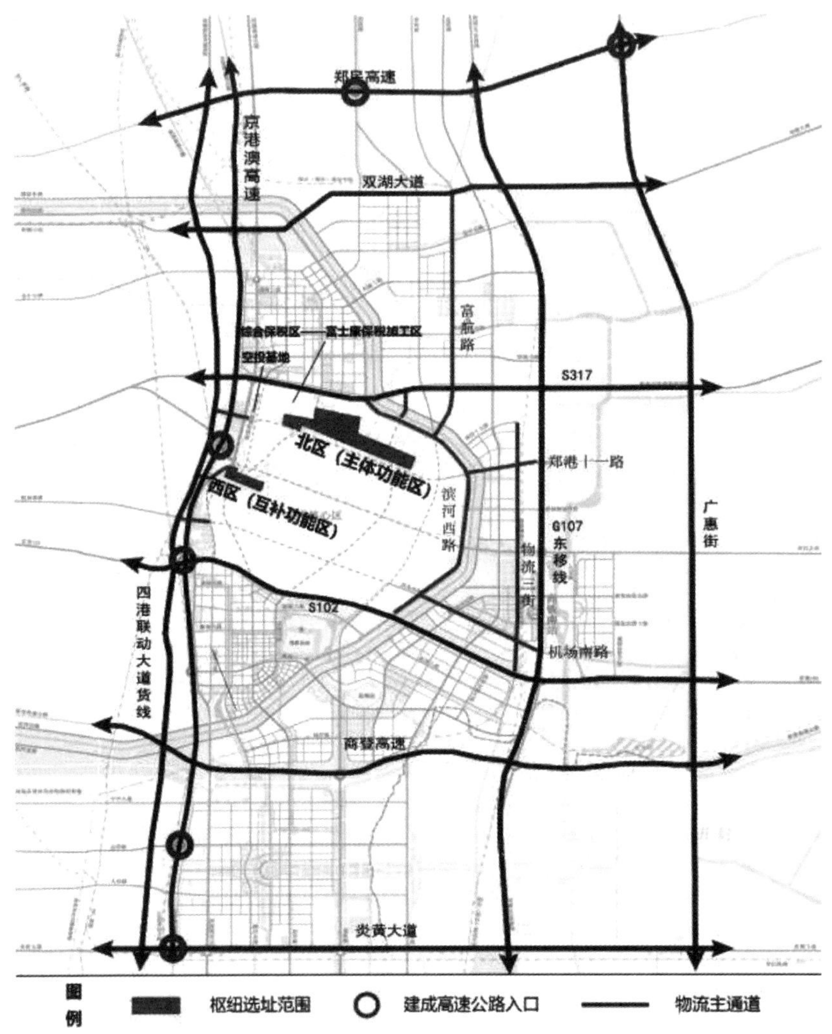

图2　郑州空港型国家物流枢纽交通区位

（三）开发建设与运营模式

枢纽开发建设模式方面采用“政府引导、企业实施”的建设模式，如图3所示。河南省人民政府、郑州市人民政府，在用地、资金、财税、审批、通行等方面为枢纽建设提供支持；郑州航空港经济综合实验区管委会在城市建设、环境营造、产业培育、综合交通体系完善等方面提供支持；中国民用航空局、郑州海关在航线、航权及通关方面给予支持。河南机场集团将作为枢纽建设、运营与管理的主体，统筹枢纽内各功能区设施、信息平台等项目的规划设计、投资建设，与各类物流业务运营企业探寻资本、战略合作。

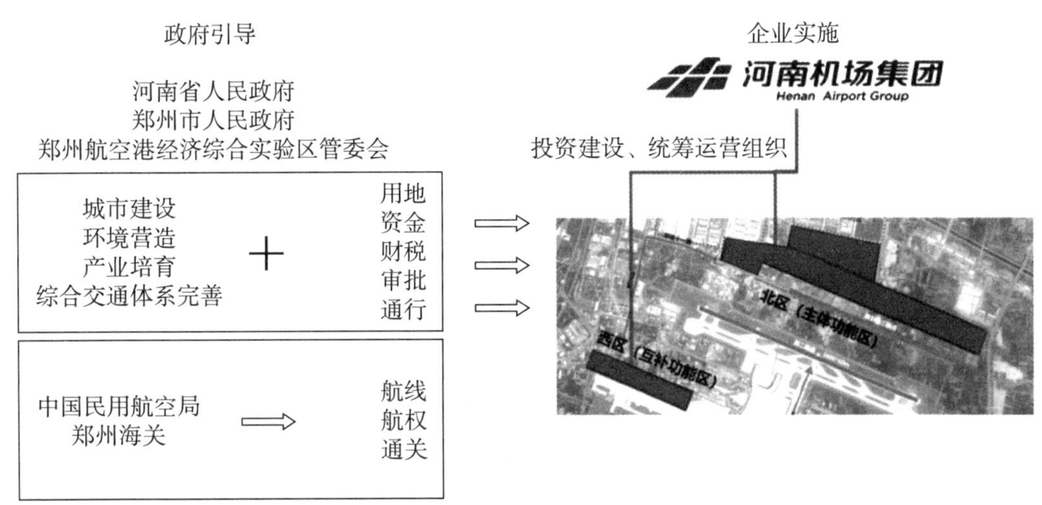

图3　郑州空港型国家物流枢纽建设模式

枢纽运营主体方面，由河南机场集团作为建设运营主体，牵头组建枢纽建设运营合作共同体，涵盖河南民航发展投资有限公司、河南航投物流有限公司等多家企业，推动航空物流上下游企业建立广泛、深层的合作关系。

（四）基础设施设备现状

物流设施方面，枢纽现正在运营国际主体货站、国际快邮货站等 5 座临空货站，建筑面积共计 11 万平方米，满足货邮吞吐量保障能力 50 万吨，配套 2 座陆侧货站，建筑面积约 3 万平方米。图 4 为郑州空港型国家物流枢纽停机坪。

物流设备方面，枢纽现有各种运载、装卸设备累计投入额近 1.7 亿元，合计 3100 余台（套），其中运载工具包括整板调拨车、牵引车、散货板车、集装拖车等；装卸设备包括整板交接平台、平台车、传送带车、叉车、集装器支架等。

设施建设方面，枢纽正在全面开工建设郑州机场北货运区工程，该工程按照年货邮吞吐量保障能力 60 万吨的目标设计，主要建设内容包括：新建 16 个货机位（兼顾 3 个除冰机位）、1 条平行滑行道、1 条机坪滑行道、3 条垂直联络道、3 条垂直滑行道、4 条快速出口滑行道、机务特车维修库、场监雷达站及机坪塔台、安防道口及其他飞行区附属设施，预留货运下穿通道；7 万平方米货运库、2 万平方米业务用房、1.43 万平方米作业棚、维修车间、特运库、熏蒸室、空侧业务用房、海关卡口及相关配套附属设施。

二、主要做法与特色经验

枢纽面对突如其来的新冠肺炎疫情，精准施策、多点发力，千方百计稳定存量、扩大增量，顶住了全行业航空市场下行压力和严峻考验，实现了航空货运发展的逆势增长。

（一）加强基础设施建设，提升物流枢纽综合保障能力

河南作为内陆省份，不靠海、不沿边、不临江，为进一步提升对外开放水平，融入国家“一带一路”倡议，河南省委、河南省政府坚持“民航优先”，提出了“货运为先、国际为先、以干为先”的差异化发展战略，枢纽积极吸引境内外航空企业投放运力、增开航线、提升规模，逐步形成了航空枢纽与航空港经济区互促发展态势，推动了民航业与区域经济深度融合发展。

1. 加快推进枢纽设施建设进程

为抢抓发展机遇，枢纽提前研究枢纽战略规划，加快推进二期工程项目建设，原计划 3 年的工期 2 年完成，为枢纽提升保障能力、扩容放量、抢占市场资源赢得发展先机，为枢纽建设打下坚实基础。

依据河南省政府与中国民用航空局联合印发的《郑州国际航空货运枢纽战略规划》，枢纽适时启动机场三期扩建工程各项建设工作，确保硬件先行优势持续发力，先期建成并投用南飞行区改造工程，全面开工建设北货运区工程，完成航站区规划及 T3 航站楼概念性设计方案优化调整，加快编制预可行性研究报告。其中，北货运区工程建设项目正在按照工期计划开展综合楼、货运站及空侧作业棚、飞行区场道等工程施工，争取 2021 年年底建成投用。

图 4　郑州空港型国家物流枢纽停机坪

2. 积极引进航空货运企业，拓展货运航线，优化航线网络布局

枢纽在稳定既有航线运力的基础上，2020 年新引进 9 家货运航空公司，新开 18 条货运航线，新增 21 个通航城市，其中引进卡塔尔航空、埃塞俄比亚航空等一批国际大型货运航空公司，新开通郑州至亚的斯亚贝巴、特拉维夫、纽约、东京等货运航线，新增多哈、法兰克福、纽约和东京等国际重要枢纽航点。截至 2020 年年底，在郑州机场运营的 31 家货运航空公司共开通 51 条全货机航线，周计划全货机航班量 150 班，通航城市 63 个，吸引“客改货”航班 397 班。

3. 加强枢纽与航空公司工作协同

枢纽实施“郑—卢双枢纽”战略。2014 年，枢纽的运营单位河南航投物流有限公司收购卢森堡货航部分股权，构建分别以卢森堡和郑州为枢纽的欧洲和亚太枢纽中心，卢货航自 2014 年 6 月 14 日开航以来，在郑州机场已开通货运航线 8 条，通航点 18 个，2020 年为郑州机场贡献货量 12.8 万吨（含意卢货运航空公司），占郑州机场总货量的 20.1%，市场份额始终居郑州机场首位。枢纽积极推动中原龙浩航空公司与卢货航、俄罗斯空桥等达成航段分成结算协议，利用其国内和东南亚地区全货机航线为欧美货运航线喂给货物，合作开展空空中转业务，初步形成了中短程（单程航程 5 小时内）和远程（单程航程大于 5 小时）国际货运航线相互衔接、互为支撑的枢纽网络体系。

4. 支持枢纽海外货站建设

枢纽积极响应国家号召，围绕国内国际双循环的重要发展战略，紧抓“抱团出海”重要机遇，加快与上下游企业的合作，联合国内外大型物流集成商、跨国平台、航空公司等形成合力抱团发展，推动海外货站项目真正落实落地。截至 2020 年年底，枢纽已与布达佩斯机场、中欧商贸物流合作园区责任有限公司签署三方战略合作协议，通过各自的区位、航线、货源等资源优势，共商共建“空中丝绸之路”中匈航空货运枢纽项目，同时延伸至海港、陆港多式联运项目，以深化中匈两国在共建“空中丝绸之路”“一带一路”及“17+1 合作”（中国—中东欧国家合作）框架下的务实合作，助推航空货运业务高质量发展。

5. 完善枢纽口岸通关建设

枢纽与郑州海关签署升级版 MOU（谅解备忘录）战略框架协议，通过与海关建立密切协作，提高海关、边检通关保障效率，优化通关环境，支持入驻枢纽的航空企业与机场结成互利共赢的“命运共同体”，形成了密切配合、信息互通、资源共享、高效协同的枢纽发展合力，共同推进枢纽快速发展。枢纽积极推进郑州国际邮件枢纽口岸建设，促使中国邮政开通郑州至首尔、大阪、列日、法兰克福等邮件专线，将北京、上海、广州、深圳、杭州、武汉等 30 个城市邮件调拨至郑州出境；积极推进邮件进口业务，相继开通日邮、韩邮进口临时邮路，完成英国皇家邮政和德国邮政邮件进口测试；利用郑州药品进口口岸功能，完成进口药品业务测试，引进药品航空运输服务商 Envirotainer、SkyCell 等公司，与康捷空和美国 BD 公司开展新冠病毒抗原检测试剂盒出口测试，截至 2020 年年底已正式开展药品运输业务，筹办药品口岸推介洽谈会，共商药品运输解决方案，为下一步大规模新冠疫苗出口运输做好准备。枢纽积极创新发展通关模式，建立生鲜冷链等特种货物“绿色通道”机制，实施进出口货物“提前申报、货到验放”，探索“海外货站”“安智贸”试点航线，实现“多货站、多关区”货物自由调拨；探索“保税 + 空港”模式，使北货运区和综合保税区三期重叠区域货运站具备保税和国际一级货站功能。

（二）创新多式联运业务模式，提升多式联运服务能力

1. 创新空空中转业务模式

为切实提升我国航空物流企业和货运枢纽的国际竞争力，加速推动我国航空物流体系建设，民航局批复了提升航空物流综合保障能力第一批试点项目，枢纽内的“空空中转”项目获批。“空空中转”旨在进一步发展货运中转业务，解决直达航线不足等问题，降低航空货运成本，为各类贸易方式的货物提供相应的全流程解决方案，其采用整板机坪直转、拼板中转等中转模式。

为进一步发挥枢纽作用，提升国内、国际双重影响力，郑州机场联合中国民航大学开展为期一年的“空空中转”模式创新研究，确立了机场未来“空空中转”业务发展的战略目标，优化了三大关键要素与主体，形成了四大中转核心产品，同时明确了接下来重点落实的五大重点任务，即再造中转业务流程、重塑货运信息平台、优化中转通关模式、完善中转货运设施、打造“空空中转”团队，对枢纽未来“空空中转”业务的规模化发展提供了可靠依据和有力支撑。

2. 打造多式联运示范线路

（1）“冷链示范线路”。2019 年 12 月，郑州市药品进口口岸正式获批。为积极筹备即将开展的国际药品进口业务，枢纽运营主体单位聘请专业公司进行药品 GDP（药品良好分销规范）考核认证，并于 2019 年 12 月底顺利通过全部审核并获得相关证书。2020 年枢纽与卢货航、俄罗斯空桥、国泰等航空公司及康捷空、德迅、泽坤等货代企业对接沟通，推介相关业务，顺利于 4 月中旬完成药品进口业务首票实单测试工作。2020 年枢纽累计保障冷链温控业务约 7000 吨。

（2）“邮快件及跨境电商示范线路”。2020 年枢纽累计保障邮快件及跨境电商货物约 4 万吨，另外新增国际邮件进口业务，共计保障 1400 余吨。

3. 大力发展卡车航班

基于卢货航在欧洲开展的卡车航班是一大特色服务，以卢森堡为核心的地面配送网络基本辐射欧洲。枢纽 2014 年开始建设卡车航班网络，并建设枢纽多式联运信息平

台对运输信息进行集成管理，截至 2020 年年底，枢纽多式联运信息平台共注册企业 300 多家，备案运营卡车约 7200 辆，集疏货物种类达 23 大类、7000 余种（以电子产品、纺织品、机械配件、化工品、日用品为主），卡车航班网络覆盖全国 92 座大中城市及主要经济区，形成了北至哈尔滨、南至海口、西至西宁、东至上海的快速货运网络，助力枢纽形成以航空为核心、高效协同的集疏运体系。

枢纽国际物流多式联运数据交易服务平台已上线运营，该平台是郑州机场发展多式联运建设的信息化支撑，通过搭建多式联运数据信息交易平台，实现（境内）公路、铁路、海港等运输方式与国际航空、境外陆运整个运输链的信息共享，形成信息联动，是郑州机场基于互联网提升服务水平的有效补充。截至 2020 年年底，通过平台已经实现了卡车运输单证的电子化，具备了实行“一单制”的部分条件，在国际进港业务上，特别是在由航空公司主导的卡车航班业务上，基本上实现了以航空运单为单位的多式联运“一单制”模式。

4. 创新制订多式联运规则

枢纽在河南省交通厅指导下探索制定国际物流数据标准，初步拟定包括《货运信息系统报文接口标准》《国际航空进出港货物操作标准》《国际航空进口药品操作标准》《航空跨境电商一般模式操作标准》《国际物流数据标准》等在内的多个创新标准制定工作。

在国际地区“空陆联运”业务上，“一单制”的应用还有待提升，特别是在出港业务上，基本还没有应用“一单制”。下一步，郑州机场将依托枢纽国际物流多式联运数据交易服务平台的功能和应用范围，牵头组织在郑州机场运营的航空公司、代理人、卡车公司及其他物流服务企业，在制定的“空陆联运一单制”操作规范的指导下开展空陆联运业务，实现数据在空陆联运企业间的顺畅流转，打造具备在线签订电子合同、订舱、运输组织、物流信息全程追踪追溯、运费结算、统计查询等功能的多式联运数据信息交易平台，研发集运单生成、数据上传收集审核、查询分析和运单电子化流转等功能于一体的空陆联运运单信息系统，实现空陆联运全程“一次委托”、费用“一次结算”、运单“一单到底”的应用目标。枢纽主体单位郑州机场将联合枢纽入驻企业卡车航班、郑州高铁南站，逐步形成更加完善、科学的标准化、系统化空陆联运体系，其空陆联运一体化作业架构如图 5 所示。

（三）吸引产业集聚发展，形成协同互联发展模式

枢纽积极将枢纽优势转化为枢纽经济，截至 2020 年年底，枢纽已集聚形成一批产业基地，如以富士康手机产品为主的电子产品集散地，以 UPS 为主的国际快件分拨集散中心，以 Inditex 为主的时尚服装物流分拨基地，以德迅为主的进口货物航空操作口岸，以 eBay 为主的跨境电商出口基地，以奔驰和宝马为主的高端汽车零配件分拨中

心。同时生鲜冷链、邮件、跨境电商等新兴业态加速集聚发展，为河南经济社会发展注入了强大动力和活力。

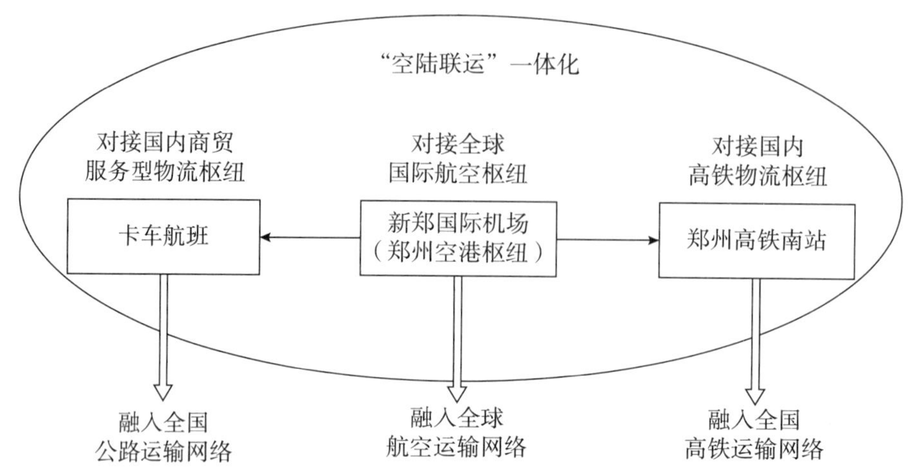

图5　郑州空港型国家物流枢纽空陆联运一体化作业架构

枢纽深化对外开放，加快推进与枢纽上下游企业合作。积极支持河南邮政公司完成邮件业务转场，在郑州机场国际三号货站设立国际邮件集散分拨中心，提升邮件保障效率和集疏规模；加快与东方航空物流公司合作，谋划郑州生鲜港项目，促成其开通郑州至芝加哥的定期生鲜运输专线；推动 FedEx 与中国邮政建立合作，为 FedEx 在郑州设立分拨中心的项目提供运营经验。

（四）搭建电子货运信息平台，推进航空物流信息化建设

1. 加快落实郑州机场电子货运试点项目

为贯彻落实中共中央、国务院关于促进物流业发展的有关部署要求，构建高效、安全、可控的航空物流服务体系，全面推进郑州国际航空货运枢纽建设，民航局于 2020 年 5 月 8 日正式批复了郑州机场电子货运试点项目。郑州机场航空电子货运试点致力于打造枢纽航空物流全操作链条的无纸化，打造航空物流行业的“单一窗口”，主要包括四大核心内容，分别是推广电子运单应用、形成航空物流标准化体系、搭建郑州机场航空电子货运信息服务平台和构建航空物流数据库。航空电子货运试点工作正有序推进，电子运单中性平台上线运行，航空标准化体系初步形成，航空电子货运信息服务平台功能上线，正积极着手准备开展应用测试工作。下一步，将进一步完善郑州机场航空电子货运试点项目内容，形成郑州机场航空物流大数据、大平台，实现枢纽内郑州机场与航空货运各方相关数据的互联互通，达到航空物流全操作链条的电子化和无纸化的目标。

2. 基于枢纽推动构建郑州机场航空物流信息平台

依托货运数据采集项目接口整合郑州机场货运类信息系统所有生产数据，实现数

据的采集、解析及存储，通过搭建货运信息化服务的数据总线，实现郑州机场货运类数据的自主交互。平台搭建了新舱单、代理人、码头管理调度、保税航材库管理、统计分析和手机端应用等系统，以及数据总线、数据仓库，通过与第三方企业的数据交互和数据整合，实现数据本地化集中统一管理，提升郑州机场货运信息化水平，有效降低舱单传输业务运营成本。截至2020年年底，枢纽大中型机场货站生产系统和郑州机场航空物流信息平台的各模块、子业务系统已全面投用，其中，机场货站生产系统功能涵盖了航空货站业务操作全流程，航空物流信息平台实现了机场内部各个系统数据之间的互联互通，并为与航空公司、代理人等进行数据交换提供了数据支撑。

三、枢纽建设发展成效

（一）枢纽航空运营成效显著

近几年，枢纽在国家、河南省委、河南省政府、郑州市政府、航空港区的大力支持下，取得较好的发展成果。2020年，在新冠肺炎疫情影响下，全球航空物流运输遭受重创，发展遇到较大困难。枢纽航空货物运输逆势增长，2020年全年完成货邮吞吐量63.9万吨，同比增长22.5%，国内排名超过成都机场上升至第6位，位次创历史新高，货运量连续4年保持中部机场货运量第一，增速居全国大型机场首位，超出全行业近28.5个百分点；其中国际地区和全货机货邮量增长迅猛，分别达到45.1万吨和49.8万吨，同比分别增长47.9%和50.2%。截至2021年第一季度，枢纽完成货邮吞吐量16.7万吨，同比增长85%，其中国际地区完成12.3万吨，同比增长133%；全货机完成13.6万吨，同比增长123.5%；腹舱完成3.1万吨，同比增长6%。2011—2020年枢纽航空货邮吞吐量如图6所示。

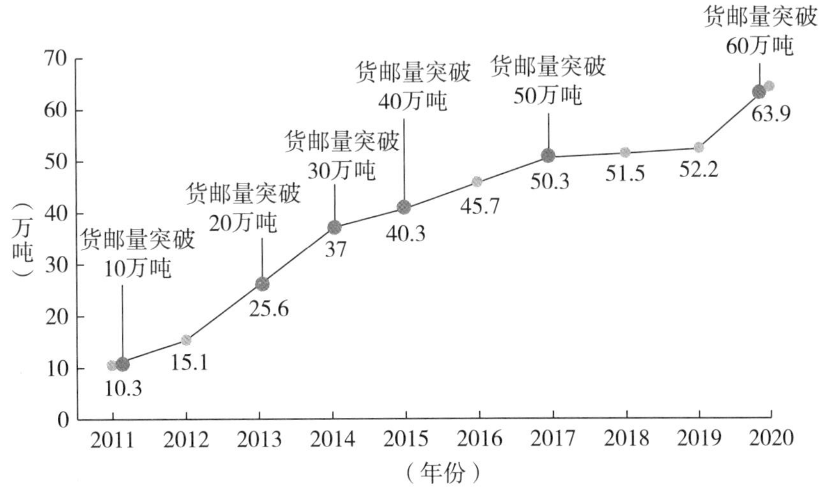

图6 2011—2020年郑州空港型国家物流枢纽航空货邮吞吐量

在枢纽运营的全货运航空公司共计 31 家（国际地区 24 家），开通全货机航线 51 条（国际地区 41 条），通航城市 63 个（国际地区 46 个）。枢纽现有中州航空公司和中原龙浩航空公司 2 家基地航空公司，2020 年，枢纽支持中原龙浩航空公司将总部迁至郑州，已开通郑州至法兰克福、河内、首尔、大阪、广州等货运航线，支持中州航空正式运营，已开通郑州至海口、深圳、淮安、无锡、晋江、乌鲁木齐等货运航线。

（二）枢纽基础设施建设适度超前

截至 2020 年年底，枢纽拥有 4E 级和 4F 级两条跑道，两座航站楼总面积 62 万平方米，综合交通换乘中心 27.4 万平方米，各类停机位 142 个，其中货机停机位 9 个，建设 7 座货站（临空货站 5 座），总面积 14 万平方米，年货邮吞吐量保障能力为 50 余万吨。

按照河南省委、河南省政府工作部署，依据《郑州国际航空货运枢纽战略规划》，枢纽及时启动了郑州机场三期扩建工程研究工作，按照 2030 年为目标年，建成第三跑道、第四跑道及相关滑行道系统、客货机坪、T3 航站楼、东交通换乘中心、南货运区（一期）以及相关配套项目等设施，满足客运量 8000 万人次、货邮吞吐量 300 万吨的发展需求；建设北货运区、南飞行区改造、T1 航站楼改造及站前交通中心等配套工程。

（三）枢纽口岸通关效率持续提升

截至 2020 年年底，枢纽拥有进口水果、冰鲜水产品、药品等 7 个指定口岸，服务货物的数量、种类居我国内陆机场前列。枢纽通过与海关签署 MOU 协议，不断创新监管模式，持续提升通关水平，截至 2020 年年底，枢纽已全面实施全天候通关机制，进出境货物实现“随到随检，快速通关”；建立生鲜冷链等特种货物常态化绿色通道机制，采取“提前申报、简化流程、货到验放”“机坪理货、机坪验放”等措施，保障生鲜活体货物安全高效通关。

枢纽积极探索“保税 + 空港”货站模式，利用郑州机场北货运区和郑州新郑综合保税区三期叠加区域，通过创新作业和监管流程，使货运站具备保税和国际一级货运站功能，满足保障国际普货以及开展国际转运、跨境电商、保税维修、保税加工、转口贸易加工等业务需要。

（四）枢纽服务保障能力不断增强

枢纽开展“空空 + 空陆”联运业务，促使卢货航、国泰、UPS 等开展“空空中转”合作，已实现整板机坪直转、拼板中转等中转方式，形成国际国内、全货机客机以及全货机之间的互转模式；构建形成了以航空为核心、高效协同的多式联运集疏运体系。

枢纽积极实施“多货站、多关区”货物整板快速转运调拨模式，进一步增强非空侧货站保障能力和资源使用效率。

枢纽积极引进天津津检和上海化工院检测公司，设立专项危险品货物检测实验室，提升危险品检测和保障能力；依托药品口岸，完成药品 GDP 资质认证，成功保障新冠疫苗运输工作。同时，枢纽选派专业队伍赴卢森堡机场、成田机场等开展学习交流培训，规范保障流程标准，培养国际化专业人才队伍。

四、枢纽发展方向与未来展望

"十四五"期间，枢纽将紧紧围绕枢纽建设的战略定位和目标，坚持精准施策、精准发力，巩固扩大核心优势，提升空港枢纽能级；坚持腹舱运货和全货机并重发展，积极拓展全货运国际航线网络布局，提高国内货运功能，着力打造服务国内国际双循环发展新格局和全球国际贸易的航空货运大走廊；提高自主可控能力，鼓励本土货航上规模、布网络；通过不断吸引大型物流集成商和货代等航空物流发展要素加速在郑州集聚、增加发展新动能；敢为人先、超前布局，以全国首个机场海外货站布达佩斯项目合作为契机，力争形成示范性强的"郑州模式"，助力国际航空货运枢纽建设和郑州空港枢纽"走出去"。

（一）坚持深入推进"空中丝绸之路"建设

枢纽以郑州—卢森堡"空中丝绸之路"为核心，在稳定现有航线运力基础上，持续加密欧美航线航班，重点完善亚洲、中东和非洲等地区货运航线；加快推进中匈航空货运枢纽项目，谋划建设、布局完善多个海外货站；利用重点项目落地，力争新开一批至欧洲、亚洲等枢纽机场的快件、邮件、冷链专线；鼓励电子产品、服装、水果等包机航班在郑州空港枢纽常态化运营，形成"定班 + 包机""普货 + 专线"的多形态货运航线网络。

（二）坚持积极引进重点项目落地

枢纽按照"货运枢纽机场 + 物流龙头企业"货运发展模式，进一步加大国内外物流集成商引进力度。全力支持 UPS、德迅、Inditex 集团等提升集散、转运中心功能；争取 DHL、FedEx 在枢纽设立区域性分拨中心；鼓励顺丰航空打造快件分拨中心；基于中国邮政打造邮件包机基地，做强航空邮件枢纽口岸；支持东航物流加大运力投放，建设专属货站，打造生鲜冷链分拨中心。枢纽依托完备的口岸功能，不断扩大生鲜冷链、邮件和跨境电商等新兴产业发展规模，培育航空货运可持续发展的内生动能。

（三）坚持不断优化口岸营商环境

枢纽依托航空口岸功能，实现口岸业务规模发展；与海关深化合作，持续推进监管模式创新，压缩整体通关时间，提高通关便利化水平；推进航空货运电子试点项目，开展航空货运电子单证标准、航空物流标准化体系搭建、航空电子货运信息服务平台建设和电子货运信息数据库建设等工作。

（四）坚持培育壮大本土基地货航

枢纽积极支持中原龙浩航空公司和中州航空公司引进运力，布局完善枢纽航线，对接全球货运网络，与UPS等国际快递企业深化国际国内业务合作，与卢货航等外籍货航公司构建形成衔接互转、互为支撑的货运网络结构。

（撰稿人：康书霞，刘素利，林莉，王辉，陈星，刘嘉琳）

北京空港型国家物流枢纽

建设“双场一体”的国际空港物流枢纽 服务两业融合首都临空经济

首都国际机场是我国对外合作交流的第一国门，是“一带一路”、京津冀区域协同发展的重要支点，是双向辐射国内外市场空间范围最广的核心航空枢纽节点，拥有国内重要的临空经济产业示范区和航空货品消费聚集区，是国家实施航空强国战略的核心区域。北京空港型国家物流枢纽（以下简称“枢纽”）由以首都国际机场为核心的存量片区与以大兴国际机场为核心的增量片区组成，是服务首都四个中心建设的战略基础型物流设施。利用城市为两个机场的“双枢纽”优势打造枢纽，全面融入世界空港物流枢纽网络，发挥铁路、公路多式联运通道的辐射作用，对带动京津冀区域城市群临空产业供应链组织、产业链延伸和价值链提升，促进北京临空产业高质量发展，对高端制造业迈向全球价值链中高端，推动北京成为世界一流城市具有重大战略意义。

一、枢纽概况

（一）区位交通

枢纽由顺义片区和大兴片区两部分组成。顺义片区以北京临空经济核心区空港物流基地、北京天竺综合保税区的优质存量资源为基础，大兴片区以大兴国际机场周边增量资源为拓展。

枢纽顺义片区位于北京市东北部，周边已经形成了“四纵三横”的高速公路网布局，“四纵”分别为机场高速、机场二高速、东六环和京承高速；“三横”分别为京平高速、北六环和机场北线高速。依托该高速网络可以形成临空经济区 10 分钟配送圈、核心区 30 分钟配送圈、京津冀主要城市（张家口、承德）2 小时运输圈的综合型网络。

枢纽大兴片区位于永定河北岸，北京市大兴区和河北省廊坊市广阳区之间，北京市南部，大兴区榆垡镇、礼贤镇和河北省廊坊市广阳区之间的配套交通路网建设规划已经完成，未来大兴国际机场将建成“五纵两横”的布局，包括轨道交通、城际铁路、高速公路、城市道路的交通网络，其中城际铁路联络线将连接首都国际机场。

（二）功能与定位

1. 枢纽定位

枢纽立足北京“四个中心”建设，以北京市服务业扩大开放为突破口，以首都国际机场与大兴国际机场、京津冀机场群协同发展为导向，积极引导优质国际航空资源和高端服务功能聚集，积极推进“聚能枢纽、连接全球、产业升级、保障首都”发展战略，将枢纽打造成为连接全球的国际一流空港型物流枢纽、首都特色临空产业供应链服务平台、港城一体的新型区域发展示范区、国内外重大活动服务保障基地。

2. 枢纽功能

枢纽基本功能包括航空干线运输、多式联运、城市仓配一体化、口岸物流、专业物流（快递、冷链、医药、跨境电商），为高效配置枢纽物流资源、提高空港枢纽服务效能、提升枢纽在全球航线网络中的地位打下坚实基础。枢纽延伸功能包括国际临空产业供应链组织、展示交易、供应链金融服务等，是结合北京区位和空港综合服务能力，发展临空产业衍生出的增值服务功能，对提升枢纽在全球临空产业资源配置的地位有重要作用。

（三）设施布局

1. 顺义片区

顺义片区共设有三个功能分区。第一功能分区为空港物流基地功能分区，规划面积1.43平方公里，重点提供城市配送分拨以及城市快件等专业物流服务；第二功能分区为口岸物流基地功能分区，规划面积0.95平方公里，重点布局口岸作业功能，并配置保税物流区、非保税物流区；第三功能分区为保税功能分区，规划面积0.77平方公里，重点发展科教文创物流、医药物流、鲜活农产品物流。具体如图1～图3所示。

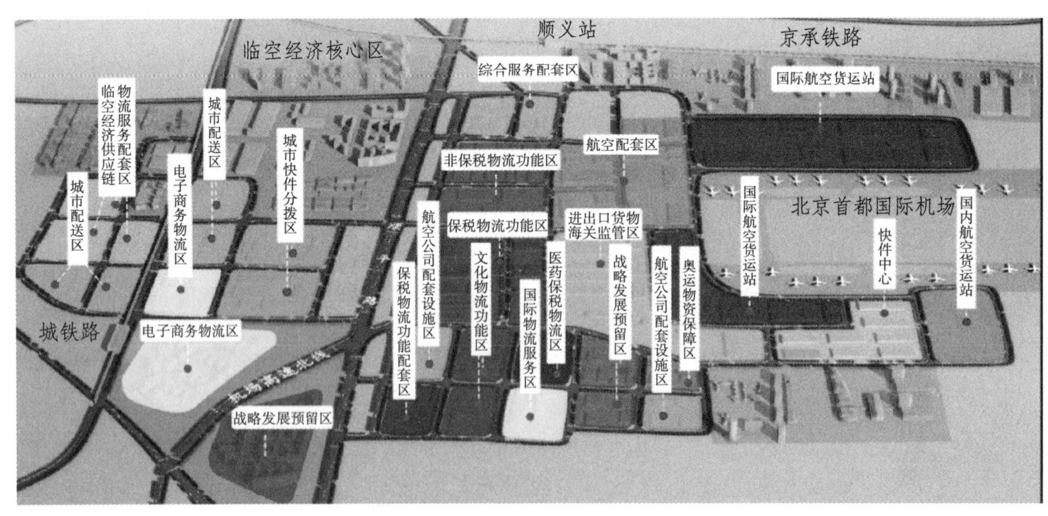

图1 北京空港型国家物流枢纽顺义片区功能分区布局

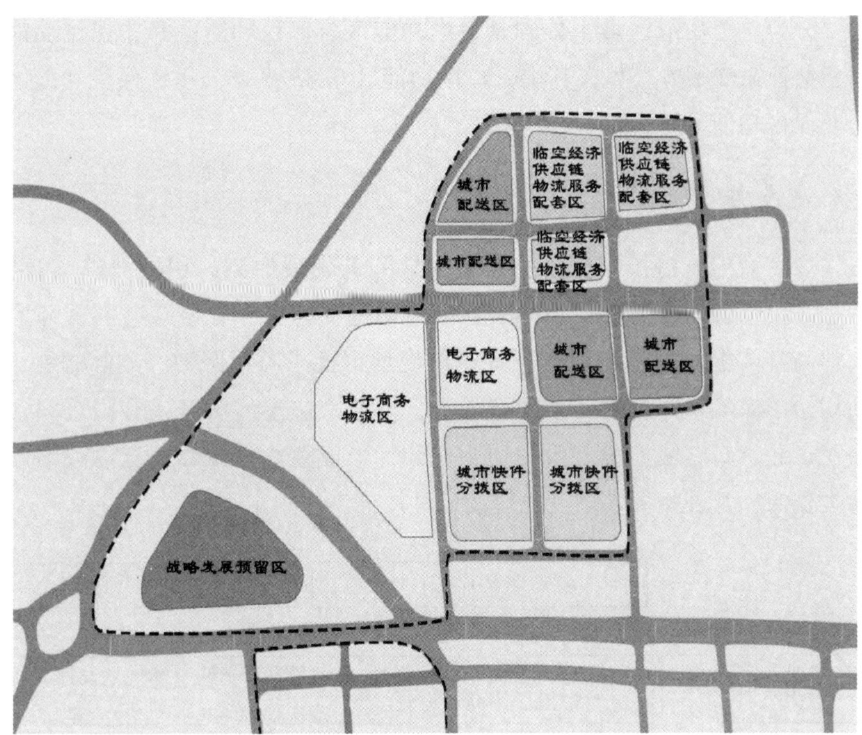

图 2　北京空港型国家物流枢纽顺义片区——空港物流基地功能分区规划

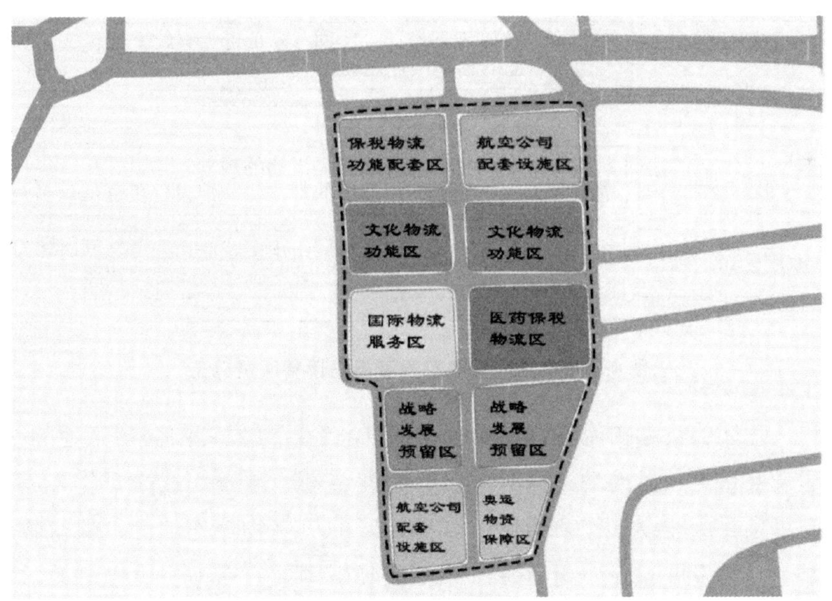

图 3　北京空港型国家物流枢纽顺义片区——保税功能分区规划

2. 大兴片区

目前大兴片区已按照预定规划开展建设工作，结合北京大兴国际机场功能定位将该片区主要分为三个功能区域，分别是口岸功能区、保税功能区和非保税功能区，规划区域面积共计 2.9 平方公里，其中，口岸功能区 0.83 平方公里，保税功能区 1.7 平方公里，非保税功能区 0.37 平方公里。

（四）建设运营模式

枢纽采取“政府支持指导、企业实施主导”的发展原则，积极推进“政府支持、管委会管理、投资公司参与”建设模式，实现政府、企业、社会等各类资源的统筹协调，进而提高整体枢纽的运行效率。政府在规划审批、用地保障、金融财税、产业扶持等方面均给予保障，并在管委会的指导下，以北京空港经济开发有限公司、航港发展有限公司、北京新航城控股有限公司为主体，形成枢纽建设和运营的战略联盟，广泛聚集各类资源，开展相关基础设施建设，具体分工如图 4 所示。

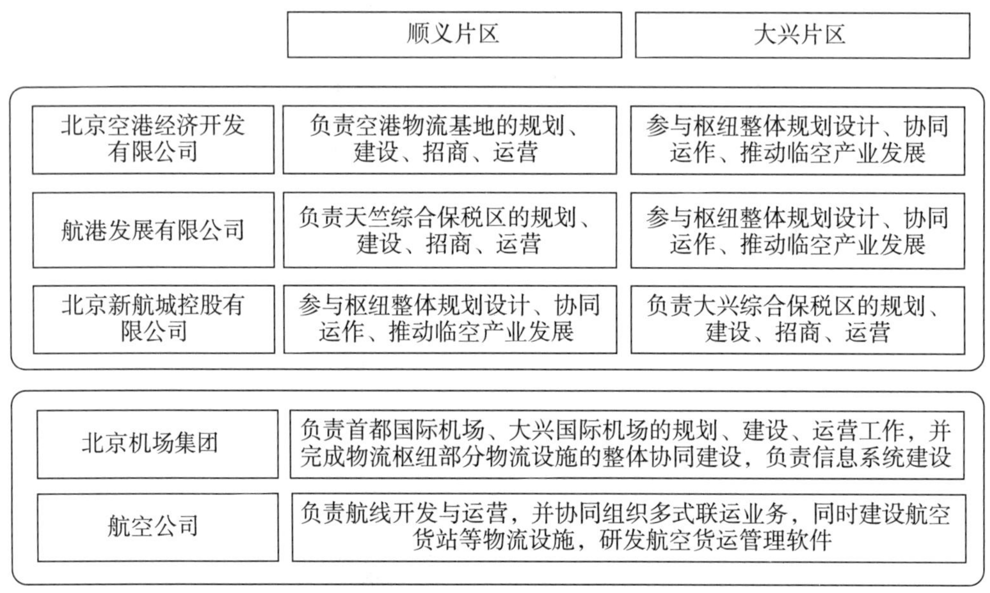

图 4　北京空港型国家物流枢纽运营联盟分工

其中顺义片区的空港物流基地主要由北京空港经济开发有限公司土地的一级开发、市政工程建设及重点项目推动，同时积极吸引普洛斯、顺丰等战略合作方完成城市快件物流中心等项目的建设工作。天竺综合保税区的口岸物流作业区、保税物流作业区等设施主要由航港发展有限公司负责，并积极吸引国航、东航、中国邮政、国药等大型企业共同参与。大兴片区综合功能区的整体开发建设方为北京新航城控股有限公司，作为平台公司，北京新航城控股有限公司承担开发建设主体、投融资主体、运营管理主体、资源整合主体的职能。

二、主要做法与特色经验

（一）“干支配”业务

1. 干线业务

枢纽顺义片区拥有世界最繁忙的机场之一，每天有94家航空公司的近1700个航班将北京与全球主要城市紧密连接，是国内辐射国际物流枢纽范围最广的机场，具有发展航空货运的巨大优势。枢纽充分利用此优势，以欧洲、美洲、大洋洲、亚洲、非洲五大洲主要国际空港物流枢纽为一级节点，依托两个机场通航65个国家的133个航点打造国际航空干线通道，提供国际航空直达中转、国际空铁联运等干线运输服务。为进一步提升枢纽在国际航空物流网络中的地位，枢纽已同樟宜机场、温哥华机场、东京成田机场、伦敦希思罗机场、悉尼机场、法兰克福机场、莫斯科多莫杰多沃机场、日内瓦机场、都柏林机场、奥克兰机场、赫尔辛基机场、华盛顿机场、阿布扎比机场、伊斯坦布尔机场等机场建立了友好合作关系，在航线开发、枢纽建设、机场运行、商业管理等诸多领域开展互利互惠的务实合作。截至2020年年底，枢纽共开通国际干线线路5条，国际全货机通航点134个，可覆盖全球84个国家和地区的155座城市。在新冠肺炎疫情期间，枢纽防疫物资专用运输包机覆盖了全球80余个国家和地区，成为全国应急供应链的重要指挥调度中心和物资集散中心，对国内乃至世界的疫情防控都发挥了极为重要的枢纽作用。枢纽的主要国际航空干线业务如表1所示。

表1　　北京空港型国家物流枢纽的主要国际航空干线业务

干线线路	线路关键节点	主要货类	运营方案
北京—美洲	洛杉矶、纽约、温哥华、芝加哥、旧金山、多伦多、纽瓦克、达拉斯	电子产品、机械产品、原材料、日用品、国际快件	腹舱、全货机
北京—亚洲	东京、新加坡、曼谷、迪拜、大阪、首尔	电子产品、农产品、机械产品	腹舱、全货机
北京—欧洲	法兰克福、巴黎、伦敦、阿姆斯特丹、慕尼黑、哥本哈根、雅典、卢森堡、莫斯科、克拉斯诺亚尔斯克、乌里扬诺夫斯克、新西伯利亚	机械产品、原材料和基建设备、日用品、国际快件	腹舱、全货机
北京—大洋洲	悉尼、墨尔本	农产品、日用品	腹舱、全货机
北京—非洲	约翰内斯堡、内罗毕、亚的斯亚贝巴	农产品、机械产品	腹舱

2. 支线业务

枢纽国内支线业务一方面依托国际航空干线业务构建的交通区位优势和物流市场环境，以及面向全国主要节点城市的拓展区域分拨等物流服务；另一方面为国际航空干线业务提供配套服务，加强国内辐射区域内货物集散能力，支撑国际航空干线业务规模化运作和扩大辐射范围与通达深度，形成了国际干线与国内支线业务相互支撑、一体联动的发展格局。支线业务依托国内航线和辐射全国的高铁网络，提供了国际国内空空中转、空铁联运、空陆联运等支线运输和北京市及周边地区的应急保障服务。空铁联运服务重点围绕机械产品、电子产品、日用品产业开展，对重点国际枢纽对接地区可以采用集装箱班列开展支线分拨与集疏运业务，空陆联运重点围绕京津冀地区以及周边的华北、东北等区域相关产业，同时针对北京市及周边区域的民生保障物资集散开展支线业务。例如，枢纽与山东烟台国际机场集团合作，开通了烟台至北京的“国际货运卡车航班”，全力发展国际中转货运。枢纽支线业务如表 2 所示。

表 2　　北京空港型国家物流枢纽支线业务

主要线路	主要货类	运营方案
全球航空货运枢纽—枢纽—国内机场物流枢纽	电子产品、机械产品、日用品、国际快件	采用空空联运方式在枢纽内完成航空货运周转
全球航空货运枢纽—枢纽—京津冀公路港枢纽节点	电子产品、机械产品、日用品、国际快件	通过航空运输连接全球航空货运枢纽节点，通过卡车航班进行货物集散
全球航空货运枢纽—枢纽—北京铁路枢纽—国内铁路物流枢纽	机械产品、日用品、国际快件	通过以高铁为主的北京铁路枢纽（包括顺义站）进行转运，通过航空运输连接全球航空货运枢纽节点

3. 配送业务

枢纽依托既有和规划中的高铁、公路网络，构建了与航空货运干支线业务相匹配的覆盖西部地区的高铁（公路）分拨配送网络。根据配送业务小批量、多批次、时效性要求高等特点，发挥铁路港和物流中心各自优势；根据商品品类、周转周期等不同，分类整合配送需求，开展面向北京市及周边地区约 150 公里半径内的配送组织工作，大规模开展共同配送，提高了末端配送效率、降低了城市物流“最后一公里”物流成本。其中，物流中心主要以满足本地及周边需求的果蔬、肉类、水产等商品的城市配送为主，通过整合全市冷链物流需求实现冷链的共同配送。其他城市消费品、建筑材料则由铁路港进行配送组织。截至 2020 年，枢纽内共有从事配送相关业务的物流企业 77 家，其中代表性企业包括北京顺丰速运有限公司、北京宅急送快运股份有限公司、华辉国际运输服务有限公司、鸿讯供应链科技有限公司、中邮物流有限责任公司北京供应链管理中心等。

（二）供应链集成业务

为推进枢纽供应链业务拓展和服务体系的构建，枢纽通过搭建供应链平台、引进高水平企业、优化营商环境等多项措施，提升枢纽对北京市及周边地区生产制造业发展的支撑引领作用。一是针对细分行业和主要货类搭建专业供应链子平台，延伸了供应链关联服务业，提升了枢纽对区域制造业供应链的控制力。二是加大对专业供应链企业的引进和培育，吸引国内知名供应链企业入驻，与枢纽既有物流企业开展深度合作，提升物流与供应链服务水平，针对医疗、航空等制造业的细分领域制订完整的供应链解决方案，并依托枢纽现有资源推进实施。三是加大对物流信息技术、金融、保险等支撑供应链发展的关键服务型企业引进，物流信息技术企业针对性地开发实施各类供应链子平台，通过金融机构嵌入供应链，提升了供应链的价值创造能力。四是围绕制造业供应链，营造供应商、分销商、代理商、流通加工企业、金融机构等上下游各类企业与枢纽内供应链企业开展业务合作、入驻枢纽的软环境，在用地、税收、人才等方面给予保障。目前，枢纽在航空制造、医疗、文化产业、汽车制造、农产品、跨境电商等方面形成了较为成熟的供应链模式，对于增强北京市智能制造等相关产业的国际竞争力意义重大。

1. 航空制造供应链服务

航空制造供应链服务是航空运输业的衍生产业，也是航空运输业持续发展的重要保障。发展航空制造供应链服务，有利于完善综合交通体系，培育新的经济增长点，带动就业和推动服务业升级。目前枢纽已经集聚了包括中国航空器材有限责任公司、维斯伯·蒂锐（北京）金属材料有限公司等国际巨头企业，这些企业承担着“航材共享平台”的角色。“航材共享平台”的建立具有巨大的经济效益、社会效益和重大的国家战略意义，通过发挥行业规模优势，提升集中采购议价优势，可以为行业节约成本；通过发挥行业资源整合优势，实现航材库存集中管理，减少航材的重复配置，可以为行业减少重复库存；通过资源整合和规模扩大，形成全球最大的航材保障支援中心。目前中国航空器材集团有限公司（以下简称“中航材”）是国内最大的、中立的第三方航材保障综合服务提供商，在航空业具有较高的知名度和良好的品牌形象，与国内各航空公司以及国际知名的飞机制造厂商、发动机制造厂商、航材供应商等均保持着长期的密切合作。中国航空器材集团有限公司从波音和空客的两个保税库购买航空器材，再转至北京共享网络服务点，中航材在国内共有北京、上海、广州、西安、成都、厦门、乌鲁木齐、阜阳 8 个共享服务点，以北京为中心的所有货物的进出口都在北京海关完成，北京是中航材主要的分拨中心，也是国内进出口的重要门户，之后这些从北京进口的货物可以在中航材的 8 个共享服务点快速流通。北京海关给中航材提供了相关政策支持，负责中航材 8 个共享服务点的所有货物进出口的报关和征税，并提供全流程监管，地方海关可以与北京海关联系，对中航材的货物进行查验。北京海关监管的业务系统和中航材业务系统是并联的，北京海关可以查看中航材库存实时变动情况。目前，在北京海关管理下，中航材在北京完成进出口业务，航材转运过程不受当地海关的额外监管，所以运转速度非常快。下游维系着国航、南航、中航、东航等航空集团的材料运营以及国内哈尔滨太平国际机场、成都双流国际机场等机场器材的供应。入驻空港基地的航空行业相关企业主要包括华欧航空支援有限公司、华欧航空培训有限公司、华普航空发动机培训中心有限公司、空中客车（中国）企业管理服务有限公司、中国国际航空股份有限公司、北京承天倍达过滤技术有限责任公司、北京凯兰航空技术有限公司等企业。物流枢纽航空制造供应链服务体系如图 5 所示。

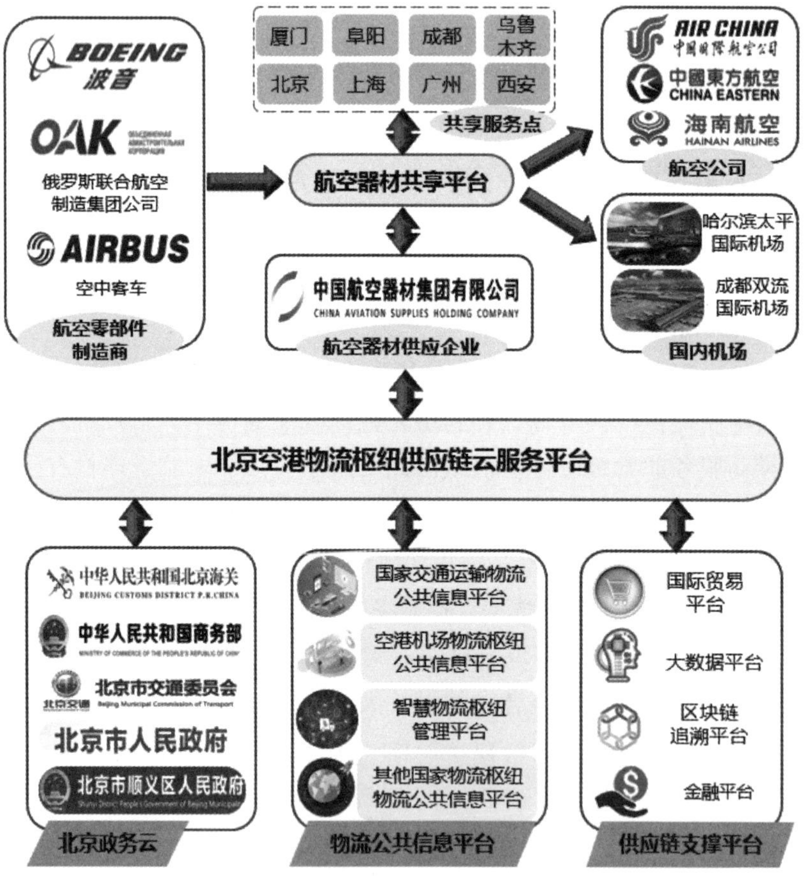

图 5　北京空港型国家物流枢纽航空制造供应链服务体系

2. 医疗供应链服务

随着人口老龄化的加剧，大众对优质医疗资源的需求越来越旺盛。北京市很多医院的大型医疗器械要求在两个小时内完成维修，这对于医疗器械备件物流的及时率要求很高。基于枢纽“线上供应链服务平台 + 大数据”分析系统，可以实现与上游 GE、西门子、飞利浦等医疗器械供应商和拜耳、辉瑞、武田等医药供应商的采购和结算在线化，降低信息匹配成本；并通过全面的数据标签、数据模型和 IT 系统，实现数据驱动的供应链管理和精准营销，并使物流方案整体可视化。由于医疗器械设备的专业性、产品及流通渠道的特殊性，其物流多由中国国际货运、敦豪货运、联邦快递等具有专业化物流水平的国际公司承接；枢纽具有保税资质，可提供集中申报、税金迁延等服务。枢纽具有战略性地理优势，可灵活快速地将医疗器械配送至所需医院，满足医疗需求，提高医疗物流服务水平。入驻空港基地的企业主要有北京韩美药品有限公司、北京乐金飞利浦电子有限公司、北京空港国际仓储有限公司、积水医疗科技（中国）有限公司、赛多利斯科学仪器（北京）有限公司等医疗制造类企业。物流枢纽医疗供应链服务体系如图 6 所示。

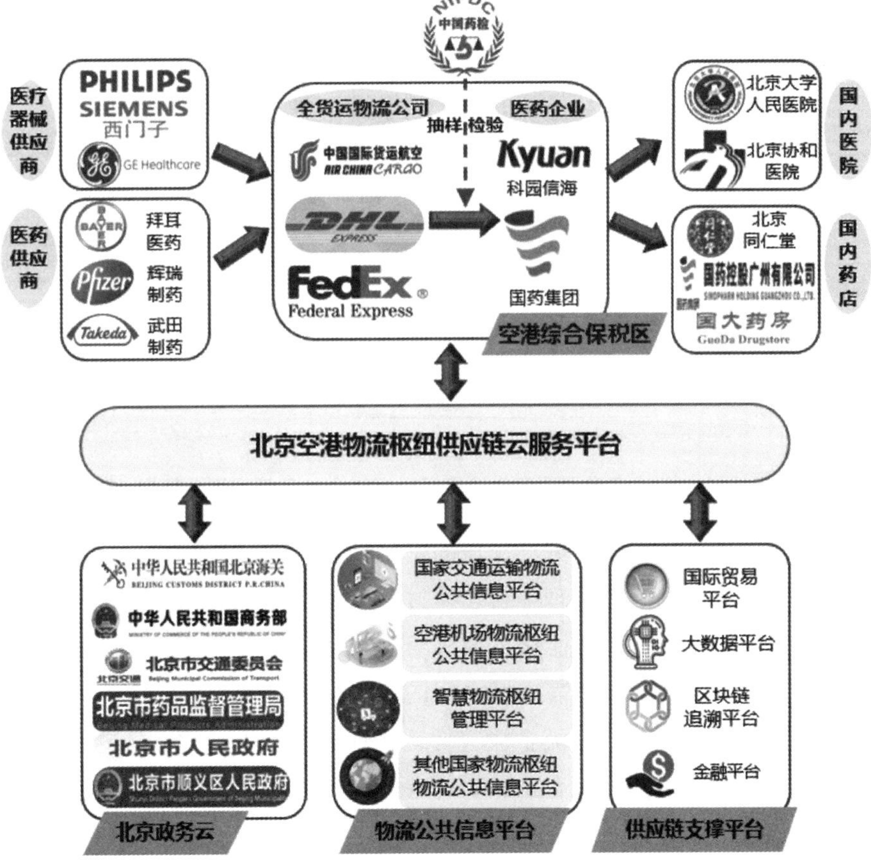

图 6　北京空港型国家物流枢纽医疗供应链服务体系

（三）综合信息服务平台

枢纽建有机场综合信息管理平台（见图7），其是一个连接各种有效资源的综合资源服务平台，货主、代理人、航空公司、机场、海关等都在其中扮演着服务提供者和使用者的角色。该平台通过与空管、航空公司、联检单位、政府监管部门、专业公司以及其他驻场单位等合作伙伴的信息共享、协同决策、流程整合，形成完整的机场服务价值链，并开展了国际供应链服务在内的多种信息服务业务。

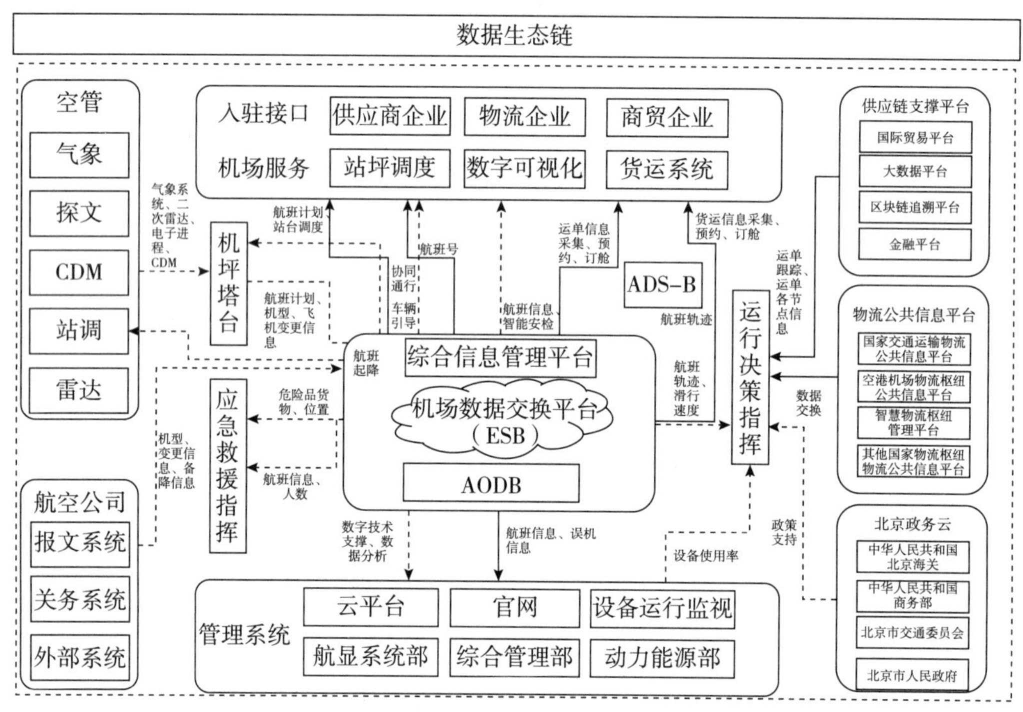

图7　北京空港型国家物流枢纽机场综合信息管理平台架构

枢纽加大对管理信息系统等信息领域的基础投入，特别是在大兴机场综合信息管理平台内建设了货运综合信息管理平台。通过整合各类信息资源，实现机场货物综合业务管理的信息化、可视化和智能化，为机场货物综合信息管理提供技术支撑和信息服务。同时该平台满足了物流供需市场之间的信息对接，为物流供需双方提供交易功能，参与方包括了航空公司、物流企业、货运代理公司、机场货运站、海关、检验检疫部门、银行、保险公司、货主企业、收货人等航空物流业务链上的企业、组织和个人。该系统目前已经有五个突出亮点。一是互联互通，优化流程：实现了海关系统、单一窗口、安检系统、货站系统、航司系统、代理系统、机场航班动态系统等货运相关信息系统的互联互通，消除了信息孤岛，实现了数据的“一点拥有，多点共享”。二是一网通办，减少环节：为货运代理提供一站式在线服务大厅，货运代理可以在线上服务大厅进行主分运单的录入和分发管理、交提货预约、托运书的生成及传输、安检申报、货签打印、称重条打印、货况的实时查询等业务，实现了一网通办，提高了整体效率。三是智能引导调度：通过对海关卡口、货站卡口、停车场、站台的综合管理，实现了货车进出海关卡口时自动审核放行，货站站台的智能化调度，提高了货运区作业的运输效率。四是航空货运综合网站：建设航空货运综合网站，航空货运各参与方可实时查询相关政策法规和行业动态等，通过综合网站，对货运区的运行情况、服务质量进行对外公示。五是大数据分析：通过大数据分析，对航空货运各参与方在市场经营上提供数据支持。

（四）通关模式创新

大通关，指的是航空口岸各部门、单位、企业等，通过采取有效手段，使口岸物流、单证流、资金流、信息流等实现高效、顺畅运转，有利于口岸管理部门实现有效监管、提供高效服务的业务统称。枢纽大通关基地于2006年通过国家发展改革委、国家民航局、海关总署等八部委联合审批，是中国第一家依托于航空口岸的货运大通关物流基地。该项目位于首都国际机场2号跑道北端延长线上，项目占地面积3178亩，包括国际航空货运站、国内航空货运站、国际快件中心、进出口货物海关监管区、保税功能区、航港物流园和综合办公配套七大功能区，如图8所示。

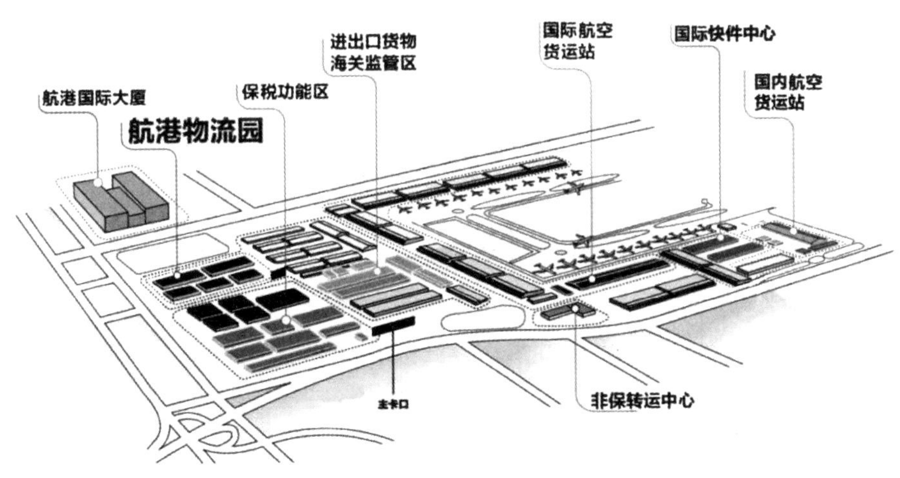

图8 枢纽大通关功能分区

枢纽大通关基地有以下几个特点。一是与停机坪相邻，能够实现航空货运与物流功能区的无缝对接，省去了监管环节，提高了通关效率。二是海关、银行直接进驻快件中心，并设立了独立的围网和卡口便于管理，为企业提供一站式服务，减少了货物进出港和分拨所用的时间。三是采取“F＋Z”通关模式，“F”是指分送即报，例如，每次报关时自动验放，等月底集中报关；“Z”是指直通式分拨，例如，两个一级货站的货物通过园区的封闭道路，直接分拨到保税区，若是收货人在保税区内，不用中途在二级库转关而是直接进行分拨，统一入库以后再报关。货物流转时效比原来提升了3～4倍，对于那些对温度要求高且具有高附加值货物的客户，这样的模式可以大大降低货物的运输风险，例如，大通关基地可以2小时内完成特殊商品（如疫苗、血清）的通关操作。枢纽的保税平台和“F＋Z”通关模式以及药品监督管理局设立的分局大大吸引了医药产业链的相关客户回流到北京。截至2020年年底，大通关基地入驻企业近2316家，其中物流企业近111家；货物吞吐量121.04万吨，同比下降38.1%。

三、枢纽建设发展成效

（一）打造国际重要的航运物流资源枢纽节点

枢纽依托首都国际机场国际航线数量多的优势，利用“腹仓＋全货机”的运输模式，形成了依托枢纽的中转航线，实现了航空枢纽的集聚作用。2020年枢纽全年完成货邮吞吐量超过120万吨，顺义片区航空口岸进出口货物121万吨。疫情期间，枢纽发挥原有的客运资源优势，通过将客机改造为运输货物专用机，即客机货班，大大提升了货运运力，2020年客机货班的货运量达到了20743吨，成为北京连接“一带一路”沿线地区运力的主要来源，满足了疫情期间“一带一路”沿线地区的货运需求。

（二）打造国际领先的临空产业集聚区

枢纽建设已经产生了较强的经济拉动效益。顺义片区已建成全国领先的首都临空经济示范区，入驻企业数量达到2316家，形成了具有区域竞争力的临空产业集群。在航空产业，集聚了中国国际航空股份有限公司、机场集团、中航油、中航材、空中客车（中国）企业管理服务有限公司等400余家航空企业，航空业直接关联企业数量占北京地区航空企业总数的三分之二；在医疗产业，聚集了北京韩美药品有限公司、北京乐金飞利浦电子有限公司、北京空港国际仓储有限公司、积水医疗科技（中国）有限公司、赛多利斯科学仪器（北京）有限公司5家医疗制造类企业；在跨境电商，聚集了全球国合国际货运（北京）有限公司、中外运空运发展股份有限公司、中国国际货运航空有限公司、北京顺丰速运有限公司4家国际物流企业。同时以中科星图、正元地理为代表的地理信息产业集群，以华大基因为代表的生物医药集群，宝洁中国研发中心、宝马研发中心等“高精尖”企业相继落地。

四、枢纽发展方向与未来展望

“十四五”期间，枢纽将加快国际航空物流发展，持续提升枢纽的国际竞争力和影响力，促进航空服务业结构优化升级和进一步开放发展。

（一）提升空港枢纽物流要素聚集和辐射效能

一是聚集空港物流要素，坚持适度超前原则，优化机场航线网络，首都国际机场和大兴国际机场协同发展，进一步完善“双枢纽”机场格局，优化航空物流要素聚集。二是完善枢纽集疏运体系，构建以轨道交通为骨干，高速公路、干线公路、城市道路为主体，立体智能的大容量、复合型通道，显著提升航空客货的地面集疏运效率，实现空港物流与北京城区、城市副中心等重点区域的快速通达。

（二）完善枢纽临空产业服务功能

立足首都城市战略定位，对标国际先进规则，叠加政策功能优势，通过加强各要素的协调运作、优化资源配置，加快完善临空产业发展所需的口岸服务、跨境物流、物流信息、保税仓库、区域分拨、多式联运、会展交易等服务功能，形成价优、高效、创新的枢纽临空产业服务功能体系。力争形成一批国内首创的可复制、可推广的经验，持续增强服务业发展动能和国际竞争力，逐步构建与国际通行规则相衔接的枢纽服务开放体系。

（三）加快物流枢纽技术升级

加强现代智慧物流技术应用，为强化土地的集约化利用，重视规划许可范围内新型高层、高密度物流设施的建设和使用；同时积极推动人工智能、物联网、自动化立体仓库等智慧技术应用，实现产业技术突破，构建绿色、集约、高效的物流作业系统，满足关键产业的配套服务需要；同时重视企业的创新能力发展，力争将物流企业逐步转型升级为高新技术企业。

（四）加强功能平台要素建设

依托空港物流枢纽，为临空产业构建专业服务平台，推进空港枢纽与临空产业的融合发展。打造全国高水平的航材交易和航空维修平台，构建全国文物艺术品进口主口岸，建立医药企业跨境研发合作平台，搭建全国科技贸易与研发平台，探索建设离岸科技研发中心，发展高端食品、商品整车等升级型消费进口产业，提升首都市民消费升级新体验和空港商业服务水平，服务国际一流的空港物流枢纽建设。

（五）打造枢纽经济区

一是贯彻落实“四个中心”城市战略定位，依托空港物流临空产业体系，大力发展临空型总部经济，助力国际一流的和谐宜居之都建设。二是吸引国际航空资源聚集，不断拓展航空前端、中端、末端产业业态，巩固强化临空经济核心产业。三是创新发展具有临空特色的科技服务业、高精尖产业、新兴金融产业、文化旅游产业，积极拓展临空经济关联产业。四是培育未来能够引领现代供应链管理、现代服务业创新方面的新企业，形成枢纽发展的新路径。

（撰稿人：景山，戴慧玉，王宏远，王垚）

深圳空港型国家物流枢纽

高质量推进大湾区空港物流枢纽建设
快节奏融入全世界航空核心枢纽网络

粤港澳大湾区是中国开放程度最高、经济活力最强的区域之一，深圳作为粤港澳大湾区的核心引擎，是全国经济中心城市、科技创新中心、区域金融中心、商贸物流中心，也是“国内国际双循环”的重要枢纽和平台。深圳空港型国家物流枢纽（以下简称“枢纽”）以深圳机场为主体，把握粤港澳大湾区、先行示范区建设等重大国家战略赋予的新的历史使命和战略机遇，在“干支配”业务发展、通关模式创新、跨境电商业务发展、物流数字化转型、安保创新试点等方面取得了一系列成绩，为助力“双区”建设，融入国内国际双循环新发展格局提供了新动能。

一、枢纽概况

（一）区位交通

深圳处于粤港澳跨境物流通道、贵广—南亚国际物流大通道的核心位置，是广东发展外向型经济的核心节点城市，在共建川贵广—港澳—南亚国际物流大通道、粤苏皖赣四省物流大通道、中澳海上物流大通道、哈伊瓜国际物流大通道等项目中，深圳均是主要节点，是联通国内通道与国际市场的桥梁和纽带。

枢纽位于深圳市宝安区、珠江口东岸，距离深圳市区 32 公里，北至福海大道、西至沿江高速、南至深中通道（内环路）、东至宝安大道（部分至 107 国道）。枢纽不仅可以高效利用深圳市布局的“十横十三纵”的高快速路网，便捷地与深圳市主要产业园区、物流基地、城市配送中心等建立业务往来，还可以通过广深高速、沿江高速等无缝连接香港、澳门、广州、东莞、惠州、中山和珠海；通过千吨级泊位的客货运码头，实现和香港、澳门、珠海连接，还可以通过直升机到达香港、澳门。

（二）功能与定位

枢纽以深圳机场、深中通道和深茂铁路为依托，以整合粤港澳大湾区物流资源、促进湾区世界级机场群建设为目标，以航空物流、珠江两岸物流为核心，立足空陆联运核心功能，强化与其他物流枢纽的联动协作，重点发展“干支配”、供应链集成业务与平台支撑运行体系，打造富有竞争力的航空物流运行体系，服务深圳粤港澳大湾区、先行示范区建设和开放型经济发展，将枢纽打造成为立足粤港澳大湾区、面向亚太地区、辐射全球的国际核心航空物流枢纽，中国特色社会主义先行示范区的开放门户与枢纽经济范例，无缝衔接、全方式联运的空港型物流枢纽全国样板，具有国际竞争力的供应链管理中心与枢纽经济发展示范项目。

按照定位，枢纽面向集成电路、人工智能、5G 技术、物联网等领域，针对战略新兴产业、商贸服务业、生活型服务业等的物流需求，重点建设基本物流功能和延伸物流功能。枢纽基本功能主要包括航空干线运输组织功能，区域分拨、转运与配送功能，多式联运集散组织功能，国际物流功能，仓储与流通加工功能，公共信息服务平台及配套服务功能等；延伸功能主要包括供应链管理功能、跨境电商服务功能、保税物流功能、冷链物流服务功能、物流金融等增值服务功能、战略物资储备与应急物流服务功能等，枢纽发展思路如图 1 所示。

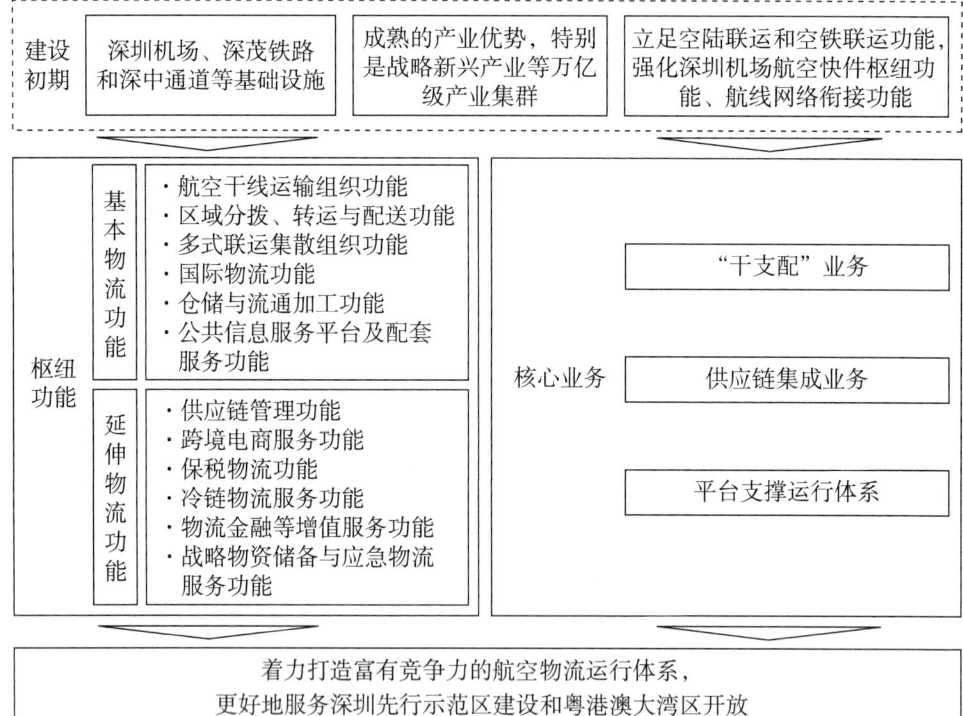

图 1　枢纽发展思路

（三）设施布局

枢纽以机场货运功能为核心，包含北货运区（国际物流功能区）、东货运区（综合物流功能区）、南货运区（国内物流功能区）三大货运区，以及位于枢纽东北侧的综合保税区和南侧的城市物流功能区。

枢纽分为五大核心功能区和三大辅助功能区。五大核心功能区为国际物流功能区、综合物流功能区、国内物流功能区、城市物流功能区和综合保税区，三大辅助功能区为高铁枢纽及商务功能区、城市功能区、航空及配套功能区，枢纽总体布局如图 2 所示。

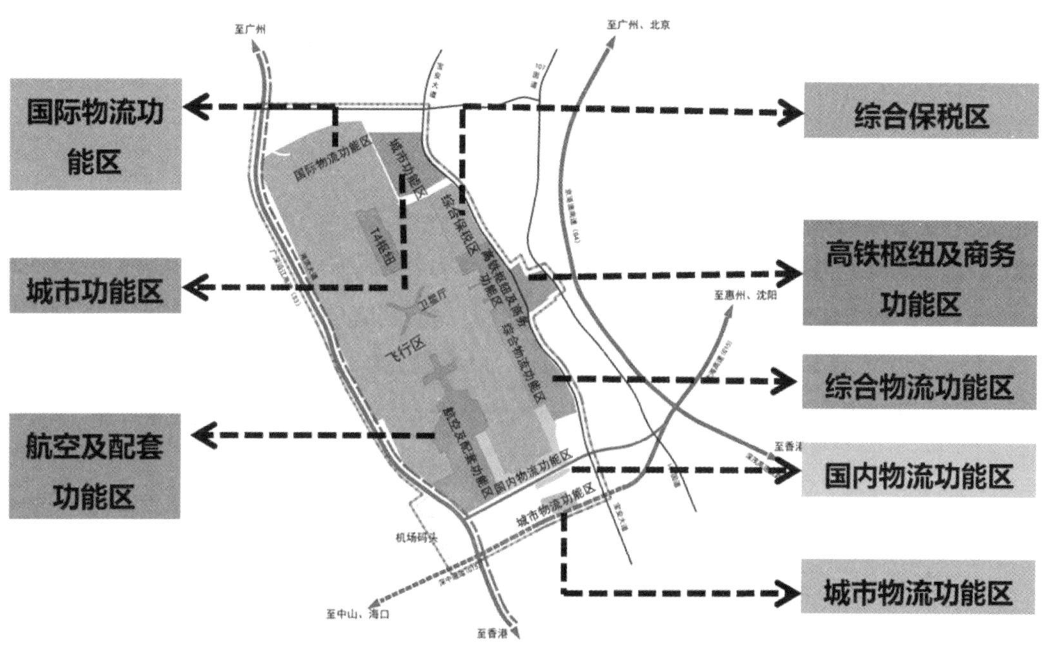

图 2 枢纽总体布局

枢纽以存量设施为主，约占枢纽规模的 68.3%。为实现枢纽的发展目标，重点依托存量物流资源的整合，推进增量设施建设，全面提升枢纽功能。

1. 存量设施

综合物流功能区包括物流大厦（占地面积 9523 平方米，建筑面积 19787 平方米）、国内货运村一期（占地面积 33971 平方米，建筑面积 32131 平方米）、国际货运村一期（占地面积 18996 平方米，建筑面积 18168 平方米）、国际货运村二期（占地面积 17040 平方米，建筑面积 19953 平方米）、老国内货站（占地面积 40885 平方米，建筑面积 38610 平方米）、国际货站一期（占地面积 38986 平方米，建筑面积 19449 平方米）、陆运快件处理区（占地面积 32240 平方米，建筑面积 14030 平方米）、航空快件处理区

（占地面积 28760 平方米，建筑面积 19328 平方米）、5 号库（占地面积 3440 平方米，建筑面积 2640 平方米）、国内货运村二期（占地面积 14094 平方米，建筑面积 15620 平方米）、邮政分拨中心（占地面积 150000 平方米）、国际货站二期（占地面积 48277 平方米，建筑面积 28168 平方米）、UPS 亚太转运中心一期（占地面积 89658 平方米，建筑面积 49822 平方米）、保税物流中心（占地面积 103679 平方米，建筑面积 56881 平方米）。

国内物流功能区包括 T3 新货站一期（占地面积 149080 平方米，建筑面积 77560 平方米）、T3 新货站二期（占地面积 79876 平方米，建筑面积 53308 平方米）、顺丰转运中心（占地面积 79876 平方米）、国内物流区航空货运库（1 区）（占地面积 79876 平方米，建筑面积 53308 平方米）和国内物流区航空货运库（2 区）（占地面积 93926 平方米）。

国际物流功能区包括国际货站（占地面积 160000 平方米，建筑面积 480000 平方米）。存量设施占地面积共计 2098317 平方米。

2. 新增建设

全球跨境快邮集散中心项目位于综合物流功能区，投资规模约 9. 1 亿元，建筑面积 141167 平方米，用于满足 2025 年货邮吞吐量达到 100 万吨/年的发展要求。

国内物流功能区航空货运库项目位于国内物流功能区，投资规模约 15 亿元，建筑面积 275220 平方米，为顺丰提供仓储、理货操作、短驳、装卸、搬运、转运等专业化服务。

国际物流功能区项目位于国际物流功能区，投资规模约 5. 8 亿元，建筑面积 64000 平方米，未来将建成国际货站。

（四）建设运营模式

深圳机场集团是枢纽建设的唯一投资主体、建设主体和管理主体，隶属深圳市国资委，基本形成“客”“货”“城”三大主业板块协同发展格局。深圳机场集团负责枢纽总体运营管理、运行平台建设、提供基础公共服务、协调协同枢纽业务及相关企业。为了进一步提升枢纽的发展质量，实现枢纽业务间的高度融合，实现使用主体与建设主体的融合发展，由深圳机场集团牵头，组建涵盖航空公司、物流企业、战略投资机构、多式联运企业、城市配送企业等各相关主体的枢纽协同运行联盟。同时，与深圳市物流与供应链管理协会等行业协会紧密合作，融合多方优势，形成发展合力。

深圳市成立市国家物流枢纽建设领导小组，筹备协调解决枢纽建设过程中的基础设施建设、空域资源配置、口岸开放政策、区域协调等重大问题，保障枢纽建设稳步有序推进。

二、主要做法与特色经验

（一）大力发展“干支配”业务

粤港澳大湾区高端制造业、电子商务等产业快速发展，国际产业创新中心、国家级先进制造业基地加速建设，需要高时效、高质量的航空物流将其产品运送至全球各地的供应链下游企业或者终端客户手中，这为深圳航空物流提供了重要产业支撑。枢纽依托深圳“双区驱动”及叠加优势，整合深圳机场国际航空枢纽和航空物流枢纽资源，拓展完善了航空干线业务，提供干支衔接业务，与周边主要城市产业园区分拨配送中心形成业务协同，构建发达高效的“海陆空铁”综合物流体系。枢纽“干支配”业务的主要环节如图 3 所示。

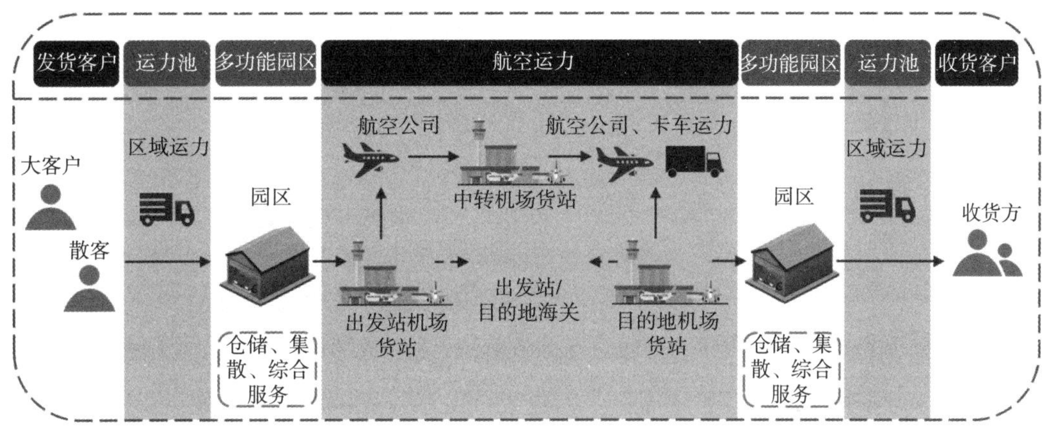

图 3 “干支配”业务的主要环节

1. 提升运力能力

枢纽强化与全球排名前列的大型货运代理企业间的交流，寻找合作契机。结合枢纽自身资源优势，积极支持和培育本土大中型货运代理企业进一步做强做大，提高货运代理企业的全球供应链服务能力。吸引圆通、京东物流、纵腾物流等行业头部企业开展业务，形成传统综合快递服务商和电商物流服务商集聚的良性发展格局。近年来，枢纽先后引进深航、南航、海航、东海航、顺丰（全货机）、金鹏（全货机）基地航空公司，引进 UPS、DHL、顺丰、EMS 等国内外企业在枢纽设立转运中心，促使枢纽物流业务快速扩张。

新冠肺炎疫情暴发以来，枢纽积极发挥平台作用，为防疫物资的全球流通搭建“空中通道”。为克服国际客机腹舱运力下降的问题，枢纽积极对接 80 余家中外航空公司，成功引进 2900 班临时包机航班和客改货航班，累计保障进出港货邮量 7.5 万吨。

深圳机场为各航司提供一站式接口，深圳机场以相关规定为指引，制订了专门的保障方案，编制《深圳机场“客改货”航班开航指引》，联合深圳海关和相关协会采取线上线下相结合的方式加强媒体宣传，确保了航班正常运营。2021 年上半年保障临时包机航班和客改货航班 1200 班，运输货量 3.8 万吨。深圳机场的“客改货”航班如图 4 所示。

图 4　深圳机场的“客改货”航班

2. 增强航线网络辐射能力

枢纽不断丰富机场航线数量，重点新增国际远程航线数量，围绕到北美洲、欧洲、非洲等地的国际远程航线，在稳住既有通航点的基础上，拓展新的通航城市（特别是与深圳产业关联度高的战略性通航点），并逐步加密到已开通国际航点的航班频次。

2020 年，国际货运方面，新开芝加哥、法兰克福、卢森堡、亚的斯亚贝巴、洛杉矶和阿姆斯特丹等 12 个货运航点，国际全货机通航点达到 27 个；国内货运方面，新开及加密到石家庄、无锡和郑州等地的货运航线，国内定期全货机通航点达到 23 个、全货机通航点达到 51 个，创历史新高。深圳机场的全货机通航点如表 1 所示。

此外，枢纽协助 UPS、顺丰、欧陆等企业在夏秋航季白天时刻运营新增运力和新开及加密国际航线；多渠道争取土耳其、埃塞俄比亚和荷兰等国家相关航点航权及第五航权等有利政策，成功协助航空公司获取深圳—埃塞俄比亚货运定班航权。2021 年第一季度，新开沙巴、马尼拉货运航线，对东南亚地区的辐射能力进一步增强。

表 1　深圳机场的全货机通航点一览　（单位：个）

项目	运营的航空公司	全货机通航城市数量	具体通航地区
国内全货机	顺丰航空、金鹏（货）、圆通航空、邮政航空、长龙航（货）、中州、龙浩	21	郑州、成都、重庆、北京、上海、杭州、南京、合肥、无锡、温州、南通、泉州、沈阳、潍坊、武汉、福州、宁波、南昌、长沙、海口、大连
地区全货机	顺丰航空、华航（货）、长荣	1	台北
国际全货机	顺丰航空、南航、中货航、龙浩、中州、UPS、FedEx、美国南方、法国空桥、卢货航、土耳其航空、美国西部环球航空、美国阿特拉斯航空、乌兹别克斯坦航空	29	新加坡、马来西亚吉隆坡、马来西亚沙巴、菲律宾克拉克、菲律宾马尼拉、韩国首尔、日本东京、日本大阪、德国科隆、泰国曼谷、越南胡志明、阿联酋迪拜、阿联酋沙迦、美国安克雷奇、美国辛辛那提、美国芝加哥、美国洛杉矶、俄罗斯莫斯科、澳大利亚悉尼、印度金奈、印度德里、卢森堡、德国法兰克福、英国伦敦、印尼雅加达、巴林、土耳其伊斯坦布尔（包机）、荷兰阿姆斯特丹（包机）、法国巴黎（包机）
总计	20	51	—

3. 开展多种联运业务模式

枢纽持续完善已实现的“香港—深圳机场—境外”和“境外—深圳机场—香港”陆空联运业务模式，加强与海关等有关单位的沟通，开通“境外—深圳机场—国内其他城市”“国内其他城市—深圳机场—境外”等其他类型的卡车航班业务。同时，枢纽以深中通道建设为契机，结合深圳机场东高铁规划，推动形成空、陆、铁多种运输方式相结合的立体交通枢纽。以市场需求为导向，推动“空铁联运”试点，优化通关流程，完善卡车航班业务。通过卡车航班建立跨国联系，突破高铁的局限性；通过高铁联系中远距离（500～1000 公里）城市群市场，扩大辐射范围；卡车航班发挥运输灵活的优势，负责地面配送与短距离转移，重点联系 500 公里以内的城市群市场。建立“陆空联运”机制，进港货物在到达后通关并进行全国分拨（主要通过卡车航班、高铁联运）；出港货物在集散后发往目的地。卡车航班陆空联运模式示意如图 5 所示。

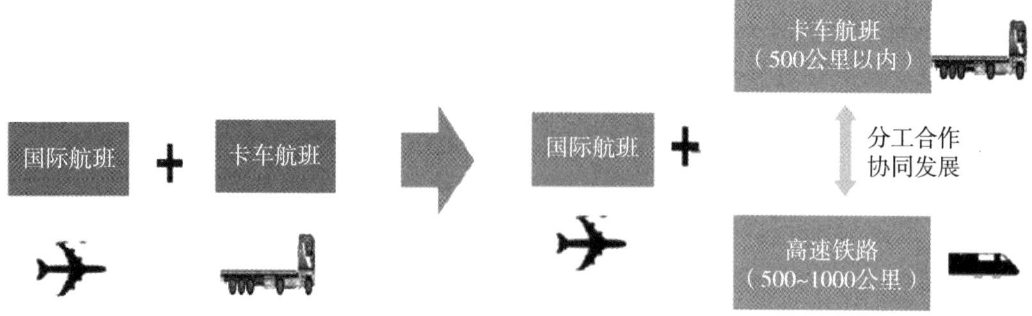

图 5　卡车航班陆空联运模式示意

4. 完善区域辐射分拨、配送业务体系

枢纽充分利用航空干线运输与高速公路、高速铁路等的干线集货优势，形成面向区域的分拨转换功能，促进国际物流功能区、综合物流功能区、国内物流功能区等功能区域的业务互动。其中，进口货物通过枢纽向内陆地区快速分拨，出口货物通过枢纽集成后经航空干线运往东亚、东南亚及欧洲地区中转或者分拨。重点发挥 UPS、DHL、FedEx、顺丰、圆通等平台的集聚效应及其道路集疏运优势，为制造企业、商贸企业提供物流服务。目前，深圳市共有 39 个快递分拨中心，其中枢纽周边 10 公里范围内就聚集了 9 个，占比达 23%，这为枢纽实现区域分拨、转运与配送功能高质量发展奠定了坚实的基础。

此外，枢纽还成功开展前海、南沙异地货站业务。开通异地货站后，货物交给前海湾保税港区和南沙综合保税区视同交货给深圳机场货站，货物运抵枢纽后无须深圳机场海关查验，可直接办理登机手续。这一措施有助于提高通关效率，引导更多货物选择深圳机场进出境，拓展了枢纽货运腹地，有利于国际空运出口业务发展。

（二）创新多种通关模式

枢纽通关体系日益完善，可实现国内外货物高效流通，可开展多种通关模式业务组合，主要包括以下几类。

1. 深圳机场与前海湾保税港区区间的空运货物进出口通关模式

（1）国外机场—空运至深圳机场—分拨至前海中心仓。

2020 年 5 月，深圳机场“空陆海”联运业务成功落地运行，货物由国外机场运抵深圳机场，采用舱单分拨的方式转运至前海湾保税港区，后续可根据生产计划需要，通过海运方式出境。在舱单分拨模式下，代理人只需在海关“单一窗口”平台申请舱单分拨，系统生成放行信息后，代理人即可去前海湾保税港区提货。与传统模式相比，减少了代理人向转入地海关提出转入申请、向转出地海关提出转出申请两个步骤，整体时间节省三分之一以上，大幅提升了该类货物转运时效。

（2）前海湾保税港区—陆运转关至深圳机场—空运至国外。

2021 年 2 月，前海湾保税港区至深圳机场空运货物出口联动业务正式开通，货物可从前海湾保税港区陆运转关至深圳机场，并空运出口至国外。在该业务模式下，货运代理人将在前海湾保税港区办理完成所有通关手续，货物抵达深圳机场后快速通关，操作效率大幅提升，有力促进了深圳机场与前海湾保税港区之间各类物流要素的高效流通。

2. 香港跨境货物通关模式

若货物主运单上标明是"境外—国内城市—境外"，则该模式下中转运输路线有两种：其一，货物由境外通过空运至国内城市，再由卡车运送至境外；其二，货物在境外通过卡车运送至国内城市，再通过空运送至国外。

因深圳和香港特殊的地理位置，两地的空陆联运货物由卡车运输。目前在深圳机场可开展的该类型跨境中转业务主要有以下模式："香港—陆运至深圳机场—空运至国内机场""香港—陆运至深圳机场—空运至国外机场""国外机场—空运至深圳机场—陆运至香港""国内机场—空运至深圳机场—陆运至香港"。

3. 进口货物空陆联运转关至内地其他城市的通关模式

2021 年 1 月，深圳机场正式开启国际进港免税品类、快件类、电商类货物空陆联运转关通道。例如：国际进港免税品货物在深圳机场办理完转关业务后，可由海关监管车陆运至海南；快件类货物从澳大利亚空运入境，在深圳机场办理完转关业务后，可由海关监管车陆运至南沙快件场所清关。该模式下的中转流程为：国外机场—空运至深圳机场—内地其他城市。

4. 空空中转货物通关模式

2021 年 4 月，深圳机场首创航空货运空侧监管新模式，大幅提高深圳机场国内国际航班间货物转运效率，助力打造国际航空货物快速转运中心。以往国内转国际的航空货物在由国内航班运抵深圳机场后，需要从国内货站陆侧提货，再运至机场国际货站，最后经由国际航班运输。新模式下，通过在海关监管区域建设空侧监管闸口，在提前准确获知首程国内航班货物信息的情况下，可实现国内航班与国际航班转运货物在机坪的无缝对接，从而大幅提高了货物中转的操作效率。

（三）大力发展跨境电商业务

一是成功试点运行跨境电商 B2B 直接出口（9710）、出口海外仓（9810）、网购保税进口（1210）、直购进口（9610）等跨境电商模式，实现多业态运营。

二是创新服务和资源配置方式，在引入小红书、拼多多的基础上，进一步加大高质量规模化电商企业引进力度，共同培育航空物流新业态。

三是探索推进在保税物流中心实现跨境电商与非跨境电商货物同仓储存、文件互转等监管模式，进一步提升业务通关效率、降低运作成本。

四是沟通协调纵腾、燕文等电商物流服务商以及大型货运代理企业、航空公司等，争取将目前深圳至巴黎等地的跨境电商包机航线固化运营；与菜鸟、京东物流保持密切沟通，争取吸引并尽快投放运力开通跨境电商包机业务。

五是健全口岸资质，进境肉类指定监管场地资质获批并启用，先后取得 TAPA（运输资产保护协会）认证、CEIV Pharma（医药物流独立验证卓越中心）认证，协调海关全面恢复危险品（1～9 类）保障功能。

在枢纽的积极推动下，枢纽跨境电商业务快速发展，2020 年跨境电商出口总量比 2019 年增长 4454.9%。其中，2020 年冷链进港货量达 6905 吨，2021 年第一季度生鲜冷链进港货量 4146 吨，同比增长 324.1%。枢纽还与新冠疫苗制造商康泰生物以及温瑞通等温控设备供应商保持密切沟通，了解新冠疫苗出口计划，及时收集相关需求，协调运力以及做好保障准备，争取让更多疫苗通过深圳机场出货。加强进口药品业务拓展，促进业务量增长。

（四）物流数字化转型

深圳机场物流综合信息服务平台由深圳机场集团具体负责建设与运营维护，枢纽运营企业联盟各企业参与。深圳机场物流综合信息服务平台一期设有门户网站和“深圳机场货运”微信小程序两个入口，可为货运代理企业、航空公司、货主及海关等服务对象，提供综合查询、运单服务、车辆服务、鉴定报告申报服务、园区服务、信用评级、移动结算 7 大类共 14 项业务的一站式线上办理，其总体业务架构如图 6 所示。该平台在全国率先实现国内航司电子运单数据与机场货站对接，打通了航空物流内部数据通道，构建起运单电子化的绿色、高效运作新模式。

深圳机场物流综合信息服务平台一期项目打通了机场航空物流内部数据全链条，实现了从局域网到互联网的跨越；构建了以深圳机场现代物流业务管理为核心，覆盖深圳航空物流中心业务链的航空物流生态圈，形成无缝衔接上下游信息链的高效物流运输信息保障体系，提供高效的运输与保障能力，该平台是具有核心竞争力、智慧型、大型物流综合信息服务平台。

同时枢纽还依托该平台，主动推进航空运单电子化工作。一方面平台已完成与深航、海航等航空公司的电子运单数据对接，从而在国内机场中率先实现了国内航空公司电子运单数据在机场货站的运用；另一方面系统地实现了与海关国际贸易“单一窗口”数据联通，助力国家口岸办航空物流信息验证试点项目在深圳机场验证通过，为建设民航局、海关总署主导的航空物流公共信息平台提供了强有力的支撑。

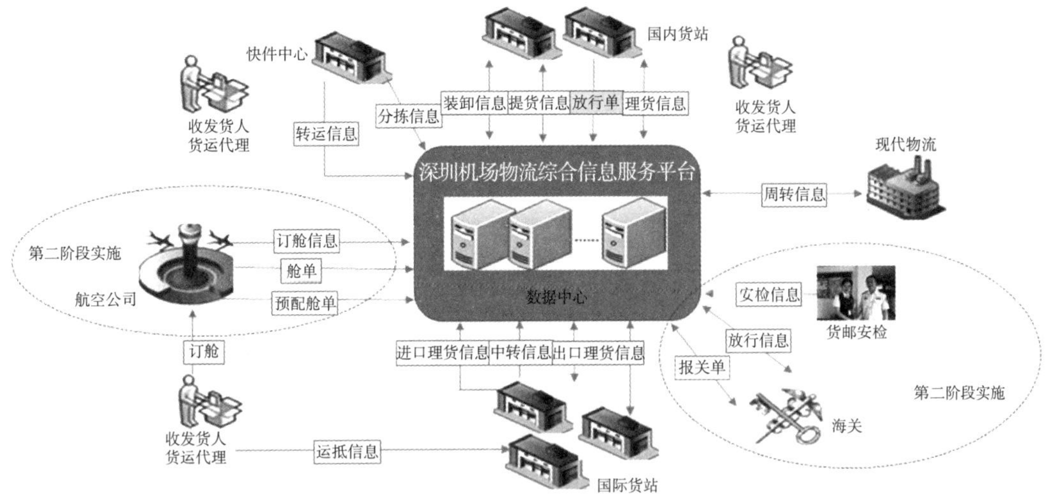

图 6　深圳机场物流综合信息服务平台总体业务架构

（五）先行先试，安保创新成果斐然

枢纽扎实推进已知托运人试点和全货机航空快件安检差异化试点工作、推动优质内含锂电池产品差异化安检、开展航空货运分类分级安保研究、申报航空物流综合保障能力试点。

由于市场对差异化、高效安检的需求不断提升，现阶段无差别的安检措施已不能适应市场需求，深圳机场集团向民航局报送了《基于航空货运分类分级模式下的差异化安检试点方案》，并于 2021 年 1 月获得民航局批复。已知托运人在全国范围内首次实现了经航空货运安保链条传递的已知来源货物在机场无须安检、快速装载，全货机航空快件安检差异化使奶粉、电子手表等原先无法通过航空运输的货物，可以通过全货机实施运输。

基于航空货运分类分级模式下的差异化安检试点项目实施以来，有效提升了运输效率，获得广泛好评。通过差异化保障，2020 年以来，累计为 6200 余种货物实施差异化安检，实现运量 7600 余吨，满足华为、小米等公司核心诉求，成功拓展高科技企业的货运通道。枢纽率先在安检效率方面取得突破，解决枢纽航空物流业务发展现存问题与瓶颈，实现枢纽货运发展提质增量，为推动货运分类分级安保制度的落地，实现货运安保链条的规范化和标准化管理提供科学依据。后续随着枢纽航线网络的密集及差异化安检模式的复制推广，项目效益将进一步得到体现。

疫情期间，枢纽积极做好国外入境的医疗物资通关保障工作，建立快速通关机制，为防疫物资通关设立了专门受理窗口和绿色通道，实行全天候通关，做到即到即提、即查即放；通过提前申报、后补手续等举措，防疫物资通关时间得到有效压缩，从卸货到通关只需要半个小时。

三、枢纽建设发展成效

通过物流基础设施的建设和功能提升，枢纽在完善区域物流体系、提升区域物流发展水平、支撑枢纽经济和全市战略产业发展等方面产生更加积极的效果。

（一）业务规模不断提升

依托深圳区位叠加优势，枢纽实现了机场货邮吞吐量稳步增长。2020 年，枢纽完成货邮吞吐量 139. 9 万吨，位列全国第 3，增长率位列五大航空港第一。其中，深圳机场国际及地区货邮吞吐量突破 51 万吨，同比增长 24. 8%，在国内机场中增速名列前茅。国际及地区市场份额达到 36. 7%，比 2019 年提升 4. 7 个百分点，业务结构持续优化；区域（深港穗）市场份额达到 18. 3%，比 2019 年提升 2. 3 个百分点，区域市场份额进一步扩大。

（二）支撑高新技术产业发展

枢纽高度注重构建“航空公司 + 机场 + 知名生产商”战略协同关系，致力为航空公司及知名生产商在存量运力适配、国际货运航线联合开发等方面提供专业支持。截至 2020 年，已先后与华为、小米、大疆、迈瑞等知名生产商建立战略合作伙伴关系，并为其提供专属的货物保障绿色通道。枢纽内拥有珠三角地区首个空港保税物流中心，累计进出口货物总值近 1300 亿美元，年均增长率高达 22. 8%，在深圳市进出口总额中占比达 5. 7%，进出口货值稳居全国保税物流中心前三，仓库单位面积产值达 110 万美元/平方米，居全国保税物流中心首位。枢纽以手机、集成电路等高新技术产品为支柱的具有自身特色的先进制造产业在全球范围提升了美誉度，助力“深圳出品”“深圳创造”拓展国际市场。

（三）满足人民美好生活的追求

深圳机场已开展航空货运业务多年，是国务院批准对外开放的一类口岸，已取得进境水果、进口冰鲜水产品、进境食用水生动物、进口肉类指定监管场地口岸资质，是粤港澳大湾区运作时间最长、业务模式最成熟的航空物流园区之一。通过枢纽组织优化、业务创新等，航空货运时间缩短，为消费者提供高质量的跨境电商产品、冷链物流产品，助力消费升级，满足人民对美好生活的向往。2020 年跨境电商出口总量比上年增长 4454. 9%；2021 年第一季度，生鲜冷链进港货物量为 4146 吨，同比增长 324. 1%。

四、发展方向与未来展望

"十四五"期间，枢纽按照高质量发展的要求，推动航空物流产业集聚发展，大力发展空陆多式联运业务，提升枢纽各项服务功能水平，努力把枢纽的优势转化为促进经济转型发展、提升产业竞争、优化城市功能的动能，推进交通、产业、城市功能的融合发展，在发展枢纽经济上取得创新突破。

（一）构建国家物流枢纽平台，促进区域主导产业融合发展

推动枢纽资源空间集中与土地资源集约利用，推进物流设施布局调整，以及冷链、跨境电商、快件仓库、智能物流仓库等专业化仓储设施建设，完善航空物流信息服务平台，推进航空物流业务数字化转型；形成国际航空物流枢纽品牌，输出国际航空物流枢纽管理经验，在各地以多种方式管理或建设航空物流枢纽。引进物流百强企业或先进供应链企业，形成信息化、集成化和智能化的现代物流服务体系和物流产业集群。以粤港澳大湾区，特别是深圳主导产业为基础，以现代供应链为主线，提供一体化供应链服务。依托枢纽各功能分区，实现上下游各环节资源优化整合和高效组织协同，发展供应链库存管理、生产线物流新模式。

（二）打造航空物流产业组织全链条

以枢纽为依托，促进物流业与制造、商贸、金融等多产业的协调发展，通过资源融合、组织融合、服务融合、市场融合等方式实现各类企业优势互补，降低物流成本。发挥国家物流枢纽对提升交通运输效率、支撑引导城市空间和产业格局的作用，促进枢纽周边区域形成物流链、产业链、贸易链与价值链融合的格局，探索我国空港型物流枢纽经济新范式。以此为基础，重点导入航空制造产业、高端服务业等，推动空港型物流枢纽经济产业内部结构优化和价值链提升。

（三）推进空港型物流枢纽与自由贸易区融合发展

一是拓展自由贸易试验区海关特殊监管区域范围，以便枢纽开展航空快件国际和港澳台中转集拼业务，与香港、广州的机场协作，共建面向全球、联动高效的粤港澳大湾区航空物流组合枢纽；二是深圳与香港合作共同开发周边地区及内陆物流港，扩展内陆腹地，建立内陆物流港与深圳、香港港口之间大通关机制；三是争取启运港退税政策，吸引货物到深圳机场中转；四是服务跨境电商等新型贸易模式，与香港共同建设线上物流服务平台和线下物流服务网络，支持大型快递企业设立清关中心、集散中心和转运中心。

（撰稿人：应学民，刘建勋，刘涛，刘畅）

第四章

生产服务型国家物流枢纽

青岛生产服务型（港口型）国家物流枢纽

搭平台、创模式　建设陆海双向物流大通道

青岛生产服务型（港口型）国家物流枢纽和青岛生产服务型（港口型）国家物流枢纽（以下简称“枢纽”）选址在青岛西海岸新区，采用“一体两翼”空间格局，由青岛港集团公司隶属的前湾和董家口两个港区构成。凭借两个枢纽片区良好的港口资源优势，枢纽构建了便捷高效、陆海双向的国内外物流大通道。利用互联网、大数据、5G、人工智能等数字技术，搭建了服务枢纽内业务生态资源和关联企业的“云港通”“陆海通”两大线上平台，为枢纽高质量建设、高效率运行，为国家物流枢纽网络实现互联互通插上了科技“翅膀”。建设枢纽对于青岛服务上合组织国家经济合作，对于“一带一路”开放性经济发展，推进青岛生产制造业转型升级，形成陆海空铁立体辐射物流枢纽通道与服务网络，打造制造业与物流业融合发展的生态链和枢纽经济高质量发展新高地，提升青岛国际产能合作、物流要素集聚的枢纽地位和综合竞争力，助推国家物流枢纽网络如期建成都具有重要意义。

一、枢纽概况

（一）空间布局

枢纽的前湾片区着力打造面向高端制造业的集装箱联运枢纽和生产物流服务基地，推动集装箱运输和青岛（前湾）保税港区功能提升；枢纽的董家口片区打造面向钢铁、石化、新材料等大宗货物集散交易中心和军民融合物流服务基地，加快成为服务腹地采购、生产、分销、中转、配送的一站式、综合性生产服务型和港口型物流枢纽。

枢纽占地面积共计5.87平方公里。其中，前湾片区占地面积2.51平方公里，董家口片区占地面积3.36平方公里。前湾片区在青岛（前湾）保税港区范围内，位于青岛港前湾港区北岸作业区和南岸作业区后方，东侧紧邻镰湾河及南岸作业区，北侧紧邻前湾港路，西侧紧邻湾底疏港路、同江路，北侧紧邻南港一号路。前湾片区共设置功能区6个，分别为现代物流中心、贵重品仓储区、口岸高端物流园、纸浆分拨中心、冷链物流中心、集装箱拆拼箱中心。除功能区外，还设置了港口码头作业区。前湾片区功能布局如图1所示。

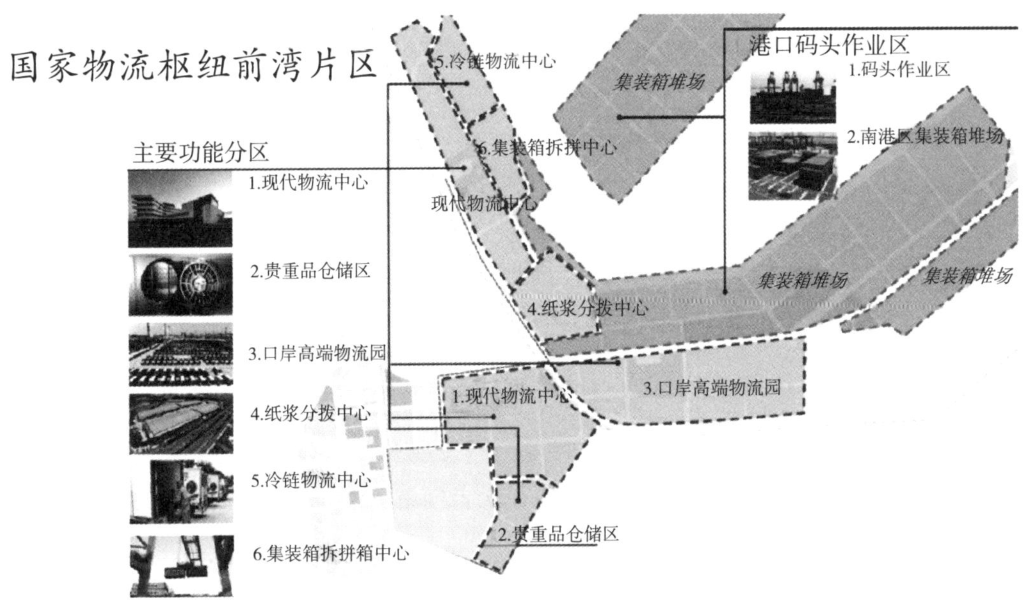

图1　青岛生产服务型（港口型）国家物流枢纽前湾片区功能布局

董家口片区在青岛西海岸新区的董家口循环经济示范区内，紧邻青岛港董家口港区，位于滨海大道以南、疏港一路以东。董家口片区共设置功能区3个，分别为铁路物流功能区、综合物流服务区以及生产仓储功能区。董家口片区功能布局如图2所示。

图2　青岛生产服务型（港口型）国家物流枢纽董家口片区功能布局

（二）功能定位

枢纽的建设，是青岛西海岸新区落实“一带一路”倡议、打造山东对外开放“桥头堡”、畅通国际物流大通道的重要支撑，是服务于青岛制造业的物流集成平台，是青岛积极参与上合组织和“一带一路”合作的供应链服务平台，是实现物流业与港口转型升级的先导区，是军民融合深度发展的试验区。

枢纽的主要功能是为制造企业提供全流程的物流解决方案和一体化集成物流服务；为家电、橡胶、钢铁、精细化工、食品等产业提供区域分拨配送；依托青岛港及铁路物流基地，提供干线运输及多式联运一体化服务；依托青岛（前湾）保税港区，培育“国际物流+自由贸易”功能，提升物流高质量发展水平；依托军民共用设施设备，拓展“军民融合+战略投送”功能，助力军民融合创新示范区建设。

（三）建设运营模式

枢纽是按照“市场主导”模式，即采用多主体“战略合作+资本合作”的模式进行开发建设。牵头建设主体是青岛港国际股份有限公司、山东济铁董家口物流园有限公司以及青岛港董家口中外运物流有限公司，其余建设主体以“战略合作”或“资本合作”模式与牵头建设主体合作，针对各自的物流项目，采用集中布局、设施功能统筹协调、建设用地采用租购结合的方式，共同开发建设和运营，形成设施共建共享、信息互联互通、业务协同联动、服务一体集成、军民深度融合的发展模式和运营联盟主体。

二、主要做法与特色经验

（一）依托科技赋能，把握平台发展方向

枢纽依托信息化手段，坚持“智慧物流+”发展方向，全力打造了“云港通”“陆海通”平台，构建能力规模化、服务多元化、运营一体化的“端到端”平台物流体系。

1. “云港通”平台

“云港通”平台是枢纽以建设世界一流海洋港口为目标，以服务客户为中心，以持续提升客户动态服务体验为导向，通过吸收、借鉴阿里云计算技术和电商平台建设经验，按照“一套架构、一个标准、一套权限、一个平台”的思路建设的公共服务平台。平台重点围绕集装箱、干散货、件杂货、液体油品四大业务客户的网上化服务需要，打造数字物流生态圈，为青岛口岸的船公司、船代、货代、场站、车队、司机、货主等用户，提供了多方位的线上化服务，实现了港口业务“一个平台、一

个窗口、一个标准”的一站式办理新模式，为客户提供全方位、个性化物流服务新体验。

平台的集装箱模块，包括信息统一查询、进出口业务全程线上办理、集装箱进出口全程物流跟踪、网上营业厅、集疏运智能调度管理、车辆统一管理、智慧查验平台、危险品无纸化提箱等9大功能；干散货模块，以码头疏港作业为核心，打通干散货公路运输链中货主、码头、配货站、车队、司机之间的信息通道，实现物流信息的自动化流转，在货主或货代下达运输任务、司机通过手机App自主抢单后，平台自动与码头生产管理系统、过磅称重及闸口系统进行信息对接，实现干散货公路运输业务数据的自动化、智能化流转，简化作业环节，提高车辆利用效率和运输效率；件杂货模块，对现有业务办理流程进行统一规划，通过对集疏运业务网上预约流程的统一，集成了港口内提货入货计划、作业动态、港口内火车装卸车组织计划等功能，提升客户服务质量；液体油品模块，根据青岛口岸油品等液体散货运输的特点，以港口为枢纽，整合液体散货疏运供应链中分布在各环节的各种物流资源和信息资源，实现黄岛和董家口两大石化作业港区、周边六大石化库区、八个停车场和政府安检卡口之间的信息联动。

枢纽通过建立一个集成化的网上业务服务平台，为客户提供统一的在线服务窗口，实现装卸合同网上签订、计量单据网上确认、业务费用网上确认、费用网上支付的全流程线上化受理，为用户提供“门到门”的全程物流服务。“云港通”平台的整体构架和服务模块如图3所示。

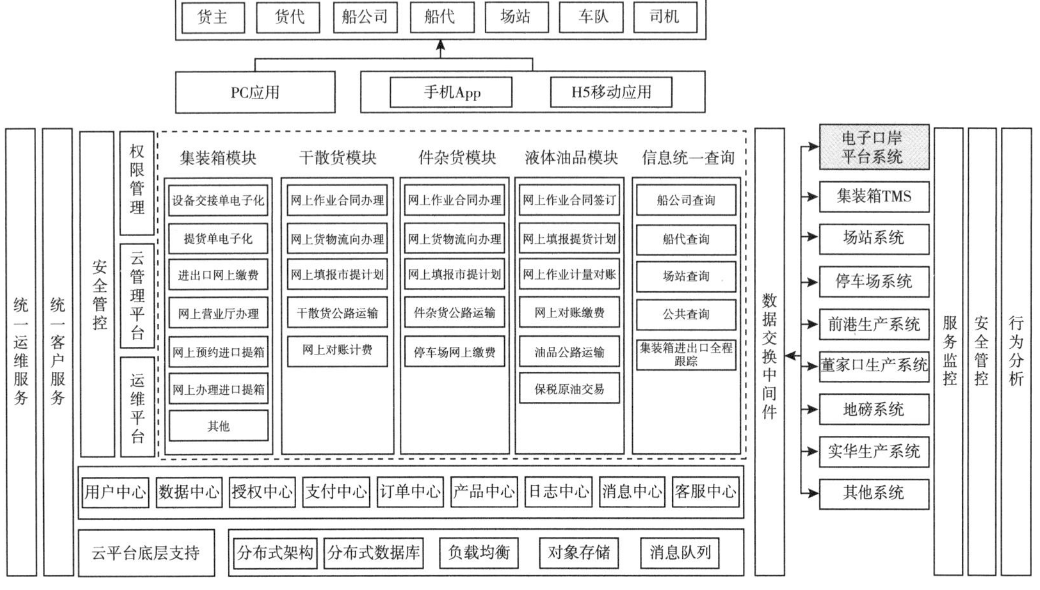

图3 “云港通”平台整体架构和服务模块

目前“云港通”平台已有注册企业8000多家，实名注册个人用户21万多人，注册各类车辆15万余辆，日均访问达到5万人次，已成为青岛口岸具有重要影响力的公共服务平台，支撑了港口未来物流快速发展和业务创新的需要，巩固了枢纽的核心地位。

通过“云港通”平台应用，取得了以下成效。

一是更加便捷。实施全程线上实名制提箱模式，客户只需登录“云港通”平台就可一站式办妥提箱手续，司机只需持手机和身份证即可完成进口提箱作业，实现了从业务受理、缴费、派车到码头提箱、空箱返场等环节线上操作、自助办理。除集装箱外，平台还在干散货、油品、件杂货等货种上陆续开通了线上服务，实现了“全业务、全地域、全流程”覆盖，“一个平台、一个窗口、一个标准、一网通办”，让数据多跑路、让客户少跑腿，业务办理便利度大幅提升。2020年，青岛口岸集装箱吞吐量较2015年增长了约四分之一，客户服务大厅业务办理窗口却减少了近一半。

二是更加高效。在传统集装箱集疏港生产组织模式中，26家场站与70多家车队各自为战，依靠人工组织协调生产，作业效率低、运营成本高。“云港通”平台集合了近百家场站、车队的货源、运力等资源，应用智能算法，可同时调度作业车辆1000多台，实现了青岛口岸3家码头、78个场站站点作业任务自动分配、车辆最优配置以及车箱自动匹配。相比于2015年，2020年进口空箱在码头平均堆存时间由13.9天缩短至6.5天，闸口提箱通过时间降至20秒以内。

三是更加安全。人员无须到现场，网上即可便捷办理业务，保障了人员安全；实现了全程无纸化、全程实名制、全程可追溯、全程信息可跟踪，确保了货物安全；通过图形化监控系统记录车辆作业路线轨迹，通过车辆超速预警、超载预警、作业场景预警，实现车辆作业过程的全程管控，确保港区交通安全。

四是更加绿色。严控车辆作业资质，及时淘汰老旧车辆。目前“云港通”平台注册车辆车龄全部控制在10年以内，每年可减少碳排放近2000吨；枢纽内采用线上化业务办理及集约化生产模式，每年可节约燃油1800多万升，减少碳排放近5000吨；而且用电子数据取代4000多万张纸质单据，相当于少砍伐2500多棵10年左右树龄的树木。

五是更加经济。进口提箱项目全面推广应用后，每年可为车队节约燃油费用1.2亿元，节约跑单员、调度员、统计员等人工成本约1.5亿元，参与作业的社会车辆每月每车可增加收入约4000元，客户的物流及管理成本大幅下降，司机群体的工资收入显著提升。

2.“陆海通”平台

“陆海通”平台是山东港口集团全资子公司山东港口陆海物流集团建设的综合服务平台，突出生态建设、智慧引领，主要由五大平台（网络货运、多式联运、危化品运营管理、供应链综合服务、客户共享服务）、六大智慧物流（冷链、纸浆、整车、电商、化工、仓储）组成。平台运用大数据、区块链、车联网、物联网、AI 识别等技术，与知名高校合作建设“全程物流 AI 识别中心”。与海关、国铁集团、北斗数据中心等实现数据互通。取得 ICP（第一类增值电信业务）、EDI（第二类增值电信业务）资质，陆海云链区块链专利、网络货运资质，通过网络安全等保三级认证、ISO27001 信息安全体系认证，获得“2020 年区块链技术创新典型企业”称号。其中重点的三项服务功能如下。

（1）智慧冷链物流。

枢纽作为青岛市政府确立的首批集中监管仓，利用现代数字化技术，及时准确记录冷链食品从来源国到分拨目的地全过程信息，实现靠泊、卸船、装箱、入库等环节全程可追溯，出入库预约、人员核酸检测结果、消杀过程记录、车辆轨迹等信息同步云端，打造了冷链产品疫情防控的山东样板。

枢纽作为冷链物流新冠肺炎疫情防控任务繁重的“前方阵地”，“陆海通”平台在防控疫情的过程当中起到了关键作用。“陆海通”平台与集中监管仓的消杀核检预约系统进行数据对接，关联集装箱从码头卸船到目的地的一系列信息，实现进口冷链食品品名、批次号、原产地、通关单号、箱号、货物状态、目的地、联系人等信息汇集，确保实现对消杀和核检的进口冷链产品信息全程追溯。同时，大力推进装卸作业自动化改造，最大限度地降低人工作业风险。

（2）危化品运营平台。

根据政府监管要求和危化品客户需求，枢纽建成了山东省首个专业的危化品物流综合管理平台。平台应用物（车）联网、北斗卫星导航系统、5G、大数据及人工智能等技术，打造集入港申报、视频审核、全程跟踪、车箱绑定、驾驶员行为主动防御预警、恶劣天气预警、应急处置联动、堆存动态等功能于一体的危化品物流全程可视化管理平台，高效连接安全监管部门及危化品堆场。

（3）“陆海通”多式联运平台海关全程监管功能。

“陆海通”多式联运平台海关全程监管功能上线以来，升级并构建了港口延伸、便捷通关、海铁联运、关港互动的内陆港新模式。新模式无缝对接海关和码头，客户可在内陆港发送运抵报告，货物到达码头直接装船，即达即放。平台为出口企业提供内陆申报、园区查验、属地放行、班列直运、提前集港、原箱上船的全流程通关服务方案，全面提升通关效率。

“陆海通”多式联运平台整合多种功能，为客户提供报关、作业、跟踪、支付、贸易等一站式服务，真正实现“一份单证、一站托运、一次申报、一次通关、一次结算”，完美解决铁路入港和“最后一公里”难题，全面降低企业综合物流成本。“陆海通”多式联运平台海关全程监管流程示意如图 4 所示。

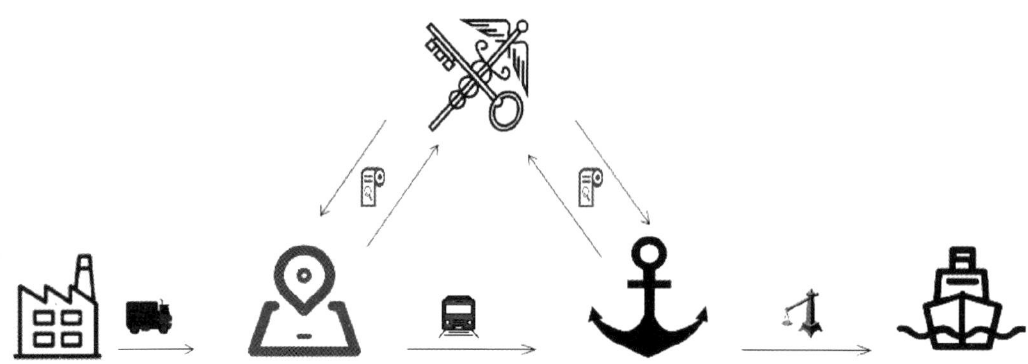

图 4 “陆海通”多式联运平台海关全程监管流程示意

（二）利用口岸优势，实现多式联运功能新提升

1. 发挥枢纽作用，拓展海铁联运线路布局

利用港口海铁联运优势，枢纽按照“陆上开班列、建陆港、拓货源”的思路，融合山东港口集团的多式联运操作资源，对接胶济、蓝烟、瓦日、新菏兖日等铁路大动脉，不断加密集装箱海铁联运班列运输网络，在“一带一路”沿线区域物流枢纽设点、连线、成网，通过双方海上、陆上有效联动，优势互补，赋能区域经济发展。2020 年，枢纽新增内陆港 2 个，总数达到 18 个，新增海铁联运线路 7 条，总数达到 55 条，海铁联运线路覆盖全国，直达中亚、欧洲，海铁联运箱量实现超过 20% 的高速增长，连续六年位居全国沿海港口第一，进一步强化了青岛港沿黄流域出海口地位和作用。

2. 打通数据节点，推动陆港全面发展

枢纽积极联手地方政府、海关、铁路、班列运营方打造陆港运营新模式，通过推动港口功能前置、打通“跨关区”联通直运通道、推行全程联运“一单制”等举措，实现了铁路运输与口岸船舶作业无缝衔接、多种方式联运单据结转无缝衔接，打通数据传输通道、提升通关效率、降低物流成本，出口企业在“家门口”即可完成货物交付“入港”。

（1）积极推进内陆港“枣庄模式”。

2020 年 1 月，枢纽顺利启动枣庄内陆港监管作业场所。枢纽积极推进内陆港“枣庄模式”。“枣庄模式”的功能优势主要体现在以下四个方面：一是具备港口堆场功能，集装箱可在枣庄属地完成堆存、检验、维修，实现港口堆场功能前置；二是具备港口码头功能，内陆港系统与港口作业系统相连，内陆企业出口货物，重箱进入监管场站后，相当于进入码头前沿，实现出口货物舱位保障；三是具备海关监管功能，出口货物可在属地完成查验、放行，然后通过火车运至港口，可实现直接装船，减少港口操作环节；四是具备船公司代理功能，在内陆港具备港口及监管功能后，针对全程联运提单顺利落地，提供了有力保障，出口货物可实现属地接货然后签发提单，起运港为枣庄内陆港，进口货物可实现属地换单，目的港为枣庄内陆港，实现全程联运“一单制”运输，减少全程操作环节。

通过加强与船公司对接，推进内陆海铁联运站点场站化运营，吸引船公司进驻。目前胶州、即墨、曹县、博兴站点和马士基已顺利对接，出口货物可以在内陆港直接进行订舱、提箱、集港、报关等操作，极大提高了货物出口效率。

（2）推行全程联运“一单制”。

2018 年 10 月，枢纽联合船公司在聊城地区启动全程联运提单操作，以当地出口企业三和纺织为基础，货物从临清内陆港装箱，在内陆港签发提单，通过铁路运输至青岛港，装船出运，货物到达国外目的港，客户在属地换提货单提货，实现出口全程联运提单在临清内陆港签署，开启国内“一单制”海公铁多式联运提单签署。2020 年，海铁联运“一单制”完成运量 4.8 万 TEU，同比增长 53%，处于行业领先地位。全程联运“一单制”的优势主要体现在以下五个方面：一是用箱便捷性，进出口货物可以在属地内陆港完成提箱和返空，大幅缩短客户的用箱周期，重箱返回内陆监管场所即完成交付，进口货物可直接从内陆港提箱，空箱返回内陆港，降低客户用箱过程中产生的集装箱超期使用费；二是舱位优越性，客户直接在内陆完成订舱手续，特别在舱位紧张情况下，船公司会优先保证全程联运提单的货物舱位；三是价格优势，“公路 + 铁路 + 海运”的全程联运模式比多环节、多代理、多过程操作更加节约成本、时效更高；四是服务专业，全程联运提单模式由内陆港公司专业团队负责，为企业提供专职简约的全程服务，确保货物安全便捷高效发运；五是物权的稳定性，多式联运全程提单具有物权的唯一特性，不受下一程运输模式变化的影响，可确保物权一单到底。

（三）推进示范工程，打造模式发展新典范

2016 年 6 月 2 日《交通运输部办公厅　国家发展改革委办公厅关于公布第一批多式联运示范工程项目名单的通知》发布，青岛“一带一路”跨境集装箱海铁公多式联运工程入选国家第一批 16 个多式联运示范工程，是山东省唯一入选项目。该示范工程由青岛港集团、中铁联集青岛分公司、中国外运华中有限公司以及山东陆桥国际货运代理有限公司四家参与单位，经过三年培育，打造了“胶黄小运转”集装箱短途班列、“中亚跨境集装箱班列（阿拉山口、霍尔果斯）”“中韩快线（韩国釜山—青岛胶州—广东石龙）”三条示范线路，实现常态化运行，并于 2019 年 9 月顺利通过国家发展改革委验收。

（1）推广集装箱标准化运载单元应用，创新“标准示范”。在化肥、小苏打出口货物“散改集”的基础上，自行研发散货装箱设备，广泛开展进口货物“散改集”运输，目前进口的铁矿石、粮食、化肥、小矿种等大宗货物已经实现散货进箱运输，操

作流程、装箱标准、作业效率均实现新突破。2020 年，青岛港大力推广应用铁路集装箱、35 吨通用箱、35 吨敞顶箱等“散改集”铁路运输模式，并实现了 35 吨敞顶箱装运铝矾土到山西、装运粮食到河南的跨局运输新突破。2020 年，“散改集”铁路运输量同比增长 44%。

（2）与国铁集团实现集装箱海铁联运信息互联互通，创新“技术示范”。2019 年 9 月以来，山东港口科技集团青岛有限公司成立专家小组与济南铁路局积极联系，参与搭建海铁联运数据交换平台，该平台的建设目标是打通港口各作业环节与铁路之间的信息通道，整合信息资源，实现青岛港与国铁集团的数据互联共享，畅通港口与铁路局、各站段之间的联系，实现港口、铁路运输生产组织互联互通、数据信息共享，构建高效便捷的海铁联运生产体系。截至 2020 年年底，实现了 14 类数据的标准报文实时共享传输。

（3）“前港后站”一体化运作，创新“模式示范”。在青岛海关、胶州市政府的大力支持下，开行了“胶黄小运转”班列，“前港后站”“港站合一”的运输监管新模式推动了港口功能有效拓展，实现了港口功能后移、关检放行前置、港站一体化运营的发展格局。

（4）运用“双重原箱循环”模式，创新管理示范。“中韩快线”（公铁水联运）是为客户量身打造的综合物流解决方案，全程运输时效 45 小时，比海运节约 5 天，运输成本较公路运输节省 38.5%，有效解决了跨方式、跨国境换箱问题，实现了降本增效。

（四）依托市场需求，打造专业项目物流

枢纽围绕多环节、多业态丰富港口的物流业务体系，疏通贸易金融、代理、港口装卸、多式联运等多个物流环节，建设港口专业化物流服务体系，打造“港口＋物流、贸易＋物流、金融＋物流、科技＋物流”多板块协同、多业务融合发展模式。目前枢纽打造了整车、化工、纸浆、仓储、冷链、电商六大智慧物流项目，强化方案设计、模式创新、业务研发、个性化服务。

1. 智慧整车实现新突破

枢纽整车智慧物流项目成功实现了国内首票二手商用车出口保税业务，标志着整车出口业务再添新模式。山东港口物流集团整车智慧物流团队与青岛国际汽车口岸管理公司密切合作，充分发挥整车智慧物流的多功能服务优势和汽车口岸公司的二手车出口试点企业优势，全面拓展业务范畴，最终促成了此项模式的合作。在该模式下，二手车入区即可视为出口，可在保税区内进行整备，为生产企业节省成本、加快资金回笼，减轻了生产企业的经营压力；同时，客户线上下单、海关申报后，车辆便可以直接从保税场地经港口运至海外，去除了不必要的中间环节，提升了运输时效，降低

了物流成本。

2. 智慧纸浆助力解决客户难题

枢纽纸浆智慧物流项目组针对南美浆厂下游客户尽早将8370吨纸浆转运至江苏大丰港的急切需求，积极对接码头公司，研究论证了“散改集”物流模式，制定了4个航次转运299个超高大柜的专属计划，仅用两周时间，完成所有货物的装船转运工作，切实为客户解了燃眉之急，最大限度地保障了客户的利益。

三、枢纽建设发展成效

（一）业务平台化程度提升

枢纽按照资源集中、业务集中、规划统一的原则建平台，依托大数据、区块链、物联网等信息手段，强力推进“互联网+”，用数据赋能网络货运、危化品、内陆港及多式联运、供应链综合服务、客户服务平台建设，消除信息孤岛，打造专项阳光公共服务平台，吸引信息、业务、资金、政策等资源向平台聚集，在提升物流智慧化水平的同时，带头优化营商环境、减少物流环节、降低社会综合物流成本，打造世界一流的智慧港口。

枢纽发挥平台资源整合优势，放大平台功能，提升平台服务能力，推进业务线上化，进口集装箱提箱受理线上化水平达到90%；GSBN区块链应用落地，实现无纸化进口放货模式；自动化码头、大港港区实现5G全覆盖。

（二）腹地市场战略稳步推进

枢纽积极响应国家“一带一路”倡议、黄河流域生态保护和高质量发展等政策，持续完善海铁联运线路设计和内陆港建设布局，沿“一带一路”编织覆盖乌鲁木齐、兰州、西安、郑州及山东省内地区的物流网络，推动班列网络向内陆延伸。

（三）枢纽服务能力显著提高

集装箱模块，枢纽深化船公司总部营销战略，增加新航线和班列，2020年全年新增航线20条，航线数量和密度稳居中国北方港口首位，集装箱运量逆势增长5.4%，中转箱占比提升至19.5%。

干散货模块，枢纽锁定大客户，攻关贸易商，挺进晋陕豫，深耕武安地区，不断放大客户群，扩大朋友圈；同时，深度嵌入全程链条，串联上下游，加强与矿山、贸易商和钢厂合作，丰富“矿石超市”品类，做大现货贸易，按需定制满足客户多样化需求。2020年枢纽干散货运量同比逆势增长2.7%。

液体散货模块，枢纽发挥输油管道直通炼厂优势，以疏保卸促增量，以贸易为基础做大“原油超市”，2020年枢纽进口原油运量同比增长5.9%，继续保持全国进口油接卸大港地位。

件杂货模块，枢纽在巩固粮食、纸浆等骨干货种的基础上，新开发了碎石、盘圆等新货种，2020年件杂货运量同比实现了15.3%高增长。

装卸生产方面，枢纽采取了一系列措施，提高服务能力。一是创新开展渔船碍航联合整治，破解集装箱船雾航难题，2020年集装箱班轮通航情况提升250.7小时、788艘次，口岸通航环境和效率显著提升；二是创新集装箱船舶“套泊热接”，累计完成192组384艘次，单船平均靠泊时间缩短1.25小时以上；三是创新大型满载船舶深水航槽直航、两头潮夜航、错潮靠泊等船舶组织模式，最大限度降低潮汐和白昼对大型满载船舶靠离泊影响，吃水较深的集装箱船舶实现全天候通航；四是在全国率先开展保税铁矿混矿“随卸随混”、铁矿石“船船直转”、进口原油“先放后验”等模式改革创新，作业时间均大幅压缩；五是持续开展装卸生产大会战，以战促干，创新创效，累计创下昼夜船舶靠离泊155艘次、集装箱昼夜作业6.8万标准箱等240余项纪录。

（四）坚持枢纽专业化发展

枢纽坚持注重为客户服务、为经济社会发展服务，对标国际行业标杆，吸收国内外优秀先进经验、高效方法，强化方案设计、模式创新、业务研发、个性化服务。

枢纽与某化工企业在出口货物、港口装卸及运输业务、全程物流业务、贸易融资及内陆港建设等方面研究合作，针对出口集装箱货物海运费用上涨和订舱难等问题，枢纽统筹港口、运输、场站等资源，为客户提供专享服务，为该企业首票尿素出口业务研究设计了公转铁一条龙服务通道，保证全程物流通道顺畅。

后续，枢纽将积极推进物流业与制造业深度融合，发挥“智慧物流＋平台物流”优势，与各大企业开展深入合作，以客户需求为导向，融入产业链、延伸供应链、提升价值链，为广大客户创造更大价值。

四、发展方向与未来展望

（一）打通物流环节，推动关联产业降本增效

物流各环节衔接不紧密是造成物流成本偏高的主要原因，降低物流成本的关键领域在枢纽、关键环节在衔接。枢纽的建设，将优化青岛市对外物流通道，形成立足青岛、服务山东省内、辐射沿黄流域、对接东盟的综合物流网络，青岛物流体系呈现高质量集约发展，从而破解物流环节衔接上的制约，帮助企业降低成本。

（二）加快科技创新，带动物流体系高质量发展

借助新一代信息技术在物流领域的广泛应用，以操作智能化、物流服务平台化、

办公管控协同化为目标，全面提速智慧型物流枢纽建设，提高青岛市物流业科技创新应用水平，有效提升行业物流运转效率，带动区域物流体系高质量发展，产业智慧化、智慧产业化发展取得新突破，形成青岛创新引领发展的强大引擎。

（三）促进节能减排，支撑蓝天保卫战行动计划

通过完善铁路设施和管道设施，增加枢纽铁路运输量和管道运输量，减少公路集疏运量；利用枢纽推广清洁能源车辆应用，减少车辆尾气排放；加快推进加气站建设，推广应用 LNG 等新能源机械，加快淘汰低效率、高能耗、高污染的老旧机械设备。

（四）加强国际物流，助力“一带一路”沿线开放发展

结合青岛港国际航运中心的建设、前湾片区保税港区基础设施的逐步完善和服务功能的快速拓展，将进一步提升青岛对外贸易服务品质，优化海关查验、一体化通关效率，完善国际集装箱拼装箱中转服务以及物流金融功能，加强与“一带一路”沿线国家和上合组织合作国家的国际贸易往来，推动区域经济社会加速发展。

（撰稿人：王军，毕涛，尹占强，朱赤，张海强，李全军）

长春生产服务型国家物流枢纽

物流与汽车两业联动融合　国内和国外双向开放发展

长春是东北亚区域性中心城市、“一带一路”北线通道重要枢纽节点城市、东北地区区域物流中心城市。作为全国重要的老工业基地，汽车、IT、高端制造等制造业的物流需求旺盛，为长春生产服务型国家物流枢纽（以下简称“枢纽”）的建设提供了重要支撑。枢纽通过规模化物流组织与集成性供应链服务，全面促进长春老工业基地制造业转型升级、价值链延伸，通过“多式联运、多企协同、多业联动、多链融合”等创新路径，进一步推进枢纽建设，全面融入国家“枢纽＋通道＋网络”现代物流运行体系，充分发挥国家物流枢纽支撑和带动经济发展的作用，推动长春制造业与物流业深度融合，为东北地区全方位振兴提供新动能。

一、枢纽概况

（一）区位交通

枢纽位于长春市汽车经济开发区、绿园区内，东西连通、南北畅通，临近国道、绕城高速公路，交通条件十分便利。枢纽距高速公路出入口3公里左右，现已建成商品车倒转高架专用通道，直连东山铁路站台铁路专用线，距离长春龙嘉国际机场约50公里，具备良好的陆空联运条件。枢纽对外物流通道主要有五大方向，分别为东北亚、中蒙俄、欧洲、东南亚和北美，以对外大通道和开发开放带为支撑，加强与东北地区重点城市、国内重点区域以及俄罗斯、韩国、日本、朝鲜、蒙古国等国家的对接合作，打造功能互补、产业协同的对外辐射线，提高经济圈的国际开放度和经济外向度。

（二）空间布局

枢纽由一汽智慧物流园区、长春中车长客物流基地构成，总体分为汽开片区与绿园片区两大物流功能片区，总用地面积约1.28平方公里，其中汽开片区约1.02平方公里、绿园片区约0.26平方公里。两大片区通过绕城高速公路、长深高速公路快速联通，功能优势互补，服务范围覆盖汽车制造、轨道客车制造、先进装备制造、食品加工、生物医药等产业集群。

汽开片区自北向南依次设置运营组织中心、零部件供应链服务区、公路发运 A 区、公路发运 B 区、出口包装区、进出口作业区、专用零部件物流区、智能化商品车整车停放区，重点发展汽车整车物流、汽车零部件供应商物流、汽车零部件入厂物流与汽车售后备件物流等现代汽车物流业态。

绿园片区自东向西依次设置零（大）部件集采集配区、轨道客车零部件仓储物流区、汽车零部件与工业新材料仓储区，重点发展轨道客车零部件供应链物流、零部件入厂物流、汽车零部件与工业新材料、大件物流与智慧公路分拨中转等业态。

（三）功能定位

贯彻落实关于推动东北全方位振兴的重要精神，精准对接“一带一路”倡议，加快融入“通道 + 枢纽 + 网络”的国家现代物流运行体系，形成覆盖欧亚、辐射全球的制造业物流网络，以更好服务长春市、满足长春经济圈制造业物流需求为重点，促进汽开片区、绿园片区中高端制造业以供应链、产业链、价值链协同发展为导向，立足长春、服务全国、辐射全球，高质量建设长春制造业供应链组织中心、长春现代化国际综合联运枢纽、东北地区枢纽经济发展先导区。

枢纽功能按照基本功能、延伸功能综合布设。基本功能包括基于汽车制造全产业链集成的枢纽干线运输功能、区域分拨及配送功能、多式联运转运组织功能、零部件入厂集配功能、供应链物流服务功能，延伸功能包括专业物流服务功能、长大件运输服务功能、供应链金融服务功能、公共物流信息服务功能、综合配套服务功能。

（四）建设运营模式

枢纽遵循“政府引导、企业实施”的原则，并借力行业协会、高校等，推动“产、学、研”深度融合，提供科技创新助推力，由各方积极参与，共同推进枢纽建设发展。

枢纽通过建立企业联盟的模式开展枢纽运营。由长春市国家物流枢纽布局和建设规划领导小组统筹，一汽物流有限公司、吉林省华航实业集团有限公司、长春中车长客物流有限公司作为枢纽核心管理运营主体并牵头建立企业联盟，通过功能联合、平台对接、资源共享等方式，联合各战略合作公司和业务合作公司，推动枢纽业务高效运营、协同分工，引导制造业物流服务企业集群化发展。目前入驻成员企业共 10 户，年营业额超过 130 亿元，枢纽运营企业联盟架构如图 1 所示。

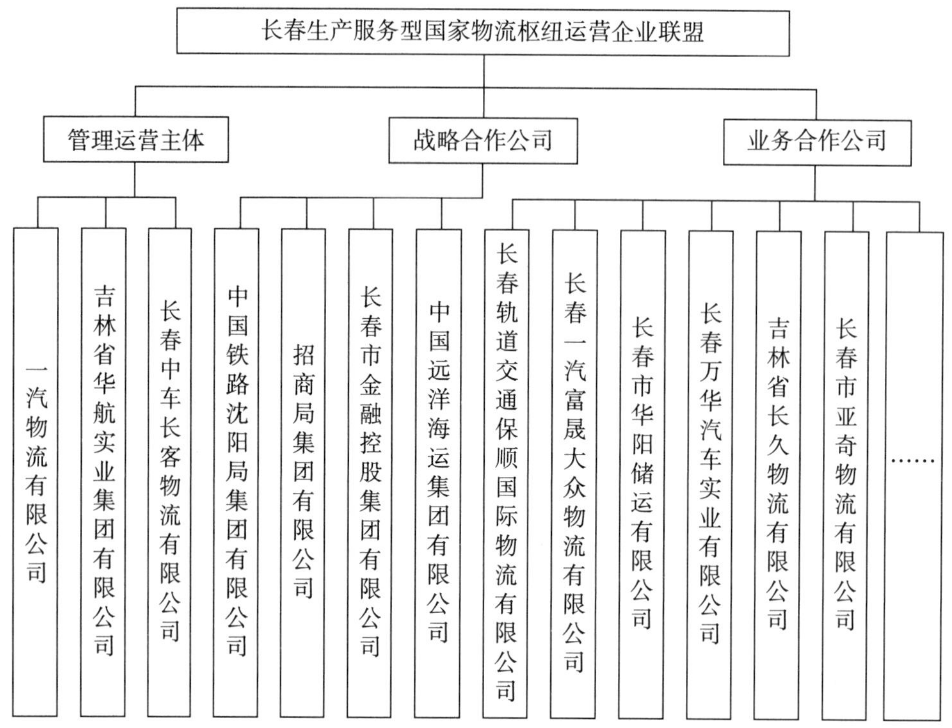

图1　长春生产服务型国家物流枢纽运营企业联盟架构

二、主要做法与特色经验

（一）强化政府引导作用，培育多元运营主体，激活枢纽建设新动力

1. 政府引导，统筹协调国家物流枢纽建设

长春市人民政府在国家物流枢纽建设中发挥关键引导和统筹推动作用，负责枢纽建设的监督指导以及重大事项的统筹协调和决策，并由长春市发展改革委牵头成立长春市国家物流枢纽布局和建设领导小组，建立健全国家物流枢纽建设运营推进工作机制，明确各相关政府部门职责和任务，建立跨行政区划的工作协调机制。交通运输、商务等各相关部门共同承担统筹城市建设、发展环境营造、产业培育、综合交通体系完善等职责，在用地保障、资金支持、财税优惠、行政审批、车辆通行等方面予以支持。

2. 多元建设，加强枢纽运营主体整合

枢纽开发建设运营模式清晰，由一汽物流有限公司、吉林省华航实业集团有限公司、长春中车长客物流有限公司按照各自分工，共同负责枢纽投资开发建设。一汽物流有限公司和吉林省华航实业集团有限公司主要负责汽开片区开发建设，长春中车长客物流有限公司主要负责绿园片区统筹建设。同时，吸纳多方投资建设主体加入，签署项目合作意向书，共同进行枢纽投资建设和开发，投资建设方为中国铁路沈阳局集团有限公司、招商局集团有限公司、长春市金融控股集团有限公司、中国远洋海运集团有限公司等。

3. 开放发展，提升服务能力、深化合作模式

按照枢纽各功能分区及业务差异，优化现有运营方式，推行专业化分工、一体化协作，通过设施共享、能力共享、服务共享、优势互补，实现制造业物流全产业链一体化运营。不同区域的不同运营主体进行设施、功能、平台、资源的融合衔接，提升整体运营效能，推进制造业物流及供应链整体服务水平提升。在重点合作领域探索建立资本合作共同体，并融合联动供应链关联企业打造利益共享、运行高效的汽车物流、装备物流、多式联运物流生态圈。支持一汽物流有限公司、长春中车长客物流有限公司、吉林省华航实业集团有限公司等主体参与物流集成运营商股权并购，增强国际干线、整车物流、港口物流等“干支配”统筹运营效果。

（二）强化“干支配”运输体系，广泛拓展销售网络

枢纽主要业务范畴包括汽车产业零部件采购、整车物流配送、信息推广等全产业链业务。干线业务，对外拓展销售渠道，提高自身行业竞争力及影响力；支线业务，对内加强挖掘合作伙伴，积极提升自身软硬件实力。

1. “干支配”业务

（1）干线业务。

枢纽的干线业务重点服务于全球市场。通过国际铁路班列物流通道、国际多式联运物流通道、国内多式联运物流通道面向国内外进行特色商品的辐射与物流组织。包括汽车整车及零部件、轨道客车零部件、医疗器械及零部件、农产品、食品、机械制品、玻璃制品、针织品、木制品、车厢、家具、农用机械等，主要通过集装箱、商品车专用运输车、汽车专用滚装船等标准化运载单元进行运载。

国际铁路班列方面，依托新亚欧大陆桥，畅通连接欧洲的物流大通道，以长春为起点，整合周边地区的货源，协同长春陆港，以中欧班列中“长春—满洲里—欧洲”班列、“长春—汉堡”班列及“长春—珲春—欧洲”班列为依托，通过满洲里、珲春口岸到达欧洲，为长春与欧洲主要国家的货物贸易联系提供国际铁路班列运输组织方案，利用公路运输在长春及周边城市集结货源，办理过境班列货物编组成列，承运至满洲里、珲春口岸然后出境，回程则以德国等欧洲国家货物同线路运输。国际多式联运方面，依托长春国际陆港可操作国际通运（转运）货物的优势，借助大连港、营口港、天津港完善的航线网络和成熟的航运系统，为长春与东南亚及欧洲国家的货物贸易联系提供海公（铁）铁联运运输组织方案，从日本、韩国、东南亚等地，以海运运抵大连港、营口港、天津港等国内港口，再通过公路运输（少部分以铁路运输）运抵长春，接驳中欧班列至斯洛伐克、捷克等欧洲国家最终目的地。

中欧班列“长春—满洲里—欧洲”班列至2020年累计承运货物58036TEU，其中出口41940TEU、进口16096TEU。2020年承运货物9804TEU，货运量10.79万吨，货值约30.9亿元，其中本省货物占47%。中欧班列“长春—汉堡”班列至2020年累计承运货物7487TEU，其中出口5895TEU、进口1592TEU。2020年承运货物4685TEU，货运量4.43万吨，货值约8.26亿元，其中本省货物占20%。中欧班列“长春—珲春—欧洲”班列至2020年累计承运货物57998TEU，货值约135亿元。

（2）支线业务。

枢纽的支线业务重点服务于国内线路，通过现有全国铁路、公路网络贯穿，利用公铁海集装箱及标准化运载工具的干支结合运输方式往返连接工厂、经销店与零配件供应商。货物包括汽车整车及零部件、轨道客车零部件、医疗器械及零部件、机械制品、农产品、食品、玻璃制品、针织品、木制品、车厢、家具、农用机械等，主要通过集装箱、商品车专用运输车、汽车专用滚装船等标准化运载单元进行运载。

枢纽支线通道主要包含汽车主机厂供应物流通道（长春至天津、青岛、佛山、成都等的往返线路）、集装箱运输物流通道（长春至呼和浩特、乌鲁木齐、青岛、兰州、武汉、成都、上海、广州等的单程线路）、铁海联运物流通道（长春至大连、营口、烟台、青岛、上海、福州等的往返线路）。预计年支线物流业务总量达到3万标准箱、汽车整车及零部件70万辆，约占长春制造业支线物流量的60%。

汽车主机厂供应物流方面，为汽车整车及零部件干线直接送达与支线分拨创造便利化运输条件，按照经销商订单最短时间，通过合规双层运输车直接送达经销商，同时为汽车主机厂运输返程物资，形成物流闭环，提高通道效率与满载率。集装箱运输物流方面，面向货源地各铁路集装箱站点，建立中转联系基地，使用40英尺标准箱运载商品车、零部件、机械产品等各类商品，开展一体化的倒运、物流、仓储与配送。国内多式联运物流方面，提供至大连港、天津港等方向的海铁联运班列及至国内重要枢纽城市的公铁联运服务，通过公路运输在长春及周边城市集结货源，然后进行集装箱装箱，根据货源实际目的地，经干线铁路或沿海港口运输至目的地。

由全国各供应商采用公路运输、铁路运输、海运运输方式将相关产品运至枢纽公共仓储区，通过结合汽开片区、绿园片区各生产制造企业实际需求计划和现有供应商供货节奏，按照精益化生产的管理方式，满足企业生产需求；企业生产出的商品存放至枢纽仓储区，实现统一管理、一体存放，可加快促进区域产业供应链的质量提升与规模化发展，通过干支衔接的多种联运方式将商品送达全国各地物流中心，直至送达客户。在供应商、制造企业、客户和物流枢纽之间建立信息系统，实现信息的共享，使客户在接到订单的同时，各物流节点都能获得此信息，保证整条供应链的正常运行。

（3）整车多式联运业务。

依托一汽物流有限公司、吉林省华航实业集团有限公司等企业分布于全国的整车运输网络，充分利用已有的公路、铁路与水路运输线路和较成熟的商品车运输经验，主要围绕一汽集团业务的全国布局与发展扩张需求，同时满足长春市工商联商品车物流行业商会会员单位整车运输需求，与货主企业签订多式联运合同并承担全程责任，按照“一次托运、一票到底、一个费率、一次保险”为客户提供“门到门”“门到港”“站到站”等多样化、专业化的干线解决方案与联运流程，具体包括公铁联运与公铁水联运。

以一汽物流园为例，一汽物流有限公司推进整车供应链协同智慧溯源系统项目，保证多式联运业务全过程实现数字化、可视化管控，在长春、天津、青岛、成都、佛山的5大基地、6个工厂、33个基地库、10个港口、26个铁路站台、24个分拨中心同步实施，保证所有物流节点及物流枢纽整车物流数据实时回传，需管理的商品车数为300万辆/年。

（4）零部件入厂配送业务。

针对汽车制造，推行零部件区域分拨配送服务，零部件供应商大多分布于汽车产业集聚区周围，少部分零部件需要进口，大部分零部件提供给分布于汽车产业集聚区外围的配套零部件供应商，通用零部件集中储存在枢纽，根据长春汽车整车生产基地的生产计划进行零部件补货、政策组装，实现原料“零库存”，保证供应连续性，降低缺货成本。零部件供给全部通过专用高架车道进行，返程车辆也通过专用高架返程，以净化城市交通环境。

针对装备制造，按生产订单对物料进行集配打包，由库房直接送至生产工序台位，实现生产订单下点对点的配送模式，同时推行供应商物料直送服务，与采购、用料单位联合开展改善工作，制订了全新供应商直送流程，实现表单标准化、作业规范化，有效解决原有作业漏洞及弊端。目前长春市内具备资质的供应商已经全部纳入直送范围，物料直达工序台位，实现了点对点配送模式的外延，提高了配送效率并有效降低了仓储成本。

以一汽物流园为例，由于采用了先进物流信息管理系统与自动化设备进行集成的方式，操作员工劳动负荷率下降30%以上，账实相符率、先进先出率、定制定位符合率由90%提升至98%以上，到货及时率提升至99.9%。通过建立与供应商互动的企业门户系统，实现供应商库存可见模式，每年为汽车产前零部件供应商节约的企业运营成本总计达到200万元。

2. 供应链集成业务

枢纽通过供应链服务平台，以客户需求为核心，将互联网、大数据与供应链相结合，依托多层级物流枢纽网络，打通从产业链源头生产端到消费终端的物流服务全流程，整合上下游各参与主体信息共享和资源，实现全链路优化、全流程监控，完善制造业相关产品在设计、采购、入厂、生产、销售、交付等环节的转移流程，推动供应链协调发展。同时，扩大制造业服务范围，围绕原料供应、产品生产、销售全过程，为客户物流系统进行整体规划、设计，提供产前、产中、产后一整套的物流服务，并配套物流金融、方案设计、管理咨询等增值服务。

（1）针对制造企业的零部件采购服务。

依托枢纽整合国内外零部件供应商，在客户资源信息系统内选择合适的供应商、代理制造商进行全球范围内的采购，并可提供货款垫付服务，其后将货物运送至长春及周边区域制造企业时收取货款。作为提供各种计划和进行协调的供应链管理者，枢纽供应链服务平台负责流程监控和环节与环节之间的沟通和组织，同时提供全供应链内以原材料采购为中心的多元化增值服务，包括市场调研、产品设计与开发、原材料采购、工厂选择、生产安排与管理、品质监控、出口批文的办理、装货付运与融资等，帮助制造企业降低零部件采购成本，缩短交货时间，提高产品附加值。

（2）针对制造企业的供应商库存管理服务。

加强供应商库存管理服务，在枢纽内依托现代物流技术与信息组织方式联通供应商的集货仓库数据，按照汽车制造、装备制造企业的具体生产需求，通过绿色通道模式做到供货时间响应最优化，满足工厂准时制生产需求。将多供应商的货物集中调配，通过物流大数据决策分析与生产计划匹配，货物直接配送至生产线，减少中间环节费用和时间，提高仓库利用率，同时方便整合报关与拼车运输。

（3）针对制造企业的供应链金融服务。

搭建制造企业供应链服务中心，利用科技金融手段打造供应链金融服务，帮助制造企业与优质金融资源对接，实现企业债权融资、股权融资、中介服务、政务服务、培训活动、信用信息等一站式投融资服务，支持制造企业参与供应链的创新与运用。运用应收账款融资、存货融资、预付款融资等动产抵质押模式，打通供应链上下游企业资金便捷周转渠道，形成围绕长春汽车、装备制造和贸易产品的供应链闭环。

（三）强化枢纽间协同合作，提升网络化服务水平

1. 国际物流枢纽业务协同

与日本、韩国的枢纽业务对接，实现境内外双向互动。以中韩（吉林）国际合作示范区建设为契机，谋划建设中日国际合作示范区、中朝国际合作园区，推动与日本横滨港、福冈港和韩国釜山港、仁川港等枢纽业务对接，加强业务联动，依托物流企业的海外网络，为客户提供面向国际的一体化物流服务。通过双向投资贸易型国际合作示范区跨境发展，实现国内外双向互动、协同发展。

与欧洲枢纽业务对接，提升制造业国际合作服务水平。依托枢纽多式联运功能和操作国际通运（转运）货物的优势，借助现有的航线网络，建设物流转运基地，打造日本、韩国等国家商品进入中国通达欧洲国家的贸易物流大通道，拓展日本、韩国向

欧洲市场的转口贸易。依托中欧班列中“长春—满洲里—欧洲”班列、“长春—汉堡”班列、“长春—珲春—欧洲”班列，打造东北亚物流枢纽中心，有效对接“一带一路”倡议、“长吉图”战略与俄罗斯远东开发战略（滨海二号线），深化提升与欧洲枢纽国家的经贸合作。

中欧班列“长春—满洲里—欧洲”班列于 2015 年 8 月 31 日开通，2020 年全年运行 313 班次。中欧班列“长春—汉堡”班列于 2019 年 3 月实现常态化运营，2020 年全年运行 360 班次。中欧班列“长春—珲春—欧洲”班列于 2019 年 3 月完成自俄罗斯进口货物的测试，2020 年 4 月 5 日正式取得俄罗斯铁路的“长珲欧”班列全程测试确认函，同年 4 月 25 日启动出境班列测试，于 2020 年 5 月 5 日测试货物出境，目的地为德国、波兰等欧洲腹地，2020 年全年运行 537 班次。

2. 国内物流枢纽业务协同

依托长春制造业优势加强与生产服务型国家物流枢纽联动。枢纽服务于本地汽车零部件、装备制造等支柱优势产业，通过与全国生产服务型国家物流枢纽及制造物流和供应链节点业务对接，在全国范围内进行生产制造产品与零部件高效采购、集散与分拨，通过信息共享、物流联动，形成供产销一体化的供应链物流服务体系，提升物流业与制造业水平。重点与东北经济区、京津冀城市群、成渝城市群、中原城市群、珠三角城市群、长三角城市群等地的国家物流枢纽对接，利用枢纽强大的市场采购及分拨能力，提供上游生产材料采购物流服务、下游产成品销售分拨服务。

依托班列运行加强与边境口岸型国家物流枢纽联动。依托“长满欧”班列、“长珲欧”班列的开通与运行，重点与满洲里、珲春等陆上边境口岸型国家物流枢纽业务对接，依托国际物流大通道，加强多式联运合作，辐射欧洲、东北亚、东南亚等区域；并依托珲春口岸，向东由“长吉图”通道经珲春口岸连通俄罗斯扎鲁比诺、朝鲜罗津、朝鲜清津和韩国釜山等多个国际港口，实现“借港出海”，打造国际物流中转集散中心。

依托海铁联运加强与港口型国家物流枢纽联动。向南经由京哈、沈大等铁路和公路通道，加强与大连、天津、营口等港口型国家物流枢纽联动，加强多式联运衔接，强化集疏运功能、完善集疏运体系，提高国内外货物陆海联运与中转效率。

依托空陆联运（卡车航班）加强与空港型国家物流枢纽联动。以空陆联运方式加强与北京、郑州、上海等空港型国家物流枢纽联动，建立高端进口零部件航空货运与公路、铁路运输的多式联运体系，对接卡车航班集运中心，实现陆空联运顺畅衔接，提升运输组织效率。

3. 区域物流枢纽业务协同

与公主岭生产服务型区域物流枢纽协同。长春与公主岭产业关联度高、互补性强，目前基本形成以汽车产业为核心，装备制造、新型建材、现代服务业等产业共同发展的合作体系，未来产业分工合作潜力大。培育公主岭生产服务型区域物流枢纽，围绕汽车产业发展布局，加强汽开片区、公主岭经济开发区、大岭汽车物流经济开发区的业务对接，依托一汽集团等重点企业，整合公主岭零部件配套优势，深化长春、公主岭与国内外相关企业在制造业物流、国际物流、汽车物流、汽车后市场等领域的协同合作，打造物流产业集群，释放城市空间，推动区域经济产业协同发展。

三、枢纽建设发展成效

（一）深化两业联动融合，全面降低制造业物流成本

枢纽的建设，一方面，有效促进长春现代物流业与制造业的深度融合，推动一汽物流有限公司、长春中车长客物流有限公司等枢纽运营企业开展服务化转型；通过承载国家枢纽物流功能与增强多式联运服务一体化组织能力，提高生产性服务业与制造业发展黏合度；依托枢纽供应链集成业务服务，推动供应链、产业链、价值链三链合一，支撑长春制造业的新动能提升和国际化发展。另一方面，长春工业品物流占全市物流业总额的60%以上，应用商品车专用高架通道、公铁联运转运，可有效降低长春社会物流总费用中居高不下的道路运输环节费用，全面实现商品车整车及零部件、装备（轨道客车）产成品及零部件、新材料等产品运输以及长春整体制造业物流领域各环节的降本增效，2020 年全年实现降低行业成本 4000 万元，为行业起到示范作用。

（二）增强联运网络能力，大幅提升物流运作效率

枢纽通过构建与东北地区营口、大连、满洲里、珲春，长三角地区上海、南京、杭州，珠三角地区广州、佛山、深圳以及中西部地区城市群等其他地区物流枢纽的联动网络，围绕国内外产能关联、快速扩张的制造业集聚区与销售区，打通跨区域、跨海、长距离、高强度的干线货运通廊，依靠物流枢纽功能和组织效率整体提升，加快融入国家物流枢纽骨干网络，发展枢纽间的铁路干线运输、铁海联运干线运输优势，运用多种运输方式的无缝衔接与高效转换，形成规模化干线运输与支线转运和区域配送的一体化组织与整体化运行，为区域乃至东北亚地区加工制造产业提供高效的制造业供应链联动、铁海联运、陆空联运等运营组织服务，实现多业态、多模式、多功能融合发展，全面优化运输资源配置，大幅提升物流运作效率，最大限度满足客户对产品安全、品质和时效的综合要求。

以一汽物流园为例，利用铁路运输方面的物流资源，直接与中欧班列中“长春—满洲里—欧洲”班列、“长春—珲春—欧洲”班列以及“珲春—俄罗斯扎鲁比诺港—韩国釜山港”陆海联运航线直接进行对接，实现铁水联运，以上 3 条线路可覆盖欧亚

30 多个国家 100 余座城市，从长春发出的货物，48 小时内便可抵达欧洲及东北亚任意一座城市的火车站，在提高物流效率的同时，也大幅度地节约了物流成本。

（三）提高资源整合水平，推动城市物流功能集聚

枢纽布局在长春市环城高速外部，长春市西北、西南方向的门户交通节点，可推动全市整车仓储场地由 23 个零散小面积仓储节点整合至 2 个高水平枢纽，减少 1/2 场地面积，但物流服务能力将提升 2 倍，同时释放城市核心生活区域近 300 万平方米，有效避免长春生产服务型国家物流枢纽基础设施布局分散和建设无序，将较大程度实现物流设施设备和物流资源的集约化利用，最大限度节约土地资源。通过建设商品车专用高架物流通道，实现商品车运输和社会车辆行驶的分离，大幅减轻交通压力，围绕交通枢纽和产业聚集区形成紧凑布局，基本解决物流车辆与城市交通之间的矛盾。

（四）强化枢纽服务能力，推进枢纽基础设施完善

汽开片区增量设施建设项目包括长春智慧物流枢纽项目二期工程、枢纽内部道路、作业区、各类专用设备以及信息系统等基础设施。现已建设完成 3 条专用线，包括 8. 2 公里商品车专用通道，单班次发运能力为 25. 2 万辆；正在建设 3 条专用线，计划单班次发运能力为 25. 2 万辆。绿园片区增量设施建设项目包括仓储作业区、加工区、管理系统及各类生产设备等基础设施。现已建成高架桥（专用通道），全长 8. 2 公里，商品车通过高架桥（专用通道）直接进入智慧物流园区，缓解城市交通压力，发挥枢纽作用。同时加强综合物流信息平台建设，支撑供应链业务集成及联动国家物流枢纽网络化业务。枢纽建设项目共 17 个，其中建成项目 11 个、在建项目 3 个、拟建项目 3 个，总投资约 36. 3 亿元，已完成投资 23. 83 亿元，投资完成率为 65. 6% 。

四、发展方向与未来展望

“十四五”期间，枢纽将紧抓新时代巨大变革机遇，进一步加强物流枢纽建设，强化“通道 + 枢纽 + 网络”物流枢纽运行体系，积极融入“一带一路”倡议，成为国内国际双循环重要节点，为新时代长春东北老工业基地振兴发展注入鲜活的动力。

（一）打造区域供应链组织中心，提升效率和成本比较优势

以枢纽既有基础设施和物流业务为依托，加快对长春市中心城区小型仓储设施、物流中心、货场进行整合，推动铁路专用线、智能化仓储基地等短板基础设施建设，尽快搭建功能完善的长春枢纽综合信息服务平台，为长春枢纽经济发展营造良好的物流环境；通过物流与供应链服务生态的构建，为相关要素的聚集形成成本比较竞争优

势，基于汽车制造、轨道客车、高端装备、生物医药等产业高关联性、强系统性的特点，通过供应商管理、大数据分析、供应链金融等服务要素的高效组织，降低全链条成本，提高物流服务效率；结合长春市生产制造的产业基础和联通内外的交通条件，发挥枢纽高质量、低成本的服务优势，采取针对性招商引资，不断吸引各类生产设备、运输设备、智能技术相关的装备制造产业领域内的龙头企业落地，完善构建高质量制造产业体系建设。

（二）加强两业融合与协同发展，推动要素集聚与配置优化

促进制造物流、大数据、敏捷采购、供应链金融等全服务链条畅通，实现制造业中间投入成本有效降低、制造业产品附加值大幅增加，推动制造业与服务业、物流业价值链深度耦合和共同提升；利用枢纽的经济带动效应和整合能力，加强产业分工协作，推动经济圈各区域之间要素资源的合理流动，完善产业组织模式和资源配置方式，实现区域协同发展的动能转换和优势互补，进一步促进长春经济圈协同发展，强化长春与四平、辽源、松原等城市的物流联系；不断培育科技创新、现代金融、人力资本等高端要素，加快高端要素集聚并使之实现优化合理配置，提升要素供给质量，以此增强高端研发和市场营销等环节服务能力，提高产业附加值，从而提升长春市制造业在区域乃至国际产业链、创新链、价值链中的地位。

（三）建设枢纽经济区，培育经济高质量发展新动能

推动建设以枢纽为核心的枢纽经济区，大力发展枢纽经济，推动形成城市经济发展的重要动力和新增长点。利用枢纽高效率、低成本的物流环境和网络化发展优势，选择在长春具有成本比较优势、产业规模扩张价值的增量生产制造业进行规模聚集，实现长春制造业二次高质量扩张发展；以产业增量聚集人流、物流、信息流和资金流，为区域发展提供市场资源和持久动力，打造具有区域竞争力的产业集群。不断优化产业发展的硬件设施和环境，通过产业环境改善吸引更多产业要素汇集，强化市场的作用，探索产业集聚和产业环境融合、互促发展的枢纽经济发展生态系统。

（撰稿人：彭涌，王锐，尹洪涛，郭晓辉，常丹丹，贾科）

洛阳生产服务型国家物流枢纽

千年古都建设国际枢纽　万里丝路开设物流通道

洛阳生产服务型国家物流枢纽（以下简称“枢纽”）位于洛阳市涧西区，由涧西片区和伊川片区 2 个片区组成。基于涧西片区内先进制造业集聚区和伊川产业集聚区的生产制造物流强劲需求，枢纽运营主体通过签署合作协议整合了枢纽内铁路编组站、仓储设施等物流存量核心优势资源，科学推进增量物流基础设施项目建设，衔接枢纽周边物流资源与交通基础设施网络，形成了枢纽与制造业集聚区和产业集聚区内的生产企业紧密联动、融合发展的新格局。高质量推进枢纽加快建设发展，对增强洛阳产业辐射能力、加快洛阳都市圈建设、提高我国制造业水平和对外竞争核心力具有重要意义。

一、枢纽概况

（一）区位交通

东西方向枢纽依托陇海铁路、连霍高速（G30）、310 国道、三洋铁路，对接陆桥国际物流大通道；南北方向，依托二广高速（G55）、呼北高速（G59）、焦柳铁路、蒙华铁路、宁西铁路，连接“二连浩特至北部湾物流大通道”，打通大宗生产资料南北向物流运输通道，通达北部和南部主要经济圈。

公路方面，形成“三横三纵三环八放射”的高速公路运输网络；铁路方面，形成“四纵四横五城际”的铁路主骨架，拥有陇海高铁、焦枝高铁、呼南铁路、豫西通道等重要铁路干线，衔接郑州、太原、西安、南阳、平顶山、十堰、银川 7 个城市的铁路运输网络；航空方面，洛阳机场是中西部重要的航空货运中心，开通 30 个航点城市的国内外航线和货运航班。

枢纽由两个功能互补片区构成，选址位于洛阳市涧西片区和伊川片区。枢纽总占地面积约 2.7 平方公里，其中涧西片区占地约 1.9 平方公里，伊川片区占地约 0.8 平方公里。两大片区相距约 35 公里，通过盐洛高速、宁洛高速、洛阳西南环城高速、208 国道、310 国道、243 省道及王城大道、滨河大道、豫港大道等多条市域交通相连。

（二）功能定位与空间布局

枢纽依托洛阳市先进制造业集聚区（涧西片区）和伊川产业集聚区（伊川片区），打造服务洛阳及周边区域的大型物流中心，并逐步成为中原城市群的核心物流枢纽。枢纽功能体系包括基本功能与延伸功能，基本功能包括制造业物流集成服务、干线物流组织、区域分拨配送组织、多式联运转运组织、国际物流服务、应急物流服务；延伸功能包括枢纽信息综合服务、国际供应链集成服务，以及电商快递、冷链物流、军用物资物流等专业物流服务，物流资源交易、供应链金融服务等。

枢纽布局方面，涧西片区位于生产制造业聚集区，通过整合存量铁路物流资源，为周边大型工业企业提供原材料、零部件、高端装备等工业物资物流服务，开展国际多式联运、铁路干线运输组织、公铁联运等业务，并拓展面向周边城区的城市配送和冷链物流服务，由北向南依次布局智慧公路港、铁路口岸区、国际多式联运区、供应链服务区、城市物流综合体五大功能区。涧西片区布局示意如图 1 所示。

图 1　涧西片区布局示意

伊川片区位于伊川产业集聚区，以货物仓储、配送和公铁联运为支撑，开展大宗商品物流、金属交割服务，实现“西铝东送”，延伸供应链金融服务，打造铝现货交易平台，助推区域铝产业集聚发展，发挥区位优势和规模优势，提供生活物资区域分拨和配送服务。自北向南依次布局供应链金融区、现货交割仓库、有色金属集散与交易区、区域分拨配送中心、铁路物流区五大功能区。伊川片区布局示意如图 2 所示。

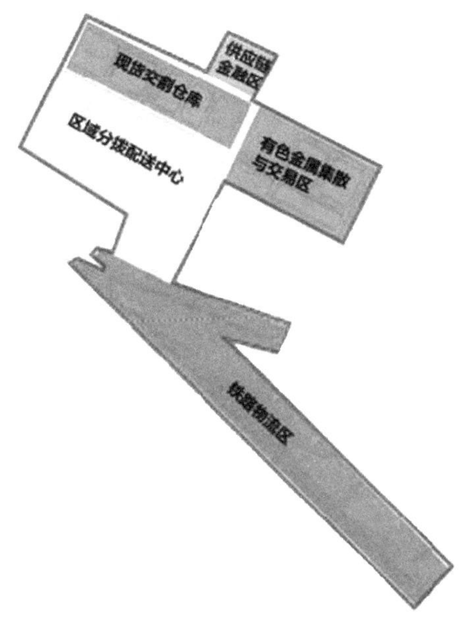

图 2　伊川片区布局示意

（三）开发建设与运营模式

枢纽开发建设模式采用“政府引导，企业主导”的合作共建模式，如图 3 所示。洛阳市人民政府牵头建立物流枢纽发展联席协调机制，充分发挥关键引导和统筹推进作用，统筹推动涧西区人民政府和伊川县人民政府跨部门、跨区域协调解决物流枢纽在项目建设、政策落实、联动发展、信息互联互通、货运统一标准等方面建设中遇到的困难和问题，扎实推进枢纽周边物流与交通基础设施网络衔接，规范市场秩序，促进公平竞争，为枢纽高质量发展营造良好氛围。企业主导实现国家物流枢纽合作开发，枢纽以一拖（洛阳）物流有限公司和洛阳华晟物流有限公司组成战略合作联盟为载体，开发建设运营模式清晰，双方按照各自分工共同负责枢纽投资开发建设。

枢纽运营模式方面，由一拖（洛阳）物流有限公司与洛阳华晟物流有限公司分别作为枢纽两片区的运营主体，通过签署战略合作协议成为枢纽建设运营的主要组织者，其中一拖（洛阳）物流有限公司主要开展国内国际物流业务，洛阳华晟物流有限公司主要开展国内物流业务。两公司通过资源互补、产品开发合作、互相持股等多种方式不断推进与洛阳中重运输有限责任公司、河南国能黄河物流有限公司等企业合作，构建产业战略联盟伙伴关系，形成枢纽统一组织、服务开放、动态调整的运营架构，推动服务洛阳制造的专业资源集聚。

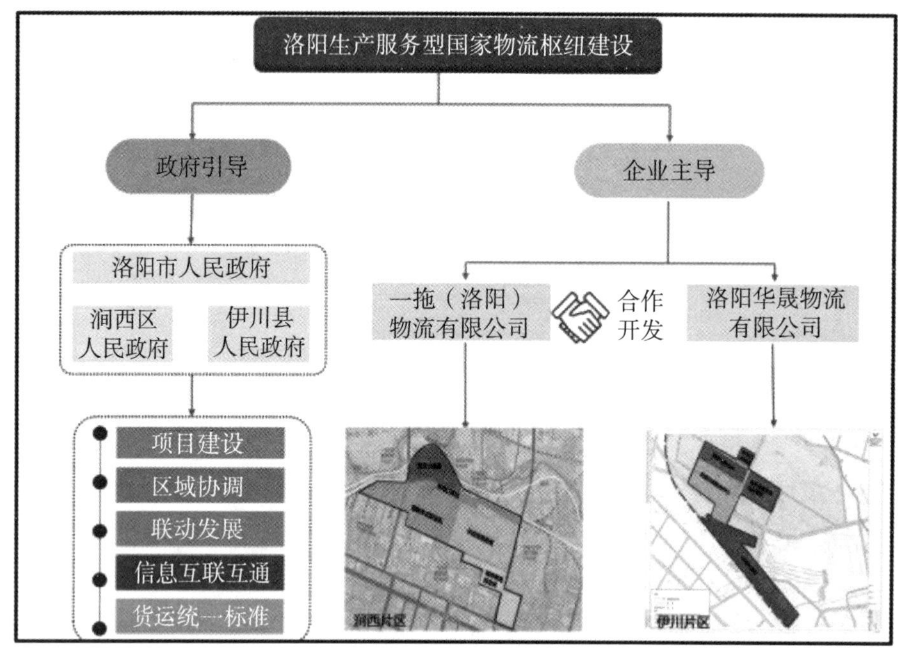

图 3 洛阳生产服务型国家物流枢纽开发建设模式示意

二、主要做法与特色经验

（一）盘活国有企业闲置资源，推进物流要素集聚

“十三五”时期以来，中国一拖抢抓国家“一带一路”倡议、运输结构调整、大力发展多式联运等机遇，重新审视自身存量资源，积极融入洛阳市对外开放体系建设，在洛阳市人民政府、涧西区人民政府及相关部门大力支持下，以一拖铁路编组站枢纽存量资源为基础进行改造提升，通过增添必要设备设施、完善服务功能，满足了集装箱场站作业运营要求，为发展集装箱多式联运奠定基础、创造条件。

随着中原经济区、中国（河南）自由贸易试验区等国家战略部署，洛阳市人民政府没有进出口物流通道的弊端愈加凸显。洛阳市人民政府决定在一拖铁路编组站建设多式联运物流中心，主要是因为中国一拖具有以下几个方面优势。

一是基础设施优势。一拖铁路编组站位于洛阳市涧西区先进制造业集聚区中心地带，是国家“一五”期间建设的铁路枢纽。站内布有 9 股列车编组作业线、多条站区货场铁路专用线和大型集装箱作业堆场，并拥有自备机车及铁路自用车辆。铁路线通过陇海铁路直接并入全国铁路网，可一站式办理全国所有站点的铁路货运和集装箱到发业务。

二是区位交通优势。一拖铁路编组站与陇海铁路相连，公路北接连霍高速和 310

国道，南通郑少洛、二广等多条高速通道，距离机场车程仅需 7 ~ 10 分钟。

三是物流集聚优势。一拖（洛阳）物流有限公司经过 60 多年的发展，已成为集公路运输、铁路运输、公铁海多式联运、仓储物流、跨境电商、物流装备制造、设备安装、机动车维修、汽车租赁及驾驶员培训等业务于一体的综合性现代化物流企业。

2017 年 3 月，中国一拖与洛阳市口岸办公室、涧西区人民政府结合《河南省参与建设丝绸之路经济带和 21 世纪海上丝绸之路实施方案》和洛阳市物流产业的发展布局要求，共同将一拖铁路编组站改造成洛阳陆港多式联运物流中心（后以此为基础申报洛阳生产服务型国家物流枢纽）。

2017 年 8 月，中国铁路总公司运输局批准了洛阳站中国一拖集团有限公司专用铁路增加 20 英尺、40 英尺标准箱运输业务。同时洛阳陆港多式联运物流中心对一拖铁路编组站及周边的土地、厂房等资源进行升级改造，建成两栋面积 8000 平方米的轻钢结构周转仓库、一栋面积 3500 平方米的信息大楼、一栋面积 3700 平方米的零担货运楼和一个 450 平方米的轿车维修车间以及占地 2. 9 万平方米、仓储面积达 1 万平方米的具备公铁多式联运功能的东方红海关仓库。

通过进一步完善物流设施，枢纽与各企业之间展开入厂联运业务、中亚班列和铁海公等多式联运业务，并在现有业务合作的基础上，加大资源共享力度，鼓励制造企业转变传统观念，使闲置的国有资产重新焕发活力，有利于打造“生产基地 + 多式联运物流中心”，降低生产、物流成本，有助于加快国有老工业基地的改造、振兴，实现国有老工业企业由制造业向制造服务业转型升级。

（二）打通国际物流通道，提升多式联运水平

1. 推进物流通道建设

枢纽充分发挥铁路专用线资源优势，针对洛阳及周边货源结构的现实情况，依靠与中铁快运、中外运等单位的紧密业务合作，通过与货源企业、电商企业、运力企业以及铁路、港口的互联互通，开发了通往宁波、青岛、连云港、攀枝花、西安等国内城市及俄罗斯等国家的干线铁路货物列车，形成了洛阳至环渤海地区、东部沿海、长江中游、西南地区、成渝、欧洲等的铁路货物运输通道。

2017 年 11 月 6 日，在一拖铁路编组站基础上打造的洛阳陆港多式联运物流中心开行了首列洛阳—中亚集装箱班列，货物共用 40 节车厢运送，包括建筑材料、耐火材料、机械设备等，来自洛阳市和周边城市等地。2018 年 10 月开通洛阳至青岛铁海联运班列、12 月开通洛阳至宁波铁海联运班列，2020 年 12 月 30 日，首列洛阳至连云港集装箱货运班列从枢纽开出，标志着洛阳又添出海新通道。此趟班列装载了出口沙特阿拉伯的陶粒砂，共 20 个集装箱货柜。班列运抵连云港后，再装船出海直航至沙特阿拉伯的杰布阿里港。2020 年 8 月 26 日下午，首趟从河南洛阳发出的中欧国际集装箱货运

班列正式开行，该趟班列从枢纽驶出，经满洲里出境后驶向俄罗斯的巴尔瑙尔，班列上搭载的是中国出口俄罗斯的大马力轮式拖拉机，10 个集装箱的拖拉机运输了约 7000 公里的路程，历经 20 天左右抵达终点。枢纽多式联运线路情况如表 1 所示。

表 1　洛阳生产服务型国家物流枢纽多式联运线路情况

线路名称	联运模式	运距	发班频率	2020 年运量	开通时间
洛阳—宁波	公铁海	1410 公里	1～2 列/周（50 车）	6.5 万吨	2018 年 12 月
洛阳—青岛	公铁海	950 公里	1～2 列/周（100 车）	13 万吨	2018 年 10 月
洛阳—连云港	公铁海	767 公里	2 列/周（100 车）	13 万吨	2020 年 12 月
洛阳—中亚	公铁	4000 公里	2 列/周（100 车）	13 万吨	2017 年 11 月
洛阳—攀枝花	公铁	1750 公里	2 列/周（100 车）	13 万吨	2018 年 9 月
洛阳—俄罗斯	公铁	7000 公里	1～2 列/月（50 车）	1.8 万吨	2020 年 8 月

2. 建设多式联运一站式服务中心，提高通关便利化

枢纽将多式联运、口岸通关、进口保税仓储、出口监管仓储、商品展示与交易、出口加工、跨境电商、国际贸易、国际采购、国际配送等多种功能集约化，基于“一干两支”铁海公多式联运一体化建设的示范工程，以公铁联运、铁海联运、联合监管、特货进口、无水联动等功能要求为主导，为多式联运集装箱的高效转换衔接提供完善的作业场所，不断满足公路、铁路、水路等多种运输方式的无缝化衔接需要，从而实现海关、检验检疫等多部门并联式全程一体化通关。

3. 研制特种集装箱运载单元，实现装载联运模式创新

枢纽根据不同运输货物类别，研发适合不同货物的集装箱运载单元，针对枢纽周边制造企业生产的大型机械——拖拉机，一拖物流装备制造分公司针对运输货物的种类研发了与多式联运相关的装备，包括专门用于拖拉机联运转运的双层铁架、单层铁架、工艺轮、铁支腿、防翻架等，实现大型机械的高效多式联运转运，具有良好的经济和示范效应。

一拖物流装备制造分公司在将拖拉机装进标准集装箱运输时，大型拖拉机超过标准集装箱高度，中型拖拉机用标准集装箱运输时装载率不高，如果全部拆成零部件运输，到目的地再进行装配，将大大降低运输装卸效率。为此一拖物流装备制造分公司研究了专用的工艺轮，将拖拉机后轮替换成工艺轮，降低拖拉机高度，可以直接将拖拉机开进、开出集装箱，提高了装卸效率，其外观及实际应用如图4所示。

（a）外观

（b）实际应用

图4　特种集装箱运载单元——工艺轮

一拖物流装备制造分公司针对拖拉机等重型机械设备研制了双层铁架，在公路运输或铁路运输时，将拖拉机车轮卸掉，可以降低高度，采用双层铁架装载上下两层，到达目的地后，直接用叉车将承载双层拖拉机的铁架横着或竖着放进标准集装箱，不仅提高了公路集卡车及铁路单车运输能力，也大大提高了标准集装箱单箱装运能力，有助于进行全程物流环节优化、降低全程物流费用、实现拖拉机等重型机械的快速运输、缓解运力紧缺矛盾、提高集装箱转运拖拉机的能力，实景图如图5所示。

（a）侧面实景

（b）正面实景

图5　特种集装箱运载单元——双层铁架

4. 制定集装箱运输技术标准，提高转运衔接效率

为推动枢纽周边制造企业的产品更好地通过集装箱班列联运走向世界，枢纽依托中国一拖集团有限公司的生产工艺，重点确立了大型农业机械设备多式联运标准与服务规则，会同战略合作单位共同制定农业机械设备在公路集疏运、铁路班列运输、海上运输以及联运站场装卸、堆存作业过程中的作业操作规范及全过程安全监管规范，以期为大型农业机械设备提供优质的联运服务，有效降低运输成本，实现快捷、便利集装箱运输。截至2020年，枢纽已完成《大型轮式拖拉机集装箱运输技术要求》《中小型轮式拖拉机集装箱运输技术要求》等标准规范的制定工作。

（三）多种举措并举，提升供应链服务水平

1. 建立企业战略联盟，实现现有资源的互补共享

枢纽通过与中信重工机械股份有限公司、中铝洛阳铜业有限公司、洛阳LYC轴承有限公司、中钢新型材料股份有限公司、河南柴油机重工有限责任公司等签署战略合作协议，形成企业联盟，实现资源互补共享、产品开发合作，不断推进物流业与制造业的深度融合，构建产业战略联盟伙伴关系，形成统一组织、服务开放、动态调整的运营架构，推动服务洛阳制造企业的专业物流资源集聚。

2. 高效利用总部生产企业供应链管理资源

枢纽依托洛阳市装备制造业企业在全球布局的生产及贸易网络，发挥中国机械工业集团有限公司遍布全球180多个国家和地区的网络优势，打造战略资源整合平台、重大技术创新平台、产业投资平台、国际化发展平台，实现相关供应链管理活动在洛阳市空间网络上的集聚，扩大“全球采购—全国交割—洛阳交易”创新模式的应用。

枢纽通过物流资源聚集网络，突破空间限制，串接不同地区产业分工以及同一地区的产业环节，利用枢纽布局的圈层结构逐级扩大覆盖范围，建立面向全国乃至全球的国际枢纽，培育洛阳市枢纽经济增长极和新的比较优势。

以枢纽伊川片区运营主体洛阳华晟物流有限公司为例，旗下子公司拥有国家网络货运平台道路运输资质，总部是伊电控股集团有限公司控股子公司，伊电控股集团有限公司现已形成发电、电解铝、铝加工三大优势板块和物流、贸易、地产三大新兴板块，拥有300KA、400KA电解铝系列、亚洲第一条哈兹列特（连铸连轧）铝板带生产线，形成“优势对接、链条互动、效益显著”的优势产业集群。基于伊电控股集团有限公司5000万吨/年的物流量和我国电解铝产能向西部转移形成的“西铝东运”格局，枢纽以产业带动物流、以物流推动产业、以产业链带动价值链、以供应链提升产业链，形成两业融合、三链联动的发展格局，物流服务网络覆盖长三角、珠三角、西南、西北、东北、青岛港、上海港、连云港等地区，形成以铝及铝制品加工供应链服务为核心，涵盖其他工业物资品物流储运、商品交易、物流金融三大功能为一体的物流服务集成商。

枢纽立足铝产业，从事铝矾土、氧化铝、电解铝、铝制品等相关大宗商品的现货交易，构建有色金属交易中心平台，并围绕有色金属提供线上电子交易结算服务和线下仓储物流服务的一体化电商平台，充分发挥有色金属现货交易平台的产销功能和资

源配置作用，实现“网上交易，即时交收，就近提货”，年入园交易电解铝400万吨、交易额600亿元，力求成为全国最大的以铝矿石、铝原料、铝材料、铝制品为主的有色金属现货与期货交易中心、定价中心、物流中心和大数据中心。枢纽有色金属交易中心平台架构示意如图6所示。

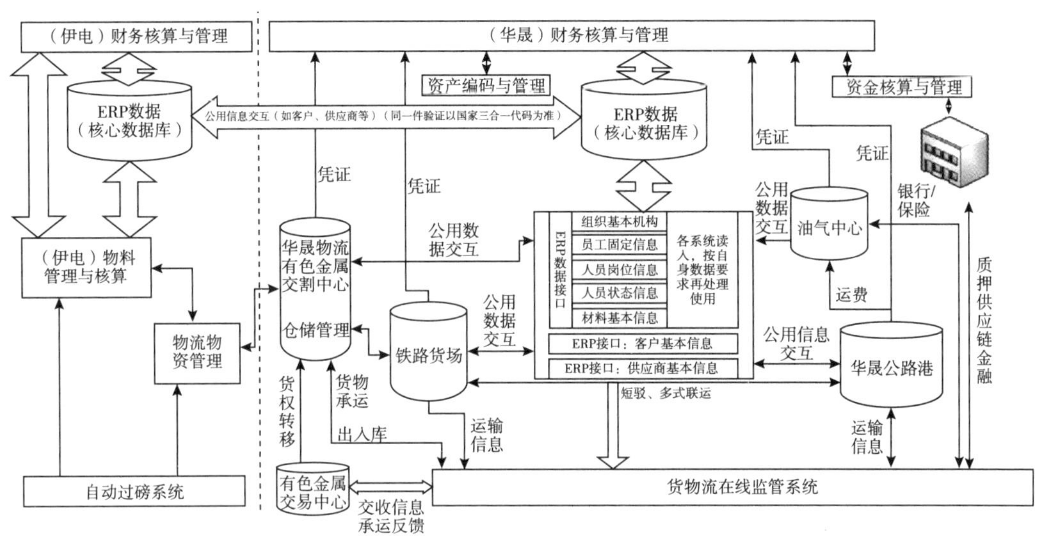

图6 枢纽有色金属交易中心平台架构示意

3. 创新服务模式，推动多业融合，促进制造业与服务业联动发展

枢纽基于物流通道、产业集群、信息平台、技术支撑等优势条件，积极探索新经济模式，发挥枢纽周边的通道优势，加强洛阳与经济腹地生产加工、制造、流通等大型企业的无缝对接，增强与制造业上下游企业的业务联系，连接全球经济，发展集中仓储、共同配送、仓配一体等生产服务物流新模式，高效响应物流市场新需求，开展物流线上线下融合、共同配送、云仓储、众包物流等业务。同时，枢纽积极实施智慧物流工程，加强新技术、新装备创新应用，促进现代信息技术与物流运营管理深度融合，鼓励枢纽辐射范围内的生产企业转变管理理念，开展从服务企业内外物流到供应链组织的增值服务，实现物流引导生产、促进生产，推动先进制造业不断向全球价值链攀升。

三、枢纽建设发展成效

（一）铁路班列开行数量稳步增长

截至2020年年底，枢纽已开辟了中欧、中亚2条国际货运班列和宁波、青岛、连云港3条铁海联运班列线路，其辐射范围涵盖了京津冀、东部沿海、长江中下游、西南等地区以及中亚、欧洲的部分国家。2018—2020 年枢纽班列运行情况如表 2 所示。

表 2　　2018—2020 年洛阳生产服务型国家物流枢纽班列运行情况

2018 年		2019 年		2020 年	
列	箱（TEU）	列	箱（TEU）	列	箱（TEU）
11	998	129	9058	169	23562

（二）降低社会物流成本

枢纽建立了“铁海干线运输、公路短途接驳”和“铁路干线运输、公路短途接驳”的运输组织模式，将原有公路干线运输的货物转移到铁海干线运输中的铁路干线运输上来，实现实载率与里程利用率的提高，减少换装及中间环节并有效减少货损货差，从而降低社会物流成本。例如，中亚班列开行以前，中国一拖集团及周边国有企业进出口拖拉机等货物时从洛阳通过公路运输方式运至青岛港、天津港等，然后采用海运，每标准箱的运费在 7000 元左右，枢纽内的洛阳陆港多式联运物流中心建成后，通过中亚班列运输，每标准箱的运费可压缩至 4500 元。

（三）推进了制造业与物流业融合

枢纽立足周边产业，整合从原材料到产成品的采购、生产、运输、仓储、装卸、包装、流通加工、信息服务等供应链上的需求，充分整合集聚园区、公路、铁路以及港区、口岸和各参与主体的物流资源，为企业提供供应链多环节服务，实现“库场共享”，并通过产销地资源的统筹安排，使企业供应链时间缩短、库存减少，降低企业开展业务的成本，提高企业效益，进一步吸引产业聚集，以平台集聚产业、以产业整合资源、以资源催生服务、以服务促进发展，形成多式联运与企业的产业供应链深度融合的创新发展模式。

四、发展方向与未来展望

“十四五”时期，枢纽将围绕“一个中心、两个板块、*N* 种业态”来规划建设，“一个中心”即洛阳生产服务型国家物流枢纽，“两个板块”即国际多式联运枢纽和城市新型物流综合体。

（一）加快建设“一带一路”大宗商品核心物流组织枢纽

依托洛阳工业基础优势，围绕新材料（有色金属）、煤炭、矿产、粮食等大宗商品国内外物流集散，以陆桥物流大通道为核心，串联畅通南北沿海、西南出海、二连浩特至北部湾等物流大通道，构建国际互通、物流一体、金融创新、服务增值、智慧高效、信息共享的一站式大宗商品综合物流服务体系，打造具有较大国际影响力的大宗物资集散交易中心、物流中心以及价格形成中心。

（二）促进迈向中高端的制造业供应链组织中心

发挥洛阳地处“中国之中”的区位优势以及“一五”期间超前谋划布局的国之重器的产业先发优势，通过构建“通道 + 枢纽 + 网络”的现代物流体系，推动物流组织方式变革，提高物流整体运行效率和现代化水平，打造与现代产业发展特征相匹配的低成本、高效率的物流枢纽服务网络及组织平台，进一步促进贸易结算、金融创新、信息服务、商务服务等综合服务体系的建立与完善，形成集制造与贸易、采购与供应于一体的先进制造业供应链体系，实现先进制造业在枢纽周边的集群化发展。

（三）建设中原物流资源要素优化配置示范区

作为新中国成立后重点建设的八大工业城市之一，洛阳发挥工业化建设的先行优势以及长期积累的存量资源优势，整合制造产业供应链组织资源，盘活闲置土地及物流设施，充分利用中国一拖集团等企业在全球布局的研发、生产、贸易网络优势，实现资源围绕市场需求的集约利用和效益最大化，为地处中原、交通区位相近、产业结构趋同、发展阶段一致的广大城市群创造示范效应。

（四）打造城市枢纽经济创新发展动力引擎

加强枢纽与周边产业集聚区的业务联动，通过物流环境营造、供应链体系构建和政策制度创新，集聚产业要素资源、提升产品辐射能级，以存量产业提升、增量产业培育为路径，推动现代物流业、国际商贸业、先进制造业和高端服务业的创新集聚发展，探索基于内陆港环境营造和供应链服务体系支撑、实现现代产业集聚发展的创新路径。

（撰稿人：黄晓康）

佛山生产服务型国家物流枢纽

立足大湾区融入开放格局　联动制造业升级服务链条

佛山生产服务型国家物流枢纽（以下简称“枢纽”）是《国家物流枢纽布局与建设规划》赋予佛山的重要战略使命和发展任务。建设枢纽是佛山依托国内强大消费需求和先进制造业体系、深度融入全球先进制造业物流服务网络、延长产业链、完善供应链、提升价值链的迫切需求，是优化配置全球产业资源、培育枢纽经济发展模式、提升经济辐射能级、增强高质量发展新动能的重要举措，是推进物流运营组织变革、实现降本增效、加快产业升级、促进产业迈向国际价值链中高端的有效路径，对建设面向全球的国家制造业创新中心和具有全国影响力的制造业转型升级示范城市、推动粤港澳大湾区高水平开放和高质量发展均具有重要意义。

一、枢纽概况

（一）枢纽区位交通

佛山地处珠江三角洲腹地，东倚广州，毗邻深圳、香港、澳门，是我国重要的制造业基地、粤港澳大湾区的重要节点城市、珠三角地区西翼经贸中心和综合交通枢纽，与广州共同构成“广佛都市圈”。枢纽布局在多条铁路、公路干线与产业布局密集交会地区，距离航空枢纽广州白云机场40公里，区位条件优势明显。

枢纽选址于佛山交通条件最好、多种战略嵌套叠加最密集、资源要素配比最均衡、联动辐射能力最强的区域，由官窑物流枢纽区和南鲲物流枢纽区两个功能互补分区构成，总占地面积3.82平方公里。其中，官窑物流枢纽区占地面积3.57平方公里，南鲲物流枢纽区占地面积0.25平方公里，两区相距约37公里，均在佛山一环高速出入口附近，可通过一环高速进行货物流转的高效组织和业务功能的互联互通。

（二）枢纽功能定位

佛山地处粤港澳大湾区，这里是充满活力的世界级城市群及全球先进制造业基地的核心腹地，广佛同城形成了巨大的现代产业发展规模与集聚辐射能级。为满足制造业总量增长、结构变化、物流服务个性化柔性化发展趋势的需求，枢纽面向先进制造业开展供应链一体化服务、铁路干线运输组织、多式联运服务、应急物流服务、区域分拨配送和国际物流服务等业务，并设置专业物流服务、综合信息服务、供应链金融服务、物流咨询研发服务等延伸功能。

枢纽根据生产服务型国家物流枢纽的战略使命和功能，结合枢纽与区域物流运行、周边产业布局的关系，从全球格局、粤港澳大湾区协同、产业组织及城市发展的角度确定枢纽发展定位，将枢纽打造成世界级先进制造业物流基地、粤港澳大湾区一体化物流核心枢纽、产业升级绿色供应链组织中心、枢纽经济创新发展动力引擎。

（三）枢纽空间布局

1. 官窑物流枢纽区

官窑物流枢纽区占地面积3.57平方公里，以佛山官窑铁路货场为核心设施，自广珠铁路引入铁路专用线，布局两个主引擎、五大板块和十个功能区。两个主引擎包括官窑货场和口岸保税区，五大板块包括引擎板块、商贸板块、先进制造板块、物流板块和产城融合板块。其中，引擎板块设置口岸保税区，商贸板块设置综合服务区、展示贸易区与核心商务区，先进制造板块设置先进制造区，物流板块设置生产型原料仓储区与电商及消费品物流/城市配送区，产城融合板块设置商业配套区、居住及配套区与安置及居住区。

2. 南鲲物流枢纽区

南鲲物流枢纽区占地面积0.25平方公里，分为多式联运区、集装箱物流区、大宗商品物流交易区、仓储区域分拨区和散杂货物流区五大功能区，如图1所示。其中，多式联运区主要依托便利的公路和水路交通条件，为南鲲转运物资快速中转运输提供有力保障；集装箱物流区由集装箱堆场和相关装卸设施等组成，提供集装箱装卸、中转运输、临时堆放等服务；大宗商品物流交易区主要结合港口物流优势，积极建设大宗物资交易、商务办公、商品展示等功能设施；仓储区域分拨区包括货物仓储、集散、配送等主要功能设施。

（四）枢纽运行模式

官窑物流枢纽区由佛山市南海区南三投资建设有限公司牵头组织，一汽物流（佛山）有限公司作为运营主体；南鲲物流枢纽区运营主体为佛山市九江南鲲码头有限公司和佛山中外运仓码有限公司。各企业组成战略联盟，作为枢纽整体运作组织和资源配置的运营主体，负责资源优化配置、功能协调互补、物流网络构建、多式联运组织、供应链一体化服务等。充分利用佛山市优越营商环境，吸引更多综合实力强的企业参与枢纽的运营。枢纽运营主体的组织架构如图2所示。

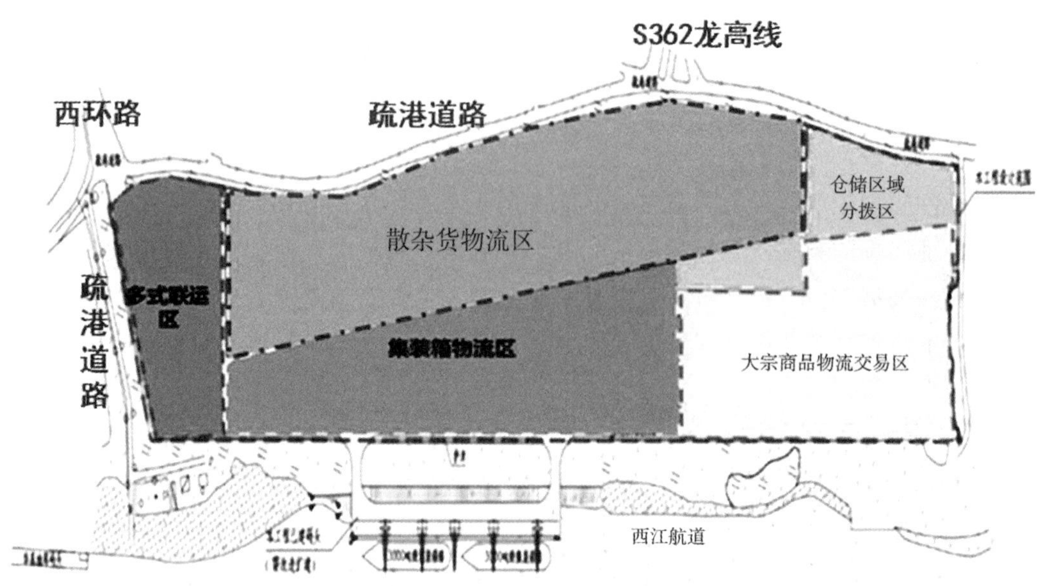

图 1　南鲲物流枢纽区功能布局

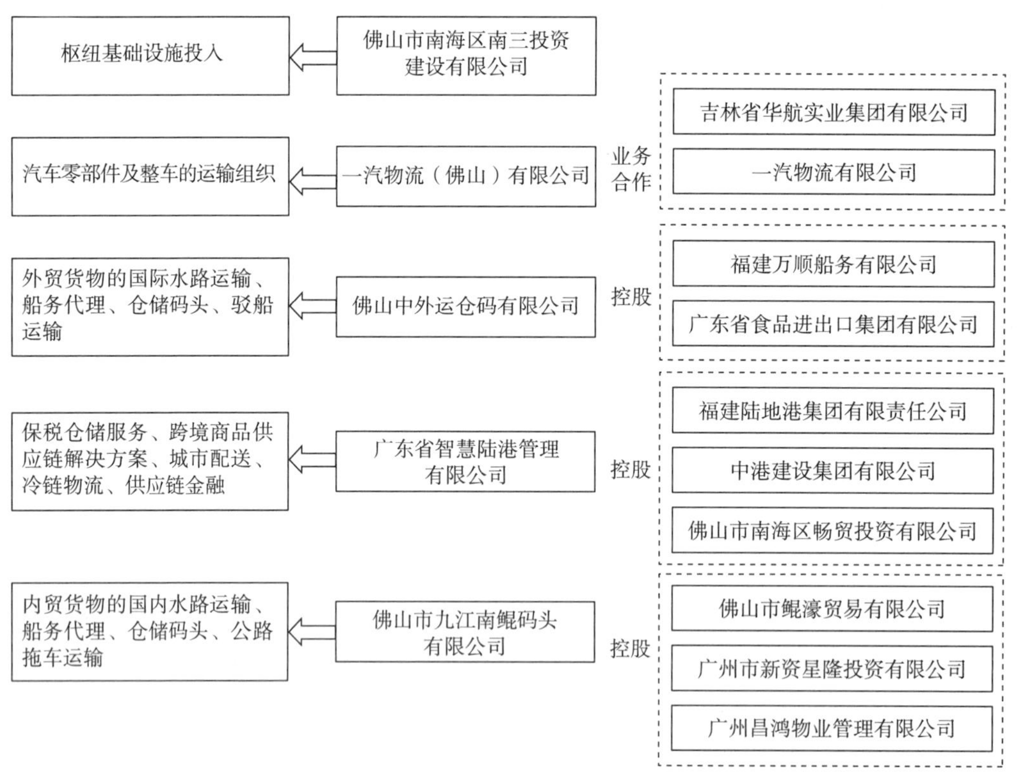

图 2　佛山生产服务型国家物流枢纽运营主体的组织架构

二、主要做法与特色经验

（一）政企合作，加快推进枢纽建设发展

枢纽承载主体从2010年起多年谋划持续推进，争取建设成为粤港澳大湾区物流资源整合提升的典范。枢纽建设采取“政府引导，企业主导”的基本原则，通过建立专门工作小组、给予相应支持政策等多种措施，为枢纽建设发展营造良好环境。

一是政府积极引导，持续推进枢纽建设。对枢纽的建设情况进行充分调研、实时关注、准确把握，对于枢纽建设过程中可能出现的组织架构松散、发展路径不清、运作机制不佳等问题，佛山市委、佛山市政府及时引入第三方力量资本，并联合有关部门组建专门工作组，共同研究枢纽建设的顶层设计方案。

二是部门多方合力，协调枢纽具体建设问题。佛山市和南海区的发展改革、商务、经信、规划、交通运输等相关部门组成的联席会议制度，对于枢纽建设中的重要问题快速响应、尽心扶持，包括设立供给侧改革专项资金、在用电供水方面给予优惠政策等。

三是制订企业考核标准，提升服务水平。由佛山市牵头，深入推进物流企业效益综合评价和资源要素差别化配置改革，逐步建立物流企业单位资源产出效益的激励和倒逼机制。计划对佛山市范围内依法登记注册的供地物流企业和非供地国内物流企业、经营户进行评价，评价指标包括税费贡献、发展水平、综合管理等情况，根据评价排序结果推行以差别化要素价格为核心、多元化综合措施为辅助的政策体系。逐步对资源利用效率高、质量效益好、贡献大的物流企业采取激励政策支持其优先发展；对资源利用效率较高、经营效益相对较好，但发展水平有待提升的物流企业鼓励其迁移至枢纽进行提升发展；对于经营效益与贡献相对较差的物流企业开展监管调控后，进行迁建或清退。

四是探索建立“地券”制度，保障枢纽用地需求。随着珠三角地区土地开发强度的不断提高，建设用地指标日益紧张。佛山市和南海区政府抢占先机，在农村土地制度改革试点工作成果和城乡建设用地增减挂钩政策基础上，探索建立“地券”制度，以严格保护耕地，盘活存量土地，优化用地布局，提高用地效率，为产业转型升级和新型城镇化建设提供用地保障。“地券”是指土地权利人自愿将其建设用地按规定复垦为农用地后，依据城乡建设用地增减挂钩形成的建设用地指标，新增的建设用地指标可以交易，进而平衡不同区域对建设用地的需求。

在政府的大力支持下，枢纽建设运营企业搭建综合服务平台，将物流供需资源进行有效整合，提供B2B、O2O、B2C多种服务模式，促成线上线下两种交易方式共同进

行，形成先期示范带动效益，进而不断集聚目标客户群体，带动产业链上下游企业集聚，并将业务拓展到检验、研发、环保、大数据等领域，为企业提供更多增值服务，为平台创造更多利润，完善市场化运作流程。

采取“政府引导，企业运作”的开发建设模式，佛山市政府给予适当投资补助和优惠政策，企业根据市场需求进行具体业务运营，发挥政府的引导和企业市场配置资源的双重优势，加快枢纽的投资建设速度，有利于区域物流和产业加快发展和集聚。目前，枢纽已完成投资23.7亿元，枢纽两片区的主体功能区均已投资完成，已吸引一汽物流（佛山）有限公司、广东省智慧陆港管理有限公司、佛山市九江南鲲码头有限公司和佛山中外运仓码有限公司等各类行业重点企业入驻枢纽。

（二）积极开展多式联运，不断提升枢纽覆盖范围

利用佛山铁路、内河、公路交汇聚集的交通优势，围绕装备制造、泛家居、汽车及新能源等主要产业货运需求，立足佛山与粤港澳大湾区、长三角地区、京津冀地区、长江经济带、“一带一路”沿线地域的经济贸易联系，构建联通国内国际的立体交叉、广泛覆盖的多式联运物流网络业务体系。

1. 国际河海联运组织

枢纽依托佛山便捷的内河航道条件，组织由南鲲物流枢纽区往来香港、深圳赤湾/蛇口/盐田、虎门、黄埔、南沙等各港口间的驳船航线，并经由以上各大港口出海。为佛山的出口货物提供价格优惠、绿色便捷的水路运输服务。枢纽通过公路运输在佛山及周边城市集结货源，运送至南鲲物流枢纽区进行暂存、装箱、报关报检，并根据货物目的地，通过驳船内河航道运输至南沙港、盐田港等出海码头，委托中远海或者其他船运公司提供班船运输至全球主要港口。

目前，枢纽的内河海联运业务主要集中在南鲲港，已与广州、东莞、珠海、深圳、江门、阳江、湛江、广西、福建、上海、南京、日照、天津、营口14个港口建立合作，开通了15条航线。南鲲港年吞吐能力50万TEU、件杂货500万吨，枢纽南鲲物流枢纽区集装箱物流区实景如图3所示。

2. 国内公铁联运

枢纽依托成熟的铁路通道网络，为佛山及周边地区与乌鲁木齐、成都、长春等地之间的贸易交流提供公铁联运服务，2019年主要线路业务量如表1所示。

目前，枢纽依托官窑物流枢纽区的铁路口岸作业区，积极研究推进开行至珠海高栏港、广州南沙港以及深圳盐田港的铁路班列，为佛山与全球主要港口的货物贸易联系提供铁海联运运输组织方案；依托“蓉新欧”“渝新欧”“郑新欧”等模式成熟、功能完善的中欧班列，探索开行佛山至欧洲的国际货运班列。

图3　佛山生产服务型国家物流枢纽南鲲物流枢纽区集装箱物流区实景

表1　2019年主要线路业务量

线路	货源腹地		货运量（标准箱/年）		货类	
	去程	回程	去程	回程	去程	回程
佛山—长春	佛山及周边腹地	长春及周边地区	23750	13300	机械装备、家用电器、陶瓷建材、光电、环保新材料、医药产品、新能源汽车等	商品车为主，兼顾特色农产品、食品饮料、生活物资等
佛山—成都	佛山及周边腹地	成都及周边地区	6000	3480	塑料制品、墙地砖、铝材、不锈钢日用制品、家用电器（空调、洗衣机等）、汽车配件等	电子产品、家用电器、快消品、名牌服饰、食品、饮料、金属制品、汽车部件等
佛山—乌鲁木齐	佛山及周边腹地	乌鲁木齐及周边地区	15700	8792	塑料制品、墙砖、地砖、铝材、不锈钢日用制品、家用电器（空调、洗衣机等）、汽车配件等	汽车及配件、石油、矿产资源、水果、家具、生活用品等

（三）全面升级供应链技术，打造汽车智慧供应链

商品汽车产业供应链涉及产品种类多、企业类型广，以整车生产制造为主线，产业上下游覆盖钢铁冶炼、原油开采、零部件制造、汽车销售、汽车后市场和物流服务等诸多领域。供应链中物流环节主要包括零部件入厂物流、整车物流、售后服务备件物流三大环节。针对佛山汽车制造产业，枢纽将打造充分集成物流服务要素、满足物流服务柔性化需求、降低物流交易成本的汽车供应链体系。提供以整车物流为主，向零部件入厂物流以及零部件售后物流方向延伸，根据产品生产、销售全过程，为客户物流系统进行整体规划、设计，提供产前、产中、产后全流程立体化的物流服务，并配套物流金融、方案设计、管理咨询等增值服务，整个服务流程如图 4 所示。

枢纽的汽车物流与供应链业务由一汽物流（佛山）有限公司主导，其渗透在汽车供应链的各个环节，按照作业过程，可分为入厂物流、工厂物流、整车物流及备品物流，服务流程如图 5 所示。一汽物流（佛山）有限公司入驻枢纽，并在承接一汽 - 大众佛山分公司规划产能的基础上，以降低成本、提高柔性、促进效率、加强效益为目标，结合行业发展及政策方向，实现物流过程自动化、信息化、智慧化运作和作业层、管理层、决策层的智能协同，打造智慧物流，形成了全供应链技术升级。

入厂物流，又称厂外物流，设置在主机厂附近，储存的零件量为 2 ~ 3 天用量，是主机厂生产稳定的保障。在入厂物流中，枢纽内一汽物流（佛山）有限公司在各个环节引入先进技术，实现自动化、智能化。投入物流数据可视平台，实现零件从入库到交付的全过程可视化及可追溯化；引入智能搬运设备，实现搬运无人化；通过“一单到底”，取消订单拆分、替换等工作；利用 RFID 技术，实现设备和货物自动识别、系统入库，使用自动清洗设备，高效完成周转器具的清洗工作。利用以上智能化设备，枢纽承接了每天 4 万张订单的 0.6 万吨的吞吐量。

工厂物流，又称厂内物流，设置在主机厂内、生产线旁，为生产源源不断地提供物料供应。在入厂物流中，一汽物流（佛山）有限公司依托枢纽打造智慧物流，从卸货环节开始实现自动化、无人化。利用自动化装卸设备，实现卡车卸货自动化；利用无人叉车实现零件倒运无人化；使用自动化立体库，实现零件仓储智能化；利用 e - Paper（电子纸），实现订单要货无纸化；通过语音拣选、物流超市 2.0，实现零件排序高效化、精准化。通过所有的智能化设备，支撑一汽 - 大众佛山分公司 1 分钟下线 1 台车的高效率生产模式。

整车物流，又称成品车物流，主要是商品车生产完成后的仓储、倒运工作。一汽物流（佛山）有限公司在枢纽内通过使用无人机盘点，每天完成 50.5 万平方米、20000 个停车位的整车盘点工作；利用 V - LMS 系统、商品车溯源系统，实现商品车从下线到交付经销商物流全过程的实时精准监控且可追溯。充分保障商品车的安全性、交付的实效性。

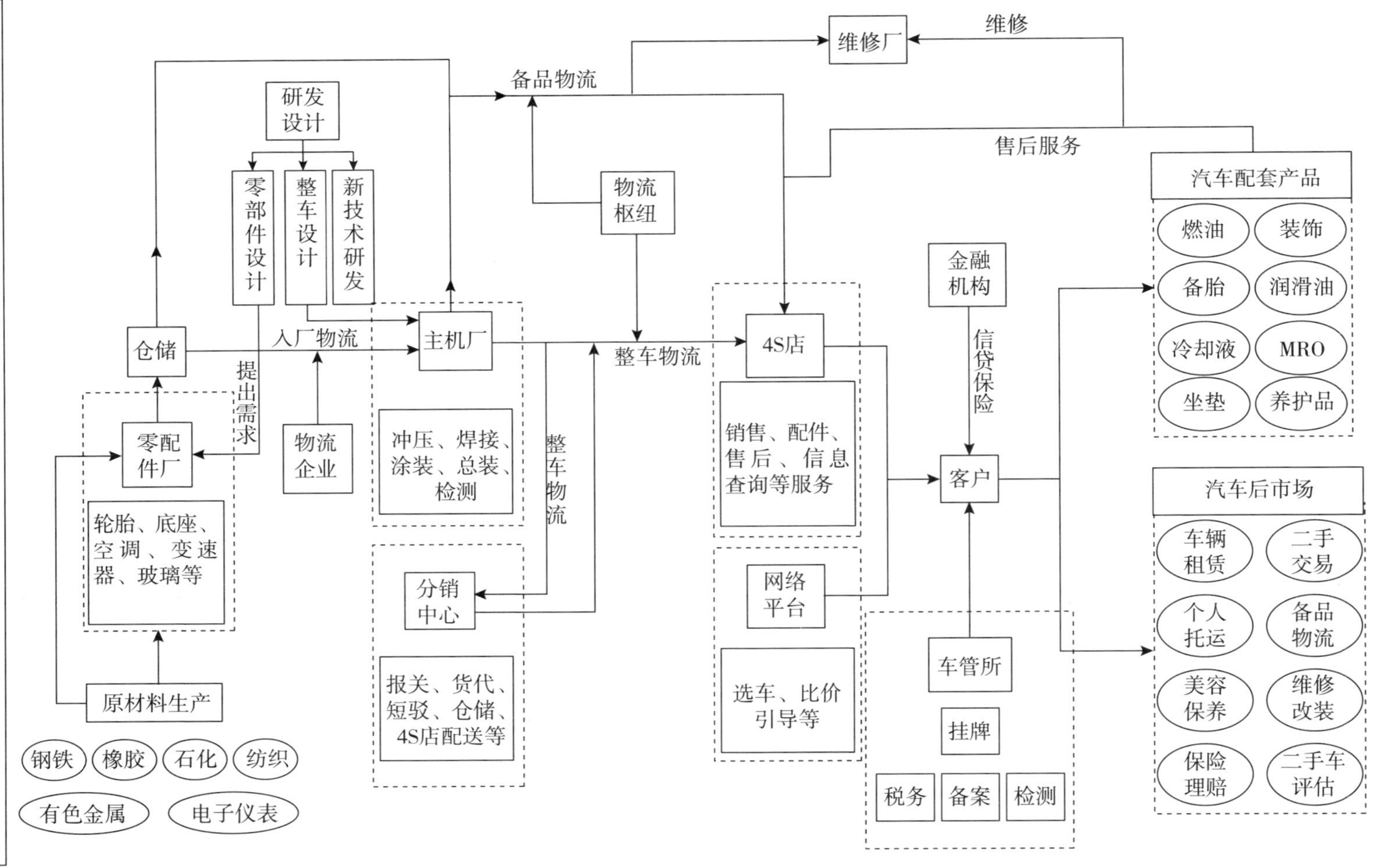

图4 佛山生产服务型国家物流枢纽商品汽车产业供应链服务流程

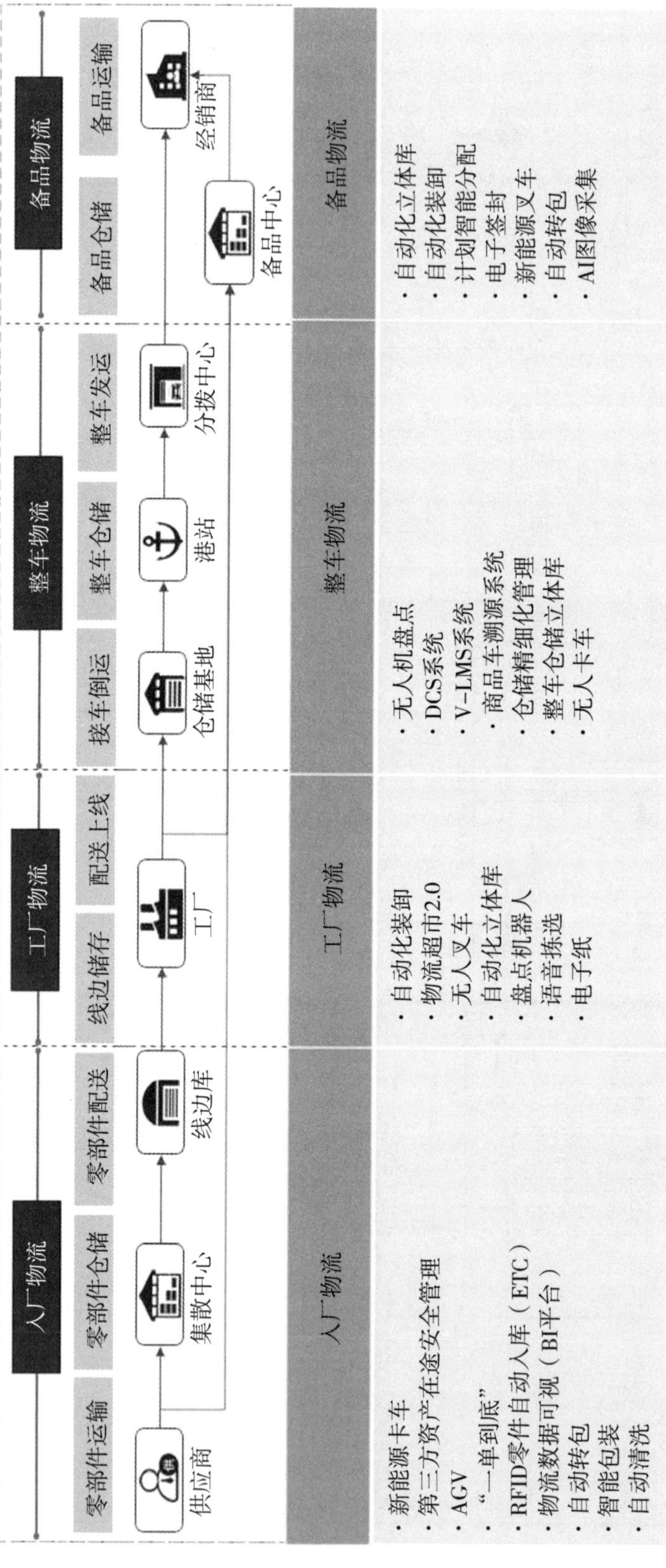

图5 汽车物流供应链业务服务方案

备品物流是为汽车维修提供备件的物流，相对于前三种物流，备品物流从包装到运输上具有更大的柔性。一汽物流（佛山）有限公司为应对这种柔性需求，持续提供高效的物流服务，引入自动转包、AI图像采集等技术，实现包装自动化、过程可视化。

（四）打造泛家居供应链平台，推动产业转型升级

近年来，商业渠道的变化引发了供应链的变革，随着国内家居建材行业销售渠道发生变化，品牌商、流通商、服务商都致力于整合内外部资源，建立与之适应的供应链体系。佛山的陶瓷、卫浴等产品更是引领泛家居行业供应链的潮流，在电商、“互联网+”等新趋势的应用领域进行探索。枢纽以物流平台入口为起点，建成完整的家装生态链条，实现行业供应链上下游统一，聚集以产品设计、采购、生产到销售、运输、安装、售后等各个环节的相关企业，完成泛家居行业“厂家直销、一站式设计”的新型供应链解决方案。搭建专业供应链信息平台，实现线上和线下全渠道融合发展的经营模式，促使企业实现供应链全渠道资源互通、信息互联、相互增值。

佛山以制造业转型升级为契机，政府引领、企业努力，搭建了“众陶联”“众塑联”“众衣联”“众铝联”等一系列“众字号”泛家居产业平台，建立长期展示体验、线上服务平台、本地运营推广、综合外贸服务结合的运作模式，以供应链为切入点，推动企业生产经营流程创新再造，取得了明显成效。枢纽的泛家居产业供应链服务平台正以家居产品的物流服务为切入点，对接现有供应链服务平台，对生产企业的需求进行细致调研，在原有成熟服务模式的基础上聚焦需求，细化服务门类，将服务范围全面扩展到家电、家具、建材、纺织服装等领域，如图6所示。

三、枢纽建设与发展成效

（一）汽车供应链服务能力提升

佛山生产服务型国家物流枢纽针对汽车制造、家具建材生产以及现代装备制造等各类产业，设计并开展各类供应链服务，推动优势产业做强做精，产业集聚范围不断提升，服务能力逐渐增强。以汽车供应链为例，枢纽现具备40000台商品车的仓储能力及月均10000台的商品车整备能力，日均周转商品车2500台，出库准时率达99.8%。除公路运输外，枢纽以南沙汽车码头为依托，相继开通华北、华南水运业务，以广州铁路汽车集散中心为平台，搭建辐射北京、山东等地区的铁路运营网络，已初步形成了覆盖全国的公铁水多式联运运输网络体系。目前，佛山运输体系下辖21家供应商，配送服务网点达到1833个，整车年发运量近54万辆。零部件仓储及配送业务板块主要为一汽-大众佛山基地及其零部件供应商提供物流配套服务。枢纽运营主体企

业之一的一汽物流（佛山）有限公司目前拥有库房资源约 11.2 万平方米，可支撑主机厂的储存需求。目前枢纽年配送订单 980.1 万件，年配送商品体积 400 万立方米。

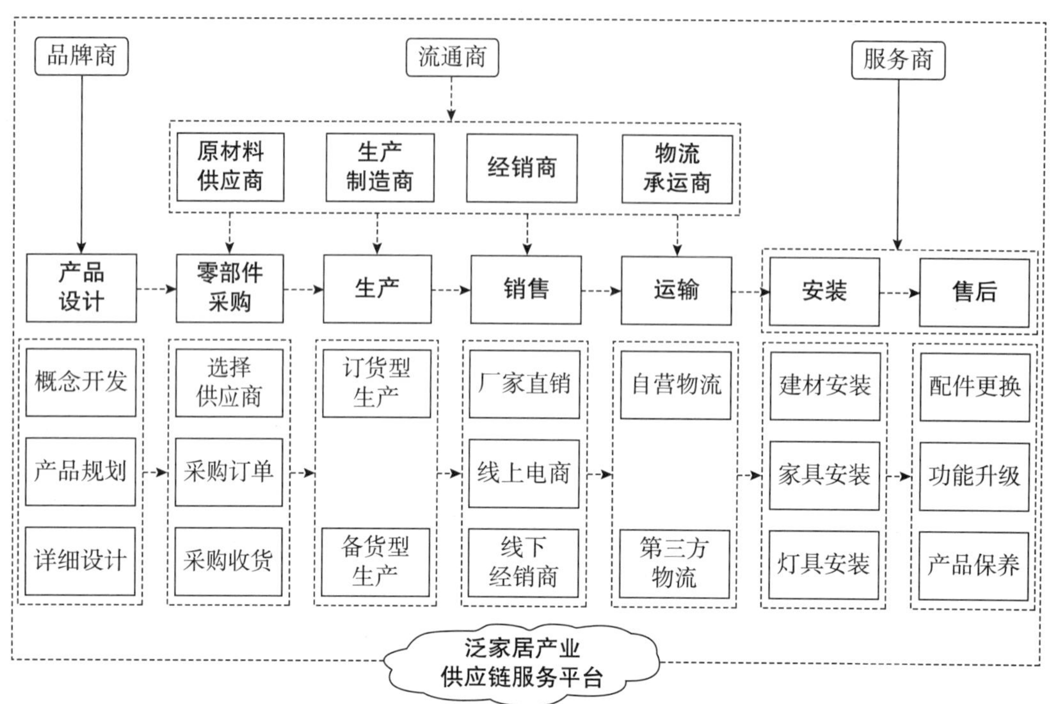

图 6　佛山生产服务型国家物流枢纽泛家居产品供应链服务方案

（二）辐射范围显著增强

枢纽以佛山为中心，依托佛山、武汉、长沙、福州、柳州的五个中转库，辐射湖南、湖北、江西、福建、广东、广西、海南 7 个省份，助力华南区域物流发展。2020 年，枢纽累计发运整车 29 万台；佛山市南海区南三投资建设有限公司已和长沙、重庆、满洲里、青岛、沈阳、长春等枢纽间交流对接并建立联系，构建并部署全国物流网络格局；佛山市九江南鲲码头有限公司与广州、东莞、深圳、香港、泉州、上海、天津、营口、大连等沿海城市港口和国际性口岸相通。

（三）规模集聚效应初显

枢纽官窑物流枢纽区辐射范围内的周边产业，聚集了能源（煤炭、矿石）、汽车、建材/成品、传统优势轻工业产品（家电、瓷砖）等重点货运对象。其中，能源物流方面可辐射华南重要的进口煤中转基地高栏港，7 年内煤炭装卸量累计达 1 亿吨，通过枢纽开展铁水联运运往内陆地区。南鲲物流枢纽区以佛山市南海区九江镇为中心，在辐射区域内，集聚了数万家生产制造型企业，其中，木材、不锈钢、铝材、陶瓷、卫浴、家电、家具、纺织均属于区域性支柱产业，其产品与服务在全国均具有较强的影响力。

四、枢纽发展方向与未来展望

枢纽以建设国家物流体系区域核心和示范型基础设施为目标，在全国物流枢纽网络中发挥关键节点、重要平台和骨干枢纽作用，立足广佛都市圈、面向粤港澳大湾区，创建先进制造业与现代服务业联动互促发展新模式，进一步提高佛山制造业全球产业链、供应链和物流服务能力，提升佛山市在国内大循环、国内国际双循环新发展格局中的辐射位势，加快推动佛山市产业迈向全球价值链中高端位置。

（一）建设枢纽经济平台，优化区域资源配置效率

建设流通与生产衔接的协同平台。建立起与一汽大众、长江氢动力等供应链核心企业的协同平台，围绕其个性化需求和柔性化制造设计有针对性的供应链服务，与汽车零部件等各类中间产品供应商、原材料供应商实现系统对接，进行需求、库存和物流信息实时共享，提高协同计划、自动预测和补货能力。

建立资源高效整合的交易平台。聚集整合供应商、生产商、贸易商以及销售商的供需信息，提供信息发布、支付结算、仓储物流、质量追溯等综合服务，建立家居、汽车整车等展示中心，打造线上线下融合的交易服务体系。

建立枢纽公共服务平台。支持枢纽辐射区域内的各类骨干企业利用全球创新资源，开展技术创新、产品研发设计创新，提升企业核心竞争力，创建国家级工程（技术）研究中心、企业技术中心、重点实验室、工程实验室等创新平台等。同时，鼓励供应链核心企业牵头制定相关产品、技术、管理方法等关键共性标准，提高供应链协同和整合效率，服务于先进制造业体系。

（二）物流服务主动融入制造业供应链，助推制造业增效降本

针对汽车制造、家具建材生产以及其他制造产业，根据其产品的具体特点和生产过程，设计个性化定制服务、全生命周期管理等业务。与互联网企业联合，发展移动电子商务、在线定制等创新模式，积极探索开展面向产品、市场的动态监控和预测预警等业务，实现与制造业企业的无缝对接，创新业务协作流程和价值创造模式。支持符合条件的制造业企业在枢纽内建立财务公司、金融租赁公司等金融机构，推广大型制造设备、生产线等融资租赁服务。在传统产业、战略新兴产业等重点领域引进培育一批专业化的工业设计企业，推动“佛山制造”到“佛山智造”的转变跃升。

（三）培育新模式、新业态，促进物流服务转型升级

应用新技术、新装备。促进现代信息技术与枢纽运营管理深度融合，提高在线调

度、全流程监测和货物追溯能力；建设智能化仓储等现代物流设施，加强自动化控制设备、场内无人驾驶智能卡车、自动导引车、智能穿梭车、智能机器人等装备应用，提升物流作业效率和管理水平；推广使用可循环、可折叠、可降解的新型物流设备，使用新能源汽车等绿色载运工具和装卸机械。

创新枢纽服务模式。建立枢纽共享业务模式，通过设施共建、产权共有、利益协同等方式，遵循市场化原则，引导企业根据物流需求变化合理配置仓储、运力等资源；探索物流资源交易模式，开展挂车等运输工具，集装箱、托盘等标准化器具及叉车、正面吊等装卸搬运设备的租赁交易，在制度设计和交易服务等方面加强探索创新，提高各类物流资源的市场化配置效率和循环共用水平。

（撰稿人：陈敬英，李伟洪，李耀荣，谭皓）

第五章

商贸服务型国家物流枢纽

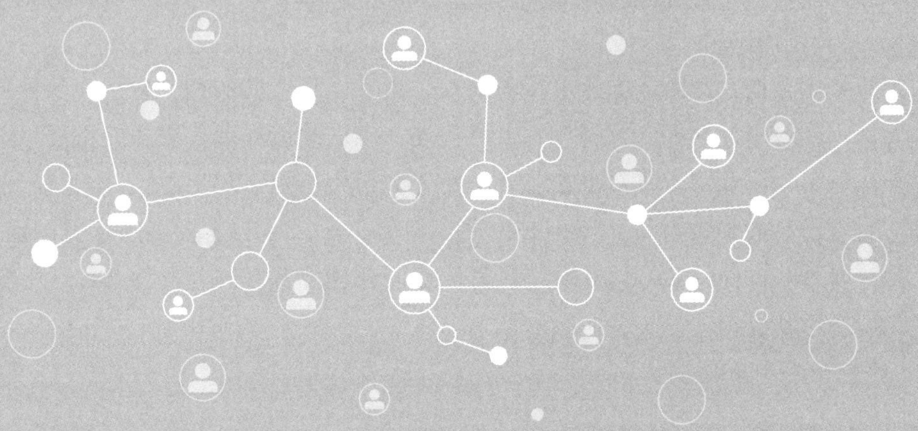

上海商贸服务型国家物流枢纽

快递企业总部集聚辐射　商贸物流枢纽提质增效

上海商贸服务型国家物流枢纽（以下简称“枢纽”）依托上海市青浦区华新镇以快递物流总部基地和智慧物流产业为特色的现代物流产业集聚区设立，是全国快递行业转型发展示范区、国家火炬上海青浦智慧物流特色产业基地所在地。自授牌国家物流枢纽以来，青浦区抢抓长三角一体化发展、虹桥国际开放枢纽建设等重大战略的叠加机遇，大力推动快递物流行业的转型升级和高质量发展，重点提升快递物流服务能力、拓展服务领域、创新业务模式、构建联通网络，通过高质量服务供给，赋能上海市强化全球资源配置、促进科技创新、引领高端产业、开放枢纽门户四大功能。

一、枢纽概况

（一）交通区位

枢纽选址上海市青浦区华新镇，紧邻上海虹桥综合交通枢纽，交通基础条件优越，域内沪宁高速、沪常高速、北青公路、纪鹤公路横跨东西，综合交通基础设施满足发展商贸服务型国家物流枢纽的支撑条件。上海大部分城区在以枢纽为中心的半径 30 公里范围内，上海浦东国际机场、上海洋山港等重要交通枢纽和物流基础设施则均在半径 60 公里范围内。

对内联通方面，青浦区华新镇是多个长三角一体化发展的相关省市交界的中心地带，是长三角城市群发展商贸物流、电商快递、先进制造和现代服务的重要承载区域和纽带之一。国际通达方面，通过机场、港口等国际化物流基础设施和丰富航线资源，枢纽可实现两小时通达日韩、四小时覆盖东南亚、十二小时连接英国及美国西海岸、二十四小时通达世界各地，具有极其优越的空间地理位置和国际通达条件，枢纽区位情况如图 1 所示。

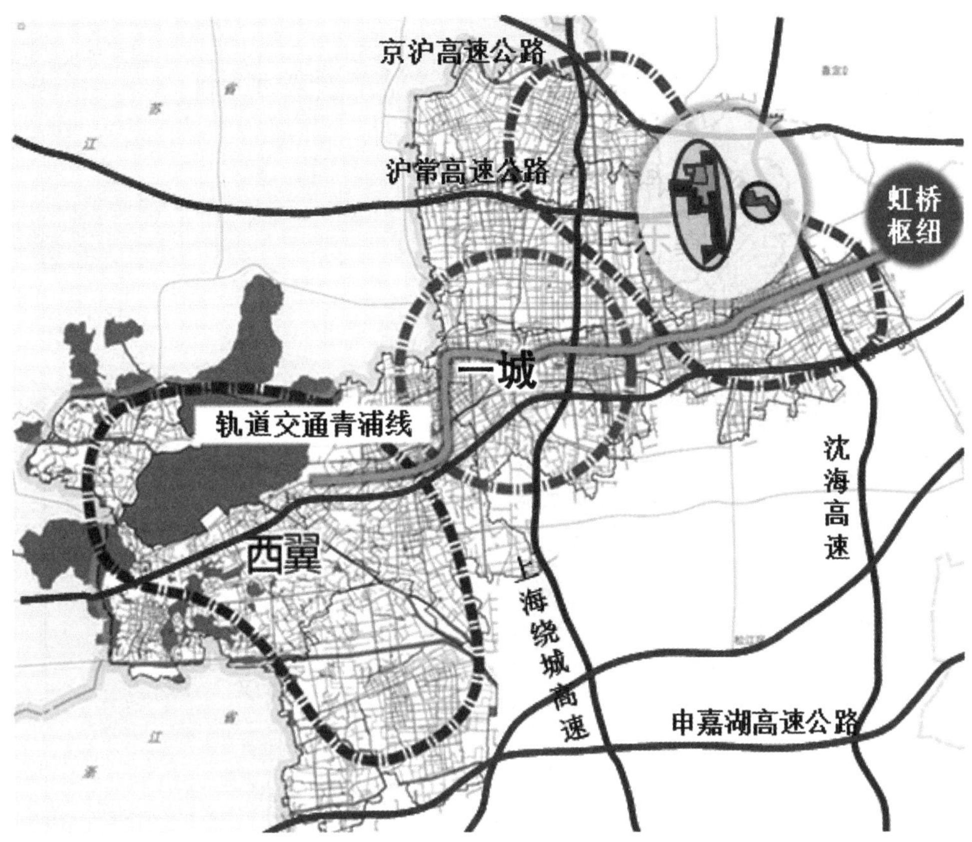

图1 枢纽区位示意

（二）发展定位与功能布局

肩负推进长三角一体化发展、增强社会民生福祉、赋能实体产业转型发展、畅通国民经济循环的流通保障等职能，枢纽以商贸物流、电商与快递融合创新发展为动能，以服务国内、辐射国际物流网络建设为核心，以数字和智能科技为手段，构建具有全球辐射能力和新商贸、新零售培育能力的现代化商贸物流枢纽。枢纽将着力于打造具有全球快递供应链组织中枢、全国快递物流总部基地、长三角一体化核心枢纽和上海枢纽经济发展动力引擎四大功能定位的现代物流产业集聚区，培育长三角地区实体经济发展新增长极和我国枢纽经济发展典范。

枢纽位于长三角一体化示范区——上海市青浦区华新镇，按照快递物流与商贸一体化创新模式进行建设，枢纽规划面积 5. 86 平方公里，由两大功能区组成（国际快递物流区为主体功能区、国际农贸物流区为互补功能区），是服务城市生产生活的重要物流节点，也是长三角一体化发展的重要承载区，更是上海承担特殊使命、服务国家战略的重要支撑，功能布局如图 2 所示。

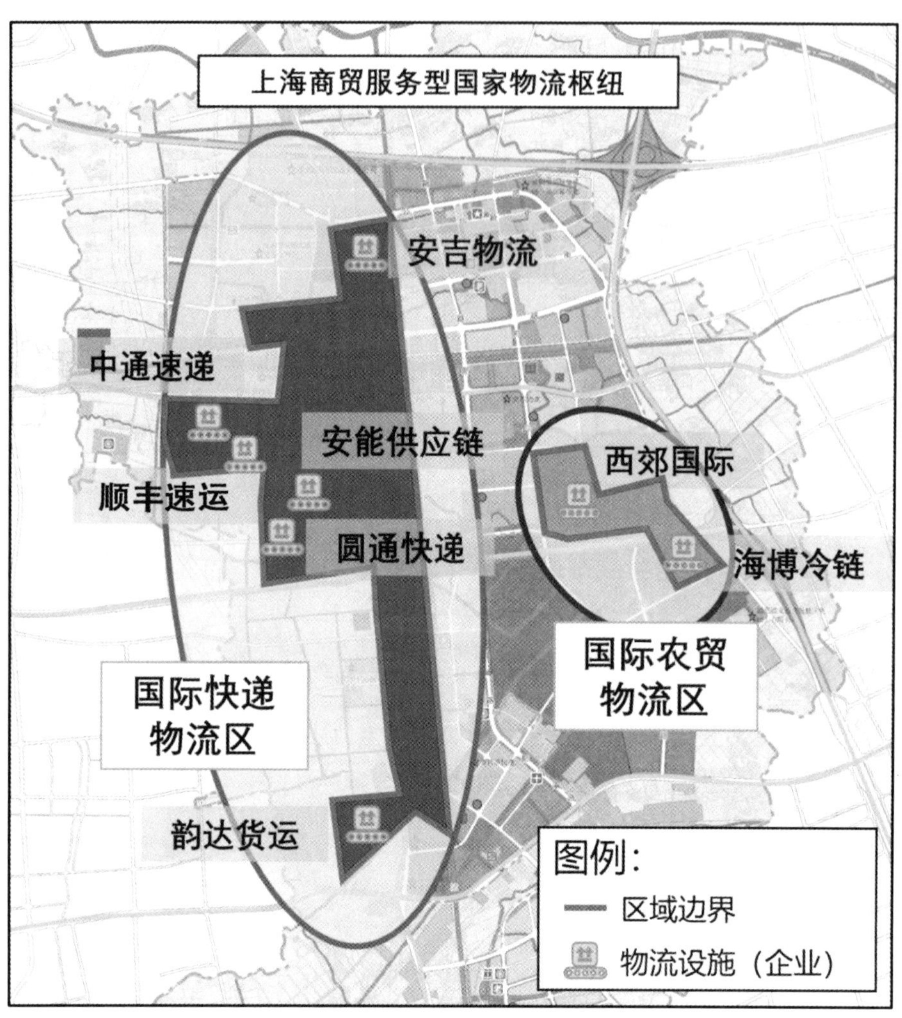

图 2 枢纽功能布局

在上海虹桥综合交通枢纽建设启动的背景下，华新镇连接上海市中心与长三角地区其他城市的交通优势逐步显现，当地政府主动调整产业发展方向，由扶持传统产业转为发展现代服务业，并选择物流业作为产业培育的主攻方向，圆通速递有限公司、中通快递股份有限公司、上海韵达货运有限公司、申通快递有限公司、德邦物流股份有限公司、上海安能聚创供应链管理有限公司、上海极兔速递有限公司等 14 家物流企业全国运营总部相继落户青浦区，顺丰速运有限公司、百世物流科技(中国)有限公司、跨越速运集团有限公司等知名物流企业在青浦区也设有区域运营中心，该重要布局形成了基础雄厚的物流产业集聚，华新镇积极申建国家物流枢纽，以获得国家层面支持，为物流业发展培育更多动能。

（三）主要基础设施

枢纽按照“存量设施整合提升为主、增量设施补短板为辅”的基本原则，推动枢纽项目建设运营和资源整合工作。其中，圆通速递有限公司、中通快递股份有限公司已建成总部及厂房项目，占地面积分别为14667平方米、91333平方米，包括总部大楼、分拣车间、仓储平台等基础设施，并各自配套自动化分拣机器人、数字化运营管理平台等现代化物流技术和设备，两家企业计划投资超过40亿元，投资完成率90%以上。上海韵达货运有限公司、上海西郊国际农产品交易中心等在建、改扩建项目占地面积超过0.8平方公里，投资超过35亿元，建成后将作为全国运营总部和长三角地区农产品流通重要节点使用。

截至2021年，枢纽已建设成为区域物流重要节点，枢纽内物流项目实际占地面积达到219.5万平方米。其中，物流运营面积189.7万平方米，包括约17万平方米集装箱堆场、100万平方米库房（其中自动化库房33万平方米、冷库14万平方米）。枢纽范围内360亿元的总投资目标已到位74%，完整高效的干支运输和仓配渠道体系持续发挥着“保障长三角地区高质量快递服务供给、集聚商贸物流产业规模发展”的积极作用。

（四）枢纽建设运营模式

根据《上海商贸服务型国家物流枢纽建设方案》的总体要求，枢纽按照“对标国际、创新引领、使命担当”的总体发展和工作推进思路，以枢纽项目建设为抓手，采用以枢纽为平台、快递物流企业为载体的建设模式，以华新镇政府投资平台公司——上海华新工业园区经济发展有限公司为主体，联合圆通速递有限公司、中通快递股份有限公司、上海韵达货运有限公司等快递物流企业，共同成立枢纽建设推进工作专班，建立枢纽推进工作联席会议制度，组建枢纽建设运营联盟，并筹建枢纽建设投资集团，由青浦区主要领导作为召集人，协调推进枢纽建设运营工作，设置办公室具体负责日常推进和协调事务。

二、主要做法与特色经验

（一）快递枢纽精准定位，设施配套支持产业发展

加入世界贸易组织以来，上海市发展速度不断提升，传统加工制造业态无法适应青浦区城镇化发展的大势。早在“十一五”期间，华新镇抢抓上海城市能级提升和产业结构调整机遇，精准选择快递物流产业作为主导产业，予以土地、税收等多维度扶持政策，并于2006年成功吸引圆通速递有限公司全国运营总部落户华新镇。圆通速递

有限公司总部项目的落地迅速吸引并集聚中通快递股份有限公司、申通快递有限公司、上海韵达货运有限公司等快递物流龙头企业将全国运营总部落地于此，华新镇迅速发展成为快递物流产业集聚区，枢纽内部主要项目实景图如图3、图4、图5所示。

图3　圆通速递有限公司总部分拨中心

图4　中通快递股份有限公司总部

在华新镇产业用地供给有限的发展背景下，华新镇政府积极推动落后产能的腾退工作，整合土地资源以支撑更多快递物流企业落地，城市风貌在招商引资过程中得以重塑。随着以公路运输为主的快递物流作业量激增，区域内部道路基础设施迎来巨大压力，拥堵和道路损坏等情况时有发生，为此华新镇政府成立投资平台公司，负责区域通行条件改善、道路提升改造、轨道交通谋划、“断头路”打通等基础设施配套工程，缓解主功能区交通压力，实现枢纽主功能区与外部通道的顺畅对接，该公司将成为枢纽的建设运营主体。

图 5 上海西郊国际农产品交易中心

2020 年授牌国家物流枢纽后，青浦区的快递物流产业发展获得更大动能，逐步加大对枢纽内基础设施投资力度，华腾路、新协路、华南路 3 条主功能区内部的主干道路改造项目也于 2020 年相继开工。同时，枢纽借华新镇凤溪片区城市更新的契机，对土地规划进行调整，为枢纽的高质量发展创造更多空间，完善枢纽博览、培训、开放等延伸功能，进一步加强枢纽在全球快递行业的影响力和话语权。2020 年 4 月，华新镇启动了新一轮土地征收工作，目前已完成土地征收面积近 0.12 平方公里，为快递物流增值服务的开展提供支撑。

（二）抢抓枢纽发展先机，增强快递企业集聚效应

在城市转型升级、产业腾笼换鸟的背景下，提升上海市青浦区城市服务能级并建成较完备的产业生态，专注服务创新和技术培育，通过“服务 + 政策”引导企业挖掘自身投资潜能，发挥资源配置优势，不断发展总部型经济，先后引进圆通速递有限公司、中通快递股份有限公司、顺丰速运有限公司、上海安能聚创供应链管理有限公司、上海韵达货运有限公司等企业入驻。枢纽成立前，率先形成快递物流企业总部集群，产值规模已突破千亿元，总部型经济效应日益显现，有力支撑快递物流产业和地区经

济的提质发展。

长三角一体化和虹桥国际开放枢纽两大国家战略落地青浦区，为区域的高质量发展带来了改革的红利，国家物流枢纽的赋能进一步加强了区域物流运营关联企业的集聚和整合，大量快运企业作为快递业态的补充出现在枢纽范围内，形成优势互补、业务协同、利益一致的国家物流枢纽建设运营合作共同体，共同推进枢纽建设和运营。在物流企业集聚的基础上，华新镇大力引进和培育专注于跨境电商物流的递一国际物流（深圳）有限公司、提供新物流服务的中通云仓科技有限公司、融合智慧冷链物流和供应链 B2B 平台的鲜丰水果股份有限公司、集终端智能硬件和配套软件于一体的上海智租物联科技有限公司等创新型企业。截至 2021 年，122 家各类型物流企业落户枢纽，进一步增强了枢纽的高质量物流服务供给能力。

此外，枢纽深度融入虹桥国际开放枢纽的定位，用好中国国际进口博览会会永久举办地的周边优势和“6 + 365”常年交易展示平台，推进全球快递高端要素资源集聚，打造“买全球、卖全球”的开放型经济中转节点。华新镇大力推进快递物流博览中心项目，谋划全球快递物流行业博览会、全球供应链峰会等若干具有行业领导力的国际展会，进一步提升了枢纽在快递物流行业的地位。

（三）推动物流与商贸融合发展

凭借各快递物流企业集聚的优势，枢纽在推动快递物流与商贸流通融合发展方面有着国内其他枢纽无法比肩的先发优势，如圆通速递有限公司与阿里巴巴深度合作，共同增强客户服务及全球化拓展能力，圆通速递有限公司与深圳市年富供应链有限公司合作，构建集商流、资金流和信息流于一体的产业生态供应链；中通兔喜快递超市现已接入多家快递公司和电商平台，完成物流轨迹数据对接，通过“快递末端 + 商业、广告、生活服务”的方式进一步为末端中心赋能；上海韵达货运有限公司与兰蔻、欧莱雅等知名美妆品牌合作探索电商仓配一体化业务模式等，大量跨界合作和业务创新均由枢纽的企业总部发起，不断推动快递物流组织模式的创新。

得益于中国国际进口博览会会永久举办地的周边优势，2020 年枢纽内两家企业在中国国际进口博览会上完成 4.85 亿元的进口高端水果采购，发挥了商贸服务型国家物流枢纽对接国家“一带一路”建设、服务广大人民群众追求高品质美好生活的支撑性作用。

（四）推动快递物流与先进制造融合发展

快递物流进工厂已成为快递物流业为延伸价值链开展的主要举措之一，枢纽紧抓制造业与生产性服务业深度融合发展趋势，支持枢纽内快递物流企业创新，由传统物流业态向物流全产业链集成方向转型发展，鼓励物流企业参与传统制造企业的转型升级，探索现代服务业与先进制造业融合发展的创新优势。圆通速递有限公司与中国商用飞机有限责任公司共建“航空产业链与物流大数据联合实验室”，以区块链作为核心技术，加快推动物流业与航空制造业融合发展；中通快递股份有限公司与康明斯合作发布高效清洁能源物流动力解决方案，与长春一汽富晟集团有限公司战略合作，形成入厂物流、订单末端配送、区域性供应链服务融合创新发展样板；上海韵达货运有限公司与安徽江淮汽车集团股份有限公司合作共促末端绿色发展，为物流行业和物流枢纽的高质量发展探索全新路径，发挥上海市的开路先锋、示范引领、突破攻坚的重要作用。

（五）智慧绿色引领行业高质量发展

枢纽内企业经营能力、产业集聚度和产业链协作水平的进一步提升，得益于枢纽内企业创新平台、科技服务与技术服务体系和人才引进工作的有力支撑，枢纽创新能力从而不断增强。顺丰速运有限公司、中通快递股份有限公司、圆通速递有限公司、上海韵达货运有限公司等快递物流企业积极探索应用人工智能、区块链、5G、大数据、物联网、云计算等前沿技术，促使无人机、无人车、立体仓库等创新应用加速落地。

中通快递股份有限公司发布普罗米修斯 1600A 油电物流无人机，并完成山区恶劣天气条件下的首次载货飞行。上海韵达货运有限公司发布 5G 无人机。德邦物流股份有限公司推出“麒麟号”L4 级别无人驾驶干线货运车，获得无人物流车商用牌照，并在湖州德清成功运营。圆通速递有限公司发布智能载重系统，规避超载行为，保障道路安全。上海韵达货运有限公司与英特尔成立“智慧物流实验室”，并与浙江大华技术股份有限公司共建创新实验室，共同探索前沿技术的创新与应用。

枢纽大力推动快递物流行业绿色发展，助力上海市加快完成“碳达峰、碳中和”的绿色发展目标。枢纽电子面单使用率超过 90%，循环中转袋、可回收包装袋等绿色环保包装使用量不断提升，并对快递箱、包装袋等废弃物进行回收利用；采购高效能牵引车、甩挂车、新能源汽车、节能型交叉带分拣机等物流基础设施，持续提升枢纽内物流基础设施的作业能力，有效降低碳排放量，打造更智能、更绿色、更安全的智慧物流生态系统。

值得一提的是，圆通速递有限公司速递旗下的物流信息互通共享技术及应用国家工程实验室于 2019 年验收通过，积极发挥推动快递物流行业创新发展的引领作用，成立以来已完成物流信息互联共享平台建设 1 项、智能物流装备研发 8 种，参与制定物流相关标准 17 项，承接省部级及以上研究课题 11 个，申报专利 35 项，发表论文 29 篇，联合服务物流行业企业用户 1000 家发布物流关键技术报告 4 份，提交软课题研究报告 5 份，召开物流国际/国内开放交流会议 3 次，完成示范基地和物流产学研联合课题 4 个，建设物流科技相关联合实验室 16 个，建立院士专家工作站 1 个，孵化创新创业公司 6 个，建设智慧物流创新工场 1 个，累计培训达 100000 人次。

（六）推进快递物流国际化网络布局

枢纽内部的圆通速递有限公司、中通快递股份有限公司、上海韵达货运有限公司等企业积极推进国际化工作。圆通速递有限公司建立“全球包裹联盟”，控股先达国际货运（上海）有限公司；中通快递股份有限公司正在着手在“一带一路”沿线国家建立仓储设施，成立中通国际，从事国际物流业务、国际包裹业务、跨境电商进出口业务；申通快递有限公司与布达佩斯机场集团以及欧洲物流企业 EKOL 合作，共同打造“一带一路”中欧国际转运中心，致力于提升中欧班列和跨境电商包裹的转运效率；上海韵达货运有限公司等企业也设置海外仓，开展跨境寄递等业务。快递物流企业抱团出海，参与国际快递全球化进程，将为我国构建新发展格局提供重要战略支撑。与此同时，枢纽积极增设海关监管场所，建设高效跨境寄递通道平台，加快推动上海邮政快递国际枢纽中心建设。

三、枢纽建设发展成效

（一）枢纽物流服务规模持续扩大、能力不断提升

枢纽 2020 年完成投资 6.23 亿元，使枢纽投资完成度由 72% 提升到 74%；枢纽项目实际占地面积由 197 万平方米增加到 220 万平方米，增加的面积全部为物流运营面积，枢纽的服务和作业能力得到显著提升，超过 15 万个配送服务网点为国内的 293 座城市提供直接快递物流服务，可与 11 个国家的 126 座海外城市实现业务往来。据统计，2020 年枢纽完成货物吞吐量 1333 万吨，同比增长 6.6%，其中散货占比超过 97%；围绕长三角地区生产生活需求，枢纽内的 1.4 万名快递物流从业人员累计完成快递包裹作业量达 13.48 亿件，同比增长 8.3%，占全国快递总量的 1.6%。2020 年，上海极兔速递有限公司入驻枢纽，与拼多多（上海）网络科技有限公司开展产业助农战略合作，枢纽快递包裹重量大幅提升至 159 万吨，同比增长超过 29%。枢纽物流总部企业实现业务总收入 1368.44 亿元，同比增长 22.4%，贡献税收 16.06 亿元。

随着枢纽内分拨中心、运输车辆、货运飞机等物流基础设施设备投入持续增强，枢纽服务能力不断提升。信息化建设方面，枢纽内重点企业全部采用一体式数字化管控平台系统，实现快件全生命周期管理；收派两端持续优化，着力解决“最后一公里”问题，单票成本持续降低；持续提升客户满意度，有效申诉率进一步降低，服务网络更加稳定、健康、均衡，自主可控性不断增强。

（二）枢纽内企业不断成长，市场份额进一步提升

枢纽建设方案编制时，华新镇内部已落户并经上海市商务委认定的服务贸易型总

部企业 4 家、上海市年营业收入百强企业 3 家、年营业收入 20 亿元以上企业 9 家，共计 37 家物流企业列入枢纽建设方案，实际投资达到 260 亿元，物流运营面积达到 165 万平方米。2020 年统计数据显示，中通快递股份有限公司占快递物流市场份额达到 21.5%，圆通速递有限公司为 14.5%，上海韵达货运有限公司为 17%，仅三家企业占据全国市场份额的半壁江山；此外，上海安能聚创供应链管理有限公司作为我国零担市场的龙头企业，全年货运总量达到 1020 万吨，市场份额为 17.2%，“十三五”期间年均复合增长率达到 31%，远高于同期全国零担市场的 5.6%。

在枢纽内各企业市场占有率不断提升的同时，各企业大力投资并购，扩大企业规模，增强企业竞争实力，如顺丰速运有限公司拟部分要约收购嘉里物流（大通）有限公司，加速海外布局；上海韵达货运有限公司以 6.14 亿元战略投资德邦物流股份有限公司，依托双方优势，开展多方合作；圆通速递有限公司与海航物流集团有限公司合作，打造中国物流领域合作共赢典范；通达系企业与菜鸟网络科技有限公司一起在全国 500 多个县开启共配试点，加速快递下乡工作进程。积极融入国内国外双循环新发展格局，进一步整合总部办公、科创研发、教育培训、会展服务等“总部型经济”特征优势。

（三）枢纽内主体企业积极承担社会责任

2020 年是国家物流枢纽的元年，更是实现建设现代化强国第二个百年目标的节点，新形势下快递物流企业不仅要高质量完成到末端服务的基本任务，还要发挥流通企业深度嵌入产业链供应链、畅通国民经济循环的载体作用。为此，枢纽内企业主动串联供需两端、延伸服务链条，圆通速递有限公司与河北平泉签订“助农助销”扶贫战略合作协议，助力平泉果蔬、食品等农特产品走向全国；德邦物流股份有限公司推行“蓝色爱心”助农护航计划，帮助毕节特色农产品走向全国；上海韵达货运有限公司依托“互联网 +”模式，进一步加速蒙自小黄姜的销售模式升级，助力蒙自农产品产业腾飞；中通快递股份有限公司加快建设健全农村服务网络，推广“快递 + 电商”产业扶贫模式，破解河南光山农产品销售渠道不畅的难题；申通快递有限公司、顺丰速运有限公司加入“邮政业公益联盟”，致力于建设邮政行业公益扶贫基金项目，加强贫困地区快递物流网络建设，促进以公益消费带动贫困地区农产品进城，精准帮扶贫困人群。

2020 年由于特殊原因，枢纽各企业在业务量提升的情况下，利润总额大幅缩水 60%，依旧高水平完成了全年的流通任务，在保障社会民生的过程中充分体现了行业龙头企业的社会责任担当和奉献精神。

（四）全力支持新冠肺炎防疫工作

新冠肺炎疫情突如其来，枢纽内物流企业逆行而上，充分发挥物流企业在物资调配和国际合作中的优势，第一时间组织国内口罩、防护服等防疫物资驰援湖北、河南等地区，并从国际市场采购大量物资；同时各快递企业严格落实国家、地方各项防疫要求，积极开展无接触式配送模式创新，主动承担起粮米油盐、蔬菜、肉类等生活物资的供给，保障了全国人民在疫情期间的日常生活，助力打赢疫情防控战。

四、发展方向与未来展望

立足新发展阶段、贯彻新发展理念、服务新发展格局，按照《上海商贸服务型国家物流枢纽建设方案》要求，聚焦打造国内大循环中心节点、国内国际双循环战略连接，建设长三角一体化示范区和虹桥国际开放枢纽，深入对接上海市青浦区“十四五”发展思路，全面推进青浦物流总部经济发展，再造千亿级产业集群，建设与上海“五个中心”和国内龙头发展地位相适配的枢纽。

（一）加强主体培育，强化枢纽能力建设

持续引进快递快运企业，壮大枢纽内部快递快运企业规模，加强物流基础设施建设，提升华新镇快递快运区域组织分拨中心地位。抢占国家高铁货运发展先机，对接高铁货运企业，建设高铁货运集疏中心，提升快递快运干线运输作业组织能力。提高上海西郊国际农产品交易中心服务范围和服务能力，谋划打造服务业供应链集中采购中心。发挥企业市场资源配置能力，调动企业主体参与枢纽建设的积极性，强化枢纽能力建设。

（二）融入枢纽网络，发挥示范组织效能

与其他国家物流枢纽建立固定的合作伙伴关系，打通干线运输通道，开展“干支仓配”一体化合作，实现通道互通、业务互联、信息共享，提升枢纽服务能级，发展成为国家物流枢纽网络重要骨干节点。提高企业智能化、数字化、网络化先进装备和技术应用水平，推进企业管理水平升级，营造新场景、创新物流组织模式，引领快递快运行业发展，打造国家物流枢纽建设运营新范式。

（三）培育枢纽经济，再造千亿产业集群

强化全国快递快运物流总部资源优势，构建“全球快递快运供应链中枢”，推动快递快运总部从物流要素组织中心向供应链组织中心转变。集聚枢纽经济要素资源，打造具有上海市特色的国家物流枢纽，建设以物流金融结算中心、大数据信息平台、物流高端技术装备研发中心、智能物流装备制造中心、跨境电商产业园区、物流博览中心、绿色物流交易评估认证中心、物流高端人才教育培训中心、物流智库中心、物流保障体系研究中心、物流文旅中心等为主体的物流服务新高地，形成以快递快运总部为核心、强关联的枢纽经济发展生态圈，发展以金融结算、智能物流装备制造为主导

的特色枢纽经济，再造千亿级产业集群，有效发挥国家物流枢纽支撑引领实体经济高质量发展的效能。

（四）升华战略内涵，统筹枢纽新城建设

上海市在“十四五”期间将大力实施新城发展战略，青浦新城将注重承载长三角一体化发展和中国国际进口博览会永久举办地的功能，引领绿色创新发展，建设江南文化传承的生态宜居之城。上海商贸服务型国家物流枢纽的建设，要落实打造青浦物流枢纽新城，支撑青浦建设独立综合性物流节点。通过战略引领、规划先行，高站位谋划、高标准设计、高起点建设，以快递快运为先导，集聚吸引高端电子信息、生物医药、高端装备制造等产业，深入贯彻绿色低碳理念，以金融为纽带，以城市运营为平台，通过政府、投资商、入驻企业等多方共建“引人才、聚产业、共发展”的产业高地，建立快递枢纽产业生态，形成与中心城区功能互补、产业协同的主要承载阵地，打造全球快递枢纽产业新城，努力创造高品质生活，更好满足人民对美好生活的向往。

（撰稿人：尤洪明，沈国辉，尤卫新，陈晓文，王瀚彬）

金华（义乌）商贸服务型国家物流枢纽

大物流联通世界　小商品买卖全球

金华（义乌）商贸服务型国家物流枢纽（以下简称“枢纽”）依托义乌世界级商贸产业集群而建，通过中欧班列（义新欧）、“义甬舟”多式联运组织等模式创新，搭建国际采购平台、全球商贸物流组织服务平台等供应链集成平台，联动国内外商贸型物流枢纽，推动了高效可靠、覆盖全球的商贸物流网络的形成。枢纽既是我国延伸国际小商品产业链、参与全球商贸产业分工、实现商贸产业价值增加的重要基础设施，更是高质量培育现代物流产业集群、打造国际商贸供应链组织中心、建设国际贸易综合试验区的创新平台，对提升我国对全球商贸物流资源优化配置能力，培育长三角产业发展新动能，提升我国对全球商贸产业控制力，促进我国商贸流通产业迈向全球商贸价值链中高端，推动我国由贸易大国向贸易强国迈进具有重大意义。

一、枢纽概况

义乌地处浙江省中部，是一座以市场享誉全球的国际性商贸城市，主要围绕商贸市场布局和发展。国内外贸易、商贸服务业产业规模较大，加工制造业正加速扩张，因此义乌的物流业十分发达，商贸物流需求旺盛，设施基础良好，外向型平台完善，物流基础扎实，已形成“一片区”（国际陆港物流园区）、“三中心”［义乌港、义乌保税物流中心（B型）和规划建设中的义东北物流中心］的物流设施框架体系。义乌拥有全国县级市首个国际邮件互换局、全省唯一铁路开放口岸、全省第四个空港口岸、全省第四个保税物流中心等开放型平台，已形成“海陆空、铁邮网、义新欧、义甬舟”多位一体的综合物流服务体系和全国最大的零担物流中心之一。

（一）区位交通

枢纽的区位交通优势明显、通道辐射范围已经形成。义乌市是“一带一路”、长江经济带建设和长三角一体化发展的承载地。向西通过中欧班列（义新欧）国际物流大通道联通中亚、欧洲；向东通过义甬舟开放大通道实现依港出海、联通全球。义乌市公路运输、铁路运输、民航运输多种运输方式协调发展，公铁空立体式现代综合交通体系日臻完善。

（二）空间布局

枢纽选址条件优越，两片区功能互补性强。枢纽选址在城西存量物流基础设施较好的区域，由国内贸易物流片区（主体功能区）和铁路口岸国际物流片区（功能拓展区）构成，总面积2.923平方公里。枢纽毗邻义乌商贸市场群，靠近高速公路出入口，具备辐射全国、联通国际的综合交通通道和多式联运功能设施，拥有集中连片、集约布局的存量物流设施资源和口岸开放服务平台。枢纽选址及周边设施情况如图1所示。

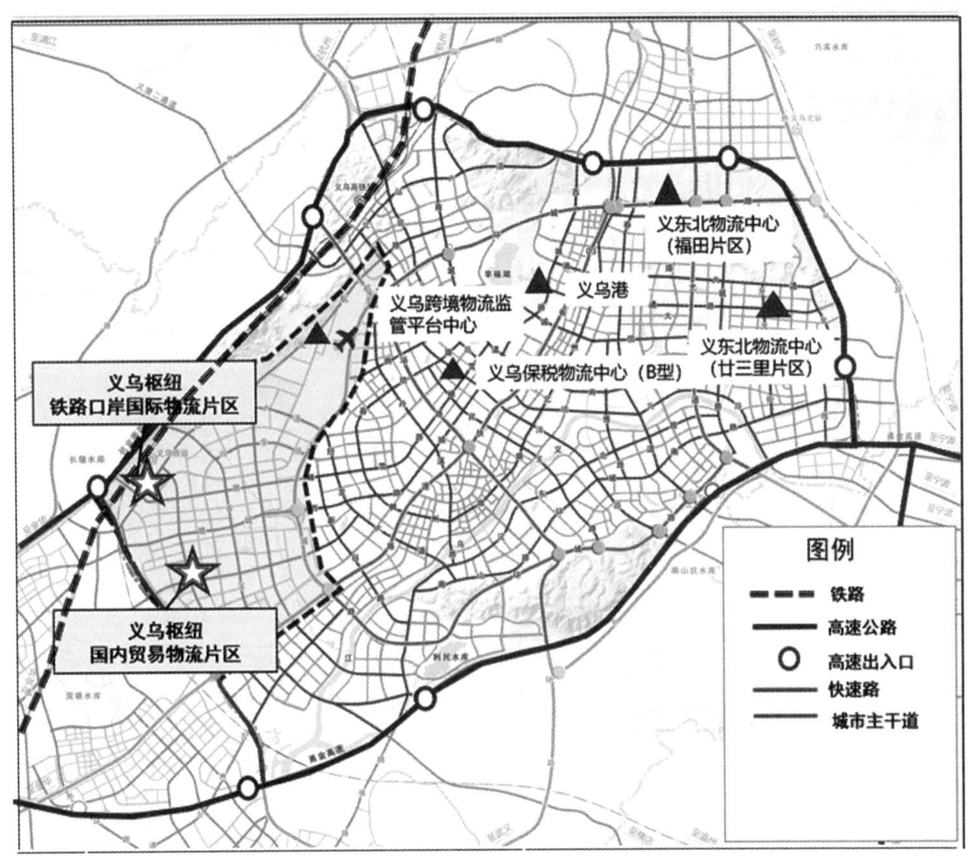

图1　金华（义乌）商贸服务型国家物流枢纽选址及周边设施情况

结合商贸物流的现实需求，国内贸易物流片区布局了国内公路物流组织中心、快递物流服务区、电商物流服务区、跨境供应链总部基地等，铁路口岸国际物流片区布局了国际多式联运区、进口商品物流区、国际智能物流中心、国际转运集拼中心。国内贸易物流片区功能布局如图2所示，铁路口岸国际物流片区功能布局如图3所示。

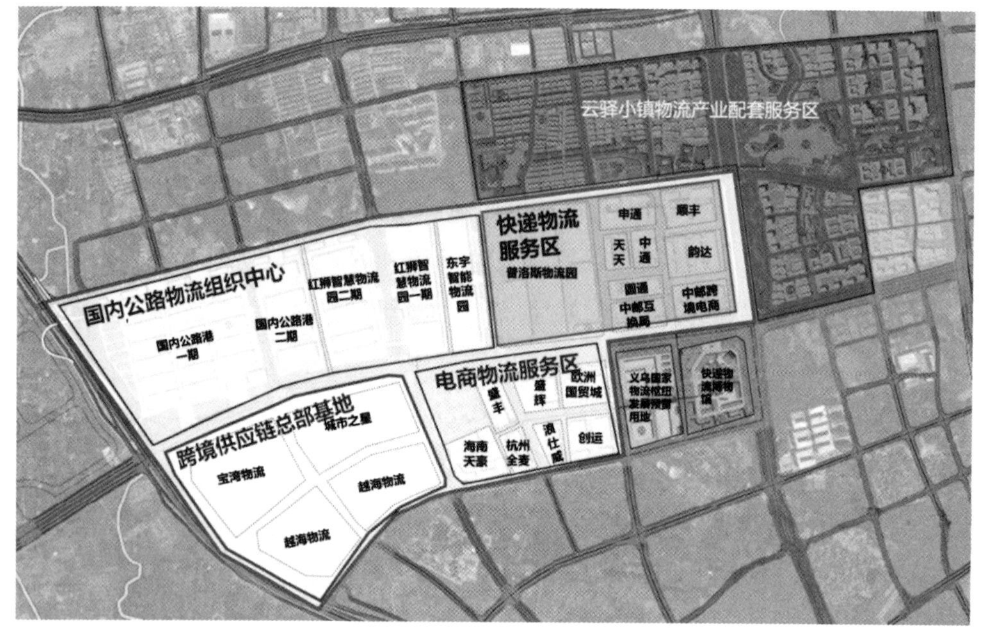

图 2　国内贸易物流片区功能布局

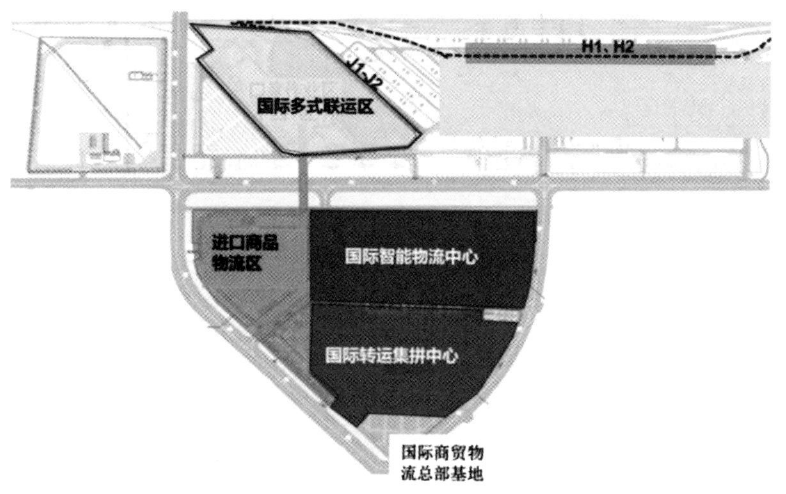

图 3　铁路口岸国际物流片区功能布局

（三）功能定位

枢纽的主要功能有四个方面：一是提供商贸物流一体化集成服务，通过搭建商贸物流公共组织平台，整合物流企业、货源、车辆等资源，实现商贸物流规模化、网络化运作；二是提供国际多式联运及干线服务，通过铁路口岸国际物流片区和国内贸易物流片区，组织铁海、公铁、公路与航空等国际多式联运，对接国际干线运输和国内物流骨干网；三是提供国内区域分拨及配送组织服务，大力发挥义乌市对周边商贸市场的辐射效应，利用枢纽良好的公路物流运作基础，开展零担快运组织、集货中转、小商品的批量配送及快递配送服务；四是提供供应链管理及组织服务，为上游商贸企业和下游加工企业提供供应链解决方案，并向信息、金融、政务、园区等服务领域延伸。

基于以上服务功能，枢纽发展定位如下：承载商贸核心功能层面是全球小商品物流与供应链组织中心从“买全球、卖全球”向“买卖全球”转变，实现从交易结算到物流运输全程供应链控制和组织；经济高质量发展层面是国内商贸物流服务高地，通过构建一站式商贸物流服务生态，引领义乌商贸市场群升级换代，带动我国商贸业高质量发展；推动区域协调发展层面是长三角高端商贸物流集聚区，通过义甬舟海铁联运大通道及公路干线运输，进一步推进义乌集聚浙江省及长三角区域商贸物流资源；拉动本地经济发展层面是金义都市区枢纽经济发展引擎，枢纽通过与周边产业融合发展，带动城市区域协同发展。

（四）建设模式

枢纽采用“市场主导、政府推动、企业建设”的多元化综合开发建设模式，稳步推进枢纽建设。枢纽的主要建设主体为义乌市国际陆港集团有限公司（以下简称“陆港集团”）。陆港集团为义乌市属国有企业，中国物流与采购联合会评定的5A级企业。

陆港集团承担了枢纽铁路口岸国际物流片区、国内贸易物流片区内国内公路物流组织中心的建设，快递物流服务区、电商物流服务区、跨境供应链总部基地则由枢纽企业联盟内其他企业投资建设。枢纽投资建设运营模式如图4所示。

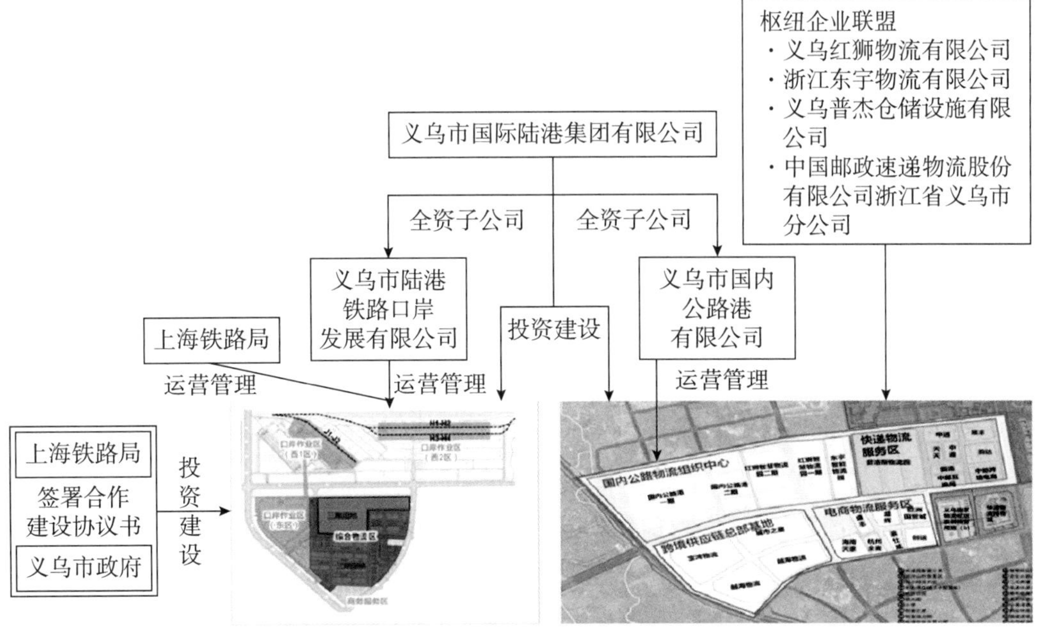

图4　金华（义乌）商贸服务型国家物流枢纽投资建设运营模式

（五）运营主体

枢纽的运营主体为陆港集团，由其全资子公司及枢纽联盟企业运作枢纽，通过战略合作、联合运营等多种方式，联合中国铁路上海局集团有限公司金华货运中心、宁波港国际物流有限公司、义乌市天盟实业投资有限公司等企业，发挥各自优势、分工协作、统一标准，开展枢纽业务一体化运营。枢纽运作主体组织架构如图5所示。

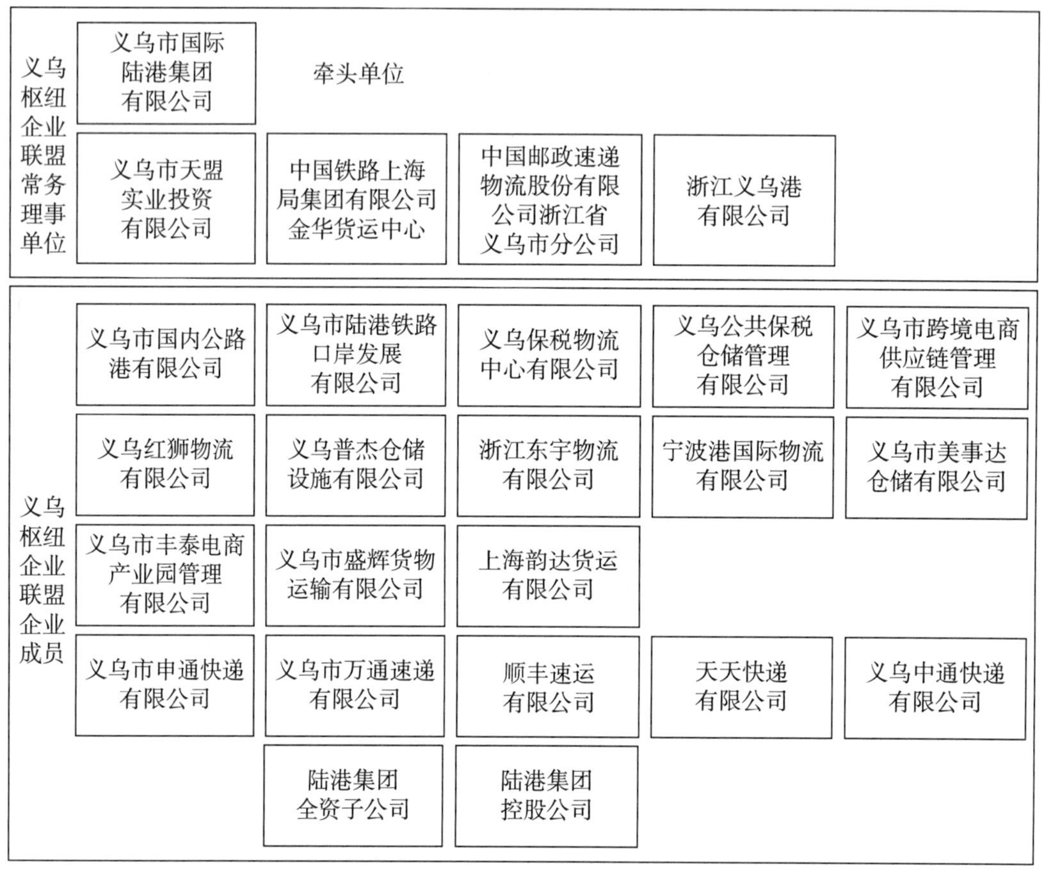

图5　金华（义乌）商贸服务型国家物流枢纽运作主体组织架构

二、主要做法与特色经验

在改革开放的前期，义乌用全球最大的小商品市场之一培育了发达的物流业；受国内外贸易形势的影响，随着义乌自身发展态势的变化，市场的发展趋势正在改变，已逐渐形成物流业反哺市场的新业态。在这样的发展背景下，枢纽总结出以下五个方面的经验做法。

（一）“义甬舟”海铁联运组织

2016 年 12 月 28 日，浙江省人民政府发布《浙江省人民政府关于推进义甬舟开放大通道建设的若干意见》。义甬舟开放大通道是指以宁波舟山港、义乌陆港、甬金高速、金甬舟铁路为支撑，建成集江、海、河、铁路、公路、航空六位一体的多式联运综合枢纽和集疏运体系，形成内畅外联、便捷高效的大交通体系。

为此，枢纽先行先试、改革创新建设，全面加强与宁波港的互联互通，畅通义甬舟开放大通道，以义乌为起点，以甬舟铁路、甬金铁路为轴线，连接国家骨干铁路网，从而到达宁波港，以海铁联运为核心加强与长三角地区的合作，通过海上通道对接“21 世纪海上丝绸之路”，有效辐射中亚、欧美等地区。义乌—宁波港—目的港的多式联运以枢纽铁路口岸国际物流片区铁海联运区为载体，提升了义甬舟开放大通道铁海联运和对外联通能力。截至 2021 年，“义甬舟”多式联运班列以每天 2 班的频次运营，2021 年 1—6 月累计发运 296 列，共 24084TEU。其中内贸 17226TEU，同比增长 200.6%；外贸 6858TEU，同比增长 40.8%。

枢纽在开展“义甬舟”海铁联运，从而推进枢纽与宁波舟山港一体化发展方面的做法可以总结为以下三点。

（1）通过战略合作，促进宁波舟山港订舱、结算、提还箱、签发提运单、拆箱等专业化服务向枢纽全面延伸，率先开展多式联运转口贸易业务。例如，2020 年 3 月 10 号，78TEU 的钾肥先通过中欧班列（义新欧）回程班列，自巴基斯坦经二十余天运输到达枢纽铁路口岸国际物流片区，再转至义乌保税物流中心（B 型），在换箱、转关后采用公铁联运的方式发运至宁波舟山港，随后通过 10～15 天海运到达东南亚。这种运输模式极大地提高了转口贸易效率，实现了大批量货物快捷运输，加强了货物中转安全保障，有助于不断织密“一带一路”沿线贸易服务网络，为企业降本增效提供优质渠道，推动“买卖全球”贸易格局的建立。

（2）与中国铁路上海局集团有限公司金华货运中心、宁波港国际物流有限公司等签订战略合作协议，保障枢纽与宁波舟山港业务一体化顺利进行。以集装箱出口为例，在订立多式联运合同后，货主企业组织并安排将货物按时送至装箱地点。在铁路口岸完成货物交接，由中国铁路上海局集团有限公司金华货运中心下属运输企业负责装箱、装车等换装和报关、报检等手续，完成从枢纽到宁波港、上海港的铁路运输。负责海运的承运人或其代理人制作一系列出口单证，及时办理通关手续，准备接货和装船。货物运抵海港后，海运承运人或其代理人根据订舱情况组织货物装船。当货物装船后，由海运承运人签发海运提单并交付发货人。货物运抵目的港后，由发货人目的港分支机构或其代理人凭海运提单从海运承运人处提取货物，并通知收货人提取货物。枢纽—宁波舟山港集装箱出口多式联运过程如图 6 所示。

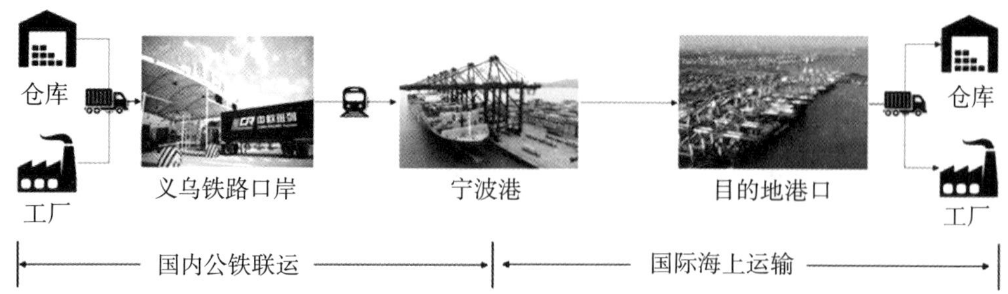

图6　金华（义乌）商贸服务型国家物流枢纽—宁波舟山港集装箱出口多式联运过程

（3）铁路口岸海关监管场所优化升级。监管场所的管理范围覆盖查验平台、监管仓库、集装箱堆场等核心功能，实行全封闭管理，与浙江省电子口岸大通关数据平台实现互联互通。在铁路口岸启用海关监管场所，有利于优化铁路物流通关环境、降低物流成本、提升物流时效、助推枢纽中欧班列和海铁联运发展，对于枢纽所在区域加快国际陆港城市建设、构筑对外开放通道、提升对外开放水平、深化国际贸易综合改革都具有重要意义。

（二）与中欧班列融合发展

作为中欧班列市场化发展的先行军，中欧班列（义新欧）是以民营企业为主体的运营平台，具有善用市场、嗅觉灵敏的特点，但也存在优势资源未得到充分挖掘、市场化步伐慢、运输实力受限等问题。

为做大做强中欧班列（义新欧），2020 年 5 月，浙江省政府对中欧班列运行机制进行改革创新。按照“一个品牌、两个平台、多点起运、错位发展”的总体要求，在现有中欧班列（义新欧）义乌平台基础上组建金华平台，形成义乌、金华双平台运营体制，既保持了民营特色，又引进了浙江省海港集团形成合力，形成优势互补、相互促进的局面，对浙江省中欧班列高质量发展起到显著的推动作用。2020 年，面对新冠肺炎疫情的严重冲击，枢纽开行的中欧班列（义新欧）全年表现可以概括为“稳定”“担当”和“突破”三个方面。

“稳定”体现在开行频次上。运行机制调整优化后，中欧班列（义新欧）基本保持每周 20 列以上的稳定运行，全年累计开行 974 列，发运 80392 标准箱，同比增长 90.2%，占全省发运量 70%，并且新增义乌—维尔纽斯、义乌—越南、义乌—乌克兰 3 条线路。2020 年 10 月 21 日，枢纽开行了浙江省 2020 年的第 1000 列班列，提前 2 个月圆满完成任务，为浙江省“稳外贸”提供了稳定的物流通道。

“担当”体现在新冠肺炎疫情背景下“新动脉”作用凸显。为维护国际供应链产业链的稳定，促进国际抗疫合作，枢纽主动承接海运、空运转移货源，实现三个“全国第一”：一是 2020 年 2 月 10 日在全国率先复工开行；二是开行全国首趟防疫物资班列，累计运输防疫物资1334吨；三是开行全国首趟中欧邮政号班列，运输2000万票长三角地区快件。

“突破”体现在开行质量上。枢纽实现了物流服务外包、货物保税中转集拼、汽车整车出口、二手车出口等业务突破。2020年，全年开行“义新欧”吉利专列101列，实现工厂货物点对点陆上运输，时间比海运节省2/3，产品运输的安全性得到保障，进一步提升了吉利汽车在海外市场的竞争力。

此外，枢纽依托义乌世界级小商品贸易产业集群及浙江省轻工业制造的优势，积极推动中欧班列（义新欧）中义乌—杜伊斯堡、义乌—中亚的“五定”班列开行，致力于枢纽与市场采购贸易、一般贸易、数字贸易等新业态融合发展，连接国际商贸市场及物流枢纽，深度参与国际产业分工，形成依托国际班列运行的“全球采购、全球生产、全球销售”的国际商贸物流服务网络。

具体来说，枢纽整合现有中欧班列（义新欧）的运行网络，充分考虑国际陆海贸易新通道，构建以阿拉山口、霍尔果斯、二连浩特、满洲里、凭祥等地区为国内进出境口岸，覆盖中欧班列三大主通道，通过公铁、海铁等多式联运，辐射49个国家与地区。

在这些线路中，中欧班列（义乌—马德里）为2014年11月首开的线路，目前已开通的中欧班列线路还包括义乌—中亚、义乌—伊朗、义乌—阿富汗、义乌—拉脱维亚、义乌—俄罗斯、义乌—白俄罗斯、义乌—英国以及义乌—捷克，共有九条线路。其中，中欧班列（义乌—马德里）已基本实现双向常态化运行，班列线路途径哈萨克斯坦、俄罗斯、白俄罗斯、波兰、德国、法国、西班牙7个国家，途中在中哈边境、白俄罗斯和波兰边境、西班牙边境经过三次换轨。该线路全长1万3千多公里，运输时长17~18天。

（三）国内公路干线运输布局与转型

枢纽物流需求稳步增长，其中公路运输仍是主要运输方式。根据历年的交通运输数据，结合义乌市场发展趋势对义乌公路货运量进行预测，2020年、2025年和2035年义乌零担干线运输的中转量将分别占公路货运量的40%、45%和50%。

在这样的背景下，枢纽在国内公路港物流中心工程的建设刻不容缓。为有效缓解日益剧增的货运压力，陆港集团多部门协同合作、紧密联动，对照攻坚目标，明确任务分工，于2020年年底完成国内公路港物流中心二期共12.53万平方米土地的项目建设，有效缓解了货运压力。同时，义乌市国内公路港有限公司结合商贸物流的现实需求，布局了国内公路物流组织中心、快递物流服务区、电商物流服务区；按照打造“世界小商品之都”的总体要求，提供商贸物流一体化集成服务，通过搭建商贸物流公共组织平台，整合物流企业、货源、车辆等资源，实现商贸物流规模化、网络化运作。

值得注意的是，受国内物流总体趋势影响，随着贸易业态的发展，国内公路干线运输货运类型及方式发生了转变，由原来的线下干线物流转向网络货运平台，与线下运输模式结合形成干线、快运、快递等多种运输方式。但国内物流运营模式目前大体上仍为传统经营方式，存在创新要素不足等问题。

因此，枢纽内企业积极寻找公路干线与电商平台的合作，引进供应链企业，并在枢纽内建设国内物流综合服务信息平台，实现资源要素共享，服务于枢纽经营商户；协商谋划快运与干线物流优势互补，合作共赢；延长物流链，打造仓储大管家、物流大管家，形成“供应链大管家”。

由于枢纽物流货源最大的特点就是以百货杂件为主，枢纽依托义乌全球领先小商品市场商流、物流、资金流和信息流高度汇聚带来的巨大流量，提供国内区域分拨及配送组织服务，大力发挥义乌市对周边商贸市场的辐射效应，利用枢纽良好的公路物流运作基础，开展零担快运组织、集货中转和小商品的批量配送及快递配送服务。

（四）“义乌好运”城市物流配送平台建设

为满足义乌市内商贸市场物流需要及电商物流需要，提高短驳效率，降低短驳物流运营成本，降低道路拥堵的交通压力，2019 年 12 月 28 日，陆港集团联合市属国有企业商城集团、市场集团及吉利科技集团共同建立的短驳物流信息平台——“义乌好运”城市配送平台上线试运营，通过公路短驳运输满足城市商贸小批量、多批次的商贸物流需求。

“义乌好运”作为互联网城市配送落地品牌，立足于义乌市城市配送平台，以降本增效、服务民生为使命，致力于构建绿色、高效、集约的商贸物流同城配送服务体系。“义乌好运”城市配送平台整合线下城配运力、仓储等资源，陆续开展城配专线和即时配送两大主营业务，服务城市主要商贸区、工业区和物流园区，通过区块链、人工智能、大数据、云计算等先进技术，将闲散的货源、同城运力以及干线物流等物流资源进行整合，实现车货匹配、智能调度、动态集拼等智能化功能，提升物流效率，减少城市拥堵状况。

“义乌好运”城市配送平台上线以来，主要在以下四个方面推动传统短驳物流的转型升级。一是智能化。平台采用区块链、人工智能、物联网、大数据、云计算等信息技术，对车辆、货物、道路、司机、商家、物流园区等业务要素进行数字化赋能，对发货需求、社会运力、运输线路等因素进行实时智能化分析与匹配，实现智能调度、订单分单等功能，进一步提升物流智能化服务水平。二是集约化。平台将零散的发货时间、发货地点、物流运力等元素进行聚合，实现车货实时动态匹配，实现一键智能拼单、在途拼单等功能，加强短驳物流业务车、货、路的集约化管理，进一步提升城市短驳物流的效率。三是绿色化。积极响应国家关于绿色城配的政策部署与决定，制订相关规定，在线下运力组织中鼓励并推广新能源商用车的使用，进一步提升城市综合环境治理水平。四是市场化。平台运营公司结合社会化资本，采用市场化运营机制，以智能物流模式进行运营，进一步提升城市短驳物流的公众普惠化水平与服务水平。

三、建设发展成效

枢纽的持续建设与优化，带动了义乌市融入和服务“一带一路”建设，大力推进义新欧、义甬舟两条国际贸易大通道双向开放，培育扶持国内物流、国际物流、快递物流三种业态健康发展，已初步形成通达全国、连接世界的综合物流体系，全力助推义乌市向“世界小商品之都”的目标迈进。

（一）集聚效应充分显现

截至2020年年底，枢纽内共集聚快递物流及产业链相关企业超过350家，“三通一达”、顺丰速运等物流企业在枢纽内设置区域总部，物流集聚和洼地效应进一步扩大。2020年，枢纽快递业务量达71.74亿件，约占全国总量的1/12，位列全国第二。2020年，枢纽干线运输直达线路超过500条，商贸货运量超过1500万吨，货运线路覆盖全国地级城市，社会物流综合成本远低于全国、全省平均水平；集聚数字经济企业423家，全年实现服务业总产出58.27亿元，实现税收1.45亿元，亩均税收超过30万元，提供就业岗位超过2万个；集聚中高级技术技能人才410人，“新四军”人才406人。截至2020年，枢纽已成功引进1亿元以上快递物流项目24个，其中全国总部项目5家、浙江及华东等区域总部项目10余家，概算总投资近200亿元。总体来看，快递物流便宜、便捷的优势正在持续反哺义乌电商和实体市场，5年累计降低间接流通成本600亿元以上，为义乌电子商务和市场持续繁荣提供了重要支撑，枢纽日益成为辐射“西大门”和金义新区带动发展的“新引擎”。

（二）经济支撑带动作用明显

枢纽建设建立了与世界小商品之都相匹配的国际物流服务体系，推动义乌市加快融入“一带一路”建设。战略层面，促进世界小商品之都的升级换代；基础设施层面，畅通对外的国际通道，促进与“一带一路”沿线国家和地区的互联互通；经济发展层面，促进城市经济发展，提升整体竞争力；物流产业层面，实现降本增效、促进转型升级；体制机制层面，突破机制障碍，促进综合运输协调发展；组织结构层面，优化运输组织结构，促进节能减排。枢纽的建设将中国出口至欧洲的小商品平均运输时间缩短20天以上，商户库存积压水平平均下降30%以上。截至2020年年底，枢纽带动义乌市社会物流总费用与GDP的比率下降1～2个百分点；增加外贸进出口额超过3000亿元；带动制造业加快扩张，年制造业产值增加100亿元以上。

（三）物流服务优质化、多样化

义乌枢纽依托铁路口岸国际物流片区，进一步畅通了物流通道，积极探索陆上贸易运输的模式创新，提供国际铁路干线运输服务，充分利用义甬舟开放大通道，按照“一次托运、一票到底、一个费率、一次保险”的要求为客户提供了“门到门”“门到港”“站到站”等多样化、专业化的多式联运解决方案与联运服务。同时，枢纽推动义乌市进一步发挥对于周边商贸市场的集聚和分拨功能，充分利用公路港、红狮智慧物流园、东宇智能物流园灵活便利的运输特性，通过零担快运及集货中转服务实现浙江省乃至全国的区域物流分拨。此外，枢纽服务于电子商务、零售商贸市场及生活购物需求，通过电商快递物流区，满足了小商品批量配送及快递配送的社会物流需求。

四、发展方向和未来展望

按照《浙江省现代物流业发展“十四五”规划》《关于推进义甬舟开放大通道建设的若干意见》等相关规划要求，枢纽未来将抓住时代机遇，加快发展现代物流业，服务和引领释放中国强大的国内市场和全面建成小康的超级经济规模形成的巨大需求，提升产业物流与供应链服务能力，推动产业迈向全球价值链的中高端，在形成以国内大循环为主体、国内国际双循环相互促进的新发展格局，加快实现产业现代化中起到关键作用。

（一）发展目标

物流设施布局持续优化。义乌市物流设施布局基本完善，物流设施资源整合与物流企业入园基本完成，形成“一枢纽、两园区、三中心、*N* 节点”的空间布局。物流仓储用地基本满足物流仓储需求。

物流规模进一步扩大。义乌市货运量达 12000 万吨，枢纽地位巩固提升。铁路枢纽功能不断增强，“义甬舟”铁海联运货运量达到 30 万标准箱，中欧班列（义新欧）开行 3000 列，货运量达到 25 万标准箱。

物流网络实现广覆盖。融入国家物流枢纽网络布局，与其他枢纽进行业务对接与联动，实现“云仓”网络化布局及高效的“干支配”网络建设；国际通道布局不断拓展，中欧班列（义新欧）“一主多支”的国际铁路货运班列体系基本形成，基本建成 10 个海外分拨转运中心，国际多式联运铁路运单物权化取得一定进展；义甬舟开放大通道集货辐射范围不断拓展，铁路联运通道不断增加，形成多港口联动的海铁联运通道格局。

物流专业化、社会化服务能力显著提升。形成航空、铁路、公路全方位立体口岸开放体系，口岸设施水平和服务能力进入国内先进行列；跨境电商快递业务量达到 6

亿件，快递业务量达到160亿件。

物流龙头企业引领能力和国际竞争力显著增强。第三方物流、第四方物流企业实现较快发展，一体化运作、网络化经营能力进一步提高，信息化和供应链管理水平明显提升，引进国际国内大型知名物流企业、船公司和港口办事机构共同发展。

（二）主要规划

枢纽两大片区建成之后将叠加“一带一路”、长江经济带、长三角一体化发展等优势，建立辐射区域更广、集聚效应更强、服务功能更优、运行效率更高的物流桥头堡项目，为国内大循环、国内国际双循环和自贸区建设提供强有力的物流支撑。目前铁路口岸中远期发展规划正在研究编制，结合义乌主要腹地市场需求和铁路物流辐射范围，综合考虑义乌中欧班列集散中心，从全市发展及中欧班列体系建设的角度决策，推动铁路口岸提升能级，往西拓展功能用地。同时，以打造“世界货地”枢纽经济发展范式为引领，依托义乌全球领先小商品市场商流、物流、资金流和信息流高度汇聚带来的巨大流量，通过构建以国家物流枢纽为核心的创新型枢纽平台和集疏运服务网络，实现国内货物一站式通达全球主要市场、国外货物一站式进入中国市场并同步转运全球市场的高效集散和快速中转，推进传统贸易向商贸平台化、网络化转型，为建成高水平、高质量的世界小商品之都提供强大支撑。

（三）智慧枢纽专题建设

积极利用物联网、5G、大数据、区块链和人工智能等技术对枢纽进行改造升级，促进基础设施向数字化、网络化、智能化转型。推动枢纽与义乌小商品贸易等产业深度融合发展，打造以枢纽为核心的现代供应链。推动枢纽建立将物流、资金流、商流、信息流融为一体的供应链综合服务平台，形成物流枢纽与商贸物流业融合协同、相互促进的发展格局。

（四）转口贸易专题探索

为有效缓解赴欧航空运力减弱、运输成本上涨、海运集装箱舱位“一位难求”、时效无法保证且客户对货物需求迫切的问题，枢纽积极探索中欧班列（义新欧）路线的新型转口路径，开启“义新欧＋义乌保税物流中心＋X（各特殊监管区）”转口新通道的运营模式，计划在2021年实现运营。

（撰稿人：孟景枫）

赣州商贸服务型国家物流枢纽

革命老区 + 经济特区　内陆地区变开放前沿

赣州商贸服务型国家物流枢纽（以下简称“枢纽”）位于赣州市南康区赣州国际陆港，枢纽依托南康区 2000 亿元产值的家具产业集群，按照“以港促产、以产兴城、港以城兴”的思路，主动融入国内国际双循环新发展格局，积极推动港产城一体化融合发展，加快打造物流枢纽经济。枢纽将抢抓《国务院关于新时代支持革命老区振兴发展的意见》重大政策机遇，加强物流枢纽基础设施建设，提升物流枢纽与产业协同发展能力，加快建设“通道 + 枢纽 + 网络”物流枢纽运行体系，全力打造“一带一路”多式联运中心、区域性商贸物流组织中心、数字贸易创新中心和国内国际双循环重要战略节点，为新时代赣南苏区振兴发展注入新的强劲动能。

一、枢纽概况

枢纽布局在赣州国际陆港，规划占地面积约为 5500 亩。赣州国际陆港是赣州市五大中心城区之一，南康区抢抓《国务院关于支持赣南等原中央苏区振兴发展的若干意见》政策机遇，在 2014 年 10 月开工建设江西省第一个陆路口岸、全国首个进境木材内陆直通口岸。

（一）交通区位

赣州位于国家中长期铁路网规划“八纵八横”高铁主通道中京九高铁通道和夏渝高铁通道的必经之站，是国家主通道枢纽城市，与厦门、深圳、广州、南昌、长沙等重要城市广泛联通。同时，京九铁路、赣韶铁路、赣龙铁路途经赣州，江西省高速公路网中纵向的济广高速、宁定高速、大广高速，横向的泉南高速、厦蓉高速、寻全高速也途经赣州。枢纽位于赣州绕城高速南康东出口旁，周边建有 1 个机场、2 条铁路、3 条国道、4 条高速，形成了立体网络式交通格局，有利于与城市交通道路合理衔接。

（二）功能区布局

枢纽已累计完成投资 230 余亿元，陆续建成了铁路赣州国际陆港站、国际铁路集装箱中心、海关监管作业场所、保税监管中心、现代物流分拨中心和冷链产业园等核心功能区，金融监管仓和冷链物流库等相关配套设施日益完善。除已完成的项目外，枢纽正在推进平行进口汽车展销中心、信息服务平台、新建仓储项目一期、陆港微循环、公路甩挂中心、集装箱外堆场、小汽车功能中心、陆港综合保税区二期、陆港港口服务中心等项目建设。

（三）枢纽定位

赣州市“十四五”规划和远景目标提出聚焦“三大战略”，突出“六大主攻方向”，努力建设省域副中心城市、国家区域中心城市，对接融入粤港澳大湾区桥头堡、全国构建新发展格局的重要战略节点的目标要求。作为赣州市承载上述功能的重要支撑，结合区域位置、市场环境、既有条件等因素，枢纽的功能定位为“一带一路”多式联运中心、区域性商贸物流组织中心、数字贸易创新中心、国内国际双循环的重要战略节点和新时代赣南苏区振兴发展的重要支撑。

（四）开发建设模式

枢纽建设以陆港、物流、商贸、产业、城市融合发展理念为指导，通过设施先导、整体开发、资源整合、产业互动，采取“政府引导、企业主导”开发建设模式。开发建设过程中，赣州市政府成立赣州国际陆港管理委员会，负责征地、规划等行政层面的工作以及项目的监督实施，通过出台优惠政策，完善相关法律法规，保持物流枢纽的市场化运作和公平竞争。赣州国际陆港发展集团有限公司作为枢纽开发建设的实施主体，负责建设赣州商贸服务型国家物流枢纽相关的基础设施及公共服务设施，并推动市场化运营。

（五）运营主体

枢纽运营主体为赣州国际陆港发展集团有限公司，业务范围覆盖中欧班列、国际陆港、特殊物流、精益仓配等，形成了一个覆盖主要物流枢纽、物流园区和城市配送中心等战略节点的高效物流网络。目前全国进口的橡胶木、松木有一半在赣州交易，成都 60% 的进口木材在赣州国际港转运。枢纽有国内合作伙伴 500 多个、国外合作伙伴 100 多个。

二、主要做法与特色经验

（一）“陆海联动”，全力推进铁海联运

随着赣州国际陆港的建设运营，赣州加速构建起通江达海的物流体系。但由于开放程度、港口通关效率等方面与沿海地区相比还有差距，内陆地区企业面临着比沿海地区企业货物进境、出境价格更高等问题。因此，降低物流成本、提升通关效率成为

枢纽建设亟待破解的新课题。

枢纽先行先试、改革创新建设，全面加强与沿海港口的互联互通，着力构建内陆口岸大通关体系，加快打通内陆江西、赣州国际物流运输通道。一是创新开行铁海联运“三同”（货物进境与沿海同价到港、出境与沿海同价起运、通关与沿海同等效率）班列。在常态化开行19条中欧（中亚）班列、26条内贸班列路线的基础上，深化与沿海港口群、海关等部门合作，在全国首创开行铁海联运“三同”班列（见图1）。目前，已陆续实现开通至盐田港、蛇口港、厦门港、广州港、宁波港的5条铁海联运“三同”班列线路，进一步把沿海地区“搬”到内陆。2018—2020年，枢纽累计开行铁海联运“三同”班列3312列，通过沿海港口通关、货物运输、订舱等优先处理，为企业构建了更加便捷、高效的物流通道。二是探索进出口货物“一票到底”。在2017年开通“单一窗口”暨电子口岸，实现与盐田港的进口直通、出口直放的基础上，通过加强与沿海港口、海关以及船公司合作，积极争取海运提单和铁路仓单互认，探索实践进出口货物“一票到底”。2019年4月12日，成功举行枢纽至广州港首列“三同”出口班列发车暨中远海运首列全程提单进口班列到港仪式，初步实现“一票到底”。2021年1月，赣州国际陆港获批国际港口代码，正式纳入全球航运和国际贸易体系，真正实现了“一票到底”，极大缩短了外贸企业资金周转周期，降低了企业综合运输成本。三是推动“一带一路”衔接。深圳以及华南地区是我国对欧洲出口贸易的重要货源地，因新冠肺炎疫情暴发，进出口海运、空运通道受到不同程度影响。枢纽积极推动与南昌海关、深圳海关的合作，并发挥盐田港世界航运大港和赣州国际陆港中欧班列业务成熟的优势，积极推进中欧班列多点集结通关模式创新，成功开辟“深赣欧”国际贸易新通道。2020年5月，枢纽顺利开通“深赣欧”班列（见图2），实现了“一带一路”的有效衔接，深圳及华南地区的进出口企业直接受益。

图1 “三同”班列发车

图 2 “深赣欧”班列发车

通过强化陆海联动、推进铁海联运、开通“深赣欧”班列，枢纽年货物吞吐量逐年攀升，2020 年达到 40.8 万标准箱，仅此一项年节约综合成本 5 亿元以上。郴州、韶关、梅州、龙岩等周边城市和遂川、赣县、信丰等赣州地区企业均在陆港开展进出口业务，企业每个货柜平均节约成本 1000 元以上。比如，南康区最大的家具出口企业汇明木业年出口额近 1 亿美元，仅物流费用每年就可降低近 1000 万元。

（二）“建营齐抓”，大力发展跨境电商

跨境电商是连通国际国内市场、促进国内国际双循环的重要载体，是助推内陆地区开放型经济高质量发展腾飞的翅膀。因赣州外向型经济发展起步较晚、底子较为薄弱，跨境电商的发展相对发达地区来说较为落后。随着赣州家具、服装、电子信息等产业的加速崛起，依托枢纽带来对外开放发展的通道优势，加快发展跨境电商成为助力内陆企业加速走出国门的重要举措。

枢纽抢抓赣州获批国家跨境电商综合试验区的机遇，夯实平台支撑、探索监管方式、推动“双区联动”，加速推动跨境电商产业高质量跨越式发展。一是打造跨境电商产业园。先后集聚了天猫、京东、拼多多、亚马逊、全球速卖通、虾皮、易贝等国内国际电商平台及抖音、快手等优质新媒体资源，落户了美克美家、元始元素等一大批国内外知名电商企业，引进了菜鸟国际、美仓互联、艾柯斯姆、递四方等跨境物流仓储平台资源。跨境电商交易、支付、物流、通关、退税、结汇各环节要素的加速集聚，有力助推了赣州家具、服装、电子信息产业与电商产业深度融合。同时，引进北京阳光捷通开发建设跨境电商线上综合服务平台，通过完善身份认证、安全交易、便利通关、质量溯源、费用支付、信用担保等公共服务功能，为跨境电商企业提供一站式服

务，实现“一次申报、一次查验、一次放行”。二是推动赣州国际陆港跨境电商监管中心建设。为培育外贸新业态、新模式，探索开展跨境电商进出口业务，枢纽加强与南昌海关沟通对接，上线运营了陆港跨境电商监管中心，着力为跨境电商企业提供进出口货物查验通关服务。针对赣州本地企业跨境电商业务发展现状，探索实施“9610”跨境电商监管新模式。该模式适用于个人或电子商务企业通过电子商务交易平台实现交易，并采用“清单核放、汇总申报”模式办理电子商务零售进出口商品通关手续，有效解决跨境电商企业通关、退税、结汇等问题。三是创新打造“双区联动”跨境电商中欧班列新型贸易模式。2021 年 2 月，匈牙利中欧商贸物流合作园区与赣州国际陆港集团签约“双区联动”项目，是 2021 年中国—中东欧国家领导人峰会重要成果。枢纽抢抓“双区联动”以及赣州—布达佩斯中欧班列新通道开通的重大机遇，打造了“双区联动”跨境电商中欧班列新型贸易模式。该模式通过中欧班列南线运输至布达佩斯，再由匈牙利中欧商贸物流园区分拨至英国、德国、法国等国家。目前，枢纽共开行跨境电商专列 8 列，出口贸易额达 5 亿元，主要货源地为江西、广东、福建、浙江。图 3 为中国赣州跨境电子商务综合试验区。

图 3　中国赣州跨境电子商务综合试验区

通过夯实跨境电商产业园、监管中心等跨境电商项目建设基础，探索实践新型贸易模式，赣州跨境电商产业呈现高质量发展态势。目前，枢纽跨境电商进出口货物突破 1000 万票，位居江西省三个跨境电商综合试验区之首。依托中欧班列和跨境电商业务，形成了赣州在华南地区打造跨境电商货物集散中心的新优势。

（三）“港产融合”，合力打造枢纽经济

枢纽按照“以港促产、以产兴城、港以城兴”的思路，主动融入国内国际双循环新发展格局，积极推动港产城一体化融合发展，加快打造枢纽经济。

一是发展口岸经济。按照“把每个指定口岸打造成为新的千亿产业”的理念，加

快发展口岸经济。建成汽车整车进口口岸并顺利通过江西省政府验收，成为江西首个汽车整车进口口岸。自2020年2月成功进口首批平行汽车以来，充分利用国际信用证金融杠杆，全年累计采购进口包括丰田、雷克萨斯、宝马、路虎等不同品牌平行汽车1141台，营业收入5.9亿元。实现进口肉类指定监管场地当年开工建设、当年通过海关总署验收，成为江西第二个、赣南苏区首个进口肉类指定监管场地。成功引进冷链行业龙头企业龙泰安（香港）集团有限公司兴建冷链食品产业园，以实体企业的建设运营推动进口肉类指定监管场地的建设、验收和运营。2020年6月，实现了以铁路运输方式从荷兰进口猪肉六分体冷冻肉，标志着“企业—铁路—口岸”联动运营模式正式启动。稳步运营木材进口直通口岸，50多个国家和地区的木材进入南康，2020年进口木材约235.33万方，增长24.3%。目前，港口运营品种已扩大至电子产品、玩具、服装、蔬菜等十几个品种，成为全国功能最齐全的内陆口岸之一，实现了从单一通道发展成为集外贸、物流、仓储、金融等于一体的综合性开放口岸的巨大蜕变。赣州铁路口岸如图4所示。

图4　赣州铁路口岸

二是推动赣州南康家具产业转型升级。针对国际国内贸易采购中缺乏话语权和定价权、对木材的质量标准难以把控以及围绕木材交易的供应链金融、外贸配套等综合服务缺失三个发展瓶颈问题，为提高南康家具产业链供应链水平，枢纽与盐田港合作共同建设了国际木材集散中心。该项目总投资30亿元，实现当年开工建设、当年完成招商、当年投入运营，并先后举办了两届中国家具进口木材博览会，入驻一线木材贸易商和相关服务机构100多家。借助区块链技术，建设了国际木材电子交易平台，打造了木材交易网上商城。仅依托当前南康木材交易量，就可实现平台年交易额300亿元。枢纽获批进口木材指定监管场地，南康成为国家进口松木板材利用试点，通过采用国际集采等方式，提高议价能力，掌握国际木材话语权。依托枢纽平台功能作用，南康家具产业2020年集群产值突破2000亿元。

三是建设运营深赣“港产城”特别合作区。按照“政府引导、市场运作、企业主体、合作共赢”的原则，于2020年10月开工建设深赣“港产城”特别合作区，布局赣州陆港综合保税区、深赣智能制造电子产业园、深赣科创城、现代家居产业园、国际汽车小镇、绿色智慧社区、现代森林小镇以及战略发展区。通过合作共建，充分利用深圳先进管理经验、创新体制机制和优势资本，重点引入新能源材料、航空航天、新一代电子信息等新兴产业，着力打造成为江西省开放型、创新型经济集聚区。开工建设总投资超过100亿元、规划面积达1万亩的粤港澳大湾区高新产业园，加快承接粤港澳大湾区产业溢出式转移。与世界500强企业格力电器开展战略合作，在南康投资建设制造业基地和区域营销总部，打造格力电器线下体验中心，并合力打造“泛家居”产业链新平台。与大自然家居、索菲亚等一批粤港澳大湾区上市企业达成了合作协议，南康家具产业开启了家具、家电、家装融合发展新篇章。

四是发展港口金融。抢抓赣州获批国家普惠金融改革试验区建设和南康区列为江西省县域金融改革创新示范区机遇，积极探索港口金融，深度服务枢纽建设。组建赣州市南康区口岸发展有限责任公司，采取项目融资、政府采购服务、EPC（Engineering Procurement Construction，指公司受业主委托，按照合同约定对工程建设项目的设计、采购、施工、试运行等实行全过程或若干阶段的承包）等方式筹集各项资金12亿元，有力保障了港口建设资金，并撬动社会资本120亿元投入临港产业重大项目建设。推进债券融资，于2020年2月簿记成功发行江西省首单“一带一路”公司债券，顺利募集资金8.5亿元，有效保障赣州国际陆港“一带一路”多式联运示范工程（第三期）项目资金需求。设立并扩大出口退税周转金，着力解决外贸企业出口退税周期较长的问题。大力发展轻资产、外向型的港口金融新业态，开展了进口木材仓单质押业务，引进了飞尚等供应链企业发展供应链金融和京东、德邦等国内知名物流企业建设保税仓、物流监管仓。大力引进涉外金融机构入驻，打造“金融码头”，支持进出口银行、中国银行等金融机构开展跨境快贷、保函、国际结算等业务。

（四）“软硬兼施”，持续优化营商环境

好的营商环境是内陆地区推动开放发展的必然要求。枢纽把优化营商环境作为基础性工作，着力构建比肩沿海地区的营商环境。一是深化“放管服”改革。高质量建设运营双向开放服务中心，着力打造江西省首个国家级外贸服务中心。通过集成企业注册开办、外贸进出口、出入境业务、第三方机构服务等7大功能，并将分单位开设

窗口的大厅建设模式创新为按业务条块优化窗口设置，变“单兵突进”为“集成作战”，着力为外资、外贸企业提供与沿海地区同等公开透明、便捷高效的服务。2020年，新入驻德翔航运、新海丰集装箱运输等一批船公司，总数达15家；新入驻广州德正、深圳大展物流等一批货代公司，总数超过35家；新增外贸备案企业78家、总数575家，均创历史新高。打造“赣服通”南康分厅“赣州国际陆港服务”特色板块，设置港务咨询、船代、货代、短驳物流、报关业务办理等功能，为进出口企业线上办理铁海联运订舱申请及中欧班列、铁海联运班列、货代公司、报关行等信息查询服务，有效提高企业办事效率。二是推动平台公司市场化运作。2020年7月，枢纽与盐田港合作成立陆港班列运营合资平台公司，全面负责铁路场站管理运营。利用沿海港口先进成熟经验，与合作企业采取一对一服务模式，大大提升了操作效率及服务水平。吸收深圳等地区发展铁海联运的经验做法，制定出台《赣州国际陆港口岸物流发展暂行补助办法》，有效吸引各地进出口企业通过赣州国际陆港开展业务。三是创新打造赣深组合港。为实现陆海港资源共享、业务无缝对接、货物快速通关，枢纽以赣州国际陆港与盐田港的港务合作为基础，推动与南昌海关、深圳海关合作，于2021年4月7日正式开通运营了“赣深组合港”，创造性打造了“跨省、跨关区、跨陆海港”通关新模式。在该模式下，出口货物运抵枢纽等同运抵盐田港，经南昌海关所属的赣州海关放行后可直接在盐田港装船出口；进口货物运抵盐田港等同运抵枢纽，经深圳海关所属的大鹏海关放行后可直接在枢纽提离。通过改革创新通关模式，为进出口企业搭建了便捷高效的物流新通道，出口企业资金成本节约30%、时间成本节约40%，缩短了货物港口停留时间，提高了码头场地和集装箱周转效率。

三、枢纽建设发展成效

随着枢纽的繁荣运营，赣州作为江西对接融入“一带一路”、粤港澳大湾区和建设内陆开放型经济试验区的桥头堡地位更加凸显，新时代赣南苏区振兴发展的步伐更加稳健。

（一）物流业规模持续扩大，为全市经济社会发展提供了重要支撑

在枢纽的带动下，2020年赣州市交通运输、仓储及邮政业增加值为153亿元，比上年增长6.0%。2020年全年货运量为14019.33万吨，增长5.54%。其中铁路货运量为250.92万吨，占总运输量的1.79%；公路货运量为13768.00万吨，占总运输量的98.207%；机场货邮吞吐量为0.41万吨，占总运输量的0.003%；货物周转量为323.80亿吨公里，增长10.81%。全年邮政行业业务总量39.37亿元，增长34.4%，邮政行业业务收入26.92亿元，增长28.40%。全年完成邮政函件业务51.96万件，包裹业务3.63万件，快递业务量1.33亿件，快递业务收入15.13亿元。2020年，全市社会物流总额达到6100亿元，社会物流总费用占GDP比重不超过14%。物流服务主

体不断壮大，全市共有物流企业1475家，其中国家标准A级物流企业70家，A级企业新增速度和总数量连续四年居全省首位。

（二）功能布局日趋完善，实现了从“单一通道”向“综合性口岸”的加速转变

围绕把枢纽建设成为全国“一带一路”重要节点、国际货物集散地目标定位，加快完善港口功能设施功能平台，全面提升港口承载能力。通过争取财政资金与推动EPC、F+EPC、发行国有企业债券等市场化融资方式相结合，累计完成投资230余亿元。建成了国际港站、铁路集装箱、海关监管、物流分拨、冷链、跨境电商、汽车检测、木材集散八大核心功能区，铁路运输吞吐能力达120万标准箱。先后获批设立进口肉类指定口岸、汽车整车进口口岸和进口木材指定监管场地，进出口的货物品种已由木材进口、家具出口扩大到电子产品、玩具、服装、煤炭、蔬菜等十几个品种，成为集物流、仓储、外贸、金融等于一体的综合性口岸。

（三）物流网络内联外畅，实现了从“远离海洋”到“通江达海”的加速转变

与满洲里、霍尔果斯、阿拉山口、二连浩特等边境口岸及盐田港、厦门港、广州港、宁波港等沿海港口对接联通，先后开通26条内贸、5条铁海联运、19条中欧（中亚）班列线路，连通了北京、深圳、厦门、成都等国内重点城市，连通了俄罗斯、波兰、德国、芬兰、瑞典等欧洲国家以及吉尔吉斯斯坦、乌兹别克斯坦、哈萨克斯坦、土库曼斯坦、塔吉克斯坦等中亚国家。2020年，赣州国际陆港开行中欧（中亚）班列238列；开行“三同”班列1553列、增长40.8%；开行内贸班列1511列、增长43.63%；铁路运输吞吐量达18.6万标准箱，进一步巩固了赣州“一带一路”重要节点城市地位。2021年1月，联合国欧洲经济委员会正式给赣州国际陆港添加对外开放口岸的铁路和公路功能，标志着赣州国际陆港从此拥有了属于自己的国际地址码，将赣州国际陆港正式纳入国际海运船公司货运版图。

（四）资源要素加速集聚，实现了从“封闭落后”到“开放前沿”的加速转变

2020年，赣州市南康区外贸企业备案总数达575家，是2014年赣州国际陆港建设运营初期的190倍。成功引进顺丰、德邦、“三通一达”等物流巨头，电商物流、云物流、快递物流等现代物流新业态加速集聚，初步形成了区域性集散中心效应。江苏万林、厦门国贸等金融、保险机构先后入驻，开展信用保险、仓单质押、供应链金融等业务。中远海运、马士基、地中海航运等5家世界航运前十名的船公司入驻并设立集

装箱提箱、还箱点。阿里巴巴、顺丰、京东以及敦煌网、易贝、M－PARK 等知名电商平台、跨境电商加速涌入，推动赣州 2019 年获批第四批国家跨境电商综合试验区，并于 2020 年 5 月顺利开行首列跨境电商中欧班列、2020 年 10 月上线运行跨境电商监管中心，跨境电商进出口货物达 1000 万票、居江西省三个跨境电商综合试验区之首。

（五）主导产业优化升级，实现了苏区振兴由“输血”向“造血”的加速转变

在枢纽的带动下，2020 年赣州市“两城两谷两带”等产业蓬勃发展，挺起了革命老区高质量发展的坚实脊梁。近水楼台的南康家具产业加速转型、提档升级，在全国家具行业步入缓慢增长的背景下实现逆势增长，集群产值突破 2000 亿元。赣州纺织服装、电子信息产业集群产值均突破 900 亿元，青峰百亿生产基地投产，新能源汽车量产企业达 3 家。2020 年赣州地区生产总值 3645. 20 亿元，增长 4. 2%。2020 年 4 月 26 日，赣州市于都县、兴国县、宁都县、赣县区退出贫困县行列，标志着赣南革命老区实现了整体脱贫。

（六）开放合作成效显著，构建了“革命老区＋经济特区”合作发展创新模式

枢纽先后设立盐田港、厦门港、广州港、大铲湾、蛇口港、赤湾港 6 个沿海港口的内陆腹地港。以赣州国际陆港与盐田港的港务合作为基础，推动赣南苏区振兴发展与粤港澳大湾区建设两大国家级战略携手跨越。2020 年 5 月，赣州市先后“牵手”广州、深圳、珠海等一线城市、经济特区，顺利开通了首趟“深赣欧”中欧班列。与盐田港签署赣深组合港运营协议，打造“跨省、跨关区、跨陆海港”通关新模式。引进了世界 500 强企业格力电器在南康区投资建设制造业基地，迈出了赣州打造对接融入粤港澳大湾区桥头堡的重要一步。2020 年 10 月，开工建设深赣“港产城”特别合作区，开启了革命老区与经济特区合作发展的崭新篇章。

四、发展方向与未来展望

（一）完善物流枢纽联动发展格局

坚持物流枢纽服务于城市发展、产业经济、民生改善、区域合作和交通衔接等，着力构建“一核引领、双轮驱动、多点支撑”的物流枢纽空间布局。枢纽力争 2025 年冷库容量达到 30 万吨，标准化现代仓储面积、保税仓库面积分别达到 100 万平方米、20 万平方米，年集装箱吞吐量稳定在 100 万 TEU 以上，全面提升资源集聚与辐射能力，加强与区域物流园区和物流企业的联系，充分发挥枢纽的引领作用，实现区域物

流的高质量协同发展。

（二）提升物流枢纽开放辐射能级

构建以国家物流枢纽为核心的集疏运体系，形成陆海联运、内外联动、双向互济的物流服务网络。加强与粤港澳大湾区互联互通，主动参与粤港澳大湾区的产业延伸和功能拓展，实现产业链供应链互补融合。推进国际陆港、空港、高铁枢纽经济区建设，培育物流枢纽发展新动能，为推动经济发展迈上新台阶注入新动力。推进深赣“港产城”特别合作区建设，全力打造赣深组合港，全面提升国家物流枢纽开放辐射能级。

（三）提升物流枢纽运营效能

高质量运营好进口木材、肉类、汽车指定口岸等功能平台，加快推进赣州国际陆港综合保税区建设，着力打造区域性进口商品集聚区。打造粤港澳大湾区“菜篮子”直供班列，推动脐橙、蔬菜、油茶等赣州特色农产品冷链物流嵌入物流枢纽服务系统。加快“9610”“9710”“9810”等跨境电商监管新模式落地实施，加密赣州—布达佩斯中欧班列开行频次，推动赣州家具、电子产品、服装等进军中东欧市场，打造华南地区跨境电商货物集散地。大力发展数字贸易，强化赣州商贸集散地的地位，聚焦新经济、新业态，抢占全球数字贸易制高点。

（四）打造新一代智慧枢纽

积极利用物联网、5G、大数据、区块链和人工智能等新技术对枢纽进行改造升级，促进基础设施向数字化、网络化、智能化转型，加强信息技术在枢纽日常生产决策中的应用。推动枢纽与赣州制造业、农业和商贸业等产业深度融合发展，打造以枢纽为核心的现代供应链。推动枢纽建立物流、资金流、商流、信息流融为一体的供应链综合服务平台，形成枢纽与商贸物流业融合协同、相互促进的发展格局。

（撰稿人：黄万林，张贤彬，朱康生，刘志明）

临沂商贸服务型国家物流枢纽

商贸服务成本洼地　物流枢纽点发全国

临沂市近海临港、南北通达，地处长三角经济圈与环渤海经济圈重合区域，以及“丝绸之路经济带”延长线和“21世纪海上丝绸之路”的交会处，是南北方和东西部之间经济联系的重要节点。临沂市商贸及物流产业经过40年的发展，已成为我国重要的商贸市场集群以及物流集散中心，先后被评为“中国市场名城”“商贸物流之都”。临沂市目前拥有专业批发市场123处，商铺和摊位6.5万个，辐射全国30多个省、直辖市、自治区，产品远销147个国家和地区。2020年临沂商城市场交易额、物流总额分别达到4403亿元、6847亿元，直播带货销售额稳居全国前三。临沂商贸服务型国家物流枢纽（以下简称“枢纽”），位于临沂市中心城区兰山区，经过近年来的建设与发展，枢纽在带动商贸产业升级、服务地区经济社会发展等方面取得了重要成效，发挥了良好的示范作用。

一、枢纽概况

枢纽由天源片区（存量资源）、顺和片区（增量资源）组成。其中，天源片区占地面积约54万平方米，已于2013年5月建设完成并投入使用，以商贸集货、供应链服务、干支联运、仓配一体、中转分拨、多式联运、国际物流、金融保险、配套服务九大功能为基础，为临沂商贸业提供干、支、仓、配、信息交互、金融一体化服务；顺和片区占地面积28万平方米，于2020年5月建设，规划将采用现代信息技术、自动化设施设备，打造标准化、智能化、网络化、绿色化、集约化的智慧商贸物流枢纽，为临沂商贸业、制造业提供增值物流服务，促进商贸业与制造业降本增效，带动临沂传统商贸物流转型升级，成为拉动区域经济的新引擎。

（一）区位交通情况

枢纽具有“邻高铁、靠京沪、依车站、进城快”的明显交通区位优势。枢纽天源片区位于山东省临沂市双岭高架路南侧，地处临沂商城核心区内，方圆5公里覆盖100多个专业批发市场，与临沂内陆港临沂港仅一路之隔，分别距京沪高速出入口、济铁物流园、临沂机场、日照港3公里、8公里、14公里、100公里。枢纽顺和片区位于临沂市兰山区大山路以南、京沪高速以西、工业一路以东、南至政府储备地，处在临沂市政府规划的生态商贸物流带，紧邻国际陆港片区、济铁物流园，公路与铁路运输条件便利，区位优势明显。天源片区与顺和片区相距仅 3 公里，有利于两个片区间建立稳定的合作关系，如图 1 所示。

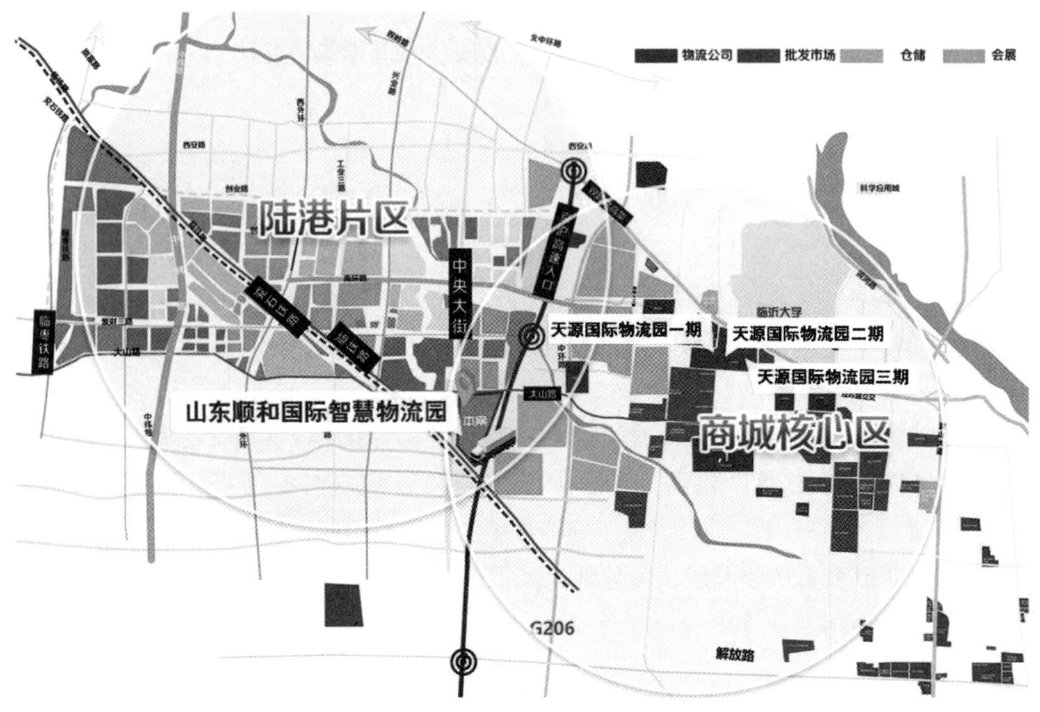

图 1　枢纽交通区位

（二）运营主体概况

枢纽由山东顺和商贸集团有限公司（以下简称“顺和集团”）投资建设，顺和集团于 2002 年投资创建，总部位于山东省临沂市临西九路与双岭路交会处，注册资金 1.6 亿元，是集物流仓储、国际贸易、电子商务、金融投资、房产开发、市场批发、建材家居等业务于一体的现代化集团公司，现为中国物流与采购联合会副会长单位。枢纽天源片区由顺和集团全资子公司临沂天源国际物流有限公司（以下简称“临沂天源”）负责运营管理，顺和片区由顺和集团全资子公司山东顺和国际物流有限公司（以下简称“山东顺和”）、山东顺和物联科技有限公司（以下简称“顺和物联”）负责运营管理。枢纽运营主体重点承担枢纽总体发展规划的编制和实施、推进枢纽内项目投资建设与经营开发、制订并实施入驻企业配套服务措施、落实各项招商引资优惠政策等工作。

临沂天源、山东顺和、顺和物联在顺和集团的领导下，建立了协调完善的内部沟通制度，职责分工明确，保障了枢纽两个片区日常工作稳步、高效运行。为充分发挥枢纽对产业发展的带动作用，顺和集团积极争取财税及金融政策支持，例如，临沂市财政部门给予枢纽物流配套设施费减免50%的优惠政策，每年减免金额为1000多万元；引导金融机构加大对物流科技产业的信贷支持力度，积极争取政策性银行和国际金融机构的资金支持。

（三）枢纽建设情况

枢纽天源片区总投资20亿元，采用政府引导、政策扶持、企业投资、分期建设、独立运营的模式。天源片区建筑面积50多万平方米，包括8万余平方米的堆卸场、16万平方米的仓库、15万平方米的分拨配送中心、11.6万平方米的综合配套服务中心；拥有直达线路1100余条、中转线路3200多条，货物配载线路覆盖全国31个省、直辖市、自治区的大中城市。天源片区内各类专业运输车辆5000余台，并配有各类叉车等装卸设备。经过多年发展，天源片区规划区域均已建成投产，物流运营面积占比为65.68%。天源片区是省、市、区三级政府重点建设项目，2020年被评为中国物流示范基地并顺利通过ISO 9001质量体系认证。

枢纽顺和片区总投资约7亿元，建筑面积16.3万平方米，包含标准货物超级分拨中心、异型货物超级分拨中心、枢纽中心、电商中心、标准智能仓等，平面布局示意如图2所示。顺和片区项目现已成为山东省2020年政府工作重点任务、2020年山东省重大建设项目库、2020年临沂市第一批重大建设项目，其中，目前正在着力推进的标准智能仓、标准货物超级分拨中心子项目设施设备配置情况如表1所示。

（四）枢纽发展定位与运营情况

枢纽紧扣商贸服务型国家物流枢纽建设与运营基本原则，依托临沂市商贸物流产业基础，充分发挥区位优势和交通优势，以“共生、共融、共享、共兴”为发展理念，以“促商贸升级、补发展短板、建枢纽标杆”为指导思想，以“四五六八”为战略发展定位，即四个转型升级（商贸物流基础设施、物流装备、信息化建设、商业模式转型升级）、五个统一（品牌统一、系统统一、标准统一、服务统一、结算统一）、六大赋能平台（专线聚合平台、智能分拨平台、第三方物流平台、共同配送平台、网络货运平台、供应链金融平台）、八大系统（运输管理系统、智能分拨管理系统、智能仓储管理系统、货损事故管理系统、物流金融系统、智能车源管理系统、智能管理系统、同城提配系统），整合商贸、物流资源，优化功能布局，完善服务配套，提升干支衔接、分拨、仓储、配送、信息、金融等综合管理和服务水平，打造临沂商贸物流产业新城和商贸服务型国家物流枢纽样板工程，努力成为豫皖苏鲁地区商贸物流发展新高地，致力于构建“干线运输、区域分拨、城市配送”的全国性现代化枢纽运行与多式联运网络体系。

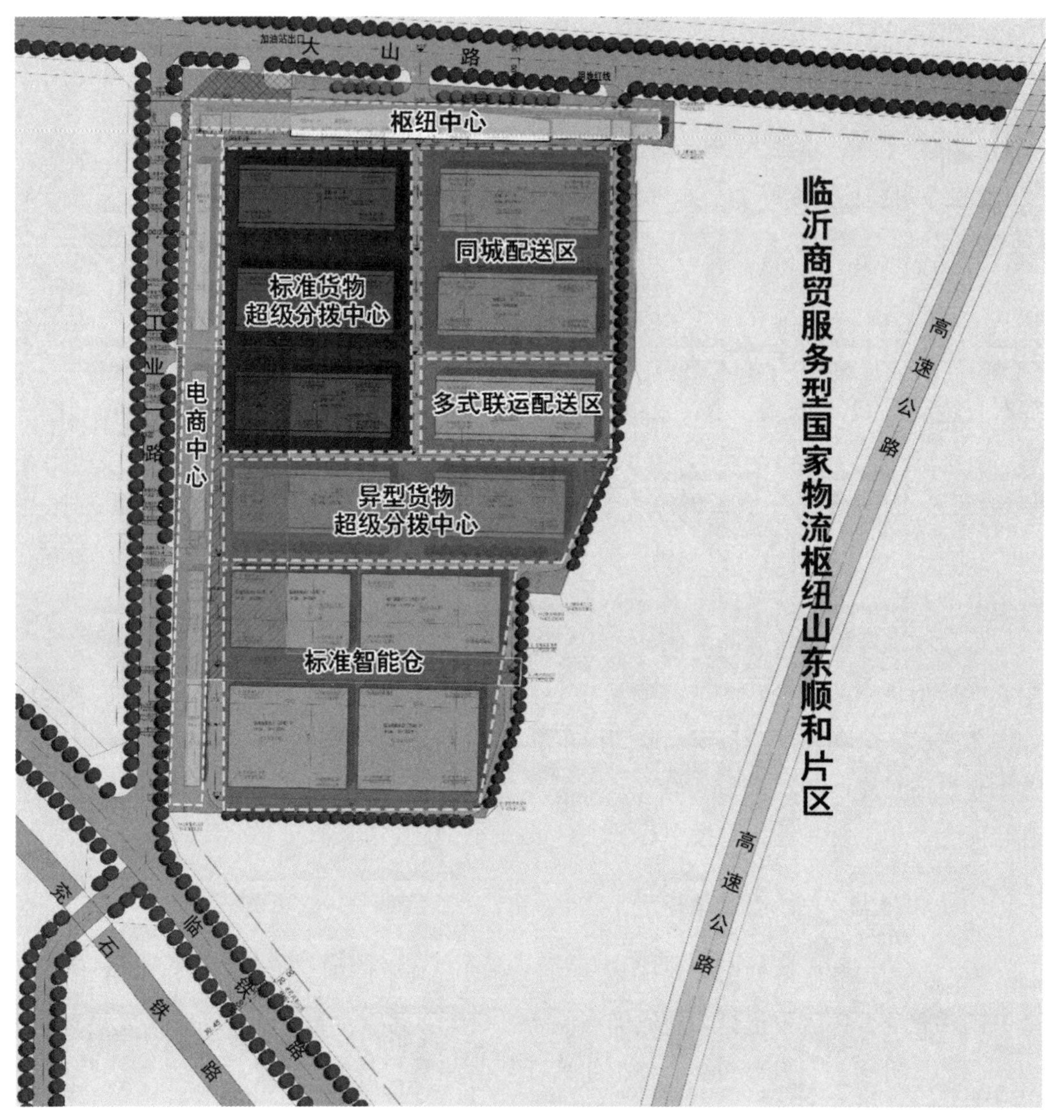

图 2 枢纽顺和片区平面布局示意

表 1 枢纽顺和片区重点项目设施设备配置情况

功能区名称	设备名称	数量（个/套）
标准智能仓	1200mm × 1000mm × 8250mm，6 层货架	270
	2300mm × 1000mm × 8250mm，6 层货架	3513
	3400mm × 1000mm × 8250mm，3 层货架	355

续 表

功能区名称	设备名称	数量（个/套）
超级分拨中心	普通货架	2356
	自动拣选货架	1680
	分拨线	2
	自动拣选机器人	24
	托盘提升机	6
	电动搬运车	1500
	地牛	200
	电动叉车	100
	新能源汽车	100
	射频识别系统	600
	车辆导航系统	20

枢纽已建成运营的天源片区年货物吞吐量为2000万吨，年交易额突破1500亿元，物流总额占临沂商城的20%左右，是临沂市规划面积最大的物流枢纽。天源片区内已入驻物流企业230余家、仓储企业160余家、配套商户300余家，每日发车数量1000余辆，每日进出小型送货车辆5万辆，公铁、公水联运干线运输规模达到30%，单元化、集装化运输比重超过40%。目前枢纽已培育形成了“网络发达、成本洼地、配货快速、高频发车、双向对开、点发全国”的物流优势，能够实现600公里以内当日或次日送达，1500公里隔日送达，3000公里以上3～7天送达。

二、主要做法与特色经验

（一）实现“五个统一”标准化运营

为解决临沂商贸服务业发展中存在的小、散、多、杂等问题，枢纽推出“五个统一”的标准化运营与服务宗旨，旨在整合临沂市分散的物流资源，进一步提升临沂商贸物流的品牌优势与市场竞争力。“五个统一”包括品牌统一、系统统一、标准统一、服务统一、结算统一。

1. 品牌统一

枢纽对所有入驻专线企业统一冠名顺和物联，品牌设计使用统一标识、统一配色，各条专线实行双品牌（专线企业品牌、顺和物联品牌）运作，在保持各专线企业独立性的同时，形成一体化物流联合体，减少恶性竞争，促进行业健康发展。

2. 系统统一

临沂市物流专线运输企业通常采用第三方运输管理软件实现货物追踪等服务功能，软件功能单一、统计分析能力不强，难以满足企业精益化管理的需要，同时不利于枢纽对运营状况进行监测评价。为此，枢纽研发八大系统，实现“干支仓配”信息系统的一体化，数据流、货物流、信息流、资金流进行数据汇聚，实现规模效益；统一对外开放接口，提供运单跟踪、线路查询、财务结算等第三方服务，达到可复制、可增值的要求。所有入驻的专线企业统一使用一个系统，打通信息传输渠道，实现仓储、运输、配送、分布作业的可视化管理和一站式操作，形成物流大数据优化配置，为客户提供精准化增值服务。

3. 标准统一

标准化建设是枢纽规模化发展的基本准则，是枢纽面向社会的整体形象展示，也是枢纽运营管理企业员工、加盟商、合伙人企业、子公司在生产经营活动中必须认真遵守的生产秩序，可以在一定范围内对枢纽内所有参与物流经营活动的企业和人员进行基本行为约束。因此，枢纽制订了《临沂商贸服务型国家物流枢纽运营管理标准化基本准则》（以下简称《准则》），内容包含了枢纽入驻企业的各项规章制度、规定、规程及相关合同、文件的使用和执行的基本规范，若与入驻企业自身制订的规章等出现冲突则以《准则》为主。此外，《准则》还在设施、装备、货物包装、专线管理、操作规范、价格等方面实施标准化管理，以降低货物周转率与运输损耗率，提高作业效率。

4. 服务统一

服务统一是对枢纽物流、仓储、运输、配送以及其他增值服务进行升级统一，加强物流精细化管理，致力于提高服务质量与响应速度，增强企业竞争力。“服务统一”具体涉及六项内容，从规范流程到管理措施一应俱全。一是品牌宣传及推广服务，各类宣传、推广、实施方案由顺和物联企划办统一策划管理，不准私自印制宣传物料；二是员工集中培训服务，对顺和物联员工、网点人员及各分公司相关人员定期进行培训，培训内容由综合管理中心汇总、公司管理层审核确定；三是营运质量服务，对操作类、安全类、服务类、时效类四类异常件进行划分，计入营运质量指标管理范畴，对异常件进行监控、管理、上报，责任落实到人；四是理赔服务，流程和制度是责任认定的唯一依据，理赔是执行流程和规定的有效工具，要求遵循维护流程和制度权威的原则，不准“法外施恩”；五是客户服务，为客户提供客户装卸运服务、包装代理、代收货款等各项增值服务，致力为客户提供最优质的服务；六是保险服务，物流企业在经营过程中保障正常生产活动，是控制经营风险的重要手段，通常的服务内容包括物流仓储、干线运输、支线运输、装卸搬运等。

5. 结算统一

为解决临沂物流市场出现的专线资金不安全，存在携款跑路、偷漏税等现象，枢纽采用结算统一，致力规范物流结算体系。通过规定枢纽入驻企业采用统一的结算规则及制度，汇聚各方资金数据，形成财务大数据，助力专线企业规避结算风险，降低运营成本，实现对税务的精准把控，并扩大枢纽的影响力。

（二）整合提升商贸物流专线服务能力

目前，枢纽已与入驻的19家专线物流企业签订合作协议，共商共建共享临沂商贸服务型国家物流枢纽，并着力打造“干线运输、区域分拨、城市配送”的现代化枢纽运行网络，实现国内干线网、区域分拨网与同城配送网的三网融合、互联互通、相互赋能，提供“点收全国、点发全国”的一体化服务，从而提高流通效率、降低物流成本，成为一票发全国、全程可视化的专线快运化发展新标杆。

1. 干支线联营模式

公路干线通过整合19家合伙专线企业，实施同线路聚合方案，进行公路干线整合优化，通过组织架构重构的方式，帮助临沂传统专线企业转型为现代化物流企业，实现商贸物流的提质降本增效。

支线运输采用加盟与自营结合的模式，在枢纽中心半径300公里范围内，通过网点加盟的形式与枢纽形成双向对发，同城专业市场采取承包和直营方式建设集货网点，网点深入多个市区，以实现与县域物流无缝对接，形成市、县、镇、村四级支线物流体系，提高临沂商贸物流服务质量与能力。同时，利用临沂物流价格低、网络发达、配货快的优势，在枢纽设立全国物流中转中心，配合甩挂运输、单元化运输等模式，可实现全国物流中转当日配货、当日发货，提高物流的运作效率。

目前，枢纽已有217条国内直达线路，城际分拨与同城配送有110个网点、2000多条中转线路，日均货量1万吨，覆盖全国31个省、直辖市、自治区。

此外，枢纽将搭建运力共享平台，通过集中采购与金融的手段采购卡车、挂车与城市绿色配送车辆，整合优质的货物运输资源，搭建智能调度共享平台，通过车辆承包、租赁或销售的方式，与司机和运输公司达成战略合作，以收入分成的方式进行车辆金融还贷和实现平台盈利，以保险、ETC、油卡销售、车辆维修、二手车销售等模式实现运力板块增值收入，打造临沂专业的商贸物流运力共享平台。

2. 城市共同配送模式

近年来，随着经济社会和信息技术的迅速发展，客户对物流配送的时效性和服务精细化要求更高，迫切需要构建城市共同配送服务体系，增强城市的物流功能。为提高物流集约化程度和物流设备利用率，减少物流环节，防止乱收费，降低物流成本，提高流通效率，枢纽研发“取货郎”同城提配系统，为从事商城取送货的物流企业提供共同配送解决方案。

一是构建城市共同配送服务网络，为解决商城批发市场装卸车场地不足的问题，在邻近商城批发市场的适宜场所通过自建与承包结合的形式，提升改造若干个标准的共同配送末端配送站点用于集货，构建临沂市商贸物流终端网络，为批发商户提供“门对门”配送服务。二是整合运输资源，打造城市共同配送服务队伍。建立取货郎配送车队，整合打造仓配一体化综合服务体系。三是研发移动端智能车辆调度App，能够实现商城在途配送车辆缩减、运输线路优化和单位时间内运输效率提升，减少由此带来的二氧化碳排放量和环境污染，助力临沂打造生态环保型物流之都。

（三）探索公铁联运服务模式

为弥补枢纽不具备铁路运输条件的短板，充分发挥枢纽货物集散的优势，枢纽积极与济铁物流园展开公铁联运合作，着重推进公铁联运“一单制”试点及应用示范，重点在以下五个方面展开了大量工作。

一是实现信息互联互通。枢纽与济铁物流园组建由 13 人组成的专班，研究并开发第三方接口，统一数据和信息标准，将双方的信息系统进行融合打通，实现信息数据的互联互通、共享共用。二是谋划成立合资公司。目前枢纽与济铁物流园正在谋划成立合资公司，通过建立完善的组织架构和运行管理体系，进一步统一数据标准并完善项目方案。三是研制开发公铁联运“一单制”服务系统。以“信息互联、全程可视”为理念，旨在实现人流、物流、信息流、资金流四流合一和物流全生命周期可视化，提高货物中转效率、分拨效率以及运输效率，降低物流运输成本，切实推动传统物流行业转型升级发展，从而优化公铁联运业务流程。四是完善多式联运基础设施。包括标准货物超级分拨中心、异形货物超级分拨中心、电商仓储产品展示中心、标准智能仓和综合配套枢纽经济孵化中心等基础功能分区的建设，并根据多式联运“一单制”试点工程实施要求，进行相应的基础设施改造；加快多式联运中转站建设和改造，实现枢纽与济铁物流园的运力对接和联动。

目前，枢纽与济铁物流园合作，开行至广州、成都、昆明等 13 个城市的货运班列，以及至莫斯科、明斯克、塔什干的国际货运班列，广州直达货运班列隔天发车，实现常态化运行。积极对接中欧班列、中亚班列，2018 年开行去程 17 列、返程 16 列。2018 年铁路货物发送量 349. 8 万吨，货物到达量 1336. 3 万吨。同时，枢纽积极与口岸站、港口等建立联系（见表2），真正实现了临沂商品运往欧亚各国、欧亚各国优质商品运回临沂的铁路班列运输。

表 2 枢纽与各口岸站合作情况

序号	到达口岸	货量（吨/月）	出口方向	主要商品种类
1	霍尔果斯	200	中亚	小商品、五金、板材
2	二连浩特	100	蒙古国	小商品、五金
3	友谊关	100	缅甸、越南	五金、篷布
4	宁波港	500	全球	五金、机械、工艺品
5	义乌港	3600	全球	五金、挂件

（四）智慧技术赋能商贸物流发展

1. 大力推进枢纽信息化建设

枢纽依托天源物流园与山东顺和国际智慧物流园，运用云计算、大数据、物联网等技术，搭建枢纽智慧物流云综合信息平台（以下简称“信息平台”），建设物流大数据分析中心与供应链信息服务中心，配套 TMS（运输管理系统）、DPS（智能分拨管理系统）、WMS（智能仓储管理系统）、AMS（货损事故管理系统）、FFS（物流金融系统）、SCM（智能车源管理系统）、智能 OA 系统、“取货郎”同城提配系统八大子系统。

信息平台已初步实现以下功能。一是综合物流服务的提供者。信息平台可为物流企业提供运输调度、信息查询、行业资讯推送、货运交易、风险控制等一站式物流服务，极大提高客户满意度。二是枢纽智慧运营的管理者。紧紧围绕人、车、月台、货、仓、安全六大要素，充分利用5G、物联网、人工智能、云计算、区块链等技术实现人、车、货在枢纽内的无缝连接、协同互动、智能感知，从而为客户提供更安全的环境、更便捷的服务、更便于互动的平台，降低核心物流区域车辆拥堵率，提高货物中转效率、分拨效率以及运输效率。实现物流作业高效精确、全程跟踪、即时数据分析，打通物流“最先一公里”和“最后一公里”，提高物流园区综合管理能力和服务水平。智慧物流云综合信息平台中枢纽内部管理系统界面如图 3 所示。三是基础数据资源的共享者。枢纽积极吸收临沂市及全国有意向的 A 级物流园区和 A 级物流企业接入平台，逐步建立临沂市物流园区基础设施资源数据库，消除园区之间存在的信息壁垒，推动园区之间要素流动、信息匹配、业务协同、资源共享，有效解决园区间各自为政、供需脱节、网络失联问题，实现全市物流园区间互联互通、物流业务协同运作，增强物流园区对上下游产业流动要素的吸附能力，提高物流产业链组织化程度和运行效率。

图3　智慧物流云综合信息平台中枢纽内部管理系统界面

2. 加强关键技术攻关研究

为解决临沂市日益增长的人工作业成本问题，进一步提升枢纽智慧物流发展水平，枢纽与中国科学院空天信息创新研究院、北京交通大学交通运输学院展开深入合作，着力在无人化智能中转分拨仓库设计与运营、干支联运智能调度方面实现关键技术突破。在无人化智能中转分拨仓库设计方面，为解决北斗卫星定位技术在室内难以应用的问题，枢纽与科研团队设计并采用5G、UWB、激光雷达等多源融合定位技术，提高物流自动化设备精度作业能力；同时，积极研究基于视觉的物流设备自动感知技术，从而提高无人化仓库作业准确度。在干支联运智能调度方面，采用智能优化算法实现干支联运网络优化、运输工具组合、中转集拼及路径规划和动态调度等问题，提升干支联运精准协同性和快速高效性；研发基于多源传感器的车载北斗智能导航定位终端，应用驾驶员疲劳度智能监测与风险告警技术，实现物流车辆高精度导航定位和驾驶员疲劳度智能监测与风险告警。目前，该项目正在积极申报国家重点研发计划，是北斗卫星定位技术在物流领域应用示范的重要突破，通过研发基于北斗空间坐标体系的物流自动化控制装备，并在枢纽进行全方面、多角度的示范应用，实现商贸物流可视化调运、精准化指派、智能化配载，必将从战略及运作层面全面提升我国商贸物流效能与服务水平。

三、枢纽建设发展成效

（一）服务效率提升显著

枢纽拥有覆盖全国2780个县级以上城市的近3000条公路干线，实现山东省内16

地市 137 县区全覆盖，并与县域物流、镇域物流进行无缝对接，形成市、县、镇、村四级支线物流体系。近年来，枢纽货物吞吐量由 2017 年的 1550 万吨增长至 2020 年的 23700 万吨，平均年增长率为 12.31%；物流强度由 2017 年的 29 吨/平方米至 2020 年的 444 吨/平方米，平均年增长率为 148%。枢纽内仓储主要为临沂商城市场业户使用，由于临沂商城的体量大、每日向全国供货能力较强，仓库具有快速周转、大量储存的特点，库存平均周转次数逐步提高。

（二）物流成本节约明显

通过枢纽智慧物流云平台，可在枢纽内实现统仓统配，打通批发商订货、供应商生产、仓储接货、入库、客户下单、拣货、出库、分拨、配送等各个环节。简化物流流程、缩短末端运输的距离与成本、增强仓储的安全性、减少仓管人员、降低运营成本、提高商业效率，可为 1000 家批发商服务，为商城节省仓储物流成本 0.6 亿元。

（三）绿色环保效益显著

枢纽通过自建或合同能源管理协议方式建设的 8.44 兆瓦的屋顶分布式太阳能光伏发电项目如图 4 所示，年均发电量达 1000 万度，项目每年可节约标准煤约 4084.8 吨，减少二氧化碳排放量约 10620 吨，减少二氧化硫排放量约 89.9 吨，减少氮化物排放量约 40.8 吨，减排粉尘排放量约 69.4 吨。联合青岛特来电新能源有限公司配套建设电动汽车充电桩 2 处，能容纳 40 辆电动汽车同时充电；配套建设电动自行车充电桩 11 处，充电接口共计 110 个。

图 4　枢纽屋顶分布式太阳能光伏发电项目

另外，通过感知、传输、整合、分析各类关键物流信息，对枢纽安全、环保、物流、能源、地理信息等准确高效做出响应，最终实现枢纽管理精细化、物流运输一体化，推动枢纽绿色发展。

（四）服务地区经济发展

截至2020年年底，枢纽内具有生产经营活动的物流企业230家，从业人员数量为5000人左右，同比增长2%，按物流业总产值计算的年劳动生产率为109.5万元/人，同比增长9.18%。枢纽企业2020年应缴税金合计达7400万元，比上年增长10.2%，单位面积税收突破138.7元/平方米，同比增长10.2%。枢纽的组织效率明显提升，多种运输组织方式的应用提高中转分拨效率，2020年年末服务客户的产值已达到1500亿元。枢纽二期每年可实现货物吞吐量1500万吨，物流总额1000亿元，利税5亿元以上，提供就业岗位10000个左右。

此外，枢纽在传统物流模式基础上，增加应急物流体系建设。与普天集团合作深度把握应急物流效益机理，以“资源整合、平急结合、军民融合、科学管理、智能调度、全程管控、快速作业、精准投送”为主线，研究相关技术，开发相应的装备、系统和平台，并开展应用示范，构建全新的“属地管理、就地救援、全国支援”的高效、快速、精准的应急物流保障体系和服务体系，全面提升临沂地区应急物流保障能力，满足国家对物资的保障需求。

四、发展方向与未来展望

在国家及地方各级领导关怀下，在国家物流枢纽联盟的助力下，枢纽2021年预计实现货物吞吐量2500万吨、物流交易额1850亿元、物流业务总收入65亿元、利润总额3亿余元，枢纽成为国家物流枢纽样板工程，带动临沂商贸物流实现转型升级。

（一）智慧商贸物流先行区

枢纽增量项目将以“补短板、促升级”为指导，成立运营公司，整合专线资源，实施模式创新，将建设一体化分拨平台、标准化仓储、绿色化城配、自动化分拣、智慧化信息平台、网络货运平台、供应链金融平台、大数据分析平台，为市场货源、厂家货源与中转货源提供统仓统配、一站分拨、智慧运作等服务；对专线企业进行整合、优化、赋能，助力专线企业提质降本增效，积极响应国家新旧动能转换政策，致力打造新旧动能转换的重要基地，提升临沂商贸物流的竞争力与影响力。

（二）多式联运发展示范区

枢纽将与济铁物流园展开进一步合作，实现强强联手，重点整合公路、铁路、航空运输资源，打造多式联运物流作业示范区，发挥多种运输方式的比较优势和组合效率，探索创新公铁联运模式，拓展多式联运发展新空间，着力破解豫皖苏鲁地区多式联运基础设施衔接不足、集疏运不畅、多式联运信息平台建设滞后等问题。提升对内对外互联互通能力，提高物流效率，降低物流成本，增强临沂对全国的辐射力和集聚效应，进一步提升临沂物流服务的综合能力和在国家物流枢纽网络体系中的地位。

（三）临沂物流西移样板区

枢纽将以增量项目建设和临沂市物流行业重心西移发展政策为契机，进行业态创新和技术提升，淘汰落后传统业态，引进高端物流业态，以整合供应链、发展物流产业链、提升价值链为指导，整合优质专线构建第三方物流、建设和引进电子商务中心、标准仓储中心、多式联运中心、信息服务中心、供应链服务中心、金融服务中心等，构建临沂商贸物流智慧生态圈，引导临沂商贸物流提档升级。

（撰稿人：赵玉玺，曹松荣，杨文，翟秀海）

深圳商贸服务型国家物流枢纽

立足改革开放先行示范区域　打造多式联运国际物流枢纽

高质量建设深圳商贸服务型国家物流枢纽（以下简称“枢纽”）是深圳践行建设中国特色社会主义先行示范区，落实高质量发展要求，抓住粤港澳大湾区建设重要机遇，增强核心引擎功能的重要举措。深圳作为国内首个将现代物流业作为支柱产业的城市，在参与全球竞争、构建“一带一路”沿线枢纽、强化珠三角地区通往全国各主要地区经济走廊及粤港澳大湾区战略的大背景下，经深圳市政府统一部署，枢纽依托于1994年开始建设的全国第一个物流实验基地（平湖物流实验基地）的主要物流聚集区，联同广铁集团平湖南铁路货场共同建设而成，创新产权用地机制，铁路上盖高强度开发。枢纽充分利用平湖南铁路货场物流基础资源，打造多式联运国际枢纽，助力提升深圳经济发展地位，为深圳深度参与以国内大循环为主体、国内国际双循环相互促进的新发展格局提供强有力的物流基础设施与供应链服务保障。

一、枢纽概况

（一）区位交通与功能区布局

枢纽区位优越，是香港通往内地的北大门，是香港、盐田、蛇口等港区后方转运中心和海陆交通网络的交会点，深圳机荷高速、水官高速和京广铁路、京九铁路、平南铁路、平盐铁路等交通干线均汇集于此，如图1所示。

枢纽空间范围为广深铁路、机荷高速、平李大道、水管高速等道路或铁路围合区域，占地面积3.63平方公里。枢纽建设的主要功能设施包括基本功能设施和延伸互补功能设施两部分，从整体上形成“两中心、八个功能分区”。各功能分区形成一定的专业及功能分工，在公共服务、环境景观、基础设施配套、交通、空间组织等方面紧密联系、互为依托，如图2所示。

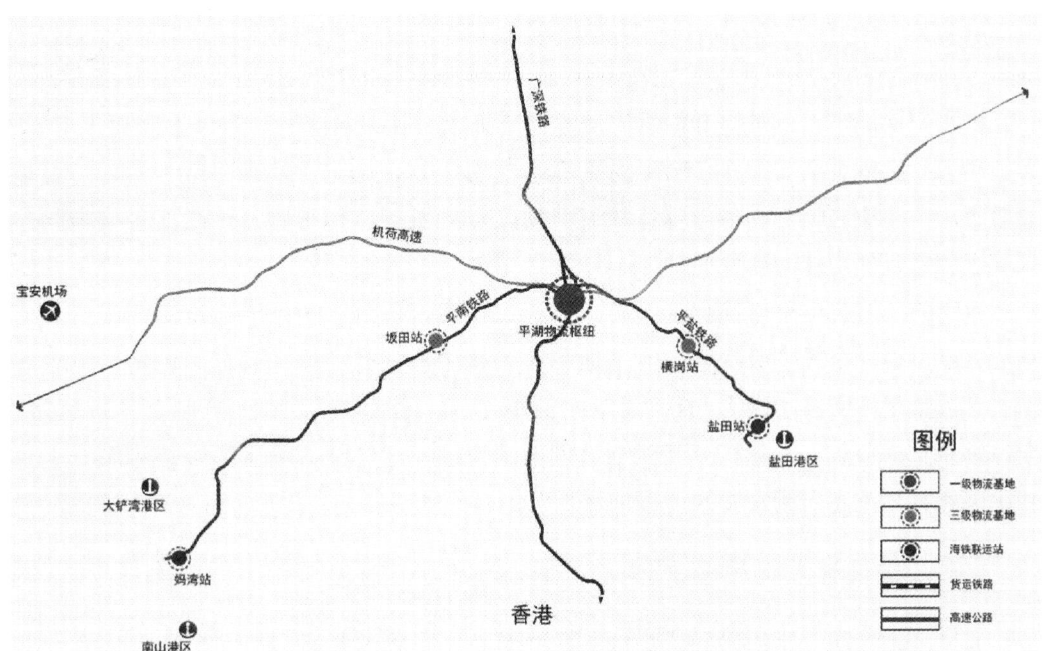

图1　深圳商贸服务型国家物流枢纽空间方位

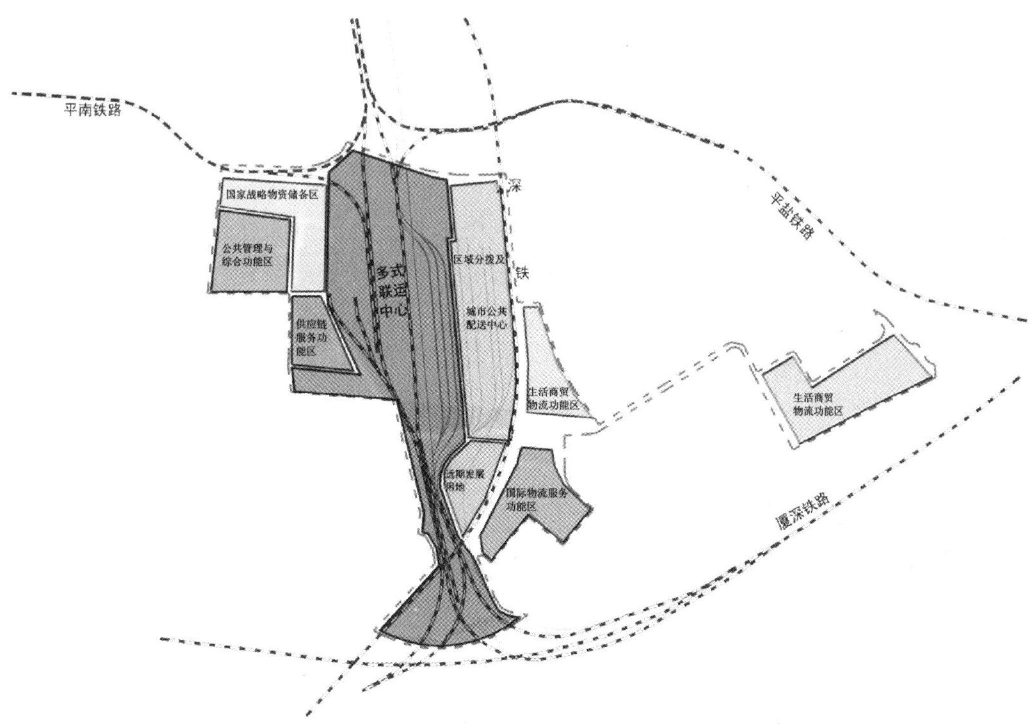

图2　深圳商贸服务型国家物流枢纽设施空间布局示意

（二）功能定位

枢纽的功能是在重点提升枢纽的商贸物流集成服务、供应链物流、干线物流组织、多式联运、区域分拨与配送、国际物流等基本功能的基础上，实现冷链物流、跨境电商服务、国家战略物资储备与应急物流、物流金融服务、保税物流、高新科技与物流创新服务等延伸功能的新发展。

枢纽的发展定位是以优化提升多式联运、供应链管理、公路港运行等存量资源为核心，重点提升全国一级铁路物流基地和集装箱中心站核心服务功能、创新物流组织模式，再塑平湖新“引擎”，推动平湖物流枢纽“二次革命”，致力打造“一带一路”全球贸易支撑节点、国际陆海互联物流创新示范区、粤港澳大湾区商贸物流服务平台和中国商贸物流高质量发展的“深圳样板”。

（三）建设模式及运营主体

通过“政府统一组织领导、央地共建物流枢纽、产权用地创新机制、主体企业共治机制”的模式，整合优化存量资源，形成创新联动效应，提升枢纽整体功能效益。

枢纽核心运营主体企业分别为深圳中外运物流有限公司（以下简称“中外运”）、深圳市农产品集团股份有限公司（以下简称“深农集团”）、深圳市深粮控股股份有限公司（以下简称“深粮控股”）、深圳市怡亚通供应链股份有限公司（以下简称“怡亚通”）、深圳市美泰物流企业集团（以下简称“美泰”）和深圳国际控股有限公司（以下简称“深国际”）。

以“资本联合、战略合作”为路径，由深国际牵头联合广铁集团成立合资公司，协同中外运、怡亚通、海吉星、美泰等重点合作企业，组建“深圳平湖物流枢纽企业联盟”，联合政府相关部门以及深圳市物流与供应链管理协会等，实现对平湖物流枢纽的共建共管共治，实施“三位一体”的管理模式，打造物流枢纽运行的“平湖模式”，成为全程物流服务提供商。

（四）设施建设项目

枢纽主要存量设施项目主要有五个方面。一是中外运平湖物流中心，拥有仓库面积约 13 万平方米，年集散货规模为 18 万 TEU，具备开展保税仓储、全球采购、国际分拨配送和国际中转等多元化、多流向的综合业务能力，提供“24 小时进出仓作业”等特色服务，在广东及泛珠三角区域开展出口拼箱、买家集运、进口拆箱、供港配送、跨境电子商务等业务。二是海吉星国际农产品物流园，一期占地面积 30. 3 万平方米，规划建筑面积 82 万平方米，已成为全国有影响力的农贸物流节点；二期（在建）占地面积 9. 8 万平方米，总建筑面积 29 万平方米。三是深圳粮食储备基地，占地面积 7. 7

万平方米，拥有仓库面积 8.4 万平方米，是深圳市目前规模最大的粮食储备设施。四是怡亚通供应链管理中心，建筑面积约 10 万平方米，仓库建筑面积约 4.5 万平方米，是集办公、研发、展览、仓储于一体的现代化多功能综合性基地。五是美泰物流园，规划建筑面积约 20 万平方米，重点发展国内公路货运物流服务、国际货运物流服务等，涵盖物流站场、挂车作业池（停车场）、信息交易中心、物流总部基地等功能板块。项目一期目前已投入运营，是美泰物流园主体部分，总建筑面积 5 万平方米，共有各类物流产业档口 198 间，配套停车场 6 万平方米。

枢纽主要增量建设项目包括铁路线路改造和货场建设、铁路上盖开发综合物流枢纽、相关物流功能设施、集疏运交通配套工程等。

二、主要做法与特色经验

（一）政府规划引导、央地企业共建、运营主体共治的合作模式

1. 政府规划引导

为贯彻落实中共中央、国务院关于加强物流等基础设施网络建设的决策部署，科学推进国家物流枢纽布局和建设，深圳市政府成立国家物流枢纽建设领导小组，统筹协调枢纽建设发展的全过程，领导小组下设专职办公室。

2. 央地共建物流枢纽

枢纽依托平湖物流基地存量资源建设，核心补短板的增量之一就是完善全国 18 个集装箱中心站设施功能、提高平湖国家一级铁路节点运行效益。为此，枢纽建设的核心设施——深圳平湖南综合物流枢纽项目将以国铁集团下辖广州铁路局与深圳市政府国资平台深国际以资本为纽带，共同成立深圳平湖南综合物流枢纽建设开发公司，负责项目的统一建设开发，将国家公共设施与深圳物流发展紧密融合、功能无缝衔接。

3. 产权用地创新机制

深圳土地资源极为稀缺，枢纽的建设必须走集约、创新之路。为此，枢纽建设中将实施以下机制和策略。

实施土地功能混合机制。在市场经济环境下，混合土地利用是土地资源高效配置、集约利用的重要方式之一。2013 年修订的《深圳市城市规划标准与准则》明确提出了鼓励土地的混合利用，以引导产业土地集约节约利用、促进产业转型升级。在土地分类中推出了 W0 物流用地功能，为货运物流用地的混合利用提供了有力的规则和技术指引，为未来物流用地适当提高强度开发奠定基础，同时可以满足物流产业链延伸导致围绕物流活动产生的供应链管理、信息化、网络化企业急剧增长的空间需求。

探索实施多层产权结构。通常情况下，铁路设施的全部土地和房屋产权归铁路部门所有，但在土地综合开发趋势下，应从激活市场属性角度逐步打破这一特点。《国务院办公厅关于支持铁路建设实施土地综合开发的意见》（国办发〔2014〕37 号）提出，利用铁路用地进行地上、地下空间开发的，可分层设立建设用地使用权。目前三维地籍、分层产权等技术已较为成熟，深圳市已经在地铁、交通枢纽、商业综合体等方面进行了广泛的实践。

枢纽与铁路货场的开发充分用好国家政策，根据枢纽主体功能，配套设置上下游设施。深国际提出利用产权用地创新机制，确保广铁集团一层土地和铁路设施所有权和合资公司通过招拍挂获得上盖空间所有权。

铁路上盖高强度开发。在物流综合化和土地集约化的趋势下，较多铁路用地具备上盖综合开发条件，地上及地下可利用空间非常可观。枢纽坚持高强度立体开发、集约用地，铁路货运枢纽能发挥其最大的效能和优势。

4. 主体企业共治机制

为提升枢纽的运行效率和水平，坚持“市场主导、创新推进”的原则，在枢纽建设领导小组的指导下，组建国家物流枢纽运营企业联盟，将市场在资源配置中的决定性作用和政府的引导作用紧密衔接。具体由深国际、广铁集团、中外运、怡亚通、深农集团、美泰等重点企业牵头组建枢纽企业联盟，联合政府相关部门，以及深圳市物流与供应链管理协会等行业协会，实现对枢纽的共建共管共治，发挥多方优势，形成发展合力，增强枢纽服务区域经济发展、粤港澳大湾区建设、支持“一带一路”建设的能力。

枢纽建设是在地方政府和广铁集团的深入协同、密切配合下不断推进落实的，是政企深度合作、共建共赢的范例。一方面，枢纽的建设运行是铁路企业推动服务方式转变、货源结构升级、盈利能力提升的重点与重要平台；另一方面，枢纽的建设运行也是地方政府推进产业结构升级、带动区域经济发展的重点项目与重要抓手。平湖南铁路货场改造升级为平湖南综合物流枢纽的过程，可为铁路企业与政府部门进一步实现深入合作、互利共赢提供重要借鉴。

（二）确保枢纽基本功能，提升拓展延伸功能

1. 基本功能

商贸物流集成服务功能。基于海吉星、华南城、深粮控股、中外运等企业在工业品、农产品、对外贸易等商贸流通领域龙头地位和成熟的商业模式，建设国家物流枢纽运营企业联盟机制及信息化平台，促进外贸物流与跨境电商、商贸物流与共同配送、物资储备与服务保障的协同创新。

供应链物流功能。利用枢纽内怡亚通、越海、信利康、朗华等现有知名供应链企

业集聚优势，促进国家物流枢纽与周边相关产业协同联动和深度融合发展，打造以国家物流枢纽为核心的现代供应链体系。

干线物流组织功能。开设“鹏新欧”中欧班列，加强珠三角地区及东南亚与中东、欧洲地区的经贸联系，为东南亚货物经过深圳港进入中东、欧洲地区，以及欧洲地区高端消费品进入粤港澳地区提供新的陆路快速通道。开行“钟摆式”铁路货运定点班列，为珠三角地区及香港、澳门工业和消费品、包裹快递等提供高效运输服务。对深圳本地公路零担货站集成为公路港，实现公路干线运输物资的快速周转，为粤东粤西间的衔接中转和珠江东岸地区与全国重要地区的货物运输提供卡车航班服务。

多式联运功能。完善疏港铁路功能，为华南外贸大港与全国铁路干线网络间的货物运输提供无缝衔接。通过国家物流枢纽运营企业联盟对铁路货线的上盖合作开发，提供大量城市仓储配送空间，为干线运输与城市配送的联动提供了较好的载体。

区域分拨与配送功能。通过中外运、美泰、乾龙物流园等现有项目与铁路运输的联动机制，为华南地区与香港间货物运输实现快速分拨；依托专业第三方物流企业或供应商，为多个商贸企业、社区门店、市场入驻商户等进行共同配送。

国际物流功能。深圳作为外向型经济的明星城市，枢纽运输和硬件条件优势明显，将加速吸引包括香港及海外企业在内的具有国际物流服务能力的企业在枢纽地区集聚。随着大力开行中欧班列、海铁联运班列，以及对港、经港贸易及生活配送的加强，枢纽国际物流服务能力将大幅提升。

2. 延伸功能

冷链物流功能。深圳本地的农产品中有95%需要从外地运输，冷库、冷藏集装箱物流配套功能需求较大。枢纽具有批发交易、集散、仓储、修理加工、集中配送、应急储备、电子交易、质量监控、配套服务等冷链物流功能，冷藏冷冻库房面积达1.93万平方米，可以满足深圳市的冷链物流需求。

跨境电商服务功能。平湖是跨境贸易电子商务试点区域，承接前海的政策溢出效应，积极发展电子商务运营中心，支持电商交易平台的运营。积极引进国内外知名电商企业设立全国或华南区运营中心，支持深圳本地电商企业在平湖设立电商交易平台，从事电商运营结算业务。

国家战略物资储备与应急物流功能。基于特殊的地缘关系，深圳是服务香港的后方基地，承担香港居民和驻港机构生鲜粮食等物资保障功能，深粮控股、海吉星等枢纽内企业均是储备保障的重要组成部分。深粮控股拥有深圳市规模最大的粮食储存设施，集粮食流通、加工、储存、贸易以及相关产业经营于一体，稳定粮食市场，确保粮食安全，成为政府调控粮食价格、保障粮食供应、保证应急所需的载体。

物流金融服务功能。枢纽的众多供应链企业多数提供物流金融服务，如怡亚通凭其常年积累的与上下游的稳固关系，延伸物流、商流进而延伸至资金流，涉足供应链金融业务。海吉星通过电商平台模式整合分布全国、数量众多的农产品商户与批发商等。

保税物流功能。2020年枢纽拥有保税库房面积1.40万平方米，海关特殊监管区面积10.12万平方米。枢纽根据发展需要，在现有中外运物流中心海关监管仓的基础上，根据近距离内陆港发展和国际物流业务需要，积极与深圳前海蛇口自贸区、盐田港综合保税区、机场保税区、福田保税区、广东出口加工区等保税功能区域形成业务联动机制。

高新科技与物流创新服务功能。深圳具备良好的高新技术、新兴产业发展基础，物流与高新技术的进一步融合创新潜力无限。结合深圳市产业转型升级，鼓励制造企业延伸服务链条，推动制造业向研发设计、融资租赁、工程服务、电子商务、在线检测、远程诊断、服务外包等价值链高端环节延伸发展。

（三）产品开发资源整合，推动多式联运发展

枢纽是依托平湖物流园区和平湖南铁路集装箱中心站打造的商贸服务型国家物流枢纽，因此它具有多种运输方式集成的综合运输网络优势，可以横贯东西、连接南北，实现长距离的多式联运。同时，通过加强相关企业内部的合作联动，构建多式联运规则体系，创新多式联运组织方式。枢纽以铁路货运网络为基础，依托公路、水路等多种运输方式，统一联运规则和流程，推进运输服务的无缝衔接，打破运输方式的联通壁垒，实现不同运输方式的优势互补，致力达到降本增效。

枢纽结合自身区位交通优势，紧抓“一带一路”建设机遇，通过主动挖掘货运资源、开行班列等方式，实现与国内和国际物流通道的有效对接。一是通过与广铁集团合作，获得平湖南铁路货场一定年限的经营权，优先获得铁路货运运力资源。二是通过搭建中欧班列运营平台，开行“湾区号”中欧班列，成功打通国际物流通道，主要涉及新亚欧大陆桥经济走廊和中蒙俄经济走廊。三是通过对接“21世纪海上丝绸之路”，为越南、印度尼西亚、马来西亚等国家现代物流业发展带来巨大商机，有力促进与有关国家经济交流和贸易往来。

2020年8月，深国际与中外运合作成立深圳中欧班列运营平台公司，并于8月18日正式开行首趟中欧班列，截至2021年6月，已累计开行64列，其中去程59列、回程5列，总货运量6112TEU，实现贸易额2.87亿美元。经过一年的运行，目前开行线路由最初的1条拓展到4条（含2条海铁联运班列），开行频率由每周1列增加至每周1～3列。班列目前主要开往德国及匈牙利，并辐射波兰、法国、西班牙、意大利、俄罗斯、哈萨克斯坦等国家。2021年春节前夕，已经实现“欧洲—深圳—日韩”的海铁联运业务模式。主要将粤港澳大湾区等地“中国制造”的机械设备、防疫物资、家用电器、服饰、家具用品输送到欧亚各国，业务模式示意见图3。

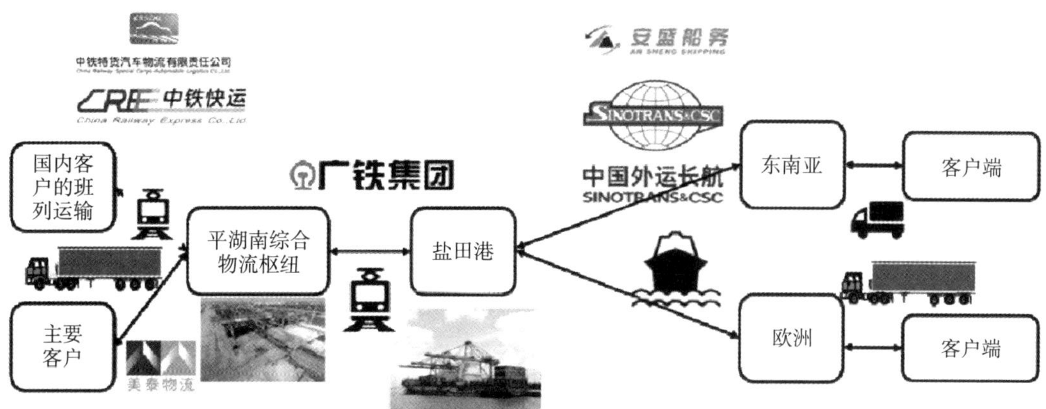

图 3　业务模式示意

枢纽通过运输组织方式创新，为与越南、印度尼西亚、马来西亚等国家的企业合作提供战略支点。拓展南部通道，形成覆盖东南亚的物流走廊。拓展西部地区连通东南亚的铁海联运产品；把握泛亚铁路网构筑机遇，拓展中越班列等跨国线路。

盐田港也将充分利用区位优势，借力东盟等双边或多边自贸协定商谈或签订，吸引东盟以及周边区域货物在盐田港集结，以班列接力方式，开通“盐田港—深圳商贸服务型国家物流枢纽—内陆地区—欧洲/亚洲国家”班列，真正实现铁路国内段与国外段贯通。

三、枢纽建设发展成效

（一）服务能力

1. 一体化服务

在多式联运能力方面，枢纽内核心企业深国际、深粮控股、中外运、美泰都具有多式联运能力，且形成企业联盟。目前多式联运的服务产品覆盖生活的各个方面，有农产品、水产品、电子产品、建筑材料等，2020 年枢纽集装箱吞吐量达 9.02 万 TEU，同比增长 16.69%。

在供应链集成能力方面，怡亚通形成“广度综合平台、380 新流通平台、生态链公司”三位一体、跨界融合的供应链共享经济平台；中外运以仓库资源为基础提供仓库仓储、卸装、库内加工等基础操作，附加仓库及口岸关务申报处理并延伸前端区域货源地卫星仓收货、上门工厂提货，后端集疏港汽运等服务，形成在国内从工厂到码头的全程国际集拼物流基础服务，服务 7.3 万家进出口企业；海吉星由从事农产品检测认证、市场管理、环保、农产品小额贷款业务的 4 家子公司形成整个供应链集成网络。

2. 网络化服务

在枢纽辐射范围方面，美泰打造的全国、省市一级运输网络落地。海吉星农产品运销深圳市及周边地区、香港地区。在网络协同能力方面，美泰有 120 家网络站点，配送服务网点数量多达 350 个；中外运在全国有 33 个取送货物网点；深粮控股在平湖有 1 个配送服务网点。

3. 国际化服务

国际物流服务功能方面，中外运、美泰有国际采购、国际运输、国际货代、报关报验等功能；中外运具有海关特殊监管区，监管仓面积为 101200 平方米，保税仓面积为 6900 平方米，理货区面积为 2300 平方米；怡亚通也具备 1. 35 万平方米的保税仓。平湖南铁路货场为深圳市中欧班列“湾区号”的始发站点，具有国际运输与国际贸易交流、报关报检等功能。

4. 多元化服务

在增值服务功能方面，美泰、怡亚通等多家企业有代理采购、垫付货款、贸易代理、商品展示、综合物流与供应链解决方案、报价运输等功能；海吉星具有农产品展示展销的增值服务功能；中外运具备了贸易代理、口岸、综合物流与供应链解决方案能力。

综合信息服务平台能力方面，怡亚通、中外运、美泰等均可提供运力交易、货物跟踪、保险、报关报检、物业管理、增值信息等服务；深粮控股在信息发布、数据交换、运力交易、货物跟踪、支付结算 5 个方面较为突出。

信息平台互联互通方面，中外运与单一窗口、电子口岸、海运舱单预录入平台、盐田咨询、一达通、巨航国际、ECU、美设、凯迪、顺科、CDS 等部门和企业实现了 EDI 数据对接；海吉星对接商务部业务系统统一平台（内贸流通统计监测信息服务）。

5. 智能化服务

海吉星在深圳市场内部建有数据中心，主要用于支撑内部信息化管理与服务。2019 年，美泰在大数据、云计算等新技术应用方面投入达到 3000 万元；在物流设施设备智能投入与应用方面，美泰共有 10 项投入，投资总额达 1000 万元。而中外运投资 169 万元，实现货物上架效率提升 15%。整个枢纽信息化及物流设施投入方面，2019 年总投资额为 1. 12 亿元，2020 年为 2. 44 亿元，增长明显。

（二）聚集效应

土地集约。土地边界清晰、连片，设施集中，现存物流设施布局合理。增量项目平湖南综合物流枢纽在保留原铁路货场全部功能的基础上，在原规划的货运专用线进行上盖综合开发，建设多层立体物流设施，实现铁路与物流仓储结合，将大幅提高土地集约利用率，缓解深圳市物流用地严重短缺的局面。

企业集群。枢纽内入驻物流企业数量达到600家，服务客户企业数量达到14000家，建立业务合作关系的产业聚集区有350多家。

资源整合。提供枢纽内租赁服务，如美泰现有租赁叉车200台，现有仓储资源主要交易模式为租赁和自营结合，现有枢纽内运力资源主要是自有物流资源和租用物流用车，如深粮控股目前已与4家物流公司签订运输协议，保障物流园区的物流需求。

（三）社会贡献

在经济支撑方面，2020年枢纽物流业务总收入24.8亿元，枢纽内核心企业约为2839人提供就业工作岗位，上缴税收总额达2939.84万元，单位面积税收额约为24.28万元/亩。

在绿色发展方面，枢纽内核心企业积极响应国家绿色环保的政策要求，绿色库房面积达0.93万平方米；在物流设施方面，使用绿色仓库、新能源车、充电桩、电动叉车、感应调节LED照明灯，园区建有污水处理厂用以回收废水，部分交易区投入光伏发电设备节能降耗等。

在应急保障方面，枢纽内核心企业深粮控股和海吉星，作为深圳地区的“粮袋子”和“菜篮子”工程，积极支持参与应急物流相关资源调度工作。深粮控股目前主要储备物资为大米、小麦及部分面粉、成品油等，新冠肺炎疫情期间正常发挥物流枢纽作用，充分保障了深圳市民生活需求并对上下游企业复工复产起到促进作用。海吉星在疫情严峻时期，整体供应量仍在2.7万吨左右，其中冻品库存量1.1万吨，蔬菜日供应量约5000吨，水果日到货量约900吨，副食品库存量约1万吨。深粮控股也因疫情期间的良好表现受到政府表彰，收到商务部办公厅感谢信。

四、枢纽发展方向与未来展望

以枢纽建设为切入点，着力完善深圳市现代综合交通运输体系，搭建高效优质的枢纽经济服务平台，加速枢纽偏好型产业集聚，打造现代枢纽功能城镇区，促进交通、产业和城市融合发展，是枢纽发展枢纽经济的核心要义，也是实现城市经济发展新旧动能转换的重要举措。

第一阶段（2025年前）：基础设施建设。建设平湖南铁路货场及装卸线，进行平盐铁路改造（单改双），进一步完善周边集疏运体系等交通基础设施，为枢纽建设奠定基础。

第二阶段（2030年前）：多式联运枢纽形成。完善平湖南铁路集装箱中心站有关功能，建设海铁联运内陆港工程，将枢纽打造为深圳港的近距离内陆港。

第三阶段（2035年前）：商贸功能拓展。在平湖南多式联运枢纽的基础上，进一步强化枢纽与周边地区商贸企业、供应链企业等的联动发展，建成枢纽。

第四阶段（2050 年）：枢纽经济发展。以交通设施、服务平台等为基础，以集聚、扩散、疏导经济流为手段，包括人流、物流、信息流、技术流等，进而实现优化要素配置、重构产业体系、提升城市能级的枢纽经济发展模式。

（撰稿人：董红军）

济南商贸服务型国家物流枢纽

泉城济南践行初心使命　打造黄河流域商贸枢纽

济南商贸服务型国家物流枢纽（以下简称“枢纽”）位于济南市历城区，由运营成熟的盖世国家示范物流园区为核心园区和新建的盖世智慧供应链园区为联动园区两大片区组成。依托以盖世国家示范物流园区为核心，以家电、日化、医药、五金机电、农产品等综合商贸集聚区和大型专业市场形成的稳定物流需求为服务内容，枢纽按照“标准化引领、供应链整合、大数据支撑、一体化运作、网络化经营”的发展思路，投资建设了具有干支线运输、仓储、冷链、配送、商贸、供应链及综合服务等多功能的物流基础设施，着力打造“干转配综合物流服务平台”的独特运营模式，承担了济南商贸流通的主要任务。枢纽是国家现代物流体系的重要组成部分，高质量建设枢纽是构建国家“通道＋枢纽＋网络”体系的重要举措，对提高民生福祉、满足人民群众对美好生活的向往具有重要作用。

一、枢纽概况

（一）区位交通

济南是全国重要综合交通枢纽，位于北京—上海、青岛—拉萨、烟台—重庆三条国家综合运输大通道交会处，打通了连接青岛港、烟台港、天津港的陆海联运大通道。济南周边区域交通网络较为完善，京沪、胶济、邯济铁路交会济南，连接京九、京广干线，形成“米”字形高铁网；京沪、济广、京台、东吕、青银高速环绕，形成“三环十二射”高速公路网。

近年来，济南现代物流产业发展迅速，区域性物流中心被确定为济南城市定位“四个中心”之一，现代物流列入“十大千亿产业”，专门成立了济南市口岸和物流办公室，设有全国第一家物流专业银行、第一家物流巡回法庭，组建了全国第一个公安物流寄递保卫支队、全省首家物流产业工会，陆续出台了加快现代物流业发展的系列规划和支持政策，为枢纽的发展营造了良好环境，枢纽成功入选2020年国家物流枢纽建设名单。

枢纽由核心园区和联动园区两大片区组成。核心园区是占地面积74.8万平方米、运营成熟的盖世国家示范物流园区，位于济南市北大门济青高速零点立交桥周边，紧靠济青高速，周边八条高速公路、四条国道纵横贯穿，与市区主要交通动脉密切相连，区位优势明显。联动园区是新建的占地面积超过 14.9 万平方米的盖世智慧供应链园区，位于济南市历城区临港经济开发区，作为公铁联运和高端消费业态组织服务平台载体，其邻近邯济、胶济铁路联络线（济南货运北环线），距董家铁路货运中心直线距离 950 米，距遥墙国际机场 12 公里，距济南市中心 17.5 公里，铁路运输、公路运输、航运条件极为优越。

（二）功能定位

按照“标准化引领、供应链整合、大数据支撑、一体化运作、网络化经营”的发展思路，着力打造引领黄河中下游地区现代物流业高质量发展的强力引擎，努力构建服务京津冀地区、长三角地区和山东半岛城市群协同发展的战略支点，建成全国有重要影响力的智慧消费物流中心、内外贸一体化融合发展的供应链物流服务平台和高端高质商贸物流集聚区，推动沿黄流域经济社会协同发展。

按照此定位，枢纽设置了服务省会城市群经济圈的区域分拨配送功能，连接京津冀地区、长三角城市群和服务环渤海地区、中原经济区腹地的公铁干线运输组织和多式联运转运组织功能，深度参与全球产业链分工与贸易的国际物流服务与供应链集成以及创新研发、应急物流服务等核心功能。同时，结合枢纽客户业务特点及周边产业布局等情况，提供冷链物流服务、应急物流服务、交易批发服务、物流加工服务、物流创新研发服务、大数据及金融服务等延伸功能。

（三）设施布局

枢纽核心园区内部布局有干支线运输、仓储、冷链、配送、商贸、供应链及综合服务等多功能物流设施，分布有仓储区、商贸区、货运配送区、冷藏区以及综合区。已完成投资 21.8 亿元，已建成普通仓库 43 万平方米、冷库 20 万平方米、干线货运区 9.3 万平方米、中转分拨作业区 41.3 万平方米、农贸大市场 36.75 万平方米、五金机电批发市场 4 万平方米、配送作业场 2 万平方米、综合服务设施 2.1 万平方米。

枢纽联动园区聚焦生活消费、生产消费、健康消费、教育消费四大领域，以“总部经济 + 消费物流 + 物流金融 + 保税物流 + 供应链集成服务”模式打造华北地区重要消费物流枢纽集聚区，推进枢纽全面提档升级。以快消品物流、生产资料物流、电子产品物流、医药物流、书报物流等为主体，规划建设智慧仓储、多式联运与分拨作业、同城配送、国际物流与商品展示、综合服务等功能区，预计 2021 年年底启动建设工作。

（四）建设运营模式

盖世集团为济南商贸服务型国家物流枢纽的建设运营主体，采用政府引导、政策扶持、企业投资、分期建设、独立运营的建设模式，加快数字转型、智能升级和融合创新发展。枢纽建设资金由盖世集团筹集，按照物流枢纽功能要求设计建设，并负责建成后的运营管理。

盖世集团创建于1998年，注册资金3.008亿元，是一家大型综合物流企业集团。作为深耕物流领域20年的全国知名行业品牌，盖世集团打造了城市干支结合的“干转配综合物流服务平台”的独特运营模式，并积极创新物流运营模式，启动了盖世冷链、盖世云仓、盖世农产品电商等系列智慧供应链项目，形成盖世集团总部、盖世冠威、盖世济北三个基地跨黄河两岸“三区联动、中心提升、线上线下、突出主业、融合发展”的良好局面，打造了一个服务济南、辐射周边省市的黄河物流产业带。目前，盖世集团是中国驰名商标，拥有中国5A级物流企业、中国物流百强企业、中国物流示范基地、中国物流学会产学研基地等称号，2016年获批“国家示范物流园区”，被山东省政府列为山东百年品牌重点培育企业。

二、主要做法与特色经验

（一）先行先试闯新路，“产权改制”助飞翔

1998年，盖家沟村还只是黄河边的一个贫困村，全村人祖祖辈辈以种植小麦、玉米等粮食作物为主，抵御自然灾害能力差，粮食亩产只有百斤左右，农业收成甚微，不能满足基本生活需求。一次偶然机会，盖家沟村党委了解到济南配货市场存在的各种不规范现象，联想到盖家沟村得天独厚的区位交通优势，萌生了建设配货市场、发展物流产业的想法。盖家沟村党委充分利用全村筹集的30万元资金，从300亩涝洼地起步，短短10个月时间就建成了设施完备的盖家沟配货中心，并于1999年10月正式开始运营。由于经营得当，盖家沟配货中心得以迅速发展，2002年，山东盖家沟国际物流有限公司成立，2003年，组建了盖世集团。为实现企业规范运营、科学发展，2005年，盖世集团由村办集体企业成功改制为股份制企业，村民变股民，每人分得20万元的股份、50平方米的楼房，每人还可享受6000元/年的“阳光福利”，村委会还制订了完善的养老等福利制度，实现“村企分开”。此后，盖世集团确立了发展现代物流产业的宏伟蓝图，并逐步从配货中心向商贸物流和园区连锁经营转型。

1. 商贸物流发展

盖世集团投资建设了以家电、日化、医药、五金机电、农产品等为核心的综合市场群，形成了物流与商贸市场一站式运作、一体化发展的独特运营模式，吸纳各类企

业、商户等入驻平台，推进集群发展，形成规模效应，成为济南市最大的商贸物流中心之一。以农产品物流为例，2004 年建设了盖世农产品物流交易中心，总建筑面积 24.5 万平方米，包括冷库 30 万吨以及农产品检验检测中心、停车场和其他配套服务设施，可向客户提供管理先进、设施完善的农产品交易批发和冷藏服务，实现了从信息采集、货物冷藏、市场交易到物流配送的全新运营模式。目前客户总数达到 1500 家，日均货物吞吐量 3000 多吨。由于管理完善并且经营业绩突出，获评“山东省文明诚信市场”，2010 年列入国家商务部“双百市场”工程，成为全国食品冷链物流定点联系企业。

“商贸与物流”叠加开发，一方面，物流可以为商贸业务的顺利实现提供保障服务，优质的物流服务又会提高客户的满意度；另一方面，流通企业稳定的商贸业务又会带来稳定的物流服务需求，促进物流业务的进一步发展，从而形成商贸与物流的良性互动，促进整个物流平台优势互补、和谐发展，打造一个公共物流服务平台，形成了综合性的外向竞争实力，成为“商贸物流公路港”模式典范。

2. 园区连锁经营

2009 年，枢纽积极响应政府号召，适时推进园区建设模式复制升级，率先实现产业北跨，先后在山东省德州市高起点规划建设了山东盖世冠威物流园区、在济南市济阳县开发建设了山东盖世济北物流园区。新建园区吸取原有园区的经验，得以成功运营并取得迅速发展。

山东盖世冠威物流园区位于德州市齐河县经济开发区，占地面积 333.3 万余平方米，已建成高标准设施 50 万平方米，入驻京东商城、中远、德邦、中邮等 500 家国内外知名企业，交通运输网络覆盖全国。园区致力打造国家级网仓专业平台及高端电商物流产业集聚区，依托入驻企业形成覆盖全国的运输网络与区域配送网络，为山东及周边地区提供物流综合服务平台。

山东盖世济北园区位于济阳县崔寨镇，占地面积 33.4 万余平方米，建成物流设施 32.2 万平方米，入驻海尔、旺旺等知名企业，开通济南至全国货运专线 500 多条。园区通过供应链整合上下游资源，直接服务济南东部和黄河北产业集群，覆盖山东全省，辐射全国，致力打造大型现代化、信息化、国际化物流枢纽。

如今，新、老园区克服了交通、地域限制，在信息共享、管理一体化等层面上，形成“多园协同”和规模效应递增的良好局面，新、老园区协同并进，实现“一核多园”、差异化发展。

（二）拓展业务发展渠道，延长枢纽服务链条

随着移动互联网的突飞猛进式发展和消费观念升级，传统批发市场生存发展受到了挑战，枢纽积极开拓新业务，不断适应市场新需求，开发了电商物流、冷链仓配一

体化等多个新产品服务，推进传统商贸物流转型升级。

1. 大力发展电商物流业务

按照“互联网+物流园区”的发展思路，枢纽借助入驻枢纽的电子商务企业形成的聚集优势，依托枢纽的交通区位优势，以专业的电子商务物流市场为龙头，积极整合市场资源，实现集中化管理、规模化运营，吸引更多的电商企业、线下实体企业、物流相关产业以及广大创业者入驻、成长、发展，形成基于盖世物流网络平台的物流生态系统，让客户专注自身核心竞争力的打造，将枢纽建设成区域性电子商务物流中心。枢纽于2014年启动了“盖世云仓电商智能仓配一体化”（简称“盖世云仓”）项目。盖世云仓项目打造集线上线下、前端后端于一体的供应链服务型电商物流体系，为客户提供商品入库、商品上架、订单拣选、复核验货、包装称重、出库交接等服务，具备海量订单处理、多种拣选模式组合、主流电商ERP系统对接、主流快递公司对接、快递优化匹配、计费结算等功能，为客户提供专业的电子商务后端第三方精细化仓配一体化服务。项目设立专业化智能仓储中心，目前在仓客户100家，主要品类涵盖母婴用品、食品、宠物用品，日均处理单量可达20000单。仓库通过智能波次优化路径完成订单拣选，逐单匹配复核验货、包装称重，并运用先进的WMS，为客户提供包括多系统对接、多平台渠道订单处理、区域优选配送商、简化完善供应链的协同服务，有效控制物流成本，精准控制电子商务的采购、仓储、发货、送达等各个环节，并能为卖家和买家提供库存同步、全流程透明、预警式客服等符合电子商务需求的全数字化物流服务。同时借助分仓形式，使不同商家的货品可以汇集在同一个仓库，为不同商家货品的搭配销售、组合销售提供了便利和可能性。

2. 拓展冷链物流业务

为进一步完善冷链服务链条，2014年，枢纽推出冷链物流“仓配一体化”模式，以现代冷链物流系统化、标准化、专业化、现代化为目标，配套建设信息化系统，实现从信息采集、货物冷藏、市场交易、物流配送一条龙的全新运营模式，打造了一条集代购、交易平台、加工、包装、储存、运输、宅配等功能于一体的完整的冷链物流服务链条。

盖世冷链在发展的过程，逐步形成了商流、物流、信息流、资金流四流合一的运营模式。其中商流为盖世集团拥有自主知识产权的农品电商服务平台——“盖世鲜生”，如图1所示，通过线上平台订单采购，满足餐饮商家供应需求，减少中间环节，以低价、高效的服务为商家提供便利；资金流方面，引进鲁商小额贷款股份有限公司等多个金融平台，为枢纽客户提供了便捷的金融服务；信息流方面，引进和开发先进的物流与供应链管理系统，集TMS、WMS、GPS、温度采集和视频监测多项功能于一体。

盖世冷链专注为客户提供与国际标准同步的冷链物流服务，提供从生产端到消费端的一体化冷链物流服务，依托现代化冷链物流服务体系，发展冷链零担网络化、第三方冷链物流运输等多种功能于一体的综合性冷链物流项目。盖世冷链拥有强大的网络系统和运力资源，客户可以运用运输管理系统（TMS）进行网上下单，以满足客户对时效性和实时性的要求。车辆全球定位系统（GPS）可以随时监控车辆运输情况，清晰掌握货物从起运地到目的地的动态。

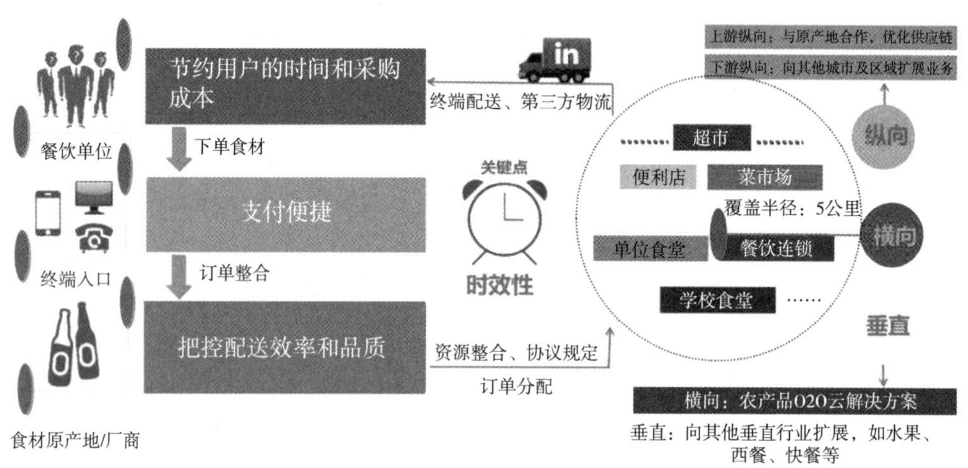

图1 “盖世鲜生”供应链业务集成服务功能

疫情期间，枢纽依托“盖世冷链”和“盖世鲜生”现有项目，针对B2C的盖世鲜生应用小程序正式上线（见图2），创新“零接触果蔬电商B2C配送服务”新模式，为3000多家客户提供零接触配送服务，满足了社区居民疫情期间生鲜商品的消费需求，同时积极帮助园区入驻企业等向城区及周边超市、门店供应生鲜产品及日用消费品。

（三）打造“干支配”服务平台，提高物流运作效率

枢纽通过有效整合国家物流枢纽与周边物流设施、外部中转物流与内部配送，打造干支配综合物流服务平台，强化“干支配”一体化运作，实现物资“大运输、快中转、零积压”，运作模式如图3所示。

干支配综合物流服务平台既是对接外来干线运输的节点，又是整合城乡配送服务的集散地。通过该节点，统一汇集外来的干线运输货物和本地外运的货物，为众多中小专线运输企业提供标准化、规范化的作业场所。同时汇集干线运输带来的城乡配送服务需求，开展组合集中式的城乡配送服务，推进干线运输与市内配送对接，形成城市干支接合部，为客户提供高效物流服务。枢纽主要通过以下方式打造高效的干支配综合物流服务平台。

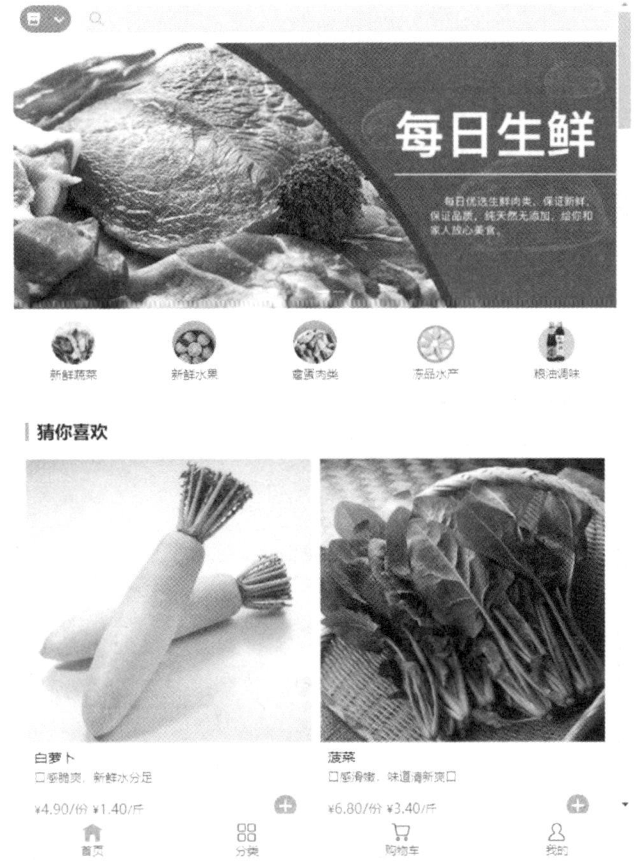

图 2 “盖世鲜生”应用小程序

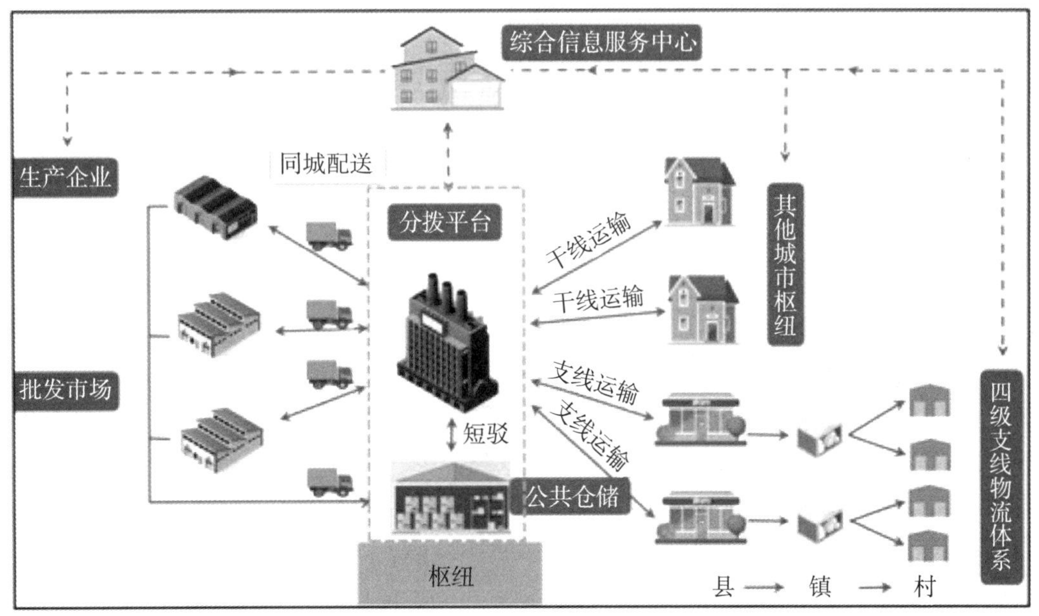

图 3 枢纽“干支配”业务运作模式

一是利用周边丰富的货源优势和枢纽运营主体盖世集团的品牌优势，吸引快递企业、公路运输企业、配送企业等入驻，形成强大的运输物流供给能力。

二是提供货物分拨平台、落货平台、分拣平台和公共仓储中心等高标准的物流基础设施（见图4），为入驻企业开展物流作业提供支撑。

图4　济南商贸服务型国家物流枢纽核心园区仓储及配送作业设施布局

三是信息化手段。枢纽已建成覆盖整个园区的智能化硬件应用系统，并以自主研发的盖世物流云网络货运综合服务平台为依托，满足货主、多式联运经营人、运输企业等各参与方获取货、班列、场站、口岸等动态信息的需求，提高物流供需匹配效率，加强干线运输、支线运输、城市配送的一体化衔接，促进多种运输方式间的协同联动。

四是标准化建设。通过严格执行国际质量标准和国家、行业标准，积极参与《鲜活海产品冷链物流体系建设要求》等地方标准制定工作，枢纽内设备设施、服务管理、人员素质和信息化水平等不断提升；全面推行仓储货架、装卸设备、运输车辆、信息系统等设施设备标准化，推动上下游企业开展带板运输、机械化装卸，实现带板运输率提高至33.27%，装卸工时效率提高至17.14吨/小时，平均货损率下降至0.09%；企业物流效率显著提高，物流成本快速下降。

五是利用“盖世云仓”“盖世冷链”城配公共服务平台，推动专业批发市场电商企业与干线物流企业积极对接，提供同城配送服务和落地配送业务。

六是建设宾馆、写字楼、信息中心、加油站、超市、汽修厂、消防站等综合服务设施，引进公安、消防、交通、工商等政府职能部门，为入驻企业提供一站式物流基础配套服务等。

三、枢纽建设发展成效

（一）物流集聚效应明显

经过多年集聚发展，目前枢纽已发展成为国内重要的区域性物流周转中心。枢纽现已入驻了海尔、中远、德邦、京东商城等2639家企业，其中A级以上物流企业22家、5A级物流企业12家。成立至今，在物流交易总额、货物吞吐量、入驻企业规模、货运专线数量、财税贡献等方面，都取得了跨越式发展，2020年枢纽物流交易总额达到550亿元，形成了以家电、日化、医药、车辆、五金机电等产品为核心的商贸物流集聚区。

（二）助力脱贫致富，践行社会责任

枢纽运营主体盖世集团从村办集体企业发展成为现代企业集团，企业运营效益进一步带动村民生活水平逐年提升。目前，盖家沟村村民每月发放生活费1000元，参与股份改制的村民享受25000元/年的股份红利，80岁以上人员发放生日红包6000元，80岁以下人员发放生日红包5000元，村民符合53种大病医疗条件的，给予大病医疗补贴上限10万元，村民福利得到切实保障。

盖世集团成立20年以来，创造了大量就业机会，带动创业、就业总人数达5.5万人，为1.1万家客户提供专业及综合服务，带动周边近20万人就业。此外，盖世集团高度重视社会责任体系建设，集团自成立以来，先后认捐慈善基金5000余万元，在社会上树立了良好的企业形象，获得了许多社会美誉，多次获评“最具爱心企业”“认捐基金爱心单位”，取得了良好的经济效益和社会效益。

四、枢纽发展方向与未来展望

“十四五”时期，枢纽将紧紧围绕服务黄河生态保护和高质量发展、山东新旧动能转换综合实验区、中国（山东）自由贸易区三大国家战略，通过加快聚集区域商贸物流要素资源，发展集约高效经济多元物流服务，推动枢纽与第一、第二、第三产业融合发展，带动关联产业集群发展壮大；创新枢纽、产业、城市融合发展新模式，拓展发展新空间，使枢纽成为济南实施新旧动能转换和高质量发展黄河中下游绿色经济的策源地，提升枢纽综合竞争优势和规模经济效应，带动区域经济协同、高质量发展。

（一）积极推动国家物流枢纽项目建设

根据济南市地理位置特点和经济社会与物流业发展情况，枢纽将充分利用综合性物流园区优势，积极推动国家物流枢纽项目建设，推动枢纽经济总部基地和智慧供应

链园区项目等持续开展，进一步推动物流服务质量、效率提升和动能转换，更好地发挥国家物流枢纽在全国物流网络中的重要平台和骨干枢纽作用。

（二）推动商贸转型升级

借助国家物流枢纽建设，推动传统商贸向平台化、网络化转型，提升枢纽物流集散和资源整合能力，带动关联产业集群发展壮大。打造中国智慧商贸物流名城、全国性货物集散中心、华北消费供应链枢纽城市和特色电商物流集聚中心，成为国家智慧物流创新先行区和黄河中下游商贸物流绿色发展示范区，形成商贸和物流相互支撑、相互促进的良性循环。

（三）带动一、二、三产业融合发展

充分发挥枢纽在农产品供应链、冷链物流等方面的支撑作用，推动现代农业、食品加工等相关产业协同发展，提升消费的经济拉动作用，引领产业高位跃升，促进产业结构升级，提高区域经济发展质量效益水平。依托全国重要商贸物流中转基地及市场集群优势，建设国际贸易城和全国商贸物流标准研发中心，形成国外“名优特”产品销售与分拨基地，实现服务范围从区域向全国、全世界跨越，推动“泉城号”欧亚冷链班列开行。

（四）打造供应链创新体系

巩固国家供应链体系建设综合试点成果，构建供应链创新体系，形成“数字驱动、协同共享”产业生态。实施“创新驱动提速工程”，加快国家智慧物流创新先行区、物流大数据应用开发中心和物流人才培育中心建设，建立“产学研政金服管用”协同创新机制，加快“枢纽经济总部基地”建设步伐，助力区域性科技创新中心建设，服务区域经济高质量发展。

（五）助推省会城市群经济圈建设

依托“枢纽＋通道＋网络”现代物流运行体系，实现国家物流枢纽载体支撑能力的升级与扩容，形成“多区联动、功能完善、空间优化”的城市高质量发展新框架，进一步优化济南及省会城市群的城市空间结构，加快国家中心城市建设步伐。

（撰稿人：盖忠琳）

昆明商贸服务型国家物流枢纽

强基础、建平台、聚资源　共建面向南亚、东南亚国家物流枢纽

昆明商贸服务型国家物流枢纽（以下简称“枢纽”）对昆明加快建设区域性国际中心城市，服务中国—东盟自贸区、澜湄合作区、昆明—河内—海防经济走廊建设，扩大对东盟开放合作范围，发挥昆明通往南亚、东南亚重要陆上及空中通道优势，打造我国西部地区面向南亚、东南亚开放的辐射中心具有重要战略意义。

一、枢纽概况

（一）区位交通

昆明具有东连黔桂入海，北经川渝进中原，南下越南、老挝到泰国、柬埔寨，西接缅甸连印度的独特区位优势，高效衔接“一带一路”、西部陆海新通道、长江经济带等，在我国与南亚、东南亚国家交流交往中发挥着重要的引领带动作用，是我国面向环印度洋地区的战略支点，面向南亚、东南亚开放的辐射中心。

枢纽根据功能性设施互补、引导工业大宗商品物流业态转移、推动生活生产物资分离发展等发展要求，结合物流需求分布、空间布局集约等因素，由王家营和腾俊陆港两个片区构成。

王家营片区位于王家营物流集聚区内，总用地规模 7.82 平方公里，北至秋锦路，西临双拥路，东至春漫大道与呈黄快速路，南接呈荣大道，坐拥云南省和云贵高原大型集装箱中心站，毗邻重要国际商贸中心。

腾俊陆港片区位于昆明市南部，滇池西岸，地处晋宁工业园区青山片区，距离昆明主城区 50 公里，紧邻昆明绕城高速西侧。其总用地规模 3.63 平方公里，由商贸枢纽核心区和拓展区两个部分构成，用地分别为 2.01 平方公里和 1.62 平方公里。

（二）功能定位

枢纽抢抓“一带一路”建设、长江经济带发展和西部陆海新通道建设等重大机遇，深入贯彻习近平总书记系列重要讲话和考察云南重要讲话精神，服务云南特色商贸服

务业，支撑滇中城市群发展，以构筑面向南亚、东南亚的重要国际商贸服务型物流枢纽为使命，以服务云南“南亚和东南亚辐射中心”和昆明“区域性国际中心城市”建设为导向，打造我国面向南亚、东南亚高水平开放的国际商贸物流港、商贸供应链枢纽和国际自由贸易港。

枢纽依托云南省4830万人口以及辐射带动西南地区和面向南亚、东南亚超20亿人口，围绕农产品、大宗物资、冷链产品、螺蛳粉、花卉等商贸物流需求，设置了商贸业物流集成、国际商贸供应链物流、区域分拨配送、多式联运组织、国际物流服务等基本功能，还设置了国际商贸合作功能、应急物流功能和综合配套功能等延伸功能。

（三）功能布局

枢纽围绕基本功能和延伸功能，以王家营片区和腾俊陆港片区的核心区建设为重点，在整合王家营西铁路场站、昆明集装箱中心站、王家营西铁路换轨站、中谊村站

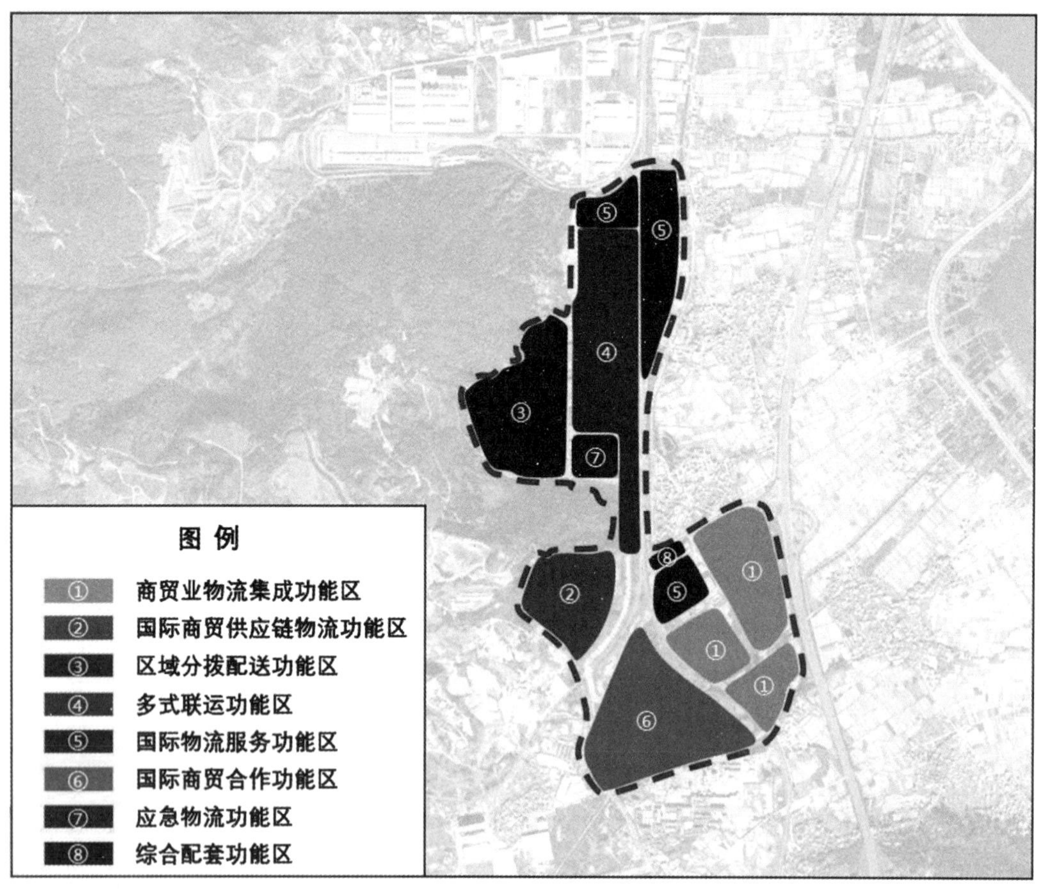

图1 腾俊陆港片区功能布局

等存量设施资源以及提升商贸物流集成服务、供应链物流一体化服务、多式联运、国际物流服务等服务能力基础上，建设商贸业物流集成、国际商贸供应链物流、区域分拨配送、干线运输组织、多式联运、国际物流服务、国际商贸合作、应急物流和综合配套九大功能区。图1是腾俊陆港片区功能布局，图2是王家营片区功能布局。

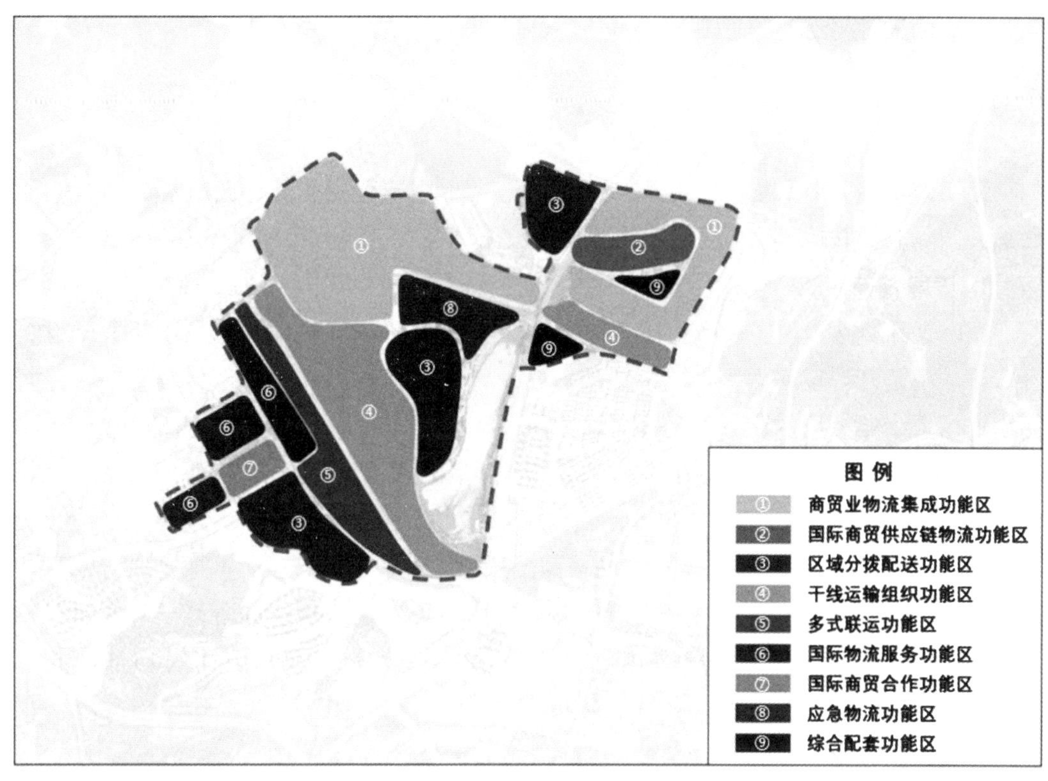

图2　王家营片区功能布局

（四）建设运营模式

枢纽建设开发坚持“政府引导、企业主导”原则，采用物流枢纽建设领导小组、国有平台公司、市场化企业的合作管理建设模式。枢纽具体项目建设按照云南省委、云南省政府、昆明市委、昆明市政府统筹安排部署，采用国有平台负责枢纽两片区的整体基础设施建设、功能性项目投资开发、存量设施提能升级，由社会化企业进行各枢纽业务的补充强化建设。

运营主体采用运营联盟模式，由云南腾晋物流股份有限公司和云南省物流投资集团牵头，联合中铁联集昆明分公司、云南洲际班列物流有限责任公司、云南农垦物流有限公司成立昆明枢纽运营联盟。王家营片区牵头运营主体云南省物流投资集团有限公司（以下简称“云南省物流投资集团”）成立于2013年，是昆明钢铁控股有限公司下属全资子公司、昆钢现代物流产业板块实施运营主体、国家5A级物流企业。腾俊陆港片区建设运营主体企业为云南腾晋物流股份有限公司（以下简称“腾晋物流”），是国家5A级物流企业、国家供应链创新与应用试点企业、全国首批“多式联运示范工程”、云南省首家网络货运经营企业。

二、主要做法与特色经验

（一）构建服务“干支配”业务的多级物流网络

昆明商贸服务型国家物流枢纽“干支配”业务主要包括国际铁路直达、国际铁海联运、国际公铁联运、跨境公路班车、国内公铁联运和公路分拨配送6大业务模式。

1. 国际铁路直达

国际铁路直达，由中铁联集昆明分公司联合云南洲际班列物流有限责任公司组织开行。一条是开行至河内、曼谷、新加坡、曼德勒等地的国际铁路班列，重点培育面向南亚、东南亚市场的国际铁路直达业务；另一条是开行至成都、重庆的铁路班列，联合成都、重庆中欧班列运营主体协同开行至欧洲的铁路阶梯直达班列，加强枢纽与中亚、欧洲地区的业务往来。

2017年12月，云南首趟至中亚的班列国际货运班列成功启运。本趟班列自昆明王家营西站始发，经霍尔果斯口岸或阿拉山口口岸出境，抵达哈萨克斯坦、乌兹别克斯坦、吉尔吉斯斯坦、土库曼斯坦和塔吉克斯坦，全程近6000公里，耗时约15天。此次班列的开行，大大缩短了西南地区到中亚五国货物运行时间，有效助推云南省内企业更好地走出去，让更多的“云南造，云南产”走向世界。

2. 国际铁海联运

该业务运营主体为中铁联集昆明分公司、云南洲际班列物流有限责任公司。在西部陆海新通道建设方面，强化与北部湾港间的合作，组织开行至北部湾港的国际铁海联运班列；加强与南亚、东南亚港口的合作，组织开行经泛亚铁路至皎漂港、海防港等国际港口的铁海联运班列。以枢纽王家营片区至防城港的公铁海多式联运为例，2019年开通云南—广西防城港公铁海多式联运线路，组织将由巴西、澳大利亚通过海运到达防城港的矿石通过铁路运输到昆明、蒙自、玉溪火车站场，再通过汽车配送至各工业生产企业，截至2021年6月，累计运量为579万吨。

3. 国际公铁联运

国际公铁联运业务由中铁联集昆明分公司、云南洲际班列物流有限责任公司等枢纽运营主体组织开行枢纽至边境口岸的铁路班列，在口岸经铁路装卸后转公路运输的方式将货物运输至目的地。枢纽腾俊陆港片区与昆明铁路局战略合作，开展了以集装箱、散货铁路干线运输为主的业务。2019年8月，专用线开通运营，已与上海、防城港等各大港口达成了海港—陆港战略合作联盟，并依托泛亚铁路率先开行的蒙河线，开行昆明—河口—老街—海防国际公铁海联运班列。截至 2019 年年末，共实现多式联运量 137 万吨，其中集装箱吞吐量为 89 万吨，2020 年实现货运总量约 230 万吨。

4. 跨境公路班车

在泛亚铁路未开通运行之前，为加强与南亚、东南亚市场的业务往来，利用公路运输灵活便捷的运输特点，由枢纽运营主体组织开行昆明至南亚、东南亚等地的跨境公路班车将货物运输至目的地，满足零散小批量货物运输需求。

以枢纽王家营片区当前开展的业务为例，云南省物流投资集团为枢纽橡胶木加工企业制订跨境供应链综合解决方案，成功构建并打通泰国经老挝入境到云南，再经成都至欧洲的物流运输通道。截至 2021 年 6 月，累计完成 8.2 万吨泰国橡胶木跨境运输，并帮助加工企业进行采购执行业务，实现跨境物流运输新突破。

5. 国内公铁联运

国内公铁联运在滇藏铁路未全线贯通前，由枢纽运营主体组织开行至大理/丽江的铁路班列，然后转公路运输的方式将货物运输至云南西北部、西藏等地，满足藏区生产生活物资、应急物资、战略物资的配送需求。截至 2020 年年末，王家营片区内宝象物流中心与昆明铁路局合作，以昆明、玉溪、蒙自、曲靖为核心区域在云南范围运营近 90 条公铁联运线路，全年开展公铁联运业务 340 万吨，现已累计完成大宗物资公铁联运运量超过 2500 万吨。

同时，王家营片区通过物流智慧供应链云平台大宗商品交易模块，实现河北、山东、上海等地的钢材、建材等大宗物资干线铁路到达枢纽，再公路配送云南全省的联运模式，2020 年联运运输的大宗物资约 50 万吨。

6. 公路分拨配送

基于昆明本地厂商生产加工的产品和外地干线支线到达的货物，以枢纽两大片区为核心分别建设区域生活和生产性物资配送中心，以昆明绕城高速公路和城际放射状物流网络为重要支撑，构建层次分明、分工明确、多点直达的一体化区域商贸配送服务体系，由枢纽各运营主体根据自身业务优势和特点，共同推动建立覆盖区域商贸服务产业链上下游企业的公路分拨配送体系。

枢纽依托“干支配”网络和完善的业务，在昆明物流发展中占据了重要的地位。2020 年，枢纽铁路货运量约为 1850 万吨，占昆明铁路货运总量的 35%；枢纽公路货运量为 3000 万吨，占昆明公路货运总量的 12%；枢纽集装箱货运量为 750 万吨，占昆明集装箱货运总量的 80%。

（二）多措并举提升多式联运服务水平

枢纽高度重视多式联运发展，积极开拓创新，通过联运设施无缝衔接、智能仓储为组织中枢、“一票到底”、干甩衔接等多种方式提高多式联运运输效率，特别是枢纽企业云南腾俊多式联运股份有限公司主导的云南省“昆明—东南亚、长江经济带、广西北部湾”一心三支“点轴辐射型”集装箱公铁海多式联运示范工程，入选了国家首批多式联运示范工程。

一是联运设施无缝衔接。腾俊陆港片区的公铁联运中心、保税物流中心（B 型）、智能仓储中心三大物流功能板块之间距离不超过 500 米，可满足各类货物的仓储、集拼、换装、转运等的一体化运作需求，实现物流功能集成和作业无缝化衔接。

二是智能仓储为组织中枢。腾俊陆港片区运营主体腾晋物流基于其智能仓储中心，构建了数字化、智能化的仓储群，为多式联运的货物集散、储存、分拨、转运等多种物流活动进行集中实现和组织管理。腾晋物流的智能仓储中心不局限于储存、输送、分拣等单一作业环节的自动化，而是应用机器人、激光扫描、RFID、WMS 等智能化技术，融入物联网技术、人工智能技术、计算机技术、信息技术等，实现整个仓储物流的自动化与智能化，进而实现联运与智能仓储的有效融合。

三是“一票到底”。腾晋物流在多式联运过程中，为客户提供“一单制”服务，对运输过程承担全程责任，有效简化托运的手续流程，可为国内其他运输企业开展多式联运提供借鉴。作为多式联运经营人，腾晋物流对开行的各条线路均采用“一单制”结算，将铁路、水路、公路运单整合形成腾晋多式联运提单，解决了各种单证制度存在差异的情况。同时作为经营人，对整条线路的运营情况进行监督管理。针对“最先一公里”和“最后一公里”采用“门到门”运输为客户提供专业定制化的服务，即以客户为中心，采取“一次委托、一次收取、一单到底”的方式，对运输过程承担全程责任，向客户提供整合的物流配送服务和解决方案。

四是干甩衔接。枢纽深度融合各种运输方式，充分发挥海铁干线运输的优势，发挥公路运输灵活、可实现“门到门”运输的优势，并发挥腾晋物流前期开展甩挂运输积累的货源优势、线路优势。重点以大理—昆明、富民—昆明、景洪—昆明、磨憨—昆明四条甩挂运输线路为主，组织云南地区的货物经甩挂运输运至枢纽腾俊陆港片区的公铁联运物流中心，然后转至铁路运输运至防城港、宜宾等地。

五是散货集装。在不同线路上采用相适宜的集装化运输。在“云南—广西北部湾—沿海港口”内贸公铁海多式联运线路、“云南—广西北部湾港—境外港口”外贸公铁海多式联运线路运输过程中，均采用标准化集装箱。在“西南—昆明—边境口岸—南亚、东南亚”外贸公铁多式联运线路运输过程中，云南省的多数大宗货物，如化肥、饲料、白糖、淀粉、咖啡豆、聚乙烯、聚丙烯等都采用小袋包装，既不方便装卸，也容易破损。针对这类小袋包装货物，采用“托盘 + 挂网”的集装化运输形式，使货物在工厂端就实现散货集装，运输至站场后极大提升了换装效率，减少了货物损失。

六是平台一体化。以国家交通运输物流公共信息平台（云南站）的数据交换为载体，腾晋物流与昆明铁路局、北部湾国际港务集团等单位共同推进各自系统的接口改造，建设多式联运信息系统，实现公路运输、铁路运输、水路运输等信息的对接、交互，促进各种运输方式的信息共享，同时通过红外感应、RFID 等技术、多式联运信息查询等模块的建设，实现对货物的实时跟踪。另外，腾晋物流牵头制定了《多式联运信息数据交换规范》，对多式联运及其相关企业之间各类信息系统数据共享、业务信息交换提供了规范，也提供了统一的业务信息存储、访问的对外接口和安全等业务交换规范。

自 2016 年规划实施以来，枢纽腾俊陆港片区多式联运业务规模及服务半径逐年攀升，业务规模年均增长率超过 20%，服务半径更是从省内向全国、南亚、东南亚快速扩张，截至 2020 年年底，服务品类 30 余个，服务国内城市 20 余个，服务国家 5 个，其中南亚、东南亚国家 4 个。

（三）搭建一体化综合供应链服务体系

依托枢纽基础设施和国际供应链组织体系，面向国内国际商贸型和生产型企业，枢纽针对不同产业、不同需求、不同环节提供定制化供应链集成服务，目前在电商、农产品冷链、大宗商品等领域形成了较为成熟的运作模式。以大宗商品为例，枢纽大宗商品供应链主要依托云南省物流投资集团，综合利用大数据、云计算、物联网、移动互联、区块链等技术，重点打造了“宝象智慧供应链云平台”，实现“交易 + 物流 + 金融”业务全面协同，为生产制造、商贸流通、物流、金融等各产业链供应链上下游企业提供开放的协同应用平台，并基于平台创新发展供应链金融，助力中小企业加速发展。

1. 向供应链综合服务企业转型，深度赋能大宗工业品产业链

（1）建立一体化综合供应链服务体系。

云南省物流投资集团重点聚焦大宗原材料、产成品产业链供应链的体系建设和服务协同，面向产业链全环节，以运输、仓储、流通加工等物流服务为切入点，连接大宗工业品原材料供应商、生产企业、经销商与物流企业，拓展商贸交易服务、信息服务和金融服务等业务。围绕产业链原材料采购、生产（厂内短倒）、销售、运输、库存管理、园区管理，为大宗工业品产业链上下游企业提供一体化的综合供应链解决方案，逐渐形成了“贸易 + 物流 + 金融”“贸易 + 物流”“物流 + 金融 + 园区”等多类型供应链综合服务模式，赋能大宗工业品制造企业剥离采购、物流等非核心业务，聚焦生产主业。

（2）推动供应链协同化发展，提升效率。

①物流资源协同。

云南省物流投资集团通过线下在云南全省乃至南亚、东南亚大通道范围内协调运输需求和运力资源，结合线上“宝象大宗”“宝象运网”“宝象云仓”“宝象金融”等子系统，促进运力资源、仓储资源和资金资源协同，破除信息壁垒，提高资源配置效率和供应链运行效率。

②供应链业务协同。

云南省物流投资集团以物流运输、仓储、流通加工、装卸搬运等基础物流业为切入点，连接大宗工业品原材料供应商、生产企业、经销商和物流企业，拓展采购、销售、供应链金融等供应链业务，促进物流业与制造业融合发展。

③产业链上下游协同。

通过为木材产业、钛产业、电线电缆产业等提供代理采购、半成品加工管理、代理销售、一体化仓储物流、供应链金融等服务，构建了包含产业链原材料供应商、半成品加工服务商、下游客户在内的产业链生态圈。橡胶木产业链上下游的业务协同如图3所示。

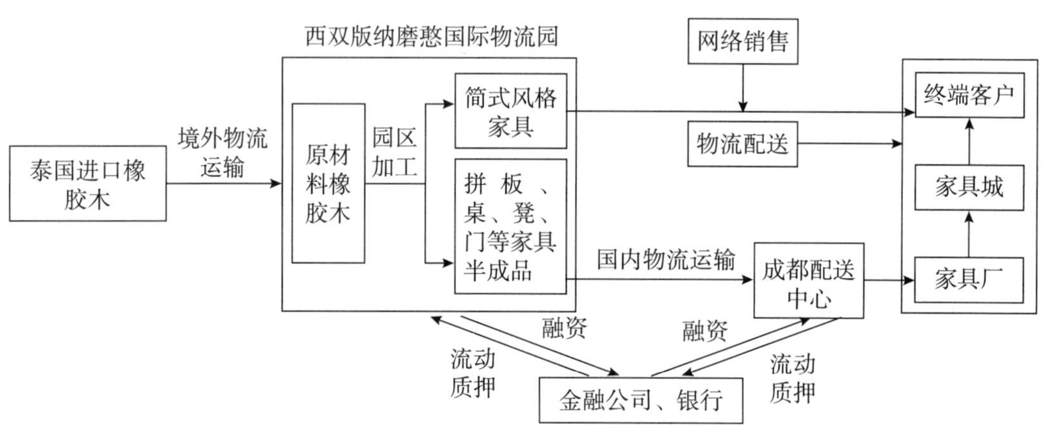

图3 橡胶木产业链上下游业务协同示意

2. 强化资源整合和生态培育，带动区域现代服务业发展

集团内部资源整合。云南省物流投资集团整合浩华跨境电子商务、元强经贸、濮耐昆钢高温材料公司的铁矿粉、焦炭、建材、热轧钢带、膨润土等采购、销售业务，上线宝象智慧供应链云平台，构建起以钢材产业为核心的供应链生态环境。同时，整合昆钢集团红钢、玉钢、草铺三个生产基地和七个外部仓库资源，实现昆钢集团内部资源的集约化管理，促进供应链垂直细分领域（生产制造、仓储管理）的集聚。

社会资源整合。云南省物流投资集团通过搭建覆盖云南省钢铁、水泥、新材料等建材的主要生产及消费的区域物流网络，与其他物流企业合作，并整合线下分散运力4万余辆，整合云仓面积49万平方米，实现了物流资源的共享和优化配置，在云南全省乃至南亚、东南亚大通道范围内协调物流服务供需匹配，形成网络循环，实现资源对流，达到降本增效。

3. 建设宝象智慧供应链云平台，提升供应链数字化、可视化、协同化水平

（1）“线下业务线上化 + 子模块互联互通”，提升供应链数字化、协同化水平。

云南省物流投资集团以“宝象智慧供应链云平台”为纽带，整合供应链上下游资源，实现业务在线操作；通过与线下仓储管理设备（理货 PDA、自助叫号机等）、园区管理设施（无人过磅、智能道闸等）和车辆管理设备（车载 GPS 终端）串联，实现数据自动采集；通过宝象大宗、宝象运网、宝象云仓、宝象商城、宝象园区、宝象金融、宝象大数据互联互通，实现全流程数据无缝衔接，提升供应链数字化、协同化水平，具体如图 4 所示。

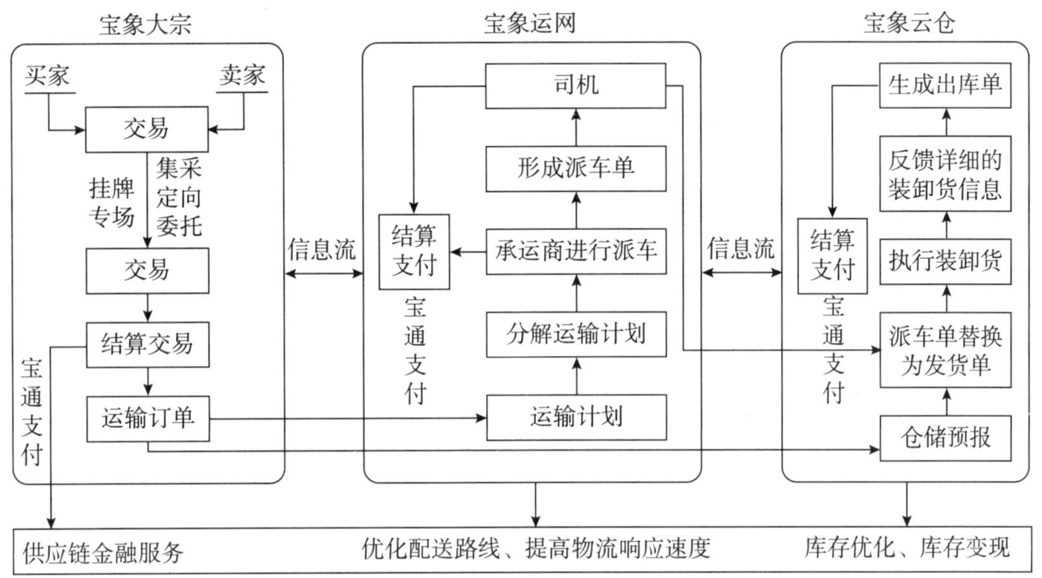

图 4 宝象智慧供应链云平台运作模式

（2）宝象大数据子模块，提升供应链可视化水平。

宝象大数据将物流环节中涉及的数据及信息进行采集，对大量的低价值数据进行快速复杂处理与分析，提炼为高价值、高可用数据，建立新型的集团大数据存储、处理及服务与应用的数据服务体系，通过加工实现数据增值，此流程如图 5 所示。宝象智慧物流大数据将物流数据业务化，深入挖掘物流价值，优化资源配置，在路径优化、智能调度与配载、企业画像、运力分层、数据征信与物流互联网金融、需求供应链预测以及公路货运与交通的宏观分析等方面发挥巨大作用，进而推动物流行业从粗放式服务到个性化服务的转变，形成面向经营管理和企业决策的数据协同能力和数据服务能力，支撑各类物流服务、运营管理和决策应用。

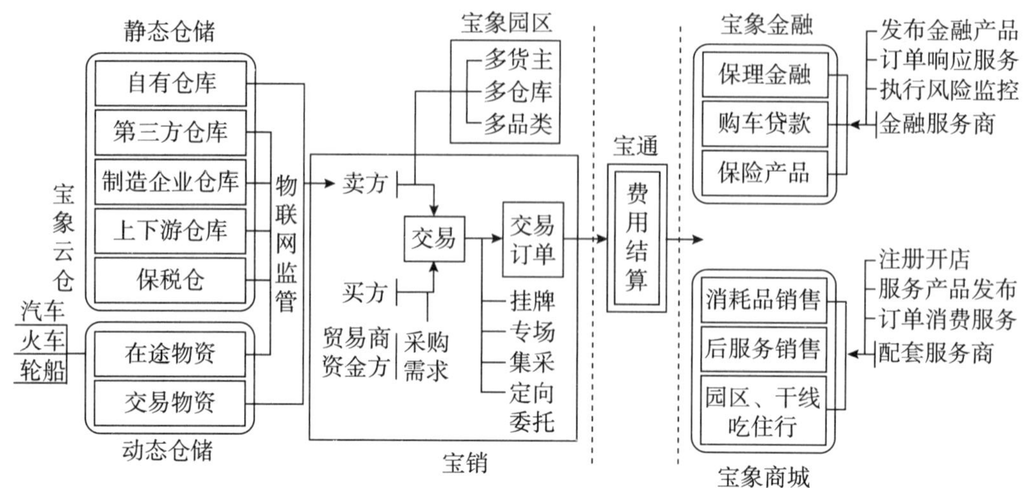

图5　智慧供应链云平台运营流程

（3）智慧云仓信息系统建设、智慧云仓设施设备引进，提升仓库机械化、自动化、数字化水平。

云南省物流投资集团以“智慧云仓信息系统建设＋智慧云仓设施设备引进”为主线，线上打造宝象云仓，在枢纽王家营片区线下引进吊车、叉车、自助换单机等物流设施设备，利用二维码识别技术和移动端的应用，达到数字化仓储与物流各个环节之间的相互衔接及设备之间的通用，实现仓储机械化作业、自动化管理。2020 年，宝象物流集团被评为第一批全国数字化仓库试点企业。随着仓储智能化建设不断推进，宝象物流仓储作业效率、仓储服务水平不断提升，平均降低人工成本 5%。截至 2020 年年底，宝象云仓实现吞吐量 328.637 万吨。

4. 稳妥发展供应链金融，助力中小企业加速发展

云南省物流投资集团以“宝象智慧供应链云平台”旗下供应链金融子系统为支撑，基于供应链云平台真实交易，在传统供应链金融模式下嵌入底层区块链系统保障安全的前提下，探索引入资金方，重点开展运费保理融资、存货质押融资、代采代销融资等供应链金融业务。

（1）运费保理融资。

云南省物流投资集团基于自身应付账款，打造应收应付管理产品宝通，宝通持有人（承运商）可以将宝通用来缴费（汽修汽配、保险、加油）、在线融资、到期兑付，具体流程如图 6 所示。2020 年年底，产生宝通支付结算额超过 17 亿元，融资额近 2 亿元，融资服务费超过 400 万元。

（2）存货质押融资。

依托下属王家营物流中心，客户以储存在宝象指定仓库的货物进行质押获得融资。截至 2020 年年底，累计提供融资金额超过 4000 万元。

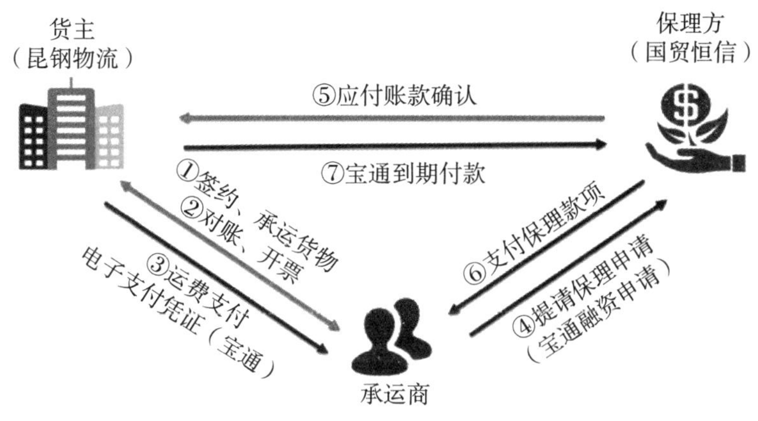

图6 运费保理业务流程

（3）代采代销融资。

客户无法承担大额原料采购费用时，通过支付较少保证金，由云南省物流投资集团下属宝象物流代为采购指定货物，并在约定期限内打款提货。截至2020年年底，累计提供6500万元融资服务。通过供应链金融服务的积极尝试，实现向中小企业、民营企业等生态圈末端分享优质信用资源，缓解中小企业融资压力，助力实体经济发展。

5. 搭建跨境供应链综合服务体系，畅通国内国际双循环

云南省物流投资集团围绕国家“一带一路”倡议及云南辐射中心建设的有利契机，充分发挥云南—南亚、东南亚辐射中心区位优势，以为大宗工业品产业链提供综合服务为切入点，打通云南与东南亚、南亚国家之间的贸易、物流、金融通道，构建跨境供应链服务体系。在磨憨口岸布局跨境综合物流枢纽——磨憨跨境现代综合物流产业园，以红河（河口）、西双版纳（磨憨）、德宏（瑞丽）三个边境口岸型国家物流枢纽作为支点，打通蒙自—河口—越南路公铁联运通道、玉溪—磨憨口岸—万象中老泰通道、大理—瑞丽口岸—皎漂港印度洋出海通道三条跨境商贸物流示范通道。2020年，云南省物流投资集团运作跨境物流货运量共333.9万吨，占全年总运量的10.68%。

三、枢纽建设发展成效

（一）枢纽发展形成规模效益

凭借区位、资源聚集及品牌规模优势，枢纽片区依托6个物流园区，成功引入客户600多户，年采销产值600亿元以上，年物流吞吐量近750万吨，已形成云南省规模最大的大宗物资、生活物资商贸物流集散枢纽，是区域城市配送网的核心。枢纽内物流园区业务涵盖租赁、仓储、装修、延伸加工、公路运输、公铁联运、物流策划、物流信息、物流金融等方面。同时，依托枢纽内园区，大力发展多式联运业务，开通了国际海铁公联运、国际海铁公中转联运、国内散改集公铁联运、国内海铁公联运等多条多式联运线路，具体如表 1 所示。

表 1　　物流枢纽内多式联运线路

运输方式	多式联运线路
国际海铁公联运	南亚、东南亚沿海港口—（集装箱海铁/公海联运）—宝象王家营物流园—（集装箱公路运输）—滇中城市群及周边地区市企业
国际海铁公中转联运	南亚、东南亚沿海港口—(集装箱海铁/公海联运)—宝象王家营物流园—进口清关、检验检疫、换装、拼箱、流通加工—(集装箱铁路运输)—粤港澳大湾区、长江经济带、环渤海经济区
国内海铁公联运	东南沿海港口—(海铁/江海联运)—宝象王家营物流园—(集装箱公路运输)—滇中城市群及周边地区企业
国内“散改集”公铁联运	滇中城市群及周边地区—(公路零散快运)—宝象王家营物流园—堆场“散改集”—(集装箱铁路运输)—粤港澳大湾区、长江经济带、环渤海经济区
国内海铁公联运	昆明—南亚、东南亚，昆明—长江经济带，昆明—广西北部湾

（二）国际化服务功能逐渐形成

目前，枢纽腾俊陆港片区内设置有国际化服务功能，已建成保税物流中心（B 型）总投资 3.97 亿元，占地 5.9 万平方米，总建筑面积 8.3 万平方米。保税物流中心（B 型）涵盖两栋监管仓库，建筑面积 3145.3 平方米；常温及冷链保税仓储场所，两栋保税仓库建筑面积 49728.79 平方米；商品展示和交易区域，建筑面积 6889.72 平方米；保税集装箱堆场面积 3349.26 平方米。截至 2020 年，腾俊陆港片区可提供保税仓储、跨境贸易通关、保税展示和交易、转口贸易、跨境交易支付、国际物流、国际配送、跨境电商等多种国际化服务。

（三）多措并举，带动园区中小企业共同发展

枢纽运营以来，不断完善基础设施建设，进行智能化、数字化升级，吸引大量优质企业入驻，已形成一定产业聚集和资源积累，为相关产业发展提供了良好环境。一方面，枢纽强大的潜力吸引投资，加快推动片区的建设速度。另一方面，枢纽为入驻企业特别是小微企业提供了良好的营商环境和平台，促进企业高质量快速发展，从而拉动区域经济增长。截至 2020 年年底，枢纽入驻企业 2601 家，其中物流企业 561 家。

四、枢纽发展方向与未来展望

枢纽将进一步整合区域资源，通过结合“互联网 +”与现代供应链，做强现有物流资源存量，做实物流资源增量，发展高效便捷的商贸和物流新模式，促进物流与制造、商贸、金融等业态的联动发展，创新智慧生态产业链，打造聚集效应，建立创新驱动的智慧商贸与物流生态系统。同时，以现有枢纽平台为载体，全面提升创新驱动发展新经济模式，促进昆明经济枢纽向枢纽经济转型。推进生态链参与者共创、共享、共赢，达成智慧商贸与物流生态系统的闭环和平衡，实现产业生态圈的可持续性发展，服务云南特色商贸服务业，支撑滇中城市群发展，以构筑面向南亚、东南亚的重要国际商贸服务型物流枢纽为使命，以服务云南“南亚和东南亚辐射中心”和昆明“国际区域性国际中心城市”建设为导向，打造我国面向南亚、东南亚高水平开放的国际商贸物流港、商贸供应链枢纽和国际自由贸易港。

枢纽不断完善物流网络和通道，打造“枢纽 + 通道 + 网络”的现代化物流体系，推动物流业降本增效、提升物流业发展水平、实现区域运输结构调整，并借力枢纽的强聚集和广辐射优势，支撑产业规模化发展，驱动产业结构升级，促使昆明经济实现绿色、协调、开放、共享的高质量发展，建成区域性国际物流枢纽城市，成为服务云南全省、承接国内、辐射南亚和东南亚的云南省物流产业核心区。

（撰稿人：许波，张树芳，杨再锋，秦翠平，汤恒，胡晓娟）

青岛商贸服务型国家物流枢纽

搭建国际合作新平台　助力上合示范区建设

青岛商贸服务型国家物流枢纽（以下简称“枢纽”）位于青岛胶州市，地区文化底蕴深厚、发展历史悠久，具有发展商贸物流的众多优势。枢纽联通中亚、上海合作组织（以下简称“上合组织”）国家与亚太市场，连接上合组织国家与东北亚经济圈，融入“一带一路”建设，积极打造国际多式联运中心，提供国际班列集结和多式联运服务，创新国内班列开行模式。枢纽内基础设施完善，持续推进创新发展，直接服务于上合示范区国家战略，主要承载与上合组织国家之间的物流商贸服务功能，具有推进我国同上合组织国家在国际物流、现代贸易等领域进行深度融合合作，构建“东西双向互济、陆海内外联动”开放新格局，推动青岛形成新时代对外开放新高地的重要作用。

一、枢纽概况

胶州市位于山东半岛西南部、胶州湾北岸，是山东半岛联结海内外的重要交通咽喉，域内拥有两个铁路客运站，全国 18 个铁路中心站之一的中铁联集青岛集装箱中心站，青银、青兰、沈海 3 条高速公路，胶济、胶黄、胶新和胶济客运专线 4 条铁路，4F 级国际机场距青岛市区 30 公里、距青岛前湾港 39 公里、距胶东国际机场 9 公里。

胶州作为中华文明发祥地之一，具有丰富的历史底蕴，自古就是著名的通商口岸，古代海上丝绸之路在此始发，唐朝设立板桥镇，北宋设立市舶司，具有了“金胶州”“海表名邦”等美誉。随着胶济铁路开通，胶州湾高速、胶州湾大桥通车，海铁联运“胶黄小运转”启用，济青高铁、青连铁路贯通，青岛胶东 4F 国际机场落户胶州，基础设施的互联互通为胶州全方位开放注入了新动力，海陆空铁“四位一体”独特优势促使多式联运迅猛发展。胶州市先后荣膺全国文明城市、国家卫生城市、中国最具幸福感城市、国家环保模范城市等称号，综合实力位居全国百强县 12 名、山东省第一名。2020 年，胶州市完成地区生产总值 1225.86 亿元，实现进出口总额 606.9 亿元。

（一）建设背景

2018 年 6 月 10 日，习近平总书记在上合组织成员国元首理事会第十八次会议上提出，支持在青岛建设中国—上海合作组织地方经贸合作示范区（以下简称“上合示范区”），赋予青岛建设上合示范区、打造“一带一路”国际合作新平台的“国之重任”，赋予青岛在新时代国家开放战略中，打造长江以北国家纵深开放新的重要战略支点的明确定位。

枢纽主要承担四大发展使命：一是服务上合示范区建设的核心物流基础设施和先导平台；二是联通中亚、上合组织国家与亚太市场的门户和“出海口”；三是连接上合组织国家与东北亚经济圈的核心商贸物流运作基地；四是深度融入“一带一路”，高效落实上合示范区国家战略“物流先导、贸易拓展、产能合作、跨境发展、双园互动”顶层设计，推进我国同上合组织国家在国际物流、现代贸易、双向投资合作、商旅文化交流等领域合作的制度创新与开放实践。

加快建设枢纽，对于更好发挥青岛在“一带一路”新亚欧大陆桥经济走廊建设和海上合作中的战略作用，助力上合示范区发展，赋能开放型经济高质量发展，构建“东西双向互济、陆海内外联动”的开放新格局，推动青岛形成新时代对外开放新高地，具有重要战略意义。

（二）区位交通

枢纽由上合商贸物流区和胶州湾国际物流区两个片区组成，总占地面积 8.75 平方公里。其中上合商贸物流区位于上合示范区核心区，占地面积 5.87 平方公里；胶州湾国际物流区位于胶州湾国际物流园（国家级示范物流园区），占地面积 2.88 平方公里。两个片区通过胶黄铁路串联，外环路、站前物流大道等城市主干道高效连接。枢纽距离青岛前湾港 20 公里，距青岛胶东国际空港 7 公里，具备“海陆空铁”四位一体、优势突出的多式联运自然禀赋，快速通达性强，资源配置效率高。

（三）功能定位

枢纽的战略定位分为四个层面：服务“一带一路”建设与支撑上合示范区建设层面，为“一带一路”与上合组织国际经贸合作枢纽平台；承载面向东北亚商贸核心功能层面，为东北亚商贸物流产业集聚中心；承担胶东半岛多式联运服务功能层面，为我国重要国际多式联运组织中心；推动区域经济发展层面，为城市枢纽经济发展动力引擎。

基本功能包括多式联运服务、干线物流组织、区域分拨配送、商贸物流集成服务和国际物流服务功能，延伸功能包括供应链集成服务、专业物流服务、综合信息服务、交易结算服务等。

二、主要做法与特色经验

枢纽遵循“政府引导、企业建设、市场运作”的原则开发建设，青岛、胶州两级政府以及上合示范区管委会坚持“以市场的逻辑来谋事，以资本的力量来做事”，在资金、土地和配套保障等方面给予支持，引导各类市场主体参与枢纽开发和建设，实现物流基础设施建设专业化、规范化，物流运作高效化、集约化。

（一）高质量统筹推进枢纽建设运营

1. 以成立枢纽建设工作专班为保障，全面加强政府统领协调

胶州市委、胶州市政府高度重视国家物流枢纽建设，成立由市长挂帅、胶州市和上合示范区分管领导任副组长、相关部门负责人为成员的国家物流枢纽建设工作专班，统筹推进国家物流枢纽建设方案的规划组织实施，细化落实相关配套政策，及时协调解决建设运营中存在的问题，全面提升枢纽的综合竞争优势和规模集聚效应。优先支持枢纽建设，枢纽两片区均按照功能协同、土地集约的原则进行规划建设，选址周边土地资源较为丰富，为远期扩大规模和关联产业聚集发展预留了充足空间。政府指导编制《胶州市物流产业发展规划》，借助产业配套、政策引导，不断优化营商环境，推动规划落地实施。

2. 以统筹规划枢纽项目布局为支撑，强力推进运贸产融合发展

结合国家物流枢纽建设相关要求和区域发展现状，强化枢纽功能，加大产业导入，科学规划，统筹布局。如图 1 所示，上合商贸物流区以服务上合组织国家经贸合作和区域商贸物流组织为核心，布局公路港、智能总部区、电商物流区、产业配套区四大功能区。如图 2 所示，胶州湾国际物流区充分整合山东济铁胶州物流园、中铁联集青岛中心站、山东高速物流集团和胶州湾保税物流中心（B 型）资源，布局多式联运物流区、保税物流区、仓储物流区、综合服务配套区四大功能区。

按照“存量设施整合提升为主、增量设施补短板为辅”的基本原则，优先整合存量设施资源，并通过建设增量设施补齐短板。存量资源整合方面。已完成中铁联集青岛中心站、胶州济铁物流园一期、中储物流、胶州湾国际物流园综合服务中心、京东亚洲一号青岛智慧物流园、青岛传化公路港、青岛胶州宝湾国际物流园、日日顺（阿里巴巴）虚实网服务园、烟嘉物流（一期）等项目建设。立足胶州湾国际物流区铁路集装箱运输、铁路整车运输和铁路零担快运等业务基础，创新发展多式联运、保税物流、流通加工、物资交易和综合配套等增值业务，进行国际国内干线货物组织。充分发挥上合商贸物流区国内外货物组织功能，一方面将干线货物通过胶州湾国际物流区运输至国内外城市，另一方面充分发挥区域分拨配送功能，将货物分拨至周边区域。通

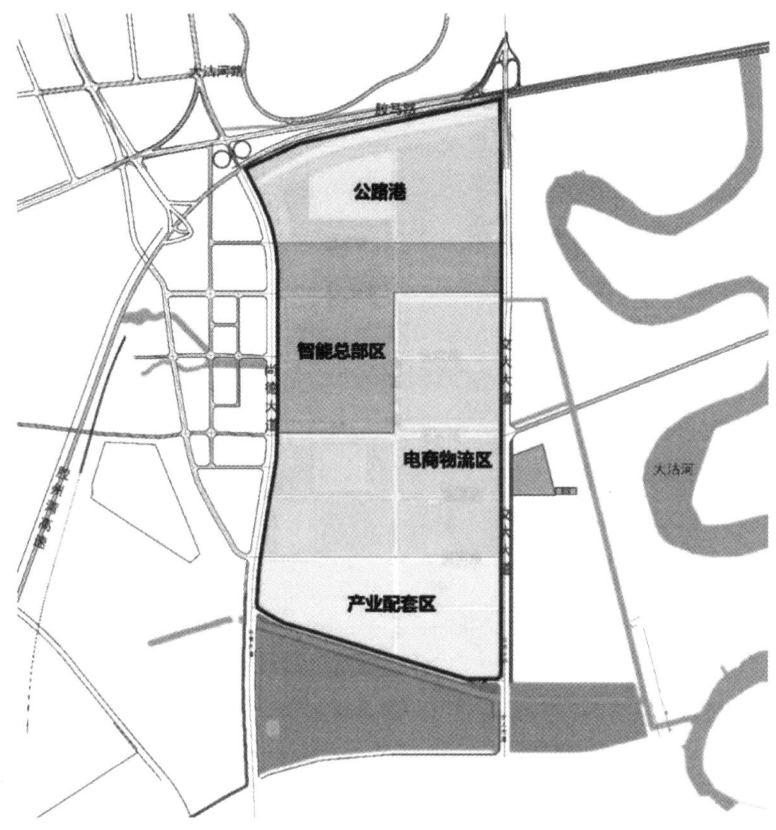

图 1　上合商贸物流区功能布局示意

过整合存量设施，增强区域物流组织和运作能力，扩大枢纽辐射能级。增量设施建设方面，枢纽推进重点设施补短板工程，如上合商贸物流区重点推动嘉里物流山东区域运营中心、中国外运（上合）智慧物流产业园、中国物流电商冷链产业园、丰树胶州物流园、苏宁跨境电商智慧产业园、京东跨境电商及智慧物流园、上合保税贸易金控数码港等项目建设，胶州湾国际物流区重点推动中欧班列青岛集结中心（齐鲁号上合经贸产业园）、枢纽综合信息服务平台、胶州湾保税物流中心（B 型）、胶东产业供应链平台等项目建设。

枢纽基础设施及平台建设项目共 22 个，截至 2020 年年底已建成 10 个、在建 12 个。项目计划总投资 124.41 亿元，其中已完成投资 83.08 亿元，存量投资占比达到 67%，产业链初现端倪，运贸产融合发展，规模效应凸显。

3. 以建立分工协同的运营模式为推手，迅速激发枢纽建设活力

枢纽运营采用单一主体、多元合作的方式。由山东高速物流集团有限公司牵头，与青岛胶州湾发展集团有限公司、青岛金胶州资产经营有限公司、青岛亚欧慧联国际物流有限公司和山东省胶东供应链管理服务有限公司签署战略合作协议，按照权责匹配，确定股权比例，共同融资成立新的股份有限公司，作为枢纽整体运作组织和资源配

图 2　胶州湾国际物流区功能布局示意

置的运营管理主体（见图 3）。依托山东高速物流集团有限公司的班列统筹运营优势、青岛胶州湾发展集团有限公司的城市发展运营平台优势、青岛亚欧慧联国际物流有限公司的铁路资源优势、青岛金胶州资产经营有限公司的金融资源优势及山东省胶东供应链管理服务有限公司的供应链平台优势，通过设施联通、平台对接、功能联合、资源共享等市场化方式打造优势互补、业务协同、利益一致的合作共同体，共同推进枢纽设施建设运营，提升物流一体化组织效率。

枢纽运营主体与枢纽内中铁联合国际集装箱有限公司青岛分公司、山东济铁胶州物流园有限公司、中国外运华中有限公司、青岛日日顺物流有限公司、青岛京东昌益得贸易有限公司、青岛胶州宝湾国际物流有限公司、青岛传化公路港物流有限公司、中国物流基础设施（控股）有限公司、青岛上合示范区嘉里物流有限公司等企业进行合作，有序推动干线物流组织、多式联运服务、区域分拨配送、国际物流服务、仓储物流服务、供应链集成、跨境电商物流、综合信息服务等物流服务资源集聚，提升物流一体化组织效率。

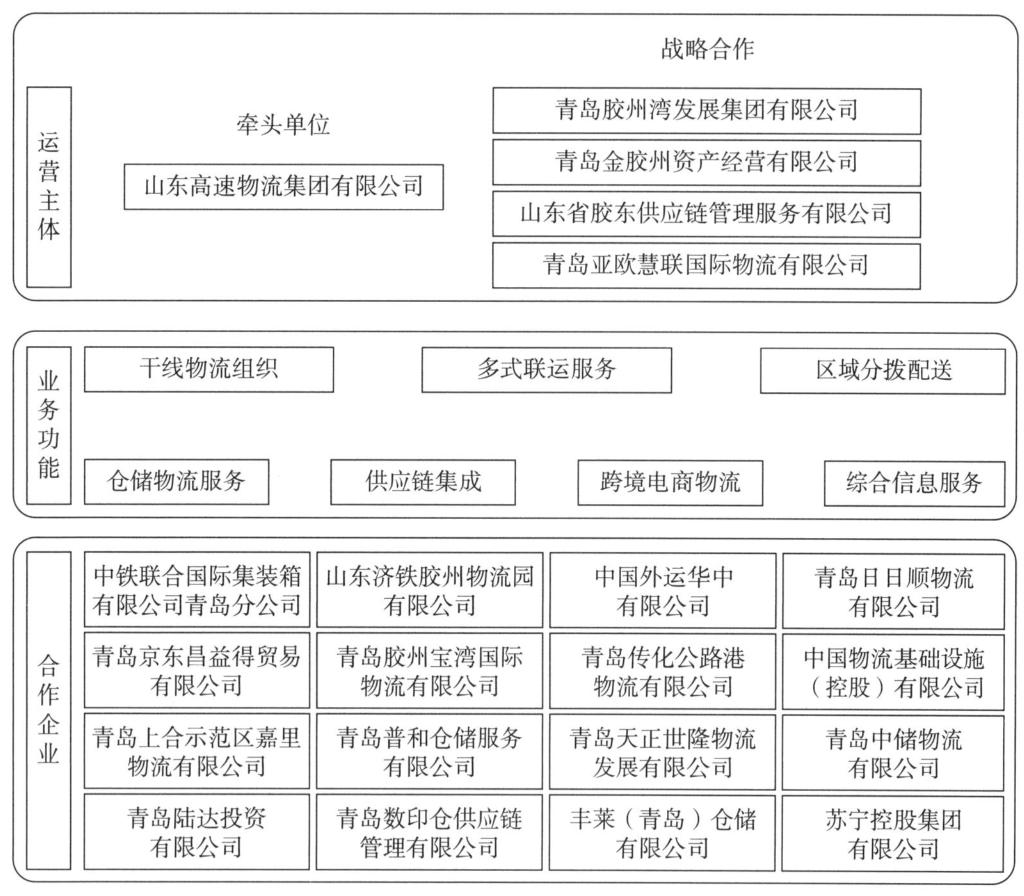

图 3　枢纽运营主体组织架构

（二）打造上合国际多式联运中心

1. 国际班列集结组织服务

枢纽班列服务网络如图 4 所示，现已开通国内外班列线路 20 条，其中国际班列 9 条（回程 2 条）、国内班列 8 条、海铁联运特色班列 1 条，可通达 13 个“一带一路”沿线国家及上合组织国家的 41 个城市，基本形成“西联中亚欧洲、东接日韩亚太、南通东盟南亚、北达蒙俄大陆”的国际多式联运物流大通道。

2. 国际多式联运组织服务

以海铁联运和海公铁联运为特色，办理过境货物、进出口货物运输业务。国内主要面向山东半岛城市群，服务鲁中、鲁南和鲁西北地区，并延伸至黄河流域九省份，拓展西北、华北、西南、东北等区域；国际涵盖日本、韩国、中亚、欧洲（见表 1）。

（1）海铁多式联运组织。

运行路线：一是通过阿拉山口进入哈萨克斯坦的阿拉木图、吉尔吉斯斯坦的比什凯克；二是通过霍尔果斯进入乌兹别克斯坦的撒马尔罕、塔什干，以及土库曼斯坦的阿什哈巴德。

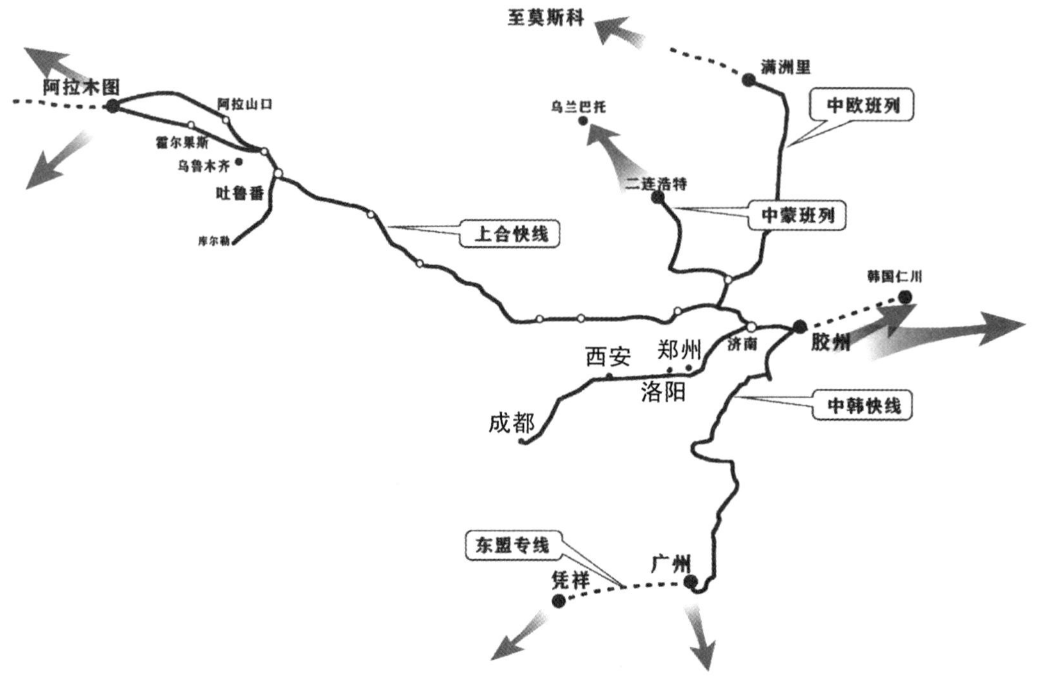

图4 青岛商贸服务型国家物流枢纽班列服务网络

组织流程：首先由货运班列总承运人（即多式联运经营人）组织过境货物货源；通过青岛港前湾港区上岸后办理疏港分流，再利用“胶黄小运转”疏港至中铁联集青岛中心站；由总承运人委托的货代报关企业办理转关手续后，交由中铁国际多式联运有限公司济南分公司办理过境班列货物编组成列，然后由该公司负责承运至新疆霍尔果斯或阿拉山口口岸；当地货代办理转关手续确认并核销后，口岸监管区铁路站场进行车底换装，拿到放行单确认后货物出境；总承运人汇总全程费用明细后，同货物运输委托人结算。

（2）海公铁多式联运组织。

组织流程：货物由中外运作为总承运人（即多式联运经营人），利用外运系统分公司在广州及周边组织货源，然后集结装箱成列，从广东石龙发出，经中铁联集青岛中心站集结后，利用集卡车公路运输到青岛港老港区，出口通关后经青岛港运至韩国仁川港、釜山港；到达韩国卸货后，原箱装货再海运返回青岛港，进口报关后采用集卡车公路运输至中铁联集青岛中心站，集结成列后再发往广东石龙，完成整个流程。

表 1　国际多式联运运行明细

序号	班列	运行路线	运营主体	运行时间	开行密度	主要货物
1	中亚班列	①胶州—淄博—济南—德州—衡水—阳泉—定边—中卫—嘉峪关—哈密—吐鲁番—乌鲁木齐—奎屯—阿拉山口—多斯特克—阿拉木图—比什凯克 ②胶州—淄博—济南—德州—衡水—阳泉—定边—中卫—嘉峪关—哈密—吐鲁番—乌鲁木齐—奎屯—霍尔果斯—阿腾科里—阿拉木图—塔什干—阿什哈巴德	中铁多联、远洋大亚、山东陆桥、全贸通	10～13 天	每周 3～5 列	去程包括日韩过境的汽车及零配件、轮胎、建材、植物油、茶叶等，回程包括棉纱、木材、矿产品等
2	中韩快线	仁川—青岛港—胶州—新沂—徐州—阜阳—麻城—武汉—九江—向塘—赣州—东莞	中国外运华中有限公司	80 小时	每周 6 列	韩国进口的液晶显示屏、电子元器件、日化用品，出口的服装鞋帽、小家电、小商品等
3	中蒙班列	胶州—淄博—济南—德州—衡水—北京—集宁—二连浩特—乌兰巴托	山东陆桥	7 天左右	每周 1 列	日韩过境的汽车及零配件、橡胶制品、建材、日化用品等
4	东盟专线	仁川—青岛港—胶州—新沂—徐州—阜阳—麻城—武汉—长沙—怀化—柳州—南宁—凭祥—河内	中国外运华中有限公司	6 天	每月 2 列	韩国过境的电子产品、液晶屏、电子配件、胶合板、玻璃制品等
5	中欧班列（青岛至莫斯科）	胶州—淄博—济南—德州—天津—秦皇岛—锦州—通辽—白城—三间房—海拉尔—满洲里—后贝加尔—赤塔—莫斯科	中铁多联、全贸通	15 天左右	每月 1 列	去程包括出口的建材、轮胎、家电、汽车配件、机械装备等，回程包括木材、纸浆等
6	中欧班列（青岛至明斯克）	胶州—济南—北京—二连浩特—乌兰巴托—乌兰乌德—莫斯科—明斯克	中国外运华中有限公司	20 天左右	每月 1 列	出口的发动机配件和太阳能组件
7	上合快线	胶州—济南—太原—中卫—嘉峪关—乌鲁木齐—霍尔果斯—阿腾科里—阿拉木图	山东高速物流集团有限公司	8 天	每周 1 列	出口的挖掘机等机械设备

（三）创新全国海铁联运“胶黄小运转”公交化班列

胶黄班列，又称“胶黄小运转”，全程约39公里，衔接黄岛前湾港和青岛铁路集装箱中心站（胶州），是实现双方海铁联运一体化的创新通道。在开行之前，胶黄班列存在着两方面的问题：一方面是青岛铁路集装箱中心站作为上合示范区的多式联运中心，不具备口岸功能，极大制约了班列开行，影响对外开放的层次和水平；另一方面是青岛港黄岛前湾港区面临发展腹地空间不足，港区集装箱堆存与集疏运交通压力巨大的问题。

2014年12月，胶州市政府、济南铁路局、青岛港、中铁联集总公司签署战略合作协议，济南铁路局铁路运价下浮，青岛港、中心站对装卸费、短搬费等费用给予减免，胶州市政府兜底，开通“胶黄小运转”，零运费、公交化运行，大幅度降低了集装箱货运成本，在全国率先实现“前港后站、一体运作”的海铁联运胶州模式。2018年，进一步整合济铁胶州物流园、青岛港、铁路集装箱中心站和“齐鲁号”中欧班列青岛运营中心等资源，成立上合示范区多式联运中心。为服务保障“前港后站”模式，成立胶州海关，设立沿海首家多式联运监管中心，开发“胶黄小运转”在途监管系统，实现铁路中心站与青岛港业务一体化办理，到站即到港，企业在胶州即可一站式办理货物进出口手续。

青岛集装箱中心站班列箱量实现井喷式发展，海铁联运量连年增加，持续位居全国沿海港口第一，2020年实现海铁联运量130万TEU，为国际班列发行提供了强有力的货源支撑。与此同时，“胶黄小运转”每天对开2班，开行1次班列可减少40～50台次的集装箱卡车进出港口，有效疏解了青岛港区集装箱堆存与集疏运的压力，运费平均比公路运输节省107.5元/TEU，单车全年减少柴油燃耗约16425升，企业从中心站背箱较前湾港背箱节约2小时。

（四）开发亚欧慧联枢纽综合信息服务平台

枢纽整合亚欧海铁智慧交易平台、胶东产业供应链平台等现有系统基础及平台载体，建设亚欧慧联枢纽综合信息服务平台。联动货源企业、商贸企业、物流企业、金融服务企业，构建从上游供应商到下游销售商的全流程信息共享及增值服务体系，打造线上线下融合发展的一站式商贸流通综合信息服务平台。枢纽集成GIS、GPS、RFID、数据加密、第三方支付、统一认证授权等关键技术，基于物流中心数据库建设核心数据交换中心，融合班列组织中心信息平台，重点开展了国际班列集散分拨中心信息平台的研发、实施工作，并与政府部门进行数据共享，推进业务融合发展。融合山东跨境电子商务单一窗口、青岛跨境电商公共服务平台、青岛市交通运输公共信息服务中心、国际航运服务中心信息支撑平台等，建设枢纽数据交换中心，平台架构如图5所示。

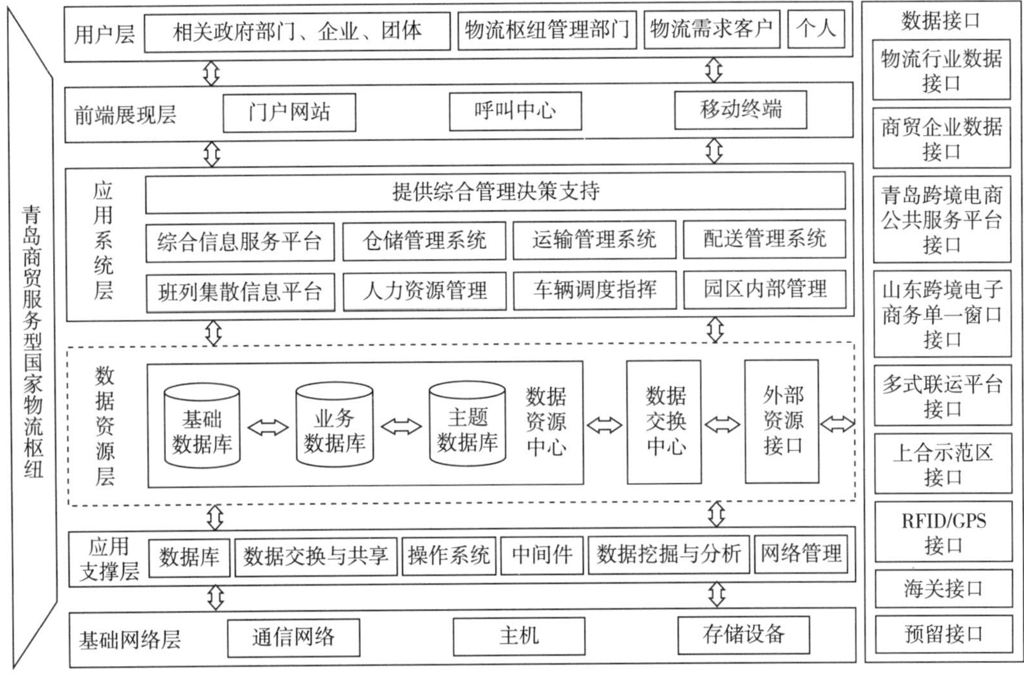

图 5　青岛商贸服务型国家物流枢纽综合信息服务平台架构

依托数据交换中心，支持包括综合信息服务、仓储管理、运输管理、城乡商贸共同配送、车辆调度、财务管理、人力资源管理、园区管理等物流产业核心业务应用系统的接入，对外提供公共信息服务；推动枢纽综合信息服务平台跨部门、跨行业信息资源整合，并接入港口、民航、集装箱中心站等相关动态运行数据，建立交换与协同机制，数据资源充分共享，消除不同部门、不同行业间的信息孤岛，形成综合信息统一管理及共享体系，实现物流全流程标准化、可追溯，促进枢纽与区域信息平台加强业务对接、要素流动、信息互联、标准协同。

（五）实施四大供应链集成工程

青岛市是全国供应链体系建设试点城市和全国供应链创新与应用试点城市。枢纽聚集了青岛日日顺物流有限公司、青岛京东昌益得贸易有限公司、青岛胶州宝湾国际物流有限公司、青岛传化公路港物流有限公司等电商及仓储配送企业，具有广阔的供应链发展空间。枢纽围绕国际、国内贸易，构建供应链服务体系，整合跨境贸易、结算金融、物流组织等功能，为生产企业、商贸企业提供覆盖产品设计、产品生产、线上线下展示交易、金融服务、境内外物流组织等全链条、一站式平台式供应链集成服务。重点实施大宗商品供应链、农产品冷链供应链、家电产品供应链、跨境电商供应链四大供应链集成工程。

1. 大宗商品供应链

枢纽培育引进华联、新港州、雅仕等大宗商品采购、分销供应链平台企业，重点面向中亚、东盟等地区，针对粮食、矿产、木材、肉类等大宗商品，提供集中采购、电商平台采购（跨境 B2B）等供应链采购和分销服务。充分发挥胶州湾国际物流区的国际国内铁路运输资源优势，利用其全球资源网络，提高协同采购与分销组织能力，形成大宗商品一站式采购与集成平台，提升青岛对大宗商品供应链的控制力。高效整合物流、资金流、信息流、业务流等，提供从国外采购、货运代理、保税仓储、流通加工、现货交割到通关和运输配送的全流程解决方案。近三年来，枢纽大宗商品货运量达到 700 万吨。大宗商品供应链组织流程如图 6 所示。

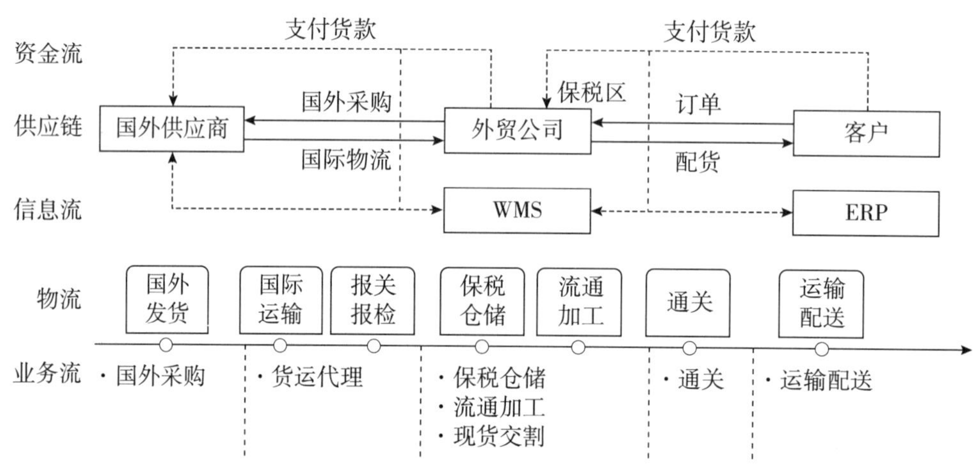

图 6 大宗商品供应链组织流程

2. 农产品冷链供应链

青岛市立足特色农产品生产、加工与出口大市的特色优势，充分发挥农业产业化龙头企业示范引领作用，联动里岔国际农产品交易中心，推动供应链资源集聚与共享，打造联结农户、新型农业经营主体、农产品加工流通企业和最终消费者的紧密型农产品供应链，构建全产业链绿色可追溯农产品冷链供应链服务体系。近三年来，枢纽农产品货运量达到 300 万吨，其中胶州辣椒加工出口量占据全国七成的市场份额，年交易额 120 亿元以上。骨干支撑项目青岛汇通丰源供应链管理和冷链物流项目主要为进出口贸易公司、加工厂商、出口商等提供各类冷链服务，定位打造水产品交易中心、国际肉类集散中心，主要涵盖各类水产、肉类、食品等，并提供配送、进出口代理、通关一条龙物流服务。充分利用周边发达的陆运网络以及枢纽快速的疏港能力，建成储存能力约 6 万吨、年周转能力约 30 万吨的冷链仓储设施。此模式下，货物可以快速、批量入库，日作业能力约为 70 个标准货柜，为客户提供报关报检、运输、仓储等服务，建立以多式联运体系为核心的冷链物流系统。农产品冷链供应链组织流程如图 7

所示。

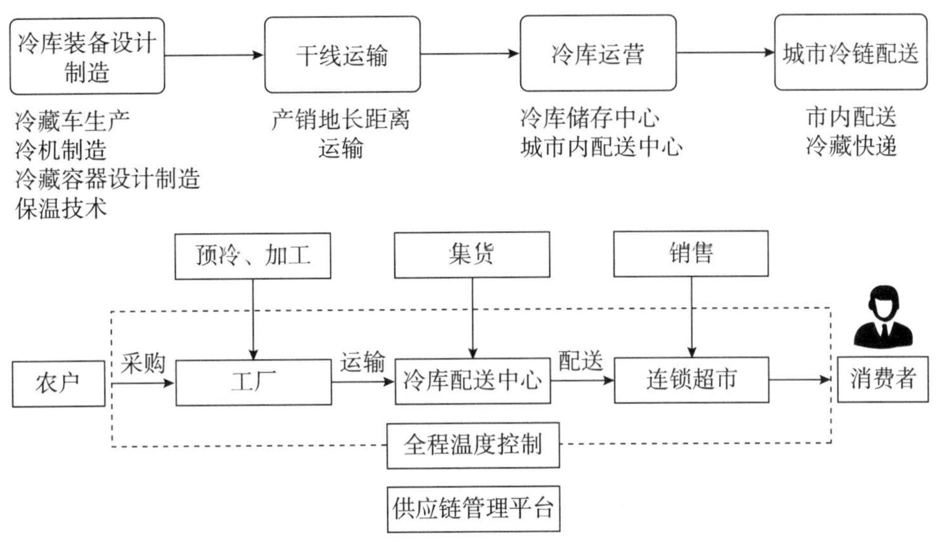

图 7　农产品冷链供应链组织流程

3. 家电产品供应链

立足工业制造业资源禀赋和产业链优势，在与消费升级密切相关的产业中，以海尔家电产品为代表，完善家电产品供应链，鼓励流通企业与生产企业合作，推动企业打造供需对接、资源整合的供应链协同平台，提高产业协同效率。推动企业构建满足个性化需求和柔性化生产的智能制造与协同配送供应链平台，满足人民日益增长的需求。2017 年，海尔在枢纽内设立日日顺智慧物流云平台，致力于建立互联网时代下虚实融合的大件物流开放性平台式中转仓。

“端到端”协同。海尔依托产销协同，创新发展“端到端”协同，围绕市场竞争力，以订单信息为核心，整体平衡需求、开发、销售、采购、制造、配送等全流程节点。大力发展智慧商店、智慧商圈、智慧物流，提升流通供应链智能化水平。鼓励渠道商、门店、卖场、物流企业整合供应链资源，构建采购、分销、仓储、配送供应链协同平台。

“端到端”可视化。主要包含订单信息同步到达和产品全程可视化。海尔推行订单信息同步，提高企业对订单的响应速度，解决传统家电企业信息传递准确率和及时率难以保障的问题；产品全程可视化，主要通过对产品全流程信息实时监控，准确及时传导需求信息，实现需求、库存和物流信息的实时共享，从原材料按单采购、按单配送、按单生产到成品的按单装车、按单配送的全程可视化追踪。家电产品供应链组织流程如图 8 所示。

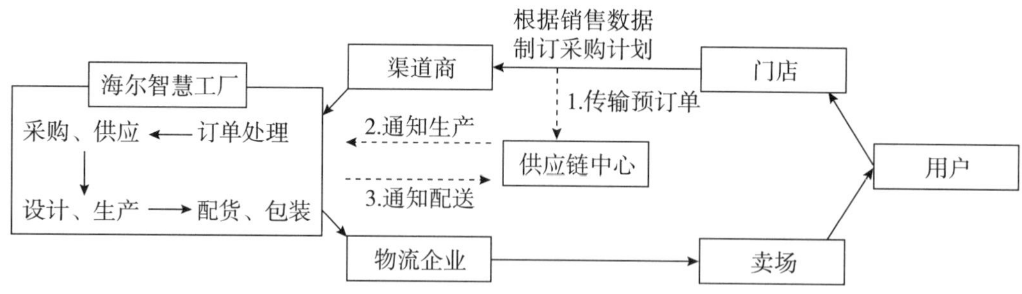

图 8　家电产品供应链组织流程

4. 跨境电商供应链

依托枢纽，联动青岛港、胶东国际机场等，整合跨境电商平台，集聚仓储、航运、空运、贸易、口岸等要素资源，大力发展国际航空快递、“夕发朝至”班轮快线以及“空海联运”专线，以多式联运为特色，打造在线交易结算、快速通关、易地仓储送达的跨境电商供应链模式，依托枢纽信息平台服务功能，集成跨境电商物流全流程解决方案。跨境电商供应链业务流程包含海外采购、国际物流、报关报检、国内仓储、运输、包装、配送等一系列环节。通过提升供应链集成能力，实现跨境电商交易信息流、物流、资金流高效交互。近三年来，枢纽进出口额达 50 亿美元，代表性企业有中外运、中商民生、全贸通、普洛斯等，其中新境界跨境电商日处理 10 万单，年贸易额达 3 亿美元。跨境电商供应链组织流程如图 9 所示。

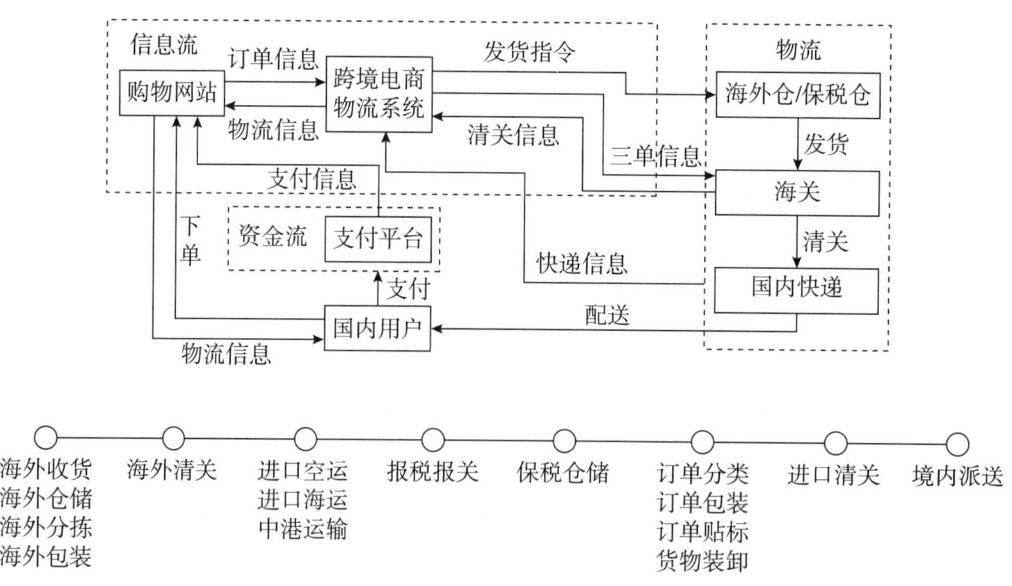

图 9　跨境电商供应链组织流程

三、枢纽建设发展成效

（一）枢纽建设运营水平与服务能力稳步提升

截至2020年年底，枢纽已累计投资102.39亿元，占地面积498万平方米。在建枢纽补短板项目已完成投资83.08亿元，总体建设进度达67%，全部项目拟于2023年年底前建成并投入运营，千亿级的物流经贸产业链正加速形成。目前枢纽内已拥有18条装卸线，作业线总长度18900米，铁路场站现有作业能力达112万TEU/年。库房面积128万平方米，其中自动化库房10.2万平方米、保税库房16万平方米、冷藏冷冻库房10万平方米、绿色库房105万平方米。2020年枢纽两片区入驻企业302家，从业人员10212人，物流业务总收入409.2亿元，利润总额4.04亿元，创造税收128483万元，实现货物吞吐量4070万吨，货物进出口贸易额35亿元，各项主要指标较往年均有大幅度增长。

（二）构筑起“东西双向互济、陆海内外联动”的上合多式联运发展新格局

充分发挥枢纽与空港、海港的信息资源共享、互联互通作用，放大立体交通优势，形成多式联运的综合交通组织和集疏运物流体系。完善通关协调机制，提升过境运输能力，国际班列的开行密度、运行质量及效益进一步提升，“齐鲁号”中欧班列运力运量持续扩大。针对中亚以及俄罗斯等地的矿产、粮食、木材等优势产业，积极拓展中亚、俄罗斯方向国际班列回程货源，推动班列双向运行。截至目前，枢纽多式联运中心已开通国内外班列线路20余条，国际班列包括上合快线（胶州—比什凯克、胶州—巴库点对点班列、上合—莫斯科冷链专列）、鲁欧快线（胶州—伦敦班列），中韩快线、中蒙班列、中俄班列、中欧班列（胶州至明斯克）、东盟专线等；2条国际回程班列，包括乌兹别克斯坦棉纱回程专列、俄罗斯板材回程班列；8条国内班列，包括胶州至乌鲁木齐、西安、郑州、洛阳、西大滩、成都、重庆、库尔勒；1条“胶黄小运转”海铁联运特色班列。可通达13个“一带一路”沿线国家及上合组织国家的41个城市，基本形成“西联中亚欧洲、东接亚太、南通东盟南亚、北达蒙俄”的国际多式联运物流贸易大通道。2020年枢纽多式联运中心开行“齐鲁号”中欧班列401列，同比增长15.9%，占全省班列总数的26.6%，“上合快线”成为中欧班列的特色班列品牌。枢纽的海陆双向开放和集散功能不断增强，集聚和辐射效应充分释放，成为对上合组织国家的开放新高地。

（三）服务上合示范区国际经贸成效显著

上合示范区已引进培育上合跨境贸易服务中心、传化（上合）国际经贸合作产业

园、俄罗斯华诺俄翔等十大贸易平台，合同约定贸易额逾百亿元，2020 年贸易额实现增长 15%。搭建传化智联（上合）跨境贸易综合服务平台，在俄罗斯设立海外仓，在乌苏里、绥芬河、乌鲁木齐等地设多个中转边境仓。上合示范区已获商务部支持油气全产业链开放发展批复，支持开展原油非国有贸易进口、保税燃料油混兑调和加工贸易、国际航行船舶保税油等业务。上合示范区举办了“云聚上合、共谋发展”多国使节线上对话会；成功举办 2021 上海合作组织国际投资贸易博览会，来自 30 多个国家和地区的嘉宾和展商参加此会，共有 300 多家专业采购商完成近 400 场次贸易洽谈，达成采购交易额近 3 亿元，意向采购额近 20 亿元。一批国际友好城市和园区与上合示范区牵手结盟，现场签订 20 余个重点项目，总投资 668 亿元。

四、发展方向与未来展望

“十四五”期间，枢纽将充分发挥区域交通、产业、物流枢纽优势，集聚全球要素，完善枢纽产业体系，建设枢纽经济集聚区，打造区域枢纽城市，构筑全要素配置的枢纽偏好型产业发展高地，形成要素资源高效集聚、辐射国际国内的产业组织中心。

一是依托枢纽营造的供应链环境，结合胶州市产业发展方向和辐射重点，加快对枢纽产业进行筛选，以产业链打造和产业集群培育为方向，形成各具特色的枢纽产业。

二是以物流枢纽、物流服务平台和物流运营体系打造为支撑，吸引国际物流、电商快递、先进制造、高端商贸服务等网络型和平台型企业聚集，打造以国际物流平台化、网络化发展为特征的枢纽经济集聚区。

三是发挥胶州市物流枢纽集散功能，深度融入胶东经济圈一体化发展，积极对接“一带一路”、沿黄流域生态经济带、京津冀一体化发展，构筑区域要素集聚平台、产业运营组织平台，打造区域枢纽城市。

四是以上合示范区“国际合作新平台”为核心，依托大数据、物联网、区块链、人工智能等技术，打造集国际贸易采购平台、交易结算金融平台、全球物流组织平台、商贸公共服务平台于一体的国际贸易合作综合平台，推动青岛产业全面迈向全球价值链中高端。

（撰稿人：桑世标，陈涛）

第六章

陆上边境口岸型国家物流枢纽

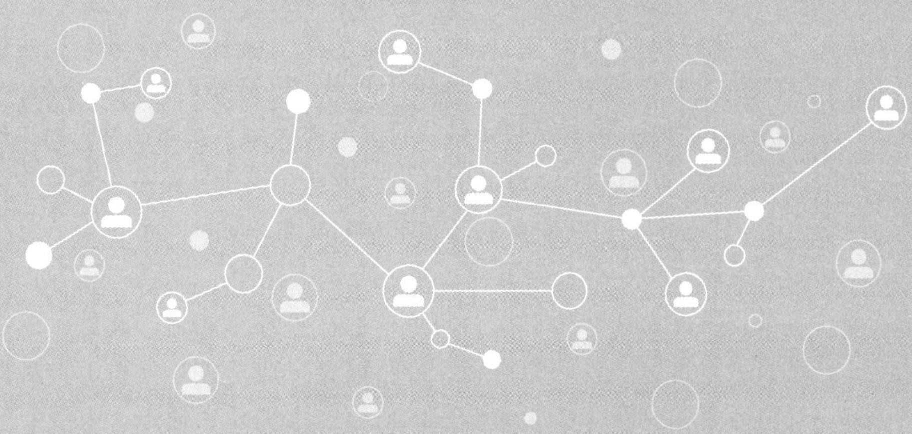

满洲里陆上边境口岸型国家物流枢纽

依托最大陆路口岸优势　打造我国向北开放重要桥头堡

满洲里西临蒙古国，北接俄罗斯，对内背靠东北三省、与环渤海地区相贯通，经济腹地辽阔，被誉为“东亚之窗”。满洲里是一座拥有百年历史的口岸城市，是中国最大的陆路口岸，曾连续三次获得“全国文明口岸”称号。随着国家“一带一路”、中俄蒙经济走廊建设的深入推进和振兴东北、泛口岸经济等重大举措的实施，满洲里陆上边境口岸型国家物流枢纽（以下简称“枢纽”）的建设对提高我国向北扩大开放程度、提升产业集聚发展能力、发挥区位优势、联通国家物流枢纽网络、畅通欧亚大通道、衔接“一带一路”的关键性物流枢纽节点、加快蒙东经济产业发展具有重要意义。

一、枢纽概况

（一）区位交通

满洲里地处东北亚经济圈的中心，向西北可连通蒙古国、俄罗斯乃至欧洲腹地，向东经陆海联运可达日本、韩国、朝鲜，是欧亚第一大陆桥的战略节点和重要的国际大通道，承担着中俄贸易中65%以上的陆路运输任务。

枢纽位于满洲里市西北部的满洲里国际物流园区内，东起机场路，西至中俄边境，北起滨洲铁路，南临西郊机场，交通条件便利，枢纽周边交通网络较为成熟。在铁路方面，枢纽紧联西伯利亚铁路线路和我国境内的滨州铁路线路，向东经哈尔滨通向全国，向西经后贝加尔斯克通向俄罗斯和欧洲。满伊铁路是内蒙古东部地区的铁路网络的重要组成部分，在蒙东地区融入东北战略，加强与俄罗斯、蒙古国的对接等方面具有重要作用。在公路方面，主要有301国道、203省道、西外环路、通湖路等，多条公路可通往公路口岸，与俄罗斯后贝加尔相连。此外，枢纽可通过航空、公路通达蒙古国。良好的铁路、公路综合交通条件，有利于物流枢纽规模化承接多式联运业务，同时扩大满洲里欧亚第一大陆桥大通道、中俄蒙经济走廊物流辐射范围。

（二）定位与功能

深刻把握我国经济高质量发展的总体要求，落实“一带一路”倡议、中俄蒙经济走廊建设、振兴东北等国家重大政策，以构建全方位对外开放格局和促进形成强大国内市场为导向，依托满洲里政策优势、区位优势和基础设施优势，加快枢纽建设，将满洲里打造成欧亚陆路大通道重要的国际物流枢纽、中俄蒙经济走廊建设的前沿枢纽、东北部地区枢纽经济创新发展的新引擎、区域产业供应链服务平台、口岸发展的基础性支撑，为我国扩大北向对外开放提供重要的支点，也为国家物流枢纽网络顺畅衔接和高效运行发挥重要的支点作用。

枢纽功能可分为基本功能和延伸功能，基本功能是支撑“干支配”业务的功能和体现陆上边境口岸型枢纽特征的功能，主要包括货物集散、储存、分拨、转运、海关特殊监管服务、国际换装组织等；延伸功能是为使基本功能更好发挥作用，基于满洲里城市定位、区域优势和产业特色形成的功能。枢纽功能体系规划如图 1 所示。

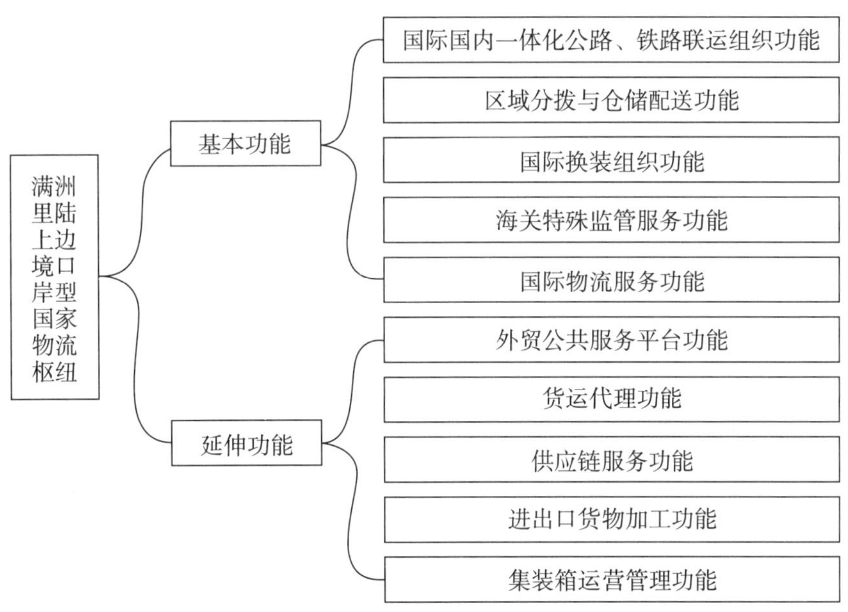

图 1　满洲里陆上边境口岸型国家物流枢纽功能体系规划

（三）空间布局

枢纽主要依托铁路资源和多式联运优势以及陆上边境口岸型物流枢纽建设要求，考虑满洲里及俄罗斯、蒙古国优势货源，重点设置铁路集装箱货场、能源储运物流基地、口岸国际物流中心、综合储运物流基地、海关监管服务设施 5 大功能区及预留发展用地，如图 2 所示。

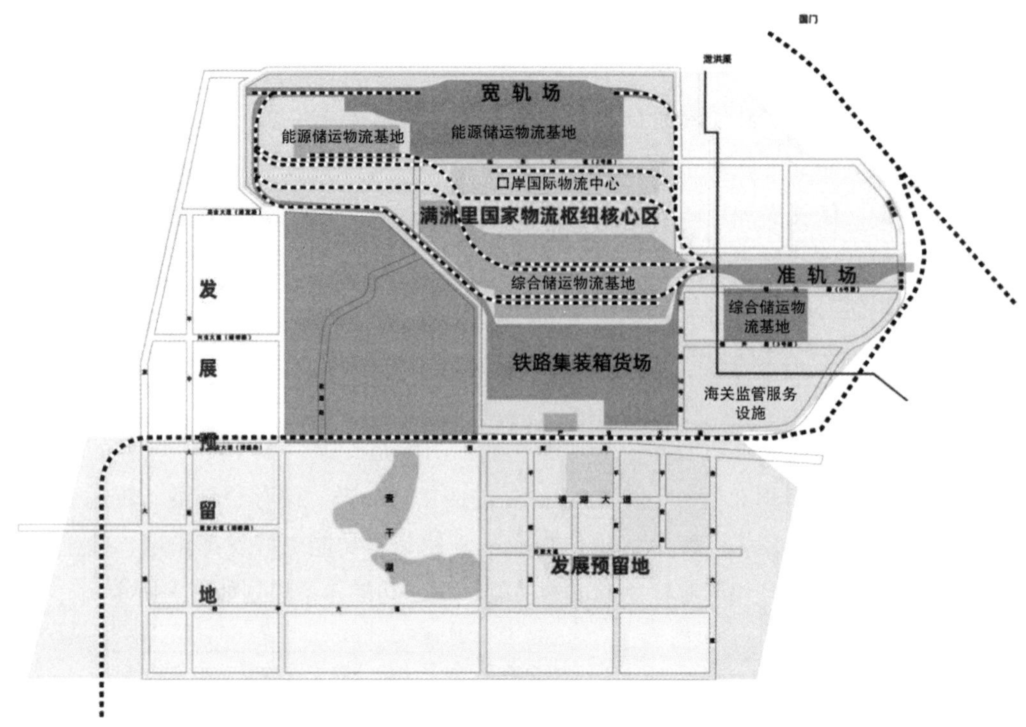

图 2　满洲里陆上边境口岸型国家物流枢纽布局示意

（四）建设运营模式

枢纽的建设采取“企业主体、政府支持、铁路参与”的开发建设模式，积极推动地方政府、铁路部门及企业三方合作建设，即由内蒙古自治区、呼伦贝尔市和满洲里市政府在用地保障、财政等方面给予支持；由铁路部门建设宽准轨调车编组场、专用线，保证联通中俄铁路网；由企业建设各项目基础设施，保证自身运营。在这种模式下，枢纽开发建设具备集中统一、权威性高、规划性强、办事效率高的特点，便于协调各方关系；同时，把政府作用与市场机制有机结合起来，坚持市场化运作。以企业为主体，平衡政府和市场的信息不对称，并凭借企业的技术和管理优势，改善开发建设的管理体制，提高枢纽开发效率。

枢纽运营主体为满洲里国际物流产业联盟。该联盟由满洲里伊利托物流有限公司、满洲里远东气体有限公司、内蒙古伊泰生态农业有限公司、满洲里市口岸国际物流中心有限责任公司共同倡议并发起，在满洲里国际物流产业园区管理委员会和满洲里市政府相关部门指导下运行。目前，联盟整合满洲里市外贸企业、国际货代物流企业、机场、铁路部门等贸易与物流服务供应商，成员单位共计 70 余家，在对外开放、产业聚集、区域协调等方面发挥重要作用。

二、主要做法与特色经验

（一）高标准、高起点规划枢纽，营造枢纽良好发展环境

国务院、各级政府部门高度重视枢纽发展规划。《国务院关于印发优化口岸营商环境促进跨境贸易便利化工作方案的通知》等文件，为枢纽发展规划和优化营商环境指明了方向。内蒙古自治区还先后出台了《内蒙古自治区人民政府关于促进口岸经济发展的指导意见》《内蒙古自治区人民政府关于支持沿边重点地区开发开放的实施意见》等意见措施和政策，对满洲里物流业和物流基础设施提供了重要的指导，并有针对性地对各类优惠政策进行细化、实化。按照政府规划的指引，枢纽聘请权威机构编制《中蒙俄经济走廊满洲里物流产业发展规划》，为枢纽发展制定了详细的战略规划和发展路径。同时，枢纽又编制《满洲里国际物流产业园区总体规划（2014—2030 年）》，依据城市总体规划、各区总体规划、土地利用总体规划及各专项规划的要求，对枢纽核心区各项功能进一步细化，科学划定园区功能边界，严禁随意扩大开发范围，避免同质化竞争，形成特色鲜明、功能完备的功能分区，为枢纽发展提供有力支撑。

为贯彻落实枢纽发展规划，引导物流产业集聚和扩张，政府部门大力优化枢纽营商环境。从呼伦贝尔市和满洲里市的实际情况来看，政府有关部门十分重视物流业发展，一是各级领导十分关心物流业发展情况，积极深入企业开展调研，帮助企业解决实际问题，通过各种方式推动满洲里物流企业“走出去”。二是不断强化政策支持，先后出台了《满洲里市物流业降本增效专项行动实施方案（2016—2018 年）》《满洲里口岸优化营商环境工作联席会议制度》《满洲里市规范口岸收费联合监督检查制度》和《满洲里口岸进出口环节收费管理制度》，为满洲里物流业发展提供了重要的支撑。三是政府部门加强协作，形成优化营商环境的合力，如满洲里出入境边防检查站与海关、铁路公安处、解放军边防部队等 7 家协作单位签订联勤协议，建立信息共享机制，优化口岸通关环境，确保中欧班列的安全高效运行。同时，相关部门还深入推进物流领域商事制度改革，继续实行“五证合一”“一照一码”“先照后证”等，持续提升市场准入的便利化程度；不断优化公路超限运输行政许可办理流程，提高审批效率，鼓励铁路运输企业与物流园区开展合资合作，推动物流园区功能完善和产业升级；针对多式联运、国际物流、跨境电商等重点领域，出台了用地、税收、财政、融投资等方面扶持政策。此外，满洲里不断完善的交通、电力等基础设施也为物流业发展提供了良好的外部条件。

（二）打通国际国内物流通道，支撑双循环新格局建设

枢纽强化与满洲里以及分布在蒙东、东北三省的其他类型物流枢纽之间的业务协同，巩固与中东部地区国家物流枢纽之间的业务协作，拓展与西部地区国家物流枢纽的业务合作，共同开展对外贸易物流服务，推进枢纽国际国内物流通道建设，为构建以国内大循环为主体、国内国际双循环相互促进的新发展格局提供了有力支撑。

枢纽以铁路干线运输为核心，以公铁联运为主要业务模式，与天津、郑州、大连、重庆、武汉、广州等商贸服务型枢纽开展食品、俄蒙特色产品、电子产品、服装、百货等货物的物流组织；与沈阳、大连、长春、哈尔滨等生产服务型枢纽开展俄蒙进口矿产、粮食、木材、电子产品、医药、机械及配件、汽车配件等货物的物流组织；与沈阳、长春、哈尔滨、南京、徐州、杭州、合肥、郑州、安阳等陆港型枢纽和天津、唐山、大连、上海、苏州、青岛、广州等港口型枢纽开展大宗商品的国际物流组织。受新冠肺炎疫情在全球蔓延的影响，国际航空业大量停航减班，跨境物流通道严重受限，枢纽在原有出境邮件转关线路的基础上增开北京—满洲里—俄罗斯、长沙—满洲里—俄罗斯两条转关线路，确保国际邮件出口顺畅。目前，枢纽开行了 57 条跨境班列线路，其中出境班列线路 36 条、进境线路 21 条，辐射长三角、珠三角、环渤海、华南、中南、西南等地区，覆盖俄罗斯、白俄罗斯、波兰、捷克、德国、荷兰、拉脱维亚、比利时等 11 个欧洲国家的 28 个城市。2021 年 1—5 月，进出境中欧班列共计 1316 列，货值约 129. 46 亿元。

在国际公路运输方面，2018 年，满洲里被国家确定为《国际公路运输公约》首批试点口岸之一，货车挂“TIR”标识，自起运国海关到目的地国海关，过程中所有过境国海关均不对货物进行检查。2019 年 11 月 1 日，满洲里口岸迎来首辆进境 TIR 车辆，该批货物由德国贝希特斯加登启运，途经波兰、白俄罗斯、俄罗斯，从满洲里公路口岸入境最终抵达天津，这也是首票由欧洲始发、直达我国内陆的进境 TIR 运输货物，至此，满洲里口岸实现了 TIR 进出境双向贯通。目前，枢纽公路口岸进口货物以废钢和木材为主，占进口总量的 90% 以上；出口货物主要是蔬菜水果，占出口总量的 85% 以上。疫情期间车辆通关受阻，枢纽积极探索实践集“人货分离、分段运输、集中验放”为一体的“甩挂”通关新作业模式，在一定程度上大幅提升了口岸运能。“甩挂”运输，简单来说就是人员无接触、外籍车辆不入口岸场区，即中方或俄方货运车辆驶入指定的换挂作业区后卸下载货挂车，另一方货运车辆驶入换挂区进行换挂作业，完成换挂后各自返回，运输车辆无须等待货物装卸，进一步压缩了通关时间，降低了返程空载率。实现“把人管住、让货畅通”目标的同时，可最大限度减少双方人员接触，降低感染风险，有效防范境外疫情传播入境风险。

（三）多措并举提效率，不断提升通关便利水平

枢纽主动融入和服务“一带一路”建设，通过应用新技术、创新模式、优化组织等方式，不断提升枢纽通关水平，推动贸易和投资自由化、便利化，增强我国对外贸易综合竞争力。

1. 应用新技术

一是引入铁路板材材积在线智能检测系统。枢纽结合进口木材特点，开发可自动识别货物类型、车厢类型、货物规格、垫木层数、板材层数和板材堆空隙的系统，从而自动计算木材体积，对时速小于43公里的列车可以实现连续检测，每节车厢智能识别测量速度不超过1秒。

二是上线新系统。在全国率先上线运输工具系统铁路子系统和舱单系统铁路子系统，通过海关部门与铁路部门之间的信息共享和业务协同，突破传统纸质单证流转作业限制，使铁路列车进出境动态及其所载货物舱单数据均可线上完成，极大提升铁路口岸的货物验放效能。

2. 创新模式

一是审像模式创新。配备H986设备的口岸优先对进出境货物开展过机检查，实施非侵入式查验，通过人工分析机检图像判断风险，实现部分分散在各业务现场的机检审像工作，由一个专门部门进行联网集中审像，节约人力资源，提高审像效率，统一执法尺度。

二是货运监管模式创新。在进出境车辆到达卡口之前，只需预先在海关备案，将车辆海关编号与IC卡绑定，经刷卡验证无误后，货物类别、出入关时间、载重量等数据自动读进系统平台中，平台自动显示放行信息，减少了纸质单证审核、人工核对车号、海关盖章放行等环节，实现了卡口车辆、货物系统智能验放。

3. 优化组织

一是采取“三并二”“四并三”等集并运输方式，优化列车编组，节约运力资源，进一步降低运输成本，提升口岸通过能力。二是对中欧班列优先检查、优先制票、优先换装、优先编组、优先发车。三是将海关监管嵌入铁路作业环节，实现海关监管与货运列车调度无缝对接，促进班列快速通关。

（四）延长供应链、提升价值链，提供供应链全链条服务

枢纽在“干支配”业务组织、仓储配送、国际物流、冷链物流等基本业务功能的基础上，将通过拓展供应链服务，延展枢纽服务的深度与广度，为商贸、制造等产业提供供应链库存管理、生产线物流等供应链服务，促进相关产业跨境、跨区域开展供应链协同，提升枢纽供应链发展水平。当前，满洲里汽车平行进口试点工作正式启动，

口岸国际物流中心基本具备运营条件，5 家试点企业已通过商务部备案。汽车平行进口是比较典型的供应链物流服务，具体流程如图 3 所示。

首先，汽车平行进口试点企业向枢纽供应链组织发出采购意向，根据海关（商检）名录确定采购车型、颜色、数量等，由金融服务供应商提供各类跨境金融服务。

其次，利用枢纽铁路服务功能模块进行订舱，委托合作的国外物流供应商完成车辆的单证核验、境外段物流等工作。

然后，车辆采用多式联运或铁路、公路运输等方式运抵枢纽，由供应链金融服务功能模块下的金融服务供应商提供海关保证金垫付，在通关服务平台进行报关报检、车辆改装、保税展示等操作。

最后，境内分销平台进行线上线下的分销，枢纽服务功能模块下的物流供应商提供仓储、运输等服务，直至最终消费者。

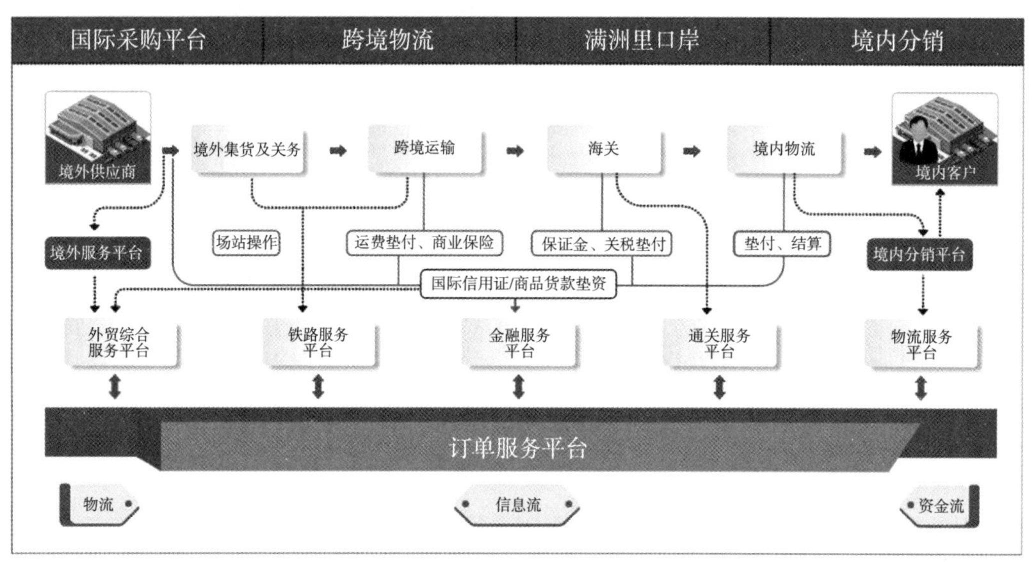

图 3　平行进口汽车供应链服务流程

按照《满洲里口岸试点企业考核管理办法》规定，5 家试点企业和 2 家备选试点企业已经上报考核材料并已完成初审。口岸国际物流中心项目争取了内蒙古自治区商务厅外贸专项资金 110 万元用于基础设施建设。口岸汽车平行进口园区已累计完成投资 1.21 亿元，综合办公楼、汽车销售展厅、保税仓库和室外堆场已建设完成，检车线已投入使用，铁路专用线及其附属设施已经开工建设。万燕汽车平行进口项目主体已经完工，并已具备运营条件。俄罗斯瓦兹牌汽车总代落户中俄北方汽车进出口有限公司，签署了瓦兹全系四款车型在中国境内销售的总代理协议，并签署了总价值为 4 亿元的采购意向协议。万燕汽车平行进口场地实景如图 4 所示。

图4　万燕汽车平行进口场地实景

在木材供应链方面，枢纽主要依托满洲里伊利托物流有限公司（以下简称“伊利托物流”）等龙头物流企业为经销商、加工商提供装卸、仓储、加工、金融、信息以及供给等全程物流服务，并不断推进木材供应链创新。一是为响应国家“一带一路”倡议，针对“一带一路”班列木材运输，伊利托物流将业务产业链前移，使产业链向上延伸至俄罗斯木材产地，在俄罗斯木材货源地拥有独立的货场和专业团队，在源头上确保木材的高品质和低成本。二是伊利托物流可在俄罗斯为客户提供俄罗斯铁路计划申请、集装箱运输、装车发运以及运费结算等业务，同时与国内各“一带一路”节点城市增强业务合作，以集装箱为载体，将铁路运输、海上运输、公路运输等方式结合起来，发挥多式联运的优势，减少物流成本。三是伊利托物流具备对俄罗斯货物进出口的全程运输、清关、认证、保险、法律和金融服务的完整业务链操作能力，具有满洲里唯一的银行监管场，保税库、海关出口监管仓库、保税物流中心，全面的经营资质为伊利托物流打造以枢纽为核心节点的跨境木材供应链提供了便利。通过伊利托物流等龙头企业，在保证国家木材战略安全的同时，还增加了进口企业的话语权，制订行业标准，规范市场行为，为我国木材产业良性稳定的发展保驾护航。物美价廉的木材，吸引了木材企业在满洲里落户，木结构建筑加工企业增至 12 家，生产能力达到 140 万平方米，满洲里也获评中国十强木材和木制品市场集群、国家级装配式木结构建筑示范市。伊利托物流综合货场作业现场如图 5 所示。

三、建设发展成效

（一）提高向北对外开放水平，加快融入新发展格局

枢纽面向俄蒙乃至欧盟的双向辐射，带动中国与俄蒙和欧盟的国际贸易、跨境结算、跨境电商等业务发展。同时，加大对东北亚、欧盟等国际市场的开拓力度，开辟多层次、宽领域的国际市场大通道，为国内企业“走出去”、参与境外市场贸易投资和

开展国际营销网络建设提供重要的支持。枢纽以构建全方位对外开放新格局和促进形成强大国内市场为导向，依托满洲里政策优势、区位优势和基础设施优势，为国家物流枢纽网络顺畅衔接和高效运行发挥重要的支点作用，也为加快构建通道、枢纽、网络一体的现代物流运作体系，促进形成以国内大循环为主体、国内国际双循环相互促进的新发展格局提供有力支撑。2020 年，满洲里外贸进出口总额完成 131.3 亿元，口岸过货量完成 1973.7 万吨，开行中欧班列 3054 列，占全国进出境班列总数的四分之一。

图 5　伊利托物流综合货场作业现场

（二）充分发挥物流枢纽优势，降低物流成本提升运行效率

随着枢纽物流组织功能的不断完善，枢纽促进满洲里及周边地区物流成本降低和物流效率的提升。首先，改变进口矿产、木材外销物流模式，依托枢纽进行采购、交易和分销组织，再通过干线物流的组织方式销往国内其他地区。目前，仅铅锌矿、铜矿粉和木材等大宗进口货物的公铁、铁海和公铁海多式联运干线运输业务，年货物中转发运量就在 150 万吨以上。其次，满洲里本地矿产、农产品等将通过干线外运；外地销往满洲里及蒙东地区的货物通过全国物流枢纽网络干线运输至枢纽再进行分拨配送。

（三）构建物流网络，完善现代区域物流体系

国家物流枢纽建设，快速弥补满洲里物流发展基础设施的不足，基本建立以“干线运输、区域分拨、仓储配送结合”为主要特征的现代化多式联运网络，形成对接班列、班轮、班机等的干线运输网络。同时，枢纽建设促进了物流业务高度聚集与规模

化运作，推动满洲里立体化输运体系进一步完善，干线业务比例超过60%。此外，依托多式联运监管中心开展冷链运输等业务，可实现全过程冷链物流组织与监控，快速打造枢纽的冷链物流系统，将进一步提升满洲里冷链物流发展水平，提高集约化程度，畅通经满洲里口岸出境至俄罗斯的“南菜北运”大通道，可据此提高满洲里农产品附加值约6亿元。公路口岸被定为中俄海关监管结果互认试点，年通过能力达旅客1000万人次、车辆120万辆次、货物1000万吨，开通了中欧国际公路运输线路。西郊国际机场旅客年进出港数突破50万人次，开通了第五航权航线。

四、发展方向与未来展望

枢纽立足新发展阶段，贯彻新发展理念，融入新发展格局，坚持系统观念。依托铁路、公路、航空立体化口岸优势，构建海陆相连、便捷高效的现代综合交通网络和物流集疏运体系，加快建立枢纽经济发展生态圈，助力满洲里经济实现高质量发展。

一是进一步完善枢纽功能。依托枢纽基础设施的不断完善和业务内容的不断丰富，通过科学的规划，进一步加快增量设施建设，完善各类配套设施等强化枢纽基本功能和延伸功能，形成集干线组织、仓储配送、区域分拨、多式联运、展示销售、国际贸易服务等物流服务功能于一体的综合物流服务平台，带动满洲里物流业总产值在未来十年中保持10%以上的增长速度，进一步巩固满洲里物流业在区域经济中的主导产业地位。

二是强化枢纽要素集聚。以物流枢纽为载体强化物流要素集聚，是枢纽经济发展的关键。通过物流枢纽集聚产业发展所需要的原材料等资源，在现有木材、矿产、粮食等资源类物流规模上聚集俄罗斯、蒙古国和我国蒙东地区各类资源货品超过800万吨，对相关产品的流通加工和深加工提供了良好的原材料保障。通过物流枢纽集聚产业发展所需要的市场要素，依托枢纽汇聚物流、商流、信息流、资金流，将为枢纽产业拓展市场、营造市场、维护市场提供重要的支持。在土地要素方面，枢纽面积达13.2平方公里，其所在的满洲里国际物流产业园面积达34.3平方公里，预留土地充沛，能够为枢纽产业集聚提供发展空间。依托枢纽加快吸引金融机构和外贸、技术服务企业等枢纽或围绕枢纽集聚，为产业发展提供金融、信息、技术、商务服务等相关要素。

三是壮大枢纽产业体系。针对满洲里进口粮食、木材、矿产资源加工等传统优势产业，壮大落地加工规模，主动承接沿海地区产业转移，重点引进适应俄罗斯、蒙古国市场需求的配套加工项目，壮大出口加工产业，构建产业供应链服务系统，实现物流与既有产业互促联动，使既有产值未来5年内年均增长超过15%。依托产业要素集聚，推动相关产业提升价值链、延伸产业链，完善农产品快速通关“绿色通道”，打造“南菜北运”品牌，实现针对俄罗斯、蒙古国果蔬出口量超过65万吨，出口额超过35

亿元。充分利用国家和内蒙古自治区对外经贸支持政策，积极培育和引进贸易大户，大力发展总部经济，促进贸易多元化和贸工一体化发展，在国际物流、国际会展等方面也实现快速发展，力争到2025 年，培育15 家左右枢纽建设运营标杆企业；同时积极开展龙头物流企业招商引资，争取引进2 家4A 级或5A 级物流企业、4 家3A 级物流企业入驻枢纽。经过5 年左右的发展，形成立足满洲里、服务蒙东，联动中俄蒙特色鲜明的产业集群，依托枢纽的现代产业体系初步形成，引领区域产业协同升级。

（撰稿人：陈德斌，潘丽英，李国威，隋喜阳）

阿拉山口陆上边境口岸型国家物流枢纽

打造国内国际双循环门户枢纽　构筑中欧中亚开放型产业高地

阿拉山口市是我国重要的口岸城市，对外进出口贸易额位居全国陆上边境口岸城市前列，是新疆乃至全国对外贸易重要窗口，也是西部沿边地区经济增长极。阿拉山口口岸是国家重点建设和优先发展的口岸，是“丝绸之路经济带”和亚欧两大经济走廊的重要支点，是“一带一路”中欧班列运行的主通道，也是我国中欧班列最大过货边境口岸，境外联通欧亚59个城市，境内对接62个班列开行城市，在国际物流通道上的枢纽地位明显。阿拉山口陆上边境口岸型国家物流枢纽（以下简称“枢纽”）聚焦国家物流枢纽建设机遇，通过完善枢纽组织功能、提升口岸通关效率、搭建智慧枢纽设施平台，对阿拉山口市高水平对外开放、推进沿边地区经济高质量发展、打造内陆开放和沿边开放先行示范区、联通国内国际双循环现代供应链组织中心以及开放型经济产业融合创新发展具有重大意义。

一、枢纽概况

（一）定位与功能

枢纽依托中欧班列、中亚班列等国际班列运行主通道的跨境物流优势，发挥促进沿边地区经济增长的战略先导作用，枢纽的发展定位主要包括以下四个方向：一是发挥能源大通道优势和大宗商品国际采购能力，优化国际铁路运输大通道组织及国际班列跨境换装服务，打造核心区大宗商品跨境物流组织中心；二是通过构建枢纽大宗商品交易平台、跨境电商服务平台、国际金融服务平台、国际供应链集成平台等虚拟平台，搭建亚欧大陆国际供应链服务平台；三是构建服务国际产业合作的物流服务体系，推进阿拉山口与国内地区及“一带一路”沿线国家产业镶嵌式发展，打造双向开放跨境产业合作组织中心；四是探索基于枢纽环境营造和供应链服务体系支撑、实现现代产业集聚发展的创新路径，打造枢纽成为边境地区枢纽经济集聚区。

枢纽首先是要保障国际通道的干线运输组织的高效运行，承担起国家赋予的支撑“丝绸之路经济带”核心区建设以及服务中欧班列的战略责任，因此枢纽主要功能包括国际换装组织功能、国内国际一体化公路和铁路联运组织功能、跨区域通关一体化功能、海关特殊监管区功能等。除此以外，枢纽不断探索发展跨境贸易服务、大宗商品区域分拨、专业物流服务、国际供应链管理及综合信息服务等延伸功能。

（二）区位交通与布局

阿拉山口市是中国开拓中亚、西亚和欧洲市场的联结点，位于新疆维吾尔自治区西北边缘，东部与塔城地区相连，南部与伊犁哈萨克自治州毗邻，北部与哈萨克斯坦接壤，边界线长达380公里，有“中国西部第一门户”之称。阿拉山口市对内联通陆桥物流大通道、青银物流大通道、西北能源外运大通道及出海物流大通道，与重庆、成都、武汉等国家物流枢纽承载城市相连；对外向西延伸，可到达哈萨克斯坦、俄罗斯、白俄罗斯，抵达波罗的海沿岸。

枢纽总规划面积为4.48平方公里，分为综保区铁路物流主体功能区（以下简称“A区”）和公路物流拓展区（以下简称“B区”），分别位于阿拉山口综合保税区和产业配套区，两片区空间区位如图1所示。A区位于阿拉山口综合保税区北区，西邻铁路口岸换装作业区，在空间上通过宽轨接入线、准轨接入线进行功能连接，并实施一体化组织运作，公路通过八字湖路主干道与博州及乌鲁木齐相连，主要开展国际铁路运输业务。为了补足A区公路跨境物流组织以及非保税物流的短板，特别设立了B区，为A区铁路进出口货物提供公路集散服务，同时提供公路跨境运输、区域物流分拨及生产配送服务。B区位于阿拉山口产业配套区内，北至南环路，南至纬一路，西至西环路，东至阿拉套路。B区沿南环街往东1公里可驶入精阿高速，精阿高速计划于2021年10月完成建设工程，届时将拉近枢纽与连霍高速公路的距离，提升区域公路辐射能力。

A区占地面积4.02平方公里，通过宽准轨与铁路换装站联通，实现班列换装组织及跨境铁路干支线业务运行，主要功能区包括跨境运输组织区、大宗商品仓储区、冷链物流区、跨境电商服务区、供应链组织中心、多式联运服务区等。目前，跨境运输组织区已建成新疆首条散装粮食铁路专用线，年换装转运能力500万吨；跨境电商服务区已建成边民互市区和跨境电子商务中心，创新边民互市贸易方式，开展专业化的边民互市贸易，以及基于保税物流的一体化的跨境电子商务服务。

B区规划面积0.46平方公里，是国际进口物流分拨组织中心，主要包括八个功能模块，分别是大宗商品交易中心、海关监管仓、冷藏库、大宗商品交割仓、原材料堆场、公路港、配送中心、公路跨境运输组织中心。目前，在大宗商品交易区依托进境木材指定监管场地，建成以仓储物流、流通加工为主的木材交易中心；依托活畜进口资质，建设进口活牛隔离场和屠宰场，年均隔离、屠宰活牛20万～24万头；整合分散的公路口岸监管库，已启动公路口岸海关监管设施建设，形成公路口岸物流设施集群，项目建成后，最大进出口量约为 50 万吨/年。

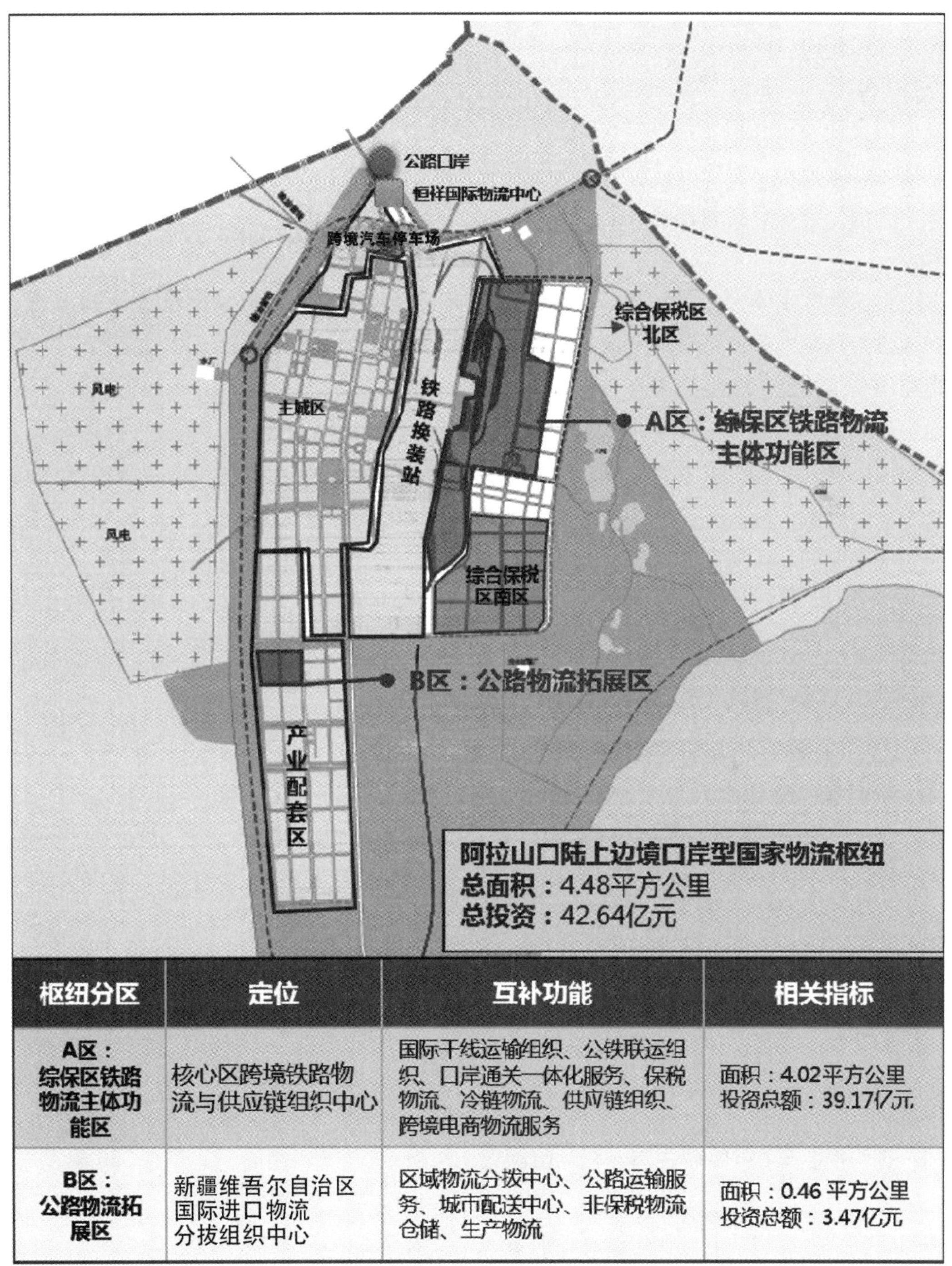

枢纽分区	定位	互补功能	相关指标
A区：综保区铁路物流主体功能区	核心区跨境铁路物流与供应链组织中心	国际干线运输组织、公铁联运组织、口岸通关一体化服务、保税物流、冷链物流、供应链组织、跨境电商物流服务	面积：4.02平方公里 投资总额：39.17亿元
B区：公路物流拓展区	新疆维吾尔自治区国际进口物流分拨组织中心	区域物流分拨中心、公路运输服务、城市配送中心、非保税物流仓储、生产物流	面积：0.46 平方公里 投资总额：3.47亿元

图 1　阿拉山口陆上边境口岸型国家物流枢纽空间区位

（三）建设运营模式

枢纽坚持“政府推进、企业主导”的开发建设模式，共同完成国家物流枢纽建设。博州及阿拉山口政府主要在推进枢纽建设、要素保障、配套工程建设和部门协调方面发挥积极作用，枢纽功能设施则由企业主导建设。A 区以阿拉山口综合保税区金港开发有限责任公司（以下简称“金港公司”）为主，通过联合乌鲁木齐铁路局、顺丰多式联运有限公司、阿拉山口添马行实业发展有限公司等公司共同进行投资开发建设。B 区由金港公司联合湖北省港口集团有限公司、湖北汽车运输有限公司等进行投资开发建设。

枢纽运营主体为金港公司，金港公司负责统筹协调、管理运营枢纽 A 区和 B 区，并通过与乌鲁木齐铁路局及专业物流运作企业分工合作，实现两区一体化运行，完善枢纽的整体功能。金港公司与乌鲁木齐铁路局合作，实现班列换装、编组等铁路干线运输组织服务功能；与顺丰多式联运有限公司合资成立阿拉山口国际快铁有限公司，开展国际班列开行组织服务；整合阿拉山口国际快铁有限公司、阿拉山口丝路宝网络技术服务有限公司、阿拉山口添马行实业发展有限公司、阿拉山口港发集团物流有限公司等企业的专业物流资源，开展国际口岸通关、大宗商品保税交割、公铁联运、区域物流分拨、枢纽信息服务等枢纽功能业务。作为枢纽的运营主体，金港公司利用基础设施建设优势，以及完备的进境指定口岸等相关资质，开展大宗商品保税仓储、指定口岸以及跨境电商监管中心等运营组织业务。

二、主要做法与特色经验

（一）推动国内外通关一体化，提高国际运输通行效率

一是加强国际换装组织能力。枢纽作为联通国内物流通道、国际物流通道的重要物流节点，发挥着联通欧亚的重要作用。由于我国铁路使用 1435mm 标准轨，而哈萨克斯坦铁路使用的是 1520mm 宽轨，需要通过铁路换装作业解决标准不一致而产生的物流不通畅问题。随着中欧班列开行数量越来越多，铁路换装站是中欧班列进出境的重要物流设施、枢纽国际铁路干线运输的核心功能设施，共建有宽、准轨换装线 21 条（其中宽轨 20 条），拥有亚洲最大的全天候室内集装箱换装线，目前换装能力约 1600 万吨，日均换装车在 510 辆左右，接运哈萨克斯坦换轮车 75 辆左右，卸车在 530 辆左右（主要以出口交车为主），主要服务于中欧班列及国际零担货物铁路运输的通关、查验、编组、换装等组织功能。在运输高峰时期，哈萨克斯坦多斯多克站换装能力不足，时常造成拥堵，枢纽可承担部分我国出境的准轨换宽轨任务，充分保障班列在国内、国际物流通道中快速、高效运行，中欧班列换装作业如图 2 所示。

图 2　阿拉山口陆上边境口岸型国家物流枢纽中欧班列换装作业

二是整合存量设施资源。阿拉山口地平线石油天然气股份有限公司在枢纽内建有 18 条铁路专用线，其中 11 条宽轨、7 条标准轨，但作为民营企业运营铁路专用线，在争取中国铁路乌鲁木齐局集团有限公司支持、降低代管代维费用、货物及时推送入区等方面能力不足，在利用专用线服务企业时效率不高。为盘活存量设施资源，提升枢纽整体运作效率，博州国资平台联合中国铁路乌鲁木齐局集团有限公司回购了其在枢纽内的铁路专用线，实现与铁路口岸换装站的一体化运营。此外，枢纽还对碎片化的土地进行整理，集约化使用物流建设发展空间。

三是优化国际物流作业组织。枢纽服务于以阿拉山口为起点、终点的国际班列组织，提供亚欧间不同线路的集装箱班列物流服务，班列产品具备始发站、途经站、始发时间、运行线路确定的特点。一方面，为客户提供快捷、安全、便宜的“站到站”直达集装箱物流服务；另一方面，提供亚欧班列集装箱二次中转、货源整合服务，即根据货源集结的运输方式，采取不同的班列发运组织流程。班列返程货物分拨大致有两种情况，一种为整列货物直接发往外地，枢纽仅办理通关手续，组织过境运输；另一种为在新疆本地集散的货物，班列整列进境后，在枢纽进行解体重新编组，将新疆的货源通过公路运输发往各地，服务对象包括采取国际铁路运输从欧洲、中亚地区进口生产材料、交易产品的制造、商贸企业以及各类班列运营平台企业。

四是推进中欧班列集结副中心建设。阿拉山口综合保税区货物的集结和分拨都需经过多次转运，然后在阿拉山口口岸进行编组，该模式导致货物向外无法实现直达哈萨克斯坦多斯特克，向内无法直达兰新线。为了做强做大中欧班列标志性品牌，提升口岸编组能力，枢纽大力推进中欧班列集结副中心建设，推行中欧班列集拼集运，发挥中欧班列出境集结、入境分拨功能，吸引国际货物在阿拉山口集散中转，实现中欧班列高密度、常态化运行。

五是深入推进通关便利化改革。第一，率先探索开展中欧班列换装过境通关作业，建立“大通关”协调服务机制，深入推进通关便利化改革，完成电子口岸门户网站建设，实现国际贸易“单一窗口”应用全覆盖。第二，对标国际国内先进水平，紧贴企业实际需求，建成综合保税区海关室内查验场，复制推广14项自贸区监管创新制度，对一线入区动植物产品检验项目实行“先入区、后检测”，创新二线申报“预检验”制度，推进“四自一简”，叠加“便利货物流转”“简化进出区管理”“汇总征税”“一次备案、多次使用”等监管制度创新，实现单证无纸化、管理规范化、监管智能化、通关便捷化。第三，为了落实疫情管控措施，做到将疫情防控战线前移，在发现感染人员时第一时间采取有效措施，有效控制疫情。阿拉山口综合保税区已启动建设国际联检检验检测中心，实行海关、铁路、边检、报关企业一站式办公，哈萨克斯坦方铁路员工与中方无接触式办公，票据集中消毒、传递，简化了办事流程，节约了办事时间，规避了疫情感染风险。

（二）加强枢纽运行组织协同，助力枢纽网络化运行

枢纽在全国通关一体化的背景下，加强与其他枢纽协同联动，提供口岸报关、转关、查验、口岸电子信息服务等功能；创新监管模式，不断提高跨境口岸通关一体化水平，推动枢纽网络化运行。

一是加强与其他枢纽协同。枢纽与乌鲁木齐陆港型国家物流枢纽进行协同，重点服务于返程国际班列在乌鲁木齐进行本地内贸箱加挂，以及出口方向未满列班列编组。枢纽与霍尔果斯陆上边境口岸型国家物流枢纽合作，在有序扩大霍尔果斯通道运输能力的背景下，与霍尔果斯协同发展，推动中欧班列、中亚班列的运行，合理安排运能，防止通道拥堵。

二是加强与内陆国际物流枢纽协同。一方面，优化监管模式，为部分难以满轴开行的班列提供集拼集运服务，对中欧班列的监管单元由“整列监管”缩小为“单节监管”，允许中欧班列由始发地加挂内贸箱，在阿拉山口站卸下后，将各地出口的外贸箱和新疆出口的外贸箱进行集结集拼，根据班列开行方向进行重新编组。另一方面，针对返程班列空箱运输情况，率先建立与武汉、乌鲁木齐、义乌、成都、郑州的国际集装箱共用网络，在返程班列进行铁路换装作业时，将国际班列空箱换下，换载为新疆发往内陆的集装箱，大幅度降低班列空箱运行比例，提高中欧班列整体运行效率。

三是加强与沿海港口枢纽协同。2018 年，曹妃甸港在阿拉山口设立内陆港正式投入运营，重点推动内陆港建设，开通中欧班列，打造多式联运项目试点，促成两地联检单位互联互通，同时在保税业务、仓储加工、物流金融领域展开合作。开辟由曹妃甸港经阿拉山口口岸出境的中亚班列，并积极组织回程货源，吸引中亚国家的木材、粮油、矿产品等经曹妃甸港出海。2021 年 4 月，枢纽与广州港合作的广州港—阿拉山口—波兰海铁联运中欧班列“港铁号”成功开行（见图 3），该班列全程仅需 15 天，比传统海运节省约 20 天的时间。

图 3　广州港—阿拉山口—波兰海铁联运中欧班列“港铁号”首开仪式

（三）创新跨境电商服务模式，推动数字化经济发展

枢纽建设全国面向中亚、西亚的跨境电子商务一站式全程综合服务平台，构建信息共享、金融服务、智能物流、企业信用、统计监测和风险防控六大体系，能够免费为企业提供商品备案、跨境支付、一站通关、多语言翻译、退税、国际推广等服务。平台备案的商品有 1000 多种，与顺丰、中国邮政对接，并建有 5000 平方米的保税仓，利用平台自主研发的具有知识产权的仓单质押系统为综合保税区内多家企业提供仓单质押服务。截至 2020 年年底，平台交易规模突破 5 亿元，平台已与 500 余家企业签订战略合作协议，在哈萨克斯坦也建立了同样功能的电商平台，并取得了第三方支付牌照，将国内外资源整合，更好地帮助国内企业“走出去”。

阿拉山口综合保税区获新疆维吾尔自治区商务厅批复成为跨境电子商务试点产业园区。2019 年，阿拉山口跨境电商监管中心建成投用，建有智能查验分拣线 2 条以及阿拉山口外贸新业态综合服务平台、跨境电商综合服务平台。创新“阿拉山口跨境电商慢空运模式”，即依托互联网、大数据、物联网技术，构建了从华东、华南电商货源地仓库通过公铁联运直达欧洲的一站式服务链。通过公路运输，将东莞、昆山、杭州、郑州、深圳、上海等跨境电商集货仓的电商货物运抵阿拉山口，在阿拉山口综合保税区报关后通过铁路出境直达法国、德国、英国、葡萄牙等 28 个欧洲国家。阿拉山口跨境电商慢空运模式的创建，比空运节省五分之四的费用、比海运节省六分之五的时间。2019 年 11 月，出口电商从上海亚马逊仓库发货，11 天即抵达德国杜伊斯堡，创造了中欧货物运输除空运外最快运输效率的纪录。2020 年菜鸟、燕文、亚马逊、易贝、敦豪、寰宇通达六大跨境电商产业巨头相继落户阿拉山口综合保税区。

在此基础上，枢纽整合资源搭建了博州阿拉山口综合保税区信息化平台，为出口电商企业提供外贸代理、出口通关、国际铁路物流、保税仓储管理、场站管理等一系列服务，主要包括跨境电商外贸综合服务系统、跨境电商申报系统、跨境电商数据管理中心、阿拉山口仓储信息服务系统、阿拉山口场站信息服务系统、阿拉山口区港联动信息服务系统、阿拉山口区港联动物流信息服务系统、阿拉山口区港物流大数据系统等，如图 4 所示。

图 4　阿拉山口综合保税区信息化平台

（四）强化物流要素规模化集散，促进枢纽经济快速发展

博尔塔拉蒙古自治州党委高度重视口岸发展，将口岸作为全州最大的优势、最大的潜力、最大的希望所在，专门研究制定出台了《自治州推进“口岸强州”战略实施意见》。阿拉山口市坚持“畅通开放、贸易先行、以贸促工”的工作思路，着力推动“通道经济”向“枢纽经济”“口岸经济”“产业经济”转型升级，带动沿边地区高质量发展，实现稳边、固边、兴边。

一是阿拉山口充分发挥枢纽的要素集聚能力和物流辐射功能，通过构建高效的国际、国内骨干物流大通道，优化枢纽物流运行功能，提升国际、国内货物的集散规模。通过国家物流枢纽整体网络化运行，使枢纽要素集聚功能从单纯的进出口货物物流要素的规模化集散向国际国内物流、货代、贸易、加工贸易、金融服务企业等产业要素的规模化集聚和整合升级转变。推动实施以“保税＋”为核心的“1234”产业发展战略，即全力打造“一枢纽”（阿拉山口陆上边境口岸型国家物流枢纽），集中构建“两片区”（A区和B区），重点建设“三平台”（中哈现货交易平台、跨境电子商务平台、边民互市贸易市场），积极形成“四集群”（农畜产品加工、林木加工、装备制造、医用材料产业集群），全力建设“丝绸之路经济带”开放前沿产业枢纽，融入欧亚产业分工供应链组织中心和开放型加工制造产业创新发展高地。阿拉山口市开放型产业布局示意如图5所示。

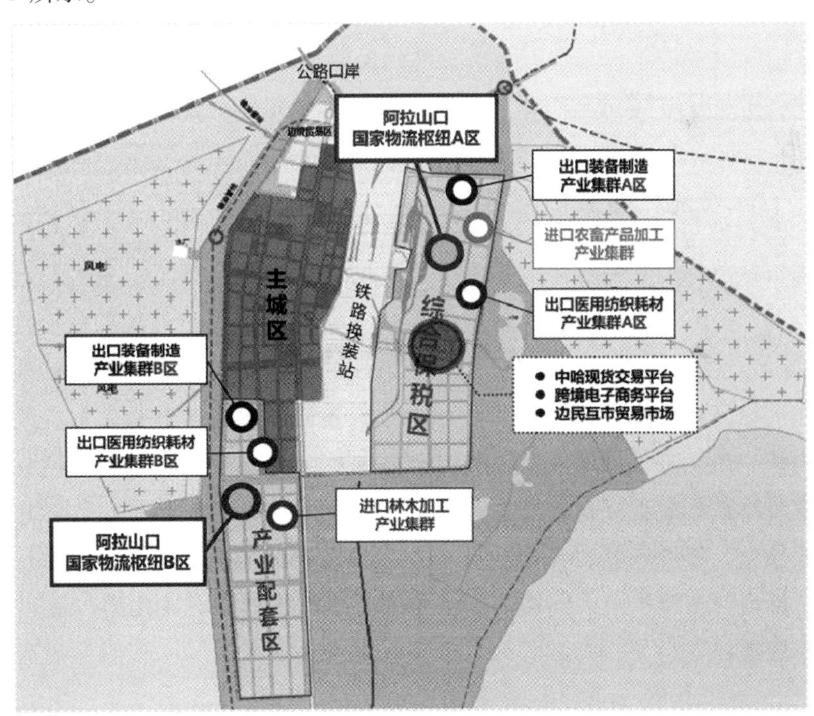

图5 阿拉山口市开放型产业布局示意

二是建成运营边民互市贸易市场，实现了边民互市贸易区与综合保税区“两区联动”。探索“一线放开、二线管住”的监管模式，创新边民互市贸易方式，以中亚肉类、粮食等拳头产品为突破口，以龙头企业引领带动为路径，集中优势资源打造“网红”贸易产品，延伸多个国家商品种类，抢占面向国内的消费、落地加工贸易制高点。同时整合利用中亚国家大宗商品国际市场，建设中哈智慧现货交易中心，主要包括大宗矿产品智慧交易中心、特色农产品智慧交易中心、高端医疗纺织智慧交易中心、木材智慧交易中心及网络交易中心以及一体化大数据应用中心，创新流通组织方式，提高供应链协同效率，扩大贸易规模。

三是依托枢纽，发挥政策优势加快发展实体经济，立足进口农畜产品和林木加工、医用材料和装备制造产业，打造“两进两出”四大产业集群，建设国家级进口资源和粮食安全战略储备加工基地、全国木材产业进出口加工示范区，将枢纽打造成为我国重要的高端医用敷料和医用耗材出口加工基地、新疆重要的装备制造出口加工基地。截至 2020 年年末，在农畜产品加工产业方面，以金沙河挂面加工、爱菊面粉加工、金牧食用油加工、兰粮亚麻油加工、禾睿康粮油饲加工、中亚国信活畜隔离屠宰加工、中经华业生熟肉食品加工为代表；在林木加工产业方面，以中国林业、港航国际木材产业园、富邦恒、顺和木业为代表；在医用材料产业方面，以振德医疗高端医用敷料全产业链、万嘉医疗医用耗材全产业链为代表；在装备制造产业方面，以丰尚农牧机械装备、智德鑫盛汽车组装和零配件加工为代表。

三、枢纽建设发展成效

（一）枢纽功能设施日渐完善

阿拉山口铁路站场和综合保税区铁路站场共有宽准轨线 88 条，并且配备了大型 X 光机检查设备、公路口岸全天候出入境车体检查室等一批保障通关的设施设备，海关 H986（铁路、公路）快速查验系统、列车自动消毒通道、铁路公路口岸客货联运检大厅等一批通关设施经改善升级后投入使用。建成室内散粮宽准轨换装库，建有散装粮食铁路专用线一条，总长度 4.47 公里，配套建设 30 万吨粮食筒仓及粮食站台、卸粮坑、输送皮带廊道等粮食接收和发送设施（见图 6），进境粮食可通过卸粮坑及传输设施直接进入筒仓，年周转量可达 300 万吨。综合保税区已经获批国际邮件交换站、整车、粮食、活畜、植物种苗、肉类、进境水果、冰鲜水产品、危化品、进口中药材 10 类指定口岸资质。

（a）散粮专用线

（b）粮食筒仓

图6　散粮专用线及粮食筒仓

（二）优化服务提高运行效率

一是枢纽已实现搭乘中欧返程班列、“公海铁”联运进口商品整车，由欧洲到阿拉山口仅需8天左右，中东到阿拉山口仅需12天左右，较海运至沿海港口运输时间缩短15~30天。二是2019年全年进出境的中欧班列、中亚班列共有3564列，增长20.8%，截至2019年年末累计达1.24万列。2020年受新冠肺炎疫情影响，进出境的中欧班列、中亚班列逆势上扬达到5027列，同比增长41.8%，居全国所有中欧班列进出境口岸前列，对内辐射全国35%的人口和37%的国土面积，对外联通全球26%的国家和地区以及40%的人口。三是联检单位实施流程再造，持续压缩通关时间，全天侯无障碍通关模式运用顺畅，进口、出口整体通关时间依次为16小时、4小时，较2019年压缩57%、51%，通关效率、铁路通关效率在新疆和全国排名均在前列。

（三）高位推动枢纽经济发展

一是阿拉山口综合保税区作为阿拉山口经济增长的核心承载，2020年完成进出口货运量146万吨，较2019年增长41.7%，是2015年的5.32倍；贸易额100.36亿元，较2019年增长17.7%，是2015年的10.7倍，领跑全疆综合保税区；海关税收5.18亿元，是2019年的1.08倍；完成规模以上工业增加值19.66亿元，较2019年增长20.6%，是2015年的2.15倍；属地进出口贸易额完成29.16亿元，较2019年增长20%，是2015年的8.17倍。二是引领聚集产业效应明显，入驻企业达到598家，比2015年增加528家，综合保税区成为带动阿拉山口市开放型经济高水平发展的核心引擎。三是2020年累计出口跨境电商包裹超过5045万票，贸易额超过11.6亿元，其中通过“9610”贸易模式出口3840万票，贸易额8.33亿元，增速居全国口岸跨境电商前列，业务量排名全国第四。四是加快边民互市建设，引入北京首农运营互市贸易，重点突出进口牛肉、面粉、蜂蜜等拳头产品。

（四）保障国际通道安全运行

2020年开展疫情防控工作以来，枢纽及时分析疫情对中欧班列开行的影响，切实强化口岸通关安全与疫情物流保障。2020年1—8月验放出入境的中欧班列突破3000列，年度货值首次突破千亿元，整体通关时间比2019年缩减30%。紧跟物资通关政策调整，始终坚持特事特办、急事急办，开辟专门受理窗口和医用口罩、防护服等防疫物资出入境绿色通道，简化通关手续，提高机检比例，从快从简验放防护物资，做到通关“零等待、零延时、零障碍”，确保口岸通关高效畅通，保障国内国外疫情防控物资运输。

四、发展方向与未来展望

“十四五”时期，阿拉山口将全面落实“口岸强州”战略和综合保税区带动工程，以推进“丝绸之路经济带”核心区建设为牵引，以落实新发展理念、增强物流领域改革创新为根本动力，以推动现代物流高质量发展为目标，以开放引领创新、枢纽集聚要素、贸易带动制造为核心路径，融入国家物流枢纽网络，完善枢纽服务体系，推动产业融合发展，将枢纽打造成为联通国内国际双循环的现代供应链组织中心和开放型经济产业融合创新发展高地，为区域经济高质量发展和新时期高水平开放作出更大的贡献。

一是融入国家枢纽网络。加强与其他国家物流枢纽的互利合作，形成规模化、组织化、常态化的物流运行组织，提高跨地区、跨领域的资源整合和物流综合服务能力；积极培育干线运输组织平台企业，提供稳定性强、品质高、多元化的干线运输产品；创新运输组织模式，提高物流通道网络运行效益。加快中欧班列集结副中心建设，拓展国际市场，吸引沿海主要港口出口货物在阿拉山口集结。与内陆物流枢纽协同发展，依托编组能力提供出口集结集拼服务。积极组织中欧班列联盟会议、国家物流枢纽联盟大会及口岸城市高质量发展论坛在阿拉山口召开，通过高端对话和学术交流，进一步提升综合影响力。构建“干支结合、枢纽集散”集疏运体系，重点支持在运输组织、货源组织、金融和信息服务等方面先行先试，打造国际化现代物流枢纽。大力促进中转集结，促进班列开行由“点对点”向“枢纽对枢纽”转变。推动中欧班列市场化运营机制、全程仓配体系、运贸一体模式、供应链金融服务、全程通关服务加速完善，打造满足跨国企业需求的亚欧供应链综合服务中心。

二是完善枢纽服务体系。发展保税物流，发挥综合保税区保税仓储、增值加工、国际中转、国际采购等功能，探索开展服务于中西亚的医疗器械、轨道交通设备、大型生产设备等的保税维修、融资租赁业务及进出口加工服务；发展国际中转集拼，加快建立与国际中转集拼业务相适应的综合性铁路配套服务体系，不断推进业务模式和监管模式创新，完善国际中转集拼公共服务平台功能，发展国内出口货物入区参与集拼等多元化运作业务，提升国际中转集拼比例和业务规模；发展冷链物流，依托肉类等指定口岸，打造 B2B 及 B2C 生鲜冷链交易平台，实现口岸与消费市场的直接对接，支持冷链物流企业向采收基地、生产制造、展示交易、城市配送延伸，建立和完善冷链物流服务体系；发展大宗物流，依托中欧班列，扩大中西亚粮食、木材、矿产等大宗商品的进口，促进大宗商品物流向以国家物流枢纽为载体的集约模式转型，构建集在线交易、实物交割、物流服务、金融服务等于一体的国际大宗商品交易平台。

三是推动产业融合发展。扩大双向开放辐射能级，构建国内国外双循环产业发展格局。依托枢纽构建的“通道 + 枢纽 + 网络”的现代物流运行体系，连接新发展格局下的内陆地区产业开放新高地（如成都、重庆、西安、郑州等）以及东部沿海改革开放先行区（如连云港、天津港、青岛港、宁波港等），通过发展互助、经验互鉴、设施互联，建立综合保税区与内陆、沿海城市在新型开放经济体系的合理分工和产业镶嵌机制，全面融入国内大循环体系。畅通国际产业联动格局。依托中欧班列及国际物流大通道，按照“一带一路”节点、境外产业、贸易等布局，辐射阿拉木图、莫斯科、明斯克、华沙、杜伊斯堡、汉堡等相关国际城市，布局新建跨境产业合作园区，整合国内外陆港资源，形成覆盖亚欧大陆的国际陆港网络体系，打造联通国内国际双循环现代供应链组织中心和开放型经济产业融合创新发展高地。

（撰稿人：皮履屏，陈新博，蔡虎，张兴凯，孙世宇，张参参）

后　记

2017 年 10 月，习近平总书记在党的十九大报告中明确指出，要加强水利、铁路、公路、水运、航空、管道、电网、信息、物流等基础设施网络建设。物流基础设施得到中共中央高度重视，被提到与铁公水航管等运输方式以及电网、信息同等重要的地位。

2018 年 11 月，国务院总理李克强主持召开国务院常务会议，部署推进物流枢纽布局建设，促进提高国民经济运行质量和效率。会议指出，要瞄准国际先进水平，多措并举发展“通道 + 枢纽 + 网络”的现代物流体系。要以区位和产业条件较好、辐射能力较强的城市为载体，布局建设一批重点物流枢纽。

2018 年 12 月，为贯彻落实中共中央、国务院决策部署，国家发展改革委、交通运输部经国务院同意，印发了《国家物流枢纽布局和建设规划》（以下简称《规划》）。从总体要求、规划布局、资源整合、网络体系、全面创新和政策保障等方面做了全面部署。《规划》确定了 127 个具备一定基础条件的城市作为国家物流枢纽承载城市，规划建设陆港型、港口型、空港型、生产服务型、商贸服务型和陆上边境口岸型六种类型的国家物流枢纽，形成科学合理、功能完备、开放共享、智慧高效、绿色安全的国家物流枢纽网络。

按照《规划》决策部署，国家发展改革委、交通运输部先后分两批确定了 45 个国家物流枢纽，其中 2019 年 23 个、2020 年 22 个。这些枢纽分布在全国各地，其中东部地区 17 个、中部地区 9 个、西部地区 16 个、东北地区 3 个。两年多来，在各地物流工作牵头部门、国家物流枢纽承载城市人民政府重视支持下，各枢纽建设运营单位牢记初心使命，加快基础设施“补短板”建设，不断创新运营模式和技术，积极探索联盟合作、组网运行，为推进物流业提质降本增效、支撑国家重大战略和区域经济发展、提升民生福祉作出了重要贡献。

为广泛宣传国家物流枢纽相关规划与政策，总结推广枢纽建设运营经验与做法，充分展示国家物流枢纽创新精神和时代风貌，助力现代物流体系建设，适应新阶段新发展格局的新要求，国家发展改革委经济贸易司会同中国物流与采购联合会联合编写《国家物流枢纽创新发展报告（2021）》（以下简称《报告》）。《报告》收录了国家发展改革委发布的有关国家物流枢纽相关重要政策性新闻信息、政策解读及国家物流枢纽联盟重要文件；收录了45家枢纽建设运营单位的经验总结案例。每个案例保持了体例上的相对统一，包括枢纽概况、经验做法、发展成效和未来展望等部分。同时，在创新方式和运营经验方面又各具特色，具有学习参考和借鉴作用。

经过大家共同努力，反复修改完善，《报告》得以如期完成。希望能为国家物流枢纽高质量发展提供参考借鉴，为各地后续申报建设国家物流枢纽提供参考，为金融机构及各有关方面关心关注投资建设物流枢纽提供决策依据，也为物流院校和研究单位提供教学案例。

物流枢纽是集中实现货物集散、储存、分拨、转运等多种功能的物流设施群和物流活动组织中心。国家物流枢纽是物流体系的核心基础设施，是辐射区域更广、集聚效应更强、服务功能更优、运行效率更高的综合性物流枢纽，在全国物流网络中发挥关键节点、重要平台和骨干枢纽作用。进入第二个一百年的新发展阶段后，国家物流枢纽建设面临新的形势和任务。《国家十四五发展规划和2035年远景目标纲要》特别要求“建设现代物流体系”，将“推进120个左右国家物流枢纽建设”列入交通强国建设工程之一。进入新阶段、贯彻新理念、构建新格局，枢纽建设任重道远，需要国家政策指引，需要更多可复制、可推广的经验，需要我们大家同心协力，付出更大努力。

布局和建设国家物流枢纽，是一项前无古人的事情，编辑出版《报告》也没有先例可资借鉴，加上编者能力和时间所限，留下许多不足和遗憾。恳请阅读《报告》的同人提出宝贵意见，以期集思广益，吸纳众智，不断提高编写水平，为促进国家物流枢纽高质量发展，推动枢纽经济上台阶发挥更大作用，为实现第二个百年奋斗目标，建设社会主义现代化国家作出更大贡献。

编　者